新田园城市理论译丛
朱胜萱　高　宁　主编

SUSTAINABLE FOOD PLANNING: EVOLVING THEORY AND PRACTICE
可持续的食物规划：理论及实践的演变

安德烈·维尤恩　约翰尼斯·威斯柯克　编者
高　宁　杨晨冉　王　虹　译

中国建筑工业出版社

著作权合同登记图字：01-2013-5059号

图书在版编目（CIP）数据

可持续的食物规划：理论及实践的演变／维尤恩，威斯柯克编者；高宁，杨晨冉，王虹译．--北京：中国建筑工业出版社，2018.4

（新田园城市理论译丛）

ISBN 978-7-112-21783-0

Ⅰ．①可… Ⅱ．①维… ②威… ③高… ④杨… ⑤王… Ⅲ．①都市农业－研究 Ⅳ．①F304.5

中国版本图书馆CIP数据核字（2018）第015158号

Sustainable food planning: evolving theory and practice

Cover image by: Bohn &Viljoen Architects
First published, 2012

责任编辑：滕云飞　徐　纺
责任校对：王　瑞

新田园城市理论译丛
朱胜萱　高　宁　主编

可持续的食物规划：理论及实践的演变

安德烈·维尤恩　约翰尼斯·威斯柯克　编者

高　宁　杨晨冉　王　虹　译

*

中国建筑工业出版社出版、发行（北京海淀三里河路9号）
各地新华书店、建筑书店经销
北京锋尚制版有限公司制版
北京京华铭诚工贸有限公司印刷

*

开本：787×1092毫米　1/16　印张：32¾　字数：673千字
2018年7月第一版　2018年7月第一次印刷
定价：98.00元

ISBN 978－7－112－21783－0
（31628）

序

汤姆·比利斯（Tom Bliss）

www.urbal.tv

我们还有多少时间？每当我冥思苦想，在这样一个资源枯竭、经济混乱、因生态破坏而气候剧变的时代，如何才能让我们的城市能够持续且公平发展的时候，这个问题就会浮现在我的脑海中。对待这个问题，对后代负有责任感的人和担心天空随时坍陷的人[①]态度有所不同：后者渴望在千钧一发之际通过快速的革命拯救社会，而前者则更倾向于有计划的渐进式改良，以减小变革带来的损害，或许最终还可以实现难以企及的乌托邦理想。当然，革命派要冒着激进导致惨败的风险，改良派也将面临因时间有限而收效甚微的窘境。

但事实上，或许这些都不重要，因为我们无法知道还有多少时间？或许最重要的是，所有致力于此的人都能够在感受到紧迫的同时考虑对策的灵活度和可行性。这其中可行性是重点，因为这个任务本身是相当复杂的；此外我们将要遇到的是我们之前从未遇到过的，这种已知和未知的矛盾让一切更难以理解。

但是，纵观历史，也确实存在一些有用的社会模型，尤其是我的前辈埃比尼泽·霍华德（Ebenezer Howard）提出的田园城市。这样的城市有步行友好的尺度、丰产的绿色空间和自治社区（正如我的电影真实的和虚拟的网络“The Urbal Fix”中所提到）。更重要的是，如今在世界各地，我们也不断地发现了许多具有启发性的当代社会实验，在本书中我们会详尽地分析其中令人激动的案例。

也就是说，我们要找到一个可靠的方法来解决现有的问题，评估并调整那些我们希望保留的部分，同时引入新的想法（有些可能是激进并不受欢迎的），最终形成一个功能良好、社会公正且有活力的大都市，而这些都是让人望而却步的挑战。在“The Urbal Fix”这部电影中，前伦敦政治经济学院院长托尼·吉登斯教授（Lord Tony Giddens）曾评论道：“我们将要迎来人类历史上最大的变革了，这不再是一次单纯的工业革命，而是比工业革命更加巨大的变革。”对此我非常赞同。

那么，这场巨大变革的推动力和路线图又在哪里？我认为并不一定遵循所谓“自下而上”或“自上而下”的模式。在我看来，它们是一种不切实际的金字塔形结构，用过分简化的非此即彼的方式来解释实际上非常复杂的社会，并形成一系列竞争性的金字塔形结

---

① 就像动画片《高卢英雄传》（Asterix）里的村长阿卜哈哈古西克斯（Abraracourcix）

构，如政治、商业、学术、名望等，被相互冲突的力量驱使向不同的发展方向。而“自上而下”往往只能通过政治机器不完全地反馈“自下而上”的需求，其中大部分还要归功于商业干预，这也是为什么时至今日进步仍如此艰难缓慢。因此，我更倾向于“中心辐射”式的变革模式，这样可以激发每个公民的参与热情（尤其是那些认为自己是“专家”并对社会负有责任和回报义务的人），无论是在食物生产、创业、社会组织、沟通交流、教育、学术研究、专业实践、政治领域，还是在其他领域。

大多数人，在某一时刻，都会承认对自身现状感到焦虑，并且表示能够接受不可避免的变革，当情况紧迫时，甚至愿意承担起自己的责任。但问题是，社会习俗、体系、模式和其他一些因素（包括法律、物价、所有权、债务等）让他们（诚实的说应该是我们）更倾向于“一切照旧”，至少现在的情况是这样。这也就是为什么我们不断听到一些说法，认为经济增长才是解决当前金融和生态危机的办法，而事实上经济增长恰恰是这一系列问题的根源，真正的解决方法其实来源于将造成系统失灵的外部效应内部化。当然，从长久地维护生态系统服务（没有它就没有食物）和公平社会文明的角度来说，服务于社会的经济和服务于环境的社会现在看来是我们最保守的选择。

但是即使是最坚定的投机资本主义者或否定主义者也会有自己的想法，最好的主意往往来自于最意想不到的地方，所以我们必须广泛地接受各种意见，保证这场讨论尽可能地对所有人开放。实际上，霍华德本人就是一个法庭速记员，既不是作家也非规划师（规划师实际上是他创造的职业）。这也就是为什么尽管我曾经是景观专业的学生（现在是讲师），但当我想要做出些贡献时，我没有选择去写学术论文，而是首先选择去做一部在线电影，接着是博客和开源地图项目。比起在利兹城市大学图书馆对着肃静的阴影倾吐心声，我觉得通过互联网可以更快速地让人们听到我的声音，从而推进更广泛的讨论。

那么，这是否意味着我们并不需要像本书这样的著作呢？当然不是。分析性和创造性的思维是我们拥有的最佳工具（或许也是唯一工具），所以我们要鼓励各种形式和各个层面的思考。我们需要吸引那些学术工作者和专业人员，或是其他的政策制定者。他们通常依靠同行认可的研究来支持自己的观点或决策，他们肯定会在本书中找到所需的观点。但我同时也希望这本书能被更广泛地传阅。本书描绘了全球范围内本地化的食物规划和生产，为在这个规模小但持续增长的领域工作的人们提供了非常有价值的实践参考。同时，我也希望为本书做出贡献的作者们不会停留在此殊荣上（最好能在此桂冠上再结硕果），继续寻找更流畅有力的平台（真实的和虚拟的网络）出版和讨论各自的观点，这才是最重要的。

在“The Urbal Fix”最后的那个片断里，希拉里·本（Hilary Benn，英国国务卿，负责食品与农村事务部）说道：人类在地球上存活的事实表明，我们已经展现出惊人的适应性。对我而言，综合各个方面，如科学、技术、创造性、智慧、政策等，我们所需要的城市物质空间建设已经完成。如果我们能够好好利用这些，那么就一定能够克服种种困难，因为最终我们都将趋向理性。我乐观地认为我们将会做出必要的改变。有什么理由不改变呢？

究竟为什么不呢？

① 汤姆·比利斯在利兹城市大学兼职讲授景观和可持续发展课程，同时他是一个专业的作词人和音乐家，并经营一家名为turnstone.tv的媒体公司。
"Urbal"是与"Rurban"相对的一面。影片"The Urbal Fix"可在www.urbal.tv观看。

译者序

2017年年初，本书主编朱胜萱先生出版了新书《屋顶上的季节》，记录了他的都市农业探索之路，希望孩子们能“看到过一株韭菜淋着雨水生长，闻到过阳光下南瓜藤攀爬的味道，分得清稻草和麦秸”。朱先生将农业视为城市重新开始呼吸的希望，实际上，这也是我们编译新田园城市理论译丛的动因。

本书是译丛的第二本，该系列的第一本书《连贯式生产性城市景观》首次提出了都市农业不同于传统绿化的生产性特征，本书则对全球范围内有价值的都市农业实践进行了全景式的扫描。本书收录了食物研究这个新领域中的各类成果，涉及多个学科，包括与食物相关的城市发展策略、食物规划设计的实践与理论探索等，并整合形成综合性的区域食物地理学，阐明食物如何在可持续的城市与区域发展中发挥重要作用。

近年来，与食物相关的议题和实践越来越多地出现在我国城市管理者、学者、设计师、社会活动家的视野中。尽管本书的内容主要基于欧洲，但在食物问题的研究和实践过程中所取得的经验仍有值得借鉴之处。因此，译者希望本书能够帮助大家对世界食物运动有所了解，为那些正在该领域内开展工作的人们提供有价值的参考。

本书的第一章详细介绍了本书的编排和主要内容，是非常好的导读，建议读者在选择自己感兴趣的章节前首先阅读本书的第一章，以理解编排逻辑，提高阅读效率。

感谢“浙大建工—东联设计·城市与环境规划建设创研中心”、教育部人文社科青年基金（14YJCZH033）、中国博士后科学基金（2015M571872）、浙江理工大学科研启动基金，浙江理工大学521人才培养计划为本书的出版提供的资助。

感谢中国建筑工业出版社徐纺社长和本书的责任编辑滕云飞，正是她们的推动和包容，本书才能得以面世，此外，由于部分内容超出译者的学科领域，水平所限，定有不当之处，敬请广大读者批评指正。

高宁

浙江大学 博士后

浙江理工大学 副教授

目　　录

第 1 章

可持续的城市食物供应：科学家、决策者、规划师和设计师们的挑战

约翰尼斯 · S.C. 威斯克[1]（Johannes S.C. Wiskerke）
安德烈 · 维尤恩[2]（Andr é Viljoen）
1荷兰瓦赫宁根大学，乡村社会学组
2英国布莱顿大学，建筑设计学院
han.wiskerke@wur.nl

1.1 引言

从2007年起，城市人口超过了农村人口。据预测，到2050年，全球人口将从70亿增长到至少90亿，而其中城市人口就占了65亿。简而言之，这意味着在接下来的40年内，城市人口将增加30亿，城市中每天将新增20.5万张吃饭的嘴，但直至今日，食物问题依然没有被提上城市规划发展决策的议程。

正如珀苏古彻（Pothukuchi）和考夫曼（Kaufman）在2000年阐述的那样，在相当长的一段时间里，食物问题一直是城市规划领域的陌生议题。首要原因便是许多城市居民，尤其是大多数西方国家的城市居民，将食物的存在看作是理所应当的事情：

> 食物仿佛是魔法的产物，我们几乎从不会去想这些食物是怎么来的。在伦敦这样规模的城市中，每天需要生产供300万人消费的食物，这些食物会经过生产、运输、销售、烹饪、食用、丢弃这样的流程。每天，类似的流程也发生在地球上的各个角落。城市居民的食物问题的确值得关注（斯蒂尔Steel，2008）。

第二个食物问题被忽视的原因是食品工业的快速发展以及食物产地与消费地之间日渐增加的地理距离。尽管城市食物供应系统的结构性改变导致了生产者与消费者的脱节以及食物产地与消费地的分离（威斯克Wiskerke，2009），但是对于大多数城市居民来说食物仍然是"天经地义"的存在（珀苏古彻Pothukuchi和考夫曼Kaufmen，1999）。第三个原因是，食物问题通常不被纳入城市公共政策的范畴。这是因为，在城市化的历史进程中，一些问题通常被界定为城市问题，另一些则被界定为乡村问题，而食物与农业普遍被认为是典型的乡村问题。松尼诺（Sonnin，2009）认为这种公共政策中长久以来的城市、乡村二分法导致了城市食物研究和政策的三个不足：

> 关于食物供应链和食物供应网络的研究通常被局限在乡村和区域的研究范畴，而从空间、地理位置和规模上来说，城市的需求才是决定食物供应的最根本因素，也正是城市的需求才促使了一些"替代性"食物的出现（比如有机食物，本地食物，原产地标记食物等）。
>
> 城市食物安全问题往往被认为是产品本身的问题而不是流动和配送的问题，这使得城市食物安全领域内缺失了许多必要的干预手段。
>
> 如前所述，将食物政策视为非城市问题阻碍了在可持续城市发展中对食物问题的研究，也阻碍了城市在食物系统中发挥创新性作用的研究。

本书希望通过大量与食物相关的城市发展策略、规划设计的实例与理论探索，来弥补以上的三个不足。另外，本书还将说明食物如何在可持续的城市与区域发展中发挥重要作用。

1.2　规划师与设计师，同领域中的陌生人

如果说，食物是城市规划中的陌生问题，那么通常来说，规划师与设计师也是彼此陌生的。虽然规划师与设计师都会涉及到与食物系统相关的问题，但专业语汇与实践的差异也会使交流发生障碍。这是一个典型的孤岛问题，同时也触及了一个存在于艺术与科学之间根本性的分歧。尽管如此，规划师和设计师仍一致认为食物系统是非常复杂的。社会挑战或许是系统理性可量化的，并通常与规划政策相关，但其结果通常是以物质空间为载体来呈现的。空间和物质环境需要通过设计来实现，这不仅仅为解决温饱，同时会对生活品质带来巨大影响。因此，设计师与规划师需要彼此沟通和理解。如果怀疑这点，就去反思一下20世纪的城市设计对汽车依赖型城市形成的影响以及对城市公共空间荒废的影响。即使不考虑食物问题，如果在城市蔓延的过程中，城市居民仍想感知季节变换、开展户外活动并且有丰富的感官体验，那么也需要考虑新食物系统的空间模式。将整个城市或者部分城市想象为农场，或是重新思考什么是“乡村”，这种有趣的挑战已经吸引了许多建筑师、景观设计师和艺术家。这些思考在两个开创性的展览中得到了清楚的阐释，一个是荷兰建筑师协会在2007年举办的“可食用的城市”（Edible City）展览，另一个是荷兰海牙的艺术机构“Stroom”在2009年策划的“食迹”（Foodprint）展览。展览阐明，在城市设计中，与食物相关的空间应当被看作是“必不可少的基础设施”（维尤恩Viljoen和博恩Bohn，2009）。随后在2011年出版的《胡萝卜城市——为城市农业创造空间》（高格雷斯基Gorgolewski 等）一书中列举了许多实例，进一步阐明城市农业空间可以作为这种新基础设施的组成部分。

除了规划师和设计师的探索，决策者也需要相信食物系统会发生变化，事实上，食物系统确实需要改变的迹象也在不断增加。

1.3　当代城市食物供应：城市生活的黑暗面？

想要了解食物如何在可持续的城市发展中发挥关键作用，我们首先要明白为什么食物是任何城市发展策略中不可或缺的一部分。在可持续的城市发展中，食物的重要性远不止是要养活新增的25～30亿城市人口。最大的挑战是，在未来的几十年中，如何在保证社会、经济、环境可持续的同时，以伦理正确的方式满足新增人口的食物需求。如今，要在城市中生活，就不可避免地要与全球化的食物生产、加工和运输发生联系（默多克Murdoch等，2000；斯蒂尔Steel，2008）。全球化的食物系统为城市人口，尤其是西方城市人口，带来了许多好处，比如全年不间断提供便利且价格低廉的食物。但随之而来的是一系列的问题（朗Lang，2010；威斯克Wiskerke，2009），这些问题为发展可持续且伦理正确的城市食物供应系统带来了巨大的挑战。

- **农业家庭收入下降**

在过去的几十年中，食物供应的主流体制从供给决定型转变为需求决定型，食物供应链的主导者也从初级产品加工者转变为控制食物加工和食物销售的零售商。由于重心转移至食物加工和零售部门，食物供应链中的价格竞争变得更加激烈（基尔文Kirwan等，待发）。这些剧烈的变化对农业家庭收入的影响表现为以下两个方面：首先是成本价格对农业的挤压导致生产总值停滞甚至衰退，与此同此，初级产品的成本不断增长（凡·德·普勒格Van der Ploeg 等，2000）；其次，在目前的食物供应链里，初级产品生产者处于从属经济地位，这一点从不公平的食物利润分配中就可以看出来（基尔文Kirwan 等，待发）。最典型的案例就是荷兰的猪肉供应链。超市里售价一欧元的新鲜猪肉，售价的30%属于原料供应部门（如动物饲料部门），6%归养猪农户，屠宰、去骨、包装和零售部门分别占有4%、8%、20%和24%的份额（霍斯特Hoste等，2004）。在原始农业被转变为工业化农业的过程中，这两方面影响贯穿始终（古德曼Goodman和雷德克里夫特Redclift，1990），并最终形成"水车效应"（摩根Morgan和默多克Murdoch，2000），也就是说，农民们被迫不断通过增加产量、扩大规模来减少单位产品的生产成本和单位劳动力成本。

- **农业劳动力、技能、核心竞争力和知识的丧失**

如今，全球范围的农业劳动力都在剧减，随之导致了农业技术和知识的丧失。海牙社会学研究院农村社会学教授本·怀特（Ben White）在其2011年的退休演讲中曾警告说，全球范围内年轻一代失去务农兴趣的现实将会导致传统的家庭农场消失。考虑到农民在全球食物生产过程中的重要性（凡·德·普勒格 Van der Ploeg，2008），这个现象可能会极大地威胁到全球食物供应的安全。

- **环境污染和退化**

工业化的食物生产已经开始并还将继续以污染环境为代价，比如，向地下水中排放硝酸盐，向空气中排放氨气，土壤的磷化，杀虫剂在空气、土壤、地表水中的残留（古德列斯Goodless等，2003；派瑞斯Parris，1998；凡艾德Van Eerd和冯Fong，1998）。更进一步，由于农业企业的专业化（如专业的乳制品、牛肉、猪肉、谷类、苹果和土豆企业）和农业的区域化（凡·德·普勒格 Van der Ploeg，2010），导致城市与乡村有机废物营养流割裂，营养循环无法闭合，营养在空间上分布不均，有些地方营养冗余而有些地方则营养匮乏（朗Lang，2010）。

- **废弃物**

城市居民购买的食物中有很大一部分还未被使用就将当作废弃物扔掉（斯蒂尔Steel，2008）。朗（Lang，2010）表示，2007年大约有33%的食物被扔掉。除了食物废弃物，随着加工食品的增加，消费后被丢弃的食品包装也越来越多。珀苏古彻（Pothukuchi）和考夫曼（Kaufman，1999）

提供的数据显示，食品废弃物（包括食品包装）大约占城市居住区、商业区和各类职能区总废弃物的1/3。

- **对化石燃料的依赖**

食物的生产、加工、运输、贮藏和销售过程会使用大量的化石燃料。因此，全球化的食物系统带来了大量温室气体的排放，间接引起了气候变化（卡尔松卡尼亚马Carlsson-Kanyama 等 2003；卡尔松卡尼亚马Carlsson-Kanyama和冈萨雷斯Gonzalez，2009；朗Lang，2010）。根据对西方人饮食结构的全生命周期分析，平均7卡路里的化石燃料才能生产1卡路里的食物（海勒Heller和科尔兰Keoleain，2000）。全球化食物供应链中的很多环节导致了这种高能耗现象的产生，包括杀虫剂制造、化肥制造、食品加工和包装、食品运输（取决于运输方式）和食品冷藏（包括运输、贮藏和销售环节）（皮门特尔Pimentel等，2008）。

- **气候变化**

气候变化将在全球范围内对农业产量产生巨大影响（加内特Garnett，2008）。一些地区会从全球变暖中获益，那里的气候变得更加适宜作物生长（拥有更长的生长期和更充足的降水）。同时，另一些地区却将因全球变暖而引发严重的干旱和洪水灾害，进而面临食物短缺的问题。联合国粮农组织在2008年的报告中提到“气候变化将从四个方面影响食物安全问题：食物供应量、食物易得性、食物利用率和食物系统稳定性”。农业不仅仅受气候变化的影响，同时农业生产过程还会释放温室气体加速气候变化。这表明，在农业领域可以“通过改变生产方式减少温室气体排放，以此来缓解气候变化”（联合国粮农组织，2008）。

- **水资源的压力**

世界上绝大多数的淡水资源都被用在了食物的生产过程中。例如，生产150克的牛肉汉堡需要消耗2400升水（朗Lang，2010）。在英国的每日淡水消耗量中，只有0.2%用于直接饮用，65%的水则被用在了食物生产中。也就是说，如果全世界的人都采用这种西方的饮食模式，那么农业用水将比现在增加75%，世界将面临淡水资源耗尽的危险（威斯克Wiskerke，2009）。

- **生物多样性减少**

农业系统越发依赖寥寥几种高产量的农作物或牲畜品种，这种愈演愈烈的农业生产模式导致农业生物多样性严重减少。“起源于现代养殖业和绿色革命（20世纪40年代开始的农业革命）的现代农业生产模式，已经造成了大量基因流失、基因多样性下降，许多依靠人工维护和适应当地环境的作物种类消失”（维瑟Visser，1998）。

除了农作物和牲畜基因的流失，农场与农村的现代化也造成非农业生物多样性的消失。为适应现代化的农业生产，土地被大规模重整，这使得当地的自然风俗和历史文化景观遭到破坏（威斯克Wiskerke，2009）。例如，每年有大量的亚马逊热带雨林被开垦成用于大豆和生物燃料生产的农地。

- **食物品质的下降和多样性的减少**

高产量的作物种类和牲畜品种以及食品生产加工技术的标准化使得农作物多样性减少，也使得作物没有了原本自然生长出来的口感品质（卡耶特Cayot，2007；诺斯Nosi和查尼Zanni，2004）。同时，严格的食品卫生规章制度和食物加工业规模的扩大（意味着小型加工企业和手工处理工艺的消失）进一步使一些风味食物的口感品质下降（基尔文Kirwan等）。为了达到标准化生产的要求，食物加工过程中不得不使用色素、人工增味剂等，这就影响了食物的品质和口感。

- **农业用地**

不断增加的人口使得土地利用的竞争愈加激烈（朗Lang，2010）。农业用地通常被流转为建设用地，用于建立新城、发展工业和建设基础设施。与此同时，在许多欧洲国家的农村地区，我们发现其他性质的用地需求也在增加，比如用于休闲娱乐、自然观赏和农村住房（范达姆Van Dam 等，2006）。实际上，农业用地的终极竞争存在于食物生产用地和生物燃料生产用地之间。随着油价的上涨，经济效益更好的生物燃料生产成为了食物生产的替代品。另外，（朗Lang，2010）曾提到过发达国家城市不合理的用地情况：

> 实际上，伦敦用全球范围内共4886.8万hm²的土地来供养其城市居民，也就是说城市居民每人拥有6.63hm²地。这意味着，伦敦的食物足迹远超过其地理面积。为了让伦敦的用地更加公平，那应该将人均用地面积降至0.16hm²。

- **土壤退化**

土壤是非常重要的资源，用于生产食物和饲料。保持并提高土壤的产能需要先进的土壤管理模式（凡·德·普勒格Van der Ploeg，2008），但是，如今大量土壤由于没有得到妥善管理而退化（朗Lang，2010）。（耶Ye和凡兰斯特Van Ranst，2009）使用基于网络的土地评估系统模拟了土壤退化对中国食品安全的长期影响。这一研究预测“如果土壤继续按照现在的速率退化，那么到2030年食用作物的产量将降低9%。如果土壤以两倍的速率退化，那么到2050年产量将降低30%，突破可以承受的底线。”

- **公共卫生**

世界卫生组织在《欧洲儿童和青少年的健康与发展策略》中提到，“在许多欧洲国家，肥胖已成为最令人担忧的健康问题”（世界卫生组织，2005：5）。在欧洲，肥胖人口占总人口的10%到38%。尤其是快速增长的肥胖儿童问题更值得关注（罗布斯坦Lobstein 等，2005）。肥胖会为社会带来每人每年几十到数百欧元的花费（凡堡Van Baal 等2006），增加约25%的医疗支出（索普Thrope 等，2004）。同时，和肥胖恰恰相反，营养不良也成为一大健康问题，这个问题在城市中社会地位和经济地位相对较低的群体中更加常见。20世纪90年代，美国的一项调查显示有将近80%的居家老年人受到营养不良的困扰（珀苏古彻Pothukuchi和考夫曼Kaufman，1999）。由英国慈善组织“老人关怀”（Age Concern）所做的研究表明，在一家英国国家医疗保险系统医院里，65岁以上的老人中有40%的人营养不良，另外20%在住院期间会演变成营养不良（老年关怀组织，2006）。此外，还有一种营养不良是由所谓的“食物荒漠”现象导致的（据康明斯Gummins和麦金泰尔Macintyre，2006；里格利Wrigley，2002；里格利Wrigley等，2002），这是指贫困的城市社区缺乏超市和副食商店，只有贩售快餐和零食的商店。超市和副食商店由于物流原因搬到了城市郊区，拥有一部汽车成为了购买家用新鲜食物的先决条件。如果到市郊的公共交通系统还未建成或是缺乏，那么弱势贫困的人就被剥夺了获得营养食物的权利。

上述的这些挑战不应被视为一个个单一的问题，而应该被视为一系列互相影响的综合问题。现在普遍的工业化城市食物供应系统似乎正在朝着灾难的方向发展。如果我们依旧如常或是只着眼于单一问题，那么仅仅找出针对一种问题的解决方法可能会使另外的问题恶化，灾难就会成为现实（朗Lang，2010）。即使前景并不明朗，但我们还是有理由满怀希望：因为在全球范围内，正在涌现出越来越多的组织（由农民、消费者、零售商或是非政府组织创立），他们迫切地希望能解决上述的问题（松尼诺Sonnino，2009；威斯克Wiskerke，2009）。这些新的组织为新的食物地理学的发展做出了贡献。

1.4　挑战的重中之重：综合的区域食物地理学的出现

作为对众多与食物相关的健康与可持续问题的回应，新食物地理学（以及大量的新食物地理学著作）正在成为科学、政治和规划领域的议题（瓦特Watt等，2005）。这种新食物地理学与工业化的全球食物地理学有着不同的逻辑，基于多种综合价值标准，其核心是可持续性，并不再将环境、社会甚至是经济成本的外化视为理所当然的事情（摩根Morgan 等，2006）。

考虑到食物质量、食物安全、营养、食物碳排放地图等要素，新食物地理学主要关注以下三个互相关联的社会维度（参见图1.1）

1．减少食物供应链里生产者到消费者的距离——公民社会与食物供应链的新关系；

2．重新评估公共食物采购——作为采购方与消费方的公共部门与食物供应链的新关系；

3．城市食物策略——以城市或区域为单位来制定食物政策，旨在建立当地政府与公民社会的新关系。

1.4.1　便利的P2C食物供应链

短链食物体系（sFSCs）或替代食物体系（AFNs）（兰汀Renting等，2003）的发展被普遍认为是新食物地理学出现的主要标志（沃茨Watts等，2005）。最近十年，社会学家、经济学家和地理学家已经提供了足够的证据说明替代食物体系正在逐步普及（摩根Morgan等，2006；松尼诺Sonnino和马斯登

图1.1 食物地理学所整合的领域（威斯克Wiskerke，2009）

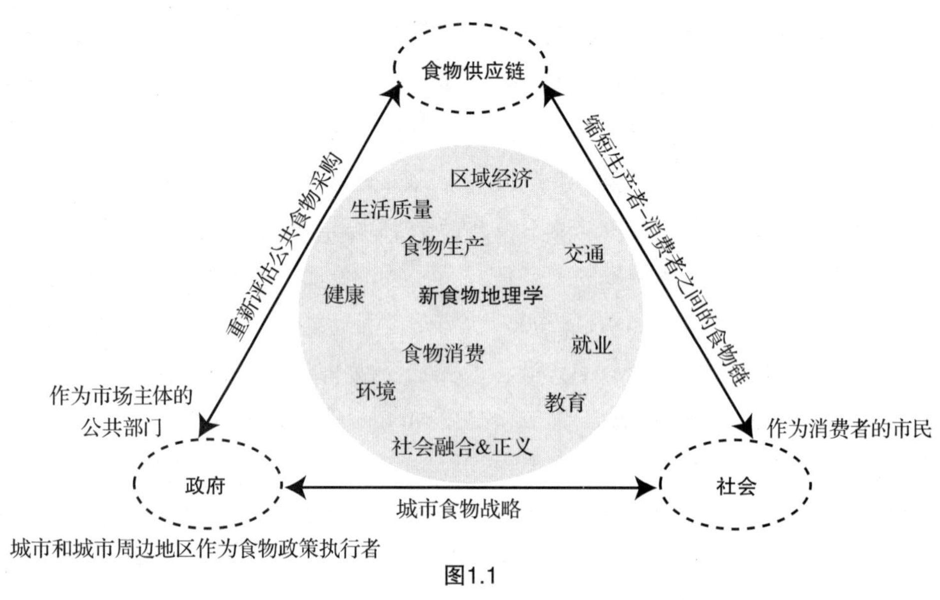

图1.1

Marsden，2007；沃茨Watts等，2005）。

> 出于对食物安全和营养的担忧，许多发达国家的消费者在消费过程中更为警惕。越来越多目光敏锐的消费者开始寻求“高品质的”产品。更进一步，高品质食物逐步被解读为更“本地”和更“自然”的食物……因此，高品质食物生产系统重新成为本地生态系统的一部分。（默多克Murdoch等，2000：107）

随着学术界不断增长的研究兴趣，在“替代食物体系”概念的指导下，社会—空间食物理论不断发展，出现了越来越多精彩的案例（兰汀Renting等，2003；沃茨Watts等，2005）。替代食物体系反映了消费者和食物市场之间的空间联系，这是一种在食物系统精心创造差异性并改变食物生产和消费之间的“连接模式”的结果，主要通过重新将食物与其生产所在地的社会、文化和环境语境联系起来而实现（基尔文Kirwan，2004：395）。

许多关于替代食物体系的案例研究已经出现，比如农产品商店（霍洛威Holloway等，2007；恩博瑞Ilbery和梅May，2005；文图拉Ventura和米隆Milone，2000），农贸市场（基尔文Kirwan，2004），（农产品）箱装宅配（塞范Seyfang，2006）以及社区支持农业（亨利奇Hinrichs，2000）。同时也有很多其他内容通常被认为属于替代食物体系的范畴：如原产地保护认证（PDO）食品和国家地理标志保护认证（PGI）食品（巴勒姆Barham，2003；德路斯特De Roest和门吉Menghi，2000）；如新的食物生产（和加工）模式；如有机和“高品质”食物（Renting等，2003）。瓦茨等人（Watts等，2005）将替代食物体系划分为“弱替代食物体系”（如原产地保护认证，地理标志保护认证，有机食物，“高品质”食物）和“强替代食物体系”（如生产、加工、配送与消费的空间关联）两类，这种替代食物体系成为了新食物地理学中不可或缺的部分。关于替代食物体系的研究迅速增长，并形成了丰富的资料库（参见瓦茨Watts等2005年的精彩文献综述），这些研究包括了替代食物体系发展动态、体系公约、生产者消费者的联系、组织关系和范式改变等多方面的内容（古德曼Goodman，2004；摩根Morgan等，2006）

1.4.2　重估公共食物采购的价值

新食物地理学的第二个维度是增强（半）公共部门的效力意识，通过改变公共部门的食物采购策略加强可持续食物生产和消费的模式。最近，关于医院膳食（基尔文Kirwan和福斯特Foster，2006）和学校伙食（摩根Morgan和松尼诺 Sonnino，2008）的研究表明：

> 公共部门开始成为食物供应链里重要的一环，它有能力重新联系生产者和消费者。公共部门的食物采购可以被视为一种认证，这种认证的公信力在某种程度上优于单独的市场认证和食物生产认证，同时可以影响食物系统中不明显的部分，包括服务、运输、劳动力、饮食习惯等。采购政策……被设计为一种“品质经济”，在食物系统之内或是之外，有可能通过采购政策传播可持续发展的环境、经济和社会理念（松尼诺Sonnino，2009b：426）。

发达国家与发展中国家都将学校食物改革视为发展新食物供应体系的机会，这种新供应体系以提供高品质的食物为目标，而新鲜的本地出产的食物通常会被认为是高品质食物（摩根Morgan和松尼诺Sonnino，2008）。如果整个公共部门——如医院、护理院、大学、监狱、政府机构等——都能善加利用这种采购的权力，那对于促进本地食物供应体系的发展将会起到更大的作用。在世界范围内，规划师与决策者们越来越多地参与到这种关系公共餐盘的新政中，各种关于基础设施发展、交通、土地利用和公民教育等的问题也不断出现。欧盟已经确认公共采购的“绿色化”是实现可持续消费和生产最重要的政策工具（欧盟委员会，2006）。在英国，公共部门会在每个工作日提供350万份工作餐，每年花费近20亿英镑，其中50%用于学校（战略小组Strategy Unit，2007）。在全国范围，关于公共采购是应该以减少支出为目标还是应该以环境可持续为目标的争论日益激烈。这导致了一场更大范围的争论——什么才算是采购的“最优价值”，长期的可持续目标是不是也应被纳入其中（摩根Morgan，2007）。公共部门，如医院、护理院、中小学校、大学、监狱和政府部门食堂，是全国性食物经济的重要组成部分，所以他们的举动对于健康和可持续发展理念的推广会有很大的影响。尽管公共采购模式有着促使经济与社会行为转变的巨大潜力，但是目前，通过公共采购模式的转变来发展新食物供应体系还仅仅只是一个美好的愿望（摩根Morgan，2006）。

1.4.3 城市食物策略

新食物地理学的第三个维度侧重城市食物策略，比如城市或都市作为食物政策制定者的积极作用。几十年来食物政策一直被认为是国家层面的责任（如果我们认为欧盟的共同农业政策也是一种食物政策的话，那这种责任甚至就是超国家的），而现在，城市逐渐成为食物政策制定和实施的新主体。尽管每个城市的食物策略不尽相同，但他们都试图整合不同的、但与食物相关的公共领域（环境、空间规划、公共健康、教育、就业、社会凝聚力等等），并创造一种协同效应（威斯克Wiskerke，2009）。学术界也注意到了这样的联系。实际上，过去十年里，有很多关于城市食物可持续性的文章，尤其是在存在已久的食物供应安全问题领域。在这类文章中，研究重心首先放在了“生产”这个方面，关注食物供应的安全问题，大量研究表明，从城市居民个体和集体的健康与福祉看来，城市农业具有提升人们生活环境质量的潜力（赫维尔Halweil和尼伦贝格Nierenberg，2007；Koc等，1999；穆杰特Mougeout，1999，2006）。快速的城镇化、食物价格攀升、自然食材减少和步步逼近的气候变化催生了“新食物平等”的现象（摩根Morgan和松尼诺sonnino，2010），在这种背景中，城市农业有可能在满足城市居民最基本的食物需求中发挥出重要作用。但是，这些研究成果还不够充分，不能帮助决策者解决城市食物供应和用地规划这一最棘手的问题。事实上，在城市农业领域缺乏综合研究和比较研究，以至于很难知道，在怎样特定的条件下这项活动才能发挥它所谓的公共健康、社会、经济和生态效益，也很难确定受益群体是谁（雷德伍德Redwood，2009：154）。此外，当务之急是要发展一个新的概念框架，以整合大量关于城市食物生产的研究，尤其是在获得食物的途径——食物安全最重要的环节——方面的研究。越来越多的大企业供应商在市场中取代了当地的食物零售商（迪克逊Dixon等，2007：124-125），造成了城市“食物荒漠”的现象：人们，尤其是低收入人群，无法获取新鲜的有营养的健康食物（盖伊Guy等，2004；里格利Wrigley，2002）。在这种情况下，就迫切地需要综合的城市食物政策来建立食物供应体系中各个环节之间新的关联，通过这种方式改善城市食物供应，并创造食物、环境、健康、经济以及文化间积极的互动。全球先锋城市的领导者们已经开始着手制定食物策略来调整供求关系，以期解决这种需求。与此同时，不同领域的社会科学家们已经记录了这些涌现的策略（在罗马、伦敦、多伦多和阿姆斯特丹）以及它们持续发展的潜力（如，唐纳德Donald和布雷帕尔默Blay Palmer，2006；摩根Morgan与桑尼诺Sonnino，2010；桑尼诺 Sonnino，2009；威斯克Wiskerke，2009）。但是，截至目前，这些先驱们的努力要么局限于某一地域要么局限于某一学科（希利Healy和摩根

Morgan，即将出版）。换句话说，这些关于城市食物系统的新研究还未传播到政策制定群体中，或是说还未被政策制定群体理解，尤其是那些负责制订可持续的生产—消费联系政策的群体。

1.5 可持续的城市食物供应新模式：科学、政策、规划和设计的多重挑战

新食物地理学，参见图1.1，并不仅仅只是一种以地区性（与全球性相反）视角理解食物生产和消费的方式，更是一种关于食物的综合概念。在新食物地理学视野中，食物不再仅仅是包含热量、维生素、蛋白质、营养等可以保证我们生存的物质，而是一种将环境污染（如杀虫剂和化肥）、交通运输（如食物里程）、环境退化（如生物多样性减少）、环境质量（如城市中的生产性绿色空间）、社会公平（食物正义）、公共健康（如肥胖和营养不良）、就业问题（如食品商店、餐厅、城市农民）、教育（如小学里的食物课程，农夫进校园活动）等众多问题联系起来的产品或途径。因此，可以将这种新食物地理学视为一种综合的地区性地理学。

这种新的视角为科学研究、政策制定、规划和设计带来更多的可能性：如果说对食物的理解从之前的产业维度（食物生产=农业，食物加工=工业，食物运输=交通，食物销售=零售业）转变为一种综合维度（食物=环境+公共健康+社会公平+就业+教育+生活质量），那么科学研究、政策制定以及规划和设计就要进行相应的改变。因此，科学家必须跨越学科间的界限，政策制定者要与其他部门合作，规划师和设计师也需要进行跨行业的合作。在食物研究的范畴之内进行跨界合作正逐步成为许多科学团体的习惯（麦克麦那欧斯基MacMynowski，2007），然而，政府部门间的政策制定协作以及规划设计协作才刚刚开始，或者是根本还未开始，尤其是在涉及食物的问题上（威斯克Wiskerke，2009）。如今，最大的挑战是：如何将多学科食物研究与跨部门的食物政策制定结合在一起，以及如何将食物系统的规划和设计结合在一起。这需要我们摒弃“长久以来在食物的设计和实践中的学科偏见”（亨利奇Hinrichs，2008）。因此，定义问题，阐述疑问，设计研究活动，采集和分析数据，说明结果，提出建议，落实措施，监管和评估行动，理解新问题等等这一系列活动，都是科学家、决策者、规划师和利益相关者之间以及社会不同角色之间互动的过程，尽管他们各自承担的社会责任和扮演的社会角色有所不同。最终，新食物地理学的视角需要我们摒弃普遍主义思想，取而代之的是要从地区差异性的角度看待问题。在建立食物可持续生产消费模式的过程中，所面临挑战的困难程度会因地区的差异而不同，因此我们做出的应对措施也各有不同。

1.6 关于本书

我们希望通过本书将科学研究与政策制定、规划与设计整合在一起，从而形成综合的地区性食物地理学。这本书探索了城市食物研究的新领域，包括城市食物政策和治理以及城市食物规划与设计。本书主要基于

欧洲经验，集合了目前世界各地正在进行的实践案例，并对这些案例进行了系统的说明和分析。基于上文提到在新食物地理学背景中，发展可持续且伦理安全的城市食物供应模式的十二个挑战，我们可以归纳出四个主题以供进一步的理论研究：

城市食物管理 这个主题旨在让我们更好地理解城市在塑造可持续食物系统中发挥的作用。其次，记录城市和都市在食物政策与规划方面已经和正在做出的努力。

健康、环境与社会的一体化 这个主题试图探索在现代社会中，健康与环境的结合是如何为可持续的食物政策发展带来帮助，以及如何在不扩大不平等的前提下实现这个目标。

城市农业 这个主题探讨了城市农业对城市生活的影响，其中部分研究旨在讨论城市农业对城市经济的影响，另一部分则试图勾勒出城市农业对城市生态或是社会结构的影响。

食物系统的规划与设计 这个主题主要关注城镇中食物系统的基础设施建设，并且探索如何在城市既有空间中重新植入食物生产加工和交易的场所，以及它所带来的空间、社会和环境的新机遇。

本书的每一个主题都包括一系列的章节[①]。虽然每个章节是与一个具体主题相关，但很多章节其实是与一个或多个主题相关。比如第三部分城市农业主题中的一些章节其实也在探讨城市规划（第四部分）和城市农业政策问题（第一部分）。同样，第四部分中关于食物规划和设计的一些章节也是基于第三部分城市农业的案例上的。这再一次印证了城市食物地理学的交叉学科特质。本书的一些章节主要以实例为研究对象，详细描述一个具体的案例，另一些章节则是将实例描述和理论分析相结合。每个部分都以本部分编辑的介绍文章为开端，他们划定这个相关主题的范围并将相关章节收录进来。

在简介部分还有两篇介绍背景的文章。第一篇是卡洛琳·斯蒂尔（Carolyn Steel）关于食物与城市的关系以及我们为什么需要重新思考这一关系的研究。第二篇是乔伊·纳赛尔（Joe Nasr）和琼·柯米萨（June Komisar）基于北美实践经验，对于食物与农业进入城市规划和设计领域的研究。

在简介部分，我们试图证明，建立新的能够支持公正可持续食物系统的城市与区域规划系统这一任务迫在眉睫。通过对不同规模、多种多样的实践与理论模型的研究，本书详细描述了可持续的食物系统，并开始构建实现这种系统的途径。

参考文献

Age concern, 2006. hungry to be heard: the scandal of malnourished older people in hospital. Age concern England, London, uk,

① 每篇文章都进行了两次同行评审。初稿均由负责该主题的编辑进行评审。修改稿则由一名负责该主题的编辑和一名同主题不同文章的作者进行评审。

26pp. 19: 127-138

Carlsson-kanyama, A, Ekstrom, M. P. and shanahan, H, 2003. Food and life cycle energy inputs: consequences of diet and ways to increase efficiency. Ecological Economics 44: 293-307.

Carlsson-kanyama, A, and Gonzalez, A, D, 2009. Potential contributions of food consumption patterns to climate change. American journal of clinical nutrition 89: 1704S-709s.

Cayot, N, 2007. Sensory quality of traditional foods. Food chemistry 102: 445-453.

Council of the European union, 2006. review of the EU sustainable development strategy (Eu SDS) - renewed strategy 10917/06. Council of the European union, Brussels, Belgium.

Cummins, s. and Macintyre, S., 2006. Food environments and obesity: Neighbourhood or nation? International journal of Epidemiology 35: 100-104.

De roest, K and Menghi, A., 2000. Reconsidering "traditional" food: The case of Parmigiano Reggiano cheese Sociologia Ruralis 40: 439-451.

Dixon, J. Omwega, A. M., Friel, S., BURNS, C. Donati, K, and Carlisle, R, 2007. The health equity dimensions of urban food systems. Journal of Urban Health 84: 118-129.

Donald, B and Blay-palmer, A., 2006. The urban creative-food economy: producing food for the urban elite or social inclusion opportunity? Environment and Planning A38: 1910-1920.

Garnett, T, 2008. cooking up a storm: food, greenhouse gas emissions and our changing climate. Food Climate Research Network, Centre for Environmental Strategy, University of Surrey, UK, 156pp.

(FAO) Food and agriculture organization, 2008. Climate change and food security: A framework document. Food and agriculture organization of the united nations, Rome, Italy, 107pp.

Goodlass, G, Halberg, N. and Verschuur, G, 2003. Input output accounting systems in the European community : An appraisal of their usefulness in raising awareness of environmental problems. European Journal of Agronomy 20: 17-24.

Goodman, D., 2004. Rural Europe redux? Reflections on alternative agro-food networks and paragigm change. Sociologia Ruralis 44: 3-16.

Goodman, D. and Redclift, M, 1990. The farm crisis and the food system: some reflections on the new agenda. In: Marsden T. and Little, J (Eds) Political, Social and Economic Perspectives on the International Food System. Avebury, Aldershot, UK, pp. 19-35.

Gorgolewski. M. Komisar, J and Nasr j, 2011. Carrot city: Creating places for urban agriculture. Monacelli press, New york, NY, USA, 240pp.

Guy, C, Clarke, G and Eyre, H, 2004. Food

retail change and the growth of food deserts: a case study of Cardiff. International Journal of Retail and Distribution Mannagement 32: 72-88.

Halweil, B. and Nierenberg, D, 2007. Farming the cities. In: Starke, L. (Ed) The world watch institute, State of the World 2007: Our Urban Future . The World Watch Institute Washington DC. USA, pp. 48-63

Heller, M. C. and Keoleian, G, A, 2000. Life Cycle-Based sustainability Indicators for Assessment of the US. Food system. Center for Sustainable Sysrems. University of Michigan, Ann Arbor, MI, USA, 61pp.

Hinrichs, C. C, 2000. Embeddedness and local food systems: notes on two types of direct agricultural market. Journal of Rural Studies 16: 295-303.

Hinrichs, C, C, 2008. Interdisciplinarity and boundary work: challenges and opportunities for agrifood studies. Agriculture and human values 25: 209-213.

Holloway, L, Kneafsey, M, Venn, L, Cox, R, Dowler, E. and Tuomainen, H, 2007. Possible food economies : a methodological framework for exploring food production–consumption relationships. Sociologia Ruralis 47: 1-19.

Hoste, R, Bondt, N. and Ingenbleek, P. T. M., 2004, Visie op de varkenskolom, Wetenschapswinkel Wageningen UR Rapport 207, Wageningen, the Netherlands, 83 pp.

Ilbery, B. and Maye, D, 2005. Food supply chains and sustaionabilitu: evidence from specialist food producers in the Scottish-English borders. Land Use Policy 22: 331-344.

Kirwan, J, 2004. Alternative strategies in the UK agro-food system: interrogating the alterity of farmers' market. Sociologia Ruralis 44: 395-415.

Kirwan, J. and Foster, C, 2006. Public sector food procurement through partnerships: the Cornwall Food Programme . In: Roep, D. and Wiskerke, J. S. C (Eds) Nourishing Networks: fourteen lessons about creating sustainable food supply chains. Reed Business Information, Doetinchem, the Netherlands, pp. 155-164.

Kirwan, J, Slee, R, W, Foster, C. and Wiskerke, J. S. C, (forthcoming) . Dynamics and diversity in food supply chains across Europe. In: Wiskerke, J. S. C, Van Huylenbroeck, G. and Kirwan, J. (Eds) Sustaining food supply chains: grounded perspectives on the dynamics and impact of new modes of food provision. Ashgate, London, UK.

Koc, M. MacRae, R, Mougeot, L. J. A, and Welsh, J. 1999. For hunger-proof cities: sustainable urban food systems. Intenational Development Research Centre, Ottawa, Canada, 294pp.

Lang, T, 2010. Crisis?What Crisis? The Normality of the Current Food Crisis.

Journal of Agrarian Change 10: 87-97.

Lobstein, T, Rigby, N. and Leach, R, 2005. Obesity in Europe-Briefing Paper for the EU Platform on Diet, Physical Activity and Health. International Obesity Task Force. London, UK.

Macmynowski. D. P 2007. Pausing at the brink of interdisciplinarity : power and knowledge at the meeting of social and biophysical sciences. Ecology and Society 12: 20.

Morgan, k, 2006. School food and the public domain: the politics of the public plate. Political Quarterly 77: 379-387.

Morgan, K, 2007. Greening the public for Business Relationships, Accountability, Sustainability and Society (BRASS), Cardiff University, Cardiff, UK.

Morgan, K. and Murdoch, J, 2000. Organic vs. conventional agriculture: Knowledge, power and innovation in the food chain . Geoforum 31: 159-173.

Morgan, K., Marsden, T. K. and Murdoch, J. 2006. Worlds of food: Place, power and provenance in the food chain. Oxford University Press. Oxford, UK, 225PP.

Morgan, K. and Sonnino, R, 2008. The school food recolution : public food and the challenge of sustainable development. Earthscan, London, UK, 256pp.

Morgan, K. and Sonnino, R, 2010. The urban foodscape: world cities and the new food equation . Cambridge Journal of Regions, Economy and Society 3: 209-224.

Mougeot, L, J, A, 1999. For self-reliant cities: urban food production in a globalizing south. In: Koc, M, Macrae, R, Mougeot, L, J, A. and Welsh, J. (EDS.) For hunger-proof cities: sustainable urban food systems. International Development Research Centre, Ottawa, Canada, 294pp.

Mougeot, L. J. A., 2006. Growing better cities: urban agriculture for sustainable development . International Development Research Centre, Ottawa, Canada, 106pp.

Murdoch, , JMarsden, T. K. and Banks, J., 2000. Quality, nature and embeddedness: some theoretical considerations in the context of the food sector. Economic Geography 76: 107-125.

Nosi, C. and Zanni. L., 20004. Moving from “typical products”to “food-related services”: the Slow Food case as a new business paradigm . British Food Journal 106: 779-792.

Parris, K, 1998. Agricultural nutrient balances as agri-environmental indicators: An OECD perspective Environmental Pollution 102-Supplemengt 1: 219-225.

Pimentel, D, Williamson, S, Alexander, C. E., Gonzalez-Pagan, O, Kontak, C. and Mulkey, S. E., 2008. Reducing energy inputs in the US food system . Human Ecology 36: 459-471.

Pothukuchi, K, and Kaufman, J, L., 1999. Placing the food system on the urban agenda: the role of municipal institutions in food systems planning. Agriclture and Human Values 16: 213-224.

Pothukuchi, K, and Kaufman, J, L., 2000. The food system: A stranger to the planning field. Journal of the American Planning Association 66: 113-124.

Redwood, M., 2009. Agriculture in urban planning. Generating livelihoods and food security. Earthscan, London, UK, 272 pp.

Renting, H., Marsden, T. K. and Banks., J., 2003. Understanding alternative food networks: exploring the role of short food supply chains in rural development. Environment and Planning A 35: 393-411.

Stfang, G., 2006. Ecological citizenship and sustainable consumption: Examining local organic food networks. Journal of Rural Studies 22: 383-395.

Smit, J., Ratta, A. and Nasr, J., 1996. Urban agriculture: food, jobs and sustainable cities. UNDP, New York, NY, UDS, 328 pp.

Sonnino, R., 2009a. Feeding the city: Towards a new research and planning agenda. International Planning Studies 14: 425-435.

Sonnino, R., 2009b. Quality food, public procurement and sustainable development: the school meal revolution in Rome. Environment and Planning A 41: 425-440.

Sonnino, R. and Marsden, T. K., 2006. Beyond the divide: rethinking relationships between alternative and conventional food networks in Europe. Journal of Economic Geography 6: 181-199.

Steel, C., 2008. Hungry city: How food shapes our lives. Random House, London, UK, 400 pp.

Strategy Unit, 2007. Food: an analysis of the issues. Cabinet Office, London, UK, 113 pp.

Thorpe, K. E., Florence, C. S., Howard, D. H. and Joski, P., 2004. The impact of obesity on rising medical spending. Health Affairs W 4: 480-486.

Van Baal, P. H. M., Heijink, R., Hoogenveen, R. T. and Van Polder, J. J., 2006. Zorgkosten van Ongezond Gedrag, Zorg voor Euro’s 3. Rijksintituut voor Volksgezondheid en Milieu, Bilthoven, the Netherlands, 62 pp.

Van Dam, F., De Groot, C. and Verwest, F., 2006. Krimp en Ruimte: bevolkingsafname, ruimtelijke gevolgen en beleid. NAI Publishers, Rotterdam, the Netherlands, 109 pp.

Van der Ploeg, J. D., 2008. The new peasantries: Struggles for autonomy and sustainability in an era of empire and globalization. Earthscan, London, UK, 352 pp.

Van der Ploeg, J. D., 2010. The food crisis, industrialized farming and the imperial regime. Journal of Agrarian Change 10: 98-106.

Van der Ploeg, J. D., Renting, H., Brunori, G., Knickel, K., Mannion, J., Marsden, T., De Roest, K., Sevilla-Guzman, E. and Ventura, F., 2000. Rural development: from practices and policies towards theory. Sociologia Ruralis 40: 391-408.

Van Eerdt, M. M. and Fong, P. K. N., 1998. The monitoring of nitrogen surpluses from agriculture. Environmental Pollution 102—Supplement 1: 227-233.

Ventura, F. and Milone, P., 2000. Theory and practice of multi-product farms: farm butcheries in Umbria. Sociologia Ruralis 40: 452-465.

Viljoen, A. M. and Bohn, K., 2009. Continuous Productive Urban Landscape (CPUL) Essential Infrastructure and Edible Ornament. Open House International 34: 50-60.

Visser, B., 1998. Effects of biotechnology on agro-biodiversity. Biotechnology and Development Monitor 35: 2-7.

Watts, D. C. H., Ilbery B. and Maye, D., 2005. Making reconnections in agro-food geography: alternative systems of food provision. Progress in Human Geography 29: 22-40.

White, B, 2011. Who will own the countryside? Dispossession, rural youth and the future of farming. Valedictory Address delivered on 13 October 2011 on the occasion of the 59th Dies Natalis of the International Institute of Social Studies, The Hague, the Netherlands.

Wiskerke, J. S. C. 2009. On place lost and places regained: reflections on the alternative food geography and sustainable regional development. International Planning Studies 14: 361-379.

WHO (World Health Organization), 2005. European Strategy for Child and Adolescent Health and Development . World Health Organization –Regional Office for Europe, Copenhagen, Denmark.

Wrigley, N., 2002, Food Deserts' in British cities: Pplicy context and research priorities. Urban Studies 39: 2029-2040.

Wrigley, N., Warm, D., Margetts, B. and Whelan, A., 2002. Assessing the impact of improved retail access on diet in a 'Food Desert': A preliminary rcport. Urban Studies 39: 2061-2082.

Ye, L. and Van Ranst, E, 2009. Production scenarios and the effect of soil degradation on long-term food security in China . Global Environmental Change 19: 464-481.

第2章

食托邦（Sitopia）——借助食物的力量

卡洛琳·斯蒂尔（Carolyn Steel）
英国伯恩夜莺建筑事务所
cs@kilburnnightingale.com

摘要：城市与乡村的关系对人类文明进程至关重要，并将在未来数年主导社会政治、经济和生态议程。城市无休止地从大自然获得资源的时代已经过去，对于建筑师和规划师来说，必须权衡城乡建设与地球资源利用率最大化之间的关系。要创造一个公平且可持续的未来，就要去探索新的居住模式。这项任务的规模和复杂性要求扩大建筑和规划的外延，接纳许多非传统领域。寻找新的工具不仅仅是为了解决目前的问题，也是为了更有效利用空间想象力来进行创新。食物就是这样的一个工具，作为联系城市与乡村的首要元素，食物在各个方面深植于日常生活之中。作为最重要的大众商品，食物在社会、物质和象征性层面影响着人们的生活。从食物的视角来看，可以将人类文明理解为不同类型的食托邦，这些食托邦都有一个共同的线索——“食物空间”。从这个角度去理解食物，就可以将其作为实践和概念工具，用于思考、行动和创造。食物已经塑造了人类的世界，借助食物的力量，可以让世界变得更美好。

关键词：城市、农业、网络、设计、乌托邦

2.1　城市悖论

人类的生存有赖于食物，但对于城市居民来说，存在着一个悖论。城市生活方式依赖其他地方的食物供养：一个我们坚持称其为“乡村”的地方，尽管从这个词想象出的画面与现代食物生产的现实完全不同。

在所有维持城市运转的资源中，没有什么比食物更重要的了。在工业化之前，这一点是非常明显的，因为对于每个城市管理者来说，解决食物生产和运输方面的挑战是首要任务。建设一个城市，首先要考虑食物的来源。易腐坏的水果蔬菜等尽量本地种植，通常种植在城市边缘地区。肉类和鱼类按季节时令消费，吃不完的通过盐渍、风干和腌制保存。废物几乎是不存在的：厨余可以用来喂猪喂鸡，人与动物的排泄物被收集起来作为农田的肥料。在前工业化的城市里，食物随处可见，食物的气味四处弥漫（斯蒂尔 Steel，2008）。

但现在就完全不同。19世纪铁路的发明将城市从地理层面彻底解放，城市可以选择自身的发展规模、形态和建设地点。随着城市扩张，食物系统也在进行工业化转变，城市和食物开始分道扬镳，各自发展。建筑师和规划师畅想着整洁无异味的城市，与此同时，初期食物工业为了经济利润开始大肆追逐“高效率”。随着交通成本的相对降低，食物生产不再需要靠近城市，而是在自然资源丰富、劳动力成本更加低廉的偏远地区了。

大家曾经认为城市可以无休止地从自然获得生存所必需的资源。事实是否如此？过去，城市人口只占很小的比例（1800年只有3%），所以对生态环境的影响是有限的。但今天情况刚好相反，地球上有一半以上人口生活在城市，而这个数量预计在2050年会翻番。粮食骚乱越来越频繁，粮食歉收、油价上涨、生物燃料和大宗商品投机将食物价格推向新高。如果不考虑技术的进步，那么在解决城市食物悖论这个问题上我们确实没有我们的祖先做得好。

当下的趋势显示，如果想要避免生态灾难的出现，就需要对我们现在的生活方式进行全面的反思。但是我们的社会、政治和经济系统却在回避这样的改变，就像衰老身体中的骨骼，它们已经非常脆弱了。面对这些突如其来的改变，他们有两种选择：要么维持常态，要么崩溃。在快速发展和一切未卜的时代，与日渐减少的物质资源相比，缺乏弹性将可能给我们的未来带来更大的威胁。

在应对2008年的食物和金融危机时，全球的反应就说明了这个问题。尽管现行的经济系统有明显的缺陷——依赖不可持续的“增长”，全世界应对危机的做法仍然只是恢复原有的商业模式。在非洲实施“绿色革命”的计划同样是目光短浅的。印度旁遮普省推行的“绿色革命”在开始的几年里的确增加了粮食产量，但随之而来的却是收成减少、土壤肥力下降、水资源紧张和层出不穷的农民自杀现象。而这些悲剧却被默默地忽视了（舍瓦Shiva，1991）。

2.2 食托邦

为了解决复杂的互相关联的全球性问题，需要新的思维模式和行动方式，以便能更好地适应现代化，对未来的不确定性做出回应，并反映社会现实的复杂性。更进一步，这种新的思维模式还要易于把握和理解。但是，要去哪里寻求这样的模式呢？

食物提供了一种答案。食物塑造了人类生活的城市和景观。人类每天的生活都与食物息息相关，政治经济也由食物驱动，显然食物已经与人类融为一体，更是人类赖以生存的根本。试问，除了食物，还有什么能更深刻地影响到人类的生活呢？

然而，食物是以我们并不了解的方式塑造了这个世界。或许，我们在生活中能注意到那些最明显的变化，比如圣诞节过后的腰围，但是有多少人能注意到食物是如何影响政治和经济系统、景观、公共和私人空间的使用以及社会契约呢？我们必须用一种新的眼光才能发现食物这种无孔不入的影响力，研究食物的过程也正是我们将其作为工具来解决问题的过程。

在应对全球性威胁时最需要的不是更多的技术、资本或物质资源，而是思想观念。我们需要努力创造、保留或适应一种新的生活方式，只有这样才能采取有效的行动。

食物能够帮助我们创造这样的方式。因为我们每天都需要吃饭，所以说如何吃的问题基本等同于如何生活。某种意义上，通过食物，可以判断我们的生活是好还是不好。基于这样的判断，便可以建立“食托邦”：一个普遍接受并实践的基于食物的价值观的社会（斯蒂尔Steel，2008）。

2.3 食物的价值

那么什么是基于食物的价值观呢？毫不夸张地说，在资源有限的今天，食物作为人类最迫切的共同需求，是对生活的衡量标准。世界上不同的国家对待食物的习惯、信仰和技巧以及与之相关的价值观上都不尽相同。但重要的是，每个前工业化社会都将食物置于其社会与空间的核心地位，而每个后工业化社会都将食物置于边缘的地位。为什么会出现这样的差异？简而言之就是食物代表了权利，这个事实在前工业化社会非常显著，而在当下就相对模糊。我们被“廉价”食物全年不间断供给的情景所麻痹，不知不觉使这个最有价值的共同的资源脱离了我们的掌控。

从社会和生态的角度来看，这样的后果是灾难性的。如今，食物和农业的温室气体排放量占全球总排放量的三分之一。每年有1300万公顷的森林被砍伐或是变为农业用地，同时据估计全球24%的可耕地已经退化（世界粮农组织，2011；国际粮食政策研究所，2011）。全球85%的渔业资源被耗尽或被完全开发（世界粮农组织，2010）。世界淡水总量的70%用于农业生产，而全球有12亿人口生活在淡水短缺的困境中（世界粮农组织，2007）。在西方国家，每生产一卡路里食物，就需要消耗大约十倍的能量，而同时，美国生产的食物有一半被浪费掉（琼斯Jones和安迪Andy，2001；斯图尔特Stuart，2009）。全世界有十亿人在饥饿边缘挣扎，而同时又有十多亿人正在受超重困扰，这其中有三分之一是肥胖人群。

工业化生产的食物成本非常高，但是我们在商场里购买的食物价格中几乎没有包含这部分生产成本。事实上，这是对隐性成本的忽视，“廉价食物”是一种幻觉，是一种破坏性的概念。根据印度科学与环境中心的研究数据表明，在一片由森林开垦出来的土地上养牛，用其牛肉生产出来的汉堡真实的成本应为200美元（帕特尔Patel，2010）。

我们对于食物价值的错误估计带来的不仅仅是一个汉堡成本的问题，它会引起整个价值体系的不稳定。我们以为食物是廉价的，但事实上我们是否认了其真实的生产成本，反过来，这也使我们对生活的价值视而不见。我们为社会的“繁荣”与“增长”不懈努力，却忽视了维系这些理念的基础是不稳固的。

2.4　日常生活

如果我们希望未来的社会有稳固的基础，那就要找到新的标准来衡量诸如“繁荣”和“增长”这类的词汇。在这一方面，食物发挥了很大的作用。食物与太阳的关系在现代社会中因为太自然而然反而不被关注，但其实这是我们感知空间、时间和幸福的基础。这提示我们，好的生活必须依据自然的节奏。对人类而言，令人高兴的是，太阳持续不断的能量意味着地球上的资源并不是绝对有限的。因此人类所面临的挑战也并不主要是如何分配不断减少的资源，而是管理那些可再生的资源，这才是目前应该关注的重点。

我们必须依时令而生活，使生活节奏与宇宙的规律相协调：这是“日常”的双重含义。尽管我们常常对这个词不屑一顾，但“日常（mundane）”在牛津英语词典里被解释为“世界的、世俗的、宇宙的、平常的、日常的”（思凯斯Skyes，1983）。对日常的理解越深刻，就越能从世界获得归属感，洞悉什么是更好的生活。

从食物延伸出的思考和行动指引着我们，也让我们看到自己的局限。就拿分享食物来说，餐桌礼仪是从很久以前流传下来的固定程序，用来维持公平并加强社会联系。在所有古老的文化中，一个人如何与他人一起就餐是非常重要的。古代雅典时期，在餐桌上贪吃的行为会被认为是在政治上不可信的标志（戴维森Davidson，1995）。即使在今天我们也能深刻地感受到餐桌礼仪的重要性，也会在正式与他人就餐的时候表现得体。在全球化的世界中，分享食物也有了新的意义。我们需要将这种餐桌礼仪延伸到陌生人中间，甚至从未见过的陌生种族。所以分享食物在某种意义上也就成了一种直接或间接暗示生活富足的方式。

2.5 城乡割裂

食托邦有许多可用之处，最重要的是用于解决城市食物悖论。一万年前，当城市和农业第一次同步发展时，城市与它的郊区腹地之间的关系是非常清晰的。早期的城邦实际上是城市与国家在社会、物质和概念上紧密结合在一起的共同体。相比之下，我们现在住在远离食物资源几百甚至几千英里之外，对养活我们的食物工业一无所知，极少甚至不会想要去控制这些资源。曾经，城市增长被地理条件所限，而现在每周会有130万从农村迁移到城市的移民。全球有十亿人居住在没有清洁淡水、电力供应和卫生条件的城市棚户区和贫民窟。

这样的增长速度对城市来说到底是好是坏，各方观点大不相同。包括斯图尔特·布兰特（Stewart Brand）和爱德华·格莱泽（Edward Glaeser）在内的评论家们认为城市是最“绿色”的生活方式，那些棚户区在某种程度上恰恰是人类发挥才智的沃土，将会带领这些新的城市居民摆脱贫困（布兰特Brand，2010；格莱泽Glaeser，2011）。而另一些学者，包括拉杰·帕特尔（Raj Patel）和朱尔斯·皮雷蒂（Jules Pretty），他们认为大规模放弃农村生活，是对当地知识、技能、社区和主权的放弃，是非常可悲的。而不论是哪种观点，可以肯定的是，不生产食物的社区（城市）和生产食物的社区（农村）的关系处于非常危险的失衡状态，数十亿城市和乡村人口都生活在极度贫困中。

那么大规模迁徙到城市的根本原因是什么呢？当然，追求更多的社会机会是一个原因，但也应该注意到，大量从事中小型农业生产的农民在全球化的农业商业中被迫放弃土地，因为在这个商业系统中，只有最大和最有效率的农场才能幸存。城市和养活城市的工业化食物系统使得乡村生活难以为继。为了在世界范围内创造公平稳定的社会，必须解决管理食物的权力结构问题。只有这样才有希望重塑城市与乡村发展的平衡，而这种平衡也是文明赖以发展的基础。

2.6 社会食物体系

以食物为基础的力量主要在于如何联系生产者和消费者，就像提姆·朗（Tim Lang），迈克尔·西斯曼（Michael Heasman）和其他学者的研究表述的那样，目前这种力量被少数几个大企业牢牢掌控着（朗Lang和西斯曼Heasman，2004）。如果用图来说明，全球食物系统就像一棵树，密集的根部（生产者）将营养通过狭窄的树干（超市）运输到树枝（消费者）（格瑞文克Grievink，2003）。在这样的系统里，树干实际上控制着整个食物链。但如果消费者和生产者们建立了直接的联系呢？那么就会出现完全不同的系统模式：一种灵活的、个人的、公平的复杂体系。

在纽约市布鲁克林区的公园坡食品屋（Park Slope Food Coop）就是这样一个体系。这家食品屋成立于1973年，拥有14000名会员，每个人每周工作几个小时，食物开支就能节约20%~40%。这家公司与当地方圆100英里内的40个小型农场建立了长期的合作关系，给予这些农民安全保障，这种保障的层次在现代食物工业体系里是罕见的。这家食品屋同时也有一套非常有力的伦理规章制度，每个月还会召开会员大会来加强这种体系制度。它的会员们是非常高效的“合作生产者（co-producers）”：慢食运动（Slow Food）创始人卡洛·佩特里尼（Carlo Petrini）创造了这个词来指代这些有思想的消费者们，他们通过实际行动积极推进这种新食物体系的发展（佩特里尼Carlopetrini，2007）。

这种方式使得食物交易更加民主化，也为乡村居民们带来了新的可能性。一旦越过“树干”这部分垄断企业，城市食物系统本身的社会潜力将不可小觑。超越了树形模式，这个体系可以像一系列复杂的互联网络那样，每一个“树枝”都弯向它们的“根”。这就是一个民主的食物系统的基本模式。在这样的系统里，“树干”就只代表着一种监管秩序，一种曾经由政府充当的支撑角色。

随着现代通信技术的不断发展，创造复杂食物系统的机会大大增加。社会机会的优势不再由城市居民独享，这在人类历史上是第一次。市场信息、新闻和知识都可以在互联网上获得。在一个工业化国家，农民现在可以通过互联网直接联系消费者来出售成箱的有机蔬菜等。在肯尼亚，马萨伊的养牛人相互之间可以分享关于市场走向的信息，来决定何时何地出售牲畜。这种网络信息沟通是至关重要的，因为这打开了市场与食物分配运输的渠道，而这一环节原本是由大企业控制的。

建立更加平等的食物体系之后引发的关键性改变是让整个食物供应链更加人性化。让更多的人参与到食物体系中，尤其是那些在田间劳作的生产者，这一转变为社会和生态环境带来的益处是意义深远的。与农产品公司的生产模式相比，中小型农场主或是渔民会以更长远的眼光来对待食物生产。就像拉杰·帕特尔（Raj Patel）、朱尔斯·皮雷蒂（Jules Pretty）和其他人的研究所指出的，传统的生产者们继承了丰富的地域知识，就像一种家族的传承，对土地和海洋的管理已经渗透在他们的日常生活中了（帕特尔，2007；皮雷蒂，2002）。只要有便利的进入市场的渠道，小型生产者们也可以获得相当丰厚的收益，过上好的生活。但是，要想使这种生活成为可能，就需要其他人成为“合作生产者”以便让食物获得应有的价值。

想要和生产者们一起合作，城市居民们不妨学学茱莉·布朗（Julie Brown）。她创办了伦敦有机食物箱计划“种植社区（Growing Communities）”，即“社区引导型交易”。在拓展事业的过程中，布朗意识到最大的挑战并不是找不到愿意为伦敦居民提供有机食物的供应商，而是找不到愿意为有机食物支付额外费用的消费者。为了能够建立起一个伦理可持续的食物系统，她认为，人们应当意识到自己的日常饮食习惯带来的连锁反应。只有这样，他们才能接受并改变食物消费方式。

于是布朗将重心从具体的商业活动转向了教育工程，旨在改变人们对于食物的认知和选择。她创建的“食物区划（Food Zone）”模式正在进一步完善中，这也是其教育项目的成果之一（布朗Brown，2011）。这个模式的灵感来源于约翰·冯·杜能（Johann von Thünen）的土地利用理论，“食物区划”模式阐释了伦敦人如何从全球各地的农场中获取食物来养活自己，其范围从伦敦（一个布朗认为只能种沙拉蔬菜的地方），到英国全境，到整个欧洲，乃至全球（因为包括茱莉·布朗在内的所有人都认为伦敦人是不可能停止消费咖啡和香蕉的）。

2.7 规模问题

公园坡食品屋和种植社区这样的先驱案例表明，食物的确有改造世界的潜力。但是，距离我们所设想的食物的变革性力量还相距甚远。重新将食物置于社会运行的中心地位意味着重大的文化方向的转变。同时也意味着新的政治和经济结构的建立，新的规划模型、新的社会秩序的形成：从新自由主义走向社区主导交易模式，从不加控制的城镇化走向城—乡地区主义。

就像迈克尔·波伦（Michael Pollan）和其他人所注意到的，一场新的“食物运动”正在形成（波伦Pollan，2010）。尽管越来越多富有启发性的食物项目陆续出现，但比起仍占主宰地位的全球农业商业来说，它们的综合影响力还是微不足道的。就像大海中的独立洋流，他们的流动或多或少是独立的。以英国为例，这可以解释为什么既出现了越来越多的农夫集市、手工食物生产者以及电视烹饪节目（如“食物诱惑”），也同时存在烹饪水平的持续下降、儿童肥胖程度日益加深和奶牛场的倒闭等现象。这两种看似极端不同的现象，实际上有着深层的联系。

对于食物运动的倡导者们来说，如何扩大实践的规模是重中之重。而这件事却困难重重，尤其是食物本身的生产规模具有无法控制性。因为食物与生活息息相关，任何想要扩大生产规模、运输、交易或消费的尝试都会不可避免地有各种剧烈的影响。以耕牧混合农业模式为例，这种模式在小规模经营的状态下是非常值得推荐的，因为可以通过自产废物管理和轮种产生协同效应，通过物种多样化实现系统的弹性，农场里多种多样的工作种类也可以使工作过程变得有趣不乏味。但是一旦规模扩大至工业化生产模式，这种耕牧混合农业就会出现严重的问题，比如污染、工人工作环境恶化和动物福利丧失等。重要的是，这两种情况最大的区别就在于劳动者的技术熟练程度、工作关注程度以及对工作的热爱程度，而这恰恰就是工业化“扩大规模”过程中试图以“高效率”为幌子而抛弃的。

2.8 食托邦演化

一个真正以食物为本的社会和当今的社会有着根本性的不同，想要到达那种社会层面就需要一场彻底的变革。因为这项任务规模庞大，因此常常被刻意回避。但我们必须面对，食托邦或许可以帮助我们解决这一类问题。食物是超越规模的存在，以食物的视角思考和行动使我们可以致力于“大”问题（当然，也不要忘记“小的是美好的”）。

“革命”是个很令人讨厌的词语，似乎暗示着暴力和破坏。但它也可以是温和的，就像1989年捷克的“天鹅绒革命”那样。这类温和变革的关键在于前期准备工作：这种渐进式改良的好处在于，当改变来临时，民众和基础设施都已经做好了准备，这是食托邦将采用的模式。食托邦并不同于乌托邦，它不是一个理想化的模式，更多的是一个通往理想模式的过渡工具。所以它是一种渐进式而非革命式的运动：始终处于变革的过程之中，而非一蹴而就。在食托邦的视野中，微小的进步也有着巨大的意义，因为这些微小的进步能够创造一种环境，在这样的环境里以食物为本的生活方式价值观得以繁荣。

毫无疑问，全球性的农业体系还将在未来的日子里继续出现在我们的生活中。但这并不能让我们失去信心。相反，我们必须为将来农产品工业发展到必须变革的时刻做准备，因为我们确信这一时刻终将会到来。现在就行动起来，我们才能确保浪费的、不合伦理的、不公平的现行食物体系可以顺利转变为符合伦理的、可持续的食托邦。行动方式是多种多样的：自觉了解食物的相关知识，引导他人去了解食物，在规划和设计过程中考虑食物因素，要求政客们做出努力，成为“合作生产者”，自己种植食物，自己烹饪，健康饮食等等。我们或许无法一夜之间颠覆现行食物工业的主宰地位，但通过合作，我们可以撼动它的根基。

柏拉图认为，文明的目的在于提出正确的问题。任何不思考哲学问题的人不过是在庞大的人类总数中再添一个而已。我们处在不同的时代和社会，但人类终极问题却依然相同。我们最大的任务不是如何面对气候变化、石油峰值、人口或贫困问题，而是如何面对生活本身。既然食物即是生活，那么它可以帮助我们更加接近生活的本质。

食托邦，本质上是一种生活方式，一种在其真实意义上拥抱日常的生活方式。它揭示出我们应该如何享受真正的繁荣和持续的增长：通过不断积累，这种积累并不是指物质积累，而是一种智慧、经验、多样性和想象力构成的丰富性。我们应该庆祝时令的交迭、地域的独特性、合作的快乐、互相的尊重、美味可口的食物、泥土的芬芳、学习与教授的乐趣、亲力亲为劳作的乐趣以及赞赏、爱和分享的愉悦。这些简单的快乐不难得到，只要有一颗想要追寻幸福生活的心。

如果这一切听起来似乎过于理想化，那是因为，完整意义上的食托邦即是乌托邦。而唯一不同的就是，食托邦既可以是美好的也可以是丑恶的。如何通过食物来塑造世界，决定权在我们手上。

参考文献

Brand, S., 2010. Whole earth discipline: why dense cities, nuclear power, transgenic crops, restoredwildlands, radical sciencc, and geoengineering are necessary. Atlantic Books, London, UK, 323 pp.

Brown, J., 2011. Growing communities food zone manifesto. Available at http://www. growingcommunities. org/about-us/food-zone/manifesto/.

Davidson, J., 1995. Opsophagia: revolutionary eating al Athens. In: Wilkins, J., Harvey, D, and Dobson, M. (Eds.) Food in Antiquity. University of Exeter Press, London, UK, pp. 204-213.

FAO (Food and Agriculture Organization of the United Nations), 2007. Coping with water scarcity, p.4. Available at http://www.fao. org/nr/water/docs/escarcity.pdf.

FAO, 2010. The state of world fisheries and aquaculture. p. 8. Available at http://www. fao.org/docrep/013/ il820e/il820e00.htm.

FAO, 2011. The state of ihe world's forests. Available at http://www, fao.org/docrep/013/ i2000e/i2000e00.htm.

Glaeser, E., 2011. Triumph of the city: how our graetest invention makes us richer, smarter, greener, healthier and happier. MacMillan, London, UK, 270 pp.

Grievink, J-W., 2003. The changing face of the global food industry. OECD Food Conference Proceedings, The Hague, the Netherlands.

IFPRI (International Food Policy Research Institute), 2011. The economics of desertification, land degradation, and drought, Discussion Paper, p. 57. Available at http:// www.ifpri.org/pubIication/economics-desertification-land-degradation-and-droughtl.

Jones, A., 2001. Eating oil: food supply in a changing climate. Sustain and Elm Farm Research Centre, London, UK, 5 pp.

Lang, T. and Heasman, M., 2004. Food wars: the global battle for mouths, minds and markets. Earthscan, London, UK, 307 pp.

Patel, R., 2007. Stuffed and starved: markets, power, and the hidden battle for the world food system. Portobello, London, UK, 319 pp.

Patel, R., 2010. The value of nothing: how to reshape market society and redefine democracy. Portobello, London, UK, p. 44.

Petrini, C., 2007. Slow food nation: why our food should be good, clean and fair. Rizzoli Ex Libris, New York, NY, USA, 304 pp.

Pollan, M., 2010. The food movement, rising. New York Review of Books, June 10, 2010. Available at http:// www.nybooks. com/articles/archives/2010/jun/I0/food-movement-rising/.

Pretty, J., 2002. Agri-culture: reconnecting people, land and nature. Earthscan, London, UK, 264 pp.

Shiva, V., 1991. The Green Revolution in the Punjab. The Ecologist 21: 57-60.

Skyes, J.B. (Ed.). 1983. Concise Oxford Dictionary of Current English. 7th Edition. Clarendon Press, Oxford, 1983, 1255 pp.

Steel, C., 2008. Hungry city: how food shapes our lives. Chatto&Windus, London, UK, 324 pp.

Stuart, T., 2009. Waste: uncovering the global food scandal. Penguin, Loudon, UK. p. 188.

第3章

城市规划和设计实践中的食物与农业

乔·L·纳斯尔[1]（Joe L. Nasr）
琼·D·柯米萨[2]（June D. Komisar）
1加拿大多伦多瑞尔森大学，食品安全研究中心；美国城市农业网
2加拿大多伦多瑞尔森大学，建筑科学学院；多伦多食品政策委员会成员jnasr@ryerson.ca

摘要： 一些始终没能成为规划者和设计者关注焦点的问题，正在改变我们对于典型城市系统的理解，扩展我们的关注领域，并正在成为激发创新的催化剂。食物系统和城市居民的脱节即是这类问题中的一个。通过对高校教学、设计竞赛以及专业人士关注点的调查，可以认为：在规划和设计的研究领域，食物和农业正在快速赢得合理合法的一席之地。但是，与此相关的实践则相对滞后。本章分析了在建筑环境领域的相关实践，并着重分析了北美在城市规划和建筑设计层面的案例，这些案例将食物和农业系统与可持续规划设计实践有机结合。尽管这类实践的数量正在增长，但是只有少部分个人和机构将食物问题融入到日常工作中；然而，这仍然表明规划和设计领域能够将食物问题纳入研究范围，并将这类问题作为城市规划和设计领域的重要组成部分。

关键词： 食物系统，规划实践，建筑实践，建筑设计

3.1　简介

一些始终没能成为规划者和设计者关注焦点的问题，正在改变我们对于典型城市系统的理解，扩展我们的关注领域，并正在成为激发创新的催化剂。这些问题大都源于现行的食物和农业体系，这一体系将市民与食物生产割裂，将市民与包括加工、运输在内的整个食物系统割裂。

随着人们对食物系统和健康的了解不断深入，他们也开始逐渐明了目前存在的问题，对这类挑战的认识逐渐增强，这其中包括了城市农业，食品安全，食物里程以及减少温室气体的排放等。同时，我们也越来越明确，本地食物生产和分配有助于资源的可持续发展和减小生态足迹，是一种重要的可持续规划设计模式。

规划师们对食物系统中存在的挑战已经讨论了十多年了，[①]设计师们（包括建筑设计师、景观设计师、室内设计师、工业设计师）对城市食物和农业问题的兴趣也开始逐渐增加。[②]通过对高校教学、设计竞赛、继续教育以及专业机构关注点的调查，可以认为：在规划和设计的研究领域，食物和农业正在快速赢得合理合法的一席之地。但是，尽管对这一问题的认识正在慢慢提高，但是规划师和设计师依然未能将这些问题融入到日常实践中。

本章分析了在建筑环境领域的相关实践，并着重分析了北美在城市规划和建筑设计层面的案例。在这些案例中，规划师和设计师运用了大量不同的战略将食物和农业系统与可持续规划设计实践进行整合。[③]实践

① 例如，珀苏古彻（Pothukuchi）和考夫曼（Kaufman）的重要出版物（1999年和2000年）已经出版逾十年。

② 参见维尤恩（Viljoen）2005年的重要出版物。

③ 在瑞尔森大学发起的“胡萝卜城市”计划中收集了许多案例，本章作者与马克·高格雷斯基（Mark Gorgolewski）为这一计划的协调人。详见网站：www.carrotcity.org以及高格雷斯基等，2011。

者们已经在无意之中碰到了食物系统的挑战，或是正在有意识地积极探寻这些挑战的应对之道。这些实践者来自不同的专业领域，如规划学、建筑学、社会学、经济学、生态学等等。在介绍建筑设计领域的案例之前（建筑设计师最近也已经致力于在实践中整合食物和农业问题），我们将首先介绍规划领域的案例。其他的一些研究则在近期开始思考此类专业人才的教育问题，①以及他们工作的特殊内容。②本文也是较早关注专业领域实践问题的研究之一。

3.2　在规划实践中融合食物系统

对于规划师来说，食物和农业问题正逐渐成为一项合理并有趣的规划事务，③食物和农业问题也正在融合进传统的规划实践中。接下来的内容就反映了这一融合过程，即食物系统正在成为规划实践的新议题而非仅仅只是被利益驱动的经济议题，它逐渐与规划者们的工作融合，逐渐从规划工作的边缘部分转变为必要部分。一个新的视角就能够激发起一系列创新的方法，利用这些方法，规划者们开始了食物系统规划的探索。

近期，食物系统这个话题已经引起了许多国家的关注，越来越多的人希望能够将全部的精力、时间和知识都投入在这一事业上，致力于为食物系统的变革做贡献。有很大一部分人（尤其是年轻人）想要关注那些有强烈意愿进行变革的地区，他们正在寻找一个契机，或许规划就能够提供这样一个机会。需要说明的是，规划专业本身并不是终极诉求，而是通向终极诉求的工具。我们已经开始和那些将城市农业纳入个人职业规划的大学生和年轻人接触，共同探究为达成终极诉求，什么专业是适用的，或者说，规划是否是一个能够全力应对食物系统挑战的职业。在这过程中，甚至一些中学生都与我们联系，为我们提供了许多建议。

对食物系统规划的需求也受到许多外部因素的推动。例如，非规划者们就希望能够为规划师寻找一个合适的角色，以便让规划师协助应对食物系统中存在的挑战。现在许多新食物运动的倡导者都期待规划师能在食物体系变革中发挥重要的作用。这一系列外部因素迫使那些此前从未关注过食物系统的规划部门意识到：是时候尽自己的努力建言献策了。规划部门也开始指派一些规划师将食物系统融入到规划的工作领域中。

在一些案例中，一些特殊的争论迫使规划者不得不插手此事。或许最常见的推动因素就是城市地区和郊区养鸡合法化的争论。像这样有关区划的问题通常被视为经典的规划干预领域，因此，对规划师来说，这并不

---

① 规划领域，见曼德斯（Mendes）和纳斯尔（Nasr），2011。建筑领域，见柯米萨（Komisar）等，2009。

② 美国规划师协会（APA）和安大略省职业规划师协会（OPPI）开展了一些调研，调研中的一些问题涉及规划师在食物系统中的参与情况。

③ 例如，2007年，美国规划师协会（APA）通过了《社区和地区食物规划指导方针》（APA，2007）；2010年10月，安大略省职业规划师协会（OPPI）在举办食物系统规划研讨会后发出了“行动呼吁”。

是非同寻常的问题。但不同的是，近年来这样的挑战多直接源自对食物系统的关注和食物系统自身的问题，以及土地利用管理条例对食物系统的限制。不管他们是否愿意，“养鸡法案”和类似的争议性话题（城市地区的蜜蜂养殖、庭院种植、社区堆肥…）都将规划者推上风口浪尖。①

人们对食物系统的关注所带来的结果是，规划研究小组被委以重任，要求其在短时期内全身心投入到对食物系统和相关方面的研究中。典型案例是特拉华谷区域规划委员会（DVRPC）对费城地区食物体系所做的研究。该委员会通常处理交通规划这一类常规问题，不过他们也开展了这项关于食物问题的研究（DVRPC，2010）。这一研究对规划委员会来是个全新的领域。目前，许多规划机构正在关注食物系统规划，但是正如DVRPC所做的，这类研究通常是一项特别的、一次性的任务，而不是一项持续开展的行动。

在食物这个领域里，规划师的工作有时会与公众参与的其他领域相互交叉。在这里介绍一个食物作为公共政策链接点的典型案例。南安大略省沃特卢地区是一个中型城市集群地区，该地区的规划和健康部门发现，他们所面临的众多挑战都在食物领域相互重叠，于是这两个部门联合起来，开始共同从事一些具有前瞻性的研究，②这些研究将为后续的规划和公众健康干预行动做好充分的知识储备和意识准备。

规划师在处理这一系列食物问题的时候，并不仅仅只是描绘一张遥不可及的蓝图，同时也关注持续的问题解决的过程。近来，有关食物系统的工作已经不再新奇，这样的工作机会越来越多，规划师也正在朝着这一领域进军。在规划部门之外，有许多与食物相关的非规划工作岗位，比如食物政策委员会的员工、社区食物倡导者、农夫市集合作者等。对于这类工作岗位，拥有专业知识和技能储备的规划师是再合适不过的了。但是这并不仅仅指专业技术知识，也包括知识的广度，系统化的逻辑思维和一些能够让他们胜任此类食物系统工作的品质。

除了非规划的工作岗位之外，在规划部门内部也产生了很多新的工作岗位。这些新岗位可能是关注食物问题的社会规划岗位，或者是强调地方食物系统的公共健康规划岗位，又或者是将食物问题纳入日常工作范畴的社区规划岗位。③

最后，食物问题开始成为规划师日常工作的一部分。例如，回到之前提到过的DVRPC对费城地区食物系统所作的研究，DVRPC最显著的成就就是该地区的食物系统规划（DVRPC，2011），该规划由一个享

---

①“城市农民”网站（www.cityfarmer.info）描述了北美（从圣地亚哥到哈利法克斯）大量的关于城市农业争议的事件，尤其是养鸡的争议。甚至地方选举候选者之间的辩论中都涉及了这一类的争议。

② 在沃特卢地区公共健康网站上，可以找到大量的报告。http://chd.region.waterloo.on.ca/en/researchResourcesPublications/ researchstudies.asp#FOOD.

③ 巴尔的摩最近聘用了第一个食物政策主任——这个岗位设置在城市规划部门内部。Cohn，2010

有“食物系统规划者”称号的人士主持。这一称号——直到最近，都是很少见的——正变得不那么罕见。事实上，从温哥华到巴尔的摩，目前只有少数几个专业人士才能享此殊荣，获得这一称号。这可以被视为食物系统作为规划师合法实践领域的信号。

3.3　在建筑实践中融合食物系统

许多有志于可持续设计的建筑、景观以及城市设计专业的学生正逐渐将城市农业和食物系统的变革视为可持续发展和整体设计策略的一部分。在较早的时候，这种兴趣很大程度上仅限于大学生的想象，最近的发展趋势则显示，年轻的设计师离开学校成为实践者后，就开始尝试将想象变成现实。这些年轻的设计师（以及一些资深的设计师）正在努力将城市农业融入到景观策略，绿色建筑技术以及改建项目中。

年轻设计师从学校走向社会实践的案例显示了学生时代的探索与之后专业工作之间的密切关系，更证明了对于可持续发展实践来说，城市食物和农业设计方面教学的巨大价值。有一部分学生很幸运，他们对这一领域很感兴趣而且一毕业就进了专业对口的公司工作；有一部分学生开始创业，通过自己的努力发展与食物系统相关的可持续项目；还有一部分学生则基于社区或专业组织平台向更多的社区传播这一战略。在下文中，我们将给出三个加拿大的案例。

加拿大瑞尔森大学的一名建筑系毕业生弥迦·弗农（Micah Vernon）正致力于将城市农业和设计融入到可持续设计的核心内容中。在学校期间，他将生产性温室运用到城市合作住宅改建项目设计中（图3.1）。毕业之后，他并没有在一个能够将食物种植和建筑设计相结合的公司里工作，而是设法通过正职之外的活动延续他的兴趣。他在多伦多建筑协会人类分会内创建了一个城市食物组织，这个组织每个月都举办论坛来传播关于可持续设计方面的信息和愿景，后来，他成为了当地分会的领导者。

另一位毕业生乔丹·埃德蒙兹（Jordan Edmonds）也做了类似的工作，他主要关注社区发展和食物的关系。他论文中的社区食物中心项目，主要是通过设计一系列温室、市场空间、社区公共空间以及社区公园，使其成为连结建成环境和自然环境的桥梁。毕业之后，他进入多伦多希尔迪奇建筑事务所工作，这个公司有意识地从事与社会和环境相关的事务。他们近期的一个项目叫做“40橡树社区中心”，该中心是多伦多最大的社区再开发项目“摄政公园”的一部分。这个新的社区中心有专门为食物活动设置的区域，位于经济型住宅下方，包括了烹饪课空间以及示范农园等。[①]埃德蒙兹仍在继续努力，为摄政公园增加社区农园空间。埃德蒙兹的经历为他带来了其他与食物设计相关的工作，包括一个位于安大略省斯特拉斯福特的新社区食物中心项目，对于埃德蒙兹来

① 详见http://www.tcrc.ca/index.cfm/14511/40-oaks.

图3.1　多伦多合作住宅改建。瑞尔森大学弥迦·弗农论文项目中的温室和厨房部分。图片来自弥迦·弗农。
图3.2　梅森生产性住宅的建筑外部（图片来自茹恩·康湘）
图3.3　梅森生产性住宅的建筑剖面（图片来自茹恩·康湘）

图3.1

说，学生时代的理想已经照进了现实。

当茹恩·康湘（Rune Kongshaug）还是蒙特利尔麦吉尔大学建筑系学生的时候，就参加过最低成本住房组织的可食用景观项目。[①]这个组织主要从事城市农业领域的相关研究项目，除了蒙特利尔，全球范围内已有三个城市开始实施该组织的研究。该组织的研究人员致力于寻找一种参与型社区设计战略来应对食品安全问题并提高食物产量。完成了这些工作之后，康湘开始独立地进行建筑设计。其中，梅森生产性住宅是他早期在蒙特利尔实施的一个复合住宅项目（图3.2，图3.3）。这个项目整合了许多食物相关要素，如适应性改建、主动式和被动式太阳能系统、地面生产农园、屋顶种植平台、温室、垂直农园以及堆肥区等。[②]目前，他正在计划一项规模更大的后继项目。

在这三位实践者中，有两位通过自己的实践或是借助非营利组织从事相关的工作，还有一位受雇于志趣相投的公司。毫无例外，他们在大学期间获得的知识都为此后涉足食物领域奠定了基础。在其他的案例中，对食物系统的兴趣也可能与任何学术背景都无关。现在已经有大量资深设计师和设计公

① 详见http://www.mcgill.ca/mchg/pastproject/edible-landscape.

② 详见http://productivehouse.com/en. 及Chartrand，2009

图3.2

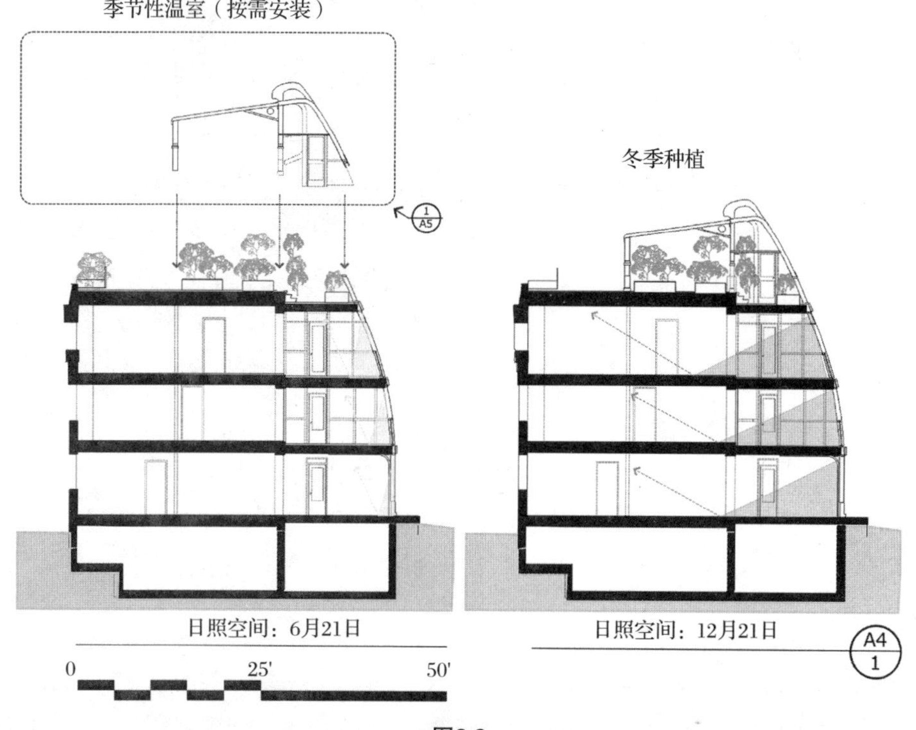

图3.3

司开始在可持续设计工作中融入应对食物系统挑战的相关策略。

蒂普尔建筑有限公司为多伦多社区住房部（60列治文街，2007）设计了一幢获奖的社会型经济住宅。这幢公寓名为“60列治文东街”，它将城市农业空间作为可持续战略的组成部分并将其整合到建筑空间中，如：屋顶绿化空间、被动式通风、主动式和被动式太阳能系统、空气冷却和过滤系统、雨水收集系统等。厨房农园坐落在地上六层，作为室外公共空间的一部分，这部分被设计成立方结构，自然光源可以进入农园内。此外，在这栋建筑里还设有烹饪教学厨房。这个项目展示了在城市高密度地区经济住房的可持续设计策略中，如何融入食物和城市农业元素。这是一个商业公司在特定项目中，将食物系统视为重要的可持续设计要素的典型案例。

另一位多伦多建筑设计师乔·劳勃寇（Joe Lobko）和他的公司杜·陶伊特·阿尔索普·黑里尔（DTAH）善于将专业的食物和城市农业设计手法运用于改建项目中，这使得他们在这一领域享有盛誉。在历史街区电车修理仓库改建而成的伍兹伍德艺术仓库项目中，他们开始系统研发这一设计模式。伍兹伍德艺术仓库是一个综合性的社区空间，包括了非营利组织的办公室、艺术家们的工作室和画室、儿童剧院等。①在为其中最大的租户The Stop进行设计的过程中，DTAH研发出了城市农业和食物方面的专业设计。The Stop是一个社区食物中心，该中心鼓励发展城市农业，经营农夫市集，教授关于营养和生产性花园的技术知识，在该社区和其他社区中推动社区营养计划。DTAH将一个年久失修的仓库改建为一个很大的温室，并配备了室外烤炉和烹饪教学空间（图3.4）。

同时，DTAH也是长青砖厂项目的首席设计方。②该项目位于一处废弃的采石场，总占地面积约2500m^2，改建后的砖厂拥有农贸市场、植物苗圃、室内农园，在室内花园中，设计师利用原有的铺装地面设置了一处高垄种植床。此外，设计师们还设计了一个教学区，主要用来展示各种可食用的植物、本土树木、灌木、花草以及沼生植物。长青砖厂目前已经成为一个食物和农业教学示范区，这要归功于精彩的设计和许多富有远见的参与者，其中就包括一个主要的租户——“常青树”非营利环保组织（图3.5）。

在长青砖厂和伍兹伍德艺术仓库的改造案例中，设计师展示了废弃工业遗产用于社区发展和教育的潜力，在这过程中，食物发挥了激发场所综合功能的重要作用。DTAH沿着这条道路继续前进，并在这一新设计领域发现了商机。近期，DTAH又得到一个委托项目——多伦多简和芬治社区的“可持续社区行动计划”。在这个研究中，并没有特别提出食物问题，而是直接将食物问题作为

① 详见http://www.torontoartscape.on.ca/places-spaces/artscape-wychwood-barns.

② 这个大项目的其他设计者包括克劳德科米尔建筑景观公司，戴蒙德+施密特建筑公司以及E.R.A.建筑公司。Hume，2010

图3.4

图3.5

图3.4　伍兹伍德艺术仓库中的The Stop社区食物中心温室以及社区花园。乔・劳勃寇，DTAH公司
图3.5　多伦多长青砖厂的示范花园。乔・劳勃寇，DTAH公司

了计划的主体。这充分说明了对食物系统的关注已经转变成重要的设计领域，同时也是设计过程中的常规思考范围。

此外，建筑师同时也扮演着协调者的角色。位于温哥华的摩尔希尔街区是一个城市所有的街区，该街区在很多人的共同努力下得以免遭拆除的噩运。[①]在这一过程中，两家建筑设计公司和一家景观设计公司（DIALOG，Sean McEwen 和Durante Kreuk）扮演了城市和居民之间的协调者角色：城市希望拆除这个市中心的社区，居民则相反。现在，这项工程已经成为一种新型的历史街区保护、适应性改建和创新型可持续体系模式。这种模式创造了拥有社区农园的经济型住宅、雨水花园和创意步行小路。社区洗衣店、工作间和回收区坐落在曲折小路的沿线。通过这种方式，设计师将城市农业空间作为"生活之路"，为摩尔希尔社区的居民创造了一个便利集中的社区生活中心（卡斯切乔维奥兰特Castrejon Violante，2010）。

上述案例说明：在与食物相关的设计中，建筑设计师可以起到多种多样的作用，主要能够在技术、艺术、程序或者建议指导等方面做出贡献。在一些案例中，设计师/公司根据雇主的需求研发了城市农业专业设计；在另一些案例中，城市农业设计则是更大的可持续发展议程的一部分。随着更多后继项目的出现，与这一设计领域相关的内容必然会持续增加。

3.4 结论

以上的案例描绘了这样一个场景：在日益发展壮大的食物系统规划设计领域中，专业人士纷纷开始寻找自己合适的角色。一些专业组织如美国规划协会就已经开始进军这一领域。正是这样一些个体的兴趣和不懈努力，使得食物体系已经成为规划师和设计师的专业实践领域。

本章分别介绍了规划者和设计者的相关实践，但实际上这两个专业领域内的实践并不能截然分开。一方面，这两个专业领域的发展始终相互交织，而且食物系统的问题对这两个专业来说也并无二致。另一方面，一个领域内的实践必然会影响到另一个领域。例如，一些创新性的策略要想得到实施就不得不挑战现行的土地利用和区划制度。摩尔希尔公寓项目中的小路改造以及伍兹伍德艺术仓库改建皆是如此。同时，这些发展也必然离不开包括规划体系在内的现行体系的支持。

布鲁斯·达雷尔（Bruce Darrell）是一位多伦多的建筑师，现居爱尔兰。他认为食物与城市的政治、经济、社会和文化环境息息相关，然而，食物与城市之间的这种复杂关系却往往被忽视。于是，他提出了"食物都市主义"，以帮助大家设想食物是如何塑造城市的建成环境的。在食物都市主义这一理论中，达雷尔"将食物作为塑造城市和增强城市认知的主要力量"（达雷尔Darrell，

---

① 详见www.mole-hill.ca.

2007）。这一理论能够帮助更多的专业人士明确自身多元的角色，以采取特定的行动来塑造城市的建成（和未建成）环境。实际上，正如上述案例所描述的，规划和设计领域的个人、组织和公司已经开始从事食物都市主义的相关实践，以此来改善景观、建筑形式，改善人类与食物相处的基本方式。

参考文献

60 Richmond Street East Housing Co-Operative, 2007. Canadian Architect. Available at http://www.canadianarchitect.com/news/60-richmond-street-east-housing-co-operative/1000218325/.

American Planning Association, 2007. Policy guide on community and regional food planning. Available at http://www.planning.org/policy/guides/adopted/food.htm.

Castrejon Violante, L., 2010. Agricultural roads in Vancouver. University of British Columbia, Masters Graduating Project. Available at http://hdl.handle.net/2429/ 29573.

Chartrand, I., 2009. Vers le vert: Lesapprentissages de deux PME en montage et gestion de projects residentiels verts, Masters thesis, University of Montreal, pp. 33-51. Available at http://www.arclab.umontreal.ca/GRIF/ARTICLES/00028/00028_DOC_1.pdf.

Cohn, M., 2010. Baltimore names its first food czar. Baltimore Sun May 11. Available at http://articales.baltimoresun.com/2010-05-11/health/bs-hs-food-policy-director-20100511_1_food-czar-healthful-ebt-machines.

Darrell, B., 2007. What is food urbanism? 8 January. Available at http://foodurbanism.blogspot.com/2007/01/what-is-food-urbanism.html.

Delaware Valley Regional Planning Commission, 2011. Eating here: The Greater Philadelphia food system plan. Available at http://www.dvrpc.org/Food/SustainableFoodSystems.htm.

Delaware Valley Regional Planning Commission, 2010. Greater Philadelphia food system study. Available at http://www.dvrpc.org/food/FoodSystemStudy.htm.

Gorgolewski, M., Komisar, J. and Nasr, J., 2011. Carrot City: Creating places for urban agriculture. Monacelli Press, New York, 240 pp.

Hume, C., 2010, Brick Works gives Toronto something to build on, Toronto Star, September 26.

Komisar, J., and Gorgolewski, M., 2009. Designing for food and agriculture: Recent explorations at Ryerson University. Special issue on "Designing edible landscapes," guest ed. Vikram Bhatt and Leila Marie Farah. Open House International 34, no. 2: 61-70.

Mendes, W. and Nasr, J., 2011. Preparing future food system planning professionals and scholars: Reflections on teaching experiences. Journal of Agriculture, Food Systems, and Community Development, 2 (1): 15-52.

Ontario Professional Planning Institute, 2011. Healthy communities and planning for food: Planning for food systems in Ontario-a call to action. Available at http://ontarioplanners.on.ca/pdf/a_call_to_action_from_oppi_june_24_2011.pdf.

Pothukuchi, K. and Kuafman, J., 1999. Placing the food system on the urban agenda: The role of municipal institutions in food systems planning. Agriculture and Human Values 16: 213-244.

Pothukuchi, K. and Kuafman, J., 2000. The food system: A stranger to the planning field. Journal of the American Planning Association 66 (2): 112-124.

Viljoen, A. (Ed.), 2005, CPULs-Continuous productive urban landscapes: Designing urban agriculture for sustainable cities. Oxford and Burlington, Mass.: Architectural Press/Elsevier.

第一部分

城市食物管治

食物使用
食物种植
食物贸易
食物空间
社会影响
环境影响
经济影响
空间影响
（新鲜）食物可达性
本地+有机食物
食物里程+石油峰值
工业化食物生产
城市生态足迹
生物多样性
土壤污染+修复
废物管理
CO_2+其他温室气体排放
空气+水管理
培训+教育
食物种植供应
就业+收入
本地贸易+食物处理
绿色建筑
绿色基础设施
城乡联结
户外空间可达性
棕地
绿带+绿地
自然空间可达性
空间多样性
视觉景观
公众对开放空间的认知
公共空间
休闲
邻里+本地身份
所有权+代理
可持续的城市生活方式
公众健康+营养
食物文化
本地食物消费

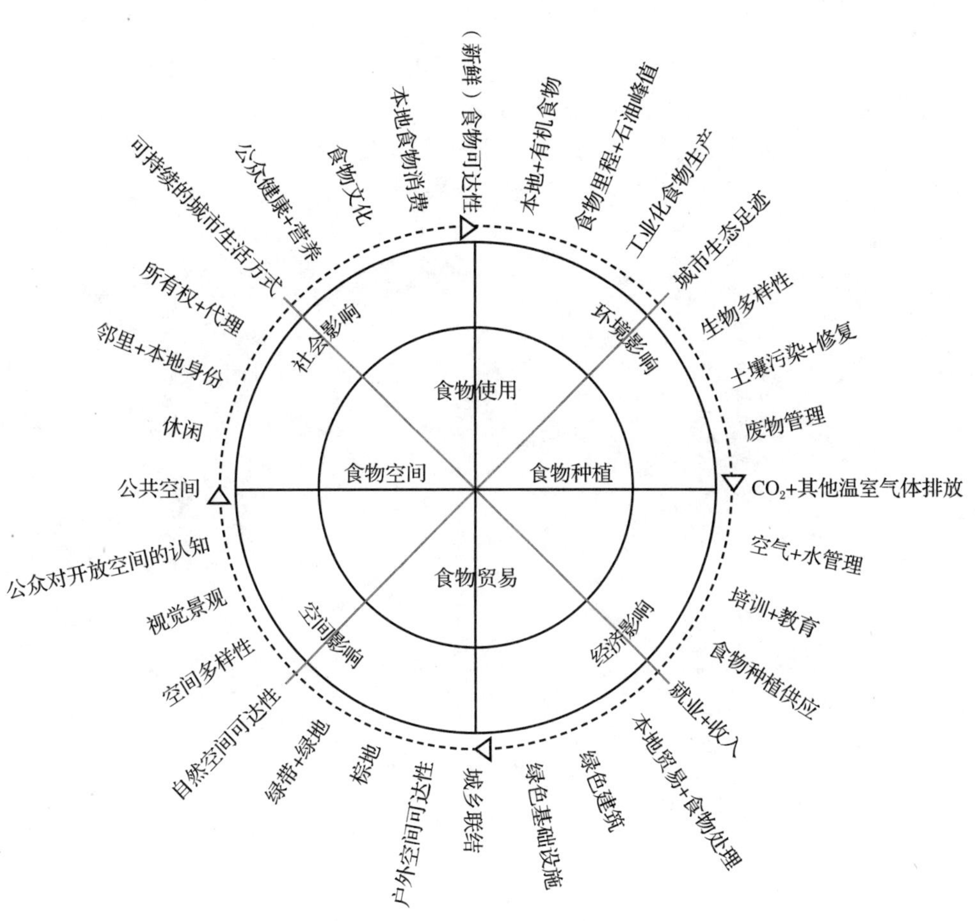

第4章

食物与城市：城市食物管治的挑战

佩特拉·德克因[1]（Petra Derkzen）
凯文·摩根[2]（Kevin Morgan）
1荷兰瓦赫宁根大学，乡村社会学系
2英国卡迪夫大学，卡迪夫城市和区域规划学院
Petra.derkzen@wur.nl

4.1 食物规划的出现

随着世界城市化进程的发展，使得在全球食物系统安全性和可持续性的政治讨论中，城市扮演着更重要的角色。“城市食物管治”这一构想包括两个目标：首先，帮助人们更好地理解城市在塑造可持续食物体系中的角色，第二，记录城市在食物规划——当今世界最快速增长的社会运动之一——中的表现。狭义上，食物规划运动的成员主要包括规划者、决策者、政治家和公民行动小组，广义上则包括任何试图创造一个更加可持续食物体系的人。食物规划运动的快速增长要归功于这样一个事实：食物，由于其独一无二、多功能的特性，拥有一种能让各行各业的人们汇集在一起的“号召力”。

4.2 食物政策委员会

食物规划运动迅速发展最明显的标志之一是北美食物政策委员会（Food Policy Councils）的形成，在不同级别的辖区共有150个委员会，包括县级、城市级和州级委员会。食物政策委员会可以协助地方政府应对两个长期困扰着全球政策制定者们的挑战：（a）如何与社会团体协作并更有效地发挥其力量；（b）如何影响那些拥有决策权但又各自为政的政客们。精明的政策制定者们知道，如果他们想要认真对待重大的社会挑战——例如气候变化、医疗平等和社会公正等——就需要获得民间创造性能量的支持，而食物政策委员会是能够实现这一目的的管治机制之一。食物政策委员能够成为地方政府和民间社会团体之间的缓冲地带，为制定针对普遍性问题的共赢方案创造空间。与民间社会团体有成效地接触是一个在实践中学习的过程，在这个过程中，通过食物这面棱镜，地方政府官员得以更好地理解分散的职能部门间更深层的联系。这其中，许多职能部门都与食物政策息息相关，即使他们尚未认识到这一事实。这将我们引向一个有关食物管治的关键点，即无论是否意识到这个问题，所有的公共机构都应该有相应的食物政策：一些机构基于公共健康和生态完整性的考虑，有意识地设计相关的政策以提升食物质量；与之相对，其他一些机构则疏于关注员工的食物质量，而一旦导致了工作餐安全事件，这些机构就必须承担未尽职责的责难。

正如本部分的相关章节提到的，食物管治对多数城市来说仍旧是陌生的新事物。许多城市官员都将建立食物系统视为分外之事。实际上，在菲利普·斯蒂兰德（Philipp Stierand）关于食物政策委员会的章节中，更进一步指出，工业化的食物体系已经使城市食物体系近乎被废弃。食物供应链在国家和全球的层面进行，在这种系统中，城市的地理位置如今已经起不到主导作用了。根据斯蒂兰德的说法，工业化食物体系导致城市居民对环境问题不敏感，并导致了城市规模的冗余。斯蒂兰德提出了“新城市食物需求”的观点并且描述了这一自下而上的改良运动，它试图从两个方向改善城市食物系统：以问题为导向和以机会为导向。斯蒂兰德的文章指出，食物政策委员会是以机会为导向的项目，旨在强调城市食物系统的发展潜力。

然而，正如普兰丁格（Plantinga）和德克因（Derkezen）试图说明的那样，这种潜力只有在城市政府对可持续的食物系统给予足够的重视，并且愿意致力于此时才会显现出来。对荷兰城市蒂尔堡（Tilburg）的案例研究显示，地方政府对于制定城市食物政策几乎没有兴趣。尽管政府和其他的利益相关者都承认在食物生产和消费中存在问题，但这仍然还不足以使地方政府愿意承担制定食物政策的责任，食物充其量是削减预算政治议程的附加品。在有关食物多功能性的特点及其对城市政策和规划的意义方面，一些城市政府举棋不定、模棱两可，普兰丁格（Plantinga）和德克因（Derkezen）的文章指出了这一点。

4.3 食物政策的议程设置

很明显，从城市管治的角度来看，食物的多功能性特点是把双刃剑，就像梅兰妮·贝多瑞（Melanie Bedore）试图说明的那样，"小型欠发达的城市"可能会给食物规划带来挑战。基于对加拿大东部城市金斯顿的研究，她认为食物系统规划会受到下列因素的影响和制约："小型欠发达城市"对土地价值的过度专注、城市机构中人力资源有限以及由此导致的对新政策的学习能力有限，此外，她还发现一个同样重要的因素："意识形态上对'干预'自由市场的排斥"。

新自由主义认为食物的选择通常是一件完全私人的事情，因此食物的供应应该由市场决定，这也是各地食物行业遵循的准则。这一准则被广为接受，因此，在制定食物规划条例时，民主政府必须谨慎对待这一准则（摩根Morgan等，2006）。尽管有这一准则的存在，地方和中央政府仍将会尝试制定食物规划条例，尤其是在促进公共健康以及规范城市农业的增长方面。内文·科恩（Nevin Cohen）指出，这是一种新的食物政治，例如美国的许多城市基于各种原因正在声援支持城市农业的发展。他指出，在那些区划法规不允许食物生产活动的城市中，农业活动的增长需要城市政府的回应。社会活动者和政府机构的"政策负责人"需要经常合作，这种地方政府与民间团体的合作能够为生产与消费相结合的新城市政策提供一个"政策窗口"。

塞格莱娜·达利（Ségolène Darly）在论述巴黎城市边缘地区的食物采购时提出过类似观点。在联合巴黎周边地区的农民与当地城镇管委会管理的学校食物系统的过程中，农业发展机构发挥着重要的作用。在上述案例中，新的食物采购网络的形成归功于各个组织部门的合作。同时，这两个章节证明了食物的号召力是巨大的：城市食物战略能够让不同专业、社会和种族背景的人聚集到一起，这种文化多样性随之带来了"本土全球化（cosmopolitan localism）"，这标志着和谐有活力的城市环境的形成。

然而，就像塞格莱娜·达利所描述的，新的食物管治网络并不一定要以加强食物系统的可持续性为目的，例如，促进有机农场主和周边学校之间的联系很大程度上是为了给当地的有机生产创造更多商业机会，而本地食物并不完全等同于可持续食物。

4.4　新旧新鲜食物市场

有关英国城市市场的两个章节强调了"可持续性"的潜在力量。一些对恢复城市食物系统感兴趣的城市认为市场是一个获得更加新鲜、健康和实惠食物的潜在空间，因此，最近他们对城市市场进行了重新开发。不过，马歇尔（Machell）和卡拉艾尔（Caraher）呼吁，应该以一种更为谨慎和批判的态度应对这一现象。他们对利兹柯克凯特市场的研究显示，快餐店和新鲜产品货摊的比例是3∶1。这种市场经济策略似乎与让人们形成更健康饮食习惯的政策导向背道而驰。因此他们做出了这样的总结："认为市场能够回归到最初的社会功能和角色——即作为城市贫民健康食物的唯一提供者——是不现实的。"

马歇尔（Machell）和卡拉艾尔（Caraher）关注城市市场和工人阶层消费者之间的关系。与之相比，朱莉·史密斯（Julie Smith）则把注意力放在了英国东北和东部地区的传统城市市场中，展现了一幅市场里社会阶层多样化的图景。这些市场的顾客既包括低收入者和收入较为有限者，也有白领、学生和少数民族人群。她指出，与"新型"农夫市场的顾客相比，"传统市场的顾客更看重食物实惠与否"。同时，新型农夫市场的顾客明确表示他们也会去传统的城市市场购物。

尽管新型农夫市场的顾客非常乐于同时在农夫市场和城市市场购物，杰西卡·派德克（Jessica Paddock）仍然认为这一现象背后隐藏着值得讨论的问题。在英国，传统城市市场陷入窘境与新型农夫市场的崛起几乎是同步的。派德克认为，这些新型的、价格更高的农夫市场已经成了"中产阶级消费者机构"。通过访谈，她分析了农夫市场顾客的言谈是如何微妙地反映其社会阶层的。她认为，作为替代性消费运动（alternative consumption movement）的一部分，农夫市场已经变成区分阶级的工具，一部分人在这里找到了归属感，而其他人则感受到这些市场是超出他们的支付能力的。

作为一种新现象，农夫市场在过去的十年里得到了广泛的关注，而对于传统城市市场的研究不足则越发明显。关于城市市场和农夫市场的两个章节以及相应的社会阶层分析说明对可持续食物系统的讨论正在深入。我们慢慢开始认识到，可持续食物应该被广泛地投入市场，而不是单纯地局限在专属市场或是替代性市场，这也是为什么政府需要涉足食物种植的原因之一。关于这一点，巴米尔（Barmeier）和莫林（Morin）在他们的章节中进行了十分具有说服力的论述。他们展示了合作的巨大变革能力，他们的分析数据显示美国城市社区种植项目的适应能力很大一部分要归功于"同政府之间的合作关系"。不过，他们也揭示出，市议会的成员更多情况下是充当回应者和促进者，而不是社区种植项目的真正发起者，也正是这样，地方民间团体在当地政策形成过程中的重要作用得到了突显。

4.5　食物在可持续发展中的重要性

本书的这一部分研究显示，公共机构，

尤其是城市政府，通过可持续发展这面棱镜看待食物时，对食物有了新的认知。尽管食物规划运动还处在萌芽阶段，许多城市还举棋不定，不确定是否应该去做这件事。但是正如蒂尔堡案例所揭示的，这种“不确定”本身就是一种进步，因为直到最近，规划者和政策制定者们还“确定”地认为他们和食物系统没有任何关系。食物是一个公共政策议题，因为它与21世纪最引人注目的问题密切相关——例如气候变化、公共健康、自然资源管理以及社会公正等。由于处于人类健康和福祉的中心地位，食物永远不应该被视为新自由主义者眼中的“不过又一桩生意”。

该部分另一个重要的观点是如果不积极地引入食物规划运动，传统的食物政策将无法可持续发展。多数情况下，促使政策发生改变的并不是政治家、政策制定者或规划者，而是草根阶层的行动，这些行动吸引了大量的社会力量、人才和创造性思想。但是，这种草根行动要成功发挥作用还需要政治上的支持，因为他们是变革之道中必要但不充分的要素。民间社团和地方政府间的合作对于推动改革的进程或许是必不可少的，但是某种形式的“共同管治”协定对于确保成果的延续性是很必要的，否则这样的成果很可能会被继任的政府抹杀，在罗马学校食物改革中就出现了这种情况。

食物规划运动源自生活中方方面面的问题，其中最重要的是增进人类健康、维护社会公正以及促进生态完整，这种多元化的需求应该被视为资产而不是负担。为此，最好的解决之道是确保这些多元化的价值，即可持续发展的中心价值，能够彻底地植入到公民社会的原则和实践中，在这样的社会中，政治家们需要重视而不是破坏这些宝贵的资产。

参考文献

Morgan, K., 2009. Feeding the city: the challenge of urban food planning. International Planning Studies 14: 429-436.

Morgan, K., Marsden, T. and Murdoch, J., 2006. Worlds of food: place, power and provenance in the food chain. Oxford University Press, Oxford, UK, 225 pp.

第 5 章

食物政策委员会：恢复地区层面的食物政策

菲利普·斯蒂兰德（Philipp Stierand）
Speiseraeume.be，德国
ps@speiseraeume.de

摘要：食物政策委员会是建立城市食物系统的中坚力量。由于食物供应规模的扩大和非地方化（delocalisation），城市食物系统在食物供应过程中的作用逐渐减小。食物系统的影响范围从地区的层面逐渐转移至国家、欧洲乃至全球的层面。而近年来，对地区层面城市食物政策的需求再次出现。对布莱顿和霍夫的案例研究结果表明，食物政策委员会将成为恢复地区层面食物政策的可行性手段。

关键词：非地方化（delocalisation），城市食物系统，食物政策委员会，布莱顿和霍夫

5.1　冗余的城市食物系统

城镇化和工业化的发展引发了城市食物系统的变革。在工业化开始之前，城市的食物供给大都来自城市周围的农村地区和城市内部，受到交通条件和储存条件的限制，农作物耕种和畜牧养殖都要在城市地区进行。工业化后，城市供给系统发生了巨大的变化：城市必须供养大量没有时间和空间进行农业活动的城市居民。基于技术的进步，区域联合的城市食物系统逐渐建立。基于"杜能圈"的农业区位理论，易腐败的食物仍然需要在城市范围内生产（阿特金斯Atkins，2003；斯蒂尔Steel，2008；陶特贝格Teuteberg，1987），不易腐烂的食物由国家级市场供应，谷物类产品则来自海外、殖民地（弗里德曼Friedmann等，1989）。如今城市内的贸易和消费活动已经不受时间/季节和空间的限制，城市食物供应的空间规模也由城市延伸至区域、国家乃至全球的范围（详见图5.1）。

消费情况的分析显示，食物供应空间规模的转变导致了食物生产与其产地之间的联系减弱，即非地方化。非地方化带来的影响有以下几点：一、由于世界范围内食物生产网络的重建满足了欧洲和美国的食物需求，欧洲不会再次出现饥饿现象；二、由于工业化生产模式的出现以及消费者流动性的增强，食物的品种越来越单一；三、由城市居民数量的增长以及城市餐饮标准的建立所造成的食物系统城镇化（蒙塔纳Montanari，1993）。

对于食物生产和供应链的分析则表明，促使空间规模转变最主要的原因是成本节约导向的生产方式和规模经济，其影响主要有以下三点：第一，消费者和生产者之间的割裂，这使得食物生产链内部各环节的关系不明显；第二，食物与原产地的割裂，这意味着在主要食物生产系统中，产地是可变的，对于规模化生产的食物来说，产地不再是特征之一；第三，生产者和交易商的专业化，与此同时，食物供应链的各个环节趋向于开放，出现了特定的生产和服务活动（威斯克Wiskerke，2009）。

随着人们对城市食物系统及其利益相关者之间关系的关注，食物空间规模的转变所带来的影响也日渐明晰：

- 被动。城市居民从食物系统的积极参与者变为消极的消费者。此外，对食物系统而言，如今的城市也完全是消极的食物系统消费者，既没有为城市食物系统注入有意义的养

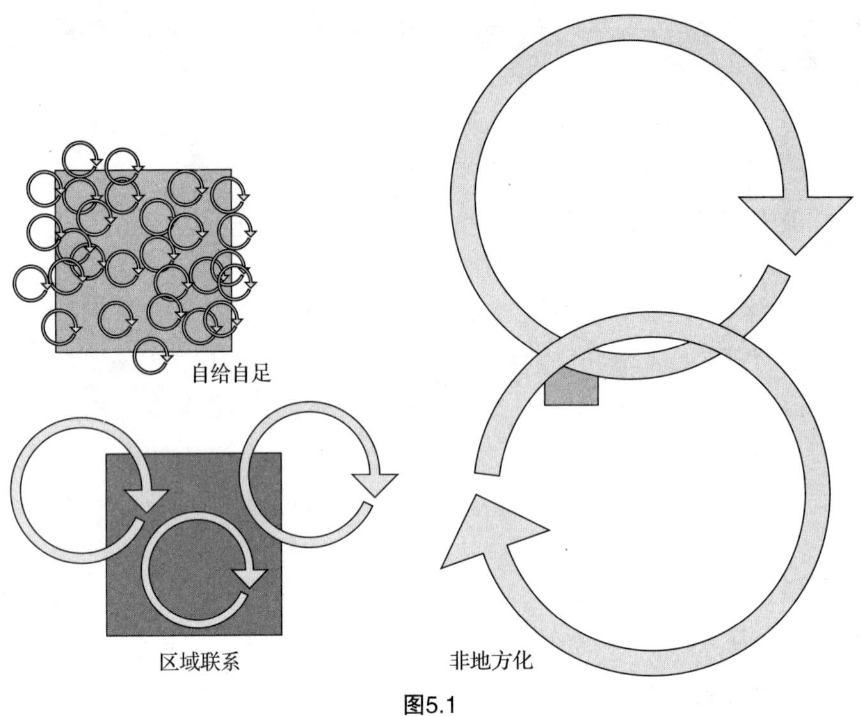

图5.1

分，也没有为城市食物系统的建立提供相应的支持。

- 冗长。食物系统的利益相关者在国家乃至全球的层面上操控着食物系统。当地农民为全球市场生产粮食，而当地的超市却由全国配送中心供给。地区层面的食物贸易和交换几乎完全消失，地区层面的城市食物系统的食物供给作用变得不再重要。

总之，如今城市食物系统的特点是：非地方化、割裂和冗长。城市食物系统不仅缺乏传统的同盟者，而且丧失了实施传统政策的可行性。城市食物政策也随之消失，如今的食物政策往往被视为更高等级的国家或全球诉求的表达（例如农业政策、食物补贴或食物安全）的铺垫（门德斯Mendes，2008：943）。

5.2　新型城市食物政策

消费似乎是推动城市食物系统发展的唯一要素，因为它束缚于特定的城市食物系统，不可能随意迁移，然而，随着过去几十

图5.1　空间规模上的转变

年里城镇超级市场的发展和乡村食物零售行业的衰落，零售行业失去了对消费亲密性的垄断（斯潘尼格尔Spannagel和班戈Bange，1999）。另一方面，在城市范围内，由整体食物系统造成的大量问题变得显而易见。一些问题源于个体消费者，另一些则是源于消费习惯。“由于生态和政策方面的原因，城市正处于新型食物方程式发展的最前线（摩根等Morgan et al.，2010：210）。”

如今，城市居民的新型食物需求是非常特别的，已经不仅仅只是要求四季不间断的食物供给：

- 信心。在过去的几十年里，频发的食物丑闻和不透明的食物生产链使得人们迫切需要建立对食物供应链的信心。
- 可持续性。消费者和政治家们逐渐意识到食物生产需要耗费大量资源。
- 健康。营养失衡和超重给城市医疗系统带来了巨大的负担。
- 公平。公平交易市场越来越受到关注，例如关于牛奶合理价格的积极讨论。

地方组织和政府越来越重视对新型城市食物的需求和食物系统的多功能特点。他们开始制定政策和计划来引导食物系统“自下而上”的变革。城市食物系统再次成为城市管治的重点问题，食物政策也日益上升到城市政策议题的层面。形形色色的食物计划应运而生，尤其是在北美和英国，这些项目被视为社会运动，并得到了政府和科研机构的支持。在欧洲大陆，这些项目也正在发展壮大。

食物渗透到人类生活的方方面面，因此，食物计划是复合的，旨在解决多种难题和困境。食物计划同样也要适应当地的需求，针对不同的社区确定不同的方法，显然这是一项有难度的任务。

食物计划会因空间规模的不同而发生改变，从单独的小块土地到城市邻里社区再到整个城市范围的计划都是不同的。有些致力于解决特殊的问题，比如说健康或是零售业问题，另一些有着更为整体的视野（详见图表5.2）。通常情况下，这些计划可以被分为两大类：

1. 问题导向型：这些计划针对单一的目标，通常针对特定的问题提出应对措施，这些问题或应对措施与食物系统相关。

2. 机遇导向型：这些计划将食物系统视为城市发展的潜在动力，其视域更为宽广，通常在战略层面上提出应对之道。

笔者认为，在这些食物计划中，有两个具有全局观的计划：食物战略和食物政策委员会。食物战略涉及城市食物系统发展的目标和指导原则。食物政策委员（FPC）则为食物问题制定具体的政策和管理方法，通常也包含食物战略。本章随后将重点分析食物政策委员会，并考察食物政策委员会是否以及如何影响城市食物系统。

5.3　食物政策委员会

食物政策委员会制度是在20世纪80年代的美国“社区食物安全活动”（博伦Borron，2003：4）中确立的。第一个食物政策委员会1982年在诺克斯维尔成立，当时是为了响

图5.2 食物计划

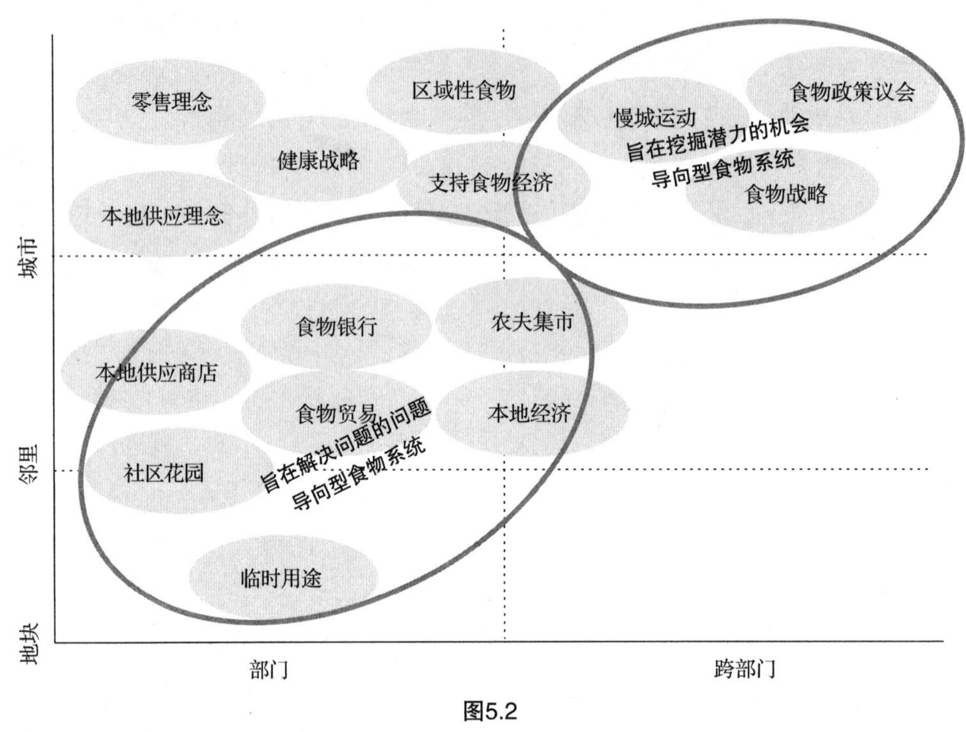

图5.2

应在诺克斯维尔市内进行的“食物荒漠”研究而设立的。食物政策委员会一词的解释多种多样，并没有一个统一的定义（汉密尔顿Hamilton，2002；哈珀等Harper等，2009；希夫 Schiff，2007）。这种状况既说明大家对这一概念缺乏共识，也说明由于地区条件的不同，这一概念有很大的弹性。

关于食物政策委员会的目标则是有共识的：“大多数食物政策委员会如今的主要目标是提出改善地方或国家食物系统的创新方法，以便使食物系统能够更加适应环境的可持续发展并兼顾社会公平”（哈珀等Harper et al.，2009：16；珀苏古彻等Pothukuchi et al.，1999）。而在20世纪80年代，大多数食物政策委员会将工作重点放在食物的获取途径和饥饿问题上。在食物政策委员会对早期工作的评估中，这被视为是“对长远计划成功实施的消极影响”（达尔伯格Dahlberg，1994：10）。如今，关注健康和经济影响的更为宽广的目标被广泛接受。

尽管对于食物政策委员会的职能描述各有不同，但所有的观点都有相似之处（朗等Lang et al.，2005：15；珀苏古彻等Pothukuchi et al.，1999）

> 食物政策委员会将所有相关的食物组织和活动团体聚集到一起，共同分享各自的想法并且启动相关项目以提高社区食物安全，促进食物体系稳定，努力让公众了解一个健康、稳健、安全的食物体系能够为社区带来多大的益处（罗伯茨Roberts，2010：173）。

哈珀（Harper，2009：2）总结出食物政策委员会的四项基本功能：

- 组织关于食物问题的讨论会；
- 协调食物系统的各个相关部门；
- 评估并影响相关食物政策的制定；
- 发起并支持满足当地需求的项目和服务。

委员会将建立网络平台作为主要任务之一。在这个平台之上，委员会需要尽可能接触各种不同的见解、知识和经历，以便发展与食物系统相关的内容和理念。另一个任务则是教育，通过思想的交流和信息的交换达到教育目的。教育的受众主要是食物政策委员会的成员，食物系统内的利益相关者和一般公众。内部教育通过系统内成员的信息交换以及邀请系统外演讲者进行。公众教育则主要包括发放宣传册（例如食物指南）以及举办会议和活动。

食物政策委员会的典型项目包括：

- 食物系统评估；
- 市级食物政策或宪章；
- 城市农园和农场；
- 社区厨房；
- 本地食物；
- 食物可达性；
- 公共机构食物采购；
- 相关的食物会议与活动（希夫Schiff，2007）。

上述的任务和项目表明了食物政策委员会的原则，即非常重视建立联结食物系统内各相关利益者的网络，让他们能够在城市食物系统中发挥作用。

希夫（Schiff，2007）研究了食物政策委员会各种不同定义的差异：一些定义强调食物系统的各个组成部分都是必不可少的，如汉密尔顿（Hamilton）强调："目的就是要代表食物系统中不同的人群及组织的利益和相关问题。"食物政策委员会的成员包括食物系统中的各类利益相关者，包括农民、加工商、批发商、零售商、餐馆老板、消费者、反饥饿活动倡导者、环境保护者、贸易组织官员、农场组织、园艺师和学者。"此外，委员会内的地方政府官员主要是来自农业、经济发展、监管、教育、医疗健康、服务和运输部门"（汉密尔顿Hamilton，2002：447），而来自废物处理和食物加工部门的成员则相对较少（哈珀等Harper et al.，2009）。

维恩罗伯茨（Wayne Roberts，2010）则并不认同以上如此宽泛的成员结构，他强调成员个人能力的重要性。他认为，招募代表特定利益组织的成员与食物政策委员会作为公共利益组织的原则是背道而驰的。"成员的多样性并不是要为各种不同的利益组织提供相应的特权，而是为了提供各个部门的相关信息，以确保委员会视野的整体性"（罗伯茨Roberts，2010：180）。

大部分食物政策委员会都不是行政管理机构的组成部分，而是以咨询机构的身份来提供服务，其他委员会则是以NGO的方式进行自治管理的（伯恩Borron，2003；珀苏古彻Pothkuchi和考夫曼Kaufman，1999；SSAWG，2005）。通常情况下，食物政策委员会与政府之间有三种联系模式：政府组织模式、非政府组织模式和混合组织管理模式（希夫Schiff，2007，2008），每种模式都有相应的优点和缺点。

相比较其他两种模式，作为政府组织的委员会有最高程度的合法性，并被视为政府对食物问题做出承诺的有力证据。这种政府组织也可以避免与其他非政府组织竞争支持资金。然而，非政府组织是公众在政府政策外的另一种选择。非政府组织模式的食物政策委员更加灵活且没有官僚主义倾向。但是，这样的食物政策委员会只是众多非政府组织中的一种，比较难以找到愿意倾听其诉求的受众。"混合组织管理模式下的委员会则与政府有资金、资源上的联系，同时也与非政府组织和非营利团体有交集，这样它就可以同时以非营利组织和政府组织的形式存在。"（希夫Schiff，2007）。达尔伯格（Dahlberg，1994）在他早期的研究中已经描述了这种混合管理组织模式的好处，对此希夫（Schiff，2008）也表示赞同。

5.4　布莱顿&霍夫食物合作组织

据社区食物安全联盟委员会估计，在北美大约有40个地区级食物政策委员会，60个州级、区级或者郡级食物政策委员会（社区食物安全联盟委员会，2010）。在欧洲，伦敦和阿姆斯特丹都是践行食物策略的先驱（摩根等Morgan et al.，2010）。然而，能够持续运作的食物政策委员会却是少之又少，成立于2005年的名为"布莱顿&霍夫食物合作组织"的食物政策委员会便是其中的一个。本文对这一食物合作组织的描述基于笔者的博士论文展开（斯蒂兰德Stierand，2008，2007a，2007b）。

布莱顿&霍夫食物合作组织旨在建立一种促进社会公正、环境可持续发展、经济稳步增长，并且有利于当地居民身体健康的本地食物系统（布莱顿&霍夫食物合作组织，2006）。食物合作组织向全体市民和机构开放，目前约有600多名市民加入该组织。该组织由理事会运营，理事会理事主要通过选举和任命产生。9名理事会成员分别来自基础保健信托、城市议会和专家团。

该合作组织的建立由布莱顿&霍夫城市可持续发展研究小组首先提出。该小组在其研究中发现了食物与城市可持续发展之间有着密不可分的联系。在2002年10月份的第一次城市会议中，基础保健信托、东萨西克斯食物与健康合作组织等对食物感兴趣的机构第一次开始着手处理城市食物系统问题。

非营利咨询公司——"食物事务"接受了委托，开始调研布莱顿和霍夫的食物系统。调研报告《布莱顿&霍夫食物圈（Foodshed）》中的结论之一是：与食物相关的机构和组织开展的各类活动能够为未来的工作奠定良好的基础。布莱顿和霍夫有可能在解决城市食物问题方面做出表率。

虽然人们已经意识到需要关注和处理目前全球食物系统所带来的问题，但

> 却并没有付诸行动。这尤其体现在城市决策者和公众政策负责人的身上（食物事务，2003：28）。

"食物事务"建议，合理的发展策略应该考虑食物、健康、经济及可持续发展之间的联系，应该改善关于食物系统的基本信息并让大众知晓。

在2003年秋天举办的"由铲子到勺子"会议上发布了《布莱顿&霍夫食物圈（Foodshed）》报告。该会议对公众开放，有120位来自本地和全国各地不同背景的参会者。会议建议成立跨部门的食物组织，这对布莱顿&霍夫食物合作组织的形成起到了极大的推动作用。该合作组织最终在2005年九月注册成立，性质为非营利公司。

食物合作组织为布莱顿和霍夫设计了一个食物发展战略，这也是该组织首批核心项目之一。战略的制定始于一个研讨会，通过研讨会确定战略的主旨和方法，形成草案，以备城市可持续发展研究小组与行政官员代表进行商讨。

> 草案与实施方案的最终讨论过程要尽可能地让最广泛的群众参与进来，包括个体居民、社区团体以及本地饮食业与法定代理机构。这一过程充分地反映出食物和食物工作与整个社会的发展息息相关，并说明无论是个人行为还是机构行动都是非常重要的（食物事务Food Matters，2003：2）。

这个磋商过程始于2005年6月14日的一次会议，100多名利益相关者受邀参与了会议。此外，同期举办的还有另外一些小型的关于社会与食物活动的会议。同时，食物合作组织还举办了一些与食物相关的活动，向市民发放食物战略的简要总结以及问卷，回收问卷上所提出的建议与要求则用于修订食物战略。食物发展战略的最终版本首先得到了城市可持续发展委员会的认可，进而被城市议会认可。对食物战略实施情况的评估则从2009年开始。

布莱顿&霍夫食物合作组织的关键项目包括：

- 优质食物项目拨款。从2006年起该合作组织通过小型的拨款计划为创造健康食物和可持续食物系统的项目提供资金支持。2006年通过了24项学校和社会组织发起的项目，提供了共计15000英镑的资金支持；2009年通过了30项拨款计划，拨出款项25000英镑。
- 本地食物庆典活动。从2004年到2006年，连续三年开展本地食物庆典活动，以提升本地食物的影响力和本地食物的销售产量。
- "丰收布莱顿&霍夫"项目。这一项目由合作组织直接发起，彩票基金会为该项目提供了50万英镑的资金支持。该项目的主要目的是为食物种植创造空间并提供相应的种植技术支持。该项目旨在加强人们与本地食物的联系并提升对本地食物的意识。

布莱顿&霍夫食物合作组织创造出一种在城市和跨部门层面处理食物问题的机制。

它向公众和各利益组织开放，并且与市政部门有直接的联系。通过各部门的联合，该组织能够有效地反映和培育多样化的食物系统。

布莱顿&霍夫食物合作组织的建立得益于两大背景：布莱顿有着很好的群众基础，当地市民对健康食物有着很强的认知，一个多样的、富有批判精神的消费群体对食物系统发展的重要性要高于经济意义上的食物群体；布莱顿&霍夫食物合作组织也得益于之前提到过的食物政策委员的经验。例如，多伦多食物政策委员会建立于1990年，其建立的原因源于几十年来的食物运动和人们对健康的关注（伯雷帕尔默Blay-Palmer，2009）。在初期探讨阶段，布莱顿就贯彻了食物政策委员会的机制，在合作组织成立之初就采取了广泛合作的方式让公众参与进来。

布莱顿&霍夫食物合作组织以混合模式运作，从而保证能够发挥最大限度的“政府组织”模式的优势。尽管该合作组织本身并非政府部门，但是通过制定食物战略，食物合作组织将食物问题提升到一个需要公共行政机构进行跨部门合作解决的高度。该合作组织与其他非政府组织共同竞争公众资金支持，同时其本身也是优质食物项目的赞助者。

食物合作组织是建立在利益相关者对可持续发展问题、健康问题的讨论基础之上的。这表明该组织的建立有着明确的目的和主旨，同时，这也意味着该组织的发展必将受到一定的限制。食物系统的经济发展是食物策略的目标之一，但是对本地食物的过度关注和对其他重要经济功能的忽视会限制合作组织的发展。

5.5　恢复地区层面的食物政策

食物体系空间规模的转变不仅影响了食物供应，也对城市食物政策产生了一定的影响。在全球化食物系统内，城市的功能已经简化为一个可替代的消费地和市场。地区层面的城市食物系统在食物供给方面似乎是多余的。城市普遍接受了作为一个消极消费者的身份以及制定国家、欧洲乃至全球层面食物发展政策的责任。但是，随着健康问题和社会问题的出现，警惕的消费者们和社会活动较频繁的城市不得不再次面对健康饮食问题。人们对地区层面城市食物系统的意识正在增强，也正是在地区的层面上，大量的食物问题显现出来，其中许多问题源自城市的消费习惯。因此，这就迫切需要出台全新的地区层面的食物政策。

如今，在确保食物供应方面，城市食物系统起不了太大的作用。但是，城市和居民的福祉则有赖于有效的城市食物系统。这一情况是城市食物政策面临的主要困境。城市需要在地方的层面上影响食物系统的发展，食物系统的多功能特性与城市利益的多样性是相匹配的。面对这一困境，可以尝试将食物系统的规模缩小到地区的层面，创建基于地区的替代性食物系统。但是这种方法有一定的风险：本地食物供应的好处并不是与生俱来的；同时，传统的合作部门倾向于更高层面的和主导的食物系统。

另一种方法是联合城市利益相关者，针对本地需求和兴趣，在食物系统内创造新的交换和活动层次。对布莱顿的研究表明创立这样的系统是可行的。食物政策委员会/布莱顿&霍夫食物合作组织旨在发展完整的食物系统，着手处理食物系统内的全部（或许多）问题。他们能够发挥协同效应，建立食物系统内部的系统化关联。食物政策委员始于蓝图，通过行动概念框架付诸实施——正如布莱顿所说，这是一种近乎理想的方式。这既能保证食物系统的利益又能兼顾城市的利益。通过依靠利益相关者之间的合作和利益绑定的方式，食物政策委员会有可能重新创造出城市食物系统的基本构成要素，这种要素在食物系统规模的扩大过程中早已消失。食物政策委员会正着手“本地化”食物政策。他们尝试扩大地方活动的影响范围，以此满足城市利益。食物政策委员会可以被视为建设地方食物系统的先决条件，也同样适用于其他的地区食物项目。

参考文献

Atkins, P. 2003. ls it urban? The relationship between food production and urban space in Britain 1800—1950. ln: Hietala, M. and Vahtikari, T. (Eds.) The landscape of food. The food relationship of town and country in modern times. Finnish Literature Society, Helsinki, Finland, pp. 133-144.

Blay-Palmer, A., 2009. The Canadian pioneer. The Genesis of urban food policy in Toronto. International Planning Studies 14: 401-416.

Borron, S.M., 2003. Food Policy Councils. Practice and possibility. Eugene, OR, USA.

Brighton and Hove Food Partnership (Ed.), 2006. Spade to spoon: making the connections, a food strategy and action plan for Brighton and Hove. Brighton and Hove, UK.

Community Food Security Coalition, 2010. Council list. Portland. Available at http://www.foodsecurity.org/FPC/council.html.

Dahlberg, K.A., 1994. Food policy councils. The experience of five cities and one country. Tucson, AZ, USA. Available at http://unix.cc.wmich.edu/~dahlberg/F4.pdf.

Food Matters (Ed.), 2003. The Brighton and Hove foodshed. Mapping the local food system. Brighton and Hove, UK.

Friedmann, H. and McMichael, 1989. Agriculture and the state system: the rise and decline of national agricultures, 1870 to present. Sociologia Ruralis: 93-117.

Hamilton, N.D., 2002. Putting a face on our food: how state and local food policies can promote the new agriculture. Drake Journal of Agricultural Law 7: 408-452.

Harper, A., Shattuck, A., Holt-Giménez. E., Alkon, A. and Lambrick, F., 2009. Food Policy Councils: learned. Institute for Food and Development Policy, Oakland, CA, USA, 66 pp.

Lang, T., Rayner, G., Rayner, M., Millstone, E. and Barling, D., 2005. Policy Councils on food, nutrition and physical activity. The UK as a case study. Public Health Nutrition 8: 11-19.

Mendes, W, 2008. Implementing social and environmental policies in cities: The case of food policy in Vancouver, Canada. International Journal of Urban and Regional

Research 32: 942-967.

Montanari, M., 1993. Der Hunger and der Überfluss: Kulturgeschichte der Ernährung in Europa. Beck (Europa bauen), München, Germany, 261 pp.

Morgan, K. and Sonnino, R., 2010. The urban foodscape: world cities and the new food equation. Cambridge Journal of Regions, Economy and Society 3: 209-224.

Pothukuchi, K. and Kaufman, J.L., 1999. Placing the food system on the urban agenda: the role of municipal institutions in food systems planning. Agriculture and Human Values 16: 213-224.

Roberts, W., 2010. Food policy encounters of a third kind: how the Toronto Food Policy Council socializes for sustain-ability. In: Blay-Palmer, A. (Ed.) Imagining sustainable food systems. Theory and practice. Ashgate, Aldershot, UK, pp. 173-200.

Schiff, R., 2007. Food Policy Councils: an examination of organisational structure, process, and contribution to alternative food movements. Murdoch University, Perth, Autralia, 454 pp.

Schiff, R., 2008. The role of food policy councils in developing sustainable food systems. Journal of Hunger & Environmental Nutrition 3: 206-228.

Spannagel, R. and Bange, H., 1999. Standortpolitik und Strukturwandel im Einzelhandel. In: Beisheim, O. (Ed.) Distribution im Aufbruch. Bestandsaufnahme und Perspektiven. Vahlen, München, Germany, pp.564-580.

SSAWG (Southern Sustainable Agriculture Working Group), 2005. Food security begins at home. Creating Community Food Coalitions in the South. Fayettville, AR, USA.

Steel, C., 2008: Hungry city: How food shapes our lives. Random House UK, London, UK, 400p.

Stierand, P., 2007a. Food partnership Brighton and Hove. Interview with Francesca Iliffe. Brighton and Hove. mp3 file.

Stierand, P., 2007b. Food partnership Brighton and Hove. Interview with Ann Baldrige. Brighton and Hove. mp3 file.

Stierand, P., 2008. Stadt und Lebensmittel. Die Bedeutung des städtischen Ernährungssystems für die Stadtentwicklung. Dissertation, Technical University of Dortmund, Germany. Available at http://hdl.handle.net/2003/25789.

Teuteberg, H.-J., 1987. Zum Problemfeld Urbanisierung und Ernährung im 19. Jahrhundert. In: Teuteberg, H.-J. (Ed.) Durchbruch zum modernen Massenkonsum. Lebensmittelmärkte und Lebensmittelqualität im Städtewachstum des Industriezeitalters. Coppenrath, Münster, Germany, pp. 1-36.

Wiskerke, J.S.C., 2009. On places lost and places regained. Reflections on the alternative food geography and sustainable regional development. International Planning Studies 14: 369-387.

第6章

食物如何进入公共议程

西蒙纳·普兰廷卡和佩特拉·德克因
(Simone Plantinga and Petra Derkzen)
荷兰瓦赫宁根大学乡村社会学系
simone.plantinga@gmail.com

摘要：在经历了几十年的新自由主义市场政策以及食物源的消费者选择学说之后，我们的日常饮食再次进入了公共领域。综合了各方面因素的“新食物方程”（摩根Morgan和松尼诺Sonnino，2010）将食物供应问题再次提到了政治层面。与此同时，人们开始逐渐意识到（城市中）各种各样的问题与食物之间的关联（威斯克Wiskerke，2009年）。相应的，人们对这些问题的本质也有了更多的关注：这是一个系统化问题，涉及到现代农业、农业贸易以及零售业等，而非一个能够单纯依靠个人选择来解决的问题。食物逐渐成为一个政策概念，一种系统化看待问题的新视角。食物政策意味着从条块分割转向一种更加一体化、更加地域化的政策思维。在城市范围内，实施这种食物政策的管治方法之一就是成立食物政策委员会（FPC）。理论上，食物政策委员会能适应荷兰传统的管治理念。但是到目前为止，“食物政策委员会”并没有在荷兰出现。在蒂尔堡（荷兰城市）开展的研究旨在寻找建立荷兰式食物政策委员会的可能性和限制因素。本章运用了下列概念对这些可能性和限制因素进行了分析：紧迫感、代表性、政府的角色、责任和规模。研究结果表明，食物成为公共议题是一个渐进的过程，而其中的紧迫感是关键。紧迫感的缺乏以及由此带来的责任感的缺失使许多利益相关者都半途而废。

关键词：食物政策委员会，管治，食物政策

6.1 引言

在经历了几十年的新自由主义市场政策以及食物源的消费者选择学说之后，我们的日常饮食再次进入了公共领域。综合了各方面因素的“新食物方程”（摩根Morgan和松尼诺Sonnino，2010）将食物供应问题再次提上了政治议程。随着城市化的快速发展，依赖于城市外部食物供应的人越来越多，然而，2007/2008年度的食物价格飙升显示了全球化的食物供应是多么脆弱。土地利用矛盾、“新”殖民主义、气候变化以及饮食习惯的改变对环境和社会政治的影响都表明，食物至少在发达国家再次成为了政治问题，而在此之前的几十年，它只被当作理所当然的商品（摩根Morgan和松尼诺Sonnino，2010）。因此，对于各类（城市）食物问题的关注正在增长（斯蒂尔Steel，2008）。

同样，人们越来越关注问题的本质：这是一个系统化问题，涉及到现代农业、全球农业贸易以及零售业，而非一个能够单纯依靠个人选择来解决的问题。

随着现代农业的发展，食物的生产与食物产地的关系不再那么密切。威斯克（Wiskerke，2007）提到了三个概念以描述该过程：

1．隔离：由于物理距离导致生产和消费分离。

2．抽离：材料原产地失去了对产品质量和属性的影响力。

3．分离：生产链和供应链越来越趋向于专业化，逐渐彼此分离。

在经济竞争的压力下，这些过程使得产品和产地失去了唯一性，变得可以被替换，显然，这符合生产的成本效益原则和规模经

济原则（威斯克Wiskerke，2007）。然而，将这一原则实施于食物生产领域所带来的问题是：环境污染和生态退化，这主要是由于目前高密度的耕作方式造成的；另外，还包括作物的质量和多样性降低的问题，这归咎于仅选择高产量动物和植物品种以及食物生产和加工技术的标准化（威斯克Wiskerke，2009）。

关于食物消费的问题涉及到信任和健康这两方面。在各种不同种类的动物疾病爆发之后，消费者不再盲目的信任食物的安全和健康。在食物安全信任上所产生的鸿沟是极易察觉的，这一问题会影响零售部门的销售策略。在市场越来越关注消费过程的同时，食物生产环节的问题则往往被忽视。

发达国家的三大主要疾病（糖尿病、肥胖症和心脏病）都是与饮食相关的。现在人们普遍了解到肥胖症是健康的一大威胁，在欧洲，有10%到38%的人患有一定程度的肥胖症。伴随着肥胖症患者的增加，糖尿病、心血管疾病和某几类癌症的患病几率也在增加，公众医疗消费随之上升（威斯克Wiskerke，2009）。另一方面，全球饥饿与营养不良问题也在逐年上升。在西方社会，主要是老年人会面临营养不良的问题，一方面是由于医院与护理机构的护工不足，但更主要的是由于医疗保健部门的食物预算不足。而另一面这些患有营养不良疾病的人群居住在所谓的“食物荒漠”地区，这些地区严重缺乏新鲜的食物，这使得低收入人群不得不购买廉价的半成品或工业化加工的食物（威格力等Wigley et al.，2003）。

因此，政府正在努力重新关注市民的餐桌，丹麦农业部最近的“可持续食物政策”可以证明这一点（关注可持续食物Nota Duurzaam Voedsel，2009）。食物逐渐成为政策概念，它以一种新的、系统化的方式来审视（城市）问题（斯蒂尔Steel，2008）。食物政策意味着条块分割思维的转变，因为“在涉及到各类议题、可持续性目标、直接或间接与食物相关的公共领域时，食物政策能够在他们之间创造协同合作效应（或者有创造协同合作效应的潜力），从而将各部门紧密联系在一起”，威斯克认为，“这是一个交叉领域”（Wiskerke，2009：377）。一方面，在特定的区域范围内，食物将生产者和消费者关联起来，以支持当地食物经济的发展。另一方面，这也是一种食物管治模式，该模式基于当地的特色，例如文化传统、食物相关问题以及当地农业的特征。

可以说，解决这类食物问题的一种方法就是让不同的利益相关者建立合作关系，各部门共同思考，协同合作。而要建立各部门的合作关系，制定城市层面的食物政策，就要设立作为管治工具的食物政策委员会，此类委员会首先出现在加拿大和美国（伯雷帕尔默Blay-Palmer，2010）。本文对蒂尔堡的调查研究旨在从利益相关者的角度来考虑食物政策委员会在荷兰成立的可能性和限制因素。本章首先基于荷兰的背景分析了食物政策委员会的相关文献（6.2），随后介绍了研究方法（6.3）和对蒂尔顿利益相关者进行访谈的结果（6.4）。本章的最后一部分进行了总结和讨论。

6.2 食物政策委员会

城市层面或国家层面的食物政策委员会均主要出现在美国、加拿大和澳大利亚。最著名的当属多伦多食物政策委员会（TFPC）（伯雷帕尔默Blay-Palmer，2010）。简单来说，食物政策委员会是由食物系统内具有代表性的参与者所组成的网络，包括个人参与者和组织参与者，如农夫、加工工厂、零售商、医疗组织、环境组织和不同政策领域的政府代表。食物政策委员会有的属于政府部门（政府模式），有的则存在于政府组织结构之外（非政府模式）。对这两种模式的争论从未停止过。非政府模式的食物政策委员会试图对食物系统发挥更强大的监督作用，但是却很难获得政府财政支持。政府模式的食物政策委员会，例如多伦多食物政策委员会，更有可能为自己争取到财政上和政策上的支持（博伦Borron，2003；帕苏古彻Pothukuchi和考夫曼Kaufman，1999）。食物政策委员会的目标是改善食物系统并为其制定发展规划，建设基于社会公正和生态和谐的可持续食物系统（汉密尔顿Hamilton，2002；帕苏古彻Pothukuchi和考夫曼Kaufman，1999；希夫Schiff，2007）。食物政策委员会的主要任务包括提出建议、搭建桥梁、组建平台和培训组织者，这些都在不同的活动中有所表现，例如，进行调查研究、撰写报道类稿件、实施项目、教育、协调其他组织机构举办交流会议等（汉密尔顿Hamilton，2002；朗等Lang et al.，2004；帕苏古彻Pothukuchi和考夫曼Kaufman，1999；希夫Schiff，2008）。

在荷兰，到目前为止，还没有一个能与健全完善的多伦多食物政策委员会相媲美的类似组织。尽管一些城市正在努力发展所谓的“城市食物发展策略”，然而，迄今为止，食物策略对这些城市的政治机构和政策的影响甚微。实际上，作为一种管治方式，食物政策委员会可以适应荷兰共识协商和网络化管治的社会政治传统。多政党、联合政府和大量自治部门的共识协商是荷兰政坛的特征（安德威戈Andeweg和欧文Irwin，2001；139，148）。这种政策部门之间的合作被称为“（新）社团主义（（new）corporatism）”，这种合作在现代化阶段的农业政策中表现得尤为明显（福伦Frouws，1994）。如今，相关利益组织的制度化合作程度相对较低，但是非正式的社团主义（corporatism）——即20世纪90年代后期在荷兰开展的名为“波德模式（Polder Model）”的共识协商机制——已经蜚声国际（德克因Derkzen，2008）。许多城市以及民间组织将食物问题看作是当地的首要问题，例如在蒂尔堡，非政府环境组织“BMF”就积极推动将食物和食物政策作为重要的公众议题，本章关于蒂尔堡案例的研究和总结也是基于与BMF的紧密合作。

6.3 研究方法

本章采用了实证研究方法，这种研究方法适用于给定的、现存的研究区域，以描述和阐明参与者的行为、观点和“成果”（哈特等Hart et al.，1996）。本章的研究区域为蒂尔堡市域，包括蒂尔堡市区和两个村庄。

蒂尔堡位于荷兰南部的北布拉班特省，这是一个人口密度高、城市化水平高的地区。在荷兰10个最大的城市中，有3个就位北布拉班特省。该地区曾举办过一些有非政府环境组织和政府代表参加的研究性会议，这两类参与者都是此次研究的重要信息来源。在研究过程中，对调查对象进行主题访谈以收集数据进行分析。访谈的主题来源于一些关键性研究议题：建立一个食物政策委员会的前提是什么？有多大的可能性以及有哪些限制条件？

调查对象主要从非政府组织、政府代表以及其他利益相关者中挑选。基于各项要求，总共选出了12个调查对象。按照活动级别从低到高进行排列（表6.1）。记录下的数据则通过电子邮件反馈给调查对象。

调查对象，按照活动级别高低排序　表6.1

规模	调查对象
邻里	社会福利组织（MvdZ and KV）
	可持续的蒂尔堡组织（LB）
城市	蒂尔堡市政当局——市议会（TvdW）
	蒂尔堡市政当局——政策制定者（WC and JV）
	蒂尔堡市政当局——参议员（MM）
	省健康组织（JvdS）
	蒂尔堡转型城市部门（HA）
	商业、娱乐、自然结合的地产——绿色房间（TK）
省	非政府环境组织（JV and PR）
	北布拉班特省——生态部门（EvdB）
	社会和文化规划机构（SC and GG）
	农业创新组织（GW）

6.4　蒂尔堡食物政策委员会：调研结果

基于对蒂尔堡相关利益者的访谈，本章将分析食物政策委员会的可能性和限制条件，分为以下几个部分：紧迫感、级别、政府的角色、参与者和代表。

6.4.1　紧迫感

非政府环境组织BMF将食物视为一个整体的概念，通过举办与食物相关的活动以及寻求与其他组织的合作建立食物网络。BMF在蒂尔堡市附近曾发起过一个成功的公众参与案例。在这个案例中，城市规划由农户、市民共同讨论决定，建筑师则提供专业支持。在该规划中，农业、商业和教育联合起来组成一种新的邻里。最终，这一鼓舞人心的规划移交到蒂尔堡市政部门审批。通过这一公众参与案例以及BMF主导的其他活动，此次调研中的几个受访者也开始意识到食物政策是如何与其他政策相联系的，而在最初，只有为数不多的几个受访者对食物政策委员会的概念有所了解。

受访者被问到的问题涉及到他们对于食物生产和消费的观点。所有的受访者都意识到食物问题的影响力很大，他们所提到的主要问题可以总结为：

- 大规模的食物生产（既包括初级生产也包括加工生产）导致生产者和消费者之间产生心理隔阂，这主要是由于市民对食物来源一无所知。
- 产地——乡村地区面临巨大的压力。
- 肥胖症和营养不良是由贫穷和缺乏食物知识所导致的。

受访者们一致同意应着手解决当前的食物生产和消费问题，然而，大多数受访者并没有将这一诉求与他们所在机构以及他们在食物政策和食物管治中的可能角色联系在一起。那些在邻里范围内（详见表6.1和表6.2）解决食物问题的受访者通常与城市级别的政策无密切联系，但是他们已经意识到了分享知识和经验的好处。其他人则并不确定食物政策委员会这种新机制是否有用和必要，例如"绿色房间"机构的受访者表示，"这一机制本身并不是必要的，但是它或许能够加速食物政策的发展进程（TK，2010年三月访谈）。"此外，政府官员和政治家普遍持有的观点是，食物政策委员或者食物管治系统应该"来源于社会"。这意味着，政府愿意支持自下而上的项目，但却不会把食物问题加入到政府议程中。"如果没有人将这一问题提上日程，那么食物管治新机制将不会出现，食物问题也无法成为重要议题。因为目前我们不得不缩减开支，只能将注意力放在核心任务和重要议题上"（参议员 MM，2010年4月访谈）。

然而，市议员则认同食物和可持续发展之间的内在联系，"如果想要建设可持续的城市，就必须对食物问题予以重视"（市议员 TvdW，2010年3月访谈）。

在一次受访者和其他利益团体的反馈会议中，我们得出了这样的结论：蒂尔堡缺乏建立食物政策委员会的紧迫感。这种紧迫感源自人们对食物问题重要性的认知，但在蒂尔堡，无论是个人还是机构均缺乏紧迫感，仅仅有一些较小的利益相关组织认为应该将这一系统化问题反映给市级机构。

与食物相关的活动，按照活动级别高低排序 表6.2

规模	活动
邻里	儿童烹饪班
	邻里餐厅
	儿童农场
	份地花园/儿童花园
	关于可持续食物的儿童漫画
	驴车上的蔬菜售卖
城市	气候项目
	乡村地区发展特别项目
	绿色屋顶津贴
	商业、娱乐、自然结合的地产项目——绿色房间
	消费者网络——食物盒子计划
	儿童花园津贴
	食物团队
省	城乡发展论坛
	省级自然公园发展
	农业部门的发展和创新

6.4.2 级别

北布拉班特省是高度城镇化地区，人口密集，人口密度为每平方公里500人。中部的四个主要城市（其中两个城市人口超过20万人，另外两个城市人口超过10万人）周围围绕着众多的小型城市（城市人口超过2.5万或者5万）。由于地缘关系，长期以来，各政府一直保持紧密的合作。由于人口密集，城市化水平较高，且采用高密度农业模式，许多问题也就随之而来。近年来，几次动物疾病的爆发引发了一场关于农业规模和密集程度的激烈讨论。在这一背景下，就需要了解食物政策委员会在哪一级别上能够发挥效力。大部分受访者倾向于市级的食物政策委员会，其次是省级的食物政策委员会。支持省级食物政策委员会的论据之一是“北布拉班特省尚没有省级的长期发展计划，因此，关注这一问题的时机已经成熟”（JvdS，2010年4月访谈）。那些反对市级食物政策委员会的人们主要是担心会引起城市政策的不和谐，因为如果每个城市都设立市级食物政策委员会，再加上各城市的具体情况不同，就很难做到协调统一（GW，2010年3月访谈），因此他们更倾向于省级的食物政策委员会。此外，还有受访者认为应该建立更高级别的食物政策委员会，将其作为食物产业的基础（GW，2010年3月访谈）。

受访者们所开展的与食物相关的活动详见表6.2。可以看到，大部分的活动主要关注邻里层面消费者意识的增强，致力于提升人们在可持续健康消费方面的知识和技能。受访者认为这些活动非常有价值，“一旦消费者的消费观念得到提升，他们将会更加负责任地消费”，城市食物系统也因此会得到改变。

最后，级别的矛盾是非常明显的：一方面，食物问题是个系统性问题，而另一方面，目前的解决方法则多基于个体的层面。因此，如何填补中间层面的空白，让市级省级的利益相关者加入到联合行动中还需要进一步探索，此外，在关于可持续生产和消费模式的潜在合作伙伴方面，受访者均未提及加工业和商业。

6.4.3　政府的角色

随着食物问题进入公共领域，人们希望政府能够承担一定的责任，这些责任长期以来一直被视为是私营企业或个体消费者的责任。食物政策委员会或者其他的食物组织也希望政府能够发挥积极作用，但是目前蒂尔堡政府尚未为此做好准备。4个来自政府不同部门的受访者表示政府部门并未拟定任何关于成立食物政策委员会的计划。其他的受访者同样表示政府并不急于参与，但是他们认为政府应该鼓励和推进食物委员会的建立。城市政府的回应则是只愿意支持“自下而上”的自发性组织。这种消极的态度主要是由于食物议题并不在政策议程之内。目前政府正在缩减开支，显然食物议题就属于会被缩减的那部分。此外，很可能的是，城市政府正面临着其他问题和“需求”，因此将食物视为预算之外的额外负担，而不是一个能够探索协同效应或新型城市发展目标的综合工具。总的来说，不管出于什么原因，蒂尔堡政府不认为食物问题是政府需要承担的责任。

6.4.4　参与者或代表

可以认为，食物政策委员会的概念符合荷兰共识协商和网络化管治的社会政治传统。管治网络、各种政治参与方式和自下而上的项目在荷兰比比皆是。在北布拉德班特省也是如此，如“建设委员会”即被视为乡村发展法定规划的一部分。2005年北布拉德班特省设立了7个地区建设委员会，以便在区划和农田、自然保护区选址的问题上达成一致。委员会由非政府环境组织BMF、省政府、农民合作社ZLTO、市政府、水资源保护委员会和其他的利益组织代表组成，主要致力于研究未来城市的扩展边界对于农民的影响。如果委员会不能达成统一的意见，则国家政府将会行使该委员会的职责。

在构建食物政策委员会的过程中，参与者和部门代表都是关键要素（德克因Derkzen和波克Bock，2009）。那么，参与者是谁？哪个角色或哪种利益最重要？在荷兰，基于管治网络之上的各部门密切合作和协商是常态，然而，这种网络通常由“知名的”利益团体所组成（德克因Derkzen，2008）。无论是在布拉德班特省的建设委员会中，还是在蒂尔堡的地方管治网络中，上述情况都是真实存在的，例如，蒂尔堡市成立了一个名为“绿色模式”的自然保护发展网络，这一网络的部分参与者同时也是布拉德班特省建设委员会的成员。

高度的利益相关性使得这些委员会更关注利益部门的代表，而非志愿者和热情饱满的普通参与者。然而，单纯的利益部门代表会导致条块分割，进而趋向部门保护（德格尔林Degeling，1995：294；德克因等Derkzen et al.，2009），在这种情况下，部门之间的界限清晰可见，无法达成协商合作的目的。

荷兰食物政策委员会的另一风险在于，它可能在重复一种既有的模式：食物只不过是所有利益组织的下一个议题。实际上，在像食物政策委员会这样的管治网络中，其参与者主要应该是志愿者和普通公众，他们能够满怀激情地探讨食物问题的解决之道（详见伯雷帕尔默Blay-Palmer，2010）。为了避免研究中的条块分割现象，受访者要以个人的身份和视角参与到活动中来，而非代表自己所处的利益团体。然而，在访问中大部分受访者都认为“知名的”利益团体是食物政策委员会可能的参与者。这可能会导致条块分割的几率增加（详见德克因等Derkzen et al.，2009）。

6.5 结论与讨论

总之，建立一个食物政策委员会的各种限制条件和可能性还需要进一步的分析研究。通过调查研究可知，蒂尔堡食物系统内的人们已经充分意识到食物相关问题的严重性。然而，他们还缺乏处理这些问题的紧迫感和责任感。另外，各利益相关者尚没有清楚地意识到他们在食物政策委员会中应该扮演的角色，甚至都不确定自己是否愿意参与其中。每个组织都清楚其他组织该扮演什么角色，尤其清楚政府部门该行使的职责，他们都希望政府能创立食物政策委员会。而另一方面，政府并没有将此视为自己的职责，这就使得政府各部门都普遍缺乏这种责任感。

政府对于食物这种新议题是陌生的，这或许是造成以上情况的关键原因。此外，由于缺乏相关的研究，人们并不清楚食物是怎样与城市所面临的许多问题产生联系的，这也在一定程度上影响了政府对这一问题的态度。

实际上，在访问过程中的确需要对食物政策委员会的概念进行充分的解释。尽管食物在人们的生活中扮演着重要的角色，可通常情况下，人们并不会将它作为一种整合不同政策领域的工具，也不会将它作为透镜，以一种更为全局的视角审视问题。对政府来说，建立食物政策委员会或许就意味着需要节约现存领域和部门的预算。

政府缺乏行动意愿的更深层次的原因可能是因为食物政策委员会的概念是“舶来品”，因此难以掌控。荷兰至今没有食物政策委员会，而类似的概念，如城市食物策略，仍然处于发展的阶段。此外，一些受访者不愿意接受食物政策委员会概念的另一个原因是：食物政策委员会的概念中存在“政策”一词。对于很多邻里层面的实践者来说，“政策”是与“实践”相对的，政策通常的结果是一事无成。

总之，受访者不认为目前在蒂尔堡建立食物政策委会是件紧迫的事情。食物问题的系统化本质已被广泛了解，但其解决之道仍然局限于个体消费者层面。我们经常听到的回答是，消费者需要增强对食物系统和食物本身的认识。

或许，我们也可以如此回应：现存利益团体和政府也需要对食物系统有所了解。在前文提到的反馈会议中，我们发现，食物正在逐渐成为公众议题。更令我们惊讶的是，来自不同组织的30多名代表在会议期间表示愿意交换信息和经验，建立了电子邮件数据库，并由非政府组织BMF和蒂尔堡转型城镇组织举办了2010年9月的后继会议。

北布拉班特省的特殊地理位置，高人口密度和高城市化水平，使我们不得不考虑荷兰食物政策委员会的级别问题，简单来说，即食物问题应该被置于哪个级别政府的议程中。一定范围内临近的几个城市可以合作建立一个共同的食物政策委员会，这远比每个城市建立各自的食物政策委员会（通常会有部分职能重叠）要好得多。因此，正如部分受访者提到的，区域性的食物政策或许是明智的选择。

不管采取何种方法，未来的食物政策委员会应该建立在荷兰共识协商和网络化管治的社会政治传统基础上。人们所担忧的是，食物政策委员会会始于各党派利益的协商，而不是创造性的重新思考城市与食物的关系。因此，重要的是，不管是哪个组织领导建立食物政策委员会，都必须要意识到各部门代表的思想是有利益倾向性的。而这种倾向性就会导致“最小公分母”式的解决方案，也就是说，没有参与者的利益会受到威胁。然而，城市食物本质上是系统性问题，需要既有细微差别又有整体视野的解决方案。因此，将热衷于食物、健康和可持续发展的人们组成一个智囊团或设定其他鼓舞人心的前提，是建立食物政策委员会的第一步。

参考文献

Andeweg, RB. and lrwin, G.A., 2002. Ciovernanct‘ and politics of the Netherlands. Palgrave, New York, NY, USA, 304 PP-

Blay-Palmer, A., 2010. The Canadian Pioneer; the genesis of urban food policy in Toronto. International Planning Studies 14: 401-416.

Borron, S.M., 2003. Food Policy Councils: Practice and possibility. Bill Emerson National Hunger Fellow Congressional Hunger Center Hunger-Free Community Report, Eugene, OR, USA, available at http://www.edibleaustin.com/content/sustainable-loud-policy-board-resources-178/246?task=view&69b07cc833eOfcb9f5e8tJe7407ef07f=6a7069d.

Degeling, P., 1995. The significance oi 'sectors' in calls for urban public health intersectoralism: an Australian perspective. Policy and Politics 23: 289-301.

Derkzen, P., and Bock, B.B., 2009. Partnership and role perception, three case studies on the meaning of being a representative in rural partnerships. Environment and Planning C: Government and Policy 27-, 75-89,

Derkzen, P., 2008.The politics of rural governance. Phd thesis, Wageningen University, Wageningen, the Netherlands, 170 pp.

Derkzen, P., Bock, B.B. and Wiskerke, J.S.C., 2009. Integrated rural policy in context: A case study on the meaning of 'integration' and the politics of 'sectoring'. Journal of Environmental Policy 84 Planning 11: 143-163.

Frouws, J. 1994. Mest en macht. Een politiek-sociologische studie inzake de mestproblematiek in Nederland vanaf 1970. Phd thesis, Landbouwuniversiteit Wageningen, Wageningen, the Netherlands.

Hamilton, N.D., 2002 Putting a face on our food: how state and local food policies can promote the new agriculture. Drake Journal oi' Agricultural Law 7: 407-412.

't Hart H., J. Van Dijk, M., De Goede, Jansen W. and Teunissen, J., 1996. Onderzoeksmethoden. Boom, Amsterdam, the Netherlands, 381 pp.

Lang, T., Rayner, G., Rayner, M., Bar-ling D. and Millstone, E., 2004. Policy Councils on food, nutrition and physical activity: the UK as a case study. Public Health Nutrition: 8: 11-19.

Ministerie van Landbouw, Natuur en Voedselkwaliteit, 2009. Nota duurzaam voedsel. Available at http://www.rijksoverheid.nl/bestanden/documenten-en-publicaties/notas/2009/08/1l/nota-duurzaam-voedsel/nota-duurzaam- voedsel.pdf.

Morgan, K. and Sonnino, R. 2010. The urban foodscape: world cities and the new food equation. Journal of Regions, Economy and Society 3: 209-224.

Pothukuchi, K. and Kaufman, J.L., 1999. Placing the food system on the urban agenda: the role of municipal institutions in food systems planning. Agriculture and Human Values 16; 213-224.

Schiff, R., 2007. Food Policy Councils: an examination of organization structure, process and Contribution to alternative food movements. Available at httpzl/wwwlibmurdoch.eduau/adt/browse/view/adt-MU20070906.10364-0.

Schiff, R., 2008. The role of food Policy Councils in developing sustainable food systems. Journal of Hunger & Environmental Nutrition 3: 206-228.

Steel, C., 2008. Hungry city. Chatto 84 Windus, London, UK, 400 pp.

Wiskerke, J.S.C., 2007. Robuuste regids: dynamiek, samenhang en diversiteit in het metropolitane landschap. Inaugural speech, Wageningen Universiteit. Wageningen. the Netherlands.

Wiskerke, J.S.C., 2009. On places lost and places regained: reflections on the alternative food geography and sustainable regional development. International Planning Studies 14: 369-387.

Wrigley, N., Warm, D. and Margetts, B., 2003. Deprivation, diet, and food-retail access: findings from the Leeds 'food deserts' study. Environment and Planning A 35: 151-188.

Interviews (carried out by S. Plantinga for Master thesis research)

8 March 2010 — LIB — Geert Wilms (Agricultural Innovation Platform) .

6 March 2010 - Gemeente Tilburg — Raadslid Tine van de Weyer (City Councillor) .

29 March 2010 — De Greene Kamer - Thieu Kessels (Retail manager) .

8 April 2010; Gemeente Tilburg - Wethouder Marieke Moorman (Alderman) .

29 April 2010 — GGD Hart voor Brabant ~ Ios van de Sande (Health organisation) .

第 7 章

小城市的食物系统规划：挑战与机遇

梅兰妮·贝多瑞（Melanie Bedore）
加拿大渥太华大学
mbedore@uottawa.ca

摘要：十多年来，规划学者们已经提出了一系列能将食物系统纳入城市规划议程的措施。在多伦多、罗马和伦敦这样的大城市里，有许多与食物政策相关的活动和组织，例如市级食物政策委员会、制度性采购程序和正式的城市食物文件等。然而在加拿大的小型城市中，类似的政策和活动则明显少得多。与活跃、快速发展的大城市相比，这些小城市规模小，没有明显的特点，甚至可以说是平庸，因此，本章特别关注小城市食物系统规划所面临的挑战和机遇。本章内容基于对加拿大安大略省金斯顿市的调研结果。金斯顿是一个拥有11.7万居民的小型城市，距离蒙特利尔、渥太华和多伦多这样的大城市大概两小时的路程。在2006年到2010年期间，笔者进行了博士研究调研，关注金斯顿低收入社区的城市食物零售情况，在此期间，两个提供全方位服务的食品杂货店倒闭。笔者采访了42位当地人员，包括政府官员、城市规划师、房地产经纪人和当地的食物组织活跃份子。笔者希望这一调查能够引发对小城市食物系统的讨论。根据罗根和莫罗奇（Logan and Molotch，1987）的城市增长机器理论，笔者认为小城市食物系统规划难以推进主要和以下几个因素相关：对土地价值的过度关注、资源的有限性、政策学习能力和部门间的关系。而最重要的因素是意识形态上对“干涉”自由市场的抗拒。实际上，笔者认为应该制定相关政策以鼓励更好的部门协作、低成本的市级食物网络和项目、知识和人力的资本化，并在其他的城市议程中融入食物内容。

关键词：食物规划，小城市，城市规划，增长机器理论

7.1　引言

十多年来，规划学者们已经提出了一系列能将食物系统纳入城市规划议程的措施。专家学者们致力于在学术领域推动城市食物规划，在《规划教育研究》（2004）、《国际规划研究》（2009）等期刊发表了一系列论文。在发达国家，一系列令人振奋的食物系统规划大都出现在一些大都市中心。在世界级城市如多伦多、罗马、伦敦及其他大城市中，包括制度性采购政策、食物政策委员会和食物宪章在内的创新食物政策和项目日益成为学术研究的新热点（例如 伯雷帕尔 默Blay-Plamer，2009；摩根Morgan和松尼诺Sonnino，2008；威尔士Welsh和麦克雷McRae，1998）。这些城市将食物政策作为首要考虑对象，其他城市也开始纷纷效仿这一做法并逐渐意识到食物问题是城市规划中的一个重要环节（例如摩根Morgan，2009；帕苏古彻Pothukuchi和考夫曼Kaufman，1999）。

然而，在小城市中，食物系统规划实际上非常滞后或者可以说根本就没有，已有的学术论文对这一点很少提及。本章内容源自对加拿大安大略省金斯顿市的调研结果，理论框架则基于罗根Logan和莫罗奇Molotch的关于土地利用策略的城市增长机器理论，并通过采访结果来论述小型、偏僻的城市在食物规划方面所面临的挑战。笔者将这些挑战（对城市规划部门和当地“食物工作”组织的影响）分为四大类：第一，对“自由市

场”的信仰和“自由主义”的意识形态；第二，城市发展的财政政策和土地价值；第三，资源限制；第四，领导和管理挑战。在结论部分，笔者提出小型城市可以把握的几种机遇和有利条件以强化当前的食物系统规划。

7.2　案例研究

本章内容基于笔者的博士论文《公正的城市食物系统——安大略省金斯顿市社会公正和城市食物零售的地理学研究》。金斯顿是安大略省东南的一个小型城市，拥有约11.7万人口，距离多伦多、渥太华和蒙特利尔这样的大城市两到三小时的路程，是临近区域内最大的城市，也是本区的商业和行政中心。金斯顿将自己宣传为充满活力的历史城镇，正对安大略湖，拥有新型的混合社区。然而，实际情况是，金斯顿发展缓慢，大部分的城市就业岗位来自公共部门，例如当地的看守所、中等院校、加拿大武装军事基地和三所医院。由于私立部门相对薄弱，城市既没有衰落也没有快速增长，总之，金斯顿无法吸引省内其他地区的移民，城市经济发展缓慢，与大城市相比，缺乏活力。

但是，由于就业岗位主要来自公共部门，金斯顿有着数量可观的中产阶级人群。金斯顿“北端”是城市中的低收入待复兴地区，这里混杂着公共住房、老年人、残疾人、低保户、单亲家庭、贫困人群、瘾君子和长期失业者，笔者对这里两个已经关闭的杂货店进行了研究和分析。在2006年到2009年间，这两个小型的食品杂货店关闭，取而代之的是一座全新的、大型的杂货店（详见图7.1）。那个时候，居住在里多海斯社区（Rideau Heights）附近的低收入人群已有3年没有步行可达的、方便的食品杂货店了。

笔者基于规范的、批判性的政治经济视角研究这一城市食物零售景象的变化，在研究过程中笔者不停思考以下问题：是什么原因导致贫困社区的零售食物稀缺（又被称为“食物荒漠”问题）？这一现象如何导致了社会的不公正现象？什么样的替代食物模式和项目将有助于创建一个更加公正的食物系统？本章的研究方法包括：与金斯顿北端社区的居民进行小组讨论，在里多海斯社区进行上门访问，以及文献研究法。本章抽取了2008年到2009年间与42位受访者访谈中的关键信息。这些受访者包括致力于本地食物和贫困问题的社会活动者、非营利组织工作人员、食物零售商、房地产从业者、城市官员和城市议员。这其中，金斯顿“美食家”社区的成员就数以百计，包括小规模的种植者和生产者、一个强大的农业社区、大学研究者以及来自不同社会经济背景的志愿者和消费者。访谈大概持续一到两个小时，访谈结束后立即整理和分析访谈结果。尽管访谈中笔者并没有直接询问受访者关于小城市食物系统规划面临的挑战和机遇的相关问题，但依然可以观察到许多关于该问题的想法，这激发了笔者对该问题的兴趣。此外，访谈中有价值的见解主要来自城市官员、城市议员和规划师。

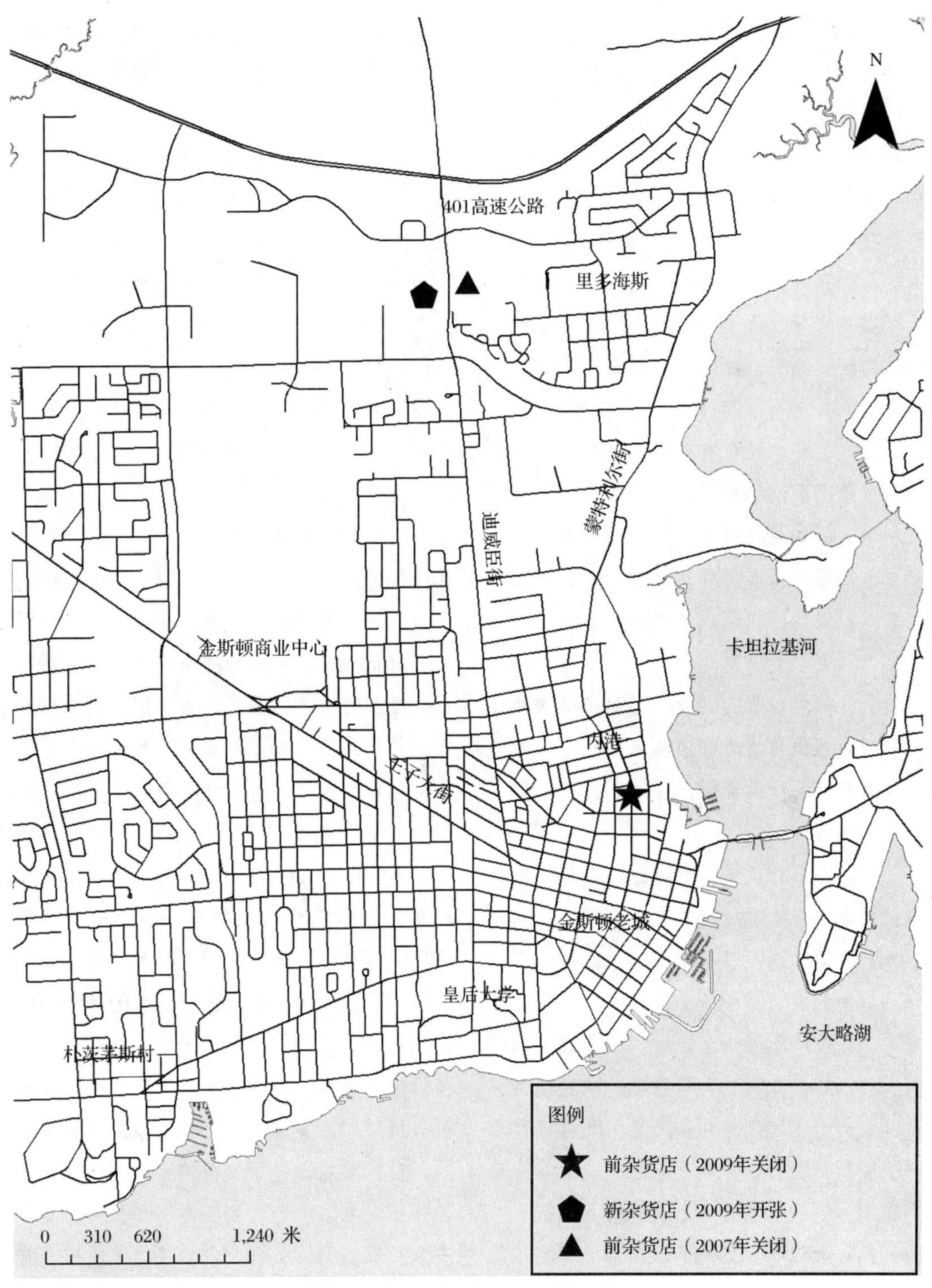

图7.1　金斯顿的老社区和关键地标，2010

7.3　理论和政治背景

小型城市所面临的食物系统规划挑战的问题可以在城市增长机器理论（罗根Logan和莫罗奇Molotch，1987）的框架内进行研究。在《城市财富：地方的政治经济学》一书中，作者提出了“增长机器”概念，这是理解城市政策的关键，即“由谁掌控?”以及“为谁服务?”。罗根和莫罗奇认为

> 对于那些处在有利地位的人来说，城市是一个增长机器，能够帮助他们增加租金和相关的财富。不管各精英团体在其他事务上有怎样的分歧，增长的欲望都能促使他们达成共识……尽管他们尚不确定究竟采取哪种具体策略以赢得增长，但对增长的渴望和共识使得这种增长联盟极力消除任何其他可能的地方政府目标或社区价值。（P50—51）。

根据罗根和莫罗奇的理论，增长联盟的成员是能够在当地经济发展中获取巨大利益的人，确切地说，是从增值的土地和房产中获利。他们将时间和资源都放在处理当地事务上，与普通市民相比，他们的得失均是巨大的。例如，政府政客与当地的商业精英以及专业人士（如律师和房产商）间存在着复杂的关系：后者对政治家能否当选有着一定的影响；前者则有能力为商业集团创造一个有利的政策环境。其他可以从土地增值和财富集聚中获利的增长联盟成员还包括（他们同时还扮演着促进或维持城市经济增长的角色）：当地的媒体、公共事业部门、私营公共事业部门、大学、文化机构（例如博物馆和影剧院）、专业体育团队、公会、零售商以及资本家。

罗根和莫罗奇对城市政治经济学理论的最大贡献在于：将土地、房产价值对于城市发展的重要影响引入规划讨论和规划决策的视野中。在安大略省（更宽泛地说，在加拿大），市政府极度依赖利用房产税来提供公共服务，如治安、消防、垃圾处理、污水处理和公用事业等其他市政服务（安大略湖市政协会，未注明出版日期）。这就使得市政府愿意批准土地使用和开发项目来增加土地价值，创造城市税收。然而，自从20世纪90年代末以来，安大略省的财政计划变得越发复杂。20世纪90年代末，总理麦克·哈里斯（Mike Harris）领导的省进步保守党派重新调整了社会公共服务的省级财政和市级财政的分担比例。哈里斯要求安大略湖省政府承担教育资金，其他社会服务资金则下放到各个市级政府（凯尔Keil，2002；麦克马林等McMullin et al.，2002）。直到现在，安大略湖各市政府仍在抗争这一财政安排：第一，承担社会问题和社会议程的任务拓展了市级政府作为传统的社会服务者的角色，但是，对于应该拓展到什么程度才是合理的仍有分歧（唐纳德B.Donald，个人沟通，2010年6月15日）。第二，也是与本章关系最密切的，食物尴尬地位于传统的土地利用规划、零售业发展、旅游、商务发展和贫穷、食物安全、弱势群体关怀、食物获得渠道等领域的交叉地带。就像笔者在下面中提到的，市级政府仍然在思考食物在城市和区域规划中的角色问题。

7.4　小型城市食物系统规划所面临的挑战

7.4.1　对食物系统规划的意识形态抗拒

或许主要是意识形态原因使得城市对食物系统规划一直保持着谨慎的态度，甚至反对食物系统规划进程的发展——尤其反对“干涉”城市食物零售业，例如，有一段时间，像北端这样的低收入社区缺乏食物零售服务。几个议员透露了他们对于私营食物商店的信心，但同时也表达了对干涉自由市场和纳税人钱的担心：

> 我们居住在加拿大，一个自由经济社会。政府无权干涉我们在哪里工作、以何为生，政府也不干涉食物杂货商业。交通不便地区的人们希望设立更多的食品杂货商店，对此我十分理解。但是，在这个问题上，政府无能为力，也不能强制要求商业入驻。我曾想过，是否是市场没有考虑到这些人的需求，但实际上，我不认为是这样，我认为市场正在考虑市民的诉求……即使政府能够干涉市场，我也不认为政府有任何理由这样做，更何况在目前的法律框架内我们不能干涉市场的行为（政府官员）。
>
> 我的观点很明确，我认为食物市场是终极民主。因此，如果你尝试主导市场或是限制市场的选择，而不是让个体消费者自己选择的话……我就不确定你所谓的“分配”系统的意义在哪里了。
>
> 实际上，你正在决定什么是公众税收的最佳用途，你可能会说“这样做总比重新铺设下水管道要有意义”，或者“比修路要更有帮助”，或者“比新建一个游泳池要好”。我的意思是，你正在为纳税人的钱做出选择（当地的商业教育家）。

确实，这种对于规划零售食物业的大环境和改善配套不全社区的消极态度很常见。有些情况中，强调政府干预往往会被视为强调社会主义，或是对自由市场的严重曲解。另外一些情况中，受访者并没有意识到北美的许多城市（通常是大城市）正在涉足私营零售业市场，通过区划、补贴、激励和交通等手段影响该市场。对这一趋势缺乏了解可以是由于小城市在时间和资源上存在的局限，接下来我们会对这一问题进行讨论。但是不管哪种情况，当地精英这种抗拒和谨慎的态度说明了食物还没有被视为城市规划应该涉及的问题。

7.4.2　土地价值和财产税税基

在加拿大众多小城市中，食物系统规划所面临的核心挑战是：城市之间对于商业投资的竞争以及提升土地和房产价值的冲动。由于城市迫切需要扩大住房供应和财产税税基，决策者匆忙地接受了新住房发展计划，导致诸多新建社区缺乏诸如步行可达的商店等相关配套服务，据受访者描述：

> 我不得不说在格林伍德存在着许多问题，这都是由于规划不当引起的。之前的议会并没有强制要求商业建筑必须要入驻到这里，为这里的居民服务。我想我们必须要为城市扩张做点什么了，

> 我们允许城市无限度蔓延，这种郊区化现象使我们不得不开着小型货车去周边的商店购买二十袋食物以满足下个星期的需要（市议员）。

她认为，各开发公司会对新规划社区内商业空间的营利性和可行性产生争论。当前所有在建的社区可能会存在完全相同的问题：

> 我们正在贝瑞吉（Bayridge）和北公主街（Princess St. North）建设一个拥有300个单元，可供9000居民居住的小区。如果仅仅只需要提供住宅空间，开发商会非常开心，他们并不乐意提供商业服务空间和社区服务空间。当然，事实上开发商不得不为学校留下空间，由校董事会最终决定是否入驻。同时，开发商也不得不提供商业空间。但是，开发商通常会使用的伎俩是：他们会说“我们会有商店空间”，接下来他们又会说“商业在我们这里行不通啊，那么，我们还是利用这些空间建住宅吧”。但是我们必须要说开发商不能一直这样下去……（市议员）。

其他发展缓慢的城市也很可能面临着相似的挑战：他们被迫增加税基，并拼命地吸引外来移民到此居住，以此作为城市充满活力、经济增长的证明。陷入这种窘境的小城市很难拒绝增加住房供应和税基的提案的，即使这种提案意味着与之相应的商业发展空间和食物规划的减少。这一情况在某种程度上强化了自由市场的价值及其主导地位，小型城市的政府官员以及增长联盟成员倾向于将财产税视为一种税收工具，通过这种工具能更好地服务城市，同时，将住宅和社区发展交给“自由市场”。

同样的思路，发展缓慢的小型城市也非常急切地期望批准大规模零售经销权和其他的大规模商业开发计划，因为他们想要通过这些项目来刺激就业、增加消费者的选择、提高财产税收入并明确城市发展方向。然而，这样的大规模发展计划，会造成争议性的后果：比如大规模商业综合体除了耗资巨大外，还可能对环境造成破坏，给社区带来的实际利益也还值得商榷。下面是一位城市规划师的访谈记录，他针对以上问题对金斯顿地区一个有争议的大规模商业案例做出了阐释：

> 他们（大规模商业的所有者）在说“哦，经济状况太糟糕啦，我们需要创造新的工作岗位”。好吧，首先，他们只打算支付每小时11美元的平均工资，其次其中有些工作并不会成为新的就业岗位。如果他们的项目得到批准他们就会转移到新的项目地，“我正在转售我的商场经销权，然后离开（到新项目地）。所以不得不解雇原来所有的雇员……”所以城市实际上并没有得到一个新商场，商场只是迁移到一个更好的位置而已；这就是为什么有所谓的“净工作岗位”，也就是说，你或许创造了125个新工作岗位，但同时你又失去了75个工作岗位，所以说你只获得了50

个新工作岗位，而不是想当然的125个（城市规划师）。

小城市会允许各种愿意来本地发展的零售商进驻，因为小城市会不遗余力地加快和保证经济增长。然而，问题是：在允许大型商家入驻的同时，小城市的规划师和政府官员们似乎忽略了大城市所具有的其他优势，例如经济多样性、优美的城市环境、高薪岗位、方便快捷的交通以及富有活力的中心商业地区，而这些都是小城市所缺乏的。因此，零售业中的“自由市场”倾向或许会压制对城市生活质量的干预，而城市生活质量恰恰是规划师应该考虑的问题。

最后，受访的市政议员们表示不愿意接受新的食物规划，因为食物规划可能会给城市带来额外的财政负担。可以认为，正是因为房产税基的限制，城市当局才不愿意通过食物规划来改善配套设施欠缺的社区。以北金斯顿社区为例。

市议会正致力于增加乘坐公共交通工具的人数，并在过去的四年里取得了很大的成效，在执政中期，省政府和联邦政府为市政府部门提供大量的油费补助以促进大运量公共交通事业的发展。我们已经为这些公共服务支付了足够的税款，远远超过房地产税基。市政府在决定增加何种类型的公共服务上是十分谨慎的，他们认为食物贸易是相当重要的服务（市议员）。

在食物问题上的迟疑说明政府提供服务的角色受到了新自由主义思想的影响。更具体一点说，政府的资金安排是由政府官员掌控的，对于非常规的食物规划，他们也许会考虑也许根本就不予理会。考虑到公众对政府安排公共资金的反应，可以预见，政府会回避提供（有资金投入的）食物规划服务，即便这样的服务会对城市产生长期的社会、健康和经济效益。

7.4.3　资源限制

小城市的规划部门和政府部门面临的资源限制问题也制约了食物系统的发展潜力。一位当地非营利食物组织的受访者，详细描述了他们与金斯顿政府官员和规划部门讨论金斯顿新一轮规划中城市农业问题的情况。

规划部门的工作人员真的很尽职，他们想做对金斯顿有益的事情。但是我觉得他们依然以陈旧的视角看待规划部门的职责。在美国，有一个市长创新网络，成员为来自全美各市的市长们，从芝加哥和洛杉矶到斯克兰顿再到巴拿马，他们聚集在一起商讨城市创新政策，激发和分享心得。我在金斯顿城市农业行动委员会（KUAAC）的平台上进行的研究越多，越觉得金斯顿被远远落在了后面……这真令人难过；他们没有给予城市农业优先权，也没有阅读我们的调查报告，没有人真正地把这次调研当回事儿，探究这份报告里可能的应对方法。在12月4日的规划协会会议上，我们察觉到大部分协会会员还没有读过我们给他们提供的材料。规划部门的成员只阅读了其中一部分材料，但是却非常执着于他们的固有思想……也许我们无法很快使我们的思想在城市规划中有所体现，我们也没有机会让他们明白我们想要他们明白的内容，这非常令人沮丧（非营利组织成员，食物活动家）。

考虑到时间和资源的限制，政府给予了食物议题较低的优先权，对“自由市场”的认同也取代了主动的规划措施。这就说明，没有强大的政府或市长网络，城市就无法学习和借鉴其他城市的经验、计划和实践。由于每个工作日的工作时间有限，规划部门的规划师们不太愿意花时间阅读食物规划的相关资料，况且当地相关部门提供的食物规划资料也不是很容易理解。我们不能武断地说这是因为当地的政府官员和规划师对此不感兴趣或者是缺少时间，我们可以想象，政府官员会收到来自于所有利益相关团体的资料和信息，囊括了各种各样的议题，所以不难理解在小城市中，一个类似于城市农业这样相对新奇的，或者说含有不确定因素的想法是很难引起重视的。

7.4.4 领导和管理问题

最后，由于食物系统规划在金斯顿这样的小城市中是全新的未知领域，目前相关的领导和管理事宜尚未融合，这是发展食物系统规划的障碍之一。在金斯顿这样的小城市中，部门之间的条块分割会阻碍当地经济的发展。不同城市部门要处理不同的社会议程和商业议程，如果他们不愿意打破藩篱相互合作，经济和发展政策就会被扼杀（贝多瑞Bedore和唐纳德Donald，2010）。就像某个受访者所说的：

社会服务和商业发展应该紧密联系在一起，因为它们的发展是不可分割的。我发现我很难与社会服务组织沟通，反过来，他们也觉得很难融入商业会议和商人中。为什么我每次与社会服务倡导者聊天的时候都会觉得一个头三个大呢？（经济发展官员）

食物不可避免地会成为一个同时属于公共和私人领域的双重问题，事实上城市食物系统的所有内容都必然要涉及到公众和私人部门。如果各市政部门、商业部门、社会服务部门之间没有建立良好的联系，就无法进行跨部门协作并动员大众认真对待与食物相关的问题。

食物是一个交叉学科问题，这带来了第二个挑战。食物问题的处理本身就与多个部门相关，例如社会服务、公共医疗、交通、土地使用规划、废物处理和环境、娱乐与文化、经济发展部门等部门，将这些部门联合起来本身就是一个巨大的挑战，况且食物活动家也还没有找到合适的市政部门来处理食物问题，“我们面临的一大挑战就是要找到合适的部门来处理食物问题，是公共管理部门？是规划部门？还是文化部门？到底该由谁来承担发展城市农业的任务？这其中，规划部门是我们一直提及的部门（非营利组织成员，食物活动家）”。更进一步，一些公共机构或许能够处理经济发展问题，但是，零售食物项目却又不完全属于他们的管辖范畴：

> 我们在吸引零售商方面做的工作还不够。我们公司（金斯顿经济开发公司）由两个部门构成：金斯顿旅游部门和商业发展部门。在商业发展部门，我们有专门为小型商业客户服务的人员，因此这部分业务会涉及到零售业。但是在那些与大公司相关的业务中，通常情况下不会涉及零售业的发展（经济发展官员）。

然而大城市也不可避免地会遇到如何使食物融入管理体系的问题，当然，因为有更多的资源和更深刻的洞见，他们或许能够指派关键部门处理食物问题。在一些案例中，北美众多城市都已成为食物委员会的成员，并致力于将食物零售行业引入配套设施欠缺的地区（帕苏古彻Pothukuchi，2005）；那些更有雄心的城市对与食物相关的公共服务有着更广泛的思考。而对于小城市来说，它们并不熟悉城市食物规划，因此就存在着许多突出问题：（1）是否会出台政策解决少量人口居住的小社区存在的问题；（2）当地政府部门谁来负责解决这个问题；（3）该部门是否有能力承担食物规划问题。遗憾的是，涉及到食物问题，新自由主义思想往往会成为主导。

7.5　结论：小城市食物系统规划的机遇

本章提出了小城市食物系统规划所面临的四个关键挑战。根据罗根和莫罗奇的增长机器理论，小城市通过土地规划决策增加房产价值促进经济发展，然而可能要以牺牲其他目标为代价，这就会阻碍食物系统规划项目的开展，这种项目会创造使用价值，但的确不能提升土地价值。笔者认为，尽管小城市面临人力、时间和财政资源不足的困境，他们仍然需向其他城市学习，熟悉一些新型城市议题，例如城市农业问题。当然，由于担心“干涉”自由市场，他们对食物系统规划也存在意识形态上的抗拒，此外，领导和管理的问题也会阻碍小城市的食物系统规划的实施。实际上，加拿大一些大城市的规划部门和相关组织正致力于发展激动人心的创新政策和项目，因此，从某种程度上说，这些挑战是像金斯顿这样的小城市所独有的。

尽管城市领导者坚持新自由主义思想并抗拒食物议题，但在面对这些挑战时，规划部门和小城市还是可以有所作为的。例如，虽然缺乏提供额外服务的费用，但小城市可以有效利用志愿者来从事食物规划和相关工作。加拿大很多比金斯顿小得多的城市都拥有众多的大学和学院，因此可以招募高校的大学生来从事公益性的食物规划工作。此外，这些食物组织可以从类似“联合之路”这样的基金会获取补贴和工资补助，并提供更多的工作岗位。同时，小城市的社团领导更容易组织当地的“美食家”社团，彼此熟悉的人能够组成更紧密的团体。本地人和大学生都应该是低成本城市食物规划活动的重要参与者，可以参与到跨部门网络等工作中。

虽然当地领导可能会反对为食物发展制定专门的政策，但这并不意味着他们没有采取措施促进公共服务欠缺地区的发展。例如，在此次研究调查中，受访者提到“食物荒漠”问题可以通过某些措施来解决，例如发展公共交通、激发商业活力、通过区划促进街区复兴、清理棕地等，同时可以通过一些奖励措施来刺激位于金斯顿北端老工业区的发展。即使对于城市食物规划还没有清晰的认知，面对金斯顿北端杂货商店的关闭，人们也意识到是时候采取措施解决食物问题了。像金斯顿这样的小城市正尝试采用新的规划视角，因此这些与食物相关的活动很可能会持续下去：金斯顿最近已经采纳了《可持续发展的四大目标（经济健康、环境可持续、文化活力和社会公正）》（可持续的金斯敦，2009），这一文件为当地的社会活动家和组织提供了一种监督市领导的方法，也为规划师和其他官方组织促进城市食物规划提供了新依据。

参考文献

Association of Municipalities of Ontario. n.d. Government in Ontario. Available at www.amo.on.ca/YLG/ylg/govinont.htm.

Blay-Palmer, A., 2009. The Canadian pioneer: The genesis of urban food policy in Toronto. International Planning Studies 14: 401-416.

Donald, B. and Bedore, M., 2010. Revisiting the politics of class in urban development: Evidence from the study of the social dynamics of economic performance. Urban Affairs Review 47: 183-217.

Keil, R. 2002. “Common-sense” neoliberalism: Progressive conservative urbanism. in Toronto, Canada. Antipode 34; 578-601.

Logan, LR. and Molotch, H.L. 1987[2007]. Urban fortunes: The political economy of place (20th anniversary edition). University of California Press, Berkley, Los Angeles A, London, 383 pp.

McMullin, J.A., Davies, L. and Cassidy, G., 2002. Welfare reform in Ontario: Tough times in mothers’ lives. Canadian Public Policy 28: 297-314.

Morgan, K., 2009. Feeding the city: The challenge of urban food planning. International Planning Studies 14: 341-348.

Morgan, K. and Sonnino, R., 2008. The school food revolution: Public food and the challenge of sustainable development. Earthscan. London, UK, 256 pp.

Pothukuchi, K., 2005. Attracting supermarkets to inner-city neighborhoods: Economic development outside the box. Economic Development Quarterly 19: 232-244.

Pothukuchi, K. and Kaufman, I.L., 1999. Placing the food system on the urban agenda: The role of municipal institutions in food systems planning. Agriculture and Human Values 16: 213-224.

Welsh, I. and McRae, R., 1998. Food citizenship and community food security: Lessons from Toronto, Canada. Canadian Journal of Development Studies 19: 237-255.

第8章

城市农业规划：问题源流、政策源流和政治源流

内文·科恩（Nevin Cohen）
美国，新学校
cohenn@newschool.edu

摘要：基于约翰·金登（John Kingdon）的“多源流”政策框架理论，本章主要讨论美国城市农业规划的本质和政策制定过程以及政策实施所需的必要条件。通过对美国5个城市的分析研究，揭示了城市农业规划的问题认知和政策形成过程，在支持性政治条件的大环境下，就可以为实施城市农业政策打开机会窗口。在明确能促进城市农业政策形成的因素后，食物系统规划师将会更好地推进这一创新活动。

关键词：政策智囊团，食物政策，城市农场，社区农园

8.1 引言

面对近年来城市农业活动的大潮，许多美国城市缺乏政策工具来规范这些多样化的新型实践活动，然而，在过去的几年里，因为意识到城市食物生产可以创造社会、经济和环境的多重效益，许多城市开始制定城市农业发展规划，重新评估城市区划和条例，并制定政策来适应、引导和支持城市农业的发展（霍奇森等Hodgson et al.，2011）。随着媒体、专家团体和社会活动家对城市农业的日益关注，城市农业活动触发了大量的创新政策并使得这些政策在不同的城市中推广开来。一个关键问题是，我们应该知道是什么引起了城市农业政策的涌现，尤其是在城市规划师和政府部门已经对食物系统忽略了数十年之后（帕苏古彻Pothukuchi和考夫曼Kaufman，2000）。

8.2 多源流政策框架

为了理解城市农业政策制定的整个过程，本研究引入了金登（2002）的政策发展多源流框架理论。金登认为，3个相互作用又有所区别的源流贯穿在整个政策制定的过程中，他们分别是：问题源流（即问题认知）、政策源流（即政策建议的提出和完善）、政治源流（即各种政治）（汉斯特拉Henstra，2010）。政策的制定并不是一个理性的决策过程，而是多种角色共同角力的结果（扎哈里亚蒂斯Zahariadis，2007）。

8.2.1 问题源流

在问题认知的过程中，某些特定问题从众多问题中凸显出来，并被列入工作议程。问题源流包括社会和经济的变化、重大事件以及激发人们付诸行动的标志性事件（伯克兰Birkland，1998；金登Kingdon，2002）。在问题认知过程中，媒体、利益团体和其他的利益相关者则致力于将问题分类，并将他们置于相关的价值观背景内。

最近出现的关于城市农业研究热潮，体现了政策制定者们对城市所依赖的食物系统的广泛关注。摩根（Morgan）和松尼诺（Sonnino，2010）认为这是对全球食物问题的回应。包括食物价格上涨、食品安全、环境变化、用地矛盾和快速城市化在内的全球食物问题给城市带来了实质性的隐患。这些隐患触发了城市规划和政策的回应，包括对城市农业发展的支持（帕苏古彻Pothukuchi，2009）。

8.2.2 政策源流

政策源流是政策建议的产生过程，包括议会办事员、规划师、学者、咨询师和利

益相关者在内的专家团体参与其中（金登Kingdon，2002）。这种政策智囊团能够帮助政府明确问题、影响公众意见、形成或者促进政策议题，当然，这些举动也会影响问题认知过程。通常，政策制定机构以网络化的形式组织在一起，其成员来自食物政策倡导组织、利益团体等（古德温Godwin和施罗德Schroedel，2000；汉斯Haas，1992）。例如，美国食物规划政策的制定即是由美国规划协会和国家级的发展组织（社区食物安全联盟）共同合作完成的，这一政策的制定对于采纳和传播城市农业政策至关重要（帕苏古彻Pothukuchi，2009）。

8.2.3　政治源流

政治源流主要由国家和当地民意倾向、行政机构的变更、政党领导者意识形态的转变和利益组织对政府施加的压力等因素构成（金登Kingdon，2002）。对政策的支持和反对主要取决于该政策倡导者的政治力量，还与该政策被采纳后造成的政治影响有关，也就是说由潜在的政治环境因素决定。摩根Morgan和松尼诺Sonnino（2010）的新食物方程理论说明了政治变动会对规划者推动食物政策产生影响。城市农业政策是人们对全球化的回应，人们尝试重新调节食物系统，来应对生态问题、社会问题以及食物生产者与消费者割裂的问题（麦克林托克McClintock，2010）。与此同时，在过去几十年里渗透在城市规划中的新自由主义思想逐渐式微，城市规划转而开始关注城市竞争力（哈维Harvey，1989）。在这种新价值观的背景下，城市农业被视为一种提供服务的方式，能够为城市提供诸如社区经济发展、教育、食物生产等公共服务，而城市通常会因为面临财政困难而不能或不愿提供此类服务。

8.2.4　政策窗口

问题源流、政策源流和政治源流的汇合是政策实施的必要条件，金登（Kingdon，2002）将其称之为“政策窗口”的打开。如果在政策窗口打开后，相关人员并没有迅速地启动实施对策，那么就会失去政策发展的绝佳机会，继而政府就会将重点转移到其他问题上（同上）。

8.3　研究方法

笔者在美国的5个城市中开展了城市农业政策发展的探索性研究，本章记录了相关的研究成果。访谈和文献研究是本章的主要研究方法：访谈对象包括每个城市的城市农业倡导者、城市农业实践者和政策制定者，并对相关政策文件进行文献综述。访谈采用通用的访问提纲，访谈时间为2010年夏天，共计30位受访者，每位的访谈时间为30分钟到90分钟不等。在访谈笔记中着重记录受访者提出的重要概念，以揭示城市农业政策发展过程与多源流政策理论框架的相符程度。

8.4　案例分析

在接下来的案例分析中，依照多源流政策框架描述了城市农业政策的形成过程。每个案例都讨论了问题源流、政策源流和政治源流三个方面，并尝试探讨了应如何将三种源流融合以更好地促进城市农业政策的实施。

8.4.1　纽约市

一直以来，纽约市的食物发展政策都是由市长制定的，他强调了三个要点：提高市政供给蔬菜的营养质量；增加针对低收入纽约市民的联邦食物资金投入；增加低收入社区新鲜水果和蔬菜的供给（摩根Morgan和松尼诺Sonnino，2010；NYC城市规划部，2008；特斯特等Tester et al.，2010）。在过去的几年里，纽约市的城市农业政策越来越引人注目，部分原因和以下现象有关：对社区花园使用权的争论（埃尔德Elder，2005；莫尼翰Moynihan，2010），营利型城市农业企业的出现（如布鲁克林和皇后区已经开放的屋顶农场），以及其他非营利城市农场项目的出现。现存农业的保护、社区发展以及城市农场企业化的机遇将公众的注意力吸引到城市农业上，同时也提出了新问题——现存的法律是否足以支持和引导这类活动。

为此，政策智囊团开始制定新的城市农业政策。曼哈顿区区长召集食物计划倡导者们在纽约召开会议，研究食物政策的蓝图（斯特林格Stringer，2010）。纽约议会的发言人发布了名为“食物工坊”的食物政策报告，这项报告由食物计划倡导者、商业领袖、非政府组织和学者共同研究制定，报告中提到了可持续食物系统增加就业岗位的可能性（布莱农Brannen，2010）。市长则发布了修订后的可持续发展规划（“PlaNYC2030”），其中包括了食物政策章节，这部分与食物相关的内容指出：应该致力于建立更广泛的食物系统，而不是仅仅只涉及食物营养和食物可获得性这两个方面（纽约市可持续战略规划办公室，2011）。

纽约市民组织同样积极地为城市农业发展献计献策，例如，纽约市社区花园联盟为支持社会花园发展的相关政策提供保障（纽约市社区花园联盟，2010）。“正义食物”非政府组织联合许多成员与政府沟通，成功推动了城市养蜂的合法化，该组织最近又创立了纽约城市农业学校，讲授城市农耕知识，传播城市食物政策（正义食物，2010）。非营利性质的公共空间设计基金正在为一个覆盖整个城市范围的城市农业规划做准备，该项目得到了城市农业实践者、政策制定者和资助者的大力支持（公共空间设计基金，2011）。

纽约的政策环境支持城市农业的发展，尤其是一些低资金或零资金投入的政策项目（如支持社区发展、企业化、资产积累和食物生产的政策），以上繁荣的城市农业政策和活动即可证实这一点。可能的市长候选人，如目前的区长和城市议会发言人都在努力推进能够覆盖整个城市的食物政策和城市农业政策，当然，这也是出于赢得选民的考虑。此外，在城市可持续发展规划的修订过程中，市长支持将食物和农业的相关内容加入规划中。

可以说，纽约市三种源流的汇合已经为新食物政策开启了机会窗口（布莱农Brannen，2010）。然而，纽约市官员只能连任两个任期，所以如果新的政治领袖有其他的关注点，那么城市农业政策窗口或许就会关闭。

8.4.2　西雅图

从1973年开始，西雅图就积极开展名为“P-patch”的社区农园项目（霍等Hou et al.，2009），而最近的一些行动使得城市农业问题愈加引人注目。2008年4月份，西雅图议会通过了31019号方案，该方案提出了西雅图的食物系统工作目标和政策框架，以及支持城市农业发展的政策建议（西雅图市，2011）。2008年11月，59%的西雅图市民投票支持公园与绿色空间税，以便将两百万美元的税金投入新P-Patch社区农园的建设中（西雅图公园与休闲部门，2011）。2010年2月，市长和市议会共同宣布将2010年作为“城市农业年”，并发起一项城市农业运动来促进城市食物生产并提升本地食物的可获得性。

在西雅图，社区园丁、环境运动积极分子、政策智囊团组成了强大的网络以推动城市农业政策的制定。此外，市议会的食物系统方案明确了多个城市机构在支持可持续食物系统方面的职责，并鼓励他们相互合作，从而培育了政府内部的食物政策智囊团。西雅图建立了跨部门食物系统合作平台，其中包含8个相互协作的城市部门。该平台由规划发展部门牵头，以便在所有主要的城市土地利用决策中融合食物系统的分析结果。

为推动城市农业的发展，需要在不同部门中融入城市农业的相关内容，这一诉求也在一定程度上促进了创新性政策的发展。以西雅图公用设施部门为例，该部门的主要任务是废物管理，在融合城市农业的思考后，他们创建了后院堆肥计划来支持社区农园项目；他们还发起了食物恢复计划，将一些本来要被丢弃的食物派送给有需求的组织机构（沃斯特文C.Woestwin，个人沟通）。公园与休闲部门则致力于将社区中心与农园融入P-Patch项目，并为社区厨房提供空间（哈里斯怀特R.Harris—White，个人沟通）。“城市可持续建筑”是西雅图公用设施部门与规划发展部门的合作项目，该项目旨在探索如何利用绿色屋顶计划促进屋顶农业的发展（班斯莱班J.Banslaben，个人沟通；麦金托什McIntosh，2010）。2010年8月，西雅图市议会采纳了由规划部门提出的土地利用代码修改方案，赋予了五类城市农业用地法定地位（西雅图市，2011b）。

西雅图的政治环境也有利于城市农业政策的发展。曾作为塞拉俱乐部（美国的一个环境组织）成员的麦金（McGinn）市长与关注环境问题的议员都在积极推动城市农业的发展。此外，2008年公园税的通过明确表明，西雅图的选民们十分支持扩大本地食物生产（佩泽A.Petzel，个人沟通）。

在西雅图，城市食物的问题引起了众多关注，政府内外的政策智囊团以及整个政策环境均支持城市农业的发展，这三种源流汇聚在一起共同开启了西雅图城市农业发展的机会窗口。可以认为，自2008年西雅图31019号方案通过后，这一窗口就已经开启。对西雅图来说，可能导致机会窗口关闭的情况是城市预算危机，实际上，目前已经出现了缩减城市预算的呼声。

8.4.3　芝加哥

在芝加哥，一些个人基金会通过支持食

物规划行动来帮助形成对食物系统问题的认知。1998年，凯洛格基金会（W.K.Kellogg Foundation）资助了一次全市范围的食物安全研讨会。2001年和2002年，芝加哥社区信托机构资助了伊利诺斯州食物安全峰会。2002年的峰会取得了实质性成果，食物社会活动家们和政府官员共同组建了食物政策咨询委员会，该委员会负责主办每年的食物政策会议并出版芝加哥食物系统的相关研究成果（艾伦等Allen，et al.，2008）。此外，名为城市农业倡导协会的组织在2006年制定了一个规划（2010年进行了修订），该规划呼吁保障城市农场、食物培育、城市农业区划、堆肥以及农业知识培训和食物分配系统的用地需求（城市农业倡导组织，2010）。这一规划使芝加哥规划委员会于2007年6月21日出台了一项总体食物系统规划。在芝加哥的多项食物规划和政策报告中，反复提及了亟待解决的低收入社区食物可获得性问题，另外，也强调了包括了城市农业在内的健康的食物系统是促进经济发展的重要策略。

芝加哥政府内外的众多政策智囊团成员一直致力于发展城市农业政策。这些智囊团成员包括：社会活动家网络（如城市农业倡议组织），食物政策咨询委员会成员，政府官员（如芝加哥都市规划委员会的委员们，他们将食物要素全面地整合在区域战略规划内）（芝加哥都市规划委员会，2010）。在城市政府内部，区划与土地利用规划部门一直致力于研究城市农业用地区划，以实现城市农业在大多数区划地区的合法化（芝加哥区划与土地利用规划部门，2010）。该部门还组织了与其他部门的联合工作组，与健康部门、环境部门以及城市农业倡导组织的成员一起推动城市农业区划的落实（迪克哈特K.Dickhut，个人沟通）。

在社区规划层面，创新的城市农业议题也已经出现，例如：在低收入的恩格尔伍德社区，城市规划部门与社区居民共同制定了一个城市农业计划，计划中包括一个邻里食物中心，该中心将由社区社团（如种植之家）与当地金融机构、社区大学、城市规划官员等共同运营（罗德H.Rhodes，个人沟通）。

芝加哥市政府一直支持城市环境行动，他们在市政厅建设了绿色屋顶花园，以此来表明市政府对环境问题的关注和承诺（波特尼Portney，2009）。不过，由于经济衰退，市政府越来越关注经济发展和增加就业岗位的问题。社区农业发展计划（如恩格尔伍德计划）中明确包含了经济发展与职业培训的内容，因此，社区农业发展计划或许仍然与政府的关注点相符合。

芝加哥倡导将食物生产作为一种经济发展战略，这开启了城市农业的政策窗口。然而，城市农业只是众多食物系统问题中的一个，其他的问题——如食物的可获得性——或许会在将来得到比食物生产更多的考量。此外，如果现任市长对于城市政策优先级的考虑不同于前任市长，那么城市农业的政策窗口或许不久后就会关闭。

8.4.4 旧金山

在旧金山湾地区，食物活动家们引入了“土食者（locavore）”（指那些热衷于食用住所附近所产食物的人）（科恩Cohen，2010）这一概念，在这个地区，一直有发展社区农园和支持城市农业发展的传统（劳森Lawson，2005）。1996年，旧金山通过了城市可持续发展计划，这是非强制性的城市政策，其中就有关于食物政策的章节（旧金山环境部门，1996）。近些年则陆续通过了要求农夫集市接受政府福利卡片的法令，限制政府机构购买瓶装水的条例，以及支持散养鸡并反对食用鹅肝酱的方案（旧金山市政府，2011）。2009年，加文·纽森（Gavin Newsom）市长颁布了一项强制性指令，要求评定可用于城市食物生产的公共土地，这一举措使城市农业的地位显著提升（纽森Newsom，2009）。此外，这一指令还清楚地阐明了食物系统的美好愿景：增加营养食物的供给，缩短消费者和食物生产者之间的距离，保护劳作者的健康和福利，减少食物生产对环境的不良影响，强化城市社区与乡村社区之间的联系（纽森Newsom，2009）。

纽森的指令促使政策智囊团建立起食物政策委员会（纽森Newsom，2009）。城市农业活动积极分子们还成立了旧金山城市农业联盟，致力于研究城市农业的政策发展（琼斯P.Jones，个人沟通）。此外，旧金山有一批充满活力的企业家，他们尝试建立新型多样的城市农场、后院农场企业，使城市农业进一步进入人们的视野。随之，支持企业型农场发展的需求促使旧金山规划官员修改区划代码，赋予城市范围内合理的城市农业活动以法定地位。

旧金山属于政治进步型城市，支持促进城市农业发展的政策。这似乎意味着旧金山是一个城市农业政策窗口已经开启的城市。然而，2012—2013年旧金山市面临着48000万美元的财政赤字，2013—2014年则上升到64200万美元（萨巴蒂尼Sabatini，2011）。城市和州的财政灾难使得政府很可能将注意力转向金融和财政问题，而不再关注城市农业和食物系统改革问题，尤其是那些耗费城市财政资源的城市农业项目，这很可能导致城市农业政策窗口关闭。

8.4.5 底特律

底特律的经济灾难和城市范围内40km^2（10360hm^2）的闲置土地使得城市农业成为一个潜在的经济发展机会，不同的利益相关群体（如政策智囊团）已经开始尝试不同的实施方案。底特律黑人社区食物安全联盟、土木城市农场、非营利底特律绿色组织等社区组织已经制定了社区花园和邻里农场发展计划。非营利组织自助戒毒康复中心（SHAR）提出了一个名为“康复农园”的整体计划，包括了食物生产、加工、零售的完整过程，这一计划将为SHAR的康复者创造新的工作，并增加该组织的收入（皮泰拉D.Pitera，个人沟通）。汉兹农场公司则提出建立一个大规模的商业化农场（加拉赫Gallagher，2010）。东方市场是底特律传统的大型批发和零售食物市场，该市场的总裁丹卡莫迪（Dan Carmody）提出要建立一个食物中心，其中包括3hm^{2}的教学农场。此外，还包括食物加工空间以提高食物的附加值（丹卡莫迪D.Carmody，个人沟通）。

尽管汉兹农场、SHAR、东方市场和众多的小型组织都提出过很多的建议，但底特律仍在犹豫是否以及多大程度上利用城市闲置土地发展城市农业。目前，底特律正在筹备名为“底特律工厂”的全新总体规划，该规划将有助于在一定程度上明确城市农业在城市地区发展的优先权。“底特律工厂”规划的背景报告表明，城市居民和城市农业的利益相关者们都很关注在城市内大规模发展农场的计划（AECOM，2010）。然而，市长宾（Bing）则对大规模的城市农业发展持保留意见，表明城市“并不准备在城市农业发展方面开足马力”（海因策Heinze，2010）。在底特律前所未有的财政危机面前——32500万美金的财政赤字、接近30%的失业率、50000名房主面临着丧失抵押品赎回权的危险，这种对于城市农业犹豫不决的态度是可以理解的（宾Bing，2010）。

在底特律，随着城市农业政策窗口的开启，大规模发展城市农业的可能性是极大的。目前，一些项目的支持者正在与城市官员协商土地使用权的问题。取决于“底特律工厂”规划过程的公众参与状况，城市农业或许会继续保留在规划议题中，城市农业用地或许会被纳入城市总体规划。但是如果农业发展计划始终没有落实或开始，那促进其发展的政策之窗很可能就会关闭，农业发展计划也就会随之失败。

8.5　分析和结论

以上的案例说明，金登（Kingdon）的多源流理论——即问题源流、政策源流和政治源流框架——能够帮助我们更好地理解城市农业政策发展这一复杂的过程。然而，金登提出的是一个常规框架，并不是一个预测模式。在5个城市案例中，每个城市都有着自己独特的政治环境，有影响政策发展的不同类型的利益相关者。当然，每个城市也都面临不同的问题，城市农业则被视为这些问题的潜在解决方案。

在这个5个案例中，城市农业均被视为一种政策议题。对于那些面临经济衰退的城市来说，政府迫切需要寻找到一种低成本甚至无成本的解决方案，以重新开发未利用的土地，支持社区发展，让低收入市民可以种植蔬菜改善日常生活，这种需求在一定程度上促进了城市农业政策的发展，例如在底特律，经济发展是城市农业发展的关键推动力。在经济相对发达的城市，例如纽约和芝加哥，城市农业则被视为应对食物不平等问题以及社区发展问题的潜在解决方案。城市农业政策通常属于城市或都市总体食物政策的一部分，基本会在所有的食物规划或政策议题中得以体现和阐明。在那些现存区划与城市食物生产存在冲突的城市，如底特律、芝加哥或旧金山等，逐渐活跃起来的城市农业活动倒逼着政府进行回应，并开启政策窗口，对农业在城市中到底扮演何种角色进行实质性的讨论。

众多的思想领袖、利益相关者以及公共部门、非营利部门和私营部门组成的倡导者网络共同推动了食物政策的制定和发展。在纽约、西雅图和旧金山，政府官员们在整合政策智囊团建议的过程中发挥了巨大作用，而在芝加哥和底特律，个人基金会则推动了食物政策的制定。在所有的案例中，来自非营利部门和政府政策智囊团的食物政策倡导者借助政策委员会、咨询委员会、特别组织联盟和会议的平台，尝试进行网络式的合作，例如，在西雅图，大量的食物政策创新来自于政府机构内部，甚至是那些与食物生产关系不大的机构，各机构人员的通力合作促使政府将城市农业问题纳入政策范畴。芝加哥这样的城市则通过基金会资助城市农业规划实践，非营利组织和政府部门的政策智囊团共同致力于城市农业规划。食物政策的发展同样离不开企业家们的帮助，他们开始创立一些需要政策支持的新型企业，如底特律的SHAR、芝加哥的种植之家、纽约的布鲁克林屋顶农园。也正是企业家们要求改变政策的诉求，使他们可以在各自城市的不同地区发展不同规模的城市农场。

从白宫菜园（白宫，2011）到草根社区农园，这种全国性的城市农业热潮表明潜在的政治环境是支持城市农业政策发展的。在有悠久环保政策传统的城市中，如旧金山和西雅图，目前的支持城市农业的政治环境在未来发生剧烈变化的可能性很小。在最近才出现绿色运动的城市中，如芝加哥和纽约，随着新一届政府上任，支持城市农业的政治环境是有可能改变的。在底特律，尽管已经有私营部门、非营利部门的企业家开始将城市农业项目付诸行动，但几乎没有来自官方的城市农业政策支持。如果这些非官方的项目能够取得成功或得到大规模推广，或许会有助于官方支持政策的出台。

由于规划师和政策制定者们近来开始将目光转向城市农业问题，这样一来就很难评估金登的理论，即政策窗口只会在有限的时间内开放。在类似旧金山、西雅图、纽约、芝加哥甚至底特律这样的城市中，一个运行良好的城市农业政策倡导组织很可能会持续地将城市农业问题提上政治议程。然而，如果问题源流转移，或是政策智囊团和基金组织将注意力转向城市食物系统的其他方面，或是出现行政权力更替和新的经济状况使得政治环境发生变化，这些因素都会使得人们对城市农业的关注消退。在三种源流中，任何一种源流的转向都会导致城市农业政策窗口的关闭。借助金登的理论框架追溯食物政策发展的历史过程，能让规划者和政策制定者更加清晰地认识到每种源流所扮演的角色，还能让他们理解这些源流的汇合如何决定了城市农业政策窗口的开启。

参考文献

Advocates for Urban Agriculture, 2010. Plan for sustainable urban agriculture in Chicago. Available at http://auachicago.files.wordpress.com/2010/03/aua-plan- updated-3-4-10pdf.

AECOM, 2010. Policy audit topic: urban agriculture and food security. The Detroit Works Project. December 17, 2010. Available at http://detroitworksproject.com/?s=agriculture.

Allen, E., Clawson, L., Cooley, R., De Coriolis, A. and Fiser, D., 2008. Building Chicago's community food systems. Chicago Food Policy Advisory Council, Chicago, IL, USA.

Bing, D., 2010. State of the city. The city of Detroit. March 23, 2010. Available at httpzl/www.clickondetroit.com/download/2010/0323/ 22924611.pdf.

Birkland, T.A., 1998. Focusing events, mobilization, and agenda setting. Journal of Public Policy 18: 53-74.

Brannen, S., 2010. FoodWorks: A vision to improve NYC's food system. Speaker Christine C. Quinn, The New York City Council, New York, NY, USA.

Chicago Department of Zoning and Land Use Planning, 2010. An ordinance amending various provisions of the zoning code regarding urban agriculture uses. Available at http://www.cityofchicago.org/city/en/ordinances/ZO10/december_08__2010/an_ordinance_amending0.html.

Chicago Metropolitan Agency for Planning, 2010. Go to 204-0 plan. Available at http://www.cmap.illinois.gov/2010/download-the-full-plan. -'

City and County of San Francisco, 2011. SF Food Policy and Reports. Available at http://www.sfgov3.org/index.aspx?page=760.

City of Seattle, 2011a. Resolution No. 31019. City of Seattle legislative information service. Available at http://tinyurl.com/29ywrt7.

City of Seattle, 2011b. Council bill number: 116907, ordinance number: 123378. City of Seattle Legislative Information Service. Available at http://tinyurl.com/26z5fzq.

Cohen, N., 2010. Locavore. ln: Mulvaney', D. (Ed.) Green Food: an A-Z guide. Sage Publications, Washington DC, USA.

Design Trust for Public Space, 201 l. Five Borough Farm. Available at http://www.designtrust.org/projects/project_09farm.html.

Elder, RF, 2005. Protecting New York City's community gardens. New York University Environmental Law Journal l3: 769.

Gallagher, J., 2010. Reimagining Detroit: opportunities for redefining an american city. \Vayne State University Press, Detroit, Ml, USA.

Godwin, M.L. and Schroedel, J.R., 2000. Policy diffusion and strategies for promoting policy change: Evidence from California local gun control ordinances. Policy Studies Journal 28: 760-776.

Haas, P.M., 1992. Epistemic communities and international policy coordination. International Organization 46: 1-35.

Harvey, D., 1989. From managerialism to entrepreneurialism: the transformation in urban governance in late capitalism. Geografiska Annaler. Series B. Human Geography 71: 3-17.

Heinze, K., 2010. Greening of the great lakes. Detroit Mayor Dave Bing hopes golden opportunities will help grow Detroit green. Available at http://tinyurl.com/42zkznh.

Henstra, D., 2010. Explaining local policy choices: a multiple streams analysis of municipal emergency management. Canadian Public Administration 53: 241-258.

Hodgson, K., Campbell, M.C. and Bailkey, M., 2011. Urban agriculture: growing healthy, sustainable places (PAS 563). APA Planning Advisory Service. APA Planners Press, Chicago, IL, USA, 14-4 pp.

Hou, J., Johnson, J.M. and Lawson, L.J., 2009. Greening cities growing communities: Learning from Seattle's urban community gardens. University of Washington Press, Seattle, USA, 232 pp.Just Food, 2011. Farm School NYC. Available at httpz//www.justfood.org/farmschoolnyc.

Kingdon, J., 2002. Agendas, alternatives, and public policies. (Longman Classics Edition) (2nd Edition) Longman, New York, NY, USA, 304 pp.

Lawson, L.J., 2005. City bountiful: A century of community gardening in America. University of California Press, Berkely, CA, USA, 382 pp.

Mcclintock, N., 2010. Why farm the city? Theorizing urban agriculture through a lens of metabolic rift. Economy and Society. 1-17.

Mclntosh, A., 2010. Green roofs in Seattle: A study of vegetated roofs and rooftop gardens. City of Seattle and University of Washington, Seattle, USA.

Morgan, K. and Sonnino, R., 2010. The urban foodscape: world cities and the new food equation. Cambridge Journal of Regions, Economy and Society 3: 209-224.

Moynihan, C., 2010. Taking over a tree to save community gardens. City Room, The New York Times, August 10, 2010.

New York City Community Garden Coalition, 2010. Response to NYC Dept. of parks and recreations rules for community gardens. Available at http://www.nyccgc.org/.

New York City Department of City Planning, 2008. Going to market: New York City's neighborhood grocery store and supermarket shortage. Presentation — October 29, 2008. Available at http://www.nyc.gov/html/dcp/html/supermarket/index.shtml.

New York City Office of Long Term Planning and Sustainability, 2011. PlaNYC: a greener, greater New York. Available at http://wwunnycgov/html/planyc203 () /html/theplan/the-planshtml.

Newsom, G., 2009. Executive Directive 09-03. healthy and sustainable food for San Francisco. Office of the Mayor, City and County of San Francisco, USA.

Portney, K.E., 2009. Sustainability in American cities: A comprehensive look at what cities are doing and why. In: Mazmanian, D.A. and Kraft, M.E. (lids) Toward sustainable communities: transition and transformations in environmental policy. MIT Press, Cambridge, MA, USA, pp. 227-254.

Pothukuchi, K. and Kaufman].L., 2000. The food system: A stranger to the planning field. Journal of the American Planning Association 66: 113-124.

Pothukuchi, K., 2009. Community and regional

food planning: building institutional support in the United.

States. International planning studies: 349-367.

Sabatini, 1., 2011. San Francisco's growing budget deficits threaten basic services. San Francisco Examiner. April 7, 2011.

Seattle Parks and Recreation, 2011. Parks and green spaces levy. Available at http://www.cityofseattle.net/parks/levy/.

SF Environment, 1996. Sustainability plan for San Francisco. Available at http://www.sfenvironment.org/downloads/library/sustainabilityplan.pdf.

Stringer, S.M., 2010. FoodNYC: A blueprint for a sustainable food system. Press release, Office of Manhattan Borough President Scott M. Stringer, New York, NY, USA.

Tester, J.M., Stevens, S.A., Yen, 1.H. and Laraia, B.L., 2010. An analysis of public health policy and legal issues relevant to mobile food vending. American journal of public health 100: 2038-46.

White House, 2011. Replanting the White House garden. The White House Blog. Available at http://www.whitehouse.gov/blog/2011/03/ 17/ replanting-white-house-garden.

Zahariadis, N., 2007. The multiple streams framework: Structure, limitations, prospects. ln: Sabatier, P.A. (Ed.) Theories of the Policy Process, 2nd ed. Westview Press, Boulder, CO. USA. 65-92.

第9章

城市食物采购管治：大巴黎半城市化地区农业发展网络的新领域

斯格林·达利（Ségolène Darly）

法国巴黎第八大学

Segolene.darly@univ-paris8.fr

摘要：法国仍是一个高度中央集权的国家，城市食物政策的主要目标需要通过全国性的环境协商会议来确定。该会议规定，截至2012年年底，20%的学校食物必须使用有机原材料。在大巴黎地区，从学校食物政策到有机农场发展政策，这一目标已融入各种区域政策中。一部分市政当局已经开始实施这一计划，但对于这些多层次、多地点的行动尚缺乏管治。这种缺乏政府管治的情况主要出现在半城市化地区，这是由于该地区的土地管理权分散在大量独立的本地机构中。本章作者认为，大巴黎半城市化地区的食物网络应该由农业发展机构进行管治，而不是由城市政府直接进行管治。为了评估农业发展机构在建设新型城市食物网络和实现食物发展目标方面所扮演的积极角色，笔者使用了卡隆（Callon）的转译（translation）理论。本章的研究基于大巴黎半城市化地区的两个案例。第一个案例是内穆尔市市长提出的学校食物计划，该计划由当地农业发展协会进行管理和改进。第二个案例也是学校食物计划，由区域自然保护区的农业发展机构进行管理，该机构规模要比上一个案例大一些。研究的主要目的在于通过关注法国半城市化地区的发展状况，增加人们对城市食物管治的理解。

关键词：学校食物采购，本地农场发展，替代食物体系，大巴黎地区

9.1　引言

法国的学校食物系统由12000个基层烹饪机构组成（小学2000个、中学6000个、私立学校4000个），每年能够提供超过10亿份餐饮：33000万份供给小学，50000万份供给中学，20000万份供给私立学校（CNA，2004）。与这一系统相关联的巨额食物采购预算是“公共餐盘权利”的一部分（摩根Morgan和松尼诺Sonnino，2008），最近，这种采购权力被国家当局视为促进替代性和可持续农业系统发展的手段（国民会议，2010）。2007年，在全国环境协商会议的最后，政府倡导学校采购有机食材（20%的食物原材料必须为有机的，MEDDTL，2009）来推动农业的可持续发展。

除了这种全国性的食物系统发展目标，各地方团体制定的食物政策与当地农业发展之间也存在紧密的联系，这就要求建立合作网络体系，促使地方团体、农业食物服务企业、农民等各类食物活动参与者进行合作。在法国，通常由市政府负责小学食物采购，但市政府往往没有足够的能力建立这种合作网络，尤其是在乡村地区。大巴黎（法国城市化程度最高的地区）半城市化地区80%以上的土地都用于农业活动，当地的农业活动参与者主动承担起创造新食物采购系统的任务，以克服这种限制（默多克Murdoch，2000）。

全国环境协商会议提出的目标是基于有机农业可持续发展这一概念。这就意味着，在改变现存食物采购系统的计划中，将会引入有机农业概念（福斯特Foster和科文Kirwan，2004）。不过，当本地农业发展机构发起了替代性食物采购行动时，那么在这些行动中引入的就不是有机农业概念，而

是“邻近信任”概念了（是指生产者和消费者基于地理邻近和社会接近而产生的相互信任）。

本章基于两个案例，运用行动者网络理论（ANT）描述农业发展机构在建立新型替代性城市食物系统中的重要作用。拉图尔（Latour，1999）提出的行动者网络理论关注各行动者之间的关联，以及这种关联是如何出现、发展和巩固的。根据这一理论，“建立行动者之间的网络就能够引导各种资源的运作，如论题、技术、材料和资金等”（伯吉斯等Burgess et al.，2000：123）。卡隆（Callon，1986）提出的转译（translation）理论进一步将这一网络建立过程概念化为4个连贯的阶段：第一个阶段是问题认知过程，“即一个行动者分析一种情况，发现问题并提出解决的方案”（尤柏等Roep et al.，2006：5）；随后三个阶段分别为其他的行动者聚集到一起（利益赋予阶段）、形成新的利益网络（征召阶段）、共同努力实施解决方案（动员阶段）。基于以上的理论，本章笔者认为，在转译过程中，农业发展机构成为替代性食物采购计划中的积极行动者，并呼吁建立全新的城市食物系统。与此同时，农业发展机构也让城市食物采购行动者们意识到，本地食物采购是发展替代性食物系统的最好方式。

利用这一理论框架，本章对食物发展机构主导的两个学校食物计划进行了实证分析。本章描述了新型食物采购管治的行动者网络的形成过程，并显示了短链供应中的“邻近信任”这一可持续概念如何取代了有机农业概念。

9.2　案例介绍和数据收集方法

本章中的两个案例位于大巴黎行政管辖范围内（图9.1），是围绕着巴黎城市核心区的“乡村带”的一部分。乡村带由700多个行政市组成，大约200万人居住在此（大巴黎地区的总人口为1150万）。该地区农业生产力较高，农产品在全球食物市场内进行交易，这也使得该地区的开放空间（农业，森林和自然区域）仍占该地区总面积的80%。很明显，该地区的居民与农业空间之间的地理关系非常紧密。

2009年间，食物与农业区域指导小组（负责在区域范围内实施国家政策的公共机构）建立了一个区域工作组，分析研究公共餐厅（学校、政府和企业餐厅）的采购策略以及采购当地农场产品的能力。该工作组的成员包括：法国国家农业研究院（INRA）的专家，农业和环境部门的代表以及地方议会发展部门的代表。成员们发起了一系列计划，旨在促进公共餐厅本地采购系统的发展。本章从这一系列计划中挑选出以下两个案例供分析和研究。

第一个案例是学校食物发展计划，该计划由内穆尔市市长和当地农业委员会的代表共同发起。内穆尔市有13000名居民，该市位于大巴黎的西南部，距离巴黎市中心80km，距离奥利国际机场约半小时的路程。该市的版图（面积为1082hm^2）几乎完全被城市和森林占据，周围则环绕着农田，此外，在该地区的农业经济中，谷物种植占据主要的份额。

在20世纪50年代之前，地区经济的发展

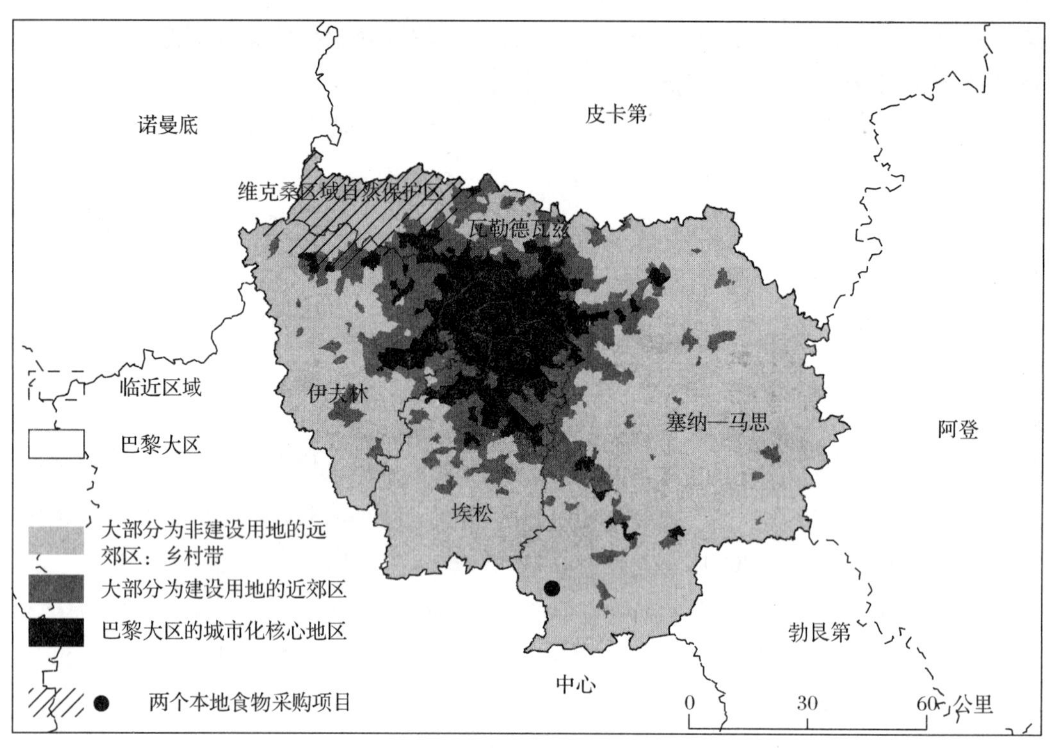

图9.1

一直归功于农业部门。在此之后，玻璃工业的发展将这样以农业为主的小村镇变成了工业中心。随着二十世纪九十年代这些工业活动的撤离，经济主导随之转向，目前当地经济由小型工业和商业主导。

2008年3月，来自“UMP（法国人民运动联盟）”的市长候选人赢得选举，这使得市议会的政治导向发生了巨大转变，新任女性市长曾是区域个人合作运输专业组织的行政经理。而上一届市长则来自社会党（PS），曾就业于工业部门。

从2009年9月到2010年6月，内穆尔每个月都有600名小学生享受到一顿“百分百本地风味餐”（烹饪食材100%来自本地）。在“百分百本地风味餐”日，会有负责采购食材的农夫对农场和耕种技术进行简短的介绍。这一计划，起初只是实验性质的，后来又延长了一年。可以认为，这是大巴黎的第一个类似案例。由于厨师和农夫之间的合作，一顿完整的本地风味餐，从田间到餐桌，自始至终都采用本地食材进行烹饪。

为了解这一计划如何发起，如何实施，以及有谁参与，研究团队采访了两位来自当地农业部门的代表，第一位是在2010年1月

图9.1　两个研究案例的区位图（IGN，2000；IAURIF，2003）

访问的，第二位是在2010年7月访问的。研究团队同时取得了一些有关该计划的内部文件（农场清单与位置分布、菜单、评估体系等）。

第二项计划是由法国维克桑区域自然保护区（PNR）的农业发展机构发起的，并且仍处在方案设计的初始阶段。然而，这或许会是一个非常好的案例，该案例将揭示在一个较大的范围内（而不只限于一个城市范围内），农业发展网络是如何影响食物采购管治的，这也表明，除了本地农民的协作外，几个市政府之间的协作也是非常重要的。

维克桑区域自然保护区（PNR）紧邻巴黎北部，创建于1995年，占地66000hm^2，包括79000居民和94个行政城镇。大多数城镇的居民均少于1000人，人口最多的市也不超过6000人。

该区域的两大主要经济部门是建筑业与农业部门，该地区的现代农场是法国公认的高产农场。为了吸引其他经济活动，如农业食物加工业与服务业（交通运输，保洁），该地区在主要的城镇附近规划了几处商业区（马尼昂维克桑Magny—en—Vexin，马里内斯Marines，韦尔尼Vigny，埃纳里Ennery，热尼库尔Genicourt，布瓦西莱勒里耶Boissy—I'Aillerie）。

该地区壮观的农业景观延续了一个世纪，吸引了大批印象派画家前来作画。然而，现如今它却面临着许多严峻的问题，如城市化、旅游业以及大规模基础设施建设的压力，这些活动有可能在短短几年的时间内就将该地区的景观彻底破坏。为停止并逆转这一破坏进程，当地行政部门选择与国家政府合作共同制定契约计划。在法国，区域自然保护区（French：Parc natural regional）是一个从事乡村保护的公共计划，既致力于保护乡村的非凡景观和历史遗产，也致力于建立可持续的地区经济发展模式。为了实施这一契约计划，就需要当地政府和法国政府共同负担财政资金来支持这一项目的运作。

在维克桑地区，自然保护区的主要目的是提高农场利益并促进其发展。已签署的契约文件明确指出，自然保护区机构的任务之一是“在尊重自然以及合理规划土地的基础上发展农业”。保护区的农业发展机构整合了各城镇代表（包括许多当地的农民）、相关机构以及公共合伙人等，他们共同提出并落实有关农业发展方面的可行性措施。该机构的副主席在保护区创建过程中扮演了重要的角色，他曾是一名农工联合企业家，与私营农工联合企业一直保持着密切的联系。

今年年初，负责农业发展计划的技术部门发起了保护区学校食堂的本地食物采购项目。该项目还处于最初的研究阶段，目前已有17个城镇加入该项目。

该项目的相关资料主要来源于食物与农业区域指导小组会议中用于展示的介绍材料。为了更好地了解该项目，我们采访了发起和管理这一项目的保护区技术部门。

9.3　结果：由农业发展行动者们建立起的本地食物采购网络

9.3.1　内穆尔学校食堂的“100%本地风味餐”项目

2009年初，内穆尔农业部的代表向市长

提出将本地食材引入学校食堂的建议。市长在发表新年致辞的时候，提到了她希望能将有机食物引入到学校食堂的菜单上。在接下来的新年招待会上，农业机构的代表随即建议采用本地生产的食材，以促进本地农场有机种植的发展，同时可以避免支付大量的费用购买几千公里以外的农场种植的有机食材。这位代表认为，通过学校食物供应链采购本地食材既能提升本地农业系统的多样性，同时还能应对本地的农业经济衰退问题。当然也要强调入选对象的基本要求（即必须为本地的农户）。同时他提出需要本地农业发展机构的帮助，来评估这样一项计划在市域范围的可实施性。

农业部交给市长的第一项研究报告表明，大部分由传统私人供应商提供的有机食材都是从其他国家进口的，与本地生产的类似食材相比，价格持平或更高。对市长来说，要决定选择本地生产的有机食材，这些数据以及促进替代性食物采购和本地经济部门发展的愿景是非常关键的。

2009年春，当地农业发展机构联系了当地所有的农夫，研发了学校菜单，并且估算出政府和农民都能接受的价格，以推动商业洽谈。该机构进一步召开了协调会议，15名愿意参与该项目的农夫、市政府代表以及小学公共厨房的业务经理均参加了会议。在2009年8月的协调会议上，与会者共同制定了菜单（如表9.1）以及相应的供货农夫名单。新学年开始之前，市政府学校膳食管理委员会确认并决定采用新菜单。15名供货农夫中，11名都居住在距离内穆尔市中心不到20km的地方（如图9.2）；其余的4名农夫则距离稍远，最远的一位距离内穆尔约100km，他们主要提供本地区缺少的食材（主要是面包和牛肉）。

在接下来的10个月里，为了烹饪出“100%本地风味餐”，在每次供货前，公共厨房经理都会提前几天直接与确定合作的农户联系。农户负责将动物运送到屠宰场进行宰杀，然后交付新鲜的肉类。山羊乳起司在农场制作。蔬菜和水果则无需初加工直接供应给厨房。

到2010年6月，在开展了10次本地风味餐活动后，农业部对该项目进行了评估。评估结果表明，市政府代表和农户们都对该项目非常满意。同时，评估也揭示了扩大本地采购规模可能会遇到的障碍。

对市长来说，基于目前的城市预算，这些特定菜单产生的额外费用政府能够并且应该负担。对市议会来说，该项目为学生的家庭和社区都带来了积极的影响。然而，尽管该实验项目很成功，市长还是否决了每个月两次风味餐的提议，因为她无法预计为了保证资金会造成怎样的连锁反应。

对农夫来说，他们现在都采用了直接销售农产品的模式，就算让他们提供一整年的供应量也不是什么难事，因为数量上的需求并不需要增加太多额外的投资。但是，由于有机生产并非准入的基本条件，因此大部分参与该项目的农夫并没有转向有机生产。有2～3名有机生产者提供了部分有机产品，但在菜单中并未标明。很显然，这仅仅只是为期一年的实验性项目，没有农夫会将其视为向有机农场转型的机会（要完成这一转型至少需要几年的时间）。家长们则表示，除了面包和起司，他们的孩子并没有注意到食物味道或质量有什么变化。

扩大本地食物采购规模的计划在未来或许会实现。新一届市议会宣布为未来4年的食物采购进行公开投标，投标要求中就包含了一项关于本地食材的特殊条款。反馈表明，通过建立本地农户与其他私人参与者之间强有力的合作关系，能够以更低的价格采购更多的特供学校的本地食材（起司和肉类都是高品质的食材）。当地农业发展机构正在计划帮助对扩大采购规模感兴趣的农户参与到这一进程中来。

除了内穆尔市的项目，这一农业发展机构在促进辖区内其他地区的本地食物供应方面也起着关键性的作用。

公共厨房菜单　　表9.1

10月22日星期四	11月26日星期四	12月17日星期四
鸡肉酱	韭菜汁	羊乳芝士色拉
油炸肉饼	勃艮第红烧牛肉	苹果珍珠鸡
奶油胡萝卜	煮南瓜	姜饼
原味酸奶	山羊芝士	苹果汁
梨	苹果	
来自加蒂奈的面包	来自加蒂奈的面包	来自加蒂奈的面包

1月28日星期四	2月18日星期四	3月25日星期四
胡萝卜碎	土豆色拉	甜菜根碎
烤鸡	羊肉香肠	鸭肉牧羊人馅饼
法式炸薯条	炒卷心菜	羊乳酸奶
果味酸奶	原味酸奶	苹果蜜饯
梨	苹果	
来自加蒂奈的面包	来自加蒂奈的面包	来自加蒂奈的面包

4月15日星期四	5月27日星期四	6月24日星期四
鸭肉酱	黄瓜色拉	醋拌花椰菜
油炸肉饼	羊肉炖蔬菜	巴斯克风味鸡
防风草泥	山羊芝士	时令蔬菜
苹果羊乳芝士	姜饼	原味酸奶
蜜饯或蜂蜜	来自加蒂奈的面包	樱桃
来自加蒂奈的面包		来自加蒂奈的面包

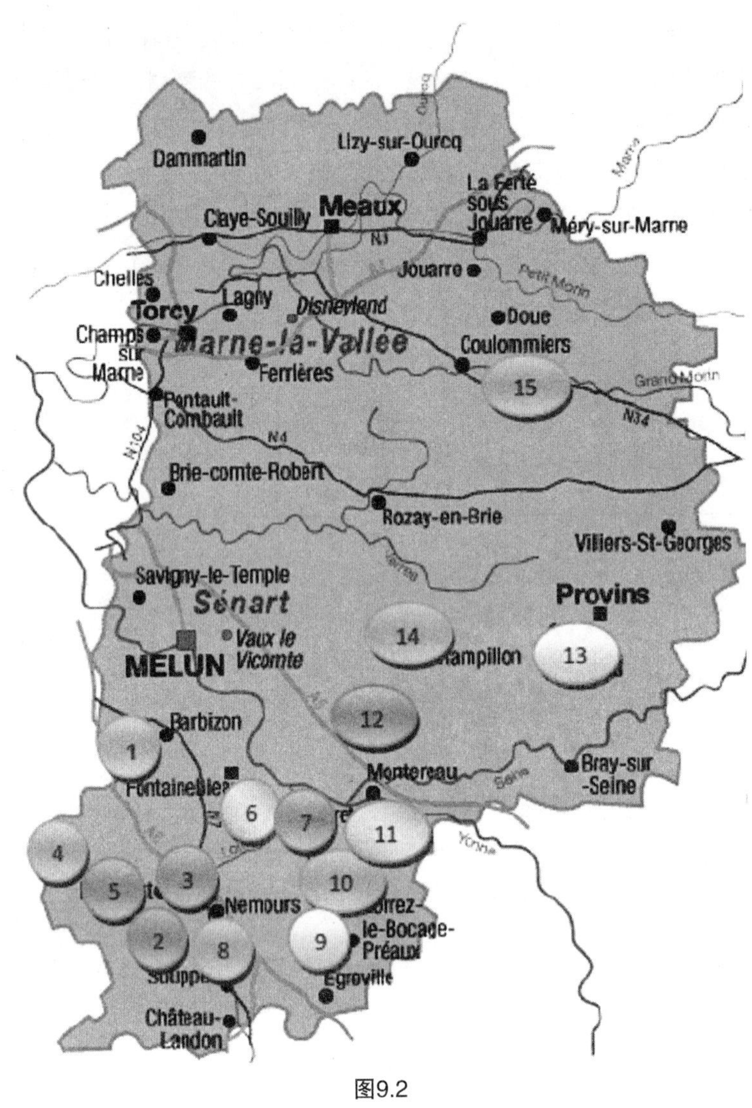

图9.2

图9.2　内穆尔学校食堂“100%本地风味餐”的菜单

9.3.2 法国维克桑地区的“PNR”食物供应项目

维克桑自然保护区的农业发展机构也发起了一项学校食堂本地食材供应项目，旨在增加保护区农场的市场机会以及农业活动的多样化。

PNR农业发展机构首先确定了有参与可能的农户和政府。同时，针对该项目可能会面临的挑战进行了一项调查。调查显示，第一个困难就是大多数政府目前都将采购和加工过程委托给私人部门，因此不愿意尝试直接的本地采购。除了17个政府积极响应该项计划之外，其余的则对本地采购没有兴趣。

尽管参与者的数量很少，但还是有一些政府的食物部门愿意参加协调会议，这也算是一种积极响应。对保护区农业发展机构来说，将不同市镇的农业部门组织起来，共同参与一项计划，这是非常少有的事情。

为了调整和提升当地农场的生产能力以满足学校食物供应的需求，农业发展机构已经与研究机构、社会融合工作中心建立了合作关系，共同为食物初级加工和销售平台提供资金和设施支持。目前这一计划已出台，第一次协调会议已于2010年8月底召开①。

9.4 结论

对农业发展部门来说，政府食物采购是一个抗风险系统，能够推动当地可持续农业的发展。从金融的角度考察，这个系统鼓励农民投资替代性农业形式，如有机农场，因为产品订单量的保障能够使他们避免金融风险。从农业的角度考察，提前确定菜单的菜品，农业生产计划就能够更加明确、更加高效。农业发展部门还认为，与其他直销系统相比，向学校厨房输送食物的工作量更少，这样也能改善农场工作条件。内穆尔的项目只是部分实现了这些目标，因为该项目的规模较小，不能产生足够的订单量，所以也就没能真正意义上减少替代性农业的投资风险。尽管如此，要在城郊地区培育更多的可持续农场，此类更大规模的项目仍不失为可行之道。

法国的学校食物系统是高度碎片化的。在乡村和半城市化地区，农业发展部门能够将相邻市镇的农夫整合到统一的平台网络中以供应本地食物。从这个意义上讲，农业发展部门在新型学校食物系统的建设中发挥了核心作用。正是农业发展部门邀请保护区内的市镇加入本地学校食物供应计划，也正是农业发展部门说服了内穆尔市市长实施食物计划。在这两个案例中，均是此类部门发起了相关项目并支持公共和私人参与者之间的协作。通过这样的方式农业发展部门链接起了两个原本独立的系统：公共的学校食物系统和本地农业私营者。在这两个案例中，农业发展机构也都隶属于传统的农业部门。但

① 在2010年末，该计划调整为两个市的政府采购项目（这两个市均有公共厨房用于烹饪）。由于发展机构的更迭，该项目未能按照原计划实施。目前另一发展机构（由LEADER计划资助）负责在更广的区域范围推行本地食物采购计划。

为了开展实质性的实验，农业发展机构主要和从事替代性农业的部门合作，进行替代性营销（直销）或采用替代性农业技术（有机农业）。在加强本地食物采购管治的同时，农业发展部门帮助传统农业部门和替代性农业部门建立了联系。

基于拉图尔（1999年）的行动者网络理论以及转译过程理论，可以推断，在本章的两个案例中，是农业发展机构开启了“问题认知”阶段（Callon，1986年），在这个阶段中，他们分析现状，确定问题并提出解决方案（Roep等，2006：5）。他们提出了自己的可持续发展概念，即“邻近信任”——生产者和消费者基于地理邻近和社会接近而产生的相互信任。

应该说，无论是这种新系统的稳定性，还是它们促进更可持续的农业系统发展的能力，目前均尚无定论。但毋庸置疑的是，这些项目均有很高的研究价值，本文的研究团队也将继续跟踪项目的进程。

参考文献

Assemblée nationale, 2010. Loi n° 2010-874 du 27 juillet 2010 de modernisation de l’agriculture et de la pêche. Available at http://www.legilrance.gouv.fr/.

Burgess, 1., Clark, I. and Harrison, C., 2000. Knowledges in action: an actor-network analysis of a wetland agri-enxrironment scheme. Ecological Economics 35: 119-132.

Callon, M., 1986. Some elements of a sociology of translation: domestication of the scallops and the fishermen of St. Brieuc Bay. 1n: 1. Law (Ed) Power, action and belief: a new sociology of knowledge? Routledge and Kcgan Paul, London, UK, pp. 196-233.

CNA (Conseil National de l’Alimentation), 2004. Avis n° 47. 29 pp. Available at http://agriculture.gouv.fr/IMG/pdf/avis47.pdf.

Latour, 13., 1999. On recalling ANT. ln: Law, J. and Hassard, I. (Eds.) Actor Network Theory and after. Blackwell, Oxford, UK. pp. 15-25.

MEDDTL (Ministère de l’écologie, du développement durable, des transports et du Logement), 2010. Les engagements numérotés du Grenelle. Available at http://www.legrenelle-environnement.fr/.

Morgan, K. and Sonnino, R., 2008. Sustainable development and the public realm: The power of the public plate. ln: Morgan, K. and Sonnino, R. (Eds) The school food revolution, public food and the challenge of sustainable development. Earthscan, Oxford, UK, 165-222.

Murdoch, 1., 2000. Networks — A new paradigm of rural development? Journal of Rural Studies 16-4: 407-419.

Roep, D., Oostindie, H., Brandsma, J.P. and Wiskerke, H., 2006. Constructing sustainable food supply chains: trajectories, lessons and recommendations, SUS-CHAIN Practical and Policy Recommendations. Wageningen University, Wageningen, Netherlands, 44- pp.

第 10 章

市立市场在城市食物战略中的作用

乔治亚·马歇尔（Georgia Machell）
马丁·卡拉埃尔（Martin Caraher）
英国，伦敦城市大学食物政策中心
georgia.machell.2@city.ac.uk

摘要：政府和企业都已经意识到市立市场是很有价值的社会空间，在这里可以解决城市地区日益严重的公共健康问题，如肥胖症。纵观历史发展，传统的英国市场被视为是重要的市政部门，因为它能为城市居民提供充足的、实惠的食物。然而，现在并没有足够的资料显示市场和公共健康这两者之间的关系。本文基于利兹市大型市立市场，对食物获取指标进行了研究，并推断市立市场在城市食物战略中扮演着更深远的角色。本文重点关注市场在解决低收入城市社区食物获取问题中的角色。随着城市食物战略在英国各地城镇的开展，食物战略指导小组和城市规划师需要更认真地对待潜在的和可能的食物战略。

关键词：食物获取，食物规划，市立市场

10.1　引言

近期，英国各城市中食物战略的发展是值得庆祝的，同样也值得探讨和分析。这些食物战略的出现和发展表明当地政府对城市食物问题越来越重视，然而，对战略中各种实施手段的潜在影响也需要进行现实的考量。在城市食物战略中被提到过多次的一个重要手段就是市立市场。纵观历史发展，传统的英国市场被视为是重要的市政部门，因为它能为城市居民提供充足的、实惠的食物（施莱歇Schmeichen和卡尔斯Carls，1999）。在英国，政府和企业都已经意识到市立市场是很有价值的社会空间，在这里可以解决城市地区日益严重的公共健康问题，如肥胖症（内阁办公室，2008年）。然而，现在并没有足够的资料显示市场和公共健康这两者之间的关系（扎萨达Zasada，2009年）。随着城市食物战略在英国各地城镇的开展，食物战略指导小组和城市规划师需要更认真地对待潜在的和可能的食物战略。

本文试图基于利兹柯克凯特市场和利兹食物战略（2006—2010）精准地探讨市场发展问题。在所有的食物战略中，为低收入城市社区提供更多健康和实惠的食物是一个共同的主题。本文重点关注市场在解决低收入城市社区食物获取问题中的角色。讨论围绕以下几个问题展开：为促进城市食物战略的发展，市立市场目前采取什么样的行动？未来又有何打算？为确保未来行动计划的实现必须采取什么样的管理方式？

10.2　内容

10.2.1　食物战略

食物战略的出现正在将城市食物问题提升至新的高度。英国大多数主要城市现在都制定了城市食物战略。（帕苏古彻Pothukuchi和考夫曼Kaufman，1999年）认为城市食物问题应该得到与其他传统城市问题同等的关注，食物战略能够将食物系统与城市环境系统和地方政府机构联系起来。

10.2.2　当今的英国市场

市场在英国各地城镇中已存在了数百年。近年来由于中央政府的带动，市场开始被视为一种传播食物议题的政策工具。对于城市食物战略的发展来说，市场是一种宝贵

的资源（内阁办公室，2008年）。食物议题包括社会隔离和公共健康问题。这些问题与食物获取有紧密关联（麦肯蒂McEntee，2008；怀特等White et al.，2004；里格利等Wrigley et al.，2002）。根据英国市场行业的统计数据，目前英国市场行业雇用人数为96000人，平均年营业额为125亿英镑（罗兹Rhodes，2005）。但该数据包括了市场中出售的所有商品，而不仅仅只是食物。由于缺乏食物获取和食物市场的专项研究，因此很难准确评估市立市场对城市食物战略的潜在影响。

10.2.3　食物获取

在食物获取领域，有相当多的文献可作参考。里格利等人基于英国对食物获取和社会经济地位之间关系的调查（怀特等White et al.，2004），利用三角互证法（triangulation）对利兹市的食物获取进行了研究，为明确食物获取过程中的社会和文化障碍提供了不同的视角（里格利Wrigley，2002）。麦肯蒂认为（McEntee，2008），食物获取的不平等有三重含义：食物和营养知识不平等、经济不平等以及空间不平等。

利兹位于英格兰北部，拥有715404人口（国家统计局，2010年）。利兹一直关注食物获取问题的研究（惠兰等Whelan et al.，2002；里格利等Wrigley et al.，2002，2004）。这项研究不仅揭示了食物获取问题广泛存在于利兹市的低收入社区人群中，同时也揭示了食物获取问题的多重属性，要解决这一问题，需要同时着眼于经济、空间和信息获取。大量与食物获取相关的文献资料均指出，引导消费者接受改变行为习惯获取健康饮食的理念是最具挑战的任务（道勒Dowler，2008；麦肯蒂McEntee，2008）。

利兹市议会的目标是帮助和鼓励利兹市民拥有健康饮食的机会（利兹健康合作伙伴，2006）。“利兹食物问题”是利兹食物战略（2006）中的项目之一，该项目的目标是：到2010年，所有人都能获得健康、实惠、安全和可持续的食物。这是一个雄心勃勃的目标，致力于解决利兹种种食物问题并将其置于城市议程中。该计划列出了2006年至2010年期间的行动内容以及要实现的目标。这一计划的目标有：提高利兹居民水果和蔬菜的消费量，增加新鲜产品的供应，对市民进行健康饮食教育。该计划也创造了相应的社会环境以检验当地政府应对食物获取、公众健康和市场零售等问题的政策方针是否可行。该计划并没明确指出市立市场的角色，但正如一位市场商户所说的：“人们总是问我，他们所购买的食物中果蔬是否占到了五成。这令我很困惑，但在消费者中很是流行”（利兹健康合作伙伴，2006年）。

10.3　方法

本文通过文献研究明确了食物获取的主要障碍（迪斯道等Dibsdall et al.，2002；麦肯蒂McEntee，2008；帕苏古彻Pothukuchi和考夫曼Kaufman，1999；惠兰等Whelan et al.，2002；怀特等White et al.，2004；里格利等Wrigley et al.，2002），确定了食物获取的三重内涵，即空间获取、经济获取以及食物和健康信息获取，并制定了与此相关的问卷以评估市场中食物获取的水平。2009年7月，经观察和文献分析得到了指标数据。

10.4 案例研究

案例研究揭示了利兹柯克凯特市场中健康和实惠食物的获取水平，并考察了市场在利兹食物战略中的作用。利兹柯克凯特市场是英格兰北部的一个传统市立市场，是利兹早期城市规划的中心，它折射出早期市场对城镇居民的关怀和责任（Schmeichen和Carls，1999）。

利兹柯克凯特市场的相关信息

客流量：估计每天10000人次的客流量。

购物人群结构：老人，年轻母亲，周围住区低收入人群。

商家数目：635个交易商位，其中包括434个永久性室内商位和201个室外（开放式）临时商位。

开放时间：室内营业时间为周一至周六上午9：00至下午5：00。室外营业时间为周一至周六上午9：00至下午5：00，周三只营业半天。

地点：利兹东南部中心区。毗邻市公交车站（地铁，2009年）

管理：利兹市议会市场部

利兹柯克凯特市场食物获取的调研报告结果

利兹柯克凯特市场的调研数据显示，市立市场对利兹食物战略的贡献尚不明显。市场中快餐店与新鲜食材摊位在数量上的比例为3：1，毫无疑问这是一种易致胖的环境，而对于低收入消费者而言，这种悬殊的比例非常不利于获取健康和实惠的食物。可以认为，利兹市立市场并没有采纳食物战略的核心原则和价值观。这就提出了管理方式的问题：食物战略和市立市场都是在地方政府的职权范围内，而它们之间却几乎没有任何联系。

利兹柯克凯特市场与食物战略仅有的联系是“全优摊位”。这个摊位是一个健康信息中心，能够为市场里的消费者提供来自各机构的健康和烹饪信息。不同的机构可以利用该摊位举办各类活动。例如，利兹素食协会在该摊位中为消费者提供素食食谱。“全优摊位”是一种公共服务设施，英国食物标准署、当地健康慈善机构以及东利兹卫生保健信托机构（PCT）均为该摊位提供资助，但在市场内该摊位与其他商家一样，需要交纳租金，对市场的发展也没有什么发言权。

“全优摊位”是地方政府部门之间在应对食物获取问题上缺乏协作的案例。自从2009年7月研究开展以来，“全优摊位”已经发展成为“杰米奥利弗的美食俱乐部”①。主要为利兹柯克凯特市场的消费者提供烹饪技巧指导，并继续提供健康信息。该摊位继续支付全额租金，目前看来市场本身并没有为食物战略做出任何改变。

① “杰米奥利弗的美食俱乐部”是一个指导人们烹饪技巧的活动中心。详见http://www.jamieoliver.com/jamies-ministry-of-food

10.5　讨论

市立机构应该基于本地居民的利益做判断和决定。一直以来，市立市场折射出对城市弱势群体的关怀。其他一些市立机构，如学校、医院和监狱等，则需要明白如果提供品质低劣、不健康的食物将会面临着怎样的风险。但令人担忧的是，在市立市场中售卖不健康食物和新鲜食物摊位的比例是3∶1，这种不健康的、某种程度上被市立机构所默许的致胖环境是健康食物的最大挑战（雷克Lake和汤森德Townsend，2006）。雷克Lake和汤森德Townsend认为，为了设计鼓励选择健康食物的公共空间，需要关注这种不同食物空间比例所带来的影响："支持健康选择的环境是防止肥胖症蔓延的关键要素"（雷克Lake和汤森德Townsend，2006）。这表明，市场应该被视为是广义食物战略的重要工具。

"全优摊位"和"杰米奥利弗的美食俱乐部"在利兹柯克凯特市场的出现和发展反映了城市食物政策的增长趋势。这些自发的食物项目是极具价值的，是对城市食物系统结构性缺陷最有效的回应（道勒Dowler和卡海拉Caharer，2003）。这类项目让当地政府意识到食物问题的紧迫性，但还是低估了食物问题的规模和复杂性。道勒等（Dowler et al.，2007）认为这种轻微干涉是对食物获取问题的典型回应，而不是明确的反对，实际上这主要是一种志愿性质的社区活动。因此，表面上看起来利兹柯克凯特市场正在致力于解决食物获取问题，并且也引起了当地很多相关部门的重视。然而，进一步的案例研究表明，实际上全优摊位并没有发挥出预期的效能。

对于那些想要使用"美食俱乐部"的人来说，又有许多新的问题在等着他们。烹饪课程对来自社会公益组织的参与者收取2英镑的费用，对其他人则收取4英镑费用。烹饪课程时长为两小时，其目标是让消费者在离开时学会新的烹饪技巧并享受一顿健康饮食。市场十分热衷"美食俱乐部"的事务，因为它能够带来许多新顾客，提升市场的客流量。然而，"美食俱乐部"最初设立的目的是服务那些已经开始在市场消费的人群，即低收入消费者。因此，如果"美食俱乐部"吸引来的是那些有兴趣学习新烹饪技巧的而不是与饮食风险沾边的顾客，那会是一种什么样的状况呢？许多城市食物战略着重发展新的活动和项目来应对现存的问题，这并不是因为食物项目缺乏，而是因为食物系统中存在结构性问题和文化问题，如快餐文化的盛行、工业化食物的主导地位以及简化烹饪技术的发展。与食物获取有关的文献资料还强调了要对食物获取问题作出综合性、整体性的回应。很明显，利兹食物战略就能够说明这一点。

据调查，市场的客户主要是利兹市低收入地区的居民。"健康券"是政府发起的食物福利计划，旨在为符合条件的低收入家庭的母亲或孕妇提供购买水果、蔬菜、牛奶和婴儿配方食物以及维生素等的福利补助。如果在售卖新鲜食物的摊位或"美食俱乐部"均可以使用"健康券"[①]进行消费，那

① 详见http://www.healthystart.nhs.uk/.

么就会对食物获取产生积极的影响。然而，虽然市场管理部门积极鼓励商家接受“健康券”，但目前没有一家摊位愿意接受这种福利券。显然，市场管理部门不能强制要求市场商家接受这一计划，因为每一个商家都是独立的商业体。市场商家这种相互独立的特点给市场参与利兹食物战略带来了很多挑战。市场首要的角色是为商家提供服务的“房东”，这就决定了市场无法有效地管理摊位。于是，另一个问题出现了——如何确保食物战略的有效性。利兹市食物战略强调要采取相互协调的方式来增强健康食物的可获得性，其中的行动计划包括采取适当的措施促进公共部门、个人团体及零售部门食物战略的发展。

目前似乎存在两种相互矛盾的诉求：市场需要增加客流量以确保生存，而食物战略指导小组则意图将市场作为帮助市民形成健康饮食习惯的中心场所。问题的关键在于市场管理部门似乎并没有把健康饮食列到工作日程上，而是把重心放在市场的商业运营与市场建筑遗产保护的问题上。目前当局投资的重点是保护爱德华时期的市场大厅，然而调查表明，该建筑未被充分利用。这种不顾及公众利益的做法是颇有争议的。（朗Lang，卡海拉Caraher和巴林Barling，2009）认为这一现象表明市场在食物系统中的地位不高。这样的资金投入方式也造成了当局各部门之间的紧张关系，尤其是因为它忽视了公众健康问题和消费者权益问题，忽视了利兹柯克凯特市场在利兹食物问题中所能扮演的积极角色（健康利兹合作关系，2006）。这正是所谓的投资过去甚于未来。这也引发了一系列的问题，如到底应该如何定义市场，市场究竟是公共服务机构、商业空间还是需要保护的历史遗迹。

据案例研究和政府报告显示，市场确实具有满足低收入城市人口需求的能力。然而，这样做就意味着市场将会承担很大的经济风险。罗德（Rhode）的调查表明英国市场每年营业额为12500万英镑，有超过96000名员工（罗德Rhodes，2005）。市场要由经济实体转向服务主体，就不可避免地要向英国市场协会这种贸易机构让步。对利兹柯克凯特市场的调研究结果显示：售卖新鲜水果和蔬菜的商家与快餐店的比例大概是1：3。鉴于目前的市场状况——摊位的租用率是75%，并且还在下降（罗德Rhodes，2005）——如果将快餐店与售卖水果和蔬菜的商店比率对调，那就意味着会有大量的快餐店关闭并造成大量人群的失业。因此，贸易机构和市场管理部门必须相互妥协。更不必说其他旅游、环境和重建等问题给市场所带来的压力。这些矛盾和压力形成了一种问题集合，实际上这也是对食物战略的最大挑战（朗等Lang et al.，2009）。

市场远比售卖新鲜水果和蔬菜的图景复杂得多。市场内部充斥着各种针对消费者和空间的竞争。在传统的认知中，市场供应的食物通常会让人联想到新鲜的产品。因此，在调研中，利兹柯克凯特市场并没有在一开始即被定义为市场，因为那里有让人联想到商业街的零售连锁店（如全国连锁的面包店——Greggs the Baker，以及全国连锁的冷冻食物店——Jack Fulton）。甚至媒体公司Sky也在利兹柯克凯特市场拥有一个商铺销售电视和宽带套餐。从过去几十年的变化中不难看出市场的确面临很大的生存危机。这或许能够解释市场的商业化发展，像利兹柯克凯特这样，颠覆了原始市场的形象。

10.6　启示

该案例研究突出了食物管理中的关键矛盾：在地方层面上，矛盾存在于市场中出售的健康和非健康食物之间，存在于管理者所扮演的房东和健康促进者这两个角色之间，也存在于市立市场所能发挥的多种功能之间（它主要是一个公共服务机构、一个商业机构还是一个文化遗址？）。而市场在改善城市食物系统方面的潜力、市场规模和受欢迎程度的萎缩则引发了更深远的矛盾。如果这些矛盾得不到有效解决，那么市场影响食物获取的潜力将无法实现，甚至它们的生存也将受到威胁。

10.7　建议

为了解决上述的矛盾，我们建议在地方和国家层面均需要采取行动。在地方层面，应该将市场和食物战略明确地整合在一起。将食物战略和市场商家直接挂钩，以鼓励他们提供更多的健康食品。采取建设性的方式，对快餐餐馆的数量进行管理。也就是说，市场管理要鼓励商户改变他们出售的东西，而不是强制性地关掉商铺。

此外，应强制性要求所有售卖新鲜水果和蔬菜的摊位接受“健康券”，这将可能对弱势群体的食物获取产生巨大影响，并增加对果蔬摊位的需求。

在国家层面，需要开展进一步的研究来探索目前英国市场运作的范围以及市场面临的一系列问题。这也能够显示出市场影响力的规模。在将市场与宏大的政府议程（如食物获取）对接起来之前，首先需要制定有关市场行业生存的明确战略。

10.8　结论

正如（施莱歇Schmiechen和卡尔斯Carls，1999年）描述的那样，过去的市场是满足城市低收入消费者饮食需求的关键。相比之下，如今的情况要复杂得多。尽管如今的市场对健康饮食和公众健康的贡献受到质疑，但希望市场能够恢复到其原始职能，恢复到为城市贫民提供健康饮食的唯一供应商这一角色，也是不切实际的。为城市低收入消费者提供健康食物的基本需求仍然存在，而这一健康饮食提供的过程则因众多角色的参与而变得更加复杂了。外界因素的变化——多元化的人口结构、选择障碍的增加、超市的发展、产业重点的转移以及地方政策制定者之间的矛盾——使得食物获取问题也变得更加多元化。

案例研究表明，市场有潜力在利兹食物战略中扮演更加积极的角色，但这就要求市场管理部门全面遵守食物战略制定的关键原则并面对挑战。理论上，市立市场可以成为食物战略的重要实施地，但实际上，需要克服很多障碍才能将其变为现实。

参考文献

Dibsdall, L., Lambert, N., Bobbin, R. and Frewer, L., 2002. Low-income consumers' attitudes and behaviour towards access, availability and motivation to eat fruit and vegetables. Public health nutrition 6: 159- 168.

Dowler, E., 2008. Policy initiatives to address low-income households' nutritional needs in the UK. Proceedings of the Nutrition Society 3: 289-300.

Dowler, E. and Caraher, M., 2003. Local food projects: the new philanthropy? The Political Quarterly 74: 57-65.

Dowler, E. and Caraher, M. and Lincoln, P., 2007. Inequalities in food and nutrition: challenging 'lifestyles', ln: Dowler, E. and Spencer, N., (Eds.) Challenging health inequalities: from Acheson to 'choosing health'. The Policy Press, Bristol, UK, 127-155.

Healthy Leeds Partnership, 2006. Leeds Food Matters. A food strategy for Leeds: 2006—2010. Healthy, affordable, safe and sustainable food for all. The Leeds Initiative, Leeds, UK, 17 pp.

Lake, A. and Townsend, 'I'., '.2006. Obesogenic environments: exploring the built and food environments. The Journal oi the Royal society for the Promotion of Health 126: 262.

Lang, T., Barling, D. and Caraher, M., 2009. Food policy: integrating health, environment society. Oxford University Press, Oxford, UK, 330 pp.

McEntee, J., 2008. Food deserts: contexts and critiques of contemporary food access assessments. Working paper series No. 4-6, BRASS Centre, Cardiff, UK, 37 pp.

Metro, 2009. Your where and when market guide for West Yorkshire. Available at http://www.wymetro.com/NR/rdonlyres/83BEC06B-6218-4B54-92A0-9175CDCC776E/0/MarketGuide2009_infoleaflet.pdf.

Office for National Statistics, 2010. Population Estimates: Leeds. 2001 Census. Available at http://www.statistics.gov.uk/census2001/pop2001/Leeds.asp.

Pothukuchi, K. and Kaufman, J.L., 1999. Placing the food system on the urban agenda: The role of municipal institutions in food systems planning. Agriculture and Human Values 6: 213-224.

Rhodes, N., 2005. National retail market survey. Retail Enterprise Network, Manchester Metropolitan University Business School, Manchester, UK.

Schmiechen, I. and Carls, K., 1999. The British market hall: a social and architectural history. Yale Univ Press, New Haven, CT, USA, 326 pp.

The Cabinet Office, 2008. Food matters: Strategy for the 21st Centur. The Cabinet Office, London, UK.

Townsend, T. and Lake, A.A., 2009. Obesogenic urban form: Theory, policy and practice. Health and Place 15: 909-916.

Whelan, A., Wrigley, N., Warm, D. and Cannings, E., 2002. Life in a'f0od desertf Urban Studies 39: 2083-2100.

White, M., Bunting,]., Raybould, S., Adamson, A., Williams, L. and Mathers, J., 2004. Do food deserts exist? A multi-level, geographical analysis of the relationship between retail food access, socio-economic position and dietary intake. The Food Standards Agency, University of Newcastle upon Tyne, Newcastle upon Tyne, UK.

Wrigley, N., Warm, D., Margetts, B. and Lowe, M., 2004. The Leeds'food deserts' intervention study: what the focus groups reveal. International Journal of Retail 8t Distribution Management 32: 123-136.

Wrigley, N., Warm, D., Margetts, B. and Whelan, A., 2002. Assessing the impact of improved retail access on diet in a'food desert': a preliminary report. Urban Studies 39: 2061-2082.

Zasada, K., 2009. Markets 21: A policy 8r research review of UK retail and, wholesale markets in the 21st century. The Retail Markets Alliance, UK, 84 pp.

第11章

重新评估传统食物市场对食物供给的作用

朱莉·史密斯（Julie Smith）
英国格鲁斯特大学，农村和社区研究所
juliesmith.juke@ gmail.com

摘要：出于经济效益的诉求，英国食物零售供应系统快速转型，这使得传统市场在英国食物分配系统中的角色逐渐边缘化了。但是，这些集市如今仍然存在，有些甚至蓬勃发展，这意味着传统食物集市所承担的不仅仅只是食物的分配功能。传统集市在食物供给系统中的地位颇受争议，它被视为传统食物系统的一部分，但它又与不同时期不同地方的社会和文化规范以及市场机制密不可分，从而为采购新鲜实惠的食物——不管是进口食物还是本地食物——提供了一个重要的来源。本文是英格兰传统食物集市的详细调研资料。通过对传统市场、批发市场以及专业化市场（如农夫集市）的数据调研，在不同的空间尺度上标注市场位置并确定市场类型。本文进而介绍了英国东北部和东部地区一些传统市场的实地调研结果。调研结果揭示了经济实惠的新鲜食物的来源，并总结了在传统市场中经营、交易和购物的人关于食物的理念。这些理念包括新鲜食物消费习惯以及影响新鲜食物选择的因素。调研结果还提出了“价值”和“质量”的观念问题，以及“替代性（alternative）”和“传统”食物之间的区别。研究结论认为，在公共政策议程中，传统食物市场以及相应的供应链在可持续食物供给方面发挥的作用应该得到更广泛的认知。

关键词：新鲜食物，价值，公共政策

11.1 引言

一直以来，有关英国传统食物市场的公开数据很少见。然而，最近有数字显示超过1100个传统食物市场的年估计营业额达35亿英镑（扎萨达Zasada，2009），因此，有人称其为“隐形”零售部门。出于经济效益的诉求，英国食物零售供应系统快速转型，这使得传统市场在英国食物分配系统中的角色逐渐边缘化了。但是，这些市场如今仍然存在，有些甚至蓬勃发展，这意味着传统食物市场所承担的不仅仅只是食物的分配功能。

2009年，社区和地方政府特别委员会（SCCLG，2009）对传统市场进行了一次广泛的调研。其结论是：传统市场的竞争主要来自超市和其他低成本折扣店。地方政府对传统市场的忽视，吸引新商户的难度加大，批发市场部门的萧条以及严苛的监管环境都导致了传统市场的衰退。

然而，必须认识到，不管是在城镇中心的复兴过程中，还是在供应新鲜实惠的食物方面，或是在降低零售行业的环境影响层面，市场产生的社会效益与经济效益同等重要。

本文呈现了英格兰传统食物市场的详细评估，包括它如何受到零售业结构调整的影响，以及如何受到集中规划的影响。此外，本文还介绍了一些案例分析结果，包括这些案例中的新鲜食物供应链（即新鲜果蔬、肉类和鱼类）、消费者的购物习惯和其他影响新鲜食物选择的因素。

11.2 零售业结构调整

在零售供应系统的快速转型过程中，农业食物、零售业以及消费地理学等理论出现并被用于解释和理解这一过程。然而，对于

转型过程是如何与传统食物系统融合的这一问题还缺少理论研究。例如，对空间和场所的不均衡和差异化发展尚缺乏研究；对生活方式和认知是如何与传统食物分配和获取相联系的也尚不清楚。

实际上，传统食物系统和替代性食物系统之间的界限是模糊的（参见麦依等Maye et al.，2007；惠特莫尔Whatmore和索恩Thorne，1997）。尽管传统市场在浩如烟海的文献中经常被忽视，它仍然作为城市食物系统持续运作，并不断发展以应对市场和消费者的需求，成为新鲜实惠食物的重要来源。普拉特纳（Plattner，1982）基于美国的研究表明，公共市场为民众提供了一处品质较差但价格低廉的“食物折扣店”，而这种品质较差的食物是不允许在普通连锁超市中出售的。在该研究中，市场充当了“现代化、纵向整合的大规模产销经济的减震器”。这种非正规经济被视为“正规的新鲜产品产业中的不可或缺的、有积极作用的一部分。”（同上，P401）。

与此同时，世界城市文化多样化意味着地方和全球食物系统之间的“转型边界跨越”（塔利亚—凯利Tolia-Kelly，2010）是必然的——即“国际化的地方主义”（摩根Morgan和松尼诺Sonnino，2010）。传统市场则印证了这一看法。在纽约市中国食物市场的研究中，因布鲁斯（Imbruce，2006）揭示了唐人街是如何能够在工业化的、企业控制的食物系统之外运作的，整个唐人街系统中食物的种植、采购和销售都由东南亚社团管理。但是，这一系统并不是通过有意地抵制工业体系来运作（而一些替代性食物体系却是如此），而是“个体空间选择的结果”——即一个替代性的全球化，在此过程中商家借助极具竞争力的价格优势蓬勃发展（同上，P176）。

一系列着眼于可持续地区经济的城市战略也陆续出现，旨在重新连接城市与周边地区。松尼诺（Sonnino，2009）将食物视为一面棱镜，透过这面棱镜去理解城市这个复杂的巨系统。（Techouèyres，2007）讨论了市场是如何承载了人们对传统社会理想化生活的渴望。她认为，“市场可以提供社交可能，还能体现出人性化尺度的城市生活带来的愉悦，这里的人是友好的，人们可能将其称为反现代化城市”（同上，P248）。

11.3　零售业结构调整对传统食物市场的影响

零售业结构调整已经对传统的进口商、批发商和市场商户产生了影响。弗雷德伯格（Freidberg，2007：322-323）认为，为确保质量和食物安全，超市所实施的标准是一种“霸权知识……威胁到了食物（特别是易腐产品）生产和贸易中的传统实践知识”。她认为这种现象“可能会破坏长久以来有助于提供优质食物的经验、社会关系以及生计”。

零售业结构调整对传统食物市场以及相应的供应链有着显著的影响。批发市场已经遭到冷遇：批发市场在西欧食物分配中的作用越来越小（卡迪林等Cadilhon et al.，2003；多兰Dolan和汉弗莱Humphrey，2004；沙菲Saphir，2002年），并且经常被转移到城镇外围远离传统食物零售市场中心的地方。德拉普利戴尔（De la Pradelle，2006：1）表示，“市场化社会没有设置街道和摊贩市场的必要。它已经开发出其他可以更好地满足效率和利润诉求的分配形式”。

最近，一个基于英国市场的实证调查发现，来自于超市和其他食物零售折扣店的竞争、投资的缺乏以及食物消费习惯的改变，给许多传统市场带来了巨大的压力。此外，与超市的规模化运营相比，小零售商也没有表现出明显的优势（波特Burt和斯帕克斯Sparks，2003；霍尔斯沃思等Hallsworth et al.，2006）。

社会隔离和空间隔离、工业停滞、经济下滑，这些因素共同影响着英国的食物分配和销售。下文将分析英国市场的地理分布状况及其形成原因。

11.4　传统食物市场分布图

此次调查的目的是揭示传统食物市场目前的地理分布状况和历史沿袭过程，并将其作为英国传统食物市场研究的详细资料。通过对传统市场、批发市场以及专业化市场（如农夫集市）的数据调研，在不同的空间尺度上标注市场位置并确定市场类型。该调查结果基于英国传统食物市场的详细抽样调查数据。

在2008年9月到2009年2月间，一个源自二手数据的国家传统市场、批发市场以及专业化市场数据库建立了起来。该数据库覆盖了2105个不同类型的市场，其中包括1124个传统食物零售市场（60%由公共部门运营），26个初级批发市场和605个农夫集市。

通过对数据进行地理编码（基于邮政编码），并绘制英国市场分布图，可以分析目前市场的地理分布情况。因为这项研究的主要对象是英格兰地区的市场，因此，威尔士、苏格兰和北爱尔兰的相关数据并不完整。

图11.1表明传统食物市场沿着西北部、中部、东南部和伦敦形成了一条集中带。这一现象的形成主要是历史原因。19世纪，在人口和工业增长快速的地区投资建设了大量的市场，因为大型市场是满足区域内大量劳动人口食物需求的最好方式。因此，市场主要设立在食物供应压力最大的中部地区和西北部地区。同样在北部工业区，随着经济水平的提高，人们对食物的需求也出现了从面包向肉类的转变。同时，西部地区开始增加肉类、牛奶、蔬菜等产品的供应量，来支持市场系统的发展。此外，市场的发展也得益于这些区域内运河系统和公路系统的发展，交通条件的改善促进了市场的集中发展。

图11.2绘制出初级批发市场的空间分布情况，此类市场是政府在第一次世界大战末期所建立的，用以提高食物配送效率。批发市场的发展与铁路系统的发展同步，因此，批发市场的分布情况能够反映出交通网络的发展状况。同时可以看出，东部和西南部地区缺乏初级批发市场。原因是东部和西南部为乡村地区，人口密度较低。

农夫集市以合理的密度分布于整个英格兰地区，并主要集中在东南部地区、西南部地区以及东部地区。传统食物市场的发展反映了城市化的进程并伴随着交通网络的发展，农夫集市（这一类型的市场是在过去

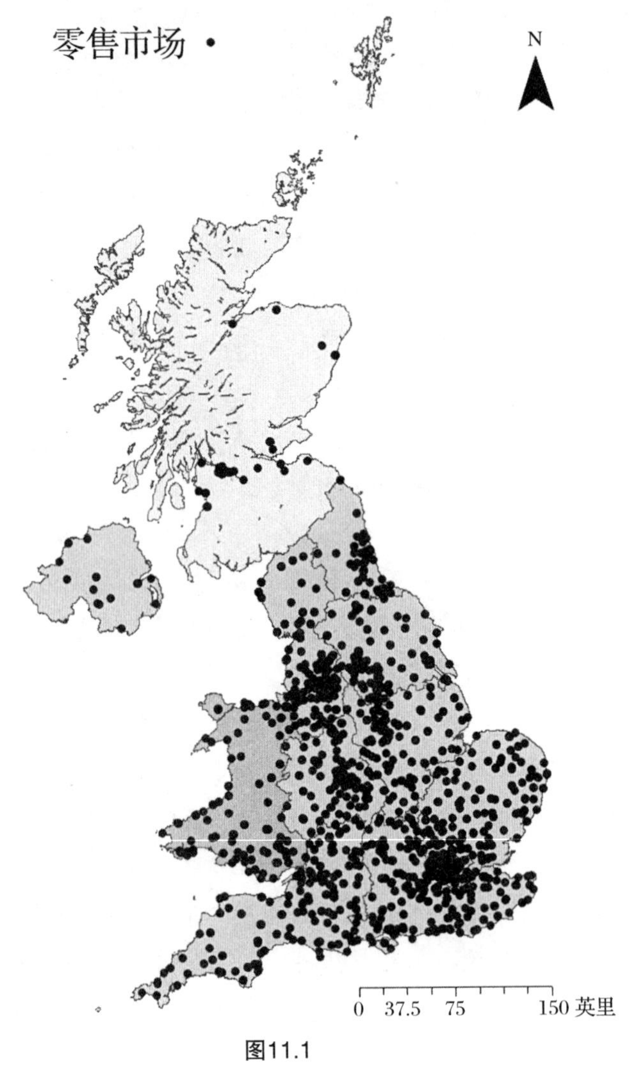

图11.1

图11.1　传统食物零售市场的空间分布（基于邮政编码）（英国市场国家数据库，2009）
图11.2　批发市场的空间分布（基于邮政编码）（英国市场国家数据库，2009）

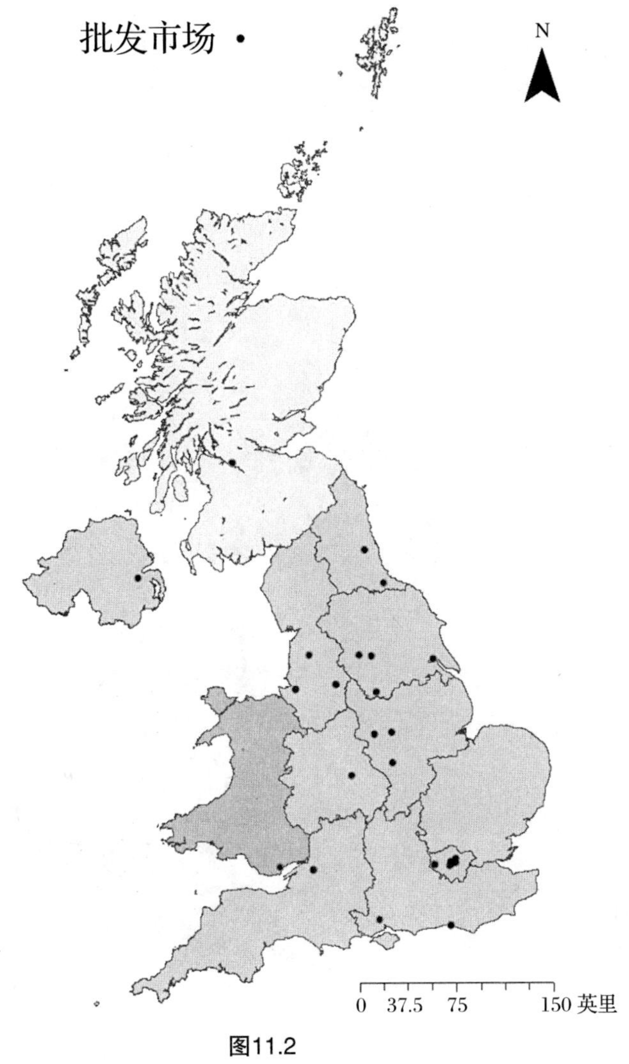

图11.2

20年中发展起来的）则主要集中在小型供应商所在地，或者那些能够支撑这些更加专业的小众市场发展的地区（如东南部地区）（图11.3）。

虽然传统市场在食物零售中的作用常常被人忽视，但长期以来，市场早已成为英国食物零售系统的核心，并且能够反映出社会和经济的发展趋势。传统食物市场（包括批发市场和农夫集市）目前的空间分布状况揭示了与历史及场所的关联。近期小众市场的快速发展——包括农夫集市（详见科文Kirwan，2004）——则揭示出一系列的新关联。本文接下来的部分会将进一步详细介绍这些市场。

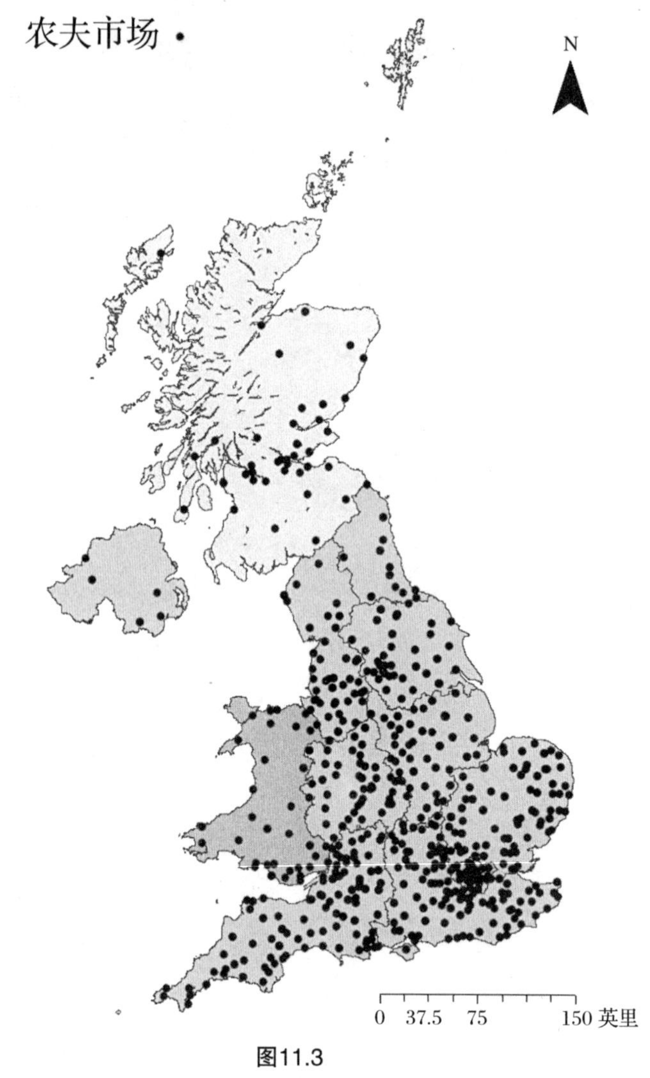

图11.3

图11.3　农夫集市的空间分布（基于邮政编码）（英国市场国家数据库，2009）

11.5　传统食物市场的案例研究

案例研究选取了不同类型的地方食物市场。分别是：（1）位于英格兰东北部的大型的、由当地政府运营的室内城市市场，每周营业6天（格兰杰市场）；（2）位于英格兰东部的由当地政府运营的传统室外市场，每周营业6天（剑桥市场）。案例研究还涉及到位于同样的地点或相邻的地点由两地政府运营的农夫集市。为了探究城镇是如何与周边地区重新建立联系的，相邻地区的传统市场和农贸市场也被列入研究范围。

这些案例研究揭示了市场中新鲜食物的货源、消费者的购物习惯以及消费者对新鲜食物的重视。

11.5.1　新鲜食物货源

在纽卡斯尔的格兰杰市场售卖新鲜食物的大部分商人，都不能立即将进口的工业加工食物和本地生长的食物区分开来。对这些商人来说，他们所售卖的进口食物和本地食物的比例主要受到季节因素的影响。而对于传统市场的购物者来说，情况也是如此——购物者不觉得有需要去分辨食物的产地。也就是说，商人们已经适应了人们购物习惯的改变以及文化的多样性，并已经调整了货源，开始为顾客提供更多种类的进口蔬菜、水果、鱼类和肉类。

剑桥市场和伊利市场的水果与蔬菜商人们对货源的回答也是各有不同，但大部分人指出小型种植者的数量正在下降。在剑桥市场，一些商人开始提供高质量的被界定为“1级”的食物（外来食物、新鲜草药和各种各样的蘑菇）。另一些将游客和学生作为目标顾客的商人则提供鲜榨果汁、蔬菜汁和外来食物，而不是“基本食物”（如马铃薯、卷心菜等）。一个售卖水果和蔬菜的商人一直向当地的农户采购（尽管他很清楚这些农户去世后没人会继续耕作），他的顾客主要是属意当地当季食物的中产阶级。他说：“一些古老的食物好像又回来了——大黄现在非常流行。在过去没人离得开它，因为大家都种。”他觉得市场前景很好，因为与农夫集市有相似之处，而他的年轻一代的顾客们大多是伴随着来自农夫集市的食物长大的。在伊利市场，某水果和蔬菜商人也一直从农民和当地的批发商手中直接采购。市场的另一主要货源是伦敦的谢菲尔德市场。商人们还指出，不少大型的本地生产商都将货物运送到伦敦批发市场，然后商人们再去批发市场将货物采购回来。

鱼商则更倾向于在英国范围内采购。事实上，很多商人都不遗余力地进行本土采购。据了解，因为配额在不断变化，因此他们没办法在同一个港口持续进货。某商人（同时也经营餐馆）每天早上都会收到价格和配额的传真和邮件。另一个商人则表示他不赞同从国外进货。关于肉类，一些肉商表示他们售卖的所有食物都产自当地——自家养殖、宰杀和售卖；另一个肉贩则表示货源都在方圆40英里以内，“当地饲养，当地食用”是他所坚持的原则。

11.5.2　购物习惯

剑桥户外市场位于一个小型大学城，主要消费者是中产阶级。许多商家都提到，现在人们的购物时间都相对延后了（在每天的11点30到15点之间）。有些人认为这是由于公交车在9点30之前不提供老年人免费乘车服务。即使是一周营业六天的市场，营业额也会随着周末的到来而明显增加。周四是传统的“集市日”，在过去的一两年里，周六则成为市场每周最忙碌的一天，那天会有各种类型的消费者前来购物。鱼类的交易发生了巨大的变化，一方面是由于养殖鱼类的价格更为可控，另一方面也是因为人们受到烹饪节目的影响，对健康饮食的意识增强，因此对超市冷冻鱼类怀有抵制情绪，转而选择在市场购买新鲜鱼类。除此之外，市场上的肉贩也生意兴隆，自产自销。

剑桥市场的消费者中低收入顾客较少，老年人、白领、学生和游客则较多。每周六市场都非常忙碌，有很多年轻的夫妇前来购物。周日的农夫集市更是繁忙（当地唯一的也是最大的水果蔬菜交易集市），挤满了前来购物的消费者。在剑桥市场，消费者们表示他们更倾向于购买新鲜的、当地生产的食物，他们更看重品质而非价格。大多数人表示他们更喜欢露天购物场所，因为他们喜欢这样的购物氛围。

在纽卡斯尔，消费者群体的主力是白领、学生以及少数民族顾客，当然还包括老年人和低收入者（他们是传统市场的主要消费群体）。这些群体的消费习惯与他们的文化传统、价值观和信仰有密切关系。例如，学生去市场消费或许是反超市心理的作用，除此之外，商家提供的烹饪指导、以实惠价格购买少量新鲜食物的可能也会让他们产生去市场购物的念头；城市里外来移民的消费观主要受到自身文化倾向的影响；对一些民族餐馆来说，则可以从市场获得最廉价的新鲜食材。

11.5.3　对新鲜食物的重视

在英国，随着传统市场的衰落，农夫集市却在逐渐兴起。例如，当地政府经常在相同的或相邻的地点设置农夫集市和传统市场，这引发了两种类型市场之间的紧张关系。

对纽卡斯尔的调研表明，传统市场的商家和消费者们对每个月在附近广场举行的农夫集市有很多质疑，他们认为：农夫集市的货物价格高，商家和消费者的类型也与传统市场不一样（“财大气粗”）；农夫集市有市议会的特批，入驻的商家只需支付较低的租金；而对农夫集市的食品安全管制却要比传统市场宽松得多。

实际上，传统市场的顾客和农夫集市的顾客（通常有更高收入）选择倾向基本相同。与新型农夫集市的顾客相比，传统市场的顾客更看重食物的性价比。传统市场的消费者认为传统市场中大多是“独特的、新鲜的”产品，而超市中则大多都是不太新鲜、包装好的加工食品。农夫集市的顾客均表示也会去格兰杰传统市场购物，因为他们认为传统市场的产品质量要优于超市的产品质量。传统市场的商家和消费者都知道季节性的、新鲜水果蔬菜以及肉类大都产于英国（通常产于本地或本区域内），鱼类通常养殖在附近的鱼塘中，同时他们也表达了其他的关于食物新鲜度、风味和价格的偏好。

11.6 结论

需要指出，“传统”这一词的内涵是很复杂的。在艾弗茨（Everts）和杰克逊（Jackson）（2009）看来，用“前现代（pre-modern）”一词代替“传统”一词可能更合适，因为“现代”与“前现代”之间的销售模式差别“是一种话语建构，而不是对消费实践历史演变的简单描述”，即“消费实践不仅会随着时间和空间的变化而变化，也会在时空背景不变的情况下自我演进”（同上，p.918—921）。换句话说，要在当代的背景中研究“传统”食物销售模式，既不能仅仅只从历史的角度切入，也不能脱离整个零售业背景孤立研究传统食物销售模式。市场的空间分布与历史因素息息相关，同时也与当代社会、经济和文化因素的变化有关。传统市场一直扮演着城镇中心的角色，同时传统市场也在适应市场、人口和消费者喜好改变的需求。

2006年，德芙拉（Defra）指出，集中的超市食物分配系统没能很好地满足消费者对本地食物的需求，随着这种需求的增长，超市开始从本区域内小型供应商处进货。此外，内阁战略部门于2008年7月出版了一份研究报告《食物问题：21世纪的战略》，报告在承认英国街头市场数量明显减少的同时，也强调了这些市场的重要性——市场是市民“廉价、高品质的新鲜水果和蔬菜的重要来源”（para56，p.65）。报告还认为，农夫集市、专业集市和大型城市市场的繁荣“提供了一种更广泛的本地参与食物零售模式，并指出了发展新型食物零售市场的机遇”（para57，p.66）。城镇则可以利用规划策略和食物策略支持各类市场的发展，并将其作为可持续食物战略的一部分。然而，地方政府往往并不将传统市场视为当地零售业的一部分，因此传统市场缺少投资，不仅如此，往往还要受到众多部门的多头管理和约束（罗德斯Rhodes，2005；沃森Watson和斯塔德特Studdert，2006）。

虽然通常较为“隐蔽”，但传统食物市场在食物供应方面始终扮演着重要角色。食物市场是新鲜实惠食物的重要来源，其货源通常来自本地或本区域，社会各阶层的消费者均很重视食物的新鲜度。肖等（Shaw et al.，2002）认为，人文地理学范畴的政策研究工作很少能够直接进入政策议程，这是一件令人沮丧的事情。然而，传统食物市场或许就能够提供这样一个契机，鼓励当地政府采纳支持市场的规划政策和食物策略，从而使传统食物市场成为公共政策议题。

参考文献

Burt, S. and Sparks, l... 2003. Competitive analysis of the retail sector in the UK. Department of Trade and industry, London. UK.

Cabinet Office, 2008. Food Matters: Towards a strategy for the 21st century. Strategy Unit, London, UK.

Cadilhon. J.J., Fearne, A., Hughes, D.R. and Mouse, P., 2003. Wholesale markets and food distribution in Europe: new strategies for old functions. Discussion paper No. 2,

Centre for Food Chain Research, London. UK.

Communities and Local Government Select Committee, 2009. Market failure?: Can the traditional market survive? House of Commons, London, UK.

De la Pradelle, M. 2006 [i996]. Market Day in Provence. University of Chicago, London, UK, 243 pp.

Department for Environment, Food and Rural Affairs, 2006. Food security and the UK: an evidence and analysis paper. Food Chain Analysis Group, London, UK.

Dolan. C. and Humphrey, J., 2004. Changing governance patterns in the trade of fresh vegetables between Africa and the United Kingdom. Environment and Planning A 36: 491-509.

Everts. l. and Jackson, P, 2009. Modernisation and the practices of contemporary food shopping. Environment and Planning D: Society and Space 27: 917-935.

Freidberg. 5.. 2007. Supermarkets and imperial knowledge. Cultural Geography 14: 321-342.

Hallsworth, A., Parker, C. and Rhodes, N., 2006. Retail markets: present status, future prospects. Retail Enterprise Network, Metropolitan University Business School, Manchester, UK.

lmbruce, V., 2006. From the bottom up: the global expansion of Chinese vegetable trade for New York City markets. ln: WllkS, R., (Ed.) Fast food, slow food: the cultural economy of the global food system. AltaMira Press, Plymouth, MA, USA, pp. 163-179.

Kirwan, J., 2004. Alternative strategies in the UK agro-food system: interrogating the alterity of farmers' markets. Sociologia Ruralis 44: 395-415.

Maye, D., Kneafsey, M. and Holloway, L, 2007. Introducing Alternative Food Geographies. ln: Maye, D., Hgflqway, L. and Kneafsey, M. (Eds) Alternative Food Geographies Elsevier Ltd. Oxford, UK, pp, 1-22.

Morgan, K. and Sonnino. R., 2010. The urban foodscape: World cities and the new food equation. Cambridge Journal of Regions, Economy and Society 3: 209-224.

Plattner, S., 1982. Economic decision-making in a public marketplace. American Ethnologist 9: 399-420.

Rhodes, N., 2005. National Retail Market Survey. Retail Enterprise Network, Metropolitan University Business School, Manchester, UK.

Saphir, N., 2002. Review of London wholesale marketsza review for the department for environment, food and rural affairs and the corporation of London. Defra, London, UK, 119 pp.

Shaw, M., Dorling, D. and Mitchell, R., 2002. Health, place and society. Pearson, London, UK, 207 pp.

Sonnino, R., 2009. Urban food and public

spaces: planning for security and sustainability. AESOP sustainable food planning conference. October 9-10, 2009. Almere, the Netherlands.

Sonnino, R. and Marsden, T., 2006. Beyond the divide: rethinking relationships between alternative and conventional food networks in Europe. Journal of Economic Geography 6: 181-199.

Techouèyres, I., 2007. Food markets in the city of Bordeaux - from the 1960s until today: historical evolution and anthropological aspects. In: Atkins, P., Lummel, P. And Oddu, D.J. (Eds.) Food and the city in Europe since 1800. Ashgate Publishing, Aldershot, UK, pp. 239-249.

第12章

划定界线：“替代性”食物消费中的阶层定位

杰西卡·帕多克（Jessica Paddock）
英国卡迪夫大学社会科学学院，威尔士气候变化联盟（C3W）
paddockjr@cardiff.ac.uk

摘要：环境的可持续应该是"平等"的可持续，即遵循社会分配公平性原则的可持续。本章通过对食物消费实践的分析，明确了需要采用一种十分严格以及清晰的环境社会科学方法以达到这一目标。为此，本章记录了消费者的陈述，这些陈述是关于他们同食物的关系，以及他们在南威尔士替代性食物网络中的经历，这一网络包括农夫集市和社区食物合作社这两种不同的替代性食物消费模式。在每一个调研地点，来自不同社会经济背景的消费者清晰地描述了他们的经历。调研显示，消费者愿意接受替代性食物网络的程度取决于其社会阶层。访谈资料分析显示：目前，可持续食物规划对推进公平可持续消费的影响微乎其微。为了实现基于社会分配公平性原则下的环境可持续发展，首先必须要对当前的社会阶层关系有细致的了解。

关键词：社会阶层，可持续消费，区别

12.1　阶层分析法的复兴

本章主张重新采用阶层分析方法，原因有三：首先，当面对个人能力决定论时，阶层分析可以丰富对社会不平等现象的理解（贝克Beck，1992；吉登斯Giddens，1990）；其次，在全球环境变化尤其是气候变化和粮食安全的大背景下，回归阶层分析对于实现可持续发展似乎是根本的途径；最后，将可持续消费看作是可持续发展常规议程的一部分，这种观点是合情合理的，然而，要想将其实施于高消费社会群体中依然困难重重。并且当国际关注点都集中在与可持续消费相关的公平问题上时，这种困难尤为明显。这一章节的论点，就是需要对西方国家采取的可持续消费活动进行透彻的分析和了解。相应的，这些可持续消费活动可能会从对本地、国家甚至全球层面不平等现象的认知中获益。

这种了解是非常必要的，随着应对环境退化的挑战越来越紧迫，这种必要性日益加剧。由于食物系统处在复杂的社会、政治、生态、文化和制度背景中，寻求发展可持续的食物系统面临着诸多挑战。在应对这一系列挑战的过程中，对食物方面不平等现象的评估是不可或缺的。例如，不平等的食物获得机会对人的健康产生了深远的影响。正是在有关健康的研究中，确定了这一方法——即将社会阶层作为分类类别以理解不平等现象（格拉斯Glass，1954；戈德索普Goldthorpe，1980）。然而，将社会阶层当做分类方式来探究不平等现象的产生及其主观文化因素目前已经不常见了。在某种程度上，这种研究方法的衰退可以归咎于一种观点，即种族和性别的差异性已经不明显，个体的日常生活则由后现代的生活方式选择理念所决定。然而，这种社会阶层在阐释日常生活方面影响甚微（帕克斯基Pakulski和沃特斯Waters，1996）的说法是存在争议的。社会学家就质疑：为什么在一个贫富差距加大、经济两极分化日益严重的大背景下，对社会阶层的研究兴趣反而衰退了（萨维奇Savage，2000）。对此，越来越多的人为社会阶层研究正名，他们认为社会阶层根植于文化之中并可以通过文化进行体察（斯凯格斯Skeggs 1997，2004），社会阶层还可

以通过政治进行再生产（莱尔Lyle，2008；沃克丁Walkerdine，1990）。塞耶（Sayer，2005）则提出了更进一步的观点，他认为社会阶层是一种主观文化范畴，在这一语境中，社会活动者具备与社会阶层相关的“敏感触角”。而这种与阶层相关的“敏感触角”并不意味着种族、性别与生活方式的选择无关。恰恰相反，社会阶层应当被视为支撑主观认同以及经济分类的一种手段。鉴于此，“阶层已死”的观点似乎并不成熟。借用那句广为人知的谚语，“阶层”这个孩子不应和洗澡水一起被泼出门外。

将社会阶层分析应用于食物消费的传统由来已久，例如，伊莱亚斯（Elias，1939，1969）关于“文明进程”的社会理论。在恩格斯（1844）的理论中，这种分析方法也出现过，当时他记录了伦敦和曼彻斯特工人阶层由于饥饿而面临死亡的情况。此外，关于食物和阶层的理论还出现在凡勃伦（Veblen，1899）的著作中，凡勃伦将食物视为一种竞争式消费的载体。（道格拉斯Douglas和伊舍伍德Isherwood，1979）同意凡勃伦的观点，认为食物既是竞争性商品也是食物视为人类生存的基本需求，并认为对于“清晰稳固的文化类型”来说，食物商品是不可或缺的（同上，P.38）。因此，他们认为：食物类似于社会制度。由此，我们可以发现，社会阶层不仅仅可以通过人口统计数据进行解读，还可以通过根植于文化关系中的消费实践来解读和理解。

布迪厄（Bourdieu，1984）记录了食物和阶层差别之间的关系。事实上，正如前文简要总结的那样，食物是一种与阶层差别有着千丝万缕联系的社会资源，这一理论在社会科学中有着悠久的传统。然而，自从“阶层已死”（帕克斯基Pakulski和沃特斯Waters，1996）以及“杂食性”论点（彼得森Peterson和科恩Kern，1996）获得学界的认同以来，食物似乎已经不再被视为是一个研究阶层斗争的领域，布迪厄（1984）在研究法国消费者时提出了这一点。这种趋势遭到了（约翰斯顿Johnston和鲍曼Baumann，2007，2010）的驳斥，他们认为，在杂食性面具之下，当代食物消费实践正持续强化着阶层差别。美食消费的下滑并没有导致食物和食物文化的简单民主化。相反，被认为是“杂食性”的那些食物往往成为“穷人”食物的代名词。关键是，他们认为，尽管这种差别一直存在，但往往因为隐藏在“传统”和“简单”食物的表象下而被忽视。随着具有独特“质朴”特征的传统食物的再次出现，这种对阶层差别的忽视会在当今替代性食物消费的实践中显现出来。通过对替代性食物消费中的社会关系进行分析，可以制定可持续消费策略，这种策略将多样的社会和经济图景纳入了考虑的范畴。在分析替代性食物消费中表现出来的社会阶层关系之前，本章将会首先阐明一些相关概念。

尽管基于收入情况去分析食物消费的不平等现象是非常必要的，但是适当的考虑食物消费活动中的文化要素也是十分合理的。比如说，消费者面对的不仅仅是“不良”饮食带来的健康影响，通常他们还要面对不消费“优质”食物的谴责。而鉴于将“优质”食物引入“低档”社区（格思曼Guthman，2008）的理由往往与民族、性别和种族政治相关，社会分化似乎是创造"优质"食物消费空间的一种途径。本章所涉及的研究参与者都有"敏锐的触角"，当然，这些"触角"并不是他们独有的，而是通过这20个替代性食物消费者的样本具体化了。此外，研究还显示了这些有代表性的受访者们在替代性食物消费领域里的阶层位置。

阶层位置概念源于彼埃尔布迪厄的社会学理论（Pierre Bourdieu，1984），主要应用于对客观（结构）和主观（经验）阶层关系的研究中。关系位置概念考虑了"资本"——经济的、政治的、象征性的和文化的资本——的获取方式，在社会领域中，正是这些资本引发了阶层之间的争斗，而这种争斗则通过对某种特定商品的选择偏好表现出来。本章的论点是，替代性食物实践已经成为了这样有丰富"资本"的领域。也就是说，替代性食物意味着"与众不同"的社会关系位置。为了巩固维持这种"与众不同"，就需要对"其他"进行道德评判并划定道德界限。这种道德界限是通过将替代性食物从"其他"中抽离而形成的，下文将详细分析这一过程。本文旨在阐明阶层的重要性（塞耶Sayer，2005），最终目的是实现理想而公平的可持续食物系统。

12.2　研究方法

本章内容是为期两年的调研结果，通过对20个受访者的访谈采集信息。访谈计划包括邀请受访者谈论他们日常生活中与食物有关的习惯和实践。为了招募受访者，初步调查是在农夫集市和社区食物合作社完成的，旨在获取与受访者阶层位置有关的信息。在初步调查中有所回应的受访者被邀请参与到进一步的研究中。所有加入到定性访谈中的受访者都是通过这种方式进行招募的。采访者有意避免提及与阶层以及替代性食物消费有关的问题，避免误导受访者。当谈论到爱好以及食物消费习惯时，参与者会频繁地使用这种差别思维模式，在与"其他"的关联中"定位"自己。在这种方式中，似乎受访者谈论的是阶层"定位"。在本章所介绍的受访者中，肯（Ken）将自己定位成"工薪阶层"，调研得出的客观指标也支持这一定位。凯伦（Karen），一位农夫集市的顾客，则将自己定位成"中产阶层"。每个受访者在谈到他们的阶层定位时，都会参照他们在农夫集市的经历。

12.3　社会阶层定位

应该说，受访者已经"受到公共话语的影响并被赋予了相应的定位"（艾得利Edley和韦瑟雷尔Wetherwell，1997：205 in Wood and Kroger，2000：24）。但这并不意味着受访者已经能够随心所欲地构建自我意识以及他们的阶层。相反，受访者似乎是通过定位工作来构建阶层意识的，通过对访谈的分析，这一点非常明显（菲尔克拉夫Fairclough，2003）。这样的分析建立在阶层认同的客观概念之上，就受访者而言，他们通过谈论阶层文化的主观和经验内容表达这一认同，而这些主观和经验的内容与客观经济结构相联系。通过这种方法，受访者将他们自己同"其他"区别开来。这种分离还包含了道德定位，这是一种基于经验的判断，如将一些行为视为“好的”、“对的”，而将其他行为视为“坏的”或“错的”。

摘录1-4描述了这种由受访者完成的“定位获取”过程。对于那些寻求实现可持续食物系统的人来说，这些摘录承载了很有力的信息，同时也传达了阶层的重要性；这里有一个很典型的“定位获取”案例，一位社区食物合作社的顾客谈论了他去农夫集市的经历。谈论到这次经历，肯（Ken）为自己确立了一个与“白领”相对的定位。他用方言以及“像我们这样的人”开始了这次访谈。肯认为，农夫集市中“其他”口音的存在让他觉得“不应该在那儿”。

> 摘录1：是啊，因为有很多人都穿着阿富汗的东西（嬉皮士围巾），所有这些，你懂得（笑），我呢，就说本地话，那里听不到多少本地话，我不属于那里，你懂得。（肯，合作社顾客）

当被问到为什么他会觉得这个空间“不是为他准备的”的时候，肯继续说道：

> 摘录2：是的，我觉得主要是因为口音，说本地方言能让我感觉我们是同一类人，而那里没有这种人。你习惯了和说本地话的人一起工作，习惯了老板的“白领”腔。所以当你在一个屋子里面，人们都在用“白领”腔交谈，你就明白他们是中产阶层，而你不属于那一类人，你懂得，很明显这就是我的感觉。许多人并不这么认为，但是我就是这么想的。（肯，合作社顾客）

受访者经常会表达这样一种观点：工薪阶层不希望吃“优质”食物，他们对可持续性不感兴趣；与之相对，认为他们必须接受再教育并且要对“优质”食物产生好感的观念也是很普遍的。接下来我们会仔细讨论这一观点。重要的是，对那些希望寻求替代性食物消费空间的人们来说，这两种观念的拉锯恰恰是个好消息。以肯为例，尽管肯反对凯伦对于工薪阶层的设想，他对替代食物消费还是有一定的兴趣，而这种兴趣是受到了“其他”中产阶层顾客的阻碍，而非受到市场或者“可持续性”自身的阻碍。

接下来，一个来自农夫集市的顾客将自己与“其他”工薪阶层区分开来，她认为工薪阶层缺乏对便宜食物文化的批判态度。她认为，工薪阶层不想担负食物伦理或道德上的义务，因为他们局限于他们自己所谓的“优质生活”的狭窄视野中。凯伦（Karen）认为“工薪阶层和中产阶层的人是不同的”，并继续说道：

> 摘录3：嗯，经济上和社会上，你知道有类人，我和你谈论过关于他们住的地方，我认识的很多工薪阶层的父母，他们把孩子送到和我的孩子一样的学校，同我和我的朋友相比，他们对生活的态度是截然不同的。不仅仅指金钱，我的意思是，他们中很多人都比我赚得多，但是可能他们花钱的方式和我不一样。那种文化是完全不一样的，因此这不仅仅是经济方面的事儿，还是文

化方面的事儿，我是这么认为的。（凯伦，农夫集市的顾客）

凯伦继续说：

摘录4：关于我所说的缺乏批判态度的事儿，我批判的是消费主义文化，便宜的食物，而不管食材的来源，从多远来，以及它是怎么生产出来的，而仅仅因为食物很便宜，那就很不错，并且想要有更大的车啊，去国外度假啊这些事儿，认为那就是优质生活（凯伦，农夫集市的顾客）

结合摘录1和摘录2，很明显，在某种程度上，阶层定位是通过食物消费而完成的，更重要的是，通过替代性食物消费实践完成的。摘要1和摘要2传达了一种不适的感觉，这是一个走入农夫集市的社区食物合作社顾客的感觉，而摘要3和摘要4描述了一个农夫集市顾客的猜想，她试图解释为什么在这样的市场中缺乏工薪阶层顾客。这种猜想被证实是一种误解，恰恰是因为中产阶层消费者占据了阶层定位的空间，才导致自我认知的工薪阶层消费者不被认同。

12.4　讨论：阶层对于可持续消费的重要性

面对气候变化和生物多样性的丧失，考虑到社会、物质空间和生态系统之间的紧密关联，我们应该肩负这样一种使命：从根本上重新构想一种方式，通过这种方式来维系人类的生活。其中我们需要重新思考的一个问题就是食物的来源（摩根Morgan 2010）。实际上，这是一种挑战，一种协调自然环境与人类发展关系的挑战（详细的讨论见贝克Baker 2006）。作为可持续发展的衍生物，关于日常食物在可持续消费中所扮演的特殊角色的讨论已经陆续出现（杰克逊Jackson，2006）。这些讨论包括那些能提供营养和基本生存需求的食物，也包括那些能创造并维系个人文化认同的食物项目。然而，这些生存所需、文化依附的食物开始与饱受争议的"道德"食物消费以及"替代性"食物消费实践交织在一起（露Low和达文波特Davenport，2005）。这反映出更深层次的批判，市场导向的解决方案看起来已经取代了过去几十年中环境运动的本质精神而成为主流，但这会阻碍环境政策的改革（斯方Seyfang，2004）。这种由市场驱动的社群现象因为"道德"消费而变得很明显，这种伦理消费的特征就是排除那些没有经济能力参与的人。"道德"食物消费——即我们熟知的"替代性"食物消费经常使用的标签——面临一个非常明显的道德挑战：由于贴上了"道德"标签以及备受争议的"精英"标签，它会被视为发动消费者广泛参与的符号化障碍。这种由消费者解读的（加布里埃尔Gabriel和朗Lang，2006）、无处不在的标签进一步引发了关于市场化可持续发展的包容和排斥问题。面对目前这种状况，需要重新引入阶层分析方法，以便能够理解在替代性食物消费实践中可能出现的社会阶层对抗。尽管消费者生活方式的阶层性已经得到了充足的研究，如"超常"消费（格罗瑙Gronow

和沃德Warde，2001）和“寻常”（迪瓦恩等Devine et al，2005）消费，我们仍然必须探究阶层关系是如何影响可持续消费的。如果有相关的认知——即一些人由于更易获得文化、经济、社会和象征性的“资本”资源（布迪厄Bourdieu，1984），而能更易进行“道德”食物消费或“替代性”食物消费，那么，更深入更广泛的以“全民”可持续发展为导向的阶层理解和实践方法或许就会出现。

更进一步，食物既是一个教化领域，也是一种能够反映阶层关系的文化资源，人们会希望通过“道德”和“环保”消费来表现自己对相应领域的关注。然而，与道德食物实践者的访谈（摘录2-4）揭示了一个似乎很普遍的观点，即道德食物消费仅仅是基于教育和政治意识的理性选择。这样的观点实际上是对阶层的误读（斯凯格斯Skeggs，2004）。纵观历史，尽管消费者的选择受到成本、时间和文化取向的制约（特伦特曼Trentmann，2005），但是那些寻求实现可持续消费的人们还要面对一个更大的挑战。这个挑战不是改变个体消费者的态度和行为，而是改变消费机制，以便替代性食物消费能够在新机制中发生。在替代性食物消费普及的过程中，应该考虑阶层的重要性（塞耶Sayer，2005）。

为了改变替代性食物消费机制以便将社会阶层关系纳入考虑范围，就需要充分考虑到阶层文化。事实上，几乎所有的消费实践都受社会阶层的影响。上文中凯伦所进行的阶层定位是为了将自己和那些她想象中的作为“其他”的工薪阶层区分开来，这也是一种身份认同过程，这种以“道德”区分“其他”的定位现象会持续存在。此外，可以设想，像肯一样的工薪阶层消费者会继续对类似农夫集市的消费场所感到不适；农夫集市也将会继续以中产阶层消费者喜闻乐见的方式售卖产品，并成为中产阶层消费场所，而不适用于所有消费者。但是，这并不意味着替代性食物消费应该要“放弃”工薪阶层消费者。相反，肯明确指出了在这样的场所中缺少工薪阶层消费者的原因。肯将这些空间视作中产阶层消费空间并感觉到不舒服，这并不是因为产品的价格，也不是因为这种消费所提倡的环境和乡村生活可持续性的态度，而是因为这些常规消费者的阶层优越感。应该说，改变这种优越感从而包容工薪阶层消费者是一个不太可能完成的任务。但是，如果能够通过提供“替代性”食物给予工薪阶层社区信心，就有可能激发实现可持续食物系统的潜力。为了促进可持续消费，就需要设计适合工薪阶层实际情况的消费机制，而并不仅仅是适合中产阶层的需求，这可能会有助于实现平等和可持续的食物系统。

12.5　总结

环境社会科学必须严肃对待社会阶层的重要性。认真对待社会阶层关系的存在及其对替代性食物消费机制的重要影响，将有助于在高消费社会中成功实施可持续消费策略。

此外，从地区的层面并且在西方语境之内理解不平等性，对那些致力于发展可持续食物策略的人来说很有帮助。正如肯所说，是否会进行替代性食物消费并不单单只取决于食物价格，同时也取决于舒适与否的心理感受。很明显，目前中产阶层已经占据了替代性食物消费领域，这为实现普遍意义上的平等可持续消费带来了挑战。这种挑战并不单单是生产者和消费者应该要面对的，更是那些建立并协调替代性食物消费机制的人所要面对的。

致谢

本文出自我的博士论文，特别感谢经济和社会研究委员会给予的博士研究资助，感谢我的博士生导师在研究过程中给予的支持。

参考文献

Elias, N., 1939, 1982. The history of manners: volume of the civilising process.Pantheon Books, New York, NY, WSA, 310pp.

Elias, N., 1969, 2000.The condition of the working class in England.Blackwell, Oxford, UK.

Fairclough, N., 2003. Analysing discourse: textual analysis for social research. Routledge, London, UK, 270pp.

Gabriel, Y.and Lang, T., 2006. The unmanageable consumer.Sage, London, UK, 220pp.

Giddens, A., 1990. The consequences of modernity.Stanford University Press, Stanford, CA, USA.

Glass, D.V., 1954. Social Mobility in Britain. Routledge and Kegan Paul, London, UK.

Goldthorpe, J., 1980. Social mobility and class structure.Clarendon Press, Oxford, UK, 400pp.

Gronow, J.and Warde, A., 2001. Ordinary consumption: complexity and emergence in organizations.Routledge, London, UK, 272pp.

Guthman, J., 2008.Bringing good food to others: Investigating the subjects of alternative food practice. Cultural Geographies 15: 431-447.

Jackson, T.(Ed.), 2006. The Earthscan reader in sustainable consumption.Earthscan, London, UK, 416pp.

Johnston, J.and Baumann, S., 2007. Democracy versus distinction: A study of omnivorousness in gourmet food writing. American Journal of Sociology 113: 165-204.

Johnston, J.and Baumann, S., 2010. Foodies: democracy and distinction in the gourmet foodscape.Routledge, Oxon, UK, 280pp.

Kneafsey, M., Cox, R., Holloway, L., Dowler, E., Venn, L.and Tuomainen, H., 2008. Reconnecting consumers, producers and foodLexploring alternativers.BERG, Oxford, UK, 224pp.

Low, W. and Davenport, E., 2005. Has the medium(roast)become the message? The ethics of marketing fair trade in the mainstream.International Marketing Review 22: 494-511.

Lyle, S.A., 2008. (Mis)recognition and the

middle-class/bourgeois gaze: A case study of'wife swap.Critical Discourse Studies 5: 319-330.

Morgan, K., 2010. Local and green, global and fair: The ethical foodscape and the politics of care.Environment and Planning A 42: 1952-1867.

Pakulski, J.and Waters, M., 1996. the reshaping and dissolution of social class in advanced society.Theory and Society 25: 667-691.

Peterson, R.and Kern, R., 1996.Changing highbrow taste: from snob to omnivore. American Socioloical Review 61: 900-907.

Savage, M, 2000. Class analysis and social transformation.Open University Press, Berkshire, UK, 208pp.

Sayer, A., 2005. The moral significance of class. Cambridge University Press, Cambridge, UK, 256pp.

Seyfang, G., 2004. Consuming values and contested cultures: a critical analysis of UK strategy for sustainable consumption and production.Review of Social Economy 62: 323-338.

Skeggs, B., 1997. Formations of class and gender.Sage, London, UK, 208pp.

Skeggs, B., 2004.Class, self, culture.Routledge, London, UK, 232pp.

Trentmann, F., 2005. The making of the consumer: knowledge, power and identity in the modern world.Cultures of Consumption series, Berg Publishers, London, UK, 256pp.

Veblen, T., 1899, 1994. The theory of the leisure class.Dover Thrift Editions, General Publishing Company Ltd., Toronto, Canada.

Walkerdine, V., 1990. Schoolgirl fictions.Verso, London, UK, 328pp.

Wood, L.and Kroger, R., 2000. Doing discourse analysis: methods of studying action in talk and text.Sage, London, UK, 256pp.

第 13 章

美国的弹性社区农园项目和城市第三部门①的“弹性共同管治”②

亨利·巴尔米耶[1]（Henry Barmeier）
齐妮亚.K.莫林[2]（Xenia K. Morin）
1英国教育部牛津大学默顿学院教育系
2美国普林斯顿大学环境学院、伍德罗·威尔逊国际和公共事务学院
Henry.barmeier@gmail.com

① 编者注：第三部门在本文中指市民和非营利组织。

② 这项研究是笔者毕业论文调研的一部分，得到了伍德罗·威尔逊国际和公共事务学院资助。部分研究内容已经发表在巴尔米耶（Barmeier）的毕业论文中——《为什么农园需要政府？对城市社区农园进行弹性共同管治的案例研究》，该论文在普林斯顿大学图书馆可以检索到。

摘要：在可持续食物系统规划中纳入政府管治可能会改善城市健康、社会公正和环境质量。然而，很少有人清楚为什么政府要参与食物系统规划。为了了解当地政府参与可持续食物系统政策的原因和发展过程，研究团队调研了存在已久的4个美国城市社区农园项目。在2010年西雅图、波特兰和纽约的调研工作中，市政府资助的社区农园项目揭示了“弹性共同管治”这种地方政策制定的机制。在这3个社区农园案例中，相关政策的制定均是自下而上的。与传统的社区事务不同，支持这些项目的市议会成员和市长们并没有在社区农园中起主导作用。然而，随着时间的推移，公共部门和第三部门成员之间的关系会遵循四段式的循环：“萌芽期”、“发展期”、“结合期”以及“破裂期”——即“4B”模式。西雅图、波特兰和纽约社区农园的发展历史表明，弹性共同管治机制使农园本身具有弹性，从而也就使当地的食物系统具有弹性。费城的非政府资助社区农园案例则进一步验证了这一结论，这一案例表明，在没有市政府参与的情况下，共同管治依然可以运行，但是适应不良冲击的能力较弱。总之，政府参与社区农园的行为应该被理解为一个过程而非一种成果：这种情况在过去并不是一以贯之的，将来可能也不会始终如一。同样的，公民的参与程度也是会不停变化的。因此，弹性共同管治计划或许能成为一种成功的模式，除此之外，所有合作者的持续参与也是建立弹性城市食物系统的必要条件。

关键词：可持续的食物系统，地方食物政策，社区食物安全

13.1 简介：地方政府在食物系统规划中的参与

10年前，对大多数规划师而言食物问题的优先级别是很低的。食物系统学者帕苏古彻（Pothukuchi）和考夫曼（Kaufman）指出，地方政府通常将食物问题视为农业部门或是乡村部门的事务，认为城市犯罪、住房和交通问题比食物问题更紧迫，因此往往对食物问题缺乏考虑。

然而，在可持续食物系统规划和政策制定过程中，政府的参与或许恰恰是提升城市健康、社会公正和环境质量的关键。尽管美国联邦政府的政策已经构建了有关食物种植、销售和消费的强大系统，然而对地方问题和利益来说，地方政府层面的食物政策依然是一种有效的应对。法律学者汉密尔顿（N.D.Hamilton）认为，地方食物政策能够“调动人们利用他们控制的机构来控制他们的命运。”联邦和州层面的项目（如SNAP和WIC）只能满足部分而不是全部社区的食物需求（汉密尔顿，2002）。

然而，很少有人清楚为什么随着时间的推移城市开始优先考虑食物规划。为了了解地方政府参与可持续食物系统规划的原因和发展过程，研究团队调研了存在已久的4个美国城市社区农园项目。

社区农园是由志愿者们耕种的公有或私有的份地。在负面的社会经济和环境冲击面前，这些项目构成了抵御负面冲击的本地食物系统。在美国过去的120年里，几次国家危机激发了民众从事社区农园的兴趣。在两次世界大战和经济大萧条时期，社区农园

为民众提供了食物、工作和休闲空间，使民众能够更好地“掌控自己的命运”（劳森Lawson，2005）。与许多其他可持续食物系统项目相比，当地政府参与社区农园项目的时间要早得多，因此，要了解政府如何持续与第三部门（市民和非营利组织）合作，这些社区农园项目是很好的案例。

本文的第1部分介绍了3个当地政府资助的社区农园项目，并试图以此说明弹性共同管治机制。这3个项目分别是：西雅图P-Patch社区农园项目、波特兰社区农园项目、纽约绿拇指社区农园项目。本文的第2部分将这些项目与费城绿色社区农园项目进行了对比。费城绿色社区农园项目现在基本上没有任何政府资助。表13.1是这4个项目的基本信息。

社区农园项目基本信息　　表13.1

城市	项目建立日期	政府赞助	市主管部门	主要的非营利赞助组织	农园数量	园丁数量
西雅图	1974	P-Patch社区农园项目	社区管理部门	P-Patch信托基金	83[a]	3800[a]
波特兰	1975	波特兰社区农园项目	波特兰公园和休闲部门	波特兰社区农园之友	35[a]	3500[a]
纽约	1978	绿拇指社区农园项目	公园和休闲部门	绿色游击队，绿色开放空间项目组，公有土地信托基金	600	8000
费城	1974	无	无	绿色费城，邻里花园协会	226[b]	尚无数据

注：a 2010年数据

b 在226个农园中，大约60个农园与非营利组织有积极的合作关系

13.2　政府资助社区农园项目中的弹性共同管治机制

通过对西雅图、波特兰和纽约政府资助的社区农园项目进行研究，可以发现，“弹性共同管治”是制定地方政策的机制。弹性共同管治是一种共同责任的分配系统，这种系统能随着时间发生变化。也就是说，基于共同的责任和权利，共同管治能够将政府和非政府的参与者们捆绑在一起（斯托克Stoke，1998）。在实践中，共同管治涉及到两种权力的转移：一种从中央到地方的“垂直”转移；一种从公有部门到私有部门“水平”转移（艾克博格Eckerberg和乔阿斯Joas，2004）。在共同管治系统中，公有、私有和第三部门相互依存，这使得与自上而下的政府干预体系相比，共同管治更有效并更灵敏（卡尔森Carlsson和伯克斯Berkes，2005；斯托克Stoke，1998）。只要参与者能够建立有效的机制来调整给定的活动内容，即使没有政府的参与，共同管治也可以形成（罗瑟诺Rosenau，1993；斯托克Stoker，1998）。这使得在没有政府资助的情况下，社区农园中仍有可能形成

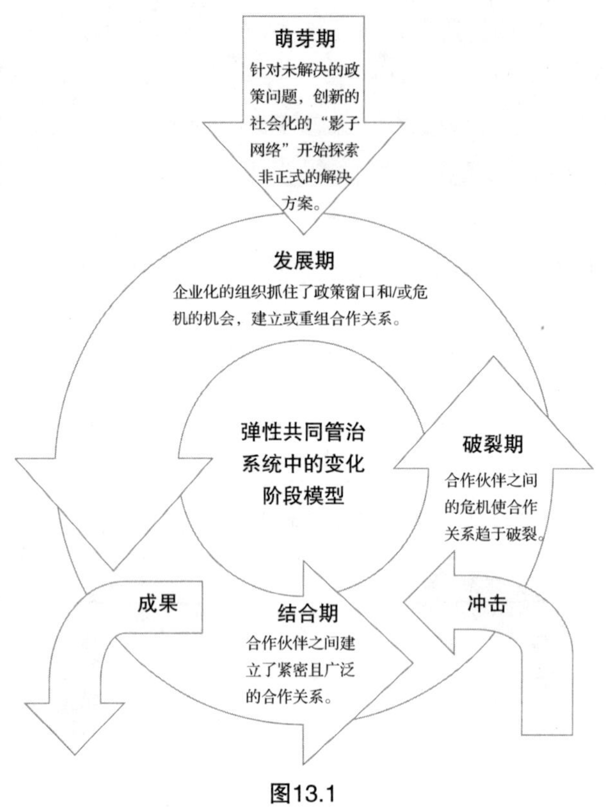

图13.1

共同管治机制。最后，无论有或没有政府的参与，共同管治不但能够应对一定程度的外部对系统的冲击，并且能够应对参与者关系的变化，这就是所谓的“弹性”（霍林Holling，1995；恩卡塔等Nkhata et al，2008）。

虽然关于弹性共同管治的文献分别涉及了这一管治系统本身的弹性和共同管治中各方关系的弹性，但是案例研究表明，这两层弹性的含义几乎是分不开的。为了将这种联系理论化，本文基于恩卡塔等（Nkhata et al，2008）的研究提出一种新共同管治模型，即“4B”模型（图13.1）。在4B模型中，“萌芽期”、“发展期”、“结合期”以及“破裂期”这4个词汇既描述了管治系统本身的变化，也描述了共同管治中各方关系的变化，表13.2总结了其一般特征。由于在任何给定的时间段，不同的公共部门和第三部门成员可能同时处于不同的变化阶段，因此4B模型实际上过分简化了共同管治系统，但是，它仍然不失为分析政府资助的社区农园项目的有用工具。

图13.1　“4B”模型：弹性共同管治系统中的关系变化阶段

共同管治系统中弹性合作关系阶段的变化特征 表13.2

阶段	在城市社区农园项目中的具体特征
萌芽期	对社区农园产生兴趣 邻里农园组织形成 纯粹由市民主导的农园建立
发展期（1）	政府公共部门和第三部门参与者建立正式联系 共享利益发展的进程
新的领导者出现	制定目标导向的战略规划 政府公共部门的参与推动了社区农园的发展
结合期	在参与者之间进行责任分工 社区农园的政策和规划目标确定 土地使用保障 社区农园的持续运作
成果	社区农园的环境、社会和经济效益 对食物系统弹性的贡献
冲击	政府或第三部门领导层发生变化 项目资源发生变化 农园供不应求 地产开发与士绅化 园丁变动及摩擦 故意破坏公物的行为
破裂期	私人农园消失 发展和维持社区农园的能力受限 对农园失去兴趣 漫长的等候名单 共同管治系统中参与伙伴的退出
发展期（2）	第三部门对社会资源进行动员 新支持机构成立（土地信托组合和倡导组织）

13.2.1 “萌芽期”和“发展期”：20世纪70年代政府参与市民农园项目

在调研中可以发现，西雅图、波特兰和纽约的社区农园均遵循自下而上的发展模式。在这些城市中，经济和社会危机激发了市民对社区农园的兴趣。1973到1975年的“滞胀”给美国带来了沉重的打击。在这期间，通货膨胀率超过9%，而实际GDP则在萎缩。为了应对城市衰落、失业和食物不足，西雅图、波特兰和纽约市民都开始在可用的小块土地上进行耕作。这体现了一种创新精神，城市园丁形成了非正式的“影子网络”（冈德森Gunderson，1999），他们试图通过个体社会网络的方式应对政府没能彻底解决的公共问题。

接下来，这种具有开创性的园丁网络和公共部门逐渐建立了合作关系，这标志着社区农园中的市民主导模式转向了共同管治模式。与传统的社区事务不同，支持项目的政府官员并没有在社区农园中起主导作用。20世纪70年代早期，西雅图城市再开发计划威胁到了本地农业和派克市场之间的关系，此后，经市议会批准，政府可以为起步阶段的社区农园提供支持，并将其作为一种加强本地农业和派克市场之间关系的方法（查普曼B.Chapman，个人交流）。在波特兰和纽约，当地政府制定了正式的公有土地租赁程序，以规范市民对于空地和闲置地的使用（波特兰，俄勒冈1975，139598号法令；纽约公园和休闲部门，2010）。

13.2.2 “结合期”：社区农园有效地满足公众期望

尽管公众及第三部门参与者们对于社区农园有着不同的想法，但各方均对共享利益具有共识，因此，在各方承诺合作的前提下，共同管治就可以逐渐形成。

基于政府对于社区农园社会、环境和经济效益的认同，在制定各方参与者共同目标的过程中，政府机构和政策制定者起到了很大的作用。在共同管治“结合期”中关键性的举措是确定与社区农园紧密相关的政府职能部门，并与其建立联系。例如，1977年西雅图P-Patch项目的主管部门由人力服务部门（DHS）变为社区管理部门（DON），在此之后，P-Patch迎来了一个繁荣期。与人力服务部门不同，社区管理部门的职能能够突出农园的无形效益，包括社会融合以及城市化过程中对低收入群体和少数民族的包容。在波特兰公园和休闲部门的引导下，社区农园蓬勃发展；该部门由政府专员尼克费士（Nick Fish）监管，尼克认为，“在这样的小块土地上，我们能够达成许多核心发展目标和社会价值”，例如社区建设、全民健身和环境保护（尼克费士Nick Fish，个人交流）。

在幕后，个人的努力以及政府和第三部门之间人际关系的培养也推动了各方利益的融合。例如，西雅图的社区组织者吉米蒂尔斯（Jim Diers）发现，社区组织和城市之间几乎没有任何合作；随之，他致力于建立社区管理部门，在他担任部门主管期间，P-Patch项目被纳入社区管理部门的职能范围之内（蒂尔斯Diers，2004）。在西雅图和波特兰，非营利社区农园组织的领导者们和市议会议员们保持了频繁的正式和非正式沟通，这有助于确保农园的资金流，并有助于解决土地使用权和区划法规等纠纷（舒特R.Schutte，个人交流；L.Pohl-Kasbau，个人交流）。在纽约，社区农园的建设依赖社区发展专项补助基金，绿拇指主管人艾迪斯通（Edie Stone）一直致力于建立基金使用情况和效能的“长期追踪记录”，这使得绿拇指成为基金主管官员最喜欢的项目（艾迪斯通Edie Stone，个人交流）。这种合作伙伴之间的责任分配最大化了他们的比较优势，这是共同管治机制中第二个重要的发展过程。

西雅图、波特兰和纽约政府公务员的主要任务是对农园进行管治并引导农园的发展，以此支持私人农园的自治。政府负责的租赁管理制和园丁登记制有多重优势：有助于减少官僚主义；确保园丁的个人损失不危及农园的土地；允许园丁专注照料土地，而不用处理纷杂的管理事务。除此之外，政府还可以提供更多的实实在在的支持，例如提供园艺材料和运输及维护服务（玻尔L.Pohl-

Kasbau，个人交流；麦克唐纳R.Macdonald，个人交流；斯通E.Stone；个人交流）。

要维持社区农园的长期活力，民众的广泛参与是至关重要的。在政府为社区农园提供资源之前，社区必须首先作出建设和维护农园的承诺。在农园初步建成之后，市民是农园的主要维护者。2008年，西雅图近80个P-Patch农园中，志愿者的工作时间共计15500小时；波兰特的32个农园中，志愿者的工作时间大约是9000小时（西雅图社区管理部门 2009；波特兰公园和休闲部门，2009）。纽约的志愿者数据表明，自1983年以来，志愿者的无偿劳动折合约17%的农园开发成本，92%的农园维护成本（劳森Lawson，2005）。

非营利组织在社区农园发展过程中也发挥了重要作用。西雅图有P-Patch信托基金，波特兰有社区农园之友，纽约则有绿色游击队和绿色开放空间项目组，这些组织设立的初衷是为那些没有得到政府资助的农园提供服务，包括资金注入、土地安全保障、政策支持和基本供给服务。如今，这些组织继续为园丁们提供政府未能提供的服务。

共同管治机制使得草根的社区农园得以触及稀缺的政府资源。西雅图、波特兰和纽约的政府年支出从25万美元到70万美元不等，3个社区农园项目占市政预算的比例均不超过1/100。这3个项目的政府指导者均认为，节俭可以使他们受大众欢迎（麦克唐纳R.Macdonald，个人交流；玻尔L.Pohl-Kasbau，个人交流；斯通E.Stone；个人交流）。用这些相对较少的资源，市政项目组管理着大量的城市开放空间，给数千人提供食物并创造了积极的社会外部效应。在另一场经济衰退期间，政府官员们依然继续支持这些项目，这表明他们认为这是一种明智的投资。西雅图、波兰特和纽约政府优先考虑可持续食物规划，部分原因似乎是因为这种行动代表“好”的政府：赋予市民改善自己社区的能力。

13.2.3 “破裂”和再次“建造”：对变化的弹性适应

西雅图、波特兰和纽约的社区农园共同管治机制都能够适应一定程度的外界冲击，如资金削减、领导层变动、士绅化和人口结构变化等。这种弹性实际上是共同管治机制生成新关系和重组旧关系的能力，即从破裂危机转变到到构建新关系的能力。公共部门和第三部门的个人和团体通常会率先应对农园的威胁，应对之道包括：创建新的支持机构和非营利组织；在政策和规划目标中赋予社区农园合法地位；扩展和加强部门内部和部门之间的联系以增强社区农园抵御不良变化的能力。

1999年，纽约前市长鲁迪·朱利安尼（Rudy Giuliani）决定对100多处社区农园进行拍卖，由此引发了一场拯救农园的运动，这一事件展示了共同管治的复杂性。拍卖计划刺激了整个城市的社区组织，最初这些组织均是单打独斗，之后通过高调的公众集会活动和网络沟通，这些组织最终发出了共同的声音（史密斯Smith和胡尔茨Hurtz，2003）。虽然市民行动本身对于解决此事并不是决定性的，但是绿拇指主管人斯通（Stone）认为，这鼓励了当时的纽约州检察长艾略特·斯皮策（Eliot Spitzer）提起诉讼，并成功地阻止了农园的销售（斯通E.Stone，个人交流）。非营利公共土地信托组织支付了300万美元保护受威胁的农园，以支持市民和政府的行动（埃尔德Elder，2005）。2010年8月，市民领导的社区农园团体和市议会发言人克里斯汀奎因（Christine C.Quinn）再次发布了联合声明，表示要加强与城市的原始协议，保护农园。可以看出，为应对外部的冲击，公共部门和第三部门参与者的联合能显著增强他们的适应能力。因此，弹性机制的实现在于真正的联合，而非简单的责任划分。

13.3　政府资助萎缩时的弹性共同管治机制

斯托克（Stoker）和罗西瑙（Rosenau）认为，没有政府的参与，共同管治依然是可能的。对费城绿色社区农园项目的研究支持这一观点，然而，研究也表明，在只有第三部门参与的情况下，共同管治可能会丧失一部分弹性。

费城社区农园项目的“萌芽期”与其他3个城市的项目基本一样。1974年，市民自发开展了非正式的社区农园活动，之后，“绿色费城”这一非营利组织正式发起了社区农园项目。项目初始阶段并没有政府参与者；不过，1977年美国农业部（USDA）推动了宾夕法尼亚州立大学城市农园项目的开展，这在一定程度上支持了已有的社区农园项目。在这一案例中，宾夕法尼亚州立大学为社区农园提供园艺培训，绿色费城则提供建设材料，这样，该项目的合作伙伴在共同管治机制中实现了有效的角色配置（海因斯Hynes，1996）。在市民、宾夕法尼亚州立大学项目组和绿色费城项目组的共同努力下，到1994年，费城共建设了超过500个社区农园（维迪耶罗Vitiello和奈恩Nairn，2009）。

尽管与得到联邦资助的伙伴有合作关系，绿色费城从未与地方政府形成直接的密切关系（贝克C.Baker，个人交流）。费城社区农园项目与其他3个城市项目主要的不同是“发展期”，这种不同对于“破裂期”有显著的影响。1996年，美国农业部终止资助宾夕法尼亚州立大学农园项目。由于没有改变华盛顿决定的能力并失去了城市的支持，费城的社区农园项目重新由第三部门单独管理（维迪耶罗Vitiello和奈恩Nairn，2009）。

在过去的15年中，这些第三部门伙伴们为社区农园的开发和管理建立了一个不包括政府在内的新共同管治模式。绿色费城负责进行园丁培训，为对建设和维持社区农园感兴趣的组织提供物资（S.McCabe，个人交流）。非营利性社区花园联盟以持有土地信托的方式帮助维持农园的长期活力（社区农园联盟，2010）。普通的市民园丁则继续作为农园建设和日常维护的主力军（贝克C.Baker，个人交流）。

费城案例研究表明，在没有政府合作伙伴的前提下，共同管治也是有可能的，但是，社区农园会变得更加脆弱。首先，没有政府的资助意味着社区农园建设资金的减少，这就使社区农园更加依赖充满不确定性的慈善捐款（贝克C.Baker，个人交流；博纳姆B.Bonham，个人交流）。第二，缺乏与政府机构的合作使得社区农园的多重效益难以显现，这使得社区农园继续被政府视为临时的土地用途，在任何时候都无法与其他开发项目抗衡，尤其是在面临城市预算削减时（同上）。第三，缺乏政府合作伙伴也削弱了农园适应人员结构变化的能力。不像在西雅图、波特兰和纽约，费城没有机构负责花园租赁和园丁招募事宜，因此离职园丁的空缺难以填补。此外，园丁们的摩擦，尤其是农园领导者之间的摩擦，有可能危及农园。这些弱点是真实可见的：1994年费城有500个社区农园，到了2008年，费城仅余226个社区农园（维迪耶罗Vitiello和奈恩Nairn，2009）。

13.4　总结：为什么农园需要政府

本文利用“4B框架”分析了当地政府参与社区农园项目的情况。“萌芽期”、“发展期”、“结合期”以及“破裂期”这四个阶段既可以用于描述社区农园的发展，也可以用于描述政府与第三部门伙伴之间关系的发展。费城的例子可以说明，有政府参与的共同管治模式适应能力更强。

对于现存的政府—第三部门共同管治机制，也可以应用“4B框架”进行分析，这或许可以发现政府参与可持续食物规划的其他措施（除社区农园外）。西雅图、波特兰和纽约的共同管治“萌芽期”、“发展期”展示了将可持续食物行动从私人领域提升到公共领域的途径。然而，要注意的是，社区农园的主导责任不能随之转移到政府。相反，通过政府—第三部门的共同管治机制，在建立和维护花园的过程中，市民会被赋予更大程度的改善食物系统的能力。接下去的研究将关注类似的共同管治机制是如何把其他可持续食物项目提升到城市议程中的，分析深思熟虑的政府行为是倾向于促进还是阻碍政府—第三部门共同管治机制的形成，这种研究将是很有价值的（福尔克等Folke et al.，2005；瑞坦比克Ruitenbeek和卡地亚Cartier，2001）。

此外，西雅图、波特兰和纽约均制定了相关政策，将社区农园项目与更为雄心勃勃的环境和规划目标相联系，这是3个城市共同管治模式“结合期”的共同点。西雅图将社区农园纳入到目前的西雅图总体规划以及市政资助的本地食物行动计划中（西雅图，2005；康林Conlin，2010）。2009年，波特兰气候行动计划呼吁到2012年创造1300个新农园，为更多的市民提供农艺教育，并将更多的公共和私人土地用于食物生产（波特兰和蒙诺玛郡，2009）。纽约制定了名为“食物工厂”的2009规划，旨在加强本地食物对健康和经济的贡献，该规划承诺“通过社区农园、绿色屋顶和城市农场全面拓展城市农业”（奎因Quinn，2009）。因为其合作的本质，共同管治模式是这些政策的天然盟友，不同的利益相关者可以基于相似的目标共同开展项目。在共享资源和信息的前提下，这些利益相关者群体（例如社区农园园丁和气候保护倡导者）可以互惠互利。未来的研究可以继续探讨这些跨领域合作关系和政策的起源、发展及影响。

最后，需要强调的是，政府参与社区农园的行为应该被理解为一个过程而非一种成果：这种情况在过去并不是一以贯之的，将来可能也不会始终如一。同样的，公民的参与程度也是会不停变化的。因此，弹性共同管治或许能成为一种成功的模式，除此之外，所有合作者的持续参与也是建立弹性城市食物系统的必要条件。

致谢

在此，我们深深地感谢西雅图、波特兰、纽约、费城、特伦顿以及其他城市中的每一个被采访者，感谢他们的耐心和分享。我们同样感谢2010年布莱顿第二次欧洲可持续食物规划会议的参会者，感谢他们宝贵的反馈和建议。

参考文献

Carlsson, L.and Berkes, F., 2005. Co-management: concepts and methodologicalinplications. Journal of Environmental Management 75: 65-76.

City of Portland and Multnomah County, 2009. Climate Action Plan 2009.City of Portland Burean of Planning and Sustainability, Portland, USA.Available athttp://www.portlandonline.com/bps/index.cfm?c=49989&.

City of Seattle Department of Neighborhoods. A stroll in the garden: an evaluation of the p-patch program.City of Seattle Department of Neighborhoods, Seattle, USA, pp.1-82.

City of Seattle, 2010. Seattle's comprehensive plan: towards a sustainable Seattle.city of Seattle department of planning and development, Seattle, USA, 498pp.Available athttp://www.cityofseattle.net/dpd/Planning/Seattle_Plan/ComprehensivePlan/default.asp.

Conlin, R., 2010. Local food action initiative. Available athttp://www.seattle.gov/council/conlin/food_initiative.htm.

Council on the Environment of New York City, 2009. Community gardens.Available athttp://www.cenyc.org/openspace.

Diers, J., 2004. Neighbor power: building community the Seattle way.University of Washingon Press, Seattle, USA, 216pp.

Eckerberg, K.and Joas, M., 2004. Multi-level environment governance: a concept under stress?Local Environment 905: 405-142.

Elder, R.F., 2005. Protecting New York City's community gardens.N.Y.U.Environmental Law Journal 13: 769-800.

Folke, C., Hahn, T., Olsson, P.and Norberg, J., 2005. Adaptive governance of social-ecological systems.Annual Review of Environmental Resource 30: 441-73.

Green Guerillas, 2010. Our programs.Available athttp://www.greenguerillas.org/GG_ourprograms.php#helpingcommunity.

Gunderson, L., 1999. Resilience, flexibility and adaptive management: antidotes for spurious certitude?Conservation Ecology 3.1: 7.

Hamilton, N.D., 2002. Putting a face on our food: how state and local food policies can promote the new agriculture.Drake Journal of Agricultural Law 7.2: 416.

Holling, C., 1995. What barriers? what bridges? In: Gunderson, L., Holling, C.and Light, S. (Eds.) Barriers and bridge to the renewal of ecosystems and institutions.Columbia University Press, New York, NY, USA, pp.1-34.

Hynes, P., 1996. A Patch of Eden: America's Inner-City Gardeners.Chelsea Green Publishing, Inc., White River Junction, VT, USA, 185pp.

Lawson, L.J., 2005. City bountiful: a century of community gardening in America.University of California Press, Berkeley, CA, USA, 382pp.

Neighborhood Gardens Association, 2010. About us.Available athttp://www.ngalandtrust.org/assist.html.

New York City Department of Parks and Recreation, 2010. The community garden movement.Available athttp://www.nycgovparks.org/sub_about/parks_history/gardens/community.html.

Nkhata, A.B., Breen, C.M.and Freimund, W.A., 2008. Resilient social relationships and collaboration in the management of social-ecological systems.Ecology and Society 13.1: 2.Available at http://www.ecologyandsociety.org/vol13/iss1/art2/.

Portland Parks and Recreation, 2009. Community gardens business plan: fiscal years 2008-09 through 2010-1.Portland Parks and Recreation, Portland, OR, USA, 40pp.

Pothukuchi, K.and Kaufman, J.L., 1999. Placing the food system on the urban agenda: The role of municipal institution in food systems planning.Agriculture and Human Values 16.2: 213-24.

Pothukuchi, K.and Kaufman, J.L., 2000. The food system: A stranger to the planning field.Journal of the American Planning Association 66.2: 112-24.

Quinn, C.C., 2009. FoodWords New York.'Available athttp://council.nyc.gov/downloads/pdf/foodworksny_12_7_09.pdf.

Rosenau, J., 1992.Governance, order and changes in world polities.In: Rosenau, J.and Czempiel, E. (Eds.) Governance without government: order and change in world polities.Gambridge University Press, Cambridge, MA, USA, pp.1-29.

Ruitenbeek, J.and Cartier, C., 2001. The invisible wand: adaptive co-management as an emergent strategy in complex bio-economic systems.Center for International Forestry Research Occasional Paper No.34.Available athttp://www.cifor.cgiar.org/publications/pdf_files/OccPapers/OP-034.pdf.

Smith, C.M.and Hurtz, H.E., 2003. Community gardens and politics of scale in New York City.Geographical Review 93.2: 193-212.

Stoker, G., 1998.Governance as theory: five propositions.International Social Science Journal 50.1: 17.

Vitiello, D.and Nairn, M., 2009. Community gardening in Philadelphia: 2008 Harvest Report.Penn Planning and Urban Studies, Philadelphia, PN, USA, 68pp.

第二部分

融合健康、环境和社会

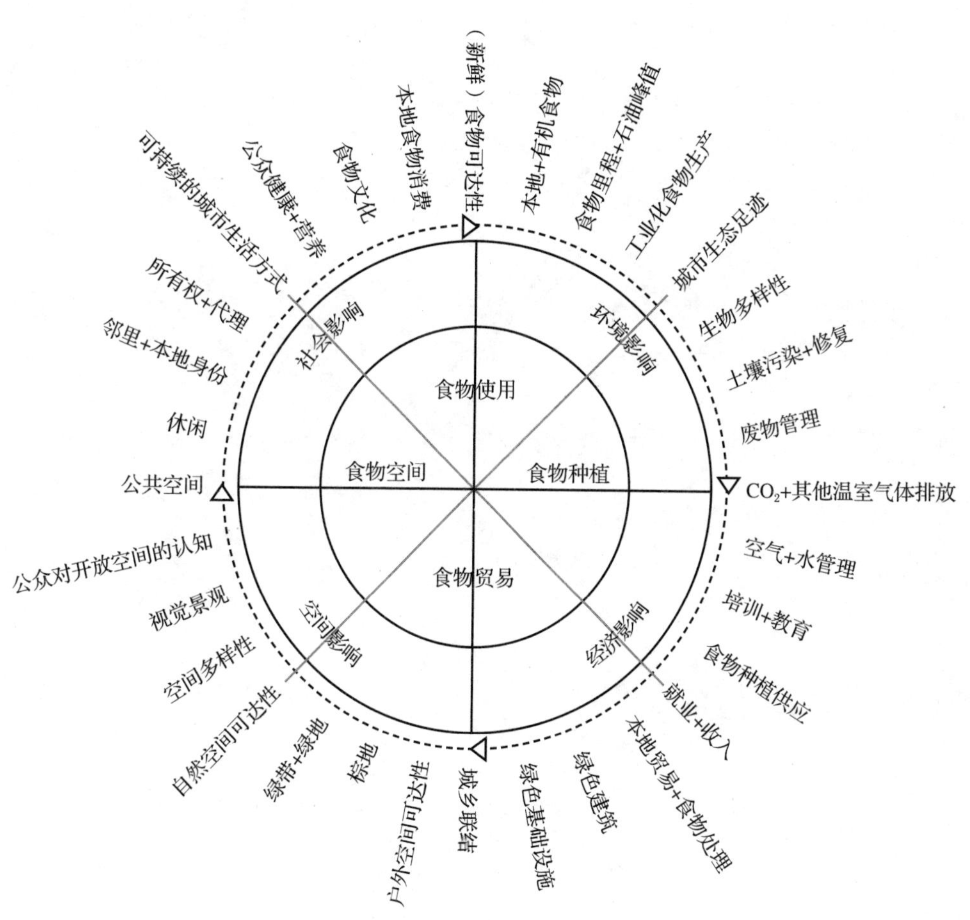

第 14 章

融合健康、环境和社会问题的一个新领域

贝蒂娜·B·博克[1]（Bettina B. Bock）
马丁·卡拉艾尔[2]（Martin Caraher）
1荷兰瓦赫宁根大学社会科学系，乡村社会学小组
2伦敦城市大学健康科学学院，食物政策中心
Bettina.bock@wur.nl

14.1 研究背景

在当代和城市化的背景中，可持续食物系统规划越来越成为政策制定者、社会活动家和科学家们的关注焦点，围绕食物供应产生的诸多问题也日益引起大家的思考。其中一个问题就是人类的健康幸福与食物息息相关。这种紧密关系已成为城市居民的“共识”，这也能够解释为何食物成为大家关注的焦点，人们渴求食品安全和高质量的食物，对食物种植、食物产地的兴趣渐浓，追求菜肴的口感。厨师和食物活动家开始成为知名人士，各类烹饪书籍和烹饪电视节目越来越多（卡拉艾尔Caraher和西利Seeley，2010）。优质食物和均衡营养不仅是公众热议和关注的话题，还成为公众的娱乐领域，因此才出现了越来越多形式各异的电视烹饪节目。

本部分的研究旨在揭示公众对食物和健康的兴趣是否能够打开通往环境健康的新路径，即通往可持续发展的路径。

人们日渐意识到主流“食物工业”对人类健康的负面影响，但这能否激励人们改变行为习惯并积极参与到环境可持续发展当中？或者说这只是一种昙花一现的潮流？

一些作者深信食物能够唤起人们的生态意识并积极参与其中（朗等Lang et al.，2009），许多社会活动项目就宣称致力于此。但也有人批判这种方式：他们认为替代性食物运动是一项属于精英的运动，低收入群体几乎无法进入新型食物市场，这是不公平的（尼夫斯等Kneafsey et al.，2007）。其他人则指出，农业食物工业正处于持续的现代化过程中，他们能对世界的可持续发展做出贡献（吉斯Keith，2009），然而，农业食物工业发展最初的驱动力来自资源的稀缺性和资源的价值。还有一些人认为，只有在“健康”能够增加产品价值和扩大利润的前提下，工业才会对“健康”感兴趣；这或许可以通过修正过程慢慢实现，反对这一过程的则被认为是“不健康的”或者“非自然的”（波伦Pollan，2008，2009）。

本部分的作者们指出，需要批判地看待对食物和健康问题兴趣增长的现象，尤其是那些会融入到政策和规划中的内容。需要在全球的层面上，审视“新食物规划”中是否存在地域、阶级和收入歧视，是否维持甚至加剧了国内和国家之间的不平等。对替代性食物运动的支持或许会转移对食物供应链中主要问题的关注。本部分的文章进一步详述了这些问题，探讨在当代社会中，健康和环境问题的融合如何能够促进可持续食物政策的发展，以及如何在不扩大不公平的前提下解决健康和环境问题。

该部分的6个章节分别从不同的角度分析了以上的问题。这其中有2个在城市层面推行可持续食物政策的案例（马尔默市和根特市）。接下来的2章记录了由当地慈善机构和非政府组织发起的活动，他们关注2个低收入城市地区的健康和可持续食物问题（森德维尔和曼彻斯特地区）。另外2章主要进行了理论研究，如食物合作社的重要角色和工薪阶层（低收入）消费者对健康和可持续食物的态度。

14.2　食物领域

接下来的内容将涉及食物、健康和环境领域政策的改变。本文简单分析了地方行动和国家行动的定位以及他们之间相互关系的转变，研究了政府部门和第三部门在食物领域角色的变化以及食物运动本身的角色，从而总结出目前还需要做哪些努力。这为接下去的研究提供了一个更为广阔的背景。

14.2.1　政府部门和第三部门

政府在食物政策中依然扮演着关键的角色，但是，由于大量新问题的出现，政府角色的改变同样是很明显的（霍克斯Hawkes，2005；澳大利亚公共卫生协会，2008）。本部分文章中描述的许多食物活动主要依赖政府部门的资助和支持，但是同样的，政府部门也依赖第三部门传达和应对快速变化的环境问题。由于其笨重繁琐的体制和流程，政府很难应对这些不断改变的问题（波彭代克Poppendieck 1999，2010），而第三部门则更加轻盈和灵活，对地方需求的应对更加有针对性（道勒Dowler和卡拉艾尔Caraher，2003；加尔Garr，1995）。

然而，明确两类部门的优点也是十分重要的（莫森Mawson，2008）。毫无疑问，两者的协同才能取得长足发展。第三部门的行动必须得到政府政策的支持，否则项目就很容易会受到资金和政策导向改变的影响（朗等Lang et al.，2009）。目前公共部门普遍削减了财政预算，这使得许多项目都处于危机中，接下来关于森德维尔案例的章节就说明了这一情况。

与政府部门相比，第三部门能够以一种更为低廉、更为灵活的方式应对公共议题（莫森Mawson，2008；波彭代克Poppendieck，1999）。从20世纪40年代开始，欧洲开始建设各类福利体系，第三部门的公益活动也随之高涨。第二次世界大战结束后，为恢复战争造成的破坏，法国建立了名为“社会团结”的社会保险体系（张伯伦Chamberlayne，1992），英国则基于同样的满足社会需求的原则建立了相应的福利体系（狄明思Timmins，1995）。这些体系假定存在一种“共同利益”，即使是那些不会从中获利的人，也愿意为这种全社会的“共同利益”做贡献。但是，即便是在这样的全民福利体系内，仍存在缺陷和不足，这就需要慈善机构或第三部门的参与。例如，针对赤贫人口的欧盟食物援助计划目前共有5亿欧元预算，这些援助资金主要是通过天主教慈善机构进行分配的。这部分资金是共同农业政策的遗产，通过慈善机构和非政府组织去分配这些资金是最好的途径（欧共体委员会，2008；查尔特Zahrnt，2008）。

14.2.2　食物运动：食物安全还是可持续性?

贝拉斯科（Belasco，2007）的文章揭示了近年来慈善模式在食物和可持续领域的逐渐渗透，同时，许多原本基于共同利益的可持续性项目则变得更加商业化。吉普森格雷厄姆（Gibson-Graham，2008）表示，替代性（食物）运动是对现存经济模式的部分变革，但不会撼动主流的经济模式。对此，尼夫斯等（Kneafsry et al.，2008）进行了进一步的分析，认为这种替代性运动可能会更加脆弱，更容易受到资本的影响。与主流资本运作模式相比，新一代替代性食物网络（AFNs）使用了一种消费者友好的资本运作模式，使其更易受到认可和欢迎。但是，替代性食物网络却逐渐成为了新的主流，在绝大多数人心目中，"替代性"就等同于"本地的"。以下两个简短的例子就足以说明这一问题。

苏联的解体使人民饱受基本食物短缺之苦，屋顶农业组织于是应运而生，圣彼得堡的一个地区就生产了2000吨以上的蔬菜。这种活动完全出自应对城市食物短缺的需要（世界卫生组织，1999）。

在密歇根则有宣称"食在当地"的本地食物组织。该组织名为"可食用WOW"（WOW代表密歇根东南部人口最密集的三个城市：沃什特瑙、奥克兰和韦恩），是本地"可食用社区"网络的组成部分（详见 www.ediblecommunities.com）。这些活动在密歇根出现的原因与圣彼得堡是截然不同的："WOW"所关注的是本地食物、食物的种植方式及来源。

这两个群体虽然在做相似的事情但是出发点却大不相同：一个是因为不得不这样做，而另一个则因为他们想这样做。密歇根的活动可以被认为是"防御性地方主义"（温特Winter，2003）的表现，他们主张发展本地和替代性食物经济来抵御主流食物供应和分配体系。这些活动与旨在解决食物短缺问题的活动从根本上是不同的。当然，这也并非是说，低收入社区不能从事这种更具可持续性的食物活动，只是需要明确出发点的不同。

另一个需要说明的问题是，食物运动或许能够解决短期问题，但通常不能解决关乎食物安全或可持续的根本性问题。食物运动倡导者们通常试图在全球食物系统内创造新的利基市场[①]而不是从根本上去改变这一系统。因此，寄希望于第三部门去解决与可持续和健康相关联的食物安全问题是不切实际的。虽然第三部门在食物服务领域占有一席之地，但要实现根本性转变，仍然需要政府部门扮演主要角色。

14.2.3 目前的情况

本部分的章节涉及到多元的内容，既介绍了曼彻斯特、森德维尔和马尔默等城市的活动，也探讨了本地食物合作社的可能性。一系列被打上食物合作社标签的活动，极少有相同之处，并且不会利用集体的力量去改变整个体系。这一案例充分说明，必须建立更广泛的政策框架，否则食物运动就会因政策不统一而遭遇滑铁卢。然而，也有些人认为：这种政策的不统一并不仅仅是纷杂食物活动的衍生品，也是政府部门试图将管治责任转移到私人部门的精心筹谋（道勒Dowler和卡拉埃尔Caraher，2003）。接下来我们会进一步讨论这个问题。

---

① 利基市场是指企业选定一个很小的产品或服务领域，集中力量进入并成为领先者，从当地市场到全国再到全球，同时建立各种壁垒，逐渐形成持久的竞争优势。

森德维尔的案例表明，英国在处理公众健康问题方面有优良的传统，但是，公共部门预算和性质的改变却使得这种传统的传承岌岌可危。食品福利系统的案例则揭示了第三部门经常介入政府影响力减弱的领域。在大多数情况下，第三部门的介入能够弥补政府福利系统的缺陷，但也可能会粉饰太平，使得政府继续逃避责任（道勒Dowler和卡拉埃尔Caraher，2003；波彭代克Poppendieck 1999，2010，里奇斯Riches 1997，2002）。食物健康和可持续性问题变成了社会准则，“公平交易产品”使得可持续变成了消费道德标准。通过这些方式，政府部门的责任就从国家层面转移到消费者和零售商层面，而政府则得以从干涉食物问题的压力中解放。

在本书的这一部分中，没有任何一个章节谈及传统食物链的影响，或者城市本身对健康和可持续发展的贡献（李斯特Lister，2007；斯蒂尔Steel，2008）。当然，这并不是对这些章节内容的批判，而是对政策环境的观察。关于马尔默市、根特市和森德维尔市的3个章节中都提到了更广泛的城市政策框架；一部分章节提到了与主流食物部门的合作但这种合作还处于浅表状态；马尔默市的例子揭示了政府部门是如何通过食物采购计划影响地方食物种植和供应。本部分描述的许多项目都是主流体系的替代体系，这种替代性表现在：提供替代性供应链（曼彻斯特供应体系，食物合作社的建立以及森德维尔社区农业的发展），或者重塑部分已存在的体系（马尔默市采购计划和根特市每周四素食日）。霍金斯（Hawkins）的研究表明，消费者往往将“本地”等同于“可持续”。在铺天盖地的、杂乱的甚至相互矛盾的信息中，应该更加关注个人对简单、有意义的信息的需求。

本部分的章节描述了不同部门、政府官员、公民和食物供应链从业人员之间的相互关系。第三部门在其中发挥着重要作用（朗Lang et al.，2010）。从传统意义上讲，第三部门组织是社会中的“倡导者”而非“主导者”，他们所提供的服务均基于这一角色展开，如他们所从事的食物种植和食物运输等活动都是“替代性的”或小规模的。这让他们能够在体系内占有一席之地——作为求变的一方。现在，如果他们想变得更加主流，那么他们将可能会成为体系的一部分或者失去“替代性”（贝拉斯科Belasco，2007）。这样的改变实际上是一种危险的妥协。需要强调，这并不意味着第三部门不应该提供服务，而是第三部门应该制定确保其“倡导者”角色的机制。

此外，这也或许是一种政府将第三部门纳入主流体系的结果。通过这种方式，政府职能发生了转变，福柯（Foucault，1979）所描述的“理想社会”就会出现。也就是说，政府能够通过理想社会规则进行有效管治而不是通过法律进行管治。举例来说，这里的“理想社会”可以被理解为，在不改变食物体系的前提下提倡少食用肉制品的社会（伊姆霍夫Imhoff，2010；朗等Lang et al.，2010）。

尽管已有很多成功项目，但与健康、环境息息相关的综合性食物政策仍然相对缺乏。现代食物体系面临着进退两难的窘境（弗兰纳里Flannery，2005）：一方面，它为数以亿万的人口提供了大量并多样的食物；另一方面，也有足够的证据证明食物对健康、环境和社会结构有很大的影响。很显然，主流食物系统有充足的理由宣称这是成功的政策，但是，随着全球人口的不断增长和全球食物系统中的不公平问题不断涌现，未来并不明确（参见网址：http://www.srfood.org/）。

如何界定、解决或应对健康、环境和社会的三重挑战?这一思考贯穿本书部分章节的始末。尽管尚没有全面的回答，但本书部分的作者们也已经给出了一部分解决方案和建议。理想社会中的食物生产、分配和消费应该基于优质、健康、环境友好的饮食习惯，那么，如何快速而又巧妙地鼓励这种生产、分配和消费行为，是如今所面临的主要挑战。

参考文献

Belasco, W. 2007. Appetite for change: how the counterculture took on the food industry and won. 2nd Edition. Cornell University Press, New York, NY, USA, 327pp.

Caraher, M. and Seeley, A., 2010. Cooking in schools: Lessons from the UK. Journal of the Home Economics Institute of Australia 17: 2-9.

Chamberlayne, P., 1992. Income maintenance and institutional forms: a comparison of France, West Germany, Italy and Britain 1945-90. Policy and Politics 20: 299-318.

Commission of the European Communities., 2008. Commission staff working document impact assessment, SEC (2008) 2436/2. Commission of the European Communities, Brussels, Belgium.

Coveney, J., 2006. Food, morals and meaning: The pleasure and anxiety of eating. Routledage, London, UK, 224pp.

Dowler, E. and Caraher, M., 2003. Local food projects: the new philanthropy?Political Quarterly 74: 57-65.

Flannery, T., 2005. The future eaters: An ecological history of the Australasian lands and people. Reed New Holland, Sydney, Australia, 423pp.

Foucault, M., 1979. Discipline and punish: The birth of the modern prison. Penguin, London, UK, 352pp.

Garr, R., 1995. Reinvesting in America the grassroots movements that are feeding the hungry, housing the homeless and putting Americans back to work. Addison-Wesley, New York, NY, USA, 271pp.

Gibson-Graham, .J. K., 2008. Diverse economies: performative practices for'other worlds'. Progress in Human Geography 32: 613-632.

Hawkes, C., 2005. The role of foreign direct investment in the nutrition transition. Public Health Nutrition 8: 357-365.

Imhoff, D., 2010. The vegetarian myth: food, justice and sustainability. Flashpoint Press, Crescent city, CA, USA, 309pp.

Kneafsey, M., Holloway, L., Dowler, E., Cox,

R., Tuomainen, H., Ricketts-Hein, J. and Venn, L., 2007. Reconnecting consumers, food and producers: exploring' alternative' networks. Cultures of Consumption, Series. Berg, Oxford, UK, 224pp.

Lang, T., Barling, D. and Caraher, M., 2009. Food policy: integrating health, environment and society. Oxford University Press, Oxford, UK, 336pp.

Lang, T., Caraher, M. and Wu, M., 2010. Meat and policy: charting a course through the complexity. In: d'Silva, L. and Webster, J. (Eds.) The meat crisis: developing more sustainable production and consumption. Earthscan, London, UK, pp. 254-274.

Lister, N. M., 2007. Placing food: Toronto's edible landscape. In: J. Knechtel (Ed.) FOOD. MIT Press, Cambridge, MA, USA, pp. 148-185.

Mawson, A., 2008. The social entrepreneur: making communities work. Atlantic Books, London, UK, 192pp.

Pollan, M., 2008. In defense of food. Penguin, London, UK, 240pp.

Pollan, M., 2009. Food rules: an eater's manual. Penguin, London, UK, 240pp.

Poppendieck, J., 1999. Sweet charity? Emergency food and the end of entitlement. Viking, New York, NY, USA, 354pp.

Poppendieck, J. 2010. Free for all: fixing school food in America. University of California Press, Berkeley, CA, USA, 368pp.

Public Health Association of Australia, 2008. A Future for food: addressing public health, sustainability and equity from paddock to plate. Public Health Association of Australia, Sydney, Australia.

Riches, G., 2002. Food banks and food security: welfare reform, human rights and society policy. Social Policy and Administration 36: 648-663.

Riches, G., (Ed.), 1997. First world hunger: Food security and welfare politics. Macmillan Press, Basingstoke, UK, 224pp.

第15章

马尔默市的可持续发展和食物政策

格尼拉·安德森（Gunilla Andersson）
海伦·尼尔森（Helen Nisson）
瑞典马尔默市环境部生活方式和消费者事务办公室
gunilla.i.andersson@malmo.se

摘要：瑞典的马尔默市已经为可持续发展奋斗多年，这些努力体现在相关的环境计划和政策中。为了促进食物的可持续发展，该市采取了一系列相关措施，如：有计划地引进有机食物、在学校开展试点项目、培养专业厨师、推广“精明饮食”（“Eat S.M.A.R.T.”）理念，并实施了一项可持续发展和食物政策。2010年10月，市执行委员会通过了该政策。该政策规范了全马尔默市公立厨房的食物采购和食物质量，以确保食物采购的可持续。该政策将按部就班、一步一步向前迈进，这就需要清晰的发展目标和规划战略。同时，培养和任命那些能够持续致力于此的人，也是成功的先决条件之一。同样不可或缺的一个环节是与供应商的紧密合作。如果以上各项工作都能够付诸实践，这项政策的目标有望在2020年实现。这一新政策的实施将会使人们的饮食习惯更加健康、更加环境友好。

关键词：环境友好型食物 有机食物

15.1　背景

在瑞典，公共餐饮是一个非常重要的部分。从20世纪60年代开始，瑞典法律即规定7到16岁儿童的学校午餐由政府资助。此外，大多数托儿所也都提供爱心午餐。

关于公共餐饮，瑞典政府已经确立了一个目标：截止到2010年，由公共部门提供的食物中25%（购买有机食物所占食物预算的份额）必须是合格的有机食物。2009年，该数据只达到10.2%，（EkoMatCentrum and KRAV，2010），因此要到达预期目标还有很长的路要走。

在马尔默市，马尔默学校餐厅（MSR）是全市公立学校食物的主要供应者，他们每个工作日要提供3.8万份工作餐（劳文H. Lofven 2010，个人交流）。除了MSR之外，托儿所和老年人及残疾人服务中心也会提供工作餐。

马尔默市已经为可持续发展做了十多年的努力，尽可能将可持续发展的理念融入所有政策中，致力于成为世界领先的生态城市。为此，该城市曾受到来自国家和国际的嘉奖（Globe Award，2011；Miljoaktuellt，2010；UK Habitat，2011）。从1998年开始，马尔默市的环境政策中增加了一项新内容：加快全市范围内的农业用地转向有机农业生产，提高有机食物的产量。此外，在过去几年里，公共财政削减，公共资金的竞争加剧，从可持续的角度关注食物领域的需求上升，这恰好符合政府可持续发展的目标。这其中，食物采购是影响环境的一个十分重要的公共因素。例如，瑞典的温室气体排放量中，有25%来源于食物消耗（Naturvardsverket，2008）。

本章将首先简要介绍马尔默市在该领域的成就，尤其是有机食物采购和“精明饮食”理念。接下来介绍马尔默市的未来发展规划并对需要克服的困难展开讨论。

15.2　马尔默市的成就

15.2.1　有机采购

从1998年开始，马尔默市的公共餐饮就开始引进大量的有机食物。2009年，马尔默学校餐厅有43%的食物都是有机食物。在全市的层面上，有机食物则占了24%（帕姆奎斯特M. Palmkvist 2010，个人交流）。全市有机食物份额所占比率较低的原因是：除公共餐饮外，其他类型的餐饮——如托儿所和老年服务中心——尚未开始大量使用有机食物。为管理有机产品市场，欧盟出台了相关的规定：在公共采购招标中，只要遵循一定的采购程序，即可以采购有机食物。

2004年，马尔默市决定选出一个学校作为试点，拥有500名6～12岁学生的Djupadal中学被选中，该中学位于郊区，这个地区大多都是私有的独栋住宅。该项目的最主要的目的就是在标准食物预算范围内为学生提供100%的有机食物，达到与标准食物同等的质量和营养水准并且尽可能满足学生的口味要求。试点学校的建设内容主要包括厨房的精心规划和创新以及对员工的教育，当然也包括校长的坚定承诺。100%有机食物的目标在2007年就已达成，每份有机食物的价格比标准食物略高了10个百分点。但是，从2007年开始，由于该计划的结束和其他压力的增加，学校已不再是工作重心，该项目的负责人兼主厨也接手了新的任务，Djupadal中学的有机食物比率随之从100%下降到85%～90%。此外，另一个原因是，如果不增加额外的预算就很难重新完成100%的有机食物指标。（劳文Lofven，H，2010，个人交流）

15.2.2　“精明饮食”理念

为学校提供优质午餐遇到的最大挑战就是如何将食物的健康、可口与环保结合到一起。为应对这一挑战，马尔默市借鉴了斯德哥尔摩地区健康部门提出的“精明饮食”理念（Centrum for Tillampad Naringslara，Samhallsmedicin，2001），这一理念将健康科学与瑞典国家环境目标结合在一起。基于这一理念，马尔默市创建了相应的培训课程和新的“精明饮食”政策。该政策主要内容如下：

S：减少肉食

M：减少垃圾食物和空卡食物的摄入

A：增加有机食物食用量

R：肉类和蔬菜比例均衡

T：高效运输

这一理念能够帮助人们在不增加额外花费的前提下，形成更为健康和环境友好的新型饮食结构。

15.2.3　标准餐盘（The Plate Model）

为鼓励均衡健康的饮食习惯，精明饮食理念还可以与瑞典国家食物管理局（Livsmedelsverket，2010）提出的“标准餐盘”相结合。例如，马尔默学校餐厅在塑料餐盘边缘印上彩色代码以提醒取餐的学生：这个餐盘里应该包括25%的肉类、鱼类或蛋白质含量高的食物，如豆类；剩下的部分中，淀粉含量高的食物，如米饭、意大利面、土豆等和不含淀粉的蔬菜应该各占一半。英国食物标准局也有类似的“膳食平衡盘”（“Eatwell Plate”）（食物标准局，2011）。

15.2.4　培训

马尔默市有将近1000名市政员工，包括餐厅员工、教师等都参加了与食物、健康、环境和气候相关的培训。同时他们也会学习使用更多素菜或富含粗纤维的蔬菜进行健康烹饪。

15.2.5　可持续发展和食物政策

在制定公共领域预算规划时，总会面临各种资金不足和不同利益集团互相竞争的问题。在这一过程中，食物问题往往处于次要的地位，从长远来看，这会给年轻一代的健康和学业带来不利的影响。因此，为了确保能够给马尔默市提供符合质量要求的食物，政府出台了一项可持续发展和食物政策。

2009年6月，市政执行委员会开始着手制定该政策。在政策出台的过程中，政府组织了几次研讨会以确保利益相关者的广泛参与。这种民主的过程也有助于政策的实施。2010年10月，该政策得以正式批准，其对于食物采购的法律效力覆盖全部市属部门。该政策宣布：截止到2020年，马尔默市所有的采购食物都必须是有机食物，同时，与2002年的排放量相比——即13360吨碳当量（未公开数据），因食物采购而引起的温室气体（GHG）排放量下降40%。该政策的主要关注点如下：

- 马尔默市应为全体消费者提供可口、安全和健康的食物。食物应该尽可能新鲜，少含添加剂。
- 厨师应有接受专业培训以确保专业素养。
- 应该关注可持续和健康产品方面：
  — 在同类产品中，应该优先选择公平交易产品；
  — 所有的食物采购都应遵循“精明饮食”理念。
- 应该关注食物采购过程的经济和环境效益：
  — 严格按照采购合同进行食物采购；
  — 杜绝食物浪费，将食物残渣用于沼气生产；
  — 关注优质食物，配置充足的资源以确保食物质量。
- 通过实施该政策以及提供可持续的食物，马尔默市应该为瑞典其他城市树立榜样，同时激发所有马尔默市民关于可持续食物的灵感。
- 应该支持城市周边可持续农业的发展，支持提供可持续食物的超市、市场和餐厅。

15.3　成效和展望

迄今为止，马尔默市改善公共食物的努力取得了一些成果。较高的有机食物率对环境来说是很有益处的。例如，如果采购150万升有机牛奶，那么瑞典将少使用300公斤杀虫剂和24吨肥料（Konsumentverket，2007）；如果采购的咖啡中有53%是有机产品，那么会减少700公斤杀虫剂的使用，这更利于咖啡种植者的健康（Konsumentverket，2007）。

为了能够负担得起更高比例的有机食物并改善健康和环境，需要遵从“精明饮食”理念，在食谱中增加更多的素食。如今，马尔默的学校每周都有一道素食主菜而且每天都有素食可供选择，学生每天都能吃到包括多种粗纤维蔬菜和豆类的沙拉自助餐。

“标准餐盘”的使用已经改变了学生（至

少是儿童）的饮食习惯，帮助他们吃得更加健康。

不过，经过优化的菜单是否能够降低全市食物采购过程中温室气体的排放仍需进一步确认。因此，我们委托瑞典食物和生物技术研究所计算马尔默市2002年因食物采购引起的温室气体排放总量，并将委托他们计算2010年的排放总量，以便相互比较。

15.4　讨论

现在，马尔默市学校和其他公共餐厅的有机食物水平在全瑞典是最高的。马尔默市公共餐饮服务部门将采取系统和可持续的方法发展更健康和更环境友好的食物系统，遵循“精明饮食”理念，提供更为健康和环境友好的食物。最有效的环境友好措施是减少肉类食物的消耗同时增加有机食物的份额，提升健康的有效措施则是增加蔬菜摄入并减少空卡食物的摄入。

马尔默学校餐厅积累了引进有机食物方面的充足经验，这对新食物政策的实施很有帮助。首先，全民的广泛参与和明确的目标是非常重要的。想要成功就需要放慢脚步稳步前进，并在前进的过程中不断确立短期目标。其次，有一个意志坚定的领导团队同样很重要，能否成功实施该政策的关键就是领导者知道为什么以及如何引入新政策。最后，为了制定一个可持续的采购模式，与供应商进行合作也是必要的。当以上所有的方面都充分准备好了，目标的实现也就指日可待了（H. Lofven 2010，个人交流）。

新政策的实施是整个社会的责任。因此，需要将政策分解打包，并分配到所有相关机构，这些机构应该明确各自的目标，并选择恰当的实施方式。全市的餐饮和食物采购职员均已经接受了相关的培训，培训内容包括关于食物和可持续发展的知识以及实践，以激发大家对于改变菜单和食物采购模式的热情。

如果想要实现到2020年食物供应有机化和温室气体排放量减少的目标，那么就必须从根本上改变目前的饮食结构，少食用肉类和反季节蔬菜，多食用豆类食物以及卷心菜等季节性蔬菜。然而，让广大的学生接受这一转变是个巨大挑战。厨师们需要进行再培训，学生们则不得不去适应这一新的饮食习惯。马尔默学校餐厅里的菜单都是统一制定的，相关的工作也都有相应的计划，但是在托儿所，并没有统一的菜单，不同的厨师有不同的食谱。因此，亟需对托儿所厨师进行培训。如果能够改变青年一代的饮食习惯，就等于掌握了他们作为未来消费者的消费方向。

从24%的有机食物率到100%的有机食物率可能会使得食物价格更加昂贵。通过购买那些存在较低溢价的食物（如牛奶），就可以轻易达到较低的有机食物率，相对的，有机食物率越高，就意味着不得不购买更多较高溢价的食物。在如今金融危机和经济紧缩的环境下很难让决策者愿意为学校午餐付出高昂的财政支持，即使今后随着有机食物市场的不断发展其价格可能会有所降低。用植物蛋白来替代肉类可以节省支出，因为有机肉类价格高昂。除此之外，减少肉类食物烹饪过程中添加剂的使用量也能够节省开支，当然这还是需要对厨师进行再培训并且检查烹饪设备以确保每一餐都准备精良。

一些日常有机食物，比如：牛奶、肉类以及蔬菜等已经能够满足人们的日常需要，但是有机加工食物依然比较缺乏。通过增加经过初级加工的食物可以解决这一问题，同时也能够降低成本。另外，随着有机市场的发展，瑞典将会出现越来越多的有机加工食物。马尔默市是有机食物最大的消费市场，该市每年拨给马尔默学校餐厅的预算就有600万欧元，用于与供应商和零售商协商更合适的价格，并寻找有机食物的新来源。

然而，关于食物生产对气候的影响这一问题，依然缺乏认知和研究，这使得制定环境友好型菜单非常困难。研究表明，食物所造成的气候影响是很重要的，很多不同的研究所都在尝试运用生命周期法对食物的环境影响进行量化。尽管这个领域的研究还处于起步阶段，但是今后或许会出现一种工具，能用于计算饮食习惯的变化所带来的温室气体排放量的变化。

为了达到我们的目标，需要明确的规划，也需要坚定的能够胜任的领导者，同样还需要与供应商进行亲密合作。此外，还需要意识到我们目前正在缓慢但坚定地向前推进。

我们不禁要问，马尔默市能够完成该目标吗？我们希望如此，但是，在很大程度上还取决于当政者是否愿意给该政策提供人力和资源支持。

参考文献

Centrum for Tillampad Naringslara, Samhallsmedicin, 2001. At S.M.A.T – ett utbildningsmaterial om maten halsan och miljon. Stockholms lan landsting, Stockholm, Sweden, 50 pp.

EkoMatCentrum and KRAV, 2010. Ekologiskt I offentliga storhushall. Available at http://www.ekocentrum.info/files/Rapport%20kommunenkat%202010%20reviderad.pdf.

Food Standards Agency, 2011. Using the eatwell pate. Available at http://www.food.gov.uk/multimedia/pdfs/publication/eatwellplateguide0310.pdf.

Globe Award, 2011. Nominees-sustainable city award 2010. Available at http://globeaward.org/ nominees-sustainable-city-2010.

Konsumentverket, 2007. Handle ekologiskt? Available at http://www.framtidahandel.se/pub/data/doc/a01/b67.pdf.

Livsmedelsverket, 2010. Tallriksmodellen, Available at http://www.slv.se/grupp1/Mat-och-naring/Matcirkeln-ock-tallriksmoddellen/Tallriksmodellen/.

Miljoaktuelt, 2010. Hela listan-Sveriges alla kommuner miljorankade. Available at http://mijoaktuellt.idg.se/2.1845/1.329754/hela-listan-sveriges-alla-kommuner-miljorankade#.

Naturvardsverket, 2008. Konsumtionens klimatpaverkan. Report 5903. Available at http://www.naturvardsverket.se/Documents/publikationer/978-91-620-5903-3.pdf.

UN Habitat, 2011. The 2009 Scroll of honour award winners. Available at http://www.unhabitat.org/content.asp?typeid=19&catid=588&cid=7291.

第16章

节制肉类食物是政府和社会面临的一大挑战：比利时根特市的周四素食日运动

托拜厄斯·李纳而特（Tobias Leenaert）
比利时根特，替代性道德素食组织
tobias@evavzw.be

摘要：有一部分消费品的影响面很广，肉类食物就是其中之一。在发达国家，日常肉类和动物制品的消耗对全球环境、公众健康、世界食品安全以及动物福利都有显著影响。这一问题非常严重，为了有效地解决这类问题，政府必须参与其中。本章讨论了根特市的案例，这是世界上第一个官方推动居民参与素食日活动的城市。或许也是第一次由政府（当地政府）对居民饮食进行结构性调整。

关键词：素食，减少肉类食物消耗，可持续性，食物，社区

16.1　背景和理论

地球上的人口对肉类和其他动物制品有巨大的需求。到2050年，预计世界人口数量将达到90亿，对这类产品的需求量则会翻倍。肉类和其他动物制品的高消耗有以下四个方面的严重影响：

- 环境：畜牧业的发展有相当大的环境成本。

联合国粮食与农业组织（FAO）表示：

> 无论是在地方范畴还是全球范畴，对环境影响最为严重的因素中，畜牧业"名列前茅"。要想解决土地退化、气候变化、大气污染、水资源缺乏、水污染以及生物多样性减少等问题，主要的政策焦点应该放在畜牧业上。（施泰因费尔德等Steinfeld et al.，2006：xx）.

- 健康：动物制品的高消耗在某种程度上提高了一些疾病患病风险，如心血管疾病、肥胖、糖尿病和几种癌症。在许多发达国家，医疗费用已经入不敷出，这种医疗方式也已经难以为继。预防类似的慢性疾病迫在眉睫。
- 饥饿：现在，全球约有10亿人正遭受着饥饿和营养不良的困扰，而与此同时，世界上40%的谷物转化成肉制品。对肉类的巨大需求降低了对贫困人口的谷物供给，也降低了农业用地的利用率。
- 动物福利：民众对廉价动物制品的需求使得生产者降低了饲养的环境标准（也就是所谓的"工厂化饲养"），这就势必引发道德问题。

上述所有的观点都指向一个方向，那就是要减少肉类食物的消耗。但是，应该如何通过可持续的、动物友好型的发展来获得健康和实惠的食物？面对这一问题，大家的意见出现了分歧。一部分专家（尤其是畜牧业领域的专家）认为，唯一的解决办法就是发展更为集约的畜牧业并使用创新科技，如基因改造技术等。另一阵营的学者则认为，这种发展方式只会加剧问题，甚至还会引起更深层的动物福利问题，最终只会是用新问题取代老问题。

在此，本文支持第二种观点，并认为，西方国家需要转变饮食习惯，肉类和其他动物制品不应该再是日常饮食的主要部分。在发展中国家对肉制品的消耗还在不断增加的时候，这种转变具有重大意义。减少肉制品和其他动物制品的消耗能够帮助建立

一个不会对地球健康产生消极影响的食物生产体系，此外还有助于公共健康和动物福利。

然而，饮食习惯是很难改变的。在大多数西方国家，动物制品在饮食中占据了主要地位。如果询问西欧人是否知道传统饮食中的素食菜品，大多数人的答案都是否定的。但是，在一些非西方国家和受西方文化影响较小的国家，情况则有所不同。例如，在印度、墨西哥、摩洛哥、泰国、印度尼西亚、中东地区及其他菜系中，就有大量的素食菜品。因此，对这些非西方国家来说，不应该将肉食作为生活质量提高的标志，也无需盲目效仿西方那种无肉不欢的饮食习惯。同时，西方国家则应该从多方面鼓励民众主动选择素食习惯和素食产品。当然，要打破已有的饮食习惯、改变消费者的饮食行为，一个成熟健全的战略计划也是必要的。

从这一简洁的回顾中可以清晰地看出，动物制品所带来的影响既是个人和社区范畴的问题，也是国家和国际范畴的问题。问题和解决方法均同时存在于供给方和需求方，既需要关注预防方法，也需要寻找解决方法。这些方法涵盖了实用和道德两个层面，涉及到社会学、心理学、经济学、生物学、营养学、国际政治学、哲学、农学、健康经济学及许多其他领域。这个问题十分复杂，解决之道则必须是综合性的，涉及从生产到消费的所有环节。在此过程中，政府是必不可少的合作伙伴。同时，公众活动、管理条例、税收、补贴以及其他类似手段也能够发挥重要的作用。

16.2 肉类食物和政治：与政府部门合作

直到现在，政府仍然没有对肉类食物的高生产量和高消耗给予足够的关注，这主要是由于认知、经济考量以及自由主义态度3个方面的原因。

16.2.1 缺乏认知

对动物制品和可持续发展之间关系的关注是近几年才有的现象。尽管环境问题已经广为人知，但仅仅是在近几年，特别是在2006年世界粮农组织发表了题为《畜牧业的巨大阴影》的报告之后，畜牧业才与气候、土地沙漠化、水土流失、森林采伐等问题联系起来。但是，对该问题的认知仍然远远不足。比利时佛兰德斯地区1850名居民的调查结果表明，只有略超过一半的人意识到肉类生产对环境的负面影响。[①]

在生物多样性年（2010），比利时政府的出版物中几乎没有任何关乎此类问题的内容。虽然动物制品（尤其是肉类）的高消耗带来的负面影响被越来越多地提及并宣传，但是这种饮食方式还没有受到像吸烟一样的指责。考虑到动物制品的综合影响，可能会有人认为反对动物制品的高消耗要比反对吸烟更有必要。

① 调查由EVA vzw、根特市和布鲁塞尔市委托IVOX于2011年三月完成。

如今，开着SUV去附近街角的面包店采购或许会被认为是一种反社会的行为，而肉类食品的高消耗却没有受到这样的舆论指责。这或许是由于肉类的大部分环境成本是隐形的：一方面，目前大众并没有得到足够的相关信息；另一方面，相比汽车来说，肉类生产时的碳排放量及对化石燃料的使用要隐蔽的多，生产喂养动物的饲料时也存在类似的情况。

16.2.2　经济和既得利益

动物生产部门涉及的是数十亿欧元的市场以及成千上万的员工。一旦民众的饮食习惯发生重大改变将会对该领域造成不可估量的经济影响，这是任何政府都极力避免的状况。更不用说，肉类生产过程中的经济利益相关者不愿意看到肉类食物消耗量的减少，他们会使用各种营销手段继续宣传肉类产品，加大游说力度。美国甚至出台了“食品诋毁法案”，这使得食物生产者可以轻易以诽谤的名义起诉他们的批评者。[①]

16.2.3　自由主义态度

在面对肉类食物问题时，政府往往采用“极端自由主义态度”。也就是说，政府并不想干涉消费者的饮食，允许其进行自由选择，哪怕消费者的选择会带来严重的负面影响。在这个问题上，自由主义的观点仅仅是“建议”人们能够减少肉类消耗并寄希望于完全的自愿参与。实际上，政府并非从不干涉饮食选择：已有公共部门制定调控措施以控制民众摄入高盐和高糖。但肉类似乎是一个十分敏感、政客们均不敢涉足的领域。这种政府所持有的自由主义态度简单来说就是：人们想吃肉，尽管这种行为或许会带来危害，但这是他们想要的。

16.3　根特市的素食日：当地政府开始介入

返回到案例分析中，比利时根特市的每周四素食日运动最初由一个非政府组织发起的，与其他关注减少肉类消耗的活动不同的是，该运动有政府的支持和参与。

与保罗·麦卡特尼爵士发起的周一无肉日运动[②]类似，每周四素食日运动鼓励人们一周吃一天素食[③]。这项运动由比利时的非政府组织EVA发起，EVA成立于2000年，该组织旨在宣传不吃肉或者少吃肉的益处。这也是比利时唯一一个专注于这个领域的组织，拥有4500个会员和五位常设工作人员，还有大批志愿者。

位于比利时北部的根特市拥有约24万人口，每四个人中就有一个是学生。这是一个充满生机与活力的城市，是比利时绿化最好、发展最快的城镇。环境和社会事务议员

---

① 详见 http://cspinet.org/foodspeak/laws/existlaw.htm.

② http://www.supportmfm.org.

③ 需要说明，“无肉”、“少肉”与“素食”的内涵不同。无肉、少肉不排除鱼或鱼肉制品，而素食则排除。

汤姆巴尔萨泽（Tom Balthazar）（SPA，社会党）是该运动的政府方面负责人，他是城市执行委员会成员，主要负责健康、环境、国际发展和动物福利等领域。根特市有12家素食餐馆，人均素食餐馆占有率超过已知的其他西方城市。

在2009年5月13日的启动式上，巴尔萨泽议员宣布周四素食日正式启动。该仪式在当地的蔬菜市场举行，以便召集尽可能多的人们参与这项活动。约有600人来到市场加入周四素食日的誓师仪式，承诺自身会遵守这一约定。作为激励，他们每人都收到了装满产品的购物包、食谱小册子、围裙等回馈礼物。他们能够品尝素食食物，学习素食烹饪，还参与到素食游戏环节，通过各种方式获得更多信息。

在运动的启动阶段，根特市发放了约一万份印有素食餐馆地图的地方报纸。地图上标示了大约一百家提供特色素食的餐馆，还提供了该运动的一些背景信息。同时，EVA还准备了“厨师素食手册”，向餐馆厨师们详细介绍了如何在菜单中加入素食菜品，并提供了很多菜谱。EVA向根特市的餐馆分发了大约一千份这样的宣传册，并为厨师提供免费的素食菜肴烹饪课程。

10月1日，该运动在根特市的35个学校中开展。这些学校总共有11000名学生，其中3000名学生每天都会在学校吃一顿热餐。由两名参与该运动的议员签署的信件派送到每位家长的手中，并为每位想要参与该运动的家长准备了宣传手册。EVA以及来自不同城市的成员共聚一堂，与学校中心食堂共同讨论制定可能是该国最大的素食菜品订单。为了支持该运动，中心食堂还特地研制出了许多新的素食菜品。

以下是一些素食日运动的特点：

具体：该运动的呼吁和名称都十分清晰；

积极：该运动强调的是替代性及其效益，而非对肉类的控制；

可行：一天不吃肉/鱼是每个人都能做到的事情（40年前，肉还属于奢侈品）；

充满挑战又十分有趣；

个体能动性：消费者能够通过一己之力为环境和个人健康做出贡献；

深入人心（sticky）：该理念具有很强的黏性，很容易被人记住。

在活动开展前夜（2009年5月），EVA通过国际媒体发布了活动消息，BBC、CNN、时代杂志以及全世界范围内的国际媒体对此进行了广泛报道，远远超出了主办方的预期。

无论是当地居民还是公共机构，基本都对该运动做出了积极的回应。民众对于肉类问题的认知和关注正在逐渐增强（尤其受到全球气候变暖的影响），已经有很多人开始意识到的确需要采取一些措施，当然，将这个问题提上议程也是需要极大的政治勇气的。根特市的居民得知，如果全民都能全年参与到这项运动中，减少的碳排放相当于每年停开18,000辆机动车。在学校中，尽管照常提供肉食，但约有94%的学生仍然在周四选择了素食。2011年3月的民意调查显示，根特市对这项运动的关注度达到了70%。约有25%或60000人每个月至少会参与几次素食日活动。

16.4 经验

显然，政府不能强制此类运动的开展。除了教育议员决定在整个城市的学校中推广该运动外，就没有任何其他涉及该运动的强制性法令，一切都基于消费者个人意识的提升。

降低素食日活动的参与门槛很重要，有一些本来不准备参与活动的人至少开始考虑这件事情了。当然，也会存在反对声音，一些游说活动出现在了关于该运动的城市议会会议上。例如，在比利时鲁文市的素食日提议会议上，佛兰德农民联盟当场分发了免费的肉类菜品。直到日前，鲁文市都没有支持该运动。

交流也是非常重要的。根特市教育部议员鲁迪斯诺克（Rudy Snoeck）曾说，该城市的学校都“应该”参与到这项运动中。尽管已经一再强调没有任何强制性实施措施，但是该市的主要新闻媒体却在头版报道中称根特市“强迫”学生食用素餐。看起来，人们极力捍卫食用肉制品的权利，他们希望想吃就吃，爱吃多少吃多少。

EVA清楚地意识到与政府的合作非常重要并且收获颇丰。该运动是城市营销的成功案例，根特市历史中心的图片出现在全世界各大网站和报纸上。然而，大量的媒体报道也有可能掩盖这一事实：对任何政府来说，参与减少肉类食物的运动并不常见。确实，这需要一定的政治勇气。

鉴于人们观念的改变以及减少肉类消耗支持者的日渐增长，政府应该更加积极地在民众中推动减少肉类食物消耗。实际上，近日，不同国家不同级别的一些政府已经开始发起这个导向的行动。

在全世界范围内，各级政府都开始鼓励他们的居民通过做出一种简单的选择——减少动物制品消耗——来对抗气候变化，提高健康水平。在美国、瑞典、英国及更多的国家中，政府逐渐明白改善环境、提高人类健康水平以及动物福利最有效的方法之一就在餐叉上。美国辛辛那提市正在努力说服民众通过减少食用肉类来应对气候变暖，并将其作为绿色辛辛那提计划的一部分。[①]该计划的目标是到2012年，用新鲜果蔬代替部分肉类，减少人均肉类消耗量。芝加哥健康专员特里梅森博士（Dr. Terry Mason）鼓励居民食用一个月的素食。[②]美国塔科马帕克（马里兰州）议会一致通过声明，鼓励居民参与塔科马帕克素食周活动，“选择食用素食来保护地球、人类健康和动物，探索更多样的素食菜品烹饪方法”。[③]英国环境、食物与乡村事务部（DEFRA）将减少动物制品消耗作为降低食物环境影响的有效方法。[④]瑞

① http://ecolocalizer.com/2009/02/03/cincinatti-urges-residents-to-eat-less-meat/.

② http://www.healthierchicago-org/index.asp?Type=B_BASIC&SEC=%7B024063B9-C3F2-4F86-A465-9FDDE19DB308%7D.

③ http://www.reuters.com/article/2009/04/21/idUS186311+21-Apr-2009+PRN20090421.

④ http://www.reuters.com/article/2007/05/30/us-britain-methane-env-idUSPAR05104120070530.

典政府鼓励民众通过减少肉类食品消耗来降低温室气体排放。[①]根特市的案例也启发了其他城市采取类似的举措，如比利时的哈瑟尔特市、梅赫伦市和欧本市，以及一些国际城市，如圣保罗、开普敦、圣弗朗西斯科、华盛顿特区、不莱梅等。

对政府来说，想要推动民众减少肉类制品的消耗，相对简单的方法就是“选择架构”。选择架构（其同义词是选择编辑和选择助推）是指通过给出选择项来影响人的决策（例如消费行为决策）。美国经济学家卡斯桑斯坦（Cass Sunstein）和理查德泰勒（Richard Thaler）在他们的《助推：优化关于健康、财富和幸福的决策》一书中提到了选择架构这一理论。例如，在自助餐厅，健康食品会被摆在最显眼的位置以鼓励顾客选取。很显然，这样的选择编辑行为已经存在数十年了，尤其是在超市中。利用通道的布局、关键货物的摆放位置等方法，超市试图让顾客尽可能多地消费。对于政府来说，面临着两个极端，极端放纵和极端限制自由选择，推送任何服务、产品、习惯或者行为都是政府不可涉足的雷区，选择架构或许是一个两者之间的折中方案。例如，更改“默认选项”即是一种选择架构：在根特的案例中，原本肉食菜品是默认选项，其他素食消费者需要特别订购素食菜品；而在素食日运动开展后，素食菜品成为了周四学校食堂的默认选项，如果学生想要食用肉食当然也可以，但就必须付出额外的精力进行特别订购。

泰勒和桑斯坦构建了看似矛盾的自由家长主义理论。自由家长主义者想要捍卫自由，但同时也发现“如果为了使人们寿命更长、生活更健康更美好，那么试图影响人们的行为”也是合理的（泰勒Thaler和桑斯坦Sunstein，2009：5）。

选择架构不同于限制选择。[②]但是，如果相信美国心理学家巴里施瓦茨（Barry Schwartz）的话，那么就有理由相信，实际上限制选择或许会对社会发展有好处。在他的《选择的悖论》一书中，有一篇题为《为何多即是少》的章节（2004），巴里施瓦茨认为在我们的社会中，自由选择已然成为“好事多了也变成坏事”的典型例子。排除一些选项能够减少生活中的压力、焦虑和忙碌。显然，巴里施瓦茨并不是在呼吁剥夺选择自由权，而是想研究选择丰富度的临界点，到达这一临界点后，繁多的选择就会折磨人类而非解放人类。

16.5 未来的路

关于吃什么和不吃什么，政府已经给出了明确的建议：在政府发布的食物指南里，有关于最少和最多营养摄取量的内容。当政

① http://www.euractive.com/en/cap/sweden-promotes-climate-fridendly-food-choices/article-183349.

② 很难找到关于选择架构/编辑/助推的官方定义，但是泰勒和桑斯坦（2009）给出了明确的“助推”定义：助推是指选择架构的一方面，用一种可预测的方式去改变人们的行为，而不是禁止某些选项或剧烈改变人们的经验动机……助推不是命令。将水果放在齐眼高度算是一种助推，但是取缔垃圾食品则不算是助推。

府不想或者不愿阻止肉类食物的高消耗时，实际上就已经涉足于食物选择的领域了。很显然，这个和肉类以及动物制品息息相关的问题属于一个非常敏感的话题。更糟糕的是，政府没有告诫人们远离不健康食物或有损环境的食物，而与此同时，肉类食物生产商、制造商和超市正在花重金吸引人们购买那些对健康和环境都有危害的产品。实际上，在肉类食物的挑战面前，政府能够通过立法管制、补贴以及对有损健康和环境的产品收税等手段进行积极应对，同时提升公众对这类问题的意识和认知。

参考文献

Schwartz., B., 2004. The paradox of choice. Why more is less. Harper Collins, New York, NY, USA, 284 pp.

Steinfeld, H., Gerber, P., Wassenaar, T., Castel, V., Rosales, M. and De Haan C., 2006. Livestock's long shadow：Environmental issues and options. FAO, Rome, Italy.

Thaler, R. and Sunstein, C., 2009. Nudge. Improving decisions about health and happiness. Penguin Books, London, UK, 324 pp.

第17章

从社区行动到公共政策的艰难之路：森德维尔社区农业的十五年

劳拉·戴维斯[1]（Laura Davis）
约翰·米德尔顿[2,3]（John Middleton）
1英国，理想的一切
2英国，森德维尔基本保健基金会
3英国，伯明翰大学公共健康系
laura_davis@sandwell.gov.uk.

摘要：2008年，英国森德维尔地区公共健康主管批准了一项社区农业计划，对于致力于建设可持续食物系统规划以及实现“森德维尔食物政策”目标的相关项目来说，这是一个示范案例。森德维尔食物政策旨在通过开展城市环境中的食物种植和园艺活动，明确环境再生和健康再生、环境不公和健康不公之间的联系。“种植健康社区2008–2012”是森德维尔的一项社区农业计划（以下简称“计划”），在已荒废的土地上种植食物、开展治疗性园艺，试图通过这种混合利用方式修复土地。这项计划也是森德维尔社区行动和公共健康政策的关键部分。它说明了通过社区发展进行社会创新的优势；展示了通过“非理性”路径形成政策的可能性；证明了普通人的价值——普通人和专家有同样的权利来决定什么是有用的。然而，这条不同寻常的道路并不是一帆风顺的，框架、设计、沟通效率、可行性、相关性、公共健康预防和健康不公干预等方面都是极端复杂的。这一章节描述了森德维尔在这条道路上的艰难旅程，总结了对成功和挑战的思考和认知，评估了这种方法为居民健康和福祉所带来的深远影响。简单来说，这是一个应该由社区活动家和公共部门专家共同面对的挑战。

关键词：变革，公共健康，地方干预，健康不公

17.1　简介

熟悉雷·鲍森（Pay Pawson）和安纳特·博兹（Annette Boaz）工作的人会注意到，这章的题目修改自他们的论文“从证据到政策的艰难之路：五条路径的对比”（Pawson and Boaz，2005）。论文中他们引用基特森（Kitson）和他同伴们的观点（基特森Kitson et al.，1998）：在讨论用于制定政策和开展实践的证据时，应该聚焦于证据的层次和属性，这又必须以理解环境为前提，只有在环境中，才能对证据进行回顾和概览。

这一点跟本文的研究团队在森德维尔的工作经历产生了共鸣：团队基于对健康不公和“空间”之间关系的理解，与森德维尔公共健康组织一起，寻找能够用于制定健康政策的依据，探索应对健康不公问题的方法。这开启了一个长期的成功的社区农业计划——一个由社区主导的项目，在复合的环境及社会维度中，促进居民健康和福利，应对健康不公。

本文记录了从社会食物行动到本地政策和策略的发展过程，这是一段时而精彩时而艰辛的旅程。其中的成功经验和挑战推动了森德维尔食物政策（2005）的关键目标得以实施，并在《种植健康社区：森德维尔社区农业计划2008—2012（戴维斯Davis，2008）》一文中得以体现。在此笔者将描述15年来森德维尔的改革、获奖和社区农业计划，并分享在这过程中的思考：基于第三部门、社区主导项目的多功能复合维度，应该如何确定恰当的、有意义的监管和评估方式。

17.2　森德维尔的生与死

森德维尔地区的历史可追溯至18世纪，

这里曾是工业革命时期的熔炉和铸造厂。煤炭、金属以及以燃煤蒸汽机为代表的技术革新，塑造了西米德兰兹郡“黑色工业区（即黑乡）”的经济社会状态，森德维尔的6个城镇即是“黑乡”中的一部分。这里一度遍布大型金属和化工工厂，包括最早的工业化规模的冶炼高炉、贝尔井和矿井，露天煤矿中出产的煤炭驱动了这些工厂（米德尔顿Middleton，1989）。如今，森德维尔是“黑乡”中苦苦挣扎的后工业化区域。它已经完全城市化，有不到30万的人口。应该说，这一地区自始至终处于被剥夺的状态。尽管一些复兴计划带来了部分改善，这一地区依然饱受恶劣环境之苦。一些矿渣堆连同一些破败房屋已经消失，但是大部分仍有待清理。国家测绘项目曾要求森德维尔在地图上标示出污染的土地和垃圾填埋场的范围，地区议会最终决定将整个地区都纳入污染红线内。工业污染、废弃物、垃圾填埋场、经济和社会剥夺是过去200年不可持续发展带来的后遗症。这个地区的失业率在英格兰居高不下，尤其在年轻人中，1/3是失业人口。森德维尔的经济和社会剥夺状况在英国名列第10（森德维尔调查报告，2008），17%左右的人口由黑人和其他少数民族组成。

与英国其他健康条件较好的地区相比，森德维尔地区的人们寿命较短或常年忍受病痛折磨。再重申一遍，尽管近些年有所改善，森德维尔地区以及西米德兰兹郡还是与英国其他地区有很大差距。尤其是男性的平均寿命仍然相对较短。健康杀手主要是心血管疾病、癌症、糖尿病、肺病以及酗酒引发的疾病。森德维尔的公共健康年度报告显示（米德尔顿Middleton，2010），目前有证据表明这一趋势正趋于稳定。

17.3　20世纪90年代：至关重要的十年

毫无疑问，森德维尔面临严峻挑战，不过或许也恰恰是因为这样，当地公共部门和第三部门的关键人员长期以来都有个共同的梦想，那就是为市民创造更加绿色、更加丰产的环境。早在1989年，公共健康部门（DPH）新负责人在第一份关于森德维尔地区的报告中阐述了以下观点，公共健康部门应该与志愿者组织及社区团体紧密合作，探索建立本地食物合作平台以及将社区农园/份地以用于蔬菜生产的可行性（米德尔顿Middleton，1989）。1996年，DPH开展了一项关于社区农业的可行性研究，在第八次公共健康年度报告《再造健康：挑战还是运气?》中，DPH注意到“森德维尔还远不足以成为英格兰花园，但这并不妨碍我们为自己提供更多食物”（米德尔顿Middleton，1996：141）。

20世纪90年代是食物和健康饮食运动发展最关键的十年，无论是在主流食物领域还是在替代性食物领域（默科特Murcott，1998）。在这十年中，森德维尔基本保健基金会（PCT）雇佣了一位食物政策顾问，以发展、资助、推广健康饮食和活动项目。这十年也见证了森德维尔的社区农业和其他食物政策从“替代性”地位到主导地位的发展进程，这使得食物问题得以被纳入社会福利、社会公平、社会政策和可持续发展的范畴（杜皮伊Du Puis和古德曼Goodman，

2005；科克等 Koc et al.，1999）。

1998年，用于实践社区农业可行性研究的资金到位。森德维尔以很高的代价彻底调研了12个区域，确定该区域内的垃圾填埋场和多种污染物，评估其用于社区农业的适用性、可达性、安全性和其他相关问题。最终，只有3个区域入选，包括两处已经被遗弃的份地和一处20层塔楼的遗址。实际上，这个塔楼废弃基地是个非常棘手且被污染的区域，该处之所以入选并不是因为土地质量，而是由于这里接近新建成的“自由生活中心”，该中心是“理想的一切”的总部以及社区农业计划的大本营。

只有这个较小的高层建筑废弃基地坐落在指定的修复区域内，并且满足投资者的资助条件。其他两处稍大一些的份地并不在指定修复区域，而且并不适用于那些投资者们提出的主流开发“主题”。复兴规划和主题规划往往会被大型项目主导，利用一些应对失业或环境退化的“主题”来吸引外来投资。而那些居住社区内的合适土地，以及居民对安全、可达的绿色空间的需求，对种植食物、开展园艺活动、健康饮食活动的渴望，通常还没有被提上主流开发者的日程。因此，必须为资金的使用做出选择，是遵从资金导向，还是选择那些拥有理想社区和土地条件、有助于社区农业成功实施的地方。团队最终选择了后者，建立在社区的基础上，以公共健康为导向。这也意味着，要确保资金的使用能够满足本地居民的需求，这是团队必须要面对的挑战。

1999–2000年，这项刚起动的计划被纳入当地慈善组织“理想的一切”旗下。作为一个正式的慈善组织，“理想的一切”有能力为该计划提供一切必要的法律、经济和管理帮助，以使其成为一个成功的项目。该计划包括两个优先复兴和发展的区域，一个是高层建筑废弃基地（现在成为Malthouse农园），另一个则是一块3英亩的曾经的份地农园，位于Bristnall社区中心（现在是Salop Drive 市场农园）；第三个更大的区域目前还处于刚刚起步的阶段。其中，这个3英亩的被污染的份地距离当地的标志建筑“自由生活中心”大约2英里，这是一个最有助于社区主导方式成功的地方。团队把原来独立的两个区域统一到“种植机会”项目的平台上，在这之后团队得到了一些适度的政治支持和部分启动基金。

准确地说，“理想的一切”是一个服务失能人群或弱势人群的用户主导型组织，它建立在社会学意义上的“失能”语境框架中（奥利弗Oliver，1990）。社会学意义中的“失能”意味着：在一个特定的社会中，系统障碍、负面情绪和社会排斥是界定失能与否的根本要素。尽管某些人存在身体、感官、智力或者精神上的异常，这种异常有时可能会导致个体机能受限，但这不会必然导致失能，除非社会对此不予考虑或者人们忽略了个体之间的差异。这种界定的源起可以追溯到20世纪60年代的失能人士公民权及人权运动，这一特殊的定义则出现在20世纪80年代的英国。在这种界定的框架中，一个强大的、关注健康不公、饮食不良和运动不足问题的本地公共健康机构，使用用户主导的工作方法，就可以让本地居民和组织在合作平台中共同工作，实现梦想。

17.4 实现梦想

世纪的更迭开启了一段充满激情的时光，在那段时间，复兴项目的建设进入了社区咨询、社区能力建设及社区参与的阶段。对于那些已经习惯于恶劣环境、生活窘困、健康条件不佳的人来说，展望“更美好的未来”并不那么容易。看看土地上遍布的垃圾，乱飞的苍蝇就能知道他们需要什么或者什么能够实现，那就是具有生产性、可达性、友好及安全的农园空间。当然，期望志愿者拿起铲子和铁锹去清理这片有污染危险的土地也并不合理。

社区农业小组制定了一个为期两年的社区能力建设和社区参与计划，为社区居民提供各种不同形式的信息，并在合适的时间组织召开各类会议和工作坊。社区农业小组会组织出游活动，把社区居民从城市带到乡村、市集和农园中，激发居民们提出具有可行性的方案；由于很多人认为该项目会招致小偷或者蓄意破坏，小组也会组织社区安全工作坊，以应对人们对安全问题的担忧。

在这段时间内，小组始终在募集资金。基于森德维尔对社区农业的需求和可行性的初步分析数据，小组谨慎地采用了一定程度的商业运作模式。Malthouse农园在一当地复兴计划中赢得了一笔丰厚的奖金，“理想的一切”组织则利用其中的一小部分钱启动了Salop Drive 市场农园项目。在启动过程中，这片区域得到了初步清理，苍蝇乱飞的垃圾堆经过填埋后形成条状土堆，作为绿篱的栽植基质。这些工作能够调动社区居民的积极性，让他们看到一些阶段性的成就。只有在完成这些初步的清理工作后，才能发现这片污染区域的实质问题，并制定相应的复兴规划、确定建设要素。

在“理想的一切”支持下，当地居民基于使用者主导的框架成立了“农园咨询组”（现在成为“健康福利理事会”）。该咨询组发起了一系列可参与的规划和设计实践，在这过程中，当地居民可以提出自己在农园中想看到什么，想怎样使用农园以及需要怎样的帮助。基于这一过程的结果，设计师制定了总体规划，并得到了规划许可和落实。

从2001年起，在社区参与制定的规划基础上，“理想的一切”组织在缺乏食物的Bristnall社区的中心地带建立了专业规范的Salop Drive有机市场农园，与此同时，将Malthouse农园建设为一个专门的园艺疗养园。在这些有特殊问题的土地上，“理想的一切”进行了一系列基础设施建设：接通能源和水（包括一个加压的灌溉系统以确保室外农作物的生长）、铺设排水沟、修建房屋、建设温室和塑料大棚、更新土壤、有机垃圾堆肥等。

组织募集的资金投资于社区农业从业者团队的建设上，团队成员或者成为经验丰富的老种植者的学徒，或者通过更专业的训练获得园艺疗养的认证和相关技能的认可。到2003年，这里已经成为一个充满生机的公共空间，团队成员的技能发展也已经走上正轨。

尽管组织和一些议员建立了良好的关系，尤其是在规划和休闲服务部门，但是总体上，议会漠视甚至轻视这些项目。这些项目必须依赖于自身的能力或者资产，直到今天，即使议会已经给予了项目最大程度的政治和运作支持，仍然没有资金直接来源于森德维尔议会。几乎所有用于重要基础设施的资金都由“理想的一切”组织从该地区以外募集。在过去的四年里，主要的官方支持来自公共卫生部门，该部门为11位全职或者兼职员工发放工资。但是现在这种关系正受到健康服务部门重组的威胁。

17.5　对当地政策和战略的贡献

2005年，作为森德维尔食物政策组委会的成员，社区农业团队参与到森德维尔食物政策的制定中（2005）。该政策的目标是促进人口健康，解决健康不平等问题。它致力于创建食物和健康之间的关联，关注经济和环境的复兴，以可持续发展为目标。本文中的社区农业项目即是该政策最成功的代表。该政策的第八个目标寻求“将食物种植的社会、健康和教育效益与森德维尔的主流社会服务整合在一起。分享Salop Drive市场农园现有的成功经验，通过其他社区农业项目、份地农园、学校和住宅农园扩展城市农业的机会。”

2007年下半年，森德维尔公共卫生部门开始着手制定一项社区农业战略。在访谈或工作坊活动中，来自森德维尔不同社区、不同背景、不同年龄的人被问到原来学过什么知识、对未来的观点是什么、重要的事情是什么、机会是什么、如何克服目前的困难。最终形成的战略描绘了以下的美好图景：

社区农业对提高居民幸福感和生活质量有积极贡献，这些贡献包括改善居民身体健康和心灵健康、鼓励市民参与社区建设、增加社区凝聚力；社区农业有助于个人和社区能力的提升；通过将新的或者尚未充分利用的区域改造为可达性好、管理完善、安全的生产性的绿色空间，为各种年龄各种背景的人提供活动和服务，社区农业能够提升环境质量。通过公众和专业人员的共同努力，借助食物和农园把公共健康、社会融合和可持续发展的目标整合在一起，能够创造一种有助于公共健康的“全新生活方式”，并帮助解决健康不平等、社会不公正等问题。

基于15年的社区农业活动经验（将废弃土地改造为多用途的食物种植和园艺疗养空间），“种植健康社区：森德维尔的社区农业战略”得以出台。

17.6　对环境和社区居民的贡献

10年间，农园由当地居民管理和使用，园艺治疗师和农园志愿者均参与其中。Salop Drive有机市场农园按照4磅的价格，每周为附近80家左右的住户以及社区咖啡店和餐饮店提供一个新鲜的季节性食材包。这个农园以生态农业的方式运作，以适应高密度小规模的生产现状。Salop Drive有机市场农园的功能非常多元，它不仅可以为给园艺爱好者提供不同尺寸的份地，同时也是社区农园、儿童乐园、苗圃、包装分拣场地和户外课堂。

农园为森德维尔不同社区的个人或组织提供服务和专业课程。“理想的一切”组织与居民们密切合作，关注残疾人和弱势群体，帮助他们预防疾病、恢复健康、增强身心健康以及提高生活质量。在这个多功能的区域内，管理者们尽可能创造安全、友好、没有歧视的氛围，安排各种系统课程、非正式的社会活动以及庆典活动，以便使所有人都能够参与到种植和健康饮食中。这些项目包括多个领域的各种活动，具有很大的包容性，能够满足各个年龄段、各类人群的需求，并可以作为学前或学龄儿童的课内或课外活动。

社区农业为城市中的贫困社区所带来的环境效益是显而易见的。以前臭名昭著的高层公寓社区，现在成为高品质、安全、管理良好、舒适宜居的绿色空间。这种复合的生态农业方法以及特定的保护策略（保护本地物种、鸟屋、蜂巢等等）有助于改善城市恶劣环境地区的生物多样性。消极空间的修复和改善会在整个社区中产生“涟漪效应”，有助于终止并扭转环境和社会衰退的局面。近期有大量的研究论述了绿色空间和新鲜食物的综合效益，以及对人们健康和幸福的影响。

在社区农业的运作过程中，研究团队一直在收集定性和定量的数据。例如，利用内部数据库，研究团队可以了解有多少人、什么类型的人参与到项目中，以及他们的参与方式。为了了解社区农业项目对人们设定和实现个人目标、改善和保持身体健康的影响程度，团队收集了定性的数据并进行了更直接的满意度调查、消费者反馈和评估，这些数据显示人们非常支持社区农业项目。在调查问卷和评估中，以下社会效益被频繁提及：克服社会隔离感、结识新朋友、自我价值实现、回馈社区、技能提升、更自信、更快乐健康。

然而，要想用一种可验证核实的方法来向政府部门的相关人员“证实”这些社会效益（如减少健康不平等、塑造更有凝聚力的社区等）则依然存在困难。证实项目进展是相对比较容易的，如是否成功实现了战略目标或是否沿着正确的方向；但要证实项目对公共健康和其他更广泛的社会目标有重要贡献则非常困难，如是否有助于解决肥胖问题，是否有助于减少心血管疾病、癌症、中风和糖尿病等慢性病，或者是否有助于让来自不同背景的人们在社区内和谐相处。

对社区农业实践者来说，与系统地收集、分析数据相比，最困难的还是证实活动和服务的价值，向政府部门相关人员和政策制定者们展示这些价值背后的经济利益，以便争取更为有利的管治和政策环境。这正是目前研究团队与从事公共健康事业的同事们所面临的挑战。

17.7　“评估”该如何进行？

在过去，因为不同的资助者会随机提出各种“评估”（评估与监管经常被混淆）要求，这导致评估方法经常会发生改变。

现在，社区农业项目已经开展了12年，是时候进行“食物和营养干预”评估了。“食物和营养干预”这一概念由比尔德沃夫（Beardsworth）和凯尔（Keil）在1997年提出，他们指出，尽管饮食和健康之间的关联是生活中毋庸置疑的事实，但这些联系是非常微妙复杂的，很难确定它们之间清晰的、有明确因果逻辑的关系，这是食物和营养干预评估研究的关键挑战。在社区的背景中，这一挑战尤为重要，绝难忽视。

由于与政策、实践和空间要素均有关联，布莱克曼认为食物和健康改善议题是个“棘手”问题，不是因为其复杂性而是因为其“复合性”（布莱克曼Blackman，2006）。这意味着食物干预项目的设计、实施和评估必须是系统性的。因此，在反复推导过程中对概念和资料持续更新的跨学科方法可能是最有效的评估方式。

社区农业团队认为，应该利用现有的有效的方法，专注于“幸福感”和生活质量评估，并总结了现有不同的评估方法的优势和劣势。目前已有的大部分的评估方法，如欧洲五维健康量表（EQ5）（EuroQolGroup，1990），华威—爱丁堡幸福量表（WEMWBS）（苏格兰健康组织，2010），ASCOT法（PPSRU，2010）以及其他的方法，要么过于医疗化，要么过于个体化或者两者兼而有之；WHOQOL生存质量测定量表（2010）则是一个涉及环境领域的较综合的评估框架。然而，这些方法中没有任何一项完全适用于团队所期望的评估工作。

近期，英国国立健康服务部门下辖的国立健康研究协会提出了一个议案，呼吁开展一项委托研究项目以探索社区农业在改善健康和幸福方面的效益以及成本效益。这是社区农业实践者与卫生保健机构的高级研究员、华威大学的学者共同开展研究项目的好机会，该项目或许能够切实全面综合地评估社区农业对森得维尔地区居民健康和幸福的影响。如果社区农业团队能够成功竞标，赢得该项目的委托合同，将会有助于大家理解社区农业设施和服务在一系列重要领域的价值和作用，如体育活动、饮食习惯、精神健康的改善以及国家医疗服务系统的有效使用等。团队也会考虑社区农业对社会融合、社会关系、信心树立、技能学习的影响。即使团队没能投标成功，这次机会也能够帮助大家在未来实施更切实的评估框架，系统地评估社区农业的活动和服务。

寻找正确的评估方式，确定哪些是有效的，哪些是无效的，这需要基于英国公共健康机构对健康不平等和区域之间关系的理解，也需要符合英国的社会模式和以用户为主导的发展方式。然而，没有充足的资金支持以及投资者和专家们之间的分歧是最大的挑战。此外，对于从事提高人民健康幸福水平、预防疾病的社区活动家们和公共部门的专家们来说，在社区的背景中如何进行评估也是他们所面临的共同挑战。

研究团队的目标是确保森德维尔公共健康小组与专家、社区农业实践者和使用者的合作顺利进行，发展和实施一种能够经得起时间考验的、能够为不同的社区农业项目参与者使用的评估方法。尤为重要的是，这种评估方法应该全面关注人民的幸福，既要考虑到森德维尔地区的多样性和复杂性，还要考虑社区农业能够为社区和个人创造的多方面效益。

致谢

作者是伯明翰黑色乡村领导力合作社的成员，此机构由国立健康研究协会资助。本文仅代表作者个人观点。

参考资料

Beardsworth, A. and Keil, T., 1997. Sociology on the menu: an invitation to the study of food and society. Routledge, London, UK, 288pp.

Blackman, T., 2006. Placing Health: Neighbourhood renewal, health and complexity. Policy Press, Bristol, UK, 264pp.

Davis, L., 2008. Growing healthy communities: a community agriculture strategy for Sandwell 2008-12. Sandwell Primary Care Trust and Sandwell Metropolitan Borough Council, Sandwell, West Midlands, UK, 36pp.

Du Puis, E. and Goodman, D., 2005. Shall we go ‘home’ to eat>Towards a reflexive polities of localism. Journal of Rural Studies 21: 359-371.

EuroQol Group, 1990. EuroQol-a new facility for the measurement of health-related quality of life. Health Policy 16: 199-208.

Health Scotland. WEMWBS: The Warwick-Edinburgh mental well-being scale. Available at www. healthscotland. com/ documents/1467. aspx.

Kitson, A., Harvey, G. and McCormack, B., 1998. Enabling the implementation of evidence based practice: a conceptual framework. Quality in Healthcare 7: 149-158.

Koc, M., McRae. R., Mugeout, L. and Walsh, J., 1999. For hunger proof cities: sustainable urban food systems. International Development Research Centre, Ottowa, Canada, 238pp.

Middleton, J., 1989. Life and death in Sandwell: being the first annual report of the Director of Public Health in Sandwell of Sandwell Health Authority and an action plan for Health for All by the Year 2000. Sandwell Health Authority, Sandwell, West Midlands, UK.

Middleton, J., 1996. Regenerating health: a challenge or a lottery? The 8th Annual Report of the Director of Public Health. Sandwell Health Authority, Sandwell, West Midlands, UK.

Middleton, J., 2010. 5% for health: the 20th annual public health report for Sandwell. Sandwell Primary Care Trust, Sandwell, West Midlands, UK.

Murcott, A. (Ed.), 1998. The nation’s diet: The social science of food choice. Longman. London, UK, 400pp.

Oliver, M., 1990. The polities of disablement. MacMillan. London, UK, 152pp.

Pawson, R. and Boaz, A., 2005. The perilous road from evidence to policy: five journeys compared. Journal of Social Policy 34: 175-194.

PPSRU (Personal Social Services Research Unit), 2010. ASCOT: adult social care outcomes toolkit. Personal Social Services Research Unit, University of Kent, UK. Availble at www. pssru.ac.uk/ascot/index.php.

Research Sandwell, 2008. Indices of deprivation: Sandwell 2007. Briefing note 3. Available at www. researchsandwell. org. uk/research/briefingnotes/id_2007_briefing_note. pdf.

Sandwell PCT, 2005. Sandwell food policy. Sandwell Primary Care Trust, Sandwell, West Midlands, UK.

United Nations, 1992. Report of the United Nations conference on environment and development. Rio de Janeiro, 3-14 June 1992. Available at http://sedac.ciesin.ciesin.columbia.edu/entri/texts/a21/a21-06-human-health. html.

WHO Field Centre. WHOQOL (World Health Organisation Quality of Life Assessment) . Available at www.bath.ac.uk/whoqol/.

第18章

曼彻斯特本地食物运动的可持续发展之路

莱斯·莱维都[1]（Les Levidow）

凯特琳娜·萨瑞科都[2]（Katerina Psarikidou）

1英国开放大学

2英国兰卡斯特大学社会学系

L.levidow@open.ac.uk

摘要：在建设可持续的曼彻斯特过程中，某种程度上，环境和健康问题已经与更为广泛的农业食物策略相融合。州政府和慈善机构积极帮助居民获得新鲜、健康的食物，尤其是在“食物荒漠”地区。通过社区参与的方式，充分调动各类资源，吸引专家和志愿者的参与，为实现社会融合创造充足的社区空间。曼彻斯特农业食物网络缩短了食物供应链，建立了城市周边农业与城市消费者的直接联系，调动本地资源推动了城市农业发展。这种网络可以被视为传统农业食物链的补充和替代性选择。在曼彻斯特，食物再本地化能够帮助解决社会经济不平等和健康问题。尽管国家政策倡导食物再本地化，但实质性的支持却很少，在这种背景下，曼彻斯特农业食物活动与环境可持续发展、社会公平、健康社区发展等结合在一起，重建地方认知和社会关怀。尽管曼彻斯特本地食物运动取得了很大的成功，但传统农业食物链依然控制着宏观食物系统。在宏观食物系统中，社区食物活动是边缘化的角色，因此活动的参加者不得不商讨如何突破目前的限制。从2010起，英国政府开始实施紧缩政策，来自国家的支持进一步减少，因此，在本地食物运动中，社区参与对于整合资源变得更为重要。

关键词：本地食物，食物再本地化，食物荒漠，社区参与，曼彻斯特，永续设计

18.1　简介

“本地食物”对于建立生产者和消费者之间直接的联系有重要意义。通过这种方式，农业和食物已经成为复杂社会关系中的组成部分，而不再仅仅只是简单的市场交易和金融活动（埃尔伯瑞Ilbery和梅耶Maye，2005）。食物再本地化可以为大量的消费者创造小众市场，而不用挑战占主导的工业化农业系统（古德曼Godman，2004）。

作为“社会变革的种子”，本地食物运动有意识地应对社会不平等问题（尤其是传统食物链造成的不平等问题）。在这种语境中，“本地”的内涵可以理解为：

> ……基于日常生活社区，基于邻里共同参与生产和消费的道德经济组织。“本地”意味着能建立生产者和消费者之间相互帮助和信任的关系，省去隐藏在工业化食物链中的中间环节（艾伦等Allen et al. 2003：62，64）。

在英国，从20世纪90年代起，食物再本地化已成为风尚，这一定程度上归功于风起云涌的社会运动（如Sustain，2002）。一个政府咨询机构——科瑞委员会——建议通过把人们同食物生产重新联系在一起的方式恢复经济：“重新连接农业生产与食物工业；重新连接农业生产与销售以及食物链条的其他部分；重新连接食物链与乡村；重新连接消费者与食物以及食物的生产方式”（科瑞委员会Curry，2002：6）。该委员会推动短链本地食物和“地方食物”（即能在长距离供应链中保持稳定价格的特色地域食物）。在委员会看来，超市和食物加工厂是本地食物推广的主要渠道：“超市和加工厂与消费者有密切关系，同时懂得如何经营，因此农

民合作社可以与他们紧密合作。在推广本地食物的过程中，他们可以发挥各自的作用”（ibid. P. 17）。

一定程度上为了回应科瑞委员会的报告，相关政府部门设立了本地食物工作组。该工作组的报告中提及：

在国家或地区的公共政策层面上涉及本地食物的策略和框架非常少。尽管如此，本地食物部门以社区复兴、饮食结构改善、健康饮食推广、乡村地区经济支持以及城乡融合等为目标的项目依然成功地取得了公共资金的支持（DEFRA，2003a：iii）。

政府的确在资金上给予了支持：

在5年时间内（2003/2004年开始）投资5百万英镑支持地区食物部门的项目。该项目包括的一系列活动，主要集中在3个关键领域——以创建高效本地食物部门为目标的贸易发展、消费者意识提升及商业竞争（DEFRA，2006a：18）。

然而，该政策主要寄希望于本地机构和个体消费者，期望连锁超市能够推动本地食物发展。讽刺的是，超市一直被视为环境和健康问题的始作俑者，如今，超市则将确保一定比例的替代性食物作为补救措施。

18.2 案例研究方法

本文将阐述曼彻斯特的本地食物运动如何与健康和环境问题相融合。案例研究的基础数据来源于曼彻斯特组织、政策和实践的网络资料，包括：地区发展机构（NWDA），本地机构基金项目（曼彻斯特食物未来），社会企业（如哈比车公司），合作营销计划（如独角兽合作社和戈尔德兰集市农园），小规模商业（如种植箱项目），份地农园和社区农园项目。基于这些资料，14名本地食物实践者接受了研究人员的采访。采访主要在2008—2009年间展开，2010年进行了一部分后继采访。

本文选择的案例均致力于发展城市短链食物，并遵循低外部投入的操作原则。这些案例同时也都具有合作经济的特点。有些采访非常有价值（如对曼彻斯特食物未来和朴门永续设计网络的采访），能够指导未来的研究。大多数的采访都是在受访者的工作环境中进行的，以便更深入地了解他们的日常工作。

采访的问题修改自一个替代性农业食物网络的大型研究项目（参见致谢）。基于FAAN的相关文献，本文对本地食物实践者如何定位他们自己的角色以及他们的活动与传统食物链之间的关系进行了调查研究。采访问题涉及到曼彻斯特本地食物运动与传统食物链的区别——目标、生产方式、营销网络、生产者与消费者之间关系等等的不同。所有的受访者都各有侧重地对此进行了回答。

受访者和其他的实践者评价了初步分析结果。2010年3月发布了调研总结并邀请了10个关键人物对其进行评价。

通过以上的研究方法，本文分析了受访

者以及官方文件的用语——尤其是“本地食物”的含义。“本地”在字面上可能仅仅表示一段很短的地理距离，然而许多受访者赋予了它更广的社会、文化和政治含义。这样，就能够更清晰地确定受访者的不同期望和策略。

18.3　背景：城市食物可持续发展的政策支持

曼彻斯特是英国的第三大城市，约有近50万人口，其所在的大曼彻斯特地区则共有225万人口。在曼彻斯特，社会经济不平等和社会隔离在某种程度上引发了包括肥胖在内的健康问题。城市的某些区域因为缺乏健康食物而被称为“食物荒漠”。备受城市再开发青睐的连锁超市则成为这些问题的众矢之的。

在20世纪90年代，许多社区活动者反对连锁超市的扩张，同时建议以多样化的途径促进城市发展。基于这些活动者的网络，1996年成立的曼彻斯特环境资源中心项目（MERCi）是一个独立的慈善项目，其目标是使曼彻斯特变得更加可持续。在国家彩票基金的资助下，MERCi将一个废弃的棉线工厂——5号桥工厂——改造为永久基地，这也是城市再开发项目的一部分。MERCi同时提议通过食物活动改善城市环境和健康：

> 曼彻斯特拥有悠久的值得自豪的草根运动历史。市民自发的行动已经在城市内外取得了巨大的成果。在20世纪90年代，很多团体都致力于建立更美好的曼彻斯特，但是这些活动者和团体通常只关注孤立的问题本身，没有人谈论贫穷与能源或食物与幸福之间的关系问题。不同的团队之间几乎没有交集，也并不分享资源、机会、想法和技术。（MERCi，2009）

在这样的倡议下，几个公民社会团体早期的一些活动引发了政策的改变，将健康和环境问题融入到当地发展中。

“食物未来”是曼彻斯特议会和国民健康服务部门的合作伙伴，是一个由志愿者组成的私立部门（其标志参见图18.1），在农业食物可持续发展中扮演了重要角色。“食物未来”致力于创造城市健康食物文化，尤其是鼓励更多的健康食物和使用可持续方式生产的食物（食物未来，2007）。曼彻斯特社区战略（2006—2015）则着手提升公共服

图18.1

图18.1　“食物未来”的标志

务质量，并提出到2015年“创建更可持续的曼彻斯特”的愿景。

用这种方式，“食物未来”把健康、本地经济、复兴、食物文化、食物的社会影响、环境、儿童饮食、弱势群体和运输等问题联系在一起（同上），使居民及当地组织融入到食物项目和培训活动中。通过提供资金、咨询建议、建设网络和辅助宣传等方式，“食物未来”支持各类可持续食物活动，包括份地农园、社区农园、食物运输等。例如，为了最广泛意义的环境和经济的可持续，“曼彻斯特种植”项目就已经为多个社区种植项目提供了帮助。

曼彻斯特有悠久的合作运动的传统，因此，许多实践者在当地农业食物活动中提倡合作关系。为了解决各种社会问题，农业食物实践者致力于建设能够使生产者、零售商和消费者的关系更紧密的网络。食物提供者包括农业合作社、商业集团、草根项目和社会企业；金融支持则来自州立机构、慈善组织和彩票基金（MACC，2006）。曼彻斯特大部分的食物项目都在城市边缘区或者荒地，开展城市农业。另一些则在近郊区农场种植传统食物，还有一部分则主张发展朴门农业和有机城市农业。

在项目组的调查采访中，实践者们表达了两种动机：

- 关注曼彻斯特的社会和经济不平等问题，将食物种植作为创造健康生活和社区融合的手段，推广健康食物，改善现有环境。
- 关注环境保护、气候变化、石油峰值和食物安全等更宽广的问题。

正如以下的章节所描述的，这两种动机覆盖了所有的相关项目，包括提供食物的项目及种植食物的项目。

18.4　提供健康食物

本章节将展示一些具有合作精神的案例。“独角兽”是一家由员工运营的合作社，每天供应新鲜的天然食材，旨在为其成员和有智力缺陷者提供就业岗位。“独角兽”售卖公平贸易产品，支持“可持续的世界环境和经济”。它也通过寻求最小环境影响的商业模式，与其他当地商家或者合作社合作（独角兽，2009）。创始人认为：“应该通过生产者和消费者之间的短链连接，尽量直接购买产品，缩短从田间到餐桌的时间；并购买合理数量的产品，以拿到更优惠的价格。”。

在这过程中，多样化的食物计划应运而生。两个来自“独角兽”的工作人员发起了“哈比车”和“种植箱”项目。项目的食物均来自城市近郊区，共同的目标是为人们提供更便捷新鲜便宜的食物，同时也为处于社会边缘的人群建立社会联系。

“种植箱”项目的食物都来自于小规模的有机认证种植者，以推动这种耕种方式的发展。项目负责人认为：“他们了解到以公平的价格从本地农户那里购买蔬菜和水果将对本地的环境和经济有积极和可持续的影响”（Dig，2009）。在项目网站上，货品信息标注了食材的产地：“我们这里可以买到味道鲜美的本地食材”。用这种方式，项目组在当地生产者和小型商户之间建立起了更加直接、更加牢固的关系，以及生产者和消费者之间互相信任的关系。

为了保证产品质量，“种植箱项目”寻求增加其产品数量而非消费者数量。据该项目的负责人介绍，“我们目前的规模是可控的，我们愿意向现有客户提供更多商品，但不想过度扩张。”与志愿者组织相比，这是个独立的商业模式：“我们是自给自足的企业，不会依靠州政府的资金支持。”

在“食物未来”的资金支持下，“哈比车”更像是一个移动的蔬菜水果零售商。它为东曼彻斯特那些经常吃不上新鲜食物的居民提供价格便宜的新鲜果蔬。“我们的商品通常都是当天直接从生产者那里采购而来的，因此我们的商品比超市的同类商品更加环保、新鲜”（Hollinworh，2006）。

“哈比车”项目的目标是“让产品惠及到社区的每家每户，为消费者提供充足的、物美价廉的新鲜食物”（MERCi，2009）。除此之外，项目还有更宽广的外延：“我们的一些客户曾经一周都不会与其他人交流。而当他们来到流动蔬菜车的时候就会与司机进行交流，与人交流有助于他们的心理健康。而且，交流对象是熟悉的面孔，而不是被迫坐在收银台的某个板着脸的人，这是种自然而然的社会活动。”

这项服务是更广阔的本地网络的一部分。与“哈比车”合作的还包括专注食物健康价值的“根基”、“健康之路”和一些NHS的员工。ZEST这个健康生活网络则与“哈比车”合作，共同提供烹饪课程。

许多项目都从戈尔德兰集市农园获取健康食物。该农园是个新型的城市农业项目，生产得到土壤协会认证的食物，并在大曼彻斯特区域售卖。该项目使用成熟的技术来保持土壤肥力和作物健康，如：现场堆肥、谷物轮耕和种植绿肥作物。并使用一些新技术来延长植物种植季。农园的产品供给当地餐馆以及“种植箱”项目（Glebelands，2009）。

18.5　城市农业

除了城市边缘区，在城市内部也可以开展食物生产活动。这使得城市居民既是食物的消费者，也是食物的生产者，同时他们还能了解到更加环境友好、可持续的耕作方式。市民积极参与农园活动成为重建社区文化的有效途径。

2004年，“本特利本地食物计划”开始通过生产季节性食物促进社区融合（如图18.2）。一位受访者描述了该项目社区融合的目标：

> 我们试图重新发起合作社运动，于是便有了“本特利”项目。目的是让本地生产者、零售商和社区建立互惠互利的关系。使社区居民不仅只关注消费过程，而是更多地关注生产过程，从而让居民融入到食物生产和食物分配的过程中去。

在本特利项目中，在城市里种植季节性食物被认为具有环境效益：“可以利用覆盖物、温室、塑料大棚和滴灌系统等技术来延长作物生长季节。这些人工合成材料的环境

图18.2 本特利本地食物项目的宣传海报

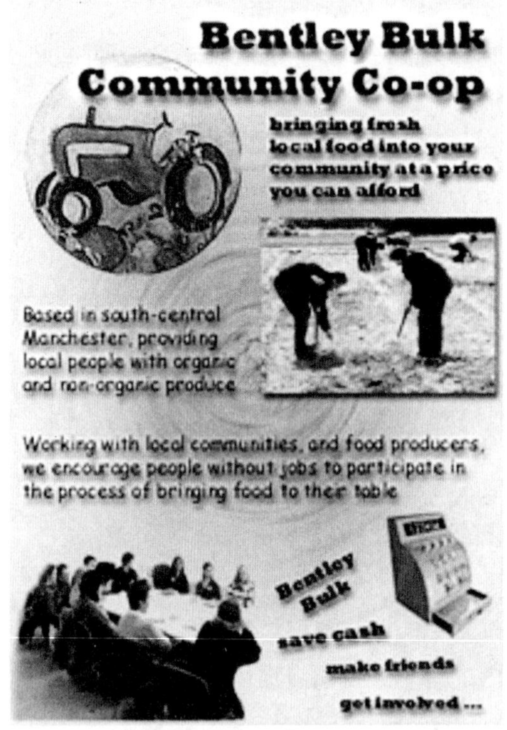

图18.2

成本要低于从西班牙或其他地方进口食物的环境成本”（NWDA，2006：2）。

之后，份地农园（尤其是在城市内部的份地农园）在英国的需求开始上升，政府将市属土地分割为小块，租赁给公众用于食物生产或其他的私人用途。从受访者处得知，曼彻斯特份地协会（AMAS）是城市议会的合作伙伴，成立于1993年，目标是支持城市的份地农园和园艺组织。他们认为份地农园可以让居民“享受户外生活和自给自足的方式”（AMAS，2009），同时也是一种让居民有归属感和成就感的“社区空间”。

除了AMAS的份地农园，为了让消费者们成为集体生产者，通过种植活动来增强居民社区归属感，曼彻斯特还设立了社区农园。从2010年3月实施“曼彻斯特种植”社区农园项目以来，“食物未来”支持了15个社区农园项目并培养了40位食物种植人员。在这过程中，朴门永续农业由于其去商业化、社群精神和环境友好的特点而广受喜爱。朴门永续协会如此描述，

> 朴门永继设计是遵循自然逻辑创造可持续发展的人居环境的学说。它借鉴自然生态系统多样化、稳定和弹性恢复的特点，指导人们设计可持续的解决方案以应对本地、国家或者全球层面上的问题。它建立在与自然合作、关爱地球和人类的哲学基础之上。

在曼彻斯特，人们认为朴门永续设计是创造可持续的本地社区的主要途径。一位受访者认为，朴门永继网络是由“那些对自然和生态系统心存感激与理解的人建立起来的”。它把环境的可持续发展与多样化的食物分配系统联系在一起：“朴门网络把不同背景的人们聚集在一起，增强社区凝聚力。它既包括专业的食物种植者，也包括像我这样对本地经济系统、社区支持农业、种植箱计划和本地商业系统感兴趣的人们”。

基于朴门理论和本特利项目的成功经验，本地健康饮食合作组织（HELF）于2006年成立，并设立了3个子项目：健康和资源项目（HARP），心理健康和社会保障基金会（“The Trust”）和天堂疗养园项目（Zion Garden）。这个组织旨在“建立一个城市范围的社会企业，鼓励人们——尤其是年轻人和有心理健康问题的人们——在从事本地健康食物的活动中提高其技能、自信并改善健康状况”。

像一些社区农园一样，HELF组织遵从朴门永续理念。它的初衷就是“为了让参与者体验更加可持续的生活，并以更加生态和可持续的方式支持HELF的活动”。HELF关注成员可持续耕作技能的提升：“在进行有机农业、园艺和维护份地农园的过程中设计相应的技能训练内容，以帮助成员在这一小块土地之上得到尽可能多的收获”。团队建设是长期的目标，旨在“帮助成员相互协作，尽可能提高HELF的价值”（HELF报告，2007：36）。

另一个社区农园项目“百特”为其所属的咖啡馆提供食材。

> 在百特工作的都是那些曾经患有精神疾病或者有过类似经历的人，在有趣的志愿工作中，他们能够获得新的技能和经验。百特想通过一系列围绕着种植、烹饪和品尝食物的活动帮助提升人们的健康和幸福（百特，2009）。

百特和本特利项目在本地贸易系统（LETS）中有相似的作用。百特的发起人认为：“基本上，这是一个社会贸易网络……对那些不想使用现金交易的人来说，这是个相互交换服务和商品的好办法……在曼彻斯特，目前约有600人在使用这样的网络进行交易”。

基于份地农园和社区农园项目，这种非正式的交换体系逐渐形成。正如一位受访者所说的：“在这样的体系里，不能卖东西。当有多余的食物时，应该赠送给家人或朋友。这是正面的社会效益”。

18.6 社区参与

简单来说，曼彻斯特农业食物运动的宗旨是将生产者和消费者、农村社区和城市社区重新联系起来。这样的联合将社会关怀扩展至创造可持续的本地社区层面。农业食物网络将健康和环境纳入到社会效益的考量中，如社区发展、社区凝聚力和社区融合。实践者将这些活动视为“社会创新”、“新主流”或类似的角色。这就意味着，需要在全社会范围内加强并开展这样的活动，而不仅仅是为富裕的消费者提供小众市场。

这其中，“社区参与”是关键环节。NWDA指出，“社区参与比成本效益更重要，社区应该尽可能地以多种方式参与到食物系统中”（NWDA，2006：4）。一位曼彻斯特食物系统的参与者认为，社区在实现健康和环境效益方面有着多重作用：

> 我们缺少的不仅仅是食物文化，我们还缺少普遍意义上的社区文化。而本地食物生产可以使人们相互联系，这就

是社会融合。人们开始种植并且食用健康食物，这对那些没钱购买健康有机食品的民众来说是个好办法。

在“社区参与”的支撑下，公共资金在发展社区农园的过程中也发挥了重要作用，其中一部分资金被用于有机生产方式的培训。在可持续发展社区的建设道路上，一些参与者有着更大的雄心，这可能带来更广泛的社会变化：“人们意识到，我们不仅需要社区层面的重新本地化，更需要区域层面的重新本地化。这能够带来环境和经济的收益，同时也能够重建本地经济。”

为了响应这种雄心，并为了“满足人们的需求，推广、拓展以及复制优秀的本地实践模式”，“食物未来”组织开始探索该模式推广的可行性。在“食物未来”组织看来，除了曼彻斯特，与大曼彻斯特地区其他政府的合作，将会成为“分享经验或者鼓励其他地区接受该模式”的有效方式。成功的实践不仅能够提高食物生产者和分配者的收入，同时也能够使现金流在本地流动。

18.7　未来的需求和挑战

本地食物运动目前面临着许多困难。实践者们认为，未来应该赋予城市农业在建设健康可持续社区过程中应有的地位。他们认为，当前的活动能够帮助改善人们的社会关系和精神健康。在城市地区，更大范围的食物种植活动能帮助人们了解食物和食物生产，使生产者自给自足并能够提升社区凝聚力。尽管有一定的限制，城市农业还可以帮助解决全球食物安全问题。

调研过程中，受访者们表示，他们需要小型的本地商业活动空间和商业技能培训。例如，一个能够储存并分销附近农场产品的物流中心会很有帮助。公众教育则会帮助消费者尊重种植者的劳动，尤其是那些优质食物所承载的劳动，如果消费者愿意在食物上花更多的钱，本地食物运动就能持续发展。

尽管取得了一定的成就，曼彻斯特社区食物运动在更大的传统农业食物链主导的食物系统内依然是个边缘角色。所以实践者们开始探索突破现有局限的可能性。他们提出了名为“给养曼彻斯特”的规划，期望到2020年建立城市的可持续食物部门。他们将食物与环境整合在一起：“居民们越来越意识到本地季节性生产的价值，大曼彻斯特与食物的关系也越来越紧密”。他们探索本地产品并且关注季节性本地化的食谱。他们讨论了如何应对挑战——例如，如何增加本地水果和蔬菜产量，如何将更多的利润返还给食物生产者，如何减少食物浪费等（Kindling Trust，2010）。

要在曼彻斯特建立可持续的本地食物系统，一个主要的问题是公共采购，目前公共采购更青睐长供应链、大供应商而不是本地资源。公共采购的相关部门遵循“综合采购”的国家政策，寻求最低的价格（格申Gershon，2004）。而政府政策是自相矛盾的——鼓励采购更高质量的本地食物（DEFRA，2003a，b），但是却不能清晰地证明本地食物价格高于长供应链食物的合理性（DEFRA，2006b）。尽管如此，还是有许多本地政府和公共机构寻找到采购高品质食物和本地食物的方法（摩根Morgan和松尼诺Sonnino，2006）。

在这个问题上，“食物未来”提出了支持本地、有机食物的公共采购标准。这个项目由碳革新基金资助，并作为曼彻斯特气候行动计划（即到2020年减少城市41%二氧化碳的排放量）的组成部分。这个项目由两部分组成。第一，对曼彻斯特学校采购本地种植的公平贸易有机食物的可行性进行研究，并探索减少学校餐饮环境影响的可能性。第二，在小学中初步尝试用本地种植的公平贸易有机食材制作汤菜，在这过程中，需要家长参与（Kindling Trust，2011）。实践者们希望通过这些方式促成政策的改变，提高公众对可持续生产方式的意识，为本地食物和城市周边的食物供应者赢得公共采购订单。

18.8　结论

为了建设更加可持续的曼彻斯特，在某些方面，环境和健康问题已经与食物政策相结合。一些活动提供了充足的新鲜健康食物，配送服务解决了“食物荒漠”和社会隔离问题。还有一些活动则开始涉足到土地和其他城市农业资源，关注有机种植和朴门永续种植方法。在这过程中，生产者和消费者都提升了对于环境友好种植方法的意识。

通过“社区参与”的过程，这些活动调动不同的资源、技能和志愿者为社会融合创造了相应的“社区空间”。曼彻斯特农业食物网络缩短了供应链，比如：提倡发展基于本地资源和个人信托的城市农业，以及更直接地把城市周围农业和城市消费者联系在一起。这种合作策略建立了普通商业关系或合同关系以外的食物合作网络。对于“食物未来”来说，其特殊之处在于，当地对于气候变化的关注成为了减少食物环境影响的政策驱动。

总的来说，食物再本土化能够帮助解决传统农业食物链所造成的社会经济不平等和健康问题。这不仅仅是面向富裕消费者的小众市场，本地食物更应该是“道德经济”中“社会变革的种子”（艾伦Allen et al.，2003）。虽然国家政策导向提倡食物再本土化，但是给予的实际支持却是少之又少，在这样的背景下，曼彻斯特的不同组织共同合作以推进环境可持续、公正、健康的社区发展。曼彻斯特食物运动通过将环境、健康和食物联系在一起重建了本地特色。

进一步，所有这些活动要想扩大其影响范围就必须依靠更广泛的网络支持。尽管取得了一定的成就，曼彻斯特食物运动仍然面对着许多挑战。怎样使更多的人改善健康状况？怎样尽可能发展甚至主流化这些活动，同时最小化对州政府支持和志愿者的依赖？怎样使食物生产者（而不是中介）的收入提高，从而采取更加环境友好的可持续耕作方式？

2010年5月的普选形成了保守党和自由民主党之间的联合政府，随之而来的政策改变给食物运动带来了更大的困难。食物运动的预算基本上完全来自政府，而这类预算被大量削减。“食物未来”组织由本地政府机构管理，所以员工们清楚他们“身系维持当前项目和资助水平的重任”（MFF，29.11.10，个人交流）。然而，政府的紧缩政策依然挤压了公共部门的资源。

新政府加强了早期的“综合采购”政策，旨在利用购买权努力缩减公共采购费用。如果国家强制本地政府实施这一政策，那么本地食物供应商可能被进一步边缘化。

如同其他受到紧缩政策冲击的公共服务，食物再本土化很大程度上依赖于州政府的庇护。尽管一些小型商业活动已经可以保持经济独立，但是大部分曼彻斯特食物活动依然依赖于州立机构、私人慈善家、国家彩票基金的支持。如果州政府的支持在英国紧缩政策背景下减少，那么社区参与将会更加重要。最终的问题依然是：如何使曼彻斯特食物运动可持续发展？

致谢

该研究得到欧洲社区第七框架项目基金（2007—2013）的支持（项目编号：217280）。项目名为“促进替代性农业食物网络”（FAAN），该项目包括来自5个国家的团队，每个团队都与一个社会组织合作。英国团队由开放大学和英国基因监察组织构成。除非有其他特殊注明，采访均引述自2008–2009年受访者的数据。更多成果以及全欧洲范围内的总结报告（肯纳Karner，2010）请参看FAAN项目网站www.faanweb.eu

参考文献

Allen, P., FitzSimmons, M., Goodman, M. and Warner, K., 2003. Shifting plates in the agrifood landscape: tectonics of alternative agrifood initiatives in California, Journal of Rural Studies 19: 61-75.

AMAS (Association of Manchester Allotment Societies), 2009. About AMAS, Association of Manchester Allotment Societies. Available at http://www.amas.org.uk/.

Bite, 2009. About us. Available at http://www.harp-project. org/project_bite_about. php.

Curry report, 2002. Farming and food: a sustainable future. policy commission on farming and food. Chaired by Sir Donald Curry. Cabinet Office, London, UK.

DEFRA (Department for Environment Food and Rural Affairs), 2003a. Local food-A snapshot of the sector: Report of the working group on local food. Department for Environment Food and Rural Affairs, London, UK. Available at http://www. defra. gov. uk/foodfarm/food/industry/regional/pdf/local-foods-report. pdf.

DEFRA, 2003b. Unlocking opportunities: lifting the lid on public sector food procurement. DEFRA, London, UK. Available at http://www.southwestfoodanddrink.org/uploads/documents/suppliers1.pdf.

DEFRA, 2006a. Sustainable Farming and food strategy: Forward Look. DEFRA, London, UK. Available at http://www. defra. gov. uk/foodfarm/policy/sustainfarmfood/documents/sffs-fwd-060718. pdf.

DEFRA, 2006b. Procuring the Future-sustainable procurement action plan: recommendations from the Sustainable

Procurement Task Force. DEFRA, London, UK. Available at http://purchasing.ulster.ac.uk/procuring_the_future.pdf.

Dig, 2009. Our mission. Available at http://www. digfood. co. uk/.

Food Futures, 2007. A food strategy for Manchester. Available at http://www. foodfuture.info/site/images/stories/food%20futures%20strategy%202007.pdf.

Gershon, P., 2004. Releasing resources to the front line: independent review of public sector efficiency. Crown Copyright, London, UK, 66pp.

Glebelands Market Garden, 2009. Urban farmers escape. Available at www.glebelandsmarketgarden.co.uk.

HeLF, 2007. Recipe for success. Report by Rob Squires. Available at http://www.harp-project.org/news.php.

Hollinworth, S., 2006. Herbie: the lean green veggie machine. Enterprising: reporting on Manchester's social enterprise sector. Available at http://www.mpen.org.uk/web%20iptimised%20pdf. pdf.

Ilbery, B. and Maye, D., 2005. Food supply chains and sustainability: evidence from specialist food producers in the Scottish/English borders. Land Use Policy 22: 331-344.

Karner, S. (Ed.), 2010. Local food systems in Europe: Case studies from five countries and what they imply for policy and practice. Available at www. faanweb. eu.

Kindling Trust, 2010. Visioning Manchester's sustainable food sector in 2020. Available at http://kindling.org.uk.

Kindling Trust, 2011. Seasonal School Soup for Starter. Available at http://kindling.org.uk/seasonal-school-soup-starter.

MACC (Manchester Alliance for Community Care), 2006. Funding for local food projects. Manchester Alliance for Community Care. Available at http://www. macc.org.uk/macc/downloads/health/FundingForLocalFoodProjects.pdf.

MERCi (Manchester Environmental Resource Centre initiative), 2009. About us. Manchester Environmental Resource Centre initiative. Available at http://www.bridge-5.org.

Morgan, K. and Sonnino, R., 2006. Empowering consumers: the ceative procurement of school meals in Italy and the UK. International Journal of Consumer Studies 31: 19-25.

NWDA (North West Regional Development Agency), 2006. Strategic development support and business plan for burnley food links: case studies report. Compiled by Robert Souter Ltd, North West Regional Development Agency. Available at http://www. macc. org. uk/macc/downloads/health/BurnleyFoodLinksCaseStudies. pdg.

Sustain, 2002. Sustainable food chains. Briefing paper I: local food; benefits, obstacles and opportunities. Available at www.sustainweb.org.

Unicorn Co-Op, 2009. Who we are. Available at http://www.unicorn-grocery.co.uk/.

第19章

食物合作社概述

马丁·凯罗赫（Martin Caraher）
乔吉亚·米切尔（Georgia Machell）
伦敦城市大学食物政策中心
m.caraher@city.ac.uk

摘要：在英国，“食物合作社”一词通常被用来描述食物项目和食物活动。本章探索了食物合作社当前的含义并展示了来自“本地食物工作项目”的研究资料。本章的研究资料和数据来自对食物合作社志愿者、组织者以及消费者的访谈。本研究是食物合作社影响研究第一阶段工作的一部分。本章将描述不同类型的食物合作社。这些合作社分布于各处，包括郊区教堂、社区中心、小学、酒吧或市场摊位等地方。本研究旨在分析食物合作社的优势及其面临的挑战。

关键词：食物项目，替代性食物体系，评估

19.1 引言

食物合作社对不同的群体来说有多种不同的功能。为了更好地定义食物合作社，在社区范围内（食物合作社的运作范围）探究其影响和角色是十分必要的。本章节旨在探究食物合作社究竟是如何回应社区需求的，这有助于界定当代意义上的英国食物合作社，同时也有助于展望食物合作社作为一种替代性食物体系的未来角色。

十多年前，麦克格隆等（McGlone et al.，1999）发现“食物项目对不同的人来说有不同的意义”（p.4）。麦克格隆等揭开了复杂的食物项目的面纱。然而至今食物项目这个话题依然有大量不明确的细节，比如，谁开展食物项目？为什么要开展食物项目？值得注意的是，食物项目往往是与主流食物体系相对的替代性食物体系的一部分。食物项目并不是要取代主流食物体系，而是在主流食物体系的边缘做文章（沃特摩尔Whatmore et al.，2003）。可以认为，“食物合作社”即是一种食物项目。如今，“食物合作社”一词可以用来描述一系列食物项目，包括水果和菜篮子工程、食物袋计划、社区食物零售商店、社会企业运营的市场摊位以及城市农业项目等。

19.2 文献综述

英国食物合作社方面的研究与评估不是很多。现有的文献与评估主要关注食物合作社潜在的健康效益（凯罗赫Caraher和考博恩Cowburn，2004；凯罗赫Caraher和道勒Dowler，2007；艾略特等Eliot et al.，2006）。

在英国，关于食物合作社的影响研究非常少。值得注意是，艾略特等（Elliot et al.，2006）曾做过威尔士食物合作社项目的影响评估。艾略特等人评估了食物合作社对社员健康的影响和对项目所在社区的影响。该评估只针对一种合作社模式，即客户从食物供应商那里预定价值1镑或3镑的水果或蔬菜，一周后取用。研究表明这种食物合作社在贫困地区实施很有意义，并需要多方的合作才能持续运作。艾略特等（2006）也指出了这种合作社所面临的挑战，包括：缺乏内部监管，项目组忽视对数据的收集和反馈。托尔（Tower）等（2005）则对哥比亚乡村再生机构成立的食物合作组织进行了评估，同样强调了食物合作社对健康的正面影响。这两个评估项目（艾略特等，Elliot et al.，2006；托尔等，Tower et al.，2005）都是仅

评估了一种食物合作社模式，因此不能代表普遍意义上的食物合作社研究。

普遍认为，社区食物项目的评估面临挑战（凯罗赫Caraher 等，2002；道勒dowler和凯罗赫Caraher，2003；弗里西Freathy和海厄Hare，2004）。这些挑战主要是源自食物合作社的模式多样，而且记录混乱。凯罗赫等人在霍思汀（Husting）的研究发现，成功的社区食物项目往往被热衷于食物项目的个人所驱动（2001）。他们的研究显示，尽管霍思汀食物合作社的确增加了当地居民水果和蔬菜的摄取量，仍然需要对这种影响的持续性进行进一步研究。弗里西和海厄（2004）的研究评估了苏格兰的食物合作社，得出了相似的结论，并提出了一套能够反映食物合作社发展的三个不同阶段的模型。可以认为，目前的食物项目评估要求不够严谨，且相关度不高，以至于很难产生有影响力的评估结果。这种太过宽泛的评估更像是基金的附属要求，而不是一种有价值的、可以指引未来项目发展方向的成果（凯罗赫Caraher和考博恩Cowburn，2004）。

19.3 研究方法

此次研究是一项由“本地食物”组织支持的、更大型的食物合作社评估项目中的一部分。该项目由“可持续：优质食物和农场联盟”负责执行。“可持续联盟”认为食物合作社有社会效益、健康利益、经济效益和环境效益，并把这4个方面作为基本框架，建立相应的评估体系，以评估伦敦、英国东北和萨默塞特地区的9家食物合作社对利益相关者的影响。

此次研究选取了5种不同模式的食物合作社，分别位于开放的市场摊位、城里的教堂、社区中心、小学以及酒吧。每一种模式都表明合作关系对于维持合作社运营是至关重要的。研究采用了访谈、留言板、合作关系图示、评估、观察等方法。

19.4 案例研究结果

19.4.1 费里尔（Ferrier）小区食物合作社

格林威治社区食物合作社（GCFC）是位于伦敦南面的一家社会企业，管理着格林威治的10家食物合作社；GCFC也支持一系列健康食物商店活动，是大格林威治社区食物计划的一部分，该计划支持烹饪俱乐部、食物种植项目和社区咖啡馆。研究小组参观了其中的费里尔小区食物合作社。这个合作社由两个兼职工作人员和志愿者管理，一周开放一次。这个合作社成立的初衷是为了方便格林威治南边的居民购买新鲜食物。费里尔小区食物合作社实际上是一个市场摊位，供客人们选择他们喜欢的产品。这里还会销售一些非洲产品，如车前草、山药和各种辣椒。与强调食物的本土化相比，该合作社更关注食物的文化多元性。这种多元文化也体现在他们的志愿者团体中，这些志愿者来自9个不同的国家。其中4个志愿者已经成为了合作社的全职员工。很明显，这个食物合作社在小区扮演了重要的文化角色。

19.4.2 圣安德鲁（St Andrew）食物合作社

圣安德鲁食物合作社位于伦敦西边的一

个教堂中，一周营业一上午。该合作社模式很简单，没有与其他合作社或社区食物项目合作。合作社的经营者从当地的市场中以批发价购买水果和蔬菜，客人们则提前一个星期下订单，预定3英镑的水果或蔬菜。来自教堂和当地社区的志愿者将水果和蔬菜放在教堂的桌子或凳子上，供大家领取。食物合作社大约一周有40个订单，预定客户一半来自教会，一半来自当地社区，大部分是有孩子的家庭。

合作社的运营者认为，食物是增强社区凝聚力的载体，食物合作社应该承担一部分社区服务。教堂在食物合作社营业的时间，也会同时售卖咖啡。该合作社的重要特点就是提供了社交场所，大部分参与者是老年人和带小孩的家长。除此之外，合作社还有延伸的效益，据合作社的志愿者介绍："第二天我们还会利用这些水果和蔬菜为午餐俱乐部准备优质的汤品，很多妈妈们会带着孩子在中午12点聚在一起"。

19.4.3 英格兰东北食物链

英格兰东北食物链（FCNE）位于英格兰东北部，服务区域较大，是一种链条化的社区食物项目。FCNE是进行水果蔬菜分销的社会企业，为英格兰东北地区的学校和社区中的食物计划提供水果和蔬菜包。FCNE也为社区厨房和本地食物商业提供水果蔬菜的批发送货服务。通过对FCNE支持的食物合作社的调研，可以认为FCNE是这些合作社成功并良好运作的关键，FCNE本身也是该地区最成功的食物项目。

FCNE食物链所覆盖的很多地区的前身是煤矿社区，社区的基础设施很不完备，很多地方的食物供给都不充足，因此，食物合作社被认为能提供有价值的服务。FCNE为这些社区食物合作社提供策略支持、培训和市场营销教材。在研究小组所调研的东北区3个合作社中，有2个就是建立在这种运作模式之上的。

其中1个合作社的工作人员指出，食物合作社能够使他们更好地了解社区并为社区提供所需要的服务。在合作社运行的第一周，他们出了差错，误将"高级蔬菜盒"作为"家庭蔬菜盒"送了出去。"高级蔬菜盒"里有更多不常见的蔬菜，如茄子和胡桃南瓜。收到"高级盒"的客户们不认识也不敢用那些蔬菜烹饪。结果，合作社又为客户们开办了社区烹饪学习班。

19.4.4 根和芽（Froots，Roots and Shoots）合作社

该合作社位于英国西南边的萨默塞特郡，管理团队由9到11岁的乡村小学生组成。每周五上午的休息时间，学生们分为财务组、客服组、菜谱组、质检组和包装组进行工作。孩子们收集下周的订单，向萨默塞特有机链的分销商/生产商订货，并提前付款。在这过程中，孩子们可以学习商业技能，培养商业敏感度。一个财务组的小学生说她很喜欢她做的事情，因为这是一种有趣的应用数学知识的方式。高年级的学生们（10-11岁）负责合作社的订单、客服、市场和财务方面的事宜；年龄小的孩子们则负责挑选搭配水果蔬菜，按袋分装，他们非常热心于这项活动，并期待着长大一些后能承担

更多的管理责任，确保合作社持续运作。指导合作社的一位老师表示，她唯一的工作就是在订单上签字，因为孩子们的年龄都小于18岁，不能在订单上签字。当水果蔬菜搭配装好后，客户们就会来学校将其取走。该合作社的大部分客户都是在读和已毕业的学生们的家长和老师们。

19.4.5 接骨木花（Elderflowers）合作社

这个合作社同样位于萨默塞特郡。这是一个在“转型城镇（Transition Town）”运动中涌现出来的新合作社。合作社设立在当地一个酒吧内，一周营业一次。每周五下午4点到7点，客人们可以到这里挑选一些本地有机产品，产品包括各类有机蔬菜水果和干货。客人们还经常会带一些自制的烘焙产品和果酱在这里销售。

19.5 合作社的效益

图19.1表明，食物合作社有明显的健康效益。另一个显著的发现则是，食物合作社对乡村和城市的利益相关者的影响有所不同。位于萨默塞特郡乡村地区的合作社有显著的社会效益和环境效益，而位于伦敦和英格兰东北部的食物合作社的健康和经济效益则更突出。

评估结果显示，3个地区合作社的健康效益都很明显，其他方面的效益则各有不同。伦敦和英格兰东北部合作社均强调社会效益，尤其是食物合作社对社区复兴和社区凝聚力的影响。除此之外，3个地区的经济效益有较明显的差异。英格兰东北部合作社“为本地生产者、种植者、其他小型或公平贸易供应商提供交易场所”；伦敦合作社“提供适用于其他环境的新技能和工作经

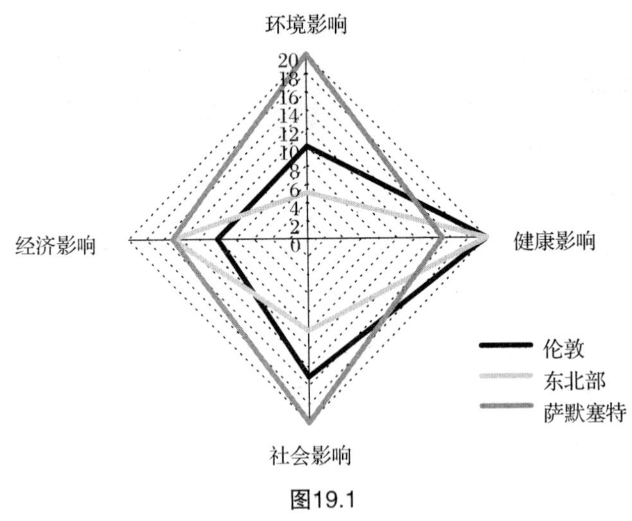

图19.1

图19.1 英国3个地区合作社项目的评估比较

历，帮助人们找到有报酬的工作”；萨默塞特则“把钱花在当地社区”。

19.6 讨论

麦格隆等（McGlone et al.，1999）认为食物项目“对不同的人而言，意义不同”，这在此次研究中表现得很明显。研究发现，目前食物合作社普遍的关注点是健康效益，尤其是增加新鲜食物的供给。除此之外，不同合作社的关注重点因地而异。在种族多元化的社区——主要是在伦敦这种大城市的社区——合作社为大量的非洲移民群体提供了具有非洲文化特点的食物。乡村地区的食物合作社则提供了一种本地经济与环境可持续发展相结合的有机农业模式。

正如麦格隆等（1999）所提出的，“食物项目”是个统称，覆盖了大量类似“食物合作社”的活动。此次研究明确了“合作社”这个词语的演化过程，“合作社”一词描述了每个项目的内部关系结构。鉴于食物合作社类型较多，要讨论食物合作社的战略发展，需要先界定各类合作社的特点及所适用的地区。

与合作社的多种类型相对应，合作社内部的合作关系也是多样的，因合作社关注重点的不同而不同。例如，萨默塞特乡村合作社的关注重点是有机产品，因此，与有机生产者保持良好的关系是维持合作社运营的关键。而在城市环境中，合作社致力于提供低价的新鲜食物，因此，与批发商的合作关系就很重要。这也反映了过去十年中食物合作社角色的转变：食物合作社不再仅关注为低收入者提供健康食物，而是进一步回应更广泛的社区需求。

合作社的资金是需要进行深入研究的领域。教堂里的合作社对外部资金的依赖最小，看起来也最为可持续。部分原因是由于在教堂的氛围中，人们愿意为食物合作社提供志愿服务。

合作社的可持续性与一系列因素相关，包括志愿者、场地、本地支持和积极分子。在讨论可持续性问题的时候，需要关注合作社的发展战略，并需要明确，针对不同类型的合作社，谁来负责发展战略的制定以及哪些信息对于制定发展战略是必须的。案例研究表明，项目的合作方是至关重要的。基于合作方的角色不同，合作方的责任级别也不尽相同。要考察合作社是否可持续，就需要考察合作方是否可持续。

很明显，只要有人无法享受主流食物供应体系的服务，或者有人愿意去合作社购买食物，食物合作社就会继续作为替代性食物体系而存在。也就是说，只有食物合作社能够提供主流食物体系提供不了的服务，合作社方可存在。许多食物合作社的优势或是持续存在的关键就在于他们能够提供主流食物供应体系不能提供的服务，如合作社的社会效益或是志愿工作的机会。

19.7 结论

研究表明，食物合作社与大型食物项目有所关联，他们以各种模式服务于所在社区。尽管此次研究不足以呈现英国食物合作社的整体图景，但是，可以了解到了食物合作社模式及效益的多样性。

但是，如何定义食物合作社仍然是一个挑战。研究小组所调研的食物合作社与过去的合作社有很大的区别（隆科Ronco，1974），这种演化依然并不明朗。因此，研究小组的任务从定义英国的食物合作社转变为确定合作社的不同模式，并将"合作社"一词视为一种项目统称。

至于食物合作社未来的角色，基于其在社区中的影响和多样化的效益，食物合作社或许可以成为对英国新政府有吸引力的领域。当前英国联合政府中的保守党积极支持食物合作社（保守党合作社运动，2010），但是合作社定义的缺失会使得他们的支持变得无的放矢。因此，需要进一步明确英国食物合作社的整体状况，这样才能有助于相关政策的出台。

参考文献

Caraher, M.and Cowburm, G., 2004. A survey of food projects in the English NHS regions and health action zones in 2001. Health Education Journal 63: 197-219.

Caraher, M. and Dowler, E., 2007. Food projects in London: Lessons for policy and practice—A hidden sector and the need for more unhealthy puddings. . . sometimes. Health education journal 66: 188.

Caraher, M., Dixon, P., Fellton, M., South, L. and Tull, A., 2002. Making fruit and vegetables the east choice-Report of a five-a-day pilot project in Hasting and St Leonards. Hasting and St Leonards PCT, St Leonards-on-Sea, UK.

Conservative Co-operative Movement, 2010. Conservative Co-operative Movement. Available at http://www. conservativecoops. com/

Dowler, E. and Caraher, M. 2003. Local food projects: the new philanthropy?The Political Quarterly 74: 57-65.

Elliott, E., Parry, O. and Ashdown Lambert, J., 2006. Evaluation of community food co-ops pilot in Wales. Cardiff School of Social Sciences, Cardiff, Wales, UK.

Freathy, P. and Hare, C., 2004. Retailing in the voluntary sector: the role of the Scottish food co-operatives. European Journal of Marketing 38: 1562-1576.

McGlone, B., Dobson, B., Dowler, E. and Nelson, M., 1999. Food projects and how they work. Joseph Rowntree Foundation, York, UK.

Ronco, W., 1974. Food co-ops, an alternative to shopping in supermarkets. Beacon Press, Boston, MA, USA, 188pp.

Towers, A., Nicholson, G. and Judd, P., 2005. Evaluation of the food co-operative groups established by the Rural Regeneration Unit. North West Food and Health Task Force and University of Central Lancashire, Cochermouth, West Cumbria, UK.

Whatmore, S., Stassart, P. and Renting, H., 2003. What's alternative about alternative food networks?Environment and Planning A 35: 389-391.

第 20 章

渴望改变：以可持续的食物未来为导向的饮食习惯研究

安娜·霍金斯（Anna Hawkins）
谢菲尔德哈莱姆大学建筑和规划系
a.hawkins@shu.ac.uk

摘要：当考虑如何规划一个更可持续的食物未来时，需要决定的是：我们是否愿意或者有能力继续种植目前选择的食物种类；或者是否需要尝试逐步改变大众的消费和饮食习惯，这能够改善食品安全及减少因食物生产对环境和人类健康带来的不利影响。本章节分析了2010年所收集的英格兰北部谢菲尔德市样本调研参与者的定性数据。通过这些样本探究了与食物有关的环境问题，并且确定了大众为支持可持续性食物未来而调整自身饮食习惯的意愿强烈程度。这一研究显示大众普遍愿意为了减少现代生活方式对环境的不利影响而改变行为习惯，但也通常认为个人努力只是沧海一粟，因此积极态度大打折扣，并转而寄希望于政府机构的改变。参与者们表示会因食物价格及食物供给的变化而调整消费习惯，但当面对着诸多易得的不健康食品时，他们就不太愿意或不能做出明智的选择。

关键词：行为改变，食品安全，环境友好型饮食

20.1　背景

健康和环境领域的专业人士目前正关注现代饮食选择的问题（查塔姆住房食物供应计划，2008；埃文斯Evans，2009；朗Lang，1999），对围绕着食物选择和消费模式的诸多错误行为的认识正在增长（埃文斯Evans，2009；马洛等Marlow et al.，2009；斯坦菲尔德等Steinfeld et al.，2006）。简单来说，我们消耗的远比本身所需的要多，目前的食物选择和消费模式有损健康，会对环境产生负面影响；而且这种模式依赖于一种使我们更易受到经济和环境变化影响的供应链（查塔姆住房食物供应计划，2008）。

出于健康的考虑，健康专家们一直致力于研发能够改善饮食选择的策略和干预方法，例如建议把每日的水果和蔬菜的摄入量增加到5份。关于饮食习惯改变的障碍和动力，我们能从公共健康部门的举措中获得什么启发呢？

本章的目的不是讨论饮食对环境的影响或饮食习惯的改变对改善公共健康的必要性，而是要针对食品安全问题和饮食对环境的影响问题提出可能的解决方案。大多数人如今对健康饮食的组成已经有了一些程度的认识，但健康专家们仍然在努力提高公众对公共健康的全方位的认识，因为认知和消费行为并不对等，存在着一定的偏差（阿什菲尔德瓦特等Ashfield-Watt et al.，2004）。同样，这种“价值观与行为的偏差”也体现在与环境有关的行为方面（库尔莫斯Kollmuss和阿吉曼Agyeman，2002；瑞德克里夫Redcliff和波顿Benton，1994；萨格森Thogersen和奥兰德Olander，2002）。

我们能够对食物供应系统进行结构性的调整并且能够生产出更多环境经济可持续的食物，但是如果消费选择和生产导向存在偏差，那这些干预措施所产生的影响将会大打折扣（查塔姆住房食物供应计划，2008；马洛等Marlow et al，2009）。简而言之，我们能够生产出数量和价格都能符合人们当前消费习惯的环境经济可持续食物吗？或者我们需要考虑改变消费者的行为模式以使可持续食物的未来成为可能？

本章将展示一些定性研究的发现，这些研究旨在探索参与者对饮食选择环境影响的理解程度，以及为了环境问题而改变饮食习惯的意愿。

20.2 饮食中的问题

旅游业的发展和移民的迁入使得英国消费者的口味和食物的种类变得多样化，英国消费者的饮食选择也一直处于变化中（兰Lan，1999）。这使得“传统”行为往往被忽视，而实际上，“传统”是非常强大的，也正是“传统”支撑着这些变化过程和多样性（普瑞尔等Pryer et al，2001；韦瑟雷尔等Wetherell et al，2003）。

如果审视19世纪贫穷的城市工人的饮食选择，会发现他们的主食是添加了肉类的淀粉，如添加了腌肉的土豆。在没有办法自己生产食物时，他们不会把仅有的一点家庭资金浪费在低热量的蔬菜上，仅有的一点肉食通常只供给家庭里主要的工资劳动力（博内特Burnett，1989）。在认识到英国食物多样化的同时，仍然需要意识到，那些能力受限和贫穷的群体仍将不可避免的选择便宜好吃并能填饱肚子的食物（卡罗赫等Caraher et al，2010）。食物生产者、零售商以及市场专业人士就针对这种情况供应那些高脂高糖高盐的深加工碳水化合物（蒙蒂罗Monteiro，2009）。

第二次世界大战时期通常被认为是英国健康饮食和食物供应的“黄金年代”，当时出于支持战争的需要，英国的食品政策和饮食选择发生了巨大的变化，主要是蔬菜和肉类比例的巨大变化（博内特Burnett，1989；朗Lang，1999）。

目前，人们逐渐意识到，全球肉类消费水平存在问题。家畜养殖占用了大量的农业用地，消耗了包括水资源在内的大量资源，并造成了严重污染（斯坦菲尔德等Steinfeld et al，2006）。在铺天盖地的改善饮食对于环境影响的建议中，有一个信息被湮没了，那就是：与食物生产方式及生产地点对环境的影响相比，我们选择吃什么对环境的影响是一样大的，甚至更大（卡尔森卡尼亚马Carlsson-Kanyama和冈萨雷斯Gonzales，2009；波尔斯Powles，2009）。

作为一种生物物种，人类相当捍卫吃肉的权利。肉类始终在社会及文化仪式和身份认同过程中扮演着重要的角色（赫尔姆斯Helms，2004；霍尔姆Holm和莫尔Mohl，2000；林德曼Lindeman和西贝柳斯Sirelius，2001）。任何想要改变肉类消费模式的尝试都应该意识到这一点，但不应该因为害怕疏远大众而回避讨论。肉类消费仅仅是当代饮食问题的一个要素而已，但就对环境和健康的影响而言，它却是一个非常重要的因素，因此它应该引起更高的重视（卡尔森卡尼亚马Carlsson-Kanyama和冈萨雷斯Gonzales，2009；波尔斯Powles，2009）。

许多受欢迎的举措通常都是致力于提高国家层面的食物产量。但是诸如社区农园，城市农场和份地农园这些举措，则旨在实现家庭或社区层面的小规模水果和蔬菜种植。同时，消费者对有机食物和本地食物的兴趣也正在增加。就社会效益、健康和教育而言，在社区农园或份地农园中开展小规模家庭种植是一个完全积极的提议（巴肯汉姆Buckingham，2005；米利根等Milligan et al，2004）。但是，需要指出的是，这些举措和食物的受益者仅限于那些具有一定财富、时间、社会资源以及技能的群体（巴肯汉姆Buckingham，2005）。此外，对居住在高密度城市地区的大部分英国居民来说，进行家庭消费水平的食物生产几乎是不可能的，因为他们几乎没有私人种植地，缺乏农业知识，也没有出去劳作供养家庭的意愿。

意识到这种存在于提高产量和说服消费者接受“每天5份水果蔬菜”的饮食选择之间的紧张关系很重要（阿什菲尔德瓦特等Ashfield-Watt et al，2004）。在英国，只有在大众愿意改变饮食习惯的前提下，提高水果和蔬菜的生产比例才能改善人们的健康和环境影响。

20.3 方法论

笔者从谢菲尔德（Sheffield）地区招募了4组样本参与者。这些参与者分别来自一个为无家可归者服务的慈善团体，一个份地农园合作社和一个母婴关怀组织。调研参与者的年龄范围从20出头到70多岁，其中大约75%的参与者是女性。挑选这些参与者都是有针对性的，要么是他们对该话题感兴趣，要么是他们有特别的价值观。

本文使用样本研究法，以收集参与者观点、了解参与者对饮食选择和环境友好行为的认知程度和意愿。同时这种方法能够为参与者创造一个非正式的生动环境，在这样的环境中，参与者可以尽可能不带偏见地讨论该主题（鲁安Ruane，2005）。

为了建立关于食物选择的基线，参与者被要求明确与特殊场合、负罪的喜悦、儿时记忆相关的食物，并指出最不喜欢的食物。然后参与者会被问及对于环境问题的大致态度，是否支持改变生活方式以及对于来自官方的改变行为习惯的信息的反应。

接下来，笔者会介绍该食物主题，将参与者分组，并要求参与者对5种食物的环境影响进行排序。这一举措的目的并非是考察参与者的排序与“正确”排序的相近度，而是旨在获取参与者在做决定时的讨论和原因。

最后的讨论关注参与者对转向环境友好型饮食习惯的看法和态度，并总结食物排序的结果。

20.4 研究结果

本小节内容是对研究结果的总结，包括：对现行饮食模式环境和经济影响的认知水平，以及为了确保英国食物供给安全、环境友好而改变饮食习惯的理解能力和意愿水平。

大多数的参与者对童年时代的特殊食物有着强烈和正面的记忆。这些食物通常是一些母亲所烹饪的菜肴或在特殊场合所烹饪的食物，如肉馅土豆馅饼和在家庭聚会日所做的炸鱼和炸薯条。当被问及为特殊场合选择的食物时，大多数的参与者都会选择一道以肉为主要食材的菜肴，例如牛排、烤牛肉或香肠。

当被问及对环境友好型行为的态度时，绝大多数参与者立刻做出了与家庭废弃物回收有关的回应。大量参与者也提到购买环境友好型产品，如有机食品和低耗能产品。许多参与者则表示，愿意在消费时选择购买环境友好型产品，但感到消费成本是一个很大的障碍。此外，所有的参与者都有一个共同的观点，那就是关于如何才能形成环境友好型生活方式这一问题，缺乏一个清晰一致的建议。而媒体对食品安全、气候改变以及资源枯竭的狂轰滥炸式的宣传使这一情况进一步恶化。这导致了许多参与者不再参与相关问题的探讨或不相信官方的建议和指导。参与者们还认为，支持环境友好型行为的基础设施严重不足，比如缺乏方便使用的回收利用设施。

当被问及如何理解食物对环境的影响时，参与者普遍联想到食品的包装，并相信用原材料烹饪比食用深加工食物更加健康和环境友好，他们的回答经常与特定的食物选择所带来的健康效益相关。这是参与者首次把“健康”与“环境友好型”生活方式联系了起来。当然，这并不意味着这两者之间存在着必然联系，比如一顿饭并不能因为是环境友好型的而被视为必然是健康的，反之亦然。

有些参与者会把“明智”的消费选择与健康和环境效益联系起来；但是大多数参与者声明他们的选择是基于食物的质量而不是它们的环境效益。

例如，不管是否选择购买有机肉，参与者们都认为这是一个更加环境友好的选择，但是大多数人之所以购买有机肉只是因为它们看起来“品质更好”。

大约一半的参与者对食物里程、食物碳足迹有一定的认知，并认为购买本地食物会是一个更加环境友好的选择。例如，当讨论食物的环境影响排序时，一个参与者认为烤牛肉、蔬菜和肉汁饭是最环境友好的，因为所有的原料都是英国产的。但是，参与者们不太理解不同运输方式中为保持食物新鲜而消耗的能源的区别。大多数参与者认为距离是关键，只有少数参与者对运输问题有深入的认知。例如，一组的参与者认为包含了大量进口食材的菜肴（泰国鸡肉咖喱饭）“不是很道德”。进一步的探索显示，在这种语境下使用的“道德”这一词汇与食材的运输距离相关，而不是与动物福利、工作条件或公平贸易等此类因素相关。此外，对“本地食物”概念的认同也强化了远距离运输食物是有问题的这一认知。

例如，一组参与者在食物的环境影响排序中把泰国鸡肉咖喱饭当做对环境相当“不利”的食物，那是因为“在这个国家我们生产不出米或椰果”（一名来自谢菲尔德的女性参与者）。

仅有一小部分参与者了解食物生产导致环境退化、能源消耗和资源枯竭的其他方式。尽管人们普遍知道鱼类资源枯竭的问题，但关于食物对动物的相关影响，很少人对此有全面的认识。“我没有真正意识到肉类食物的环境影响；实际上，从来没有人告诉我这些”（一名来自谢菲尔德的女性参与者）。

当被问及改变饮食行为的意愿时，比如说少吃肉或买本地生产的季节性食物，大多数的参与者表达了较积极的观点，或者表示他们已经在逐步改变饮食选择了，这种改变通常源自对食物质量或产地的关注。但是改变的能力和动力仍然存在问题。一些参与者感到，当绝大多数的消费者没有被鼓励或被强迫这样做时，他们所作的牺牲是不值得的。很多参与者准备或者已经在一周中的某几天中放弃吃肉，但是他们负担不起昂贵的环境友好型食物，如有机食品。对少数参与者来说，每天至少要有一顿肉食菜肴。“如果我给同伴做了一顿没肉的饭，他会问‘出什么事了’?”（一名来自谢菲尔德的女性参与者）。

对其他人来说，尽管他们会经常烹饪一些无肉的菜肴，但肉类仍然是一种重要的食材。一位从其他国家移居英国的参与者表示，“在邀请别人的宴席上一定得有肉食，但如果是家宴的话，那没肉也行”（一名来自厄立特里亚国的男性参与者）。

大多数参与者表示能够接受更少的选择（例如减少非季节性草莓这类新鲜水果的供给），但是感到在目前可获得食物的范围内做出环境友好的消费选择是很困难并且不情愿的。他们也认为食物的价格会是决定食物选择的重要因素，如果特定的食物，像肉类或者进口的新鲜食物的价格急剧上涨的话，那么消费水平就会全面下降。“我认为，如果鸡肉涨价了，我肯定不会买那么多了”（一名来自谢菲尔德的女性参与者）。并且，最终“如果市面上没有这类食物了，你也不会买了，对吧?”（一名来自谢菲尔德的男性参与者）。

20.5 讨论

对样本参与者的分析显示，为了减少现代生活方式带来的环境影响，所有人都能接受并支持行为习惯的改变；但与这种积极态度相对的是，大部分人同时认为，个人贡献根本就是沧海一粟，依靠个人力量收效甚微。然而，大部分人却都十分乐意参与家庭废品再回收的活动。或许是因为这类活动能将原本需要付出额外精力参与（需要驱车去回收站）的行为转移到日常家庭活动中（围绕生活区域设置回收箱）（狄克曼Diekmann和普瑞森多弗Preisendorfer，2003：441）。

健康和环境友好型的食物选择关系十分密切。大部分参与者把环境友好型食物选择视为“道德的”，并坚信选择更健康、优质的食物等同于选择环境友好型食物。尤其是当谈论到购买深加工食物与烹饪新鲜食材、购买果蔬以及有机肉类的不同环境影响时，这种观点尤为明显。这说明此次研究的参与者们非常坚定地认为深加工食物是导致饮食问题的一个重要的因素（阿什菲尔德瓦特等Ashfield-Watt et al，2004；格兰茨等 Glanz et al.，1994；蒙蒂罗Monteiro，2009）。

许多年以来，相对于诸如红肉、脂肪及奶制品（如黄油、奶酪和奶油等高脂肪含量的种类）等动物性食物消费来说，公共健康部门一直在呼吁增加水果和蔬菜的消费比例，呼吁用原材料烹饪食物并远离深加工食物（阿什菲尔德瓦特等Ashfield-Watt et al，2004；蒙蒂罗Monteiro，2009）。如果能在更高的层面实施这些建议，就将有助于改变我们的消费模式，建立一个更加环境友好、经济正义并健康的食物供应体系。

涉及到健康，与过度饮酒、滥用药物和吸烟等问题行为一样，饮食选择也是众所周知的问题行为，同样需要严肃对待。不同之处在于，适度的问题饮食选择消费行为不仅是被允许的而且是必要的。现阶段为了健康而改善饮食的责任主要落到了个人身上，这些人希望在食物的种类和数量方面做出更好的饮食选择。需要承认要做出这种改变是极其困难的，因为与健康食物相比，非健康食物唾手可得并且以非常便宜的价格主导着食物市场（卡罗赫等Caraher et al，2010）。

研究显示，尽管参与者希望能够买到更好的产品如本地生产的有机食物，但是一些人也表示他们负担不了此项改变所带来的花费。参与者普遍支持“本地食物”概念，因为有“本地”标识就代表该食物是在英国本土生产的，或是在消费区域内种植的。此外，有一些参与者参与了一个小规模的食物生产活动，但是对于其他大多数参与者来说这是不现实的，他们或者缺少空间、时间，或者缺乏责任感和兴趣。

有一种观点认为，在“不好”的食物唾手可得的背景下，要让消费者作出“好”的食物选择，就需要进行结构性调整如减少不健康食物的供应或提高其价格等。不过值得注意的是，持该观点的参与者基于已经适应了环境友好型的食物消费，他们一般会自己种植食物、仅消费少量有机肉。

尽管此次研究在一定程度上揭示了样本参与者对消费行为改变的接受度，但未能揭示相关机构的态度，也未显示改变的过程。研究显示，仅仅对公众进行教育或提供给公众所谓“更好”的饮食选择的做法收效甚微（狄克曼Diekmann和普瑞森多弗Preisendoerfer，1992；库尔莫斯Kollmuss和阿吉曼Agyeman，2002；塞班斯Sebanz和克诺布利希Knoblich，2009），如果食物政策制定者想要认真审视现行饮食趋势对环境的影响并严肃对待改善公共健康的需要，就需要进行结构性的变革以推动消费行为的改变（克莱斯可等Klesges et al，2004）。需要说明的是，研究的目的并不是指出需要改变消费行为的“问题”人群，而是要推动整个国家参与到这一关系重大的消费行为改变的进程中（博内特Burnett，1989；朗Lang，1999）。

我们看到，人们正在努力改变饮食选择（凯德等Cade et al，2009）。鉴于此，很重要的一点是，避免重复公共健康部门的错误。简单的告知大众什么是“好”的选择不足以改变消费行为，真正需要的是能够触发行为改变的干预政策（格拉斯哥等Glasgow et al，2004）。

如果想要减少现代饮食选择对环境和健康的负面影响，那么我们需要反思：我们能够生产符合当前消费水平和消费习惯的食物吗？我们是否需要考虑改变国家的消费行为模式以使可持续食物的未来成为可能？

参考文献

Ashfield-Watt, PA., Welch, A. A., Day, N. E. and Bingham, S. A., 2004. Is ‘five-a-day’an effective way of increasing fruit and vegetable. Public Health Nutrition 7: 257-261.

Buckingham, S., 2005, Women (re) construct the plot: the regen (d) eration of urban food growing. Area 37: 171-179.

Burnett, J., 1989. Plenty and want: A social history of food in England from 1815 to the present day (3rd ed.) . Routledge, Oxon, UK, 355pp.

Cade, J. E., Kirk, S. F., Nelson, P., Hollins, L., Deakin, T., Greenwood, D. C. and Harvey, E. L., 2009. Can peer educators influence healthy eating in people with diabetes?Results of a randomized controlled trial. Diabetic Medicine 26: 1048-1054.

Caraher, M., Lloyd, S., Lawton, J., Singh, G., Horsley, K. and Mussa, F., 2010. A tale of two cities: A study of access to food, lessons for public health practice. Health Education Journal 69: 200-210.

Carlsson-Kanyama, A. and Gonzales, A. D., 2009. Potential contributions of food consumption patterns to climate change. American Journal of Clinical Nutrition 89 (suppl): 1704S-1709S.

Chatham House Food Supply Project, 2008. Thinking about the future of food. Royal Institute of International Affairs, London, UK.

Diekmann, A. and Preisendorfer, P., 2003. Green and greenbacks: The behavioural effects of environmental attitude in low-cost and high-cost situations. Rationality and Society 15: 441-472.

Evans, A., 2009. The feeding of the nine billion: global food security for the 21st century. Royal Institute of International Affairs, Chatham House, London, UK, 59pp.

Glanz, K., Patterson, R. E., Kristal, A. R., DiClemente, C. C., Heimendinger, J., Linnan, L. and McLerran, D. F., 1994. Stages of change in adopting healthy diets: fat, fiber, and correlates of nutrient intake. Health Education and Behaviour 21: 499-519.

Glasgow, R. E., Klesgas, L. M., Dzewaltowski, D. A., Bull, S. S. and Estabrooks, P., 2004. The future of health behavior change research: What is needed to improve translation of research into health promotion practice?Annals of Behavioral Medicine 27: 3-12.

Helms, M., 2004, Food sustainability, food security and the environment. British Food Journal 106: 380-387.

Holm, I. and Mohl, M., 2000. The role of meat in everyday food culture: an analysis of an interview study in Copenhagen. Appetite 34: 277-283.

Howe, J., 2002. Planning for urban food: the experience of two UK cities. Planning Practice and Research 17: 125-144.

Klesges, L. M., Glasgow, R. F., Dzewaltowski, D. A., Bull, S. S. and Estabrooks, P., 2004. The future if health behavior change research: what is needed to improve translation of research into health promotion practice?Annals of Behavioral Medicine 27: 4-12.

Kollmuss, A. and Agyeman, J., 2002. Mind the gap: why do people act environmentally and what are the barriers to pro-environmental behavior?Environmental Education Research 8: 239-260.

Lang, T., 1999. The complexities of globalization: the UK as a case study of tensions within the food system and the challenge to food policy. Agriculture and Human Values 16: 169-185.

Lindeman, M. and Sirelius, M., 2001. Food choice ideologies: the modern manifestations of normative and humanist views of the world. Appetite 37: 175-184.

Marlow, H. J., Hayes, W. K., Soret, S., Carter, R. L., Schwab, E. R. and Sabate, J., 2009. Diet and the environment: does what you eat matter?American Society for Nutrition 89 (suppl): 1699s-1703s.

Milligan, C., Gatrell, A. and Bingley, A., 2004. Cultivating health: therapeutic landscapes and older people in northern England. Social Science and Medicine 58: 1781-1793.

Monteiro, C. A., 2009. Nutrition and health. The issue is not food, nor nutrients, so much as processing. Public Health Nutrition 12: 729-731.

Powles, J., 2009. Commentary: Why diets need to change to avert harm from global warming. International Journal of Epidemiology 38: 1141-1142.

Pryer, J. A., Nichols, R., Elliott, P., Thakrar, B. and Marmot, M., 2001. Dietary patterns among a random sample of British adults. Journal of Epidemiology and Community Health 55: 29-37.

Redclift, M. and Benton, T., 1994. Social theory and the global environment. Routledge, London, UK, 280pp.

Ruane, J. M., 2005. Essentials of research methods: a guide to social science research. Blackwell, Oxford, UK, 239pp.

Sebanz, N. and Knoblich, G., 2009. Jumping on the ecological bandwagon?Mind the gap!European Journal of Social Psychology 39: 1230-1233.

Steinfeld, H., Gerber, P., Wassenaar, T., Castel, V., Rosales, M. and De Haan, C., 2006. Livestock's long shadow: environmental issues and opinions. Food and Agriculture Organization of the United Nations, FAO, Rome, Italy.

Thogersen, J. and Olander, F., 2002. Human values and the emergence of a sustainable consumption pattern: A panel study. Journal of Economic Psychology 23: 605-630.

Wetherell, C., Tregear, A. and Allinson, J., 2003. In search of the concerned consumer: UK public perceptions of food, farming and buying local. Journal of Rural Studies 19: 233-244.

第三部分

城市农业

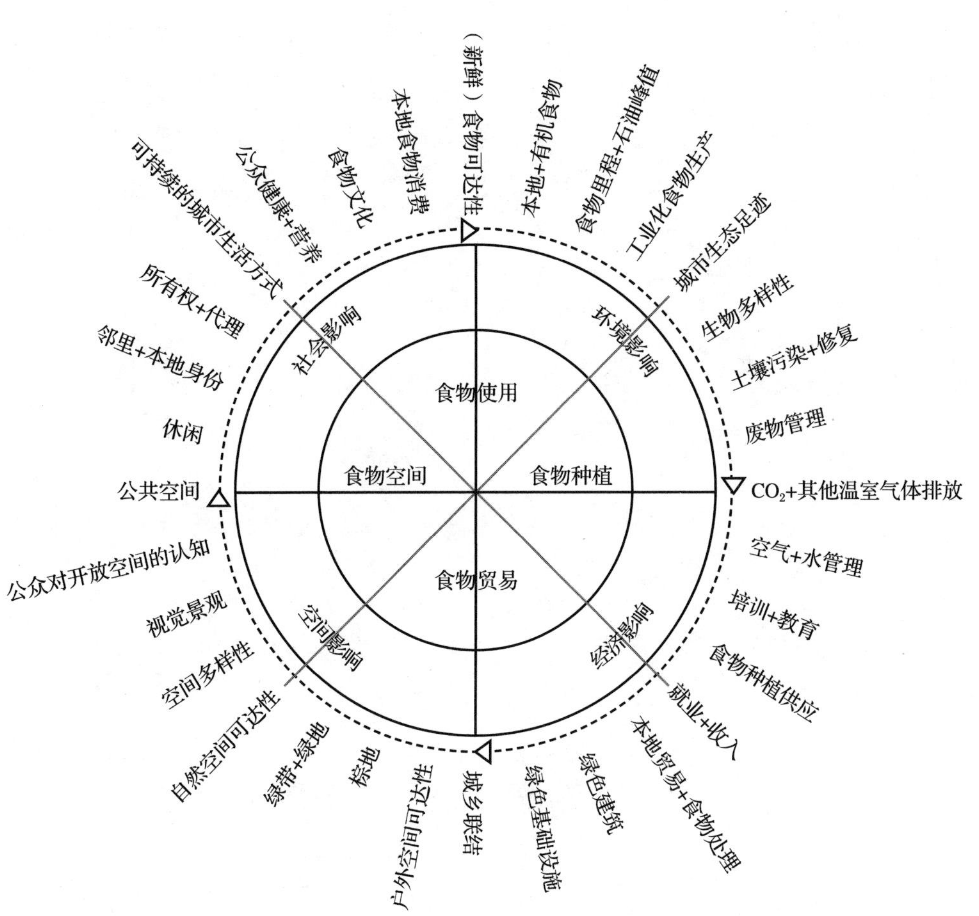

第 21 章

发达经济体中的城市农业

简·威廉·范·德·汉斯（Jan Willem van der Schans）
约翰内斯·S.C.威斯克（Johannes S.C. Wiskerke）
荷兰瓦赫宁根大学，乡村社会学组
jan-willem.vanderschans@wur.nl

21.1 引言

在《城市经济学》的第一章中，雅各布（Jacobs，1969）阐述了一个发人深省的想法：乡村经济和农业工作是直接建立在城市经济和城市工作上的，而不是其他。更多传统的观点认为，城市是建立在乡村农业活动生产的过剩产品基础上：先农业，后城市。雅各布反驳道：纵观历史，城市输入使偏远乡村获益良多，实际上，农业或许从一开始就起源于城市：先城市，后农业（出处同上，17页）。早期的农业源于狩猎聚居区的内部或周边，这些狩猎的先民用收集的种子或是饲养的活畜来交换自然矿物和石头，以制作匕首，矛头，以及其他工具和武器。因此，最初是交易而不是农业使得这些聚居区兴旺繁荣，只有在用于实物交易的种子和活畜开始变异并最终演变为或多或少需要被控制的食物生产时，农业才得到发展。无论如何，农业和城市化的历史是盘根错节的，任何一个离了另一个都无法存在。认为食物生产和城市扩张是分离的、并且其中一个离开了另一个能独自发展得更好的想法延续了几个世纪，不过，这一理念已经逐渐被抛弃（斯蒂尔Steel，2008）。

21.2 城乡分割

在工业化前的世界，城市的规模受到乡村腹地生产能力的限制（出处同上，70页）。唯一的例外是位于河边或海边的城市，这些城市可以通过航运补充食物（尤其是谷物）。范·杜能（Von Thunen）把交通作为一个限制因素，认为越靠近城市的土地价格越高，食物运输成本则越低；大量难运输的易腐败作物应该种植在城市周边；靠近城市的区域采用高度集约化的农业用地模式，越远离城市农业集约化水平越低（从城市中心到城市外缘依次可以看到蔬菜农场，奶牛场，森林和耕地，图21.1）。这种土地利用模型在工业化之前就存在于西方国家，并仍然存在于部分发展中国家。

随着农业工业化的进行，保存易腐农产品技术的发展，以及道路运输效率的日益提高，辛克莱（Sinclair）（1967）注意到，范·杜能（Von Thunen）模型不再适用，甚至恰恰相反。（图21.2）

在这种相反的新模式里，离城市越远，农业土地利用将越趋向集约化。与维持耕作相比，靠近城市的农民更愿意自己的土地被转变为城市建设用地。离城市越远，农民越愿意守住农田，因此会加大投入以保持农田的竞争力。产品的运输成本大致基本保持不变，但相对减少。越靠近城市，农田越碎片化，越容易受到法律法规的限制，而城市里的工作更加赚钱，因此农耕就变成了小规模的、粗放的兼职工作。集约型农业则留在了城市周边的腹地，或迁移到了离城市更远的大型服务中心（拍卖）和加工中心（谷物输送机，乳品厂，屠宰场）的附近（摩根等Morgan et al，2006）。至此，农业和城市完全割裂、各自发展的模式出现，在规划理论和规划实践中也体现出这一点（简单地用区划和分割线来减少农业与城市的相互作用）。

时至今日，城市居民对于与食物来源的重新连接越来越感兴趣，他们或是自己种植

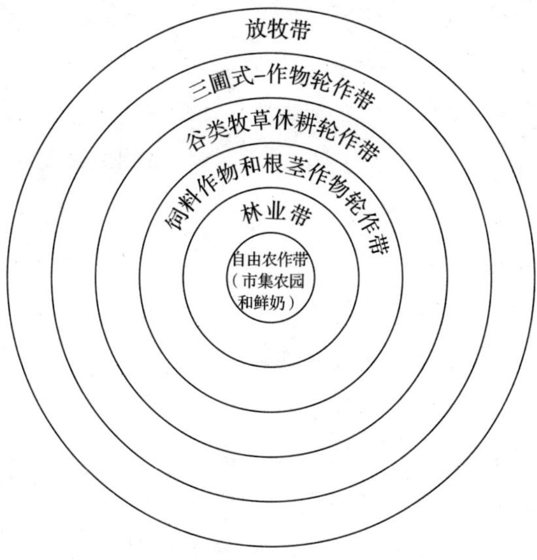

图21.1

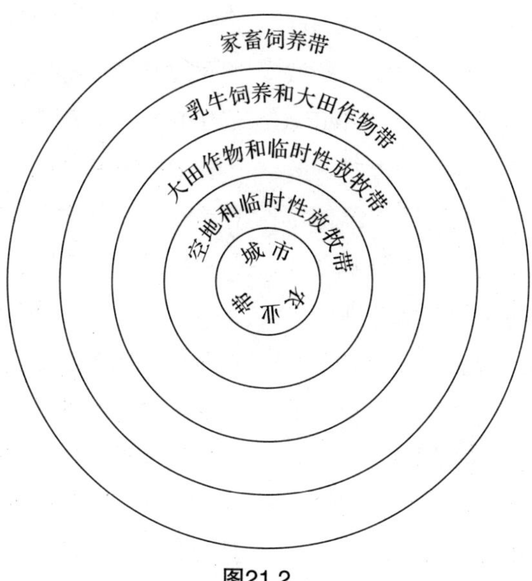

图21.2

图21.1　范·杜能（Von Thunen）模型：孤立城市的土地利用（辛克莱Sinclair，1967）
图21.2　扩张的大都市区域周边的土地利用模型

食物，或是与种植食物的人取得直接的联系（松尼诺Sonnion，2009；威斯克Wiskerke，2009）。规划师则逐渐尝试着在规划理论和实践中融入这种与食物相关的思考（伯恩Bohn和维尤恩Viljoen，2005）。实际上，“农业城市主义（agrarian urbanism）”——这是一种对于城市形态的重新审视，系统思考农业生产对城市空间、生态和基础设施的影响——从未在20世纪城市规划的议程中完全消失：从弗兰克·劳埃德·赖特（Frank Lloyd Wright）的广亩城市，到路德维希·海伯森默（Ludwig Hilberseimer）的“新区域模式”，再到布兰奇（Branzi）的“农业之城”（Agronica）（瓦尔德海姆 Waldheim，2010）。在21世纪的城市规划议程中，这一趋势将更显著地反映出来，例如，新城市主义规划师安德雷斯·杜安伊（Andres Duany）在2008年提交了一个“农业社区”的开发方案，该项目的基地是紧邻温哥华的一处占地528英亩的农场。这个被称之为“南地”的项目，旨在将农业与城市化全方位地整合在一起，方案中既有高密度的带有阳台种植箱的居住单元，也有中等规模的农田，2000个住宅单元占用了1/3的土地，前提是，将该地的农产品价值提高2倍。（http://www.imaginesouthlands.ca/）。

21.3　城市农业的定义

不管是在发展中国家（斯密特等Smit et al，1996）还是发达国家，城市农业正受到越来越多的关注（考夫曼Kaufman和白欧奇Bailkey，2000）。城市农业可以定义为：

> 一种生产、加工、销售食物的产业。主要是为了满足城镇、城市或大都市消费者的日常需求，在城市以及城市郊区的土地和水域，采用集约化的生产方法，利用并再利用自然资源和城市废物生产各种农作物并且饲养牲畜（斯密特等Smit et al，1996）。

当我们在西方的背景下研究城市农业时，需要说明与该定义相关的几个问题。城市农业是一种产业，一种承载着消费需求的专业的经济活动。因此，严格来讲，一些业余爱好性质的食物种植活动，例如份地花园，社区菜园，窗户农场和阳台花园等，是否能归入这一定义还值得讨论。关键在于，如果从城市“农业”的角度而不是从“园艺”的角度研究这些活动，就能使它们在城市食物系统中占有更重要的地位，同时暗示着这些活动具有不可低估的潜力，能够成为职业农民食物种植的补充，为城市和城市郊区供给食物。把城市居民看做农民而不是园艺者，意味着把他们看做是合作生产者而不仅仅是食物消费者。这开启了在城市居民和乡村农民间建立新关系的可能。例如，颠覆涂尔干社会学理论（即在工业化和劳动分工的过程中社会团结由机械走向有机），基于相似性基础而不是异质性基础（相互依赖）重新构成新型的团结社会。此外，将城市农业描述为一种产业同时也意味着：即使在小规模的城市地区，也有集约化生产的可能性。关于这一点，SPIN农场是个典型的例子，加拿大萨斯卡通市的沃利萨特维赤（Wally Satzewich）和盖尔范德斯汀（Gail

Vandersteen）开发出一种面向市场的“微农场”（http://spinfarming.com/），他们在闲置的后院种食物，多个不足一英亩的小块农场为他们带来了不错的收入。

城市农业存在于城市和城郊（而非乡村）地区。精确区分哪里是城市哪里是乡村是一个定义上的问题，也取决于所处的语境〔在加拿大，本地食物是指100英里（约161km）半径以内的食物，在荷兰，通常的标准则是40km或甚至25km〕。农业和城市的发展越来越一体化，然而主流趋势却仍是将这两者割裂开来（正如上文所提到的）。海姆利希（Heimlich）在1989年就已表明，美国的农业（重新）出现在大都市地区，并且通过小型农田开垦、集约化生产，关注高价值农作物和牲畜以及越来越多的非农就业这一系列方式，成功适应了城市化的环境（Heimlich，1989）。奥尔森（Olson）为这现象创造了一个术语：都市农场（Metro Farm）（Olson，1994）。都市农场通常是在城市内部或者靠近城市的小农田，它们充分发挥接近城市市场的优势，修正传统食物系统的缺点，注重提高食物价值而不是像传统做法一样压缩成本。因此，人们更多地注意到城市地区农业活动的正外部效应而非负外部效应，反之亦然。位于荷兰代芬特尔市（Deventer）郊区的霍夫范特维洛农场（Hof van Twello）就是一个很好的例子，在这个农场里，格特简杰森（Gert Jan Jansen）采取了差异化的种植策略，他种植传统品种的作物，并将少数民族作为目标市场，该农场所有的产品在常规超市里都无法买到（http://www.hofvantwello.nl/）。他还利用靠近城市的优势，雇佣一些兼职的城市居民，从事生产、收割和加工工作，这些居民的报酬部分是农场的产品，部分是农场产品销售的营利（范德汉斯Van der Schans，2010）。

城市农业直接面向本地市场，而不是出口导向的。在这一方面，城市农业有别于“都市农业（metropolitan agriculture）”以及最近被斯密茨（Smeets）等人所定义的“网络农业”（范奥特沃斯特等Van Altvorst et al，2011）。“网络农业”是一种复合农业功能的空间集群，这一集群内包括非常精密的动植物养殖系统，利用工业和城市废料进行生产，以便在世界市场中竞争（Smeets，2011）。而城市农业则是一种短链供应模式。这一模式在涉及到易腐产品（绿叶蔬菜，浆果类，麦芽等）时会表现出竞争优势，传统长链模式则通常用于能够耐长距离的运输的标准化产品和种类。此外，短链模式也适于创造其他的社会效益，例如，在钢筋混凝土环境里的一处城市农田，既能为人们带来愉快的经历，也可能有助于缓解生理和心理疾病（范德汉斯Van der Schans，2011）。

有关城市农业的定义，最后一个需要考虑的问题是利用城市废物和未充分使用的资源。农业与城市在地域上的接近，使得农业可以从闭合的物质和能量循环中获益（水、养分、碳等）。然而，循环利用城市废弃物是发展中国家城市农业活动的关注点，相比之下，发达国家对这一点就不那么重视了（赖福思伽德等Refsgaard et al，2006）。在西方世界，城市废弃物管理系统的发展历来更倾向于关注卫生标准而非回收利用。因此，在这种系统中，营养物质和有机物被排放到河里，沉在烂泥中，甚至被焚烧。关于城市废水再利用，美国密尔沃基的“生长力”项目（http://www. Growingpower.org/）是个很好的例子。城市农民威尔艾伦（Will Allen）和他的员工收集城市固体有机废物进行堆肥，设计鱼菜共生系统，用富含营养物质的养鱼废水灌溉植物。另一种城市农业从城市环境获益的方式，是通过利用空地，或者其他未完全利用的空间，比如屋顶或废弃的建筑。对城市农业来说，临时性以及复合性利用土地和空间是常态而不是例外，用这种方式，城市农业理想地避免了与其他城市活动的空间竞争——一场无论如何都可能会输的战争。

21.4 城市食物战略

全世界的城市都在探索如何重新联系食物生产（农业）和城市生活，或是重新建立城市居民和城郊农民间的联系，或是在城市范围内允许和创造食物生产空间（松尼诺Sonnino，2009），这些空间可能包括私人园地，学校花园，社区园地。同时，人们对城市农场的兴趣也日益高涨，这些农场一般由专业的农民经营，有些则与有志于此的市民团体合作。

为了理解西方国家对城市食物生产日益浓厚的兴趣，研究这些活动发生时的社会和经济背景是非常重要的。质优价廉的食物对某些城市来说是非常重要的问题，尤其是在超市和杂货店不愿意布局在低收入地区的情况下（即食物荒漠；富里等Furey et al，2001）。但这并不是故事的全部，在很多西方城市，虽然新鲜食物在每一个街角都能买到，但市民自己种植食物的积极性也越来越高（如阿姆斯特丹）。很明显，这是因为城市农业解决了其他的城市问题，比如提升公共（绿色）空间，改善社会隔离问题，创造健康生活方式的意识，缓解城市环境问题，如暴雨洪水、城市热岛效应等。

如果城市农业能给城市发展带来这么多的好处，那么为什么在城市规划中系统地整合食物生产以建设可持续都市的实践那么少呢？实际上，并不是没有振奋人心的案例，下一章便会提到其中的一部分，但是，要找到一个系统的、将食物生产自然而切实地融入城市（城郊）的方法就不那么容易了。对于这个理论与实践的断裂带，一个可能的原因是，对于西方城市来说，与传统农业相比，城市农业究竟能在多大的程度上更可持续这一点还不是很明确。把农业和城市生活完全割裂开的现存食物系统可能存在缺陷，但还不至于完全崩塌。为了唤起社会的关注，它也正在逐渐重塑。食物安全的问题偶尔也会出现，就像英国的货车司机罢工，火山爆发导致尘云，或者恐怖袭击的威胁使得城市食物链断裂（即“民无食则乱”，博伊科特Boycott，2008）。但大多数西方城市依然依赖长链食物系统，全球采购而非当地采购。因此，对于研究者来说，迫切需要界定城市农业的直接和间接益处（松尼诺Sonnino，2009）。

RUAF模型可以用于阐述可能的城市农业政策范畴，该模型主要是基于发展中国家的经验（图21.3）（杜拜灵等Dubbeling et

图21.3　发展中国家城市农业的类型和政策范畴
（范芬赫伊曾Van Veenhuizen，2006）

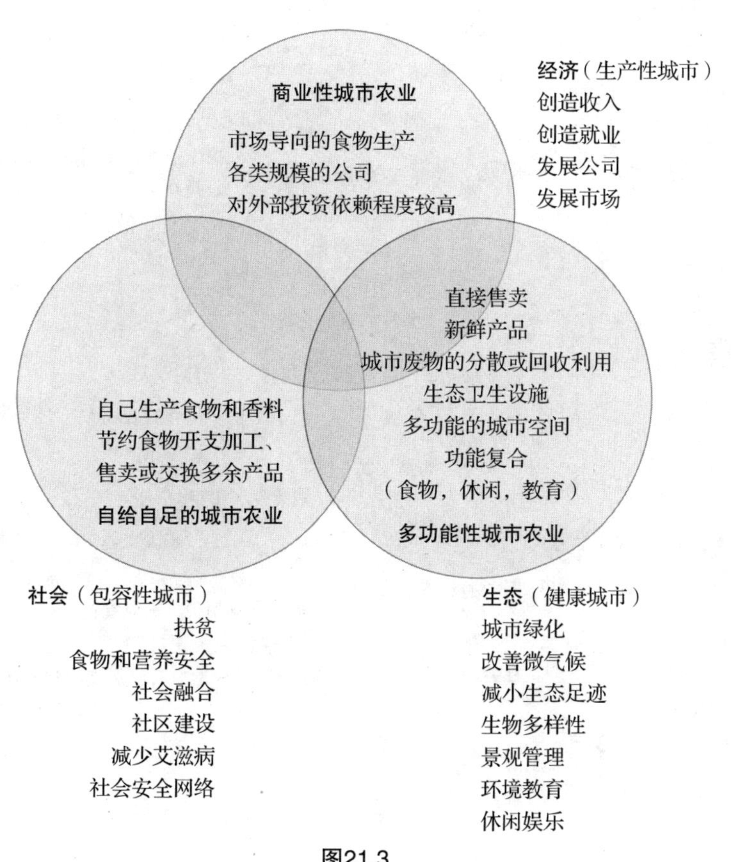

图21.3

al，2010）。经过一定的调整，该模型也可以应用于发达国家（图21.4）。

在这个调整后的模型中，在社会范畴，我们可以设想各种类型的城市农业，如社区农园，学校农园，食物仓库农园和社会农场。在这一范畴中，相应的社会政策目标包括庆祝文化的多样性，为城市居民提供休闲空间，开展亲子活动，教给孩子健康的生活方式，为残障人士提供有意义的活动等。在生态范畴，则包括可以缓解热岛效应的绿色屋顶，雨水花园，减少城市食物浪费的计划，在城市荒地上种植能源作物等。生态政策目标包括缓解气候变化，增加物种多样性，固碳等。在经济范畴中，城市农业可以成为经济上可行的城市职业，如结合食物生产维护景观，民族企业，在衰退地区进行场所营造，农夫集市，公共采购政策等。经济政策目标包括（手工艺性的）食物生产和加

图21.4 发达国家的城市农业的类型和政策范畴

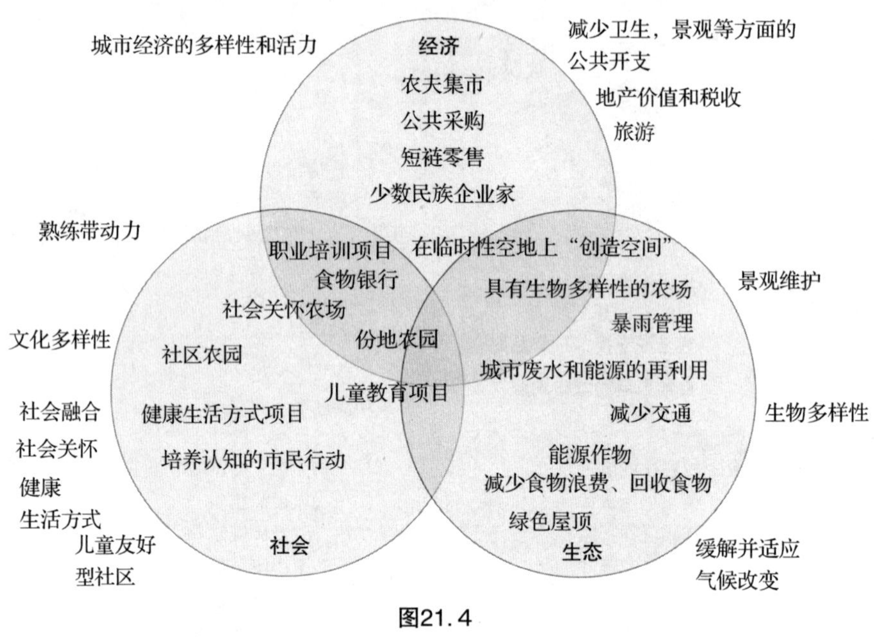

图21.4

工技艺传承，减少景观维护预算，增加房地产价格和税收收入，繁荣城市食物文化以吸引游客（这些对RUAF模型的调整内容部分来源于2011年与鹿特丹城市农业智囊团的头脑风暴，这是一个探索鹿特丹城市农业潜力的平台）。总之，这是一个从食物的视角看待城市的模型，它提供了一个与现代城市生活相关的政策集成，也阐述了不同范畴的政策之间是如何相辅相成的。

21.5 城市农业部分的提纲

本部分所收录的一系列章节都涉及城市农业对城市生活的影响。部分章节讨论了城市农业对城市经济的影响，部分则是对城市生态和社会结构的影响。卡普托（Caputo）在第一章强调了只有城市农业具有经济可行性，才能对西方国家的城市食物系统产生更大的影响。他认为，到目前为止，多数城市农业活动所关注的仍然只是社会问题，并提供了英国一些更为商业化的案例。第二章的作者尼瓦（Niwa）则将目光转向了东京——一个发达国家中的非西方城市，城市农业作为一种具有经济活力的城市活动，在东京大为流行，这种活动即使在空间的高度竞争中也能存活下来。她阐述了城市农业在东京的历史渊源，以及城市农业如何重新适应于现代城市的功能和形态。吉欧达（Giorda）的章节讨论了在经济危机打击了汽车产业的背景中，作为人们对城市衰退的反应，草根的城市农业项目在底特律开始盛行。吉欧达（Giorda）评估了当前城市农业项目对改写底特律的未来的潜力，这也标志着一个更加直接的、经济驱动型城市农业模式的出现。接下来的几个章节则围绕城市农业的生态功效展开。莫罗（Moreau）等人介绍了加拿大学者的研究，该研究着眼于城市和城郊农业减少和抵消温室气体排放的能力。他们定义了气候智能型城市/郊农业并将其整合到城市规划中。简思马（Jansma）等人将荷兰城市阿尔梅勒作为案例研究的对象，该城市将城市农业和规划中的城市扩张融为一体，并关注利用本地食物生产来减少温室气体排放的可能性。简思马等人发现与当地生产本身没有关联的因素也必须纳入考虑范围，比如饮食习惯（少肉）和购物习惯（骑自行车或送货上门）。在其他章节中，丹尼（Denny）比较了不同西红柿品种对环境的影响和全年不间断供应的可能性，包括在半商业或商业化城市农业模式下进行生产。她总结出，本地生产模式的二氧化碳排放量是最低的，人们购买时令西红柿就可以避免其种植和购买过程中的汽车运输。最后几章谈论了城市农业的社会效益。威特夏（Wiltshire）和乔黑根（Geoghegan）研究了英国的城市食物生产，并认为，对于城市农业的未来发展，更好地理解城市食物生产（不同模式的）的社会组织相当重要。份地花园和社区花园都有自身的逻辑，但为了使志愿者发挥最大的效用，这两种模式将必须进行调整。托尔纳吉（Tornaghi）关注利兹不同形式集体城市农业的出现，他认为，市民对这类公共空间有新的需求，而地区规划组织的灵活应对能力还远远不够。只有把城市公共空间的决定权交回到民主决策的范畴，并能够为公众提供常态的、结构性的解决方案。最后，所罗门（Solomon）阐述了如何将城市农业与阿姆斯特丹和海牙的未完全利用的公共绿色空间相结合。她认为，城市农业急需探索具有可实施性和弹性的发展模式，文化部门的城市农业项目则是一种有益的创新实验。

21.6 讨论

从这些章节中可以发现，与传统农业相比，城市农业的系统化评估才刚刚起步，尤其是关于生态性能的评估（詹世玛等Jansma et al.，丹尼Denny 和莫若等Morreau et al.）。当前的评估主要侧重于温室气体的排放，不完全包括其他环境方面，比如土地使用，生物多样性，水的使用和储藏，土壤肥力，景观质量，商品的保质期和新鲜度，以及与健康生活方式相关的室外活动。此外，比起主流农业和传统有机农业（吸收了很多主流农业的生产经验和逻辑，比如严重依赖机械化和单一作物），一些创新的农业形式可能更适用于城市和城郊环境，但并没有被纳入当前的评估体系中。这些创新的形式包括“闭环农业”，即着眼于再利用城市废物的耕种系统。例如，在早年的中国，城市或靠近城市的人们通常用人类排泄物和垃圾施肥，以补充农作物对土壤肥力的消耗（金King，1911）。其他正处于探索阶段的形式还有“生态农业”（谢尔等Scherr et al.，2007），即在种植食物的同时维持物种多样性并改善生态系统健康的方法（免耕农业，农林复合经营，综合害虫管理等）。同时，也需要研究与创新农业形式相应的生态（社会、经济）形式，尤其是在城市农业的实践阶段，这些形式包括屋顶种植，室内种植和垂直种植等。这一部分的研究或多或少认为人们所做的食物选择是理所应当的，城市农业的倡导多为假设，然而人们在自己种植食物或与种植食物的人有直接联系的时候的确可以改变他们的消费模式。城市农民探索不同的农作物种类，以延长当地的种植季节，取代进口外来的食物，或者用蔬菜代替肉类。相比较其他改变城市食物系统的政策手段，证实城市农业效力的研究应该更为有效。

另一个需要深入研究的问题是商业模型。即，城市农场不可避免要和传统低生产成本农产品，以及高经济收益的其他城市活动的竞争，实际上，很多城市农业活动得到支持是源于社会，生态甚至是艺术方面的考虑，但是这些活动缺乏合理的经济基础。一项在美国开展的研究表明，只有少部分企业性城市农业项目开始有一些利润，其他大多数项目主要是提供了多样的社会、审美、健康、社区发展等效益（考夫曼Kaufman和贝尔克 Bailkey，2000）。需要指出的是，即使对于传统的农民来说，要借助于食物产量增加来取得可观收入也已经很困难了，这是当代食物系统需要首先关注的一个问题（威斯克Wiskerke，2009）。如果我们着眼于城市郊区的农民，会发现他们的数量在逐步增加，并普遍正在探索多样化的发展策略（范德普洛格等Van der Ploeg et al.，2002），这或许也会激励城市农民（范德汉思Van der Schans，2010）。在尼瓦（Niwa）的研究中，东京的城市农夫在探索差异性和多样化策略的过程中做得很好，如生产高质量的新鲜蔬菜并直接销售给消费者来获取更多利润，或为业余的农夫提供种植食物和休闲的场地。城市和城郊地区的农业活动中，JA合作社（中央农业合作社联盟）的支持保证了日本城市农夫的专业水平，并在农作指导，农产品销售，生产物资投入，信贷和保险上起着重要作用。同时，为了让日本农业的多功能价值得到认可，JA合作社也做了大量的工作（http://www.zenchu-ja.or.jp/eng/index,html）。为了加强经济可行性，城市农夫需要积极挖掘农场所能提供的生态服务和社会服务，这些服务是城市机构乐意买单的，这可以增加农场自身商业合作的价值，或是降低农场的成本。目前需要更多的研究以明确城市农场的价值（如应用于城市更新，应对暴风雨的雨水花园，降低城市热岛效应，公园管理，健康生活方式的推广）。同时，也需要研究相关的组织机制以允许投资者能获取溢出的利益（比如，在暂时闲置的空地上发展城市农场，对城市区域的更新有着重要作用，虽然这会带来周边房价的上升，但投资城市农场者很少从中获利）。城市农场可以使城市绿色空间更具有吸引力，但它是否能作为一项服务被列入当地政府公园管理预算或社会住房部门的社会改善预算还并不可知。吉欧达（Giorda）在底特律案例中的分析中认为，城市农业可以作为城市复兴的载体。但是，在城市复兴的过程中，究竟哪种模式（社会导向的还是经济导向的）适用于城市农业还有待商榷。

最后，作为一种社会现象，城市农业使得城市居民在从事食物生产的过程中重新定义了他们在食物系统中的社会角色。作为一种亲力亲为的活动，同时也受到了类似于“转型城镇（Transition Towns）”此类社会运动的影响，城市农业活动受到了欢迎，生活类杂志也越来越多地关注后院，阳台，屋顶或是窗台花园。正如威特夏（Whiltshire），乔黑根（Geoghegan），托尔纳吉（Tornaghi）和所罗门（Solomon）所展示的，农耕能成为一种社会活动。人们为了一个共同的任务一起工作，互相分享知识和收获，甚至积极地尝试重新建立城市居民和城郊专业农民之间的联系。比如，“种植社区（Growing Community）”原本只是伦敦附近农民的一个箱式种植计划，后来发展成了生产性社区，大量的志愿者加入进来，并开始在城市内的2、3个空间种植特殊的农作物（http://www.growingcommunities.org/）。在这种情况下，比起竞争，城市园艺家和城郊农民更愿意互相合作。所罗门（Solomon）建议艺术家也应该在试验新型的城市农业中起作用，扩大新型城市农业可能的模式范围，以帮助城市农民获得收入。但是我们需要注意，定位成社会或艺术的项目通常会被归入另一种管理体系，而不是被归入经济体系。当社会项目变成经济项目，土地使用条件、许可证、食物安全法规等都会有巨大的改变。例如，份地花园通常禁止人们销售农作物从而获利，在荷兰，份地花园是一种娱乐消遣活动（甚至不是生产性活动，更不用说是商业生产活动了）。此外，为了理解在城市公共空间种植食物的人们之间的社会关系，需要使用公共物品的概念（威特夏Whiltshire和乔黑根Geoghegan明确从社会和政治角度定义过公共物品的概念）。这里的公共物品指的是尚未开发、尚未出让的土地，它们属于每个人，或者属于特定社区的成员（分别是非排他性的公共物品和排他性的公共物品，范得汉斯Van der Schans，2001）。那么，对人们在公共空间种植食物这一社会行为需要什么规章制度来进行管理，会发生哪种社会化过程，这些过程对扩展人的社会能力会有什么样的影响，这些问题都还有待研究。当然，这些影响应该与其他社会项目的影响进行比较评估。

21.7 再论范·杜能（Van Thunen）模型

为了总结本部分关于城市农业的内容，必须提到最近在很多西方城市，为了应对城市化造成的农田减少，城乡关系已经发生结构性的改变。这是由于“精明生长”（http://www.smartgrowth.org/）和“新城市主义”（提倡多样的，紧凑的城市和适于步行的社区）等城市设计理念的流行。这些理念建立在简·雅各布（Jane Jacobs）城市区域混合使用的观点（Jane Jacobs，1961）以及詹姆士·霍得华·库斯勒（James Howard Kunstler）城市蔓延危害（Kunstler，1994）的观点基础上。采用这些规划理念的城市应该紧凑发展而不是进行城市扩张，并尽可能地保护农地（比斯利Beasley，2009）。同时还需要研究如何将城市的高密度建设和城市食物生产融为一体，并使城市农业生活方式被广为接受（杜安尼Duany，2011）。

由于经济危机和房地产危机，农田城市化的压力减少了，但待开发的土地长期闲置。为了防止土地进一步退化，临时性的使用很受欢迎。如今的房地产开发商会邀请城市居民在他们的土地上种植食物，例如，2008年，ONNI开发公司把位于温哥华耶鲁镇中心的西摩街和太平洋街的空地变成了社区花园。在进行开发前，79处空地按照先到先得的原则提供给社区和居民临时种植食物（格罗格Groc，2008）。而在两年前，房地产商为了开发土地铲除了南部中心农场——一个位于加利福尼亚南洛杉矶工业区东四十一和南林荫街道的城市社区农场（http://www.thegardenmovie.com/）。[①]

另一个趋势的改变则是关于城市化。据荷兰国家统计局2009年的统计，城市在土地流转过程中损失了4.14亿欧元，而前一年他们还从农地流转为建设用地的过程中赚取了6亿欧元（范瑞金Van Rijin，2011）。考虑到稳定的甚至下降的人口数量趋势，城市扩张不会在近期发生，也可能永远都不会再发生，因此，一些城市，像鹿特丹，正在邀请农民回到数年前被国家收购的土地上。如果城市不再扩张，靠近城市和城市中的农民所担心的被城市蔓延所取代的机制就会逆转。考虑到接近城市市场和未开发的城市资源，农业活动可能就会是合理的有利益的。我们仅仅才开始研究这对农业的整体发展以及城市农业的意义。当城市化压力减少，城市周围和城市内的农民又可以专注从事他们所擅长的工作——种植新鲜高质量的产品，从而把城市废物转化为食物，同时提供就近的独特景观体验。这是关于范·杜能模型的再论，欢迎21世纪的都市食物景观。

参考文献

Beasley, L., 2009.Smart growth in Rotterdam: Considerations from a Vancouver perspective. Report Guest Urban Critic 2009, Van der Leeukring Rotterdam, the Netherlands.

Bohn, K. and Viljoen, A., 2005. Continuous productive urban landscapes designing urban agriculture for sustainable cities.

① 需要说明，地产公司将闲置土地作为社区花园能将他们的土地重新归类为公园或花园，这样就可以减少他们的财产税支出。这就引发了一些争议：是否对城市农业的推动是一种“刷绿”公司形象的策略，或者避税以平安渡过地产危机的策略，还是地产公司真正想要与本地社区合作、促进有机经济增长，从而复兴城市社区（http://www.nowpublic.com/world/those-community-gardens-are-fertile-tax-dodges）。对于这些农业和城市之间的新关系，需要进行更多的研究和评估。

Architectural Press, Oxford, UK, 280 PP.

Boycott, R., 2008. Nine meals from anarchy—how Britain is a very real food crisis. Daily Mail June 7th 2008.

Duany, A., 2011. Garden cities, theory and agrarian urbanism. The Prince's Foundation for the Built Environment, London, UK, 86pp.

Dubbeling, M., De Zeeuw, H. and Van Veenhuizen, R., 2010. Cities, poverty and food: multi-stakeholder policy and planning in urban agriculture. RUAF Foundation, Practical Action Publishing, Leusden, the Netherlands, 192 pp.

Furey, S., Strugnell, Ch. and Mcllveen, H., 2001. An investigation of the potential existence of "food deserts" in rural and urban areas of Northern Ireland. Agriculture and Human Values 18: 447-457.

Groc, I., 2008. Urban farming grows on Vancouver, Granville. June 03, 2008, available at http://www.granvilleonline. Ca/gr/Vancouver/2008/06/03/urban-farming-grows-vancouver.

Heimlich, R.E., 1989. Metropolitan agriculture: farming in the city's shadow. Journal of the American Planning Association 55: 457-466.

Jacobs, J., 1961. The death and life of great American cities. Vintage Books, New York, NY, USA, 458 pp.

Jacobs, J., 1969. The economy of cities. Random House, New York, NY, USA, 268 pp.

Kaufman, J. and Bailkey, M., 2000. Farming inside cities: entrepreneurial urban agriculture in the United States. Lincoln Institute of Land Policy, Cambridge, MA, USA, 120 pp.

King F.H., 1911. Farmers of forty centuries, or permanent agriculture in China, Korea, and Japan, Madison, Wisconsin, USA, 441 pp.

Kaufman, J.H., 1994. The geography of nowhere: the rise and decline of America's man-made landscape. Touchstone, New York, NY, USA, 304 pp.

Morgan, K., Marsden, T. and Murdoch, J., 2006. Words of food: place, power and provenance in the food chain. Oxford University Press, Oxford, UK, 225 pp.

Olson, M., 1994. Metro farm: the guide to growing fir big profit on a small parcel of land. TS Books, Santa Cruz, CA, USA, 576 pp.

Refsgaard, K., Jenssen, P.D. and Magid, J., 2006. Possibilities for closing the urban-rural nutrient cycles. In: Halberg, N., Alroe, H.F., Knudsen, M.T. and Kristensen, E.S. (Eds.) Global development of organic agriculture: challenges and prospects. CaB International, Oxfordshire, UK, pp. 181-214.

Scherr, S.J. and McNeely, J.A., 2007. Farming with nature: the science and practice of ecoagriculture, Island Press, Wshington DC, USA, 445 pp.

Sinclair, R., 1967. Von Thunen and Urban Sprawl. Animals of the Association of

Ameican Geograohers 57: 72-87.

Smees, P.J.A.M., 2011. Expedition agroparks: research by design into sustainbale development and agriculture in network society. Wageningen Academic Publishers, Wageningen. The Netherlands, 319 pp.

Smit, J., Ratta, A. and Nasr, J., 1996. Urban agriculture: food, jobs and sustainable cities. UNDP, New York, NY, USA, 302 pp.

Sonnino R., 2009.Feeding the city: towards a new research and planning agenda. International Planning Studies 14: 425-436.

Steel, C., 2008. Hungry city: How food shapes our lives. Random House, London, IK, 383 pp.

Van Altvorst, A.C., Andeweg. K., Eweg, R., Van Latersteijn, H., Mager, S. and Spaans, L., 2011. Sustainable agricultural entrepreneurship: The six guises of the successful agricultural entrepreneur. Transforum, Zoetermeer, the Netherlands, 180 pp.

Van der Ploeg, J.D., Long, A. and Banks, J., 2002. Living countrysides, rural development processes in Europe, the state of the art. Elsevier Bedrijfsinformate BV, Doetinchem, the Netherlands, 231 pp.

Van der Schans, J.W., 2001. Governance of marine resources: Conceptual clarifications and two case studies, Eburon, Delft, the Netherlands, 468 pp.

Van der Schans, J.W., 2010. Urban agriculture in the Netherlands, Urban Agriculture Magazine 24: 40-42.

Van der Schans, J.W., 2011. Agrarian urbanism, de nieuwe Utopia?Een bedrijfskundige kijk op stadslandbouw. In: P. de Graaf (Ed.) Ruimte voor stadslandbouw in Rotterdam, Eetbaar Rotterdam. Paul de Graaf Ontwerp en Onderzoek, Rotterdam, the Netherlands, pp. 50-53.

Van Rijn, M.J., 2011. Gemeenten leden in 2009 verlies op bouwgrond. Centraal Bureau voor Statistiek, webmagazine. Available at http://www.cbs.nl/nl-NL/menu/themas/overheid-politiek/publicaties/artikelen/archief/2011/2011-3402-wm.htm.

Van Veenhuizen, R., 2006. Profitability and sustainability of urban and peri-urban agriculture. Food and Agricultural Organization, Rome, Italy, 108 pp.

Waldheim, Ch., 2010. Notes towards a history of agrarian urbanism. Available at http://places.designobserver.com/feature/notes-toward-a-history-of-agrarian-urbanism/15518/.

Wiskerke, J.S.C., 2009. On places lost and places regained: reflections on the alternative food geography and sustainable regional development. International Planning Studies 14: 361-379.

第22章

发达国家城市食物生产的目的

西尔维奥·卡普托（Silvio Caputo）
英国考文垂大学，建筑环境系
silvio.caputo@coventry.ac.uk

摘要：食物安全现已被列入英国政府议程。化石燃料供应短缺和食物价格上涨为当前全球食物系统的不可持续性敲响了警钟。英国政府已经发布了一系列有关食物生产的文件，旨在形成一个更为环境友好的食物链。但是，城市农业在上述策略中未能占有一席之地。城市农业可以使食物来源多样化，培育健康的食物消费习惯，减少碳排放。实际上，面对庞大的城市碳足迹，城市食物生产应该被认为是低碳社会的贡献者。城市农业的生产地与消费地之间几乎不存在运输距离，并更接近低收入群体。然而，为了使之成为现实，城市农业需要在经济上可行。需要研究在城市环境中丰产的种植模式，尤其是建立在中小规模耕种空间网络上的商业模式，并充分利用在地的城市资源（水、堆肥、阳光）。本章展示了城市农业在发达国家中的新角色，不仅关注环境和社会效益，还涉及经济机会。审视国家层面食物安全的定义、明确公益组织在促进城市农业实践中的作用以及可行的商业模式是实现这一新角色的前提。

关键词：城市农业，食物安全，食物系统

22.1 引言

由于城市农业有多种形式和多种效益，因此很难给出城市农业的确切定义（加尼特Garnett，1999）。穆杰特（Mougeot，2006）认为，城市环境中的食物生产并不是新事物。在不同的历史时期，城市农业早就以不同的形式出现在当时的城市中。他给出了以下宽泛的定义："笼统地说，城市农业是在城市内部及城市边缘地区开展的食物生产、加工和分配活动（也包括非食品植物和果树的种植以及家畜饲养），其产品直接供给城市市场。"在过去的几十年里，城市农业在发达国家和发展中国家都得到了广泛实践，并成为了学术界和公众感兴趣的话题，相关的理论和实践研究均已经开展。城市农业的效益包括：健康效益，教育价值，环境效益，社会和经济效益（加尼特Garnett，1999；菲尔霍姆Fairholm，1999；马斯登Marsden，1999）。基于不同的环境，这些效益的重要程度会有所不同。在发展中国家，经济效益通常与解决城市贫困人口的温饱问题有关（穆杰特Mougeot，2006）。1996年，联合国粮食及农业组织将食物安全定义为："食物安全是指所有人在任何时候都能获得充足的、安全的、营养的食物来满足其饮食需求及饮食偏好，从而通往积极健康的生活方式"（FAO，1996）。

对于城市低收入群体来说，城市农业可以提供在城市内食物自给自足的可能，从而帮助解决城市饥饿和贫穷问题，一些类似农业联合体（Agropolis）的项目已经证明了这一点（雷德伍德Redwood，2009）。发展中国家食品问题的严重性或许可以通过低收入群体食物消费占其收入比重的指数来说明，如金沙萨（扎伊尔首都，60%），曼谷（60%），拉佛罗里达（智利，50%）（阿肯巴米奇奥等Akinbamijo et al，2002）。此外，模糊的城乡边界、低效的规划法规以及大都市的城市结构往往会为农作物种植留下充足的、未经规划的"孔隙空间"（穆杰特

Mougeot，2006）。

在发达国家，城市农业的发展动力则有所不同。在英国，食物支出占总收入的平均比例是9%，最贫困群体的食物支出比例为15%（战略部门The Strategy Unit，2008）。尽管贫困问题依然严峻（巴瑞多里尼Brandolini 和西伯隆尼 Cipollone，1992；The Poverty Site，2010），但可以肯定的是，在食物这个问题上，弱势群体依然处在有效的社会安全网内（布尔克Bourque，2005；帕苏古彻Pothukuchi 和考夫曼Kaufman，1999）。虽然健康食品（有机的，未加工的食物）的价格比较昂贵，食物开销也或许会持续增加，但对大多数人来说，这部分开支还是可负担的。因此，关于食物的讨论更多的是关注其质量而非可得性。在这样的背景中，城市农业的目标主要是环境和社会效益，包括保护生物多样性、处理废物以及减少食物系统的能源消耗（维翁等Viljoen et al.，2005）。重建城市居民和食物的联系也有助于改善不平衡、不健康的饮食习惯（巴林等Barling et al.，2008；食物标准委员会Food Standards Agency，2010）。最终，城市食物种植能够成为社会改良的催化剂。种植食物能够团结弱势团体（穆杰特Mougeot，2006），或成为社区建设的工具（加内特Garnett，1999），或能给流浪汉之类的“高风险人群”提供机会（布尔克Bourque，2005）。

将城市状况武断地划分为“发达”和“发展中”两种截然不同的地缘政治区域显然是不可能的。例如，莫斯科的家庭种植从1970年的20%增长到了1999年的65%，这表明在一些“地方性失业”的发达国家，城市农业活动是困难时期的一种生存策略（迪斯揣Deelstra 和 吉拉德特Girardet，2005）。然而，在发展中国家，城市农业仍然是确保粮食安全的方式（穆杰特Mougeot，2006）和创业、就业的机会（雷德伍德Redwood，2009）。在发达国家，城市农业对粮食安全、就业及经济增长的贡献则很微弱。当前的食品危机仍然对全球的粮食安全政策有很大的影响，城市农业在成熟经济体中也扮演着越来越重要的角色（松尼诺Sonnino，2009）。很多问题也应运而生：城市农业真的能促进国家食物系统的发展吗？城市农业能有助于提升国家食物安全吗？如果能，那么在以市场为导向的经济体中，是否存在一种能更好地把食物系统中分散的、小规模的农业劳动者紧密联系在一起的组织形式呢？本章简要地回顾了当前英国的食物安全政策和致力于替代食物生产/供给的团体组织形式，并试图说明新型商业模式是城市农业成为稳定的食物生产方式的必要要素。但是，本章的目的并不是研究能够刺激城市农业生产的商业模式，而是揭示阻碍或促进发达国家城市农业发展的要素。

22.2 英国食物安全政策

在一系列的政府报告中，食物生产和消耗对环境的影响以及地缘政治造成的不确定性风险等相关内容频频出现（参看DEFRA，2006，2008；Foresight，2011；The Strategy Unit，2008）。英国的食物链的温室气体排放量占总量的20%（HM 政府，2010）。

2008年六月份食物价格的意外上涨，与石油价格和美国的生物燃料政策直接相关，在3个月内造成了3%的食物通胀（土壤协会，2009），这揭示了全球食物系统的脆弱性。尤其是，英国是个依赖进口的国家，石油、汽油、化肥、饲料和机械设备等均需要进口（巴林等Barling et al.，2008）。如果能够在任何一项国家食物安全策略中考虑到未来的不确定性因素（如政策因素、燃料和资源稀缺等因素），将无疑是明智的。官方的数据显示，英国能生产近60%的所需的食物（巴林等Barling et al.，2008）。然而，这些数据多少具有误导性，因为它们是基于食物的商业价值而非食物的数量或热量水平（土壤协会，2010b）。

FAO（2010a）估计，为了满足食物需求，到2070年全球食物生产应增加70%。DEFRA的咨询文件“在变化的世界中确保英国的食品安全”展现了一幅图景：在全球范围内，粮食产量的增加应该主要集中在非洲和亚洲地区；而且必须通过技术革新、提升资源开发效率、使用转基因作物来维持其可持续增长。气候变化将对发展中国家产生重要影响。因此必须通过增强相关意识、刺激增加产出以治理市场等方法来支持发展中国家（DEFRA，2008）。在国家层面，人们对本地食物的兴趣催生了农夫集市，“蔬菜箱”等项目一年创造了20亿英镑的价值（DEFRA，2008）。该咨询文件已明确认为这是英国经济中有价值的一部分，食物安全的最好战略是确保内部经济的稳定，这能够防止物价的通胀，控制低收入人群在食物消费上的增加（DEFRA，2008）。

虽然政府报告已经意识到不稳定性的风险与能源供给有关，但政府似乎依然过度相信那些关于国家（与全球食物系统相关的）经济环境状况的正面评估，明显忽略了那些不利于资源开发和应对气候变化的政治状况。同时，政府也似乎过度依赖稳定的经济环境，过度依赖农业实践中能源利用最小化的创新。然而，很多因素会导致全球的不稳定性，会增加与全球食物供应链相关的不确定性。比如，FAO（2010b）指出，气候变化将给农业造成灾难性的影响，发展中国家必须增加应对气候变化的财政支持并进行知识转换。此外，国际能源署（2009）表示，考虑到环境破坏，石油需求的增加将对经济发展造成不可估量的影响。

从这个角度考虑，在临近消费的地点进行食物生产不单是为了满足日益增加的本地食物需求，更是一种构建国家食物链弹性的战略。很明显，城市农业已经在这过程中扮演了非常重要的角色。然而，城市农业却一直没有被认为是国家政策的贡献者（Howe，2010）。对于以传统工业逻辑为基础的经济模式来说，难于承认分散的、小微的食物生产的优点是可以理解的。此外，推动替代性食物安全路径的自下而上的动力也比较少。最后一个原因或许是发达国家城市居民很难理解当前食物链的脆弱性（帕苏古彻Pothukuchi和考夫曼Kaufman，2000）。

帕苏古彻和考夫曼认为城市食物系统对市民来说是隐形的，市民对食物系统视而不见。其原因包括：市民认为获得食物是理所应当的事情；食物链是无形的；生产活动被认为是农村问题；相关政策制定者对此也缺乏兴趣。因此，市民普遍缺乏对食物系统重要性的认知，而便宜易得的工业食品更是强化了这一状况。很显然，要建立替代性的、有弹性的食物生产系统，这一认知必须改变，城市农业在食物系统中扮演的重要角色必须得到体现。然而，由于对食物系统重要性认知的普遍缺乏，这并不是个简单的任务。此外，在政府层面，食物安全的指标不包括气候变化、土壤肥力、水和其他环境因素（巴林等Barling et al. 2008），这使得在政策层面考虑资源消耗对国家食物供应系统不利影响的难度增大。

22.3 城市农业在英国的实践

英国的调查研究显示，规划者对城市农业优点的认识较欠缺（帕苏古彻Pothukuchi和考夫曼Kaufman，2000；豪Howe，2010）。这种现象可能是政治意愿缺乏的结果，表现为缺乏与城市食品生产空间、生产方式相关的指令和政策（马丁Martin和马斯登Marsden，1999）。在规划指令中，开放空间被认为是高品质城市空间的必要组成部分（DCLG，2006），但并没有关于食物种植空间和形式的相关考虑。然而，鉴于城市居民和食物之间越来越疏离的状况，当地政府部门不得不开始考虑新的城市形态。例如，伦敦食物策略组织（LDA，2006）认为，与大规模工业化销售的廉价、不健康食物系统相对，在消费地附近种植食物是一种重要的替代性系统。在经济衰退和人们日益关注食物和健康的背景下，伦敦卡姆登区为食物种植提供优先权（Borough of Camden 卡姆登区，2009）。相反，英国某些区，比如贝克斯利区，则认为多年未充分利用的分配农地有着潜在的商业价值（梅比芭Mbiba，2003）。哈林盖区的分配农地目前供不应求，尽管1908年的小地产和份地法案规定“提供充足的分配用地以满足需求是当地政府的职责”，但该区议会并不愿意提供更多的分配农地空间（Borough of Haringey 哈林盖区，2006）。

城市和乡村之间那条传统的分界线正在变得日益模糊，这既体现在学术研究中，也体现在大量且繁荣发展的个人或社区活动中，这些活动或者令人振奋，或者争议不断。如在巴顿（Barton）等人的可持续性社区城市设计指南中，建议以一定的净密度将份地农田分配的需求纳入到棕地复兴计划中。托马斯·西维特（Thomas Sieverts）呼吁相应的政策支持农业实践和新型城市景观的融合，以激发相应的文化、社会和生产功能。在其他不同的层面上，像“转型网络”和“园艺游击队”这样的活动，则旨在尝试自然和人工的整合，并探索立足于本地、自力更生的替代性生活方式。

那些专注于食物和食物生产的组织通常是非营利性机构或慈善机构。一些正在试验中的经济机构则包括：

- 社区支持农业（CSA）：“农场和社区之间的双向承诺”，有多种形式，包括消费者支持的蔬菜箱计划、租借或认养计划以及城市食物种植计划（Soil Association土壤协会，2009）。
- 食物中心（Food Hubs）：“食物中心是生产者和消费者的中间平台，

通过将双方整合到这个平台上以增加货物的交换价值并促进当地供应链的发展”（霍雷尔等Horrell et al，2010）。

- 作物分享（Cropshare）：利用多余份地农园的计划（Local Food Link 本地食物链接，2010）。

在宣传城市农业实践方面，这些组织是非常必要的，因为他们在集体的层面上吸引人们关注食物问题。个体居民基于兴趣在单独的分配份地上种植家庭所需的食物，而社区活动中的每一位参加者都能意识到食物在社会中的作用。作者最初的研究表明，这些模式在社区事务参与方面具有很高的价值，它们为主流的食物分配提供了替代性的选择，为志愿者和兼职者创造了大量的机会。然而，在城市农业的推广以及对国家食物生产的贡献方面，这些模式取得的成就相对少一些。

关注食物的团体如雨后春笋般不断出现。土壤协会已经认定了100多个不同组织形式的CSA（土壤协会，2010b）。大多数CSA都是基于社区和农民群体间的直接协议，通常不是直接基于城市食物生产，而是通过支持本地中小型农民为社区提供一个替代性食物链，或者从零售商或种植者处进行大量采购。除了这些活动，他们中的小部分还在城市土地上种植作物。伦敦哈克尼区就是最有名的种植社区之一，该社区在小块的城市土地上种植色拉蔬菜，同时也会从当地农民那里收购这些蔬菜（种植社区，2010）。尽管形式不尽相同，这些组织有共同的目标，即：社区建设，健康的生活方式，替代性食物系统，对社会生活强烈的道德态度。城市食物生产只是他们计划中的一部分。这样的机构大多非常关注社会目标，但是在城市环境下，他们似乎还需要实施相应的商业计划来推广食物种植活动。

考虑到发达国家在城市农业实践中要面对的难题，这并不是件容易的事。一些会阻碍这些实践的因素如下：

- 未受污染的城市土地的可获得性；
- 在生产者网络上链接小生产者的难度；
- 禁止销售份地农园产出的相关法规；
- 非营利性或营利性企业组织的复杂性。

实际上，类似的困难还有很多。因此，规模经济能提供的优势以及在大型联盟或合作企业网络中联合小生产者的尝试都还有待探索。

22.4 支持城市农业发展的商业模式

在发达国家，一些阻碍或支持城市农业发展的因素可能包括：食物系统的不可见性，城市农业明显的社会（而非经济方面）效益，国家食物安全系统对全球市场的过度依赖等。此外，在这一领域工作的团队所采用的组织和商业模式备受争议，这可能也是障碍之一。因当地条件、当地供给需求或现存企业能提供的机会不同，能推动城市农业生产的商业模式可能是多样的。然而无论哪种模式，都需要生产足以满足需求的产品，提供主流食物系统之外的有吸引力的替代性选择，并能确保采用该模式的团队在经济上自给自足。

根据土壤协会（2010a）的资料，目前英国有机食物的市场占有额为108400万英镑。尽管2009年出现了经济衰退和有机食物市场的负增长，但2010年和2011年的预期还是乐观的。然而，这其中独立零售商只占了市场的26%，“蔬菜箱”项目只占了8.4%。更重要的是，数据表明总消费的33%来自低收入群体的顾客。令人欣慰的是，用于有机生产的土地面积正在增加（土壤协会，2010a）。可以认为，公众对替代性食物生产和分配体系的兴趣正在稳步持续增长。城市农业实践活动并不需要采用严格的有机标准，但他们能提供对环境影响小的产品，并能满足大家逐渐增长的对高质量食物的需求。在一个充满活力的市场中，那些能进行有效管理并能满足消费者需求的企业才会有一席之地。

关于商业模式的争论能够推动城市农业的发展。其中一些商业模式，虽然不是特意为城市食物种植者所设计的，但可以对其进行调整以满足这一需求。比如，土壤协会发起了一个“工具箱”计划，用以帮助农业领域的小企业创业，强调商业盈利的重要性（皮利等Pilley et al.，2005）。虽然这个工具箱计划不是直接针对城市食物种植者的，但因为它是针对小规模生产的，因此依然能够为城市食物种植者提供指导。目前一个关注食物安全的非政府组织——东安格利亚食品链——提交了一份关于“伦敦食物仓库”项目的报告，该项目能够将小种植者包括城市农民生产的产品集中起来，为市民提供了接触市场补充产品的便利途径（萨特马什Saltmarsh，2009）。“维护”、“本地食物行动”和“伦敦食物链”最近组织了名为“谈谈生意”的活动，宣传食物领域的商业经验。“维护”的发言人本雷诺兹（Ben Reynolds）认为，城市农业要想成为当前食物系统的替代性选择，就必须设定目标、界定贡献（在“维护”会议上的演讲，谈谈生意，伦敦，2010年6月25日）。但是，本雷诺兹提到的案例全是关于小规模团体的，这些团体主要关注食物生产和供应的道德维度，而不是城市食物生产的扩大化。这样看来，道德维度和扩大食物生产之间是有冲突的，而要提升城市农业对国家食物生产的贡献就必须扩大生产。

毫不意外，目前大部分的替代性城市食物企业不具备商业可行性，主要依赖于捐款或志愿者（加尼特Garnett，2005），没有有效的管理机制（霍雷尔等Horrel et al.，2010）。对基金的依赖使得这些组织易受外界和不确定因素的影响，如政治意愿（长久的资金支持）或总体经济状况（长久的私人捐款）等，因此，这些苦苦争取资助资金的组织规模难以扩大甚至逐渐消失。他们必须寻找适合自己的“生态位”才能得以生存。这可能需要不同的商业模式，并需要认识到城市农业能在不同的范围和层面上产生社会、环境和经济效益，包括本地层面和全球层面，社区层面、城市层面和国家层面。

非营利模式、慈善模式可能不适合如此雄心勃勃的目标。由于这些组织长期依赖于基金和捐赠人，因此它们有“固有的、与生俱来的瓶颈”（尤努斯Yunus，2007）。社会企业则可以提供一种与现有经济结构关联的模式，并在国家范围内进行操作。孟加拉乡村银行的创始人尤努斯（Yunus）认为，社会企业采用的组织结构与营利性的商业模式相似，但社会企业“不以获得有限的个人收入为目标而是追求特定的社会目标”（尤努斯Yunus，2007）。社会企业通过私营企业的组织逻辑达成社会目标，企业利润全部用于组织的再投资，效益则造福于企业所属的社区。除此之外，这种模式的优点还包括：商业可行性，不依赖机构或私人支持，创造就业机会。

目前，有许多项目采用了社会企业的模式。如“天空食物”项目（2010，参看http://www.foodfromthesky.org.uk），这是一个伦敦的组织，正朝着社会企业的方向发展。该项目坐落在超市的屋顶，种植的食物通过楼下的商业企业进行销售，这样就形成了一种与超市的共生关系。目前，这个项目大都是由志愿者来进行种植和收获。然而，它的目标之一是通过扩大种植能力、提高收益来获得经济独立。城市食物生产以及种植工作室等一系列食物教育活动，都应该能够带来足够的收入以获得经济独立。“天空食物”项目与超市间特殊的关系使得志愿者们能探索商业企业的管理模式。反过来，超市主管也意识到“天空食物”是一种营销工具。通过这个组织，超市与社区相联系，销售“零食物里程”的产品，宣传他们的环保姿态。这种超越超市传统角色、探索新模式的管理理念使得超市和项目的共生关系得以存在，并颠覆了零售系统的一些传统观念。这种理念也激发了其他的创新活动，并进一步反映出屋顶项目的价值：员工会员大部分来自孟加拉社区，他们参与到食物种植中，并被鼓励将文化特性带到种植空间中；超市实行无塑料袋政策，鼓励消费者自带购物袋，并为忘记带袋子的顾客提供环保袋。因此，现有的商业模式能为社会企业提供蓝图，并帮助社会企业与大企业建立合作关系。例如，小微城市农夫可以与商业企业间进行协同合作。

加内特（Garnett）表示，如果利用合理比例的伦敦绿地种植庄稼和水果，预计产量将满足伦敦人食物消耗量的18%（加内特Garnett，2005）。土壤协会（Soil Association，2010b）则估计，超过14，000名熟练种植者能够在这些土地上获得合理的收入。虽然这些数据均是假设和理论值，但提供了关于城市农业潜力的大致概念。利用社会企业模式激发出这些潜力，将有可能激励小种植者，同时也能吸引中央和本地政府对于城市食物生产的注意。

22.5 总结

城市农业在发达国家正逐渐受到关注。它在保持生物多样性、再利用有机废物、减少工业食物生产耗能中起到的作用正逐步得到更广泛的认可。实际上，城市农业还有很多其他效益，如促进城市居民的健康，促进社会融合，形成优良的微气候等。然而，与发展中国家不同的是，城市食物生产对国家食物安全的贡献几乎完全被忽略了。在政府层面上，食物安全是一项重要议题，并需要进行仔细评估。然而，面对上涨的食物价格和愈发严重的环境和资源消耗问题，目前对食物安全的评估过于乐观。在这种背景下，与消费地紧密关联的城市农业（因此不是能源密集型）应该受到鼓励，此外，要摆脱对不稳定全球食物系统的过度依赖、形成具有弹性的国家食物系统，城市农业也是可供利用的有力资源。

与此同时，城市农业活动应该在经济上也具有可行性，能够自给自足。然而，为了保障城市农业对城市生态重要的社会和环境效益，需要采用在市场中有竞争力的、能够融合社会和经济目标的模式。因此，能够将私营部门逻辑应用于第三部门运营中的社会企业或许是一种合适的模式。为了使城市农业有助于英国的国家食物安全，有两个重要的内容需要被量化：能生产的食物数量和经济效益。如果能够成功量化这两项指标，城市农业将会在经济目的的刺激下得到推广。在以市场为导向的社会中，经济机会会推动政策行动，而这种政策行动在城市土地供给和有效管治中是必不可少的。

在发达国家，由经济刺激引发的城市农业发展，必然会带来环境、社会和教育上的效益，同时还可以创造新工作和新专业角色。最终，它也将会有助于重新界定可持续的城市模式（Howe，2010）。

参考文献

Akinbamijo, O.O., Fall S.T. and Smith, O.B. (Eds.), 2002. Advances in crop-livestock integration in West African cities. Grafisch Bedrijf Ponsen, Wageningen, the Netherlands, 214 pp.

Barling, D., Sharpe, R., 2003. Shaping neighborhoods: a guide for health, sustainability and vitality. Spon Press, London, UK, 244 pp.

Borough of Camden, 2009. Good food for Camden- The healthy and sustainable food stratedy. Borough of Camden, UK, 55 pp.

Borough of Haringey, 2006. Open space strategy- A space for everyone. Borough of Haringey, UK, 31 pp.

Bourque, M., 2005. Thematic paper 5- policy options for urban agriculture. Available at http://www.ruaf.org/node/56.

Brandolini, A. and Cipollone, P., 1992. Working paper no. 139: Urban poverty in developed countries. Maxwell School of Citizenship and Public Affairs Syracuse University, Syracuse, New York 13244-1020. Available at http://www.heart-intl.net/HEART/HIV/Comp/Urbanpovertyindevelopedcries.pdf.

Deelstra, T. and Girardet, H., 2005. Thematic paper 2—Urban agriculture and sustainable cities. Resource Centre on Urban Agriculture and Food Security. Available at http://www.ruaf.org/node/56.

Department for Communities and Local Governments, 2006. Planning policy guidance 17: planning for open space, sport, and recreation. Available at http://www.planning-applications.co.uk/ppg17_openspacerecreation.pdf.

DEFRA (Department for Environment, Food and Rural Affairs), 2006. Food security and the UK: An evidence and analysis paper. Department for Environment, Food and

Rural Affairs, London, UK, 32 pp.

Fairholm, J., 1999. Urban agriculture and food security initiatives in Canada: A survey of Canadian non-governmental organiztions. Cities feeding people series, Report 25. International Development Research Centre, Ottawa, Canada, 75 pp.

FAO (Food and Agriculture Organization), 1996. Rome declaration on world food security and world food summit plan of action. World Food Summit 13-17 November 1996, Rome, Italy. Available at http://www.fao.org/docrep/003/w3613e/w3613e00.HTM.

FAO, 2010a. growing food for nine billion. Available at http://www.fao.org/docrep/013/am023e/am023e00.pdf.

FAO, 2010b. Harvesting agriculture's multiple benefits: mitigation, adaptation, development and food security. Available at ftp: //ftp.fao.org/docrep/fao/012/ak914e/ak914e00.pdf.

Food Standards Agency, 2010. National Diet Nutrition Survey: headline results from year 1 (2009/2009). Food Standards Agency, London, UK.

Foresight, 2011. The future of food and farming: Challenges and choices for global sustainability. Final Project Report. The Government Office for Science, London, UK, 211 pp.

Garnett, T., 1999. CityHarvest—The feasibility of growing more food in London. Sustain, London, UK, 176 pp.

Garnett, T., 2005. Urban agriculture in London: rethinking our food economy—Growing cities, growing food: urban agriculture on the policy agenda. DSE, Feldafing, Germany. Available at http://www.ruaf.org/book/export/html/54.

Growing Communities, 2010. Urban food growing. Available at http://www.growingcommunities.org/food-growing/.

Her Majesty's Government, 2010. Food 2030. Department for Environment, Food and Rural Affairs, London, UK, 84 pp.

Horrell, C., Jones, S.D. and Natelson, S., 2010. An investigation into the workings of small scale food hubs. Sustain, London, UK, 8 pp. Available at http://www.sustainweb.org/pdf/mlfw_hubs_research_summary.pdf.

Howe, J., 2010. Growing food in cities: the implications for land-use policy. Journal of Environmental Policy & Planning 5: 255-268.

International Energy Agency, 2009. World Energy Outlook 2009 Factsheet. IEA. Available at http://www.iea.org/weo/docs/weo2009/fact_sheets_WEO_2009.pdf.

Local Food Link, 2010. Building a Sustainable Community Food Hub: Distribution of surplus from allotments. Sustain, London, UK, 5 pp. Available at http://www.sustainweb.org/pdf/Building_Sustainable_Community_Food_Hub.pdf.

London Development Agency, 2006. Healthy and sustainable food for London—The Mayor's food strategy. London Development Agency, London, UK, 139 pp.

Martin, R. and Marsden, T., 1999. Food of

urban spaces: The development of urban food production in England and Wales. International Planning Studies 4: 389-412.

Mbiba B., 2003. Urban agriculture in the London Borough of Bexley. Urban Agriculture Magazine 8-December 2003.

Mougeot, J.A., 2006. Growing better cities: urban agriculture for sustainable development. International Development Research Centre, Ottawa, Canada, 97 pp.

Pilley, G., Bashford, J., Billyard, P., Langham, C., Button, D. and Barber, H., 2005. Cultivating co-operatives: organizational structures for local food enterprises. The soil Association, UK, 88 pp.

Pothukuchi, K. and Kaufman, J.L., 2000. The food system. Journal of the American Planning Association 66: 113-124.

Redwood, M. (Ed.), 2009. Agriculture in urban planning: Generating livelihoods and food security. Earthscan, London, UK, 248 pp.

Saltmarsh, N., 2009. Making local food work supply chain development: a new local and organic food depot for London? East Anglia Food Link and Making Local Food Work. Available at http://www.eafl.org.uk/LondonDepot.asp.

Sieverts, T., 2003. Cities without cities: an interpretation of the Zwischenstad. Spon Press, London, UK, 187 pp.

Soil Association, 2009. A share in the harvest: A feasibility study for community supported agriculture. Soil Association, UK, available at http://www.soilassociation.org/LinkClick.aspx?fileticket=rq9ulg7UAvM%3D&tabid=387.

Soil Association, 2010a. organic market report 2010. Soil Association, UK, available at http://www.soilassociation.org/LinkClick.aspx?fileticket=bTXno01MTtM=&tabid=116.

Soil Association, 2010b. A share in the harvest: An action manual for community supported agriculture- 2nd edition. Soil Association, UK, available at http://www.soilassociation.org/LinkClick.aspx?fileticket=gi5uOJ9swiI%3D&tabid=204.

Sonnino, R., 2009. Feeding the city: Towards a new research and planning agenda. International Planning Studies 14: 425-435.

The Poverty Site, 2010. Summary—key facts. Available at http://www.poverty.org.uk/summary/key%20facts.shtm.

The Strategy Unit, 2008. Food matters: towards a strategy for the 21st century. Cabinet Office, London, UK, 144 pp.

Viljoen, A., Bloch, K. and Howe, J., 2005. CPULs: designing urban agriculture for sustainable cities. Architectural Press, Oxford, UK, 280 pp.

Yunus, M., 2007. Creating a world without poverty: Social business and the future of capitalism. Public Affairs, New York, NY, USA, 261 pp.

第23章

汽车城的农场：底特律城市农业的发展历程

艾瑞卡·吉欧达（Erica Giorda）
美国密歇根州立大学社会学系
giordaer@msu.edu

摘要：底特律曾经是美国汽车工业和工业生产的中心。在20世纪50年代，底特律人就已经实现了美国梦，但当工业体系开始崩溃时，城市经济迅速下滑衰落。多年来，当地政府一直尝试恢复曾经的繁荣，直到2008年的经济危机明确宣告了此路不通。经济衰退导致城市缺少新鲜食物，底特律成为了美国最大的食物荒漠之一，这直接触发了城市农场的出现，也是城市草根阶层对城市衰退的直接应对。近5年来，这一现象引起了媒体的关注，进而吸引了当地政府的注意力。底特律的城市农场正在稳步增长。目前已经有5个农场以及300多个社区花园开始运营。最近，来自各种机构的支持也开始逐渐增多。一些机构的工作人员正在对这个领域进行调查。韦恩州立大学赞助了一个农夫集市并支持学生在校园里开辟农园；东部市场公司开设了一个实验性的农场；城市规划部门正在着手编制一项规划，即在城市的边界内允许发展商业农场。我认为底特律的城市农夫正在引导底特律走向花园城市的道路。在过去，许多社会活动家曾为社会正义和平等而战，如今，许多底特律农夫继承了这些活动家的品质，他们对本地食物生产的探索即是食物正义的表现。而新型商业化农场的出现或许会使底特律朝新的方向发展。

关键词：社会蓝图，城市农业，城市规划

23.1　简介

如果有个城市可以被称之为“诡异的”，那这个城市就是底特律（里特尔Rittel和韦伯Webber，1973）。底特律的矛盾多得就像野地里的杂草，社区、本地政治家和财政组织为了利益各自为政。为了使城市走出低谷，底特律将不得不付出巨大的努力并接受许多妥协。这其中，具有可行性的方法之一就是对城市进行“再想象”：2003年，艾辛格（Eisinger）首先发现了“再想象”对底特律的重要性，这能够创造城市的新视角，从而使其有可能脱离过去的汽车业，发展更多元化的经济（艾辛格Eisinger，2003）。底特律新闻记者加拉格尔（Gallagher）在其2010年的新书《再次想象底特律》中表示，这种方法正在成为主流。在过去的五年里，不管是在公共领域还是在学术界，类似的辩论都在进行，辩论的一方仍然支持创造了底特律往昔繁荣的重工业路径，另一方则表示是时候改变发展战略了（艾辛格Eisinger，2003；加拉格尔Gallagher，2010；雅各布斯Jacobs，2009）。尽管城市农业运动也面临着改变，但是我将会从一个相对不同的政治视角来说明这一点。

在本章节中，我将尝试通过描绘蓝图的方式整合这两种不同的观点并提出第三种可能性。泰勒（Taylor，2004）认为，描绘蓝图就是通过艺术作品、公共演讲和公开分享的方式将期望表达出来，这是我们实现社会想象的方法之一，“共识使得共同行动成为可能。”（泰勒Taylor，2004：23）。我将用两件国际知名的艺术作品代表两种相反的发展道路，并尝试提供一种两种道路共有的观点：一个截然不同的底特律必然是在与旧底特律竞争的过程中通往未来的。

2011年，克莱斯勒的超级碗广告清楚地宣称，底特律的发展捷径仍然是汽车工业，而底特律市民可能有的不同想法并没有被考虑在其中。城市投资部门一向青睐金融精英，但他们中的大多数并没有偿还信托或抵押贷款，最后导致城市陷入违约危机（达登等Darden et al.，1987）。是时候做出改变了。有趣的是，即便是在2008年经济崩溃后，制度改革提案也并没有任何创造性和可替代性。在通用汽车濒临破产之际，斯坦梅茨（Steinmetz，2009）仍然认为回归工业才是唯一的解决办法。就在几年前，艾辛格（Eisinger，2003）曾经认为发展与汽车相关的旅游业、投资中产阶级住房和服务业是一种可行路线。在某种程度上，如今韦恩州立大学附近“Mid Town”社区的发展可以被视为遵循了这一路线：现在底特律的就业机会主要来自医疗机构和韦恩州立大学。校园区域的改建在20世纪70年代曾饱受批评（达登等Darden et al.，1987），如今却是城市最有活力的地区。然而，寄希望于服务业和更高级别的指导并没有突破传统的发展模式。而另一种发展模式几乎微不可见，直到最近才浮现于很少受人关注的领域中：一些人开始将关注点转移到食物系统的恢复和城市农业的增长方面。

在这个复杂的背景下，我们如何才能清晰描述底特律城市农业运动的发展呢？我的分析将会基于摩尔的研究（2007），展示两种相反的路径，关乎城市的过去和未来、社会和环境可持续性以及城市农业的未来。

23.2 美国汽车都市的发展和衰退

在20世纪40年代，底特律被描述为“民主的兵工厂”，20世纪50年代，底特律被称之为“汽车城”：在20世纪的前半段，底特律是美国工业发展的代表，既是最好的代表也是最差的代表。萨格鲁（Sugrue，1996）把底特律作为美国城市危机的典型案例。直到现在，这一分析仍然成立，底特律已经成为美国城市衰退的代表。讽刺的是，在20世纪50年代，底特律被吹嘘为美国最现代化的城市之一，而现今，底特律却背负着严重的财政赤字，基础建设日渐衰落，越来越多的土地被废弃。实际上，20世纪50年代的底特律就已经是金玉其外败絮其中：它的闪亮和财富是建立在对非裔美国人的剥削、种族隔离和忽视工业对土地的影响之上的。从20世纪60年代开始，这种不可持续的脆弱基础逐渐显现，衰落也迅速地随之而来，美国中西部的其他工业化城市也紧随其后，形成了臭名昭著的以底特律为标志的“铁锈地带”。

在第二次世界大战后，联邦政府给退伍军人发放低利息贷款，刺激了郊区的发展和第一波白人迁移。黑人再一次没有得到这些利益，只能迁移到被遗弃的地区。同时，由于国际汽车工会UAW力量的增长和中央政府的凯恩斯态度，汽车工业工人的薪水要比其他地区、其他部门的工人高，这创造了所谓的蓝领中产阶级（雅各布斯Jacobs，2009）。矛盾已经在慢慢显现。种族不平等、地区和国家层面上经济规划缺乏协调、支持小汽车而非公共交通的基础设施建设被认为是导致衰退的三大主要因素，如果说这些因素影响了美国的整体经济，那么它们对底特律的影响尤其大。

底特律的黑人从一开始就不得不忍受种族隔离和恶劣的居住条件；到了20世纪50年代，愤怒在逐渐增长，此时，美国的民权运动风起云涌，黑人公民为了得到政治权利和平等的待遇正在积极地战斗。汽车工会对此没有做出回应：在工厂中，种族关系紧张是由种族歧视引起的，但工会并没有采取有效的措施来解决这个问题。20多年以来这种紧张状况不断地发酵，终于导致了臭名昭著的“第12街骚乱”（萨格鲁Sugrue，1996；汤普森Thompson，2004）

从经济的角度看，20世纪70年代石油危机以前，实际上是从20世纪50年末开始，当汽车工业将工厂迁至税收更低、空间更大的郊区时，底特律城市就开始了衰落。城市和郊区之间持续的紧张局势可以追溯到那个时候，在这个过程中，城市建造的基础设施扮演了重要的角色：高速公路网的建造打着支持郊区发展的旗号，为那些可以买得起车的人提供了从居住地到工作地的简便快捷通道。而不足为外人道的是，高速公路建造在那些最衰败的社区所在的地区——唯一允许黑人居住的地区。实际上，75号州际公路的建造抹去了黑斯廷斯街，导致大多数非裔美国零售商失业并且没有得到相应的赔偿。只有房屋的所有权得到了赔偿，而产权所有者大多是白人。租用了商业空间的黑人商人和居住在公寓里的黑人家庭在收到通知的时候只能选择离开，而没有任何选择重新做生意或其他地方替代住房的可能。那些应该安置流离失所的居民的房产项目从来都没有完成（达登等Darden et al.，1987）。

在20世纪80年代期间，底特律的种族隔离越来越严重；当政治权利开始逐步转移到黑人社区手里，大部分的白人人口离开了。作为黑人社区的代表，杨科尔曼（Coleman Young）市长追求底特律的自给自足，禁止几乎所有和郊区联系和合作的可能，在黑人社区看来，郊区是种族隔离的飞地，没有做出任何努力去创造和城市的联系（雅各布斯Jacobs，2009）。

23.3　城市农业：底特律的城市农园

现在底特律是美国最穷的城市之一。大约30%的人口依靠福利补贴度日，1/3人口的食物缺乏保障，1/5的家庭没有私人交通工具（加拉格尔Gallagher，2007；帕苏古彻Pothukuchi，2011）。2009年的失业率达到了29%（斯坦梅兹Steinmetz，2009）。缺少信任，憎恨和持续的不平等是底特律历史进程的后遗症，这也是理解底特律城市农业发展的关键要素（怀特White，2010）。

从19世纪由哈森·皮格利（Hazen Pingree）市长赞助的著名的马铃薯份地到两次世界大战期间的胜利农园，底特律有着悠久的城市农园历史。到底特律汽车工厂工作的非裔美国人在他们的后花园里种植蔬菜（特鲁哈福特等Treuhaft et al.，2009），在土地被用作住宅建设用地之前，许多小农场活跃在市郊，由多个种族的人群照料（达登等Darden et al.，1987）。在城市农业的问题上，关键要理解是否当代的城市农业风潮不同于以前，以及为何当代城市农业风潮是城市改变的标志。

在近十几年，由于缺乏新鲜食物，底特律成为了美国最大的食物荒漠之一，作为对城市衰退的最直接的应对，城市农园开始再次出现。无论是否得到当地政府或产权所有者的许可，荒废的土地上已经开始出现个人和社区农园。近5年，媒体开始注意到这种现象，后来当地政府也终于意识到这种情况。

韦恩州立大学教授卡米·帕苏古彻（Kami Pothukuchi）为该领域做出了很多贡献。她的研究方向是城市内部的食物可获得性规划，并与当地的活动家、国际专家和大学生一起在该领域进行了不懈努力。她领导的SEED（弱势学生夏季教育实践）项目在“Mid Town”社区发起了一个农夫集市并开辟了两处社区农园，集市商户全部是当地农民，社区农园则由韦恩州立大学的学生照料。

除了200多个社区农园外，底特律还有5个非正式的城市农场。这其中只有由底特律绿化部门管理的土地可以被视为合法的农场。农场园丁把他们的产品卖给遍布在城市中的农夫集市，但收入仍然很低。城市没有兴趣强化闲置土地的管理，但是许多可供耕种的土地都在居住区，而区划法规禁止在居住区开展任何非个人消费目的的种植活动，也就是说商业用途的城市农场是被禁止的。最近州里通过的“食物屋法案”减少了对小批量食物加工的限制，给了这些活动更好的法律支持。但城市规划部门几乎没有进行相应的区划调整的意愿。最主要的妨碍之一是密歇根的“农场权利”法案，根据这个法案，如果土地被重新区划为农业用途，它就不能再被转换为非农业用途。更重要的是，城市将会失去控制这些土地的权力，失去约束与农业实践相关的卫生状况的权力，失去控制美学意义上的土地风貌的权力。（图 23.1）

同样需要强调的是，即使产量最多的城市农园也是由志愿者照料的，其专业化水平依然很低；此外，与大量的闲置土地和棕地相比，农园的用地仍少得可怜。科拉桑蒂和哈姆（Colasanti，Hamm）（2010）统计出在城市中有4800英亩（约19.5km^2）闲置的市属公共土地。根据他们的研究，如果将其中2000英亩（约8km^2）的土地用作农业生产，将会为城市提供现在所需要的至少一半数量的水果和蔬菜（包括热带水果）。

与此同时，那些管理大型项目的组织有着完全不同的背景。“D-Town”是最大的农场之一，该农场是由底特律黑人社区食物安全网络（DBCFSN）管理的，农场的2英亩（约8093m^2）土地曾经是城市苗圃，该农场致力于加强黑人社区的力量和改善有色人种的健康。他们也希望能吸引年轻人参与到食物正义和社会正义活动中（帕苏古彻Pothukuchi，2011；怀特White，2010）。凯瑟琳·弗格森（Catherine Ferguson）学院农场主要是一种教育工具，让年轻妈妈在学习实践技巧的同时还能得到一个文凭，并帮助他们自己和孩子们养成更好的营养习惯。土地农场和营养汤厨房合作，致力于教育活动并且将大部分的产品供给营养汤厨房。底特律绿化部门将美化和教育活动扩展到它所支持的社区农园中，并在2010年5月开放了一

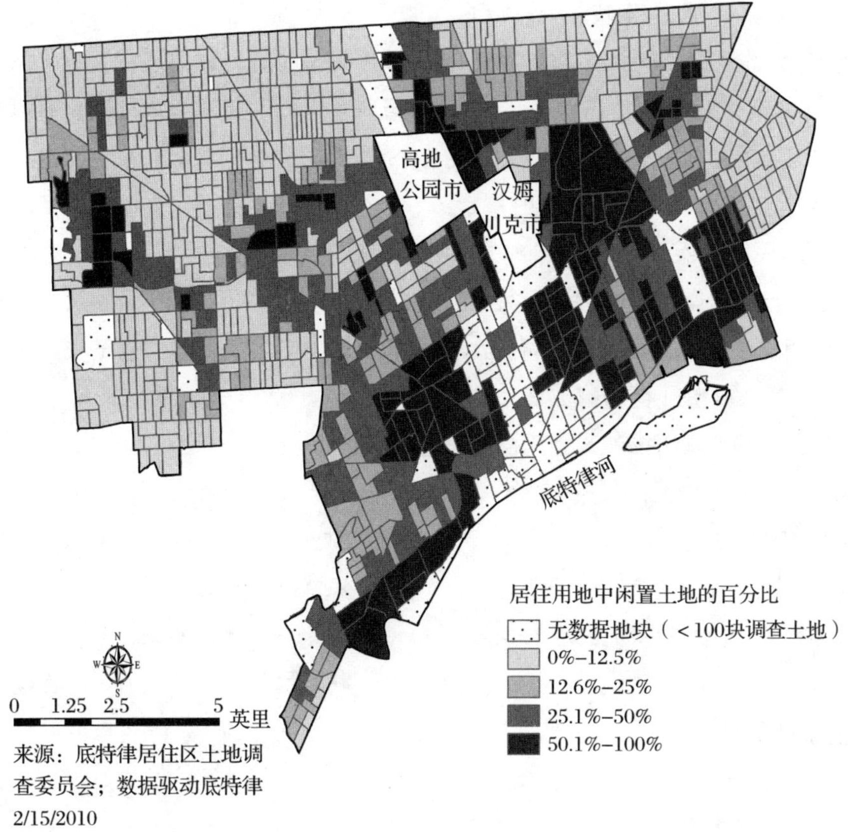

图23.1

个新的温室，作为延长种植季的实验室。2010年春，城市西部成立了一个新的CSA组织，包括大约20名固定顾客，同时，更多的与农园直接合作的营养汤厨房开始在城市西部地区出现。

除了大型的和官方建设的社区农园，要绘制底特律的后院农园地图是很困难的，因为后院农园散布在废弃的土地上，当地的居民也并不信任研究者或是调查者。基于“农园资源”项目组分发的幼苗数量，城市园丁的数量在不断增长：2010年，有5000多名成年人和10000多名青少年参与到各种各样的农园活动中，底特律拥有了328个社区农园，39个集市农园，63个学校农园和804个家庭农园，生产了169多吨蔬菜。一个基层组织机构“城市耕作”宣称已经在底特律都市范围内帮助建设了1200多个农园（帕苏古彻Pothukuchi，2011）。

图23.1　由街区人口普查小组统计的居住区闲置土地的比例（底特律，密歇根）。底特律居住区土地调查委员会（DRPS）主要调查居住用地。DRPS也会调查与居民地区相邻的商业区的闲置土地（该图没有包括其他商业区或工业区的闲置土地）（http://datadrivendetroit.org）。

最后一个现身的是汉茨农场项目。有着雄厚资本的企业家约翰·汉茨（John Hantz）在2009年开始了这次新的冒险，计划在大约50英亩的市属土地上建设一个商业化农场。但是合同的细节至今还没有敲定：到2011年止，只有几英亩土地上种植了树苗，项目的其他部分则还没有启动，关于区划和土地使用的法规性问题还有待确认。然而，这个项目引发了处于城市农业运动先驱地位的草根组织和资本组织的紧张关系。汉茨农场采用的资本化的模式似乎有悖于社区农园的精神和社会正义的诉求。尽管汉茨农场将其自身描述为花园城市理想的践行者，但是它并不符合社区运动家们的想象。

23.4 两条故事线

在底特律发展的城市农业运动关乎3个主题：社会正义、粮食风险和环境危机（见焦尔达Giorda，2010）。科技灾难导致了环境危机，长期毒害周边居民（克罗尔·史密斯等Kroll-Smith et al.，1997）。我看到了底特律城市农夫们的努力，他们应对极端环境条件，重建与土地间的健康生产关系。D-town农场的志愿者在采访中表示，“通过宣示对食物的权利，我们努力改变自身并努力改变整个底特律”。然而，实际情况是，当前的城市农业并没能产出足以维持城市农夫日常所需的食物，它也仅仅只是底特律应对粮食风险、社会和环境不公的众多策略之一，其政治价值和象征价值大于经济价值。不过，底特律的城市农业的确能够满足一些迫切的需求，对新鲜食物的需求就是其中之一；此外，农园也可以作为社区公共空间并展示人们的努力，他们在没有从外界（政府或慈善组织）获得资金和帮助的条件下，自力更生，抗击城市衰退。

在这种背景下，人们的态度，对奋斗的认知和对自己的界定是至关重要的：摩尔（Moore，2007）在关于可持续性和城市环境关系的论文中使用了“故事线”这一概念。在摩尔看来，“故事线”就是关乎城市发展的不同设想。

基于摩尔的研究，我界定了两条底特律发展的故事线，分别命名为“汽车城神话”和“底特律花园城市”。“汽车城神话”将底特律与其工业起源还有20世纪50年代的名声地位联系到一起。它认为今日的城市应该理所当然的继承过去，唯一可能的发展路径就是依赖汽车公司及他们的财富。在前文中我已经描述了这一故事线是如何展开的。通用汽车公司所持有的复兴中心和被废弃的帕卡德工厂以及仍然喧闹的福特工厂（该工厂不在底特律）是这条故事线的标志性建筑。未来的历史学家也许会把2008年视为这条故事线的终点，不过在里维拉1933年所画的“底特律工业时代”壁画中，这一神话会继续存在。

这幅壁画源自埃兹尔·福特（Edsel Ford）的委托，赞美汽车工业的崛起，歌颂肩负重担的产业工人和人类智慧的成就，感激为工业提供原材料的丰饶土地。这是一项非凡的艺术作品，非常清晰地展现了底特律曾经的雄心。这幅壁画也揭示了，在人类和大自然的关系问题上，共产主义和资本主义有一致的观点，那就是将人类视为主导者，在历史这一超级力量的授权下开发地球、完成使命。这恰好既是底特律辉煌的起点，也是它衰退的主要原因。里维拉强烈地意识到技术是一把双刃剑，工业的发展在很大程度上是基于对工人的剥削。这幅壁画的震撼力来自所有元素的完美结合：工业领导者，工人，自然资源和技术。很明显，历史并没有实现里维拉充满理想主义的期盼：所有党派完美结合为一个整体。

在底特律东边废弃的街区，另一个城市杰作在近几年发展起来。1986年，泰里·盖顿（Tyree Guyton）发起了海德尔堡项目，重建和改造他所在的社区。项目包括整修受损的房屋和回收再利用废物，旨在改善“资源匮乏和严重衰退的底特律社区”（海德尔堡项目网址，2010：http://www.heidelberg.org/）。我把这个项目视为第二个故事线的艺术表现形式：底特律花园城市。

底特律花园城市的理念已经存在5年左右了。它是2008年东部市场发展规划中的理想模型，脸书上有一个以此命名的小组，这一理念甚至还出现在西雅图一位福音牧师的讲道中。可以肯定的是，城市农业运动已经接受了这一理念，市议会规划委员会则正饶有兴趣地观望着。不过，判定这一理念是否足以成为城市新的发展模式还为时尚早。

还应该指出的是，底特律是一个地形平坦的城市，私人草坪构成了主要的绿色空间。后院农园和社区农园也有悠久的传统，可以追溯至大萧条时期的马铃薯农园到战时的胜利农园。所以底特律在某种程度上可以算是绿色城市，但是，必须说，是一种不同的绿色。这种区别主要存在于两种不同的交通和城市增长选择中。底特律制造汽车，也被汽车所包围。而花园城市则旨在减少汽车，22%的城市居民无需使用汽车（帕苏古彻Pothukuchi，2011），并将大力发展公共交通。此外，新的绿色空间将包括更多的公共空间，包括公园和转化为农业用地的大量土地。东部市场发展规划把这一理念描述为绿色地带环绕的“乡村城市”。但是，有些居民生活在一些几近废弃的社区中，而这些地方将会被转变为绿色地带，鉴于底特律城市发展的历史，是否能说服并合理组织这些居民进行迁移还是个问题。对汽车工业的冲击使得第一条故事线没有了发展的希望，管理者亟需提出居民可接受的新方案，因此，围绕着第二条故事线的公开宣讲即将开始。

在最近一系列关于消除底特律种族主义的公众研讨会中，各个年龄段的有色人种重申种族壁垒和资源获取难度仍然很高。城市农场社区反对汉茨农场开办带来的骚动就是很好的证明，因为汉茨农场将自己标榜为花园城市的推动者。虽然这只能算是一个小型项目（40到70英亩的面积对于农场来说是很小的），但部分市民因为推动者的态度而感到很不舒服。事实上，很多人都担心汉茨农场会士绅化并危及更多以社区为导向的计划。回想一下过去居民们的利益是如何屈服于资本和利润的（艾辛格Eisinger，2003），那么就很容易理解，为什么这些不同的城市农场模式之间会存在误解和冲突。即使汉茨农场旨在成为一项“底特律人为了底特律人”的项目，它或许也无法充分意识到社会公正是城市农业运动诉求的一部分。

23.5　总结

底特律花园城市理念正受到越来越多的媒体的关注。但是否这些农园会带来士绅化并强化现存的权力结构，或者是否它们会为不同的增长方式创造机遇均尚不可知。此外，尽管有依据证明，在城市范围内种植和加工食物能够创造经济效益（科拉桑蒂Colasanti和汉姆Hamm，2010）、缓解健康问题和食物可获得性问题（帕苏古彻Pothukuchi，2011），但发展工业复苏经济的观点依然占据上风。此外，城市内部的农园或者农场会对房地产产生怎样的影响也尚不清楚。对那些没有能力负担更高税费的居民来说，房地产增值或许并不是一件好事。在底特律严重种族歧视的背景下，曾有不少这样的先例（达登等Darden et al.，1987）：一些复兴项目拆除了黑人的住房，新开发的房产项目则是这些失房黑人所负担不起的，这样就把黑人从这些地区驱赶了出去。这些不公正的重建记忆仍然存在，居民也就自然而然会对激进的企业家的策略产生怀疑。

把底特律视为汽车制造商的传统理念已经被修订和审视了数十年，所以它的含义和缺陷都是显而易见的，而花园城市理念仍处于发展过程中。我在本文中阐述了两种不同花园城市模式。第一种，底特律的农园和农场由现存的社区根据自己的需要和目标进行建设。这是一种草根组织方式：普通人用有限的方法来美化和改造他们的社区。其主要优势在于强有力的自愿者的支持，但是从经济效益的角度来看，这也是它的一大软肋。不过，这些团体也并没有把经济效益作为主要目标。第二种，农园和农场的发展是以商业为导向的，可能与传统的房地产开发整合在一起。目前，我们没办法判断哪种模式会取得成功，但是在底特律确实有很多可供利用的空间，底特律应该意识到有足够的土地同时实践这两类项目。

参考文献

Allen, P., 2010. Realizing justice in local food system. Cambridge Journal of Regions, Economy and Society 3: 295-308.

Chrysler Corporation, 2011. Super Bowl commercial. Available at http://www.youtube.com/user/chrysler?bid=5079147&adid=233347236&pid=57249858&KWNM=2011+cheysler+super+bowl&KWID=150748009&channel=PS.

Colasanti, K. and Hamm, M.W., 2010. The Local Food Supply Capacity of Detroit, MI. Journal of Agriculture, Food Systems and Community Development 1: 1-18.

Darden, J.T., Hill, R.C., Thomas, J.M. and Thomas, R., 1987. Detroit: Race and uneven development. Temple University Press, Philadelphia, PA, USA, 229 pp.

Eisinger, P., 2003. Reimagining Detroit. City & Community 2: 85-99.

Gallagher, J. 2010. Reimagining Detroit. Opportunities for Redefining an American City. Wayne State University Press, Detroit, MI, USA, 192 pp.

Gallagher, M., 2007. Examining the impact

of food deserts on public health in Detroit. Gallagher Research and Consulting Group, Chicago, IL, USA, 16 pp.

Giorda, E., 2010. Fresh veggies in an extreme environment: challenges and opportunities for the urban farming movement in Detroit. Presented at IGU/UGI Local Food System in Old Industrial Regions, Toledo, OH, USA.

Jacobs, A.J., 2009. Embedded contrasts in race, municipal fragmentation, and planning: Divergent outcomes in the Detroit and greater Toronto-Hamilton Regions 1990—2000. Journal Of Urban Affairs 31: 147-172.

Kroll-Smith, S., Couch S.R. and Brent, K.M., 1997. Sociology, extreme environments and social change. Current Sociology 45: 1-18.

Moore, S.A., 2007. Alternative routes to the sustainable city: Austin, Curitiba, and Frankfurt. Lexington Books, Plymouth, UK, 245 pp.

Pothukuchi, K., 2011. The Detroit food system 2009-10 report. Detroit Food Policy Council, Detroit, MI, USA, 76 pp.

Rittel, H.W.J. and Webber M.M., 1973. Dilemmas in a general theory of planning. Policy Sciences 4: 155-169.

Shaiken, H., 2009. Motown blues: What next for Detroit? Dissent 56: 50-56.

Steinmetz, G., 2009. Detroit: A tale of two crises. Environment and Planning D: Society and Space 27: 761-770.

Sugrue, T.J., 1996. The origins of the urban crisis: race and inequality in postwar Detroit. Princeton University Press, Princeton, NJ, USA, 416 pp.

Taylor, C., 2004 Modern social imaginaries. Duke University Press, London, UK, 215 pp.

Thompson, H.A., 2004. Whose Detroit?: politics, labor, and race in a modern American city. Cornell University Press, Ithica, NY, USA, 304 pp.

Tesuhaft, S., Hamm, M.J. and Litjiens, C., 2009. Healthy food for all. Building a sustainable Food System in Detroit and Oakland. PolicyLink and Michigan State University, USA, 64 pp.

White, M., 2010. Shouldering responsibility for the delivery of human rights: a case study of the D-town farmers of Detroit. Race/ Ethnicity: Multidisplinary Global Contexts 3: 189-212.

第24章

为什么在东京发展农业？城市农业的起源和可持续发展策略

内丽·尼瓦（Nelly Niwa）
瑞士洛桑大学，土地利用政策和人居环境研究所
日本庆应大学，科学技术系系统设计工程部伊加贺研究室
nelly.niwa@unil.ch

摘要：日本东京是世界上人口最密集的大都市之一。这带来了极大的土地使用压力和城市活动之间的激烈竞争。在这种背景下，在东京发展城市农业几乎是不可能的事。然而，目前东京的城市农业面积占城市总面积的2%。就算这个比例少于日本江户时期（1603–1868）——那时城市农业面积都超过40%——但依然高于许多其他城市。我们该怎么解释东京城市农业的出现？为了使城市农业在城市中得到生存和发展，又应该制定怎样的策略？本章我们将尝试解答这些问题。首先，我们将追溯东京城市农业的历史起源，展示东京是如何依赖农业的发展而发展的。其次，为了在激烈的城市空间竞争中使城市农业可持续发展，我们将介绍东京在城市农业方面的相关政策。我们还将展示农业是如何适应城市环境，并开始在城市中寻找新的发展空间以及务农如何重新进入人们的视野这一过程。

关键词：城市农业，东京，城市规划

24.1　引言

长期以来，农业都被视为城市外部的活动。而如今，农业又开始在城市内部占有一席之地。这一现象揭示了我们社会正在经历的深层变革。在环境危机和经济危机的背景下，农业似乎是一种可行的解决方案，能够使城市自给自足，更有弹性，给居民提供更高质量的生活。然而，即便我们确定城市农业能够为城市带来益处，城市农业的未来仍然是不确定的。首先，城市环境会给农业活动带来压力。其次，由于需要建设更加可持续的紧凑型城市，土地上的农业活动会让位于更有经济价值的活动。

在这种背景下，城市农业出现在东京这样的高密度城市，确实有点让人感到吃惊。目前，东京总共有671hm²的土地被用来发展农业，占了城市总面积的2%（TMG，2005）。共1916处农场遍布全市，形成了农业——城市斑块。

本章旨在简述东京城市农业的发展状况。令人惊讶的是，东京是一个在发达大都市发展城市农业的有趣案例。首先，我们将追溯东京是怎样依靠农业发展起来的。农田结构、区划系统以及文化因素是如何支持东京农业发展的。其次，介绍在激烈的空间竞争背景下，维持城市农业发展的相关政策。并展现城市农业是如何利用相关政策在城市中寻找新的发展空间、复兴农耕这一职业以适应城市环境。

24.2　我们该如何解释城市农业在东京的出现？

在欧洲和大部分西方国家，农业和城市是截然分开的。在东京，农业则一直是城市不可割裂的一部分。纵观历史，日本江户时代的东京，城市面积的40%被用来发展农业（横张Yokohari和阿玛蒂Amati，2005）。日本武士也从事农业种植，生产自己所需的食物（Naito，2003）。从更广泛的意义上来说，城市农业同时也是保证食物供应和管理城市废物的途径（田岛Tajima，2007）。

现在，农业依然存在于东京。我们可以用东京独特的城市发展模式来解释这一切。

图24.1　瑞士洛桑和日本东京城市边界的对比。

跟多数城市一样，东京的发展也是源于农业的发展。然而，东京的独特之处在于：在城市扩张的过程中始终保持着农业用地，这些土地并没有像欧洲城市一样被城市化。这种发展形成了一种没有被清晰定义的城市模式。不像有明确城市边界的西方城市，东京的城市边界永远是模糊的，很难把城市和乡村截然区分开来。图24.1显示了一个欧洲城市（瑞士洛桑）和东京的城市边界对比。在洛桑，城市地区和乡村地区有着明显的边界。在东京，城市肌理和乡村肌理咬合交错，因此城市边界很难确定。

实际上，这种混合模式是在无清晰逻辑的、分散的城市增长过程中形成的。城市吞噬乡村，就像蠕虫吃叶子一样（芦原Ashihara，1989）。稻田成为城市化进程的发生地。

这种农业—城市混合模式的形成原因很复杂。本章节中，我们提出了3个主要因素以解释这种发展：农田结构，区划和税收系统以及文化因素。

24.2.1　农田结构

东京混合模式的产生源自稻田的城市化。稻田小而平坦，阳光充足，基础设施网络齐全（神门Godo，2007）。相比西方农业用地，它们更容易被城市化。

在东京，90%的农田面积小于1hm²，

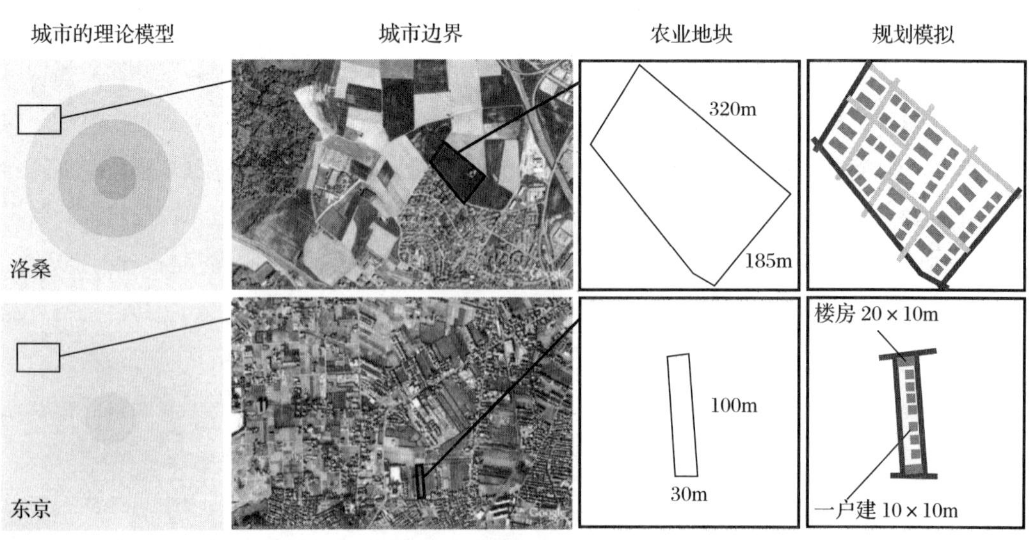

图24.1

35%的农田小于0.3hm^2（荻野Ogino和太田Ota，2007）。这种分配模式起源于早前的土地改革。土地改革的目的是从地主手中将农田重新分配给耕种者。这种农田再分配使得小农民数量激增，对后来的城市化造成了深远的影响（索伦森Sorensen，2002）。

从洛桑和东京这两种农田对城市化的影响模式中我们可以看到，开发小块地区更为容易。稻田区域的城市化不需要像洛桑一样制定庞大和复杂的规划。由于稻田已经连接着水网和能源网，这能降低土地转化为建设用地的费用，因此稻田更易于开发。此外，耕田中的耕作道路网络能轻易地转换成城市基础设施（横张等Yokohari et al.，2000）。

东京这种农业—城市混合发展模式也得到了日本农业组织的支持。在日本，一片农田通常由几块配给土地组成。这些土地围绕着主要的农田建筑分散开来，但并非必须一个一个紧挨着。这种分布使得农民更容易在不影响其他土地的前提下出售一部分土地。这同时也意味着，如果农民决定停止耕作，一批分散的土地将会流入地产市场。最终，农田的多元结构势必带来无序的城市化发展，这一多元结构也揭示了暗藏的地产模式（谢尔顿Shelton，1999）。这种模式非常复杂，以至于政府部门难以制定东京城市发展规划。最后，东京从农田中脱胎而出，农田也成为城市结构的一部分。

24.2.2　区划和税收系统

区划制度的建立旨在明确不同的土地区域。在东京，甚至可以说是在日本，因为种种原因，不同区域的界限并不完全清晰。我们认为，正是这种模糊的、灵活的区划包容了农业的存在，并使农业作为城市的一部分被接受。

在1919年的首个区划系统中，农业并不是一种特定的土地用途类型。直到1968年，随着新区划系统的出台，农业才开始被纳入规划系统。这个新规划系统的目标是控制城市蔓延，也就是说，控制土地从农业用地转变为城市建设用地。城市规划区域（CPA）被划分为两个区，包括城市化促进区（UPA）和城市化控制区（UCA）。UPA推动城市化的发展，城市化控制区则限制城市化发展。大部分农民通过强有力的政治游说将他们的土地纳入城市化促进区的范围，这样就能享受税收优惠——他们在UPA范围内的土地一般只需支付相邻的其他类型土地1%—2%的税（索伦森Sorensen，2002）。因此农民们为了保有他们的土地和未来的发展可能，把农业留在了城市中。1992年，税收改革政策出台，给了农民两个选择：要么继续在低税区（生产性绿地）从事农业活动，要么承担更高的税费来保有开发权利。

可以认为，“生产性绿地”这一表述是官方对城市中农业这一特殊状态的认可。日本的区划系统允许农业作为城市的组成部分在城市中发展。

正如图24.2所显示的，城市地区和农业地区之间没有明确的分界。农业促进地区可以叠加在城市规划地区范围内，这使得农民可以从政府拿到补贴。甚至，只有一部分城市被界定为规划区，其他部分则处于未规划的状态，并允许土地的多种用途。东京区划系统极大的灵活性带来了土地使用的多元

图24.2 日本区划系统中可能的农业用地

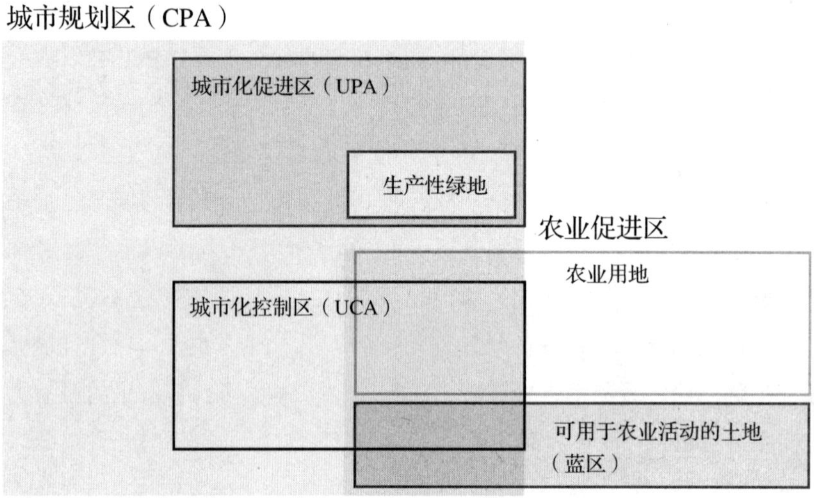

图24.2

性，在别的国家或许会被禁止的活动却能在东京发展。关于区划系统对农业持续发展的影响，今后应该进行更多的研究。然而眼下，我们不得不面对一个现实的问题，那就是一个更加严格的区划系统将可能会阻碍农业在城市中的发展。

24.2.3 文化因素

农业能在城市中存在也得益于一定的文化因素，例如，日本人和农业之间有着根深蒂固的联系；以及特殊的文化因素，例如，公共规划对个体利益的关注，或对土地复合利用较高的接受度。

在日本社会中，经济力量依然凌驾于公共利益之上。在东京，经济力量的强势体现在土地所有者对城市规划的影响中。换言之，城市规划无法为了形成某种城市形态而左右土地所有者的选择（芦原Ashihara，1989）。作为重要的土地所有者，农民依托相关的合作社对于日本社会有很大的影响力（神门Godo，2006）。相反，国家或城市政府却因为经济力量较弱而地位不高。城市农业能在东京得以发展，也是因为政府实际上没有能力把农业从城市中驱逐出去。甚至可以说，政府依赖农民发展城市，因为大多数城市土地要基于土地整理制度进行开发。这一源于法兰克福的土地整理制度允许土地所有者开发土地，前提是贡献出一部分土地用作公共用途（通常为30%），或者是将其出售用以未来将要实施的公共项目（索伦森

Sorensen，2002）。土地整理制度提供了一种推动城市有序发展的低成本方法，因此在东京得到推广。然而，这也意味着公共基础设施建设依赖于个体土地所有者（多数是农民），因此使得总体规划难以落实，而个体土地所有者的意愿在东京的城市化过程中得以扮演重要角色。

东京城市农业的发展也得益于日本文化对土地混合利用的高接受度，尤其是对农业和其他城市活动混合的高接受度。在欧洲，大家普遍认为应该将城市功能进行明确划分，并在城市界限内控制城市发展，然而在东京，高密度和土地混合利用增加了城市的活力。所有的欧洲城市形态都基于这种城市和非城市（农业）之间的明确区分。相比较而言，日本城市在建成区和自然区之间的划分始终模糊不清（贝尔克Berque，1993）。

24.3 为使农业在城市中占有一席之地，农民们采取了什么策略？

如今，大部分研究均是显示农业是如何为城市带来环境、社会和经济等各方面效益的。在东京，农业供养城市，使得城市能够抵抗自然风险并改善生活质量。相反，城市环境却不利于农业发展，农业与其他一些更有经济价值的城市活动相比，显得毫无竞争优势。然而，还是有少部分案例显示了农业是如何真正融入城市环境的。

在东京，为了适应城市环境，农业显示出了强大的灵活性和适应能力。首先，东京的农业活动已经为适应城市环境而发生了改变，如发展新的生产模式、商业化计划和使农民的收益多元化的策略。其次，在土地短缺的背景下，东京的城市农业活动被安排在非常规的地点。最后，通过对城市资源的非常规使用，东京农民的形象焕然一新。

24.3.1 在东京，农业即城市

如同其他传统活动一样，如今农业在东京的发展也正在城市化。这种城市化首先是基于农业活动对城市环境的适应性，其次是基于农业活动有效利用城市环境的优势。

在东京，农业活动已经发生改变，以控制其可能的负面影响。农业劳动基本上都是手工操作，以控制噪音污染。例如，一个位于东京市中心的奶牛场通过撒咖啡粉的方式来控制气味污染。

东京农民还与消费者们建立了特殊的联系，并把他们的农田转化成了市中心的社会空间。为城市居民提供服务的休闲农业变得越来越流行。农民将一部分农田提供给城市居民使用，让他们有机会种植食物。农民们则在农耕过程中提供建议（比如化肥和杀虫剂的使用）。作为交换，农民从使用者和地区中获得经济回报。尤其需要说明的是，这项活动能够为每个农场提供2/3的维护费用和1/3的运营费用（白石Shiraishi，2001）。

公共管理部门也对休闲农业十分感兴趣，因为它可以提供成本低廉又高效的公共项目，并保持对城市发展的控制。通常，小型集体活动空间是与农业空间联系在一起的，专业的和业余的农民可以聚在一起围着桌子品尝他们的产品。这些互动加强了邻里间的联系，这种联系则有利于在遭受自然灾害时（地震，洪水等）开展本地紧急互助。

为了能从邻近的城市环境中得益，东京的农民实施了相应的策略。他们发明了市场策略，向城市消费者销售他们的产品。例如，建立城市居民和农民间的合同关系，或者在农场中直接销售产品。为此，农业合作社发行了一份表明销售点具体位置的地图。在现场，绿色旗帜即表示销售点。销售装置可以很简单（带钱柜的架子），也可以较复杂（自助蔬菜柜），还可以是移动式的（蔬菜手推车）或者更加有组织的（合作社农业商店）（一些例子见图24.3）。

东京不仅仅是消费者市场，还是农民们获得额外收益的地方。现在，农耕已经成为一种兼职活动。2000年，81%的东京农民均是兼职进行耕作的（TMG，2005）。增加农民收入的另一策略是开展多元化的农场活动。例如，采用新型能源的生产方式已经在一些农田里得到推广（多数通过太阳能）。

图24.3

图24.3　练马区（东京）农民的销售装置：（A）蔬菜架，（B）旗帜标志，（C）合作商店，（D）农民的照片。

更普遍的是，农民开始变成不动产的管理者，他们的土地不单单只用于农耕。他们会保留农耕功能，这样就能够获得国家补贴。同时，他们也可以出售部分土地使其成为建设用地（日本的区划系统弹性很大），或者将土地出租用于其他的临时活动（停车场，超市）（涅瓦Niwa，2009）。

图24.4展现了东京的典型城市农场。我们可以看到，一部分农场和前农业用地现在已经转变为公寓和停车场。没有了城市土地的压力，这些活动带给农民的利润将减少，所以最终，城市提供了保持农业活动的机会。但城市还是会对农业造成直接的威胁，与继续进行农业活动相比，目前出售农田依然会使农民获得更多的收入。最后，我们可以预言，城市土地上的传统农业活动或许会消失。然而，东京的趋势则显示农业活动正重新出现在新型的城市农业土地上。

24.3.2　新型城市农业土地

城市土地的压力激发了土地资源的高效利用。《东京制造》一书中介绍了一些策略，比如建筑功能的多元化，不同功能空间的协同建立，或者“废弃空间”的再利用（贝岛等Kaijima et al.，2001）。

在东京，城市农业活动也借鉴了这些策略并得以在城市中生存。农业活动可以利用城市中的闲置空间，这些空间往往因为位置不佳或面积较小（200～1000m^2）而不能被用于其他功能。因此，这些空间没有城市化的压力，农业在这些地区能相当稳定地发展。在东京，农业通常会出现在交通基础设施附近，电力塔下面或者洪水淹没区。

在建筑物的屋顶（图24.5）、立面和地下室中也能找到农业的身影。建筑现在已经成为农业的空间基础。在东京最中心的位置——表参道地区，井村（Imura）先生开展了屋顶农业活动，将小型的农业份地（2.50m×1m）以每个月300欧的价格出租。这个价格虽然看起来很贵，但这一运作非常成功，所有的份地被租赁一空。

在东京，建筑内部也可以开展农业活动。保圣那（Pasona）O2农场位于东京市区（八重洲）一幢建筑的一楼（如图24.6），种植了200多种水果和蔬菜。农场的主要组成部分是一片稻田，位于建筑大堂。农作物种植采用水培和人工光源技术。

目前，建筑内部农业和屋顶农业的推广是受限的。不过，市政府2007年发布了一项关于增加城市绿色屋顶数量的条例，这一条例规定，如果私人建筑的屋顶面积超过1000m^2、公共建筑的屋顶面积超过250m^2，则建筑所有者必须将1/4的屋顶进行绿化。这或许能够推动屋顶农业的发展。

24.3.3　新型城市农民

现今，东京农民的特征正在改变。最有趣的一点是，80%的农民大于50岁（TMG，2005）。

私营企业在他们的办公楼内实践城市农业活动，例如保圣那（人力资源公司）和NTT（电讯公司）。NTT2006年就开始在他们的主体建筑屋顶开展农业活动，并将其称之为“甘薯屋顶”。这个屋顶不仅能生产甘薯，同时也创造了就业机会并降低了热岛效应。

图24.4

图24.5

图24.4　典型的城市农场（日吉，横滨市港北区）。
图24.5　表参道（东京）的屋顶农业。

图24.6　保圣那建筑（东京）里的农业

图24.6

如今，在东京，农民正在被重新定义。一些传统上与农业没有联系的人正在开展农业活动。藤田志穗（Shiho Fujita）的例子就非常引人注目。藤田女士是日本著名的流行歌手，她属于“涩谷女孩”那种类型，染金发、走学校女生路线。从她的背景来看，她似乎应该不会对农业感兴趣，然而在2009年，她发起了一个稻田项目。她在网络上销售大米，大米的外包装上印着涩谷区的时尚插图。藤田女士将日本的农业变成了一种时尚潮流，“nogyaru”（农业女孩）一词成为2009年的年度热词。

这些城市农民的新特征非常有趣，并展示了巨大的活力。然而，我们也应该看到这些活动的另一面，质疑这些举措是否会给通常意义上的城市农业带来真正的好处。这些活动受到了重要媒体极大的关注，这可能会让我们担心这些活动唯一的目的就是增加曝光度。农业在日本有着很好的和可靠的形象，因此私营企业很愿意与这种形象挂钩。同样地，如果藤田女士发起了一个农场项目，那或许就不单单是因为她对农业感兴趣或对做生意感兴趣。这也可能是为了给她的形象重新镀金，曾经她的形象是一个肤浅的女孩。应该说，在所有这些新型的城市农业活动中，农业的产量和利润并不是新型农民的首要目标。比如，保圣那农场和表参道屋顶农场的生产力就非常低。

此外，这些活动的运营模式会成为东京传统农业生存的直接威胁。因为它们不需要营利，对那些依赖于农业收入生存的农民来说，这是一种不公平的竞争。业余农民经常亏本出售产品，这扰乱了当地的农业市场。比起有家族传承的农民，新型农民很少亲自参与农业劳动，而且这些业余爱好者对农业的兴趣并不持久，因此会导致农业活动的稳定性变弱。对农业来说，这是真正的危险，因为在日本，被遗弃的农田很快就会抛荒、无法耕种。

所以到最后我们谈论的还是农业么？或者我们应该用其他的表达方式，比如城市花园或农业营销？

24.4　总结

本章节旨在理解为什么在东京会有农业的存在。我们回顾了东京农业的历史渊源，描述了东京是如何在农业的基础上发展起来的。我们也阐述了农业如何适应城市环境、采取策略在城市中寻找新的生存空间，以及农业这一职业如今是如何被重新界定的。

本章的另一个目的是展现城市农业的活力并推动富有创造力的策略的实施。东京是个非常有趣的城市，农业居然能够在这样一个城市压力巨大的大都市生机勃勃得存在。东京的例子也说明与农业复合的城市形态是可持续的。更有意思的是，西方国家往往排斥复合的城市形态，农业想在城市中取得合法地位也非常困难。

致谢

本章基于我作为访问学者在日本横滨庆应大学所做的研究。我特别感谢伊加贺教授（庆应大学）、神户教授（明治学院大学）和学生们（多和田由美Tawada Tomomi，绘里子Hantani Eriko，山科百合Saeko Tsumuraya）。

参考文献

Ashihara, Y., 1989. The Hidden Order: Tokyo through the twentieth century. Kodansha International, Tokyo, Japan, 201 pp.

Berque, A., 1993. Du geste a la cite. Gallimard, Paris, France, 244 pp.

Godo, Y., 2007. The puzzle of small farming in Japan. Asia Pacific Economic Paper, No. 365.

Godo, Y., 2006. Financial Liberalization and Japan's Agricultural Cooperatives. Poster paper prepared for presentation at the International Association of Agricultural Economists Cenference. Gold Coast, Australia.

Kaijima, M., Kuroda J. and Tsukamoto Y., 2001. Made in Tokyo. Kajima Institute Publishing Co, Tokyo, Japan, 191 pp.

Naito, A., 2003. From Old Edo to Modern Tokyo, NIPPONIA no.25 June 15. Available at http://web-japan.org/nipponia/nipponia25/en/feature/index.html.

Niwa, N., 2009. La nature en ville peut-elle etre agricole? De la Suisse au Japon. Urbia, no.8. urbanisme vegetal et agriurbanisme. Available at http://www, unil.ch/ouvdd/page74948.html.

Ogino, Y. and Ota S., 2007. The evolution of Japan's rice field drainage and development of technology. Irrigation and Drainage 56: S69-S80.

Shelton, B., 1999. Learning from the Japanese city: West meets East in urban design. Routledge, New York, NY, USA, 210 pp.

Shiraishi, M., 2001. The preservation and use of scarce agricultural land in suburban areas. NLI Research Institute. no. 148. Available at http://www.nil-research.co.jp/english/socioeconomics/2001/li010a.html.

Sorensen, A., 2002. The making of urban Japan. Nissan Institute/Routledge Japanese Studies Series, London, UK, 386 pp.

Tajima, K., 2007. The marketing of urban waste in the early modern Edo/Tokyo Metropolitan area. Environment Urbain/Urban Environment 1: 13-30.

TMG (Tokyo Metropolitan Government Bureau Of General Affairs), 2005. Statistic Division Management and Coordination Section, Tokyo statistical yearbook. Available at http://www.toukei.metro.tokyo.jp/homeoage/ENGLISH.htm.

Yokohari, M. and Amati, M., 2005. Nature in the city, city in the nature: case study of the restoration of urban nature in Tokyo, Japan and Toronto, Canada. Landscape Ecological Engineering 1: 53-59.

Yokohari, M., Takeuchi, K., Watanabe, T. and Yokota, S., 2000. Beyond greenbelts and zoning: A new planning concept for the environment of Asian Mega-cities. Landscape and Urban Planning 47: 159-171.

第25章

气候友好型城市农业和环城农业的关键策略

塔拉L.莫罗[1,3]（Tara L. Moreau）
泰根·亚当斯[2,3]（Tegan Adams）
肯特·木里尼克斯[3]（Kent Mullinix）
亚瑟·法力克[3]（Arthur Fallick）
帕特里克M.康登[4]（Patrick M. Condon）
1加拿大，英属哥伦比亚大学，气候应对太平洋研究所
2加拿大，英属哥伦比亚大学，土地和食物系统系
3加拿大，昆特兰理工大学，可持续园艺学院
4加拿大，英属哥伦比亚大学，可持续发展设计中心
taramoreau@gmail.com

摘要：农业对化肥、农药和化石燃料的依赖在很多方面引发了温室气体（GHG）排放以及气候变化，包括土地利用方式的改变、机械化操作、化工制造、化学制剂的使用等。加拿大的不列颠哥伦比亚省要求到2020年温室气体排放减少33%，2050年减少80%。为了迅速采取行动，170多个城市签署了自愿气候行动宪章，保证到2012年达到碳平衡。对于城市而言，碳平衡需要当地政府通过公共活动量化、减少并补偿温室气体排放。鉴于城市边缘以及城市内部农业活动的出现，那么支持气候友好型农业的发展十分关键，这对于确保食物安全、减少排放和应对气候变化均有帮助。目前，一个规划师、景观设计师、当地政府、农学专家和学者之间的合作项目正在该地区开展，该项目致力于设计一种“低碳社区”，以解决与建筑、交通、能源、废物处理和食物等相关的诸多城市问题。此外，该地区正在实施被称为市政支持农业（MESA）的食物系统综合规划研究。该研究特别关注大温哥华区域，在市政支持农业和低碳社区的背景下，该研究的目标是：将这个地区的农业温室气体排放进行分类，推广气候友好型城市农业和环城农业模式，探索城市农业和环城农业的碳汇潜力，并且确定气候友好型实践的评估指标体系。本文也讨论了实施市政支持农业的关键策略。

关键词：农业食物系统，碳汇，温室气体（GHG）排放，市政支持农业（MESA）

25.1　简介

人们对于园艺、食物生产、草坪、绿地、森林和公园的兴趣使得城市中的植物和动物具有了多样性，这些植物和动物与人类共生于城市中。这几年，城市植物（例如草坪、屋顶农场和高尔夫球场）对地球碳平衡的影响已备受关注（伯恩等Byrne et al.，2008；盖特等Getter et al.，2009；内梅茨Niinemets和潘努拉斯Penuelas，2008）。然而，对城市生态理解的缺失会影响生态保护工作，这就需要对城市生态系统进行进一步的研究（科尔宾Corbyn，2010）。在整个北美，将城市土地进行公开的再分配正在成为一种潮流，这些再分配的土地会用作社区农园、农夫集市、学校农园以及城市/环城农场。现在，世界上超过50%的人居住在城市中，考虑到城市农业活动的增加和人口的增长，发展气候友好型农业对解决城市中的食物安全、温室气体排放和气候变化问题十分重要。气候友好型农业能够“实现可持续生产，弹性（适应性），减少温室气体排放，有助于实现国家食物安全和发展目标”（粮农组织，2012）。

农业，可以分为城市农业、环城农业和乡村农业三种，通常是指植物、动物产品或者从植物和动物转化而来的食物、纤维、观赏植物、药品或者燃料。农业生产的温室气体排放量大约占全球人为温室气体排放量的1/4（希尔拉芭Scialabba和穆勒林顿劳夫Muller-Lindenlauf，2010）。然而农业生产仅仅只是整个大食物系统中的一个环节，完整的食物系统包含很多环节：农场建设、食物生产、运输、加工、包装和分配、零售、餐厅加工和消耗、家庭加工以及废物处理等（埃里克森Ericksen，2008；加内特Garnett，2008）。据估计，如果将食物处理和加工也计算在内的话，那农业食物系统的温室气体排放量就占了全球总量的1/3（希尔拉芭Sciablabba和穆勒林顿劳夫Muller-Lindenlauf，2010）。

鉴于农业对全球温室气体排放的影响、本地城市食物生产的兴起以及地区农业食物系统的发展潜力，将农业文化与城市文化重新整合非常重要，这包括了气候友好型生产实践的规划、实施和管理。在加拿大不列颠哥伦比亚省（BC），气候改变应对法案（44号法案：温室气体减排目标法案2007，27号法案：地方政府法规修正案2008）要求所辖城市到2020年减少33%的温室气体排放，到2050年减少80%。为了应对这一挑战，不列颠哥伦比亚省170多个城市政府签署了自愿气候行动宪章，并保证在2012年达到碳平衡（不列颠哥伦比亚社区和乡村发展部，2010）。作为减排行动的一部分，地方政府要在官方社区规划中（OCPs）明确温室气体减排的目标、政策和行动方案。

碳汇是指空气中的CO_2通过光合作用和分解反应被植物、动物和土壤吸收的过程。尽管碳汇对减少CO_2的贡献有限，但是它已经被公认为是中短期减少大气中CO_2的一种方法（哈钦森等Hutchinson et al.，2007；拉尔Lal，2009；摩根等Morgan et al.，2010）。省报告预计，通过土壤碳汇过程，BC省的农业用地会对固碳起到重要作用（BC智慧生活，2009）。拉尔（Lal）和福利特（Follett）（2009）指出，在城市生态系统中固定更多的碳以及采取行动提高城市土壤的碳汇能力十分必要。然而，必须指出，土壤的碳汇能力并不是永久的，也很难被量化，因此，土壤碳汇并不能代替二氧化碳减排策略，而是对它的补充（拉尔Lal，2009）。

BC省的城市发展目标是达到碳平衡，转型成为弹性和可持续城市。来自气候应对太平洋研究所（PICS）、可持续园艺学院（ISH，昆特兰理工大学）和可持续发展设计中心（DCS，英属哥伦比亚大学）的研究人员正在为“低碳社区”设计和规划更好的食物系统。低碳社区是一种实验性概念，致力于减少城市内由建筑、交通、能源、废物和食物产生的温室气体（康登等Condon et al.，2010）

为了强调与食物有关的全球性议题，如食物价格上涨、气候变化、食物安全与食物主权、就业率与农民的低收入等，ISH和PICS的研究人员正在把市政支持农业（MESA）体系化，以便让当地政府在重构农业食物系统的过程中发挥积极作用。MESA的目标是培育恰当的、目标明确的概念、工具和策略，并将其运用到城市层面，支持设计一种本地的、气候友好的、人工密集型的农业食物系统。目前BC省城市中出现了各种模式的MESA。作为更大范围的MESA项目的一部分，本次研究的目标是将大温哥华地区农业生产的温室气体排放进行分类，并且提出气候友好型城市农业和环城农业的关键策略。此外，研究还进行了城市碳汇能力的测算，探讨了影响碳汇潜能的因素。

25.2 研究方法

本次研究的范围限定于加拿大不列颠哥伦比亚省大温哥华地区。研究对象为该地区农业的4个关键方面：（1）大温哥华地区的农业；（2）农业生产过程中的温室气体排放来源；（3）城市碳汇；（4）气候友好型城市农业和环城农业的关键策略。

25.2.1 大温哥华地区的农业

政治背景

大温哥华地区有将近210万人口，总面积约2900km^2，包括22个自治市，一个选区以及自治的原住民村落。其中有14%的面积（约410km^2）都是农业用地（Metro Vancouver，2007）。为了保护农业用地不被城市侵占和提高农业生存能力，不列颠哥伦比亚省在1973年制定了农业土地保护政策（ALR）。然而，这一政策是相当有争议的，公众对这一政策的意见也是高度分化的，因为城市土地经济会抬高住宅建设用地而非农业用地的价值（康登等Condon et al.，2010）。

地区气候

农业高度依赖气候条件，也易受空气中温室气体增加而导致的气候变化的影响（如气温上升、不稳定的降水、极端天气事件、海平面上升、大范围的虫害等）（环境部，2011）。不列颠哥伦比亚省的低地势有利于季节性食物的生产，且有加拿大最肥沃的土壤。大温哥华地区则属于海洋性气候，有冬雨季节（10月到3月）和夏干季节（7月到8月）。1月温哥华的平均最高温度是6℃（43℉），7月是22℃（72℉），每年平均降水量约117cm（44英寸）（Hello BC，2010）。

25.2.2 农业生产过程中的温室气体排放来源

为了调查大温哥华地区食物生产过程中的温室气体排放来源，本研究采用了与生命周期评估法（LCA）类似的方法。除了考虑农业用地的排放（国家和省排放报告中有详细清单），还要考虑农业制造和运输所带来的排放（如农业化工制造、农业机械制造等），此外，农场所使用的能源也要被考虑进去。基于政府文件、国际气候变化小组（IPCC）的研究和权威论文，农业实践活动中的排放可以被归入“农场管理类别”中（阿尔忒弥斯Artemis，2002；尼格利等Niggli et al.，2008；希尔拉芭Scialabba和穆勒林顿劳夫Muller-Lindenlauf，2010；史密斯等Smith et al.，2007，2010；威利Willey和查米迪思Chameides，2007）。

25.2.3 城市碳汇

有学者建议在固定的样本地块上长期监测土壤的碳含量以测量土壤的碳汇能力（汉姆博格Hamburge，2000）。碳汇会发生在4种“碳池”中：地面活生物体、地下活生物体、残骸体以及土壤。总的来说，评估城市土壤和土地表面的碳汇能力的方法尚不成熟。

25.2.4 气候友好型城市农业和环城农业的关键策略

与农业相关的排放有很多是模糊而不明确的。基于农场管理类别的分类，本文制定了气候友好型城市农业和环城农业的关键策略。作为城市碳管理的辅助工具，这些策略与指标的监测过程相联系，用以确定项目基线、制定项目目标、评估项目成功与否和明确改进区域。

25.3　研究成果

25.3.1　大温哥华地区的农业

2006年的农业普查显示，大温哥华地区14%（41035hm^2）的土地为农业用地（Metro Vancouver，2007）。此次普查并没有包括小型城市农业活动，如社区农园、城市农场、屋顶农场。大温哥华地区的大部分农业用地位于以下3个自治市：兰里（32%），萨里（23%）和三角洲（18%）。这其中约59%为农耕地，其余的非农耕地是牧场或有其他用途（如圣诞树农场、森林、湿地和休闲用地）。这一地区种植的作物多种多样，浆果（4643公顷）、蔬菜（3025公顷）和苗圃作物（1192公顷）等经济作物是主要组成部分。在大温哥华地区，动物产品主要由家禽和鸡蛋组成（4075048只家禽），其次是牛和奶牛（29433头牛）。其他家畜包括马、绵羊、猪、山羊、美洲驼和蜜蜂。

25.3.2　农业生产过程中的温室气体排放来源

在不列颠哥伦比亚省，影响农业生产温室气体排放的因素可以分成9种，包括：（1）地形、地貌和气候；（2）土壤特征；（3）农场机械化；（4）水文：排水、灌溉管理；（5）种子和农作物生产实践；（6）庄稼营养输入；（7）肥料管理；（8）动物特征；（9）害虫管理。总的来说，全球农业活动排放的温室气体包括二氧化碳（CO_2），甲烷（CH_4）和一氧化二氮（N_2O）。（史密斯等Smith et al.，2007，2010）。CO_2主要源于微生物腐烂、生物体燃烧、土壤有机物分解以及农场机器化石燃料的使用。一氧化二氮源于土壤、堆肥池以及复合肥料中氮的微生物转换过程。甲烷主要源于厌氧条件下有机物的分解过程，尤其是反刍动物的消化过程、肥料的储存过程以及被淹条件下庄稼的生长过程。农业活动排放的温室气体复杂且不停变化。大多数农业活动会排放全部的三种温室气体（CO_2，N_2O，CH_4）。以畜牧业为例，土地利用和改变会排放CO_2，CH_4则来自于动物的消化过程，堆肥和污泥管理会产生N_2O（国际食物政策研究项目International Food Policy Research Initiative，2009）。

25.3.3　城市碳汇

城市的碳汇能力说明了城市土地多样化利用所带来的多种可能性。理论上，碳汇主要发生在墓园、农园、高尔夫球场、屋顶农园、灌木篱墙、公园、城市森林、运动场和其他拥有土壤和植物的地方（盖特等Getter et al.，2009；诺瓦克Nowak和克兰Crane，2002）。由于土壤中CO_2流动的动态性以及影响碳循环要素的多元性，要准确估计不同用途土地的碳汇能力是非常困难的。影响碳元素流动和碳汇的因素包括气候、土壤类型和特征、植物品种和栽培变种、营养结构（成分，分布和密度）、土地使用历史、土地管理和土壤动物群。由于进行碳汇量化过于复杂，本研究没有对城市土地的碳汇率进行评估。尽管据估计城市碳汇能够有效改善城市温室气体排放，但是仍然需要对碳汇影响因素有进一步的理解，选择更合适的持续性测量方法。

25.3.4　气候友好型城市农业和环城农业的关键策略

气候友好型城市农业和环城农业的关键策略旨在稳定提高农业生产力、适应性，最小化温室气体排放、最大化碳汇能力，详见表25.1中。但是，对城市农业生态系统的研究非常有限，这意味着很少有基础数据能用于衡量目标和成果。因此，本研究将策略和评估策略的指标体系相结合，为市政当局提供一种评价方法，以便确定项目基准、设定项目目标、检测项目成果并明确需要改进的地区。这张表格并不是决定性的，但是能够有助于理解城市农业生产。

气候友好型城市农业和环城农业的关键策略及量化指标体系　　表25.1

气候友好的关键策略	评估策略影响的指标
优化农业生态系统，提高土地生产力	农场总面积 耕作土地面积百分比 进行农林复合经营的土地面积百分比 覆盖原生植被的土地面积百分比 建筑占地面积百分比 闲置用地面积百分比
高效的土地管理和规划	根据政府环境规划进行管理的农场土地面积百分比 进行有机种植的土地面积百分比 修复土地面积百分比
优化食物生产	每单位土地上种植的作物种类 每单位土地上的作物产出 每单位土地的作物卡路里 每单位土地的作物营养价值 土地面积与所生产卡路里的比率
最大化农场的能源利用效率	对农场的完整建设过程进行能效审计 农场机械的化石燃料消耗率 本地生产的能源的消耗率（如沼气、焚烧、从作物残留物中获得的农业能源）
优化土壤健康，最大化水管理效率	施用有机氮元素的百分比（如粪肥、堆肥） 耕作土地面积百分比 进行休耕管理的土地面积百分比 利用残余作物增加土壤肥力的土地面积百分比 土壤裸露的土地面积百分比 种植多年生作物的土地面积百分比 有覆盖物的土地面积百分比 每单位土地（如平方米，亩，公顷）的需水量

续表

气候友好的关键策略	评估策略影响的指标
优化土壤健康，最大化水管理效率	利用雨水收集装置进行灌溉的土地面积百分比 利用高效灌溉技术的土地面积百分比及用水量 利用植被管理（或缓冲带）保护的流域土地面积百分比
最大化碳汇能力	每单位土地的碳汇能力估计（或在自动分析仪中利用干燃法测定） 地面生物的碳汇能力估计
高效的营养管理	有土壤分析信息的土地面积百分比 针对作物需求进行同步营养管理的土地面积百分比 每单位面积施用的营养肥料的总量或重量 每年农用化学制剂减少的总量或重量百分比 每单位面积施用的有机营养总量 种有豆类作物（固氮作物）的耕作土地面积百分比
生产性堆肥系统	通过堆肥转化的有机垃圾总量 堆肥系统的类型 每单位面积施加的堆肥肥料总量 堆肥肥料的营养分析
闭合能量循环	利用沼气系统处理的肥料百分比 利用覆盖或干式仓储系统处理的肥料百分比 利用农场动物粪便施肥的土地面积百分比 场地外运废物量百分比 场地回收或再利用废物量百分比
最大化生活多样性和物种保护	每单位面积的本地植物数量 每单位面积的本地作物数量 每单位面积家畜品种数量 每单位面积区域性植物数量 每单位面积本地传粉昆虫数量 每单位面积鸟类、昆虫和哺乳类动物品种数量
多样化的作物系统	进行作物轮种的土地面积百分比 进行间作的土地面积百分比 半自然栖息地面积百分比（如矮树丛，植物隔离带）
害虫管理	有防治措施的土地面积百分比 进行害虫监测的土地面积百分比 进行益虫监测的土地面积百分比 施用生物控制剂的土地面积百分比 每单位面积施用的农药总量

25.4 讨论和总结

从全球和本地食物系统的角度考察温室气体的排放是件很紧迫的任务。气候应对太平洋研究所（PICS）与可持续园艺学院（ISH，昆特兰理工大学）组成的合作研究队伍正在评估市政支持农业（MESA）促进可持续本地食物生产和减少温室气体的潜力。要想明确市政支持农业的内容，仍需要很多努力。这其中，本研究为气候友好型城市农业和环城农业制定了关键策略和相关的评估指标体系。很明显，气候友好型农业的实施会受到当地、区域和国家层面政策的影响。例如，政府已经制定了奖励项目以鼓励有利于城市环境的农业发展方案，并正在分析其他气候友好型城市农业和环城农业的相关政策。然而，现在就制定明确的策略依然为时过早。我们正在探索的一些策略还包括通过气候友好型农业进行碳补偿、有偿支付环境服务和长期土地租赁协议等。

关键策略：

- 将气候友好型城市农业和环城农业整合到城市/区域规划中。
- 增加城市和区域内的调研和数据采集工作，量化城市农业和环城农业的土地面积，以获得可靠的农业产量和碳汇潜力数据。
- 创造区域型网络来支持气候友好型教育项目，支持农民和区域研究。

市政支持农业的目标是使气候友好型城市农业和环城农业成为一种双赢的活动，双赢是这一活动的“基本特征”。“基本特征”这个术语来源于“基本种”，生态学者用其来描述生态系统里的重要物种。打个比方，这个术语就等同于拱券中的拱顶石，没有拱顶石，拱券就倒塌了。土壤中的碳元素是碳汇的指示器，即碳汇的“拱顶石”。不断增加的土壤碳量，通过施用粪肥、进行堆肥、覆盖作物残余物等可以持续增加土壤含碳量，增强土壤持水能力和渗透能力，提高微生物多样性和缓冲能力，改善土壤盐渍化和碳汇能力。对农民和城市来说，在城市范围内直接进行土壤取样是可行的。为了能够精确评估、模拟和比较城市区域的碳汇能力，需要建立当地的碳汇数据库。研究团队正在尝试让气候友好型策略在大温哥华地区获得优先权。由于受到温度和湿度等因素的影响，农业温室气体的排放是不可预测并多变的，因此区域数据就十分重要。然而，不列颠哥伦比亚省和大温哥华地区的区域农业温室气体排放数据是缺失的。尽管如此，农业减排的实践已经得到了认可，这为未来的行动提供了指导（伊戈尔等Eagle et al.，2010；尼格利等Niggli et al.，2008；史密斯等Smith et al.，2007；施耐德等Snyder et al.，2009）。

未来，市政支持农业研究的一个挑战是农业食物系统的多样化、广泛性和相互的关联度。另一个挑战是解决食物安全、气候友好型农业、社会企业、食物政策和经济活力之间的紧张关系。例如，用有机肥料代替人工化肥可以降低温室气体排放量，但是即使已经意识到环境的不可持续性，有即时经济效益的传统产品（人工化肥）依然比替代产品（有机肥）更为强势（马修斯等Matthews et al.，1993）。在市政支持农业的框架内，经济成本和效益、激励或援助政策需要进行进一步研究。还有一个挑战则是创造能够适应由气候变化引起的环境变化的农业社区。最近修订的气候应对政策认为，气候变化应被视为是需要应对和管理的持续影响，而不是一个孤立的、不连续的问题（普林斯等Prins et al.，2010）。直到今天，2002年提出的一些有关不列颠哥伦比亚省农业发展的建议仍然是正确的（阿尔忒弥斯Artemis，2002），包括：增加对农业的资金投入，推动农业科技研究，制定环城农业规划以减少对农地和农场的蚕食，支持农民实施可持续的农业实践。

大温哥华地区十分适合发展城市农业和环城农业以增加本地食物产量。在2008年的省调查当中，90%的居民同意，“在不列颠哥伦比亚地区生产足够的食物至关重要，这样我们就不需要依赖其他国家的进口食物”（伊雷公共事务部Ipsos Reid Pubic Affairs，2008）。尽管增加本地食物生产有很大的潜力，消费者们也对本地食物很感兴趣，但目前农业食物体系限制国内食物的供给、支持进口食物。对当地生产者来说，由于很难满足消费者对食物数量和持续供应的需求，要进入主流市场是一大挑战。要想增加本地食物的供给，必须改变市场结构，创造消费者和生产者直接对接的贸易机会。

本研究概括了实施气候友好型城市农业和环城农业的策略和相应的评估指标体系，为当地政府和项目制定者提供了一种工具，用以确定项目基准，设立项目目标，验证项目成果，确定需改进的地区。要减少农业活动温室气体的排放，依然要付出巨大的努力，改变食物的种植、加工、运输、消耗以及废物回收过程，当然，个人、团体、组织和政府之间的合作也是必不可少的。

参考文献

Artemis, 2002. An economic strategy for agriculture in the lower mainland. Artemis Agri-Strategy Group, Burnaby, BC, Canada, 54 pp.

BC Ministry of Community and Rural Development, 2010. Climate action charter. Available at http://www.cd.gov.bc.ca/ministry/whatsnew/climate_action_charter.htm.

Byrne, L.B., Bruns, M.A. and Kim, K.C., 2008. Ecosystem properties of urban land covers at the aboveground-belowground interface. Ecosystem 11: 1065-1077.

Condon, P.M., Mullinix, K. and Fallick, A., 2010. Agriculture on the edge: Strategies to abate urban encroachment onto agricultural lands by promoting viable human-scale agriculture as an integral element of urbanization. International Journal of Agricultural Sustainability 8: 104-115.

Corbyn, Z., 2010. Ecologists shun the urban jungle, Nature News. Available at http://www.nature.com/news/2010/100716/full/news.2010.359.html.

Eagle, A.J., Henry, L.R., Olander, L.P., Haugen-Kozyra, K., Millar, N. and Robertson, G.P., 2010. Greenhouse gas mitigation potential of agricultural land management in the United States: A synthesis of the literature. Nicholas

Institute for Environmental Policy Solutions, Report NI R 10-04, Second Edition, 72pp. Available at http://nicholasinstitute.duke.edu/ecosystem/land/TAGGDLitRev.

Ericksen, P.J., 2008. Conceptualizing food system for global environmental change research. Global Environmental Change 18: 234-245.

Food and Agriculture Organization, 2012. Climate—Smart Agriculture for Development. Available at http://www.fao.org/climatechange/cliamtesmart/en/.

Garnett, T., 2008. Cooking up a storm: Food, greenhouse gas emissions and our changing climate. Food Climate Research Network, Centre for Environmental Strategy, University of Surrey, UK, 155 pp. Available at http://www.fcrn.org.uk/fcrnPublications/index.php?id=6.

Getter, K.L., Rowe, D.B., Robertson, G.P., Cregg, B.M. and Andersen, L.A., 2009. Carbon sequesttation potential of extensive green roofs. Environmental Science and Technology 43: 7564-7570.

Hamburg, S.P., 2000. Simple rules for measuring changes in ecosystem carbon in forestry—offset projects. Mitigation and Adaptation Strategies for Global Change 5: 25-37.

Hello BC, 2010. Climate and weather. Official Tourism site of British Columbia. Available at http://www.hellobc.com/en-CA/About BC/ClimateWeather/BritishColumbia.htm.

Hutchinson, J.J, Campbell, C.A. and Dsjardins, R.L., 2007. Some perspectives on carbon sequestration in agriculture. Agriculture and Forest Meteorology 142: 288-302.

IFPRI (International Food Policy Research Initiative), 2009. Agriculture and climate change. International Food Policy Research Institute, 29 pp. Available at http://www.ifpri.org/publication/agriculture-and-cliamte-change.

Ipsos Reid Public Affairs, 2008. Poll of public opinions toward agriculture. Food and Agri-Food Production in BC. Investment Agriculture Foundation of BC. Available at http://www.iafbc.ca/publications_and_resources/other-publications.htm.

Lal, R. and Follett, R.F. (Eds.), 2009. Soil carbon sequestration and the greenhouse effect. Soil Science Society of America. Special Publication 57, Second Edition, Madison WI, USA, 410 pp.

Lal, R., 2009. Sequestering atmospheric carbon dioxide. Critical Reviews in Plant Science 28: 90-96.

LiveSmartBC, 2009, BC climate action plan. British Columbia Provincial Government. Available at http://www.livesmartba.ca/government/plan.html.

Matthews, S., Pease, S.M., Gordon, A.M. and Williams, P.A., 1993. Landowner perceptions and adoption of agroforestry practices in southern Ontario, Canada. Agroforestry Systems 21: 159-168.

Metro Vancouver, 2007. 2006 Census Belletin #2 Census of Agriculture. Metro Vancouver,

Burnaby, BC, Canada. Available at http://www.metrovancouver.org/planning/development/agriculture/Pages/default.aspx.

Ministry of Environment, 2011. Climate change: BC provincial impacts. Available at http://www.env.gov.bc.ca/cas/impacts/bc/html.

Morgan J.A., Follett, R. F., Allen Jr. L.A., Del Grosso, S., Derner, J.D., Dijkstra, F., Franzluebbers, A., Fry, R., Paustian K. nad Schoeneberger, M.M., 2010. Carbon sequestration in agricultural lands of the United States. Journal of Soil and Water Conservation 65: 6A-13A.

Niggli, U., Fliebbach, A., Hepperly, P. nad Scialabba, N., 2008.Low greenhouse gas agriculture: mitigation and adaptation potential of sustainable farming solutions. Food and Agriculture Organization, Rome, Italy, 14 pp.

Niinemets, U. and Penuelas, J., 2008. Gardening and urban landscaping: Significant players in global change. Trends Plant Science 13: 60-65.

Nowak, D. and Crane, D., 2002. Carbon storage and sequestration by urban trees in the USA. Environmental Pollution 116: 381-389.

Prins, G., Galiana, L., Green, C., Grundmann, R., Korhola, A., Laird, F., Nordhaus, T., Pielke Jnr, R., Rayner, S., Sarewitz, D., Shellenberger, M., Stehr, N. and Horoyuki, T., 2010. The Hartwell paper: a new direction for climate policy after the crash of 2009. Institute for Science, Innovation & Society, University of Oxford LSE Mackinder Programme, London School of Economics and Political Science, London, UK, 42pp. Available at http://sciencepolicy.colorado.edu/admin/publication_files/resource-2821-2010.15.pdf.

Scialabba, N. and Muller-Lindenlauf, M., 2010. Organic agriculture and climate change. Renewable Agriculture and Food Systems 25: 158-169.

Smith, P. and Martino, D., 2007. Agriculture. In: Metz, B., Davidson, O.R., Bosch, P.R., Dave, R., Meyer, L.A. (Eds.) Climate Change 2007: Mitigation of Climate Change, Contribution of Working Group III to the Fourth Assessment Report of the Intergovernmental Panel on Climate Change. Cambridge University Press, UK and New York, pp. 497-540.

Smith, W.N., Grant, B.B., Desjardins, R.L., Worth, D., Li, C., Boles, S.H. and Huffman, E.C., 2010. A tool to link agricultural activity data with the DNDC model to estimate GHG emission factors in Canada. Agriculture, Ecosystems and Environment 136: 301-309.

Snyder, C.S., Bruulsema, T.W., Jensen, T.L. and Fixen, P.E., 2009. Review of greenhouse gas emissions from crop production systems and fertilizer management effects. Agriculture, Ecosystems and Environment 133: 247-266.

Willey, Z. and Chameides, B. (Eds.), 2007. Harnessing farms and forests in the low-carbon economy: how to create, measure, and verify greenhouse gas offsets. Duke University Press, Durham, NI, USA, 240 pp.

第26章

本地食物生产对食物里程、能源使用及温室气体排放的影响：以荷兰阿尔梅勒（Almere）为例

简–埃尔科·扬萨[1]（Jan–Eelco Jansma）
维简耐得–塞克[1]（Wijinand Sukkel）
伊芙琳S.C.斯迪尔玛[1]（Eveline S.C. Stilma）
阿历克斯C.范·奥斯特[2]（Alex C. van Oost）
安德烈斯J.韦瑟[1]（Andries J. Visser）
1荷兰瓦赫宁根大学研究中心
应用植物研究业务部门
2荷兰阿尔梅勒市政府
janeelco.jansma@wur.nl

摘要：本研究案例阿尔梅勒市（2009：18.5万人口）位于荷兰阿姆斯特丹以东30km处。到2030年阿尔梅勒的人口将增长到35万，阿尔梅勒的奥斯特沃德（Oosterwold）将建成15000座新住宅以容纳新增人口。在这一过程中，近4000hm^{2}肥沃的土地将作为城市农业用地被纳入城市的版图。这意味着在阿尔梅勒奥斯特沃德本地可以生产出大量食物。那么这些本土食物将对该地区的食物运输里程、能源使用以及温室气体的排放量产生什么影响？我们计算过，6200hm^{2}的传统农业用地（或8100hm^{2}的有机种植农地）可以为这个将有35万人口的地方提供近20%每日所需的食物。这些本地产品主要是新鲜食物，其中76%是植物制品，24%是动物制品。在该案例中，本地农业生产每年可以为这个城市减少27000吨温室气体排放量。这个减排量相对来说是较少的，因为大部分该地区所需的食物在荷兰已有生产。较可观的温室气体减排量则是通过减少采购食物的交通量、用可再生能源代替化石能源以及用有机肥代替化肥来实现的。除此之外，本次研究强调，一些其他因素也应该考虑在内。如改变食物结构（如减少肉类）、重新设计本地食物分配体系、影响食物消费者的消费习惯及减少化石能源的用量。

关键词：城市农业，食物策略，城市规划，温室气体排放，本地食物

26.1　简介

第二次世界大战后，荷兰的城市空间规划政策一直遵循集聚或者集群城市化的道路（范瑞曼Van Remmen和范德伯格Van der Burg，2008）。该政策的目的是保持开放空间，减少到开放空间的交通里程并提供便利设施。这样的政策导致荷兰的城市与乡村产生了明显的界限（如图26.1），并显著拉远了城乡居民以及城市与农业之间的距离（地理和心理的双重距离）。城市居民远离食物产地，远离自然，远离乡村生活，感受不到宁静、夜空和四季轮回。与此同时，农民为世界市场生产的食物和产品却很难与他们的城市邻居有所关联。

城市农业（UA）在城市内或城市边缘地区生产食物，同时能够为城市居民提供非食物产品和服务（穆杰特Mougeot，2000）。城市农业与城市一样古老，但在19世纪由于新的食物储存和运输方法的出现，城市农业丧失了活力（斯蒂尔Steel，2008）。如今，无论是在发达国家还是在发展中国家，城市农业在全世界范围内又开始重新兴起（戴克等Dekking et al，2007）。除了食物生产，城市农业还有其他的附加价值，它同样可以为城市提供绿化带，甚至可以提供绿色能源、储存雨水、处理垃圾。在荷兰，一些农业公司已经将健康关怀、养老服务、儿童看护及教育纳入了业务范围（如Waardewerken，详见http://www.waardewerken.nl）。

阿尔梅勒（荷兰第七大城市）是一个新兴的快速发展的郊区城市，距离阿姆斯特丹30km。相对于荷兰的传统标准来说，阿尔梅勒的设计是非常独特的。阿尔梅勒建立于20世纪70年代，拥有一个被卫星城环抱的城市中心，森林、公园、运河和池塘穿插其中，其设计在一定程度上受到了霍华德田园

图26.1　荷兰明显的城乡边界（国际航拍调查，2007）

图26.1

城市的影响。如今，阿尔梅勒仍然是一个多极的城市，其城市边界内的绿地和水域比例高于荷兰城市的平均水平。在城市边界内，除了一个商业化运作的城市农场，阿尔梅勒的城市农业并未得到大力的推广（戴克等Dekking et al，2007）。不过，阿尔梅勒市内有一处名为阿格茹梅勒（Agromere）的地方，这里实际上是一个经过设计和开发的郊区，拥有5000居民，在这片250hm^{2}的土地上，城市生活和城市农业紧密融合。

到2030年，阿尔梅勒的人口将增加到35万（成为荷兰第五大城市），以分担阿姆斯特丹地区日益增长的住房压力和稀缺的建设空间压力。15000幢住宅将被安置在阿尔梅勒东北部，这个被称之为阿尔梅勒奥斯特沃德的地区有近4000公顷的肥沃农地（图26.2）。阿格茹梅勒的设计为城市开发者带来了灵感，他们决定将城市农业作为阿尔梅勒奥斯特沃德规划方案的组成部分（韦瑟等Visser et al，2009）。在《阿尔梅勒2.0战略规划》草案中，城市农业被视为阿尔梅勒奥斯特沃德未来潜在的绿色和可持续发展基础之一。阿尔梅勒奥斯特沃德的建设目标之一是成为未来的食物供给地区（阿尔梅勒督导委员会2030 Stuurgroep Almere 2030，2009）。

图26.2 荷兰的新城阿尔梅勒，距离阿姆斯特丹30km，位于福列佛兰（Flevopolder）南部。阿尔梅勒奥斯特沃德计划新建15000幢住宅。这个区域大部分为耕地和牧场。

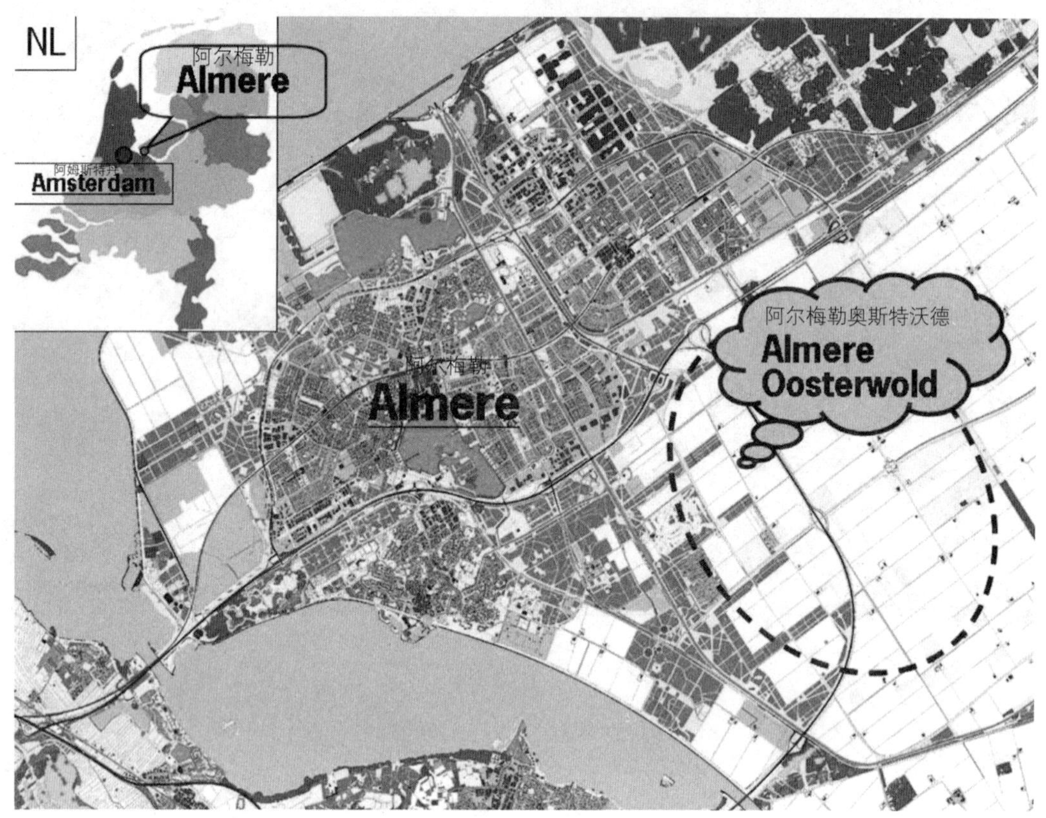

图26.2

为了实现以上的目标，还需要回答很多问题。阿尔梅勒奥斯特沃德城市农夫能够生产哪些食物（产品）？能够生产多少食物？阿尔梅勒奥斯特沃德的食物生产会对减少食物里程、化石能源使用和温室气体排放产生什么影响？

26.2 材料与方法

进一步观察本地食物生产的环境影响是必要的。这项基础研究由阿尔梅勒市政府、经济部、农业部和创新发展部共同资助，旨在探索阿尔梅勒奥斯特沃德地区本地食物生产对减少食物里程、化石燃料使用和温室气体排放的影响。在研究中，假定了阿尔梅勒食物系统发展的三个可能场景。这些场景的目标均是在本地为阿尔梅勒未来的35万居民生产日常所需的20%的食物。在本研究中，“本地”被界定为以阿尔梅勒市中心为圆心、半径20km的范围内。20%的目标则是基于两个前提：（1）20km半径内可利用的种植区域；（2）郊区对本地食物的需求估算量（扬萨等Jansma et al.，2010）。

26.2.1　场景0（S0）：通常的经营模式

每日食物的生产、加工和分配基于目前的状况：

A．生产

——目前荷兰的农业生产方式。

——依赖化肥与农药的农业系统。

B．分配

——部分食物在荷兰生产，部分在国外生产。

——目前的食物分配形式，即经由分配中心和零售商向消费者分配产品。

——目前的食物和食物加工和储存方式。

C．能源使用

——主要依赖于化石能源。

26.2.2　场景1（S1）：农业商业相结合

在这个场景中，20%的日需食物在本地生产、加工并分配，这一过程中所消耗能源的20%为可再生能源。

A．生产

——本地生产基于复合生产系统，即材料的循环利用和综合病虫害管理。生产水平则基于目前荷兰的实际水平。

——本地生产系统既使用有机肥也使用复合化肥。

B．分配

——本地生产的食物（20%）在本地进行加工和分配，其余80%的食物部分在荷兰生产，部分在国外生产（使用目前的生产方法）。

——本地生产的食物将在消费者步行可达的分配点或商店进行销售，这意味着购买本地生产的食物将不存在食物里程问题。

C．能源使用

——本地食物生产所需能源的20%为再生能源（如风能、太阳能和有机废物发酵）。减少20%温室生产过程中所使用的化石能源。

26.2.3　场景2（S2）：生态导向的农业商业

在这一场景中，20%的日需食物在当地生产、加工并分配。该场景中的本地生产、加工、分配过程基于100%的可再生能源、新型分配系统和最大限度的废弃物再利用。

A．生产

——本地食品生产是完全有机的，生产水平基于目前荷兰有机食物的生产水平。

B．分配

——本地生产的食物（20%）在本地进行加工和分配，其余80%的食物部分在荷兰生产，部分在国外生产（使用目前非有机的生产方法）。

——本地生产的食物将在消费者步行可达的分配点或商店进行销售，这意味着购买本地生产的食物将不存在食物里程问题。

C．能源使用

——本地食物生产完全依靠再生能源（如风能、太阳能和有机废物发酵）。温室生产不再使用化石燃料，相反，温室可以提供能源。

本地生产的食物主要是那些能够在阿尔梅勒奥斯特沃德地区生长的食材。阿尔梅勒居民的平均年龄是35岁（阿尔梅勒Almere，2010），基于20到30岁的荷兰人平均每日食物摄取量（霍尔索夫等Hulshof et al.，2004），我们选择满足以下标准的食材：

- 可以在阿尔梅勒城市周围的气候和土壤环境中生产的食材，包括温室蔬菜。
- 需要较少或不需要加工、并能在当地加工的食材。
- 加工食物所需的材料主要来自本地区。
- 能够在市中心半径20km范围内可利用的土地上种植。

在这个标准的基础上，我们旨在生产20%的家庭日需食物。我们为食物赋予具有可比性的生产和消费指数并归类为不同类型，在每个食物类型中选出一到两个具有高度代表性的“模型食物”进行本地生产。例如，在温室蔬菜类型中，西红柿被选为模型食物。所有食物指数的计算均基于这个模型食物（表26.1）。这意味着结果的偏低或偏高取决于模型食物在食物类型中的相对指数。

本地生产替代的食物百分比和它们在家庭食物开支中的份额　　**表26.1**

食物类型	模型食物	本地生产替代百分比（%）	食物开支百分比（%）
土豆和洋葱	土豆和洋葱	100	1.7
绿色蔬菜	生菜	60	0.8
温室蔬菜	番茄	80	0.5
根蔬	胡萝卜	100	0.6
卷心菜	花椰菜	80	0.6
茎菜和芽菜	韭菜	80	2.0
豆类	扁豆和豌豆	80	0.3
水果	苹果	80	2.0
面包	小麦和大麦	80	5.2
啤酒	大麦	30	0.9
肉类	牛肉和鸡肉	4	0.2
蛋	鸡蛋	80	0.7
奶	牛奶	50	1.7
芝士	牛奶	30	1.8
总食物开支			18.9

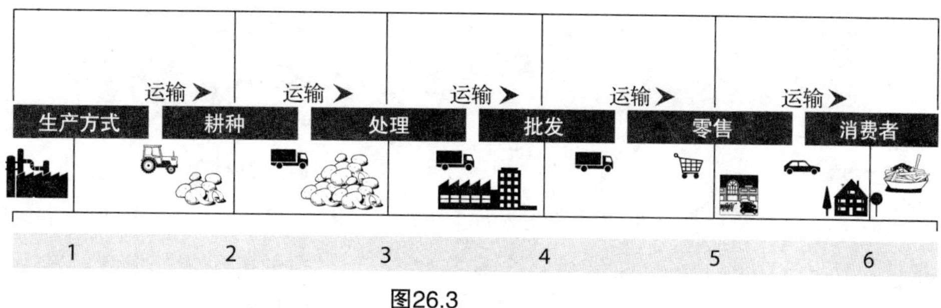

图26.3

基于这些模型食物的日摄取量，我们能计算出所需的初级农产品量。此外，要将总食物链中30%的平均食物损耗量考虑在内。每个模型食物的总食物链包括生产、运输、包装和贮存流程，我们将对这个流程中的食物里程、化石能源使用和温室气体排放进行分析（图26.3）。分析中不包括食物的家庭处理和家庭贮存。土壤和植物的碳汇量也不计算在内，因为大多数参考文献中都没有相关记录并且估算值的不确定性很高。场景1与场景0相比较，本地生产基本不会造成碳汇量差异，因为两个场景的种植方式假定是相同的。场景2与场景0相比较，由于采用了有机种植方式，场景2可能低估了对减少温室气体排放量的影响。比起传统种植方式，西欧的有机农业种植方式能够增加土壤的固碳能力（苏凯尔等Sukkel et al.，2008）。根据给定场景的食物里程数，可以计算出本地食品生产或传统食物生产的化石能源使用量和温室气体排放量。初级农产品生产过程中的能源使用和温室气体排放数据来自于荷兰的研究（伯斯等Bos et al，2007）。食物链中其他过程的数据则来自于不同的文献资源（博朗克等Blonk et al.，2008；迪蒂Dutilh和克拉默Kramer，2000）。加工农产品（如牛奶、啤酒和面包）的数据包括加工（和贮存）过程中化石能源使用量和温室气体排放量。此外，土豆既可以作为加工产品（薯条）也可以作为非加工（新鲜）产品出售，这类食物的数据只包括非加工产品的数据。食物里程是对食物链中每一部分运输距离的估算，也包括消费者食物里程。假定三种场景的食物包装方式和类型相同。根据阿尔梅勒的典型情况，即食物分配场地主要为中心超市，消费者主要驱车前往采购场所，场景0的消费者食物里程（从商店到家）约为3公里每12公斤食品。食物里程被分为重型运输、轻型运输和私人运输三种类型。制造生产工具（如制造拖拉机、包装机器和可再生资源装置）过程中使用的化石能源和排放的

图26.3 以土豆为例，每种模型食物的总食物链包括从生产到消费者家门的全过程，这一过程中涉及的食物里程（公里）、化石能源使用量和温室气体排放量是分析对象。

温室气体不计算在内。

26.3 结果

基于日食物摄取量，可以测算出家庭食物总花费是3520欧元每年（平均每个家庭2.23人）。家庭自产食物和（瓶装）水不计算在内。我们尝试在本地生产出20%的家庭所需食物，主要包括能够在本地生产的水果和蔬菜。这意味着8.5%的传统食物被本地食物所替代。制作啤酒和面包所需的额外谷物的替代率为14.6%。为了尽量满足20%本地食物的要求，增加动物制品（牛奶和鸡蛋）是必不可少的。非常有限的肉类本地替代品只有牛奶和鸡蛋的副产品。可以在本地生产的食物类型及其替代率可以参看表26.1。除了土豆、洋葱和胡萝卜，其他模型食物的本地产品替代率都低于80%，这是因为：

- 本地全年交付是不可能的（比如莴苣）；
- 某一食物类型内的重要产品无法在当地生产（比如橘子是一种无法在荷兰种植的主要水果）；
- 本地产品的质量不一定达标（比如荷兰的小麦和大麦经常不能达到面包烘焙的要求）；
- 有限的本地空间（比如牛奶和肉类产品）。

表26.2显示的是生产18.9%的本地食物所需要的土地面积。经过计算，需要6200hm^{2}的传统农田（场景1）或8100hm^{2}的有机农田（场景2）来为未来35万阿尔梅勒人生产18.9%的日常所需食物。本地生产的动物制品约占4.4%的家庭食物开支（表26.1），但所需土地面积占总面积的一半以上。在3个不同场景中，本地食物生产、加工和分配过程的能源使用量和温室气体排放量详见表26.3和表26.4。

为未来35万阿尔梅勒人生产18.9%的日需食物所需的土地面积　表26.2

	场景1（hm^2）	场景2（hm^2）
植物产品	2951	3968
动物产品	3279	4109
总计	6230	8077

不同场景中的化石能源使用量　表26.3

	化石能源使用量（万亿焦耳/年）					
	生产	运输	加工	包装	冷藏	总计
场景0	363	99	23	36	30	551
场景1	325	15	19	36	24	419
场景2	152	0	0	36	0	188

不同场景中的温室气体排放量 表26.4

	温室气体排放量（二氧化碳当量/年）					
	生产	运输	加工	包装	冷藏	总计
场景0	66261	7475	3768	2339	1323	81166
场景1	64449	872	3014	2339	1058	71732
场景2	51725	0	0	2339	0	54064

场景2与场景0相比，本地生产每年能减少27000t温室气体排放量或等同于1300hm^{2}树林的年碳吸收量。初级农产品生产过程中的能源使用量和温室气体排放量最大。与能源使用量相比，初级农产品生产过程中的温室气体排放量相对较大，这是因为温室气体主要包括甲烷和一氧化二氮，这两种气体主要产生于农产品生产过程中，比如养奶牛。化石能源使用量和温室气体排放量在场景1和场景2的生产过程中减少最多。这主要是因为在温室生产中，可再生能源替代了化石能源，以及有机肥料替代了人工复合氮肥。

运输过程中化石能源使用量和温室气体排放量的减少来自于消费者交通量的减少。在场景1和场景2中，加工和冷藏过程中能源使用量和温室气体排放量的减少是由于可再生能源替代了化石能源。18.9%本地食物替代后，节约的能源相当于3900户家庭（场景1）或10700户家庭（场景2）的年能源使用量。

相较于场景0，场景1和场景2大大减少了食物运输里程（表26.5）。场景1和场景2采用了相同的分配系统，因此里程结果相同。与场景0相比，场景1和场景2采用送货上门或送货到分配点的方式，因此小货车的使用量大大增加。重型大货车主要用于从生产者到加工者的批量运输。场景0中的运输里程主要发生在国道上。私家车（场景0）和小货车则主要会在本地使用。相比较场景0，场景1和场景2中运输里程的减少主要是由于新型分配系统减少了私家车的使用。

26.4 讨论和总结

长期以来，西方国家严重依赖于长供应链。以伦敦为例，这个7百万人口的城市需要从海外进口80%的食物。从农场到餐桌，一顿饭的食物里程达到3000km（皮尔斯Pearce，2006）。食物占据了伦敦生态足迹的近1/4（Sustainweb，http://www.sustainweb.org/londonfoodlink/about）。在荷兰，食物带来的温室气体排放量占了国家总排放量的33%（润格等Vringer et al.，2010）。但是，荷兰几乎没有食物里程数据的研究，关于本地食物系统对能源使用和温室气体排放量影响的研究也很少。哈维梅伦（Hauwermeiren）等人（2007）发现在本地食物系统和主流食物系统的能源使用和温室气体排放量没有显著差别。荷兰的另外一个案例研究表明，电商送货上门分配系统和超市分配系统的温室气体排放量仅有少许差

不同场景和不同运输方式的运输里程 表26.5

	单位：千km	
	场景0	场景1和2
重型货车	1270	17
轻型货车	1137	425
小货车	0	1628
私人汽车	15713	0
总计	18120	2070

别（范德沃特Van der Voort和鲁斯科Luske，2009）。不过，该研究中的电商送货上门系统还未发展到最优规模。

本研究则探索了阿尔梅勒奥斯特沃德地区的本地食品生产对减少未来阿尔梅勒食物里程、化石能源使用量和温室气体排放量的影响。研究界定了阿尔梅勒食物系统的三种场景，这些场景的目标是要为未来阿尔梅勒的35万居民生产20%的每日所需食物。

在不改变目前的食物消费模式的前提下，很难实现本地生产、加工和分配的食物达到家庭食物支出份额20%的目标。能够在本地生产的食物通常都比较便宜，这是由于这些食物不需要深加工，也不需要长距离运输，此外，由于可利用土地面积的限制，动物制品也比较少。延长生长季节（温室栽培）可以增加本地食物的份额，提高餐馆、咖啡厅和食堂里本地食物的比例。实际上，更多的食物可以进行本地生产和加工，但小规模的本地生产和加工往往在经济上不可行。

相比场景0，场景1和场景2中能源的使用、温室气体排放量和食物里程的减少与本地生产并无必然联系。这些减少主要是通过用可再生能源代替化石能源并将当地分配系统改为送货上门实现的。

本地生产通常会减少国内/国际的重型卡车运输，但本研究中重型运输的减少并不是很明显。主要原因是本研究中大部分食物是在荷兰生产的。在荷兰，食物运输距离通常不超过150km。因此本研究中的重型卡车运输带来的运输里程大大少于消费者私家车运输食物的里程。

本地食物分配系统中运输工具的变化可以减少食物里程、化石能源使用和温室气体排放。场景1和场景2中，食物或是送货上门，或是在附近的商店或分配点就能买到，这样，消费者就可以不用驾驶私家车购买食物。场景1和场景2中完全避免私家车里程的设想可能太过极端，在现实中，还是会有一部分食物会通过私家车运输。对于像阿尔梅勒这样的郊区城镇来说，平均每12公斤食物会带来3公里的私家车里程。这一数值还可能是偏低的（胡博特Hubert和陶因特Toint，2002）。这一结果表明，用送货上门代替消费者出门购买食物对减少食物运输里程有巨大的潜力。

生产过程造成了最高的能源使用量和温室气体排放量，运输过程其次。这主要是由于大多数食物是在荷兰生产的，并且进行了初级加工和包装。在荷兰的食物链中，29%的能源使用量和39%的温室气体排放量是由生产过程引起的（克雷默等Kramer et al.，1999）；运输过程（不包括消费者的私家车运输）则带来了7%的能源使用量和6%的温室气体排放量。在这一食物链中，消费者消耗了29%的能源，其中大部分是由用私家车运输食物造成的（润格等Vringer et al.，2010）。

鉴于荷兰食物系统中运输工具的作用，不同的假定场景有不同的食物里程、能源使用量和温室气体排放量也就很容易理解了。本研究案例显示，在荷兰的食物系统中，与本地食品生产相比，其他方面对减少食物里程、能源使用量和温室气体排放量有更大的影响，如改变饮食习惯、重新设计本地食品分配系统、引导消费者行为等。然而，本地食物生产能在可再生能源的本地生产、废物回收利用、卫生保健以及（儿童）食物教育起到重要作用，从而强化其他方面对减少食物里程、能源使用量和温室气体排放量的影响。另外，还需要注意，除了消耗能源、排放温室气体，食物运输还有其他的负面效应，如粉尘排放、制造噪音、交通事故以及传播害虫和疾病等。

与食物消费（肉类和反季节食物的比例）和食物浪费相关的消费者行为变化对本地食物生产有正面影响，从而影响食物消费碳足迹。如果居民减少菜单上的肉类，增加季节性食物，减少食物浪费，那么就能扩大本地生产的规模。本研究结果同时也表明，在阿尔梅勒奥斯特沃德的设计过程中，应该关注本地食物分配系统和可再生能源的使用，而不仅仅只是本地食物生产。本地食物分配系统是指将本地产品送货上门，而不是让消费者到食物分配点提取。可再生资源的使用需要关注主要的能源使用部门，如贮存和运输行业。此外，（城市）农业可以利用温室或废物发酵的残留热能从而成为可再生能源的生产者（杰士玛等Jansma et al.，2010）。

26.5 结束语

阿尔梅勒最终能够实现到2030年在本地生产10%食物的目标（阿尔梅勒委员会2030 Stuurgroep Almere 2030，2009）。我们建议将目标集中在蔬菜和水果的本地生产和加工上。阿尔梅勒奥斯特沃德有将近4000hm^{2}可用的耕作土地，因此10%的目标是现实的。此外，阿尔梅勒的土壤类型（砂质黏土）也非常适合种植水果和蔬菜。除了专业的食物公司，城市居民也能够利用社区农园和配给农园参与到食物生产和消费的系统中。美国的一项研究表明，当人们开始自己种植食物后，他们会选择更健康的食谱（贝洛斯等Bellows et al.，2004）。阿姆斯特朗（Armstrong）发现，社区农园能带来广泛的邻里参与。范-登·博格（Van den Berg）等人则强调了配给农园有助于形成积极健康的生活方式（尤其是对老年人来说）。

在阿尔梅勒战略远景2.0草案中，城市

农业被视为阿尔梅勒奥斯特沃德地区重要的发展驱动力之一（阿尔梅勒委员会2030 Stuurgrop Almere 2030，2009）。城市的目标是将这一地区建设为连贯式生产性景观，使其成为城市经济、生态、社会系统的一部分，为城市提供食物、能源、资源和水。通过本地范围内的企业家和居民的努力，到2013年，这一传统农业地区会转变为花园城市（范奥斯特Van Oost和德努得De Nood，2010）。重新建立自然、农村农业和城市系统的联系是阿尔梅勒奥斯特沃德地区独特的发展战略，其中包括了建设本地食物生产、能源生产和分配以及废物再利用所需的基础设施，也包括了建设本地食物分配系统。

本研究关注本地食物生产（和分配）对减少城市碳足迹的影响。但城市农业的好处不仅只限于本地食物生产。城市农业的附加价值还包括改善居民健康、提升城市居住环境、保护生物多样性、增加当地就业、促进土地复合使用、增强社会凝聚力等。这些附加价值往往依托于城市绿地（卫莱克等Vreke et al.，2010）。城市农业能够扩大城市绿地的正面影响，但要说服规划师、设计师和开发者在城市系统中结合城市农业还需要更多有说服力的证据。

参考文献

Stuurgroeg Almere 2030, 2009. Concept Structuurvisie Almere 2.0 (Draft Strategic Vison Almere 2.0.). Almere kan groeien van 190, 000 naar 350, 000 inwoners? Wat betekent de schaalsprong voor de stad en de regio? Almere, the Netherlands, 309 pp. (Summary in English).

Almere, 2010. De sociale atlas van Almere 2010: Monitor van wonen, werken en vrije tijd. Gemeente Almere, Almere, the Netherlands, 36 pp.

Armstrong, D., 2000. A survey of community in upstate New York: Implications for health promotion and community development. Health and Place 6: 319-327.

Bellows, A.C., Brown, K. and Smit, J., 2004. Health benefits of urban agriculture. A paper from members of the Community Food Security Coalition's North American Initiative on Urban Agriculture, 27 pp., available at http://foodsecurity.org/pubs.html.

Blonk, H., Kool, A. and Luske, B., 2008. Milieueffecten van Netherlandse consumptive van eiwitrijke producten: Gevolgen van vervanging van dierlijke eiwitten anno 2008. Blonk Milieu Advies BV, Gouda, the Netherlands, 153 pp.

Bos, J., De Haan, J.J. and Sukkel, W., 2007. Energieverbruik, broeikasgasemissies en koolstofopslag: de biologische en gangbare landbouw vergeleken. Wageninggen University, Applied Plant Research, Lelystad, the Netherlands, 20 pp.

Dutilh, Chr. E. and Kramer, K.J., 2000. Energy consumption in the food chain: comparing alternative options in food production and consumption. Ambio 29: 98-101.

Hubert, J.P. and Toint, P., 2002. La mobilite quotidienne des Belges: Services federaux des affaires scientifiques, techniques et culturelles. Enquete nationale sur la mobilite des menages, Presses universitaires de Namur, Namur, Belgium, 352 pp.

Hulshof, K.F.A.M., Ocke, M.C., Van Rossum, C.T.M., Buurma-Rethans, E.J.M., Brants, H.A.M., Drijvers, J.J.M.M. and Ter Doest, D., 2004. Resultanten van de voedselconsumptie peiling 2003. RIVM rapport 350030002/2004, Biltohoven, the Netherlands, 111 pp.

Jansma, J.E., Dekking, A.J.G., Migchels, G., De Buck, A.J., Ruijs, M.N.A., Galama, P.J. and Visser, A.J., 2010. Agromere, stadslandbouw in Almere, van toekomstbeelden naar het ontwerp. Wageningen University and Research, Appiled Plant Research, Lelystad, the Netherland, 98 pp.

Kramer, K.J., Moll, H.C., Nonhebel, S., Wilting, H.C., 1999. Greenhouse gas emission related to Dutch food consumption. Elsevier Energy Policy 27: 203-216.

Mougeot, L.J.A., 2000. Urban agriculture: definition, presence, potentials and risks. In: Bakker, N., Dubbeling, M., Gundel, S., Sabel-Koschella, U. and De Zeeuw, H. (Eds.) Growing cities, growing food: urban agriculture on the policy agenda. German Foundation for International Development (DSE), Bonn, Germany, pp. 1-42.

Pearce, F., 2006. Ecopolis now. New scientist 190: 36-42.

Steel, C., 2008. The hungry city: how food shapes our lives. Chatto & Windus, London, UK, 383 pp.

Sukkel, W., Van Geel, W. and De Haan, J.J., 2008. Carbon sequestration in organic and conventional managed soils in the Netherlands. Proceedings 16th IFOAM Organic World Congress, Modena, Italy, June 16-20, 2008, 4 pp.

Van den Berg, A.E., Van Winsum-Westra, M., De Vries, Sj. and Van Dillen, S.M.E., 2010. Allotment gardening and health: a comparative survey among allotment gardeners and their neighbors without an allotment. Environmental Health 9: 74.

Van der Voort, M. and Luske, B., 2009. Energieverbruik en broeikasgasemissies in de keten. Quick scan ebergies en broeikasgasemissies; Supermarket versus webwinkel. Praktijkonderzoek Plant en Omgeving, Lelystad, the Netherlands, 21 pp.

Van Hauwermeiren, A., Coene, H., Ehgelen, G. and Mathijs, E., 2007. Energy lifecycle inputs in food systems: A comparison of local versus mainstream cases. Journal of Environmental Policy & Planning 9: 31-51.

Van Oost, A.C. and De Nood, I., 2010. Almere Oosterwold: toonbeeld van duurzame gebiedsontwikkeling. Groen, vakblad voor ruimte in stad en landschap 11: 41-45.

Van Remmen, Y. and Van der Burg, A.J., 2008. Past and future of Dutch urbanization policies: growing towards a system in which spatial development and infrastructure contribute to sustainable urbanization. Urban Growth without Sprawl, 44th ISOCARP International Congress Dalian-China, 19-23 September 2008.

Visser, A.J., Jansma, J.E., Schoorlemmer H. and Slingerland, M.A., 2009. How to deal with competing claims in peri-urban design and development: The DEED framework in the Agromere project. In: Poppe K.J., Termeer, C. and Slingerland M.A. (Eds.) Transitions towards sustainable agriculture and food chains in peri-urban areas. Wageningen Academic Publishers, Wagenningen, the Ntherlands, 392 pp.

Vreke, J., Salverda, I.E. and Langers, F., 2010. Niet bij rood alleen: buurtgroen en sociale sohesie. Alterra rapoort 2070, Wageningen University and Research, Wageninghen, the Netherlands, 58 pp.

Vringer, K., Benders, R., Wilting, H., Brink, C., Drisse, E., Nijdam, D. and Hoogervoest, N., 2010. A hybrid multi-region method (HMR) for assessing the environmental impact of private consumption. Ecological Economics 69: 2510-2516.

Zalm, Chr. And Oosterhoff, W., 2010. Het Almere Landscape: dragger van polderstad Almere. Groen, vakblad voor ruimte in stad en landschap 11: 8-13.

第27章

城市农业和季节性食物足迹：英国番茄生产和消费的生命周期评估研究

吉琳M.丹尼（Gillean M.Denny）
剑桥大学建筑系
gd300@cam.ac.uk

摘要：本章研究内容为番茄的生命周期评估。基于对东安吉利亚（East Anglia）183个家庭城市农业实践的调查，本章探索了城市农业降低与食物相关的温室气体排放量的潜力。本研究表明，在开展城市农业活动的前提下（包括在份地上种植番茄、半商业性或商业性的城市农业商店或市场摊位），个体的番茄消耗排放可以从52.4 kg CO_2当量/年降低到11.2kg CO_2当量/年（2个传统番茄/人・周），番茄的年消费排放减少了44%（与低排放食物相比）和78%（与超市食物相比）。本章关注城市农业对减少温室气体的贡献。首先，对城市农业活动中家庭种植番茄与采购番茄之间的排放量进行直接比较，将所有已确定的生产和季节性波动因素都考虑进去。其次，利用城市农业实践者的家庭消费调查数据，可以计算出当前城市农业参与者个体的平均番茄生产排放量。最后，可以推导出包含城市农业在内的英国食物市场的番茄采购模式，这一模式可以显示不同采购地点（包括商业性城市农业、半商业性城市农业以及份地农园）的最低和平均商品温室气体排放量。

关键词：商业性城市农业，半商业性城市农业，克CO_2当量/克番茄

27.1 引言

本章研究内容为番茄的生命周期评估。基于对东安吉利亚（East Anglia）183个家庭城市农业实践的调查，本章探索了城市农业降低与食物相关的温室气体排放量的潜力。本文中的城市农业是指在城市内部及城市边缘地区所进行的生鲜农产品（家庭种植或商业种植的）的在地生产和消费。研究显示，食物的温室气体排放量与采购地点和城市农业活动有直接联系。在开展城市农业活动的前提下（包括在份地上种植番茄、半商业性或商业性的城市农业商店或市场摊位），个体的番茄消耗排放可以从52.4kg CO_2当量/年降低到11.2kg CO_2当量/年（2个传统番茄/人・周），番茄的年消费排放减少了44%（与低排放食物相比）和78%（与超市食物相比）。

27.2 研究方法

本研究以番茄作为研究对象，试图揭示季节性城市农业活动对英国家庭食物碳排放量的影响。英国番茄种植协会（2010）的资料显示，番茄是英国第四大最受欢迎的水果，本研究中开展的家庭调查也显示，番茄、土豆和苹果是受访者购买和种植最多的食物。此外，在国际标准广泛实施的前提下，番茄的生产系统具有可比性，从而使得番茄的生命周期评估更精确。

为了确定在英国的食物系统中城市农业生产的番茄的贡献，首先要确定目前番茄的生产排放量。威廉姆斯等人（Williams，2006，2009）和奥德斯黎等人（Audsley，2009）表示，需要关注生产的生命周期评估、产品的原产地以及能影响产品温室气体排放的任何具体分类特征，包括传统品种/特殊品种、无包装/包装等，其中"传统品种"是指牛肉番茄等传统产品，"特殊品种"则指其他的所有产品。这样就可以得到英国每月每个采购地点番茄排放量的标准百

分比，这些采购地点包括超市、当地商店、市场商业性城市农场、半商业性城市农场、份地、流动菜车等。研究组连续14个月每月对3家剑桥当地的超市经销商（Sainsbury's，ASDA，Waitrose）进行调研，从而得到产品特征（来源、包装、可获得性）。可以认为，2月是进口番茄季（12月到2月）的样本月，4月是商业番茄季（3月到6月和11月）的样本月，7月是室外番茄季（7月到10月）的样本月。

接下来需要确定消费者排放量，消费者排放量的确定是基于对东安吉利亚183个城市农业实践地和大伦敦家庭的月度调查，此调查已进行了超过14个月。将消费者排放量与生产排放量相加就可以得到不同采购地点的标准产品排放总量。英国番茄种植协会（2010）的数据显示，每人每周会食用5oz（142g）的新鲜番茄（等于两个传统番茄），因此温室气体的月排放量为20oz（568g）。

为了统一度量温室气体，威廉姆斯等人（Williams，2006）将所有的温室气体排放效应转化为一种单位，即二氧化碳当量（CO_2e）。这些温室气体主要包括：一氧化二氮（N_2O），甲烷（CH_4）和二氧化碳（CO_2）。

27.2.1　生命周期评估

奥德斯黎等人（Audsley，2009）的研究显示，英国番茄的碳排放量为3.79kg CO_2e/kg，而在欧洲其他地方为英国消费者生产等量番茄的碳排放量则降为1.30kg CO_2e/kg。将英国食物消费总排放量（234MTCe）分解到生命周期中考察，可以发现34%的排放是在区域物流中心（RDC）的初级生产过程中产生的，26%的排放则产生于从RDC到零售商和消费者的过程，还有40%的排放归因于土地用途的变化。

在提交给环境部、食品和乡村事务部（Defra）以及英国世界野生动物基金会（WWF-UK）的报告中，威廉姆斯（Williams）（2006，2009）和奥德斯黎等人（Audsley，2009）明确列出了番茄的生命周期和碳排放量，既包括在英国本地种植的番茄也包括从西班牙进口的品种。威廉姆斯等人（Williams，2009）的研究显示，英国种植的番茄在收获后会经历运输、清洗分类、筛选、包装等过程并运输到区域物流中心。西班牙种植的番茄在包装和冷藏后则会被运输到西班牙的物流中心，再装船运送到英国，接下来运输到英国的区域物流中心。或者是在英国的码头或仓库先进行挑选/包装/再包装/加标签等工作，然后再运输到区域物流中心。

这一复杂的系统表明，要进行生命周期评估需要明确系统的边界。通常情况下，这一系统被划分为前农场阶段（pre-FG：建造购物物、机械、光照/采暖、化肥、农药、灌溉和其他基础设施）和后农场阶段（post-FG：运输至地区分配中心、运输至零售点、消费者个人运输、包装、储存/冷藏、化学催熟、回收利用/处理）。必须指出，虽然这些报告都进行了农产品到达区域物流中心之前的生命周期评估，但是忽略了在这之后消费者的交通对碳排放的影响。

27.2.2　原产地国家

根据英国番茄种植协会（BTGA，2010）

的估计，英国居民每年消费420000t新鲜番茄，全英国接近150hm^2（370英亩）的温室每年能生产75000t番茄。然而，这只是每年番茄消费量的约1/4，因此还需要进口300000多t番茄，这使得英国成为番茄的第六大进口国家（联合国粮农组织数据库FAOSTAT，2010）。英国的进口番茄多来自西班牙/加那利群岛（190000t）和荷兰（190000t）。不过，在应时的季节，英国番茄的产量可以接近消费量的一半。

温室的使用延长了英国番茄的种植季，减少了农药使用量，增加了闭环系统的可能性。英国标准番茄户外种植季是7月到10月。不过，威廉姆斯等人（Williams，2006）的研究指出，商业温室能将种植季延长到从3月到11月。

比利时也采用了类似的技术，在英国从4月末到12月都可以买到比利时的番茄。西班牙则使用了349.65平方公里的塑料大棚进行番茄栽培（劳斯托尼Rawstorne，2005），不过，据英国番茄种植协会（BTGA，2010）估计，每一单位面积西班牙塑料大棚的产量只有英国温室产量的1/5（15kg/m^2）。

27.2.3　番茄商品

番茄源自南美洲，现在则有数以千计的品种，BTGA（2010）将这些品种分为五大类：传统型（50%）、牛肉型（2%）（有着相似的生产量）、鸡尾酒型（14%）、樱桃型、梨型（迷你型、中等型、大型）（19%）。也可以将其分为“非藤蔓型”（58%）和“藤蔓型”（42%）两大类。有机番茄则只占了英国商业性番茄种植面积的7%。

不同品种的番茄有着不同的自然特征、产量和重量，其生长周期也不同（40-60天），小型的樱桃番茄比大的品种成熟更快（BTGA，2010）。威廉姆斯等人（Williams，2006）认为，不考虑番茄的品种类型，每一种植面积的热量、电力、化肥的投入是相同的，但碳排放量却不相同。例如，在同一个温室，特殊品种番茄（樱桃型，梨型和牛肉型）的产量是传统番茄的一半。但生产一吨特殊品种番茄的碳排放量比生产等量传统番茄多五倍。因此，番茄生产的碳排放量与所需的种植品种有直接联系。

27.3　番茄案例研究

27.3.1　前农场阶段（Pre-FG）和后农场阶段（Post-FG）的排放量

为了获得东安吉利亚和大伦敦番茄生产的排放量数据，研究团队在6个采购地点进行了番茄的生命周期评估。评估包括Pre-FG排放量和Post-FG排放量，但不包括消费者排放量。番茄的总排放评估可以被细分为以下方面：采购地点、原产地、包装、传统品种/专业品种、非藤蔓型/藤蔓型。

威廉姆斯（Williams）（2006，2009）和奥德斯黎等人（Audsley，2009）在超市进行了月度调查（2月、4月、7月），对番茄生命周期排放量进行了评估。他们选择了两个进口原产地用以计算不同进口产品的排放量：西班牙（南欧）（Williams et al，2006，2009；奥德斯黎等Audsley et al，2009）和荷兰（北欧）（贝尔等Biel et al，2006）。当地商店，不管是小杂货铺还是便利店，都与超市有着相似的产品来源。当地集市和农夫集市的货源则一般来自批发生产商，当地生产者（应季）和小种植商。

总体上英国产品的前农场阶段排放量高于西班牙/南欧的产品，但后农场阶段的排放量较低。包装好的、非藤蔓型的、传统的英国番茄排放量（2.11g CO_2e/g）和南欧番茄排放量（0.27g CO_2e/g）都低于北欧番茄排放量（2.73g CO_2e/g）。荷兰的农场排放运作流程和英国的商业性农场类似，但比起英国，荷兰对运输需求更高，荷兰番茄的排放量高于西班牙。

2010年2月、4月和7月在东安吉利亚和大伦敦开展的调查结果如表27.1所示。图表前三栏排放量表示的是每个月每个采购地点的番茄平均排放量数据，与消费者有关的交通排放量单独成栏。

可以看出，从二月到七月，所有类型番茄的超市排放量都有所增加，这是由于随着低排放的南欧产品的淡出，对英国和北欧番茄的需求增加。包装好的传统藤蔓型番茄的排放量从2.07g CO_2e/g上升到了5.78g CO_2e/g，未包装的传统非藤蔓型番茄的排放量从0.64g CO_2e/g上升到了2.65g CO_2e/g。

27.3.2　消费者交通排放量

对东安吉利亚和大伦敦183个城市农业实践家庭的调查发现，不同的采购地点对应着不同的消费者交通习惯（距离、频率和交通模式），这些习惯会影响总生产排放量。图27.1显示了每一个调查家庭和他们所选的采购地点间的平均距离，当地商店（0.65英里）和份地农园（0.93英里）是最近的。

图27.2显示了受访者每周前往不同采购地点的频率，其中频率最高的采购地点是份地农园（每周2.48次），频率最低的采购地点是集市（每周0.48次）。

前往每个采购点的交通模式也会影响每月的排放水平。图27.3显示私家车和步行是比例最高的交通模式，尤其是去超市和当地商店。此外，由于当地商店（0.65英里）和份地农园（0.93英里）在距离上相近，多于25%的份地农园所有者会驱车前往他们的份地而不是去当地商店，这就可能会增加份地

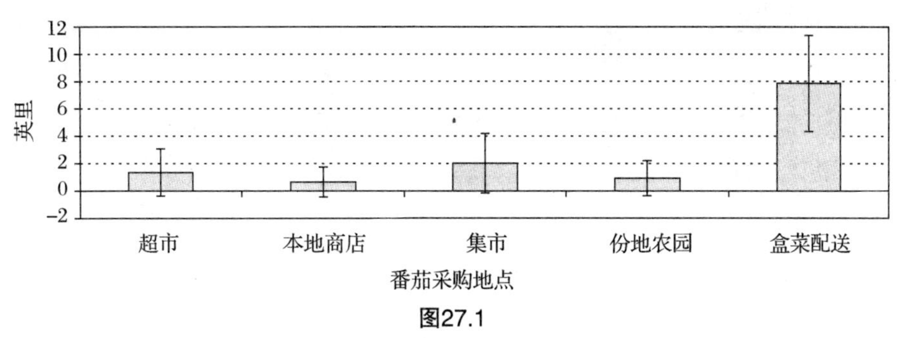

图27.1

图27.1　受调查家庭和他们所选的采购地点之间的实际距离范围

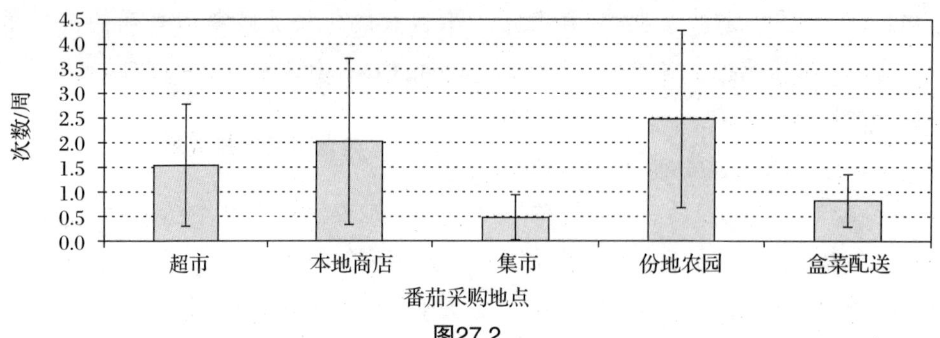

图27.2

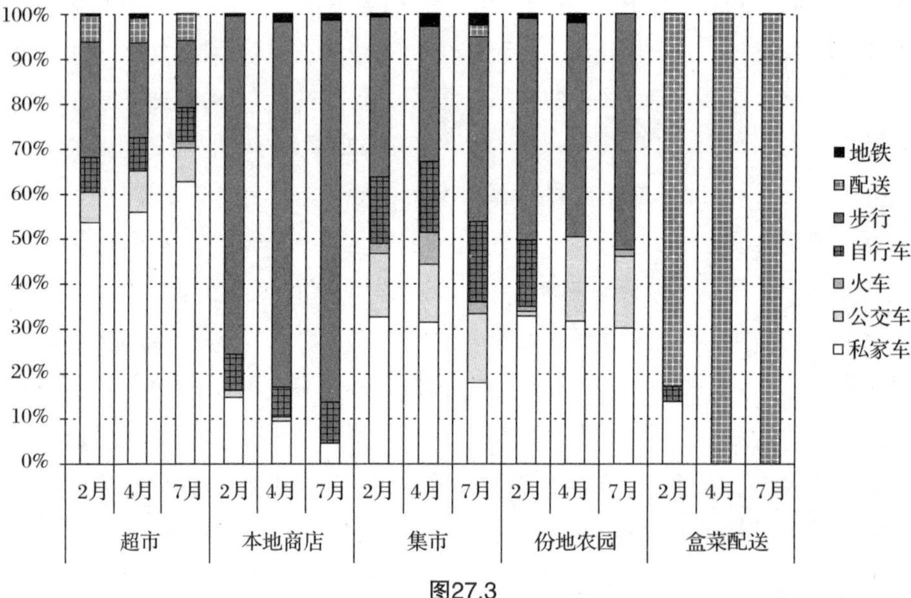

图27.3

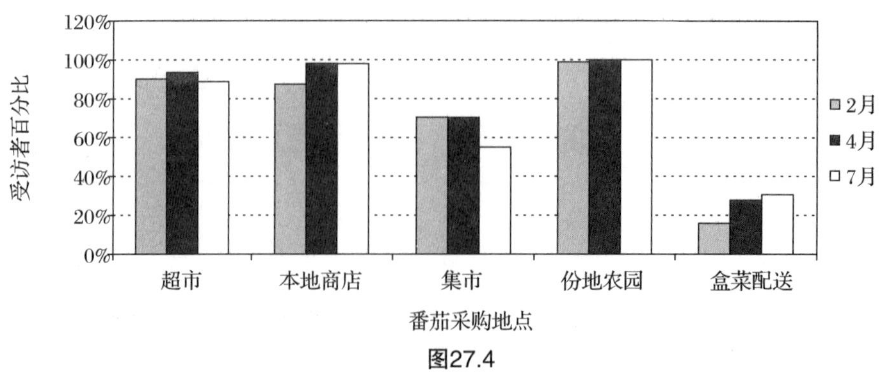

图27.4

图27.2　受访者每周前往不同采购地点的实际频率范围

图27.3　每月前往采购地点的交通方式

图27.4　每月前往不同采购地点的受访者百分比

农园的生产排放量。图27.4则显示了每月前往每个采购地点人数的变化。

将这些调查数据与DEFRA的英国交通排放标准（2008）结合可得到图27.5，即基于出行频率、交通模式、距离和月份基础上的消费者交通排放量。可以认为，7月份超市交通排放量的上升主要源自私家车的使用。集市交通排放量的降低（4月份为2.57g CO_2e，7月份为1.71g CO_2e）是因为步行的增加和私家车的减少。

27.3.3　番茄总排放量

接下来可以计算番茄总排放量。通常情况下，一次购物之旅包含多种物品，人们不会仅仅为了番茄前往采购地点。因此，为了研究的方便，我们以一只塑料购物袋为标准（一只典型的塑料购物袋可以承受15kg的重量，一只多功能的购物袋可以承受30kg多的重量，在我们的调研中，两者的使用都很普遍），可以计算出传统番茄在每周购物重量中的百分比（5oz或142g），其排放量接近总排放量的1%。

番茄总排放量（g CO_2e/g）（表27.1）包括了前农场阶段排放量、后农场阶段排放量和消费者交通排放量。图27.6显示了每月不同地点不同类型番茄的排放量变化。从4月和7月，可以看到所有采购商业性番茄的地点排放量持续增加，这是因为在这段时间低排放的南欧番茄数量减少。在7月份，份地农园番茄排放量（2.05g CO_2e/g）和半商

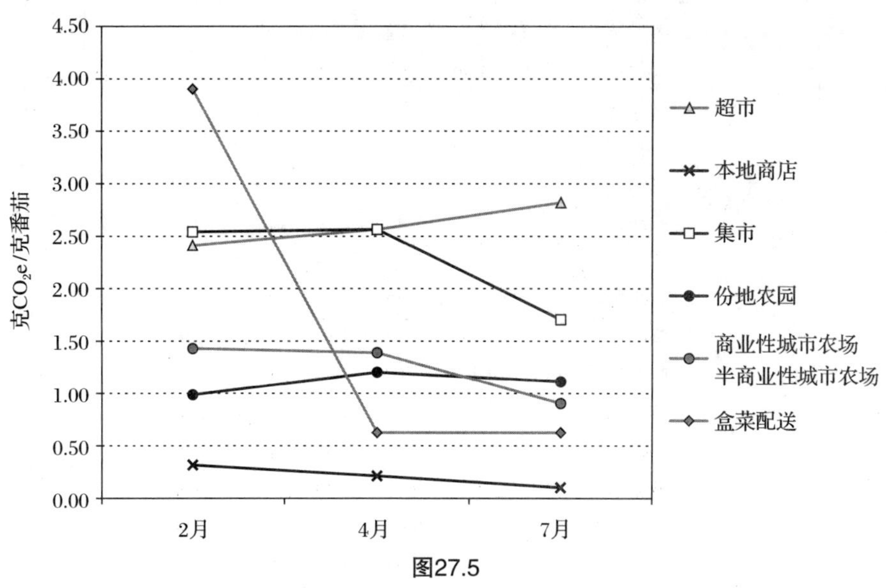

图27.5　消费者交通排放量

番茄的平均月度排放量（奥德斯黎等Audsley et al.，2009；贝尔等Biel et al.，2006；卡特Carter，2010；威廉姆斯等Williams et al.，2006，2009）　表27.1

番茄的平均月度排放量（克二氧化碳/克番茄）				前农场阶段+后农场阶段			运输			合计		
采购地点	包装/不包装	生产方式	品种	二月	四月	七月	二月	四月	七月	二月	四月	七月
超市	包装	传统	藤蔓型	2.07	2.58	5.78	2.41	2.57	2.82	4.48	5.14	8.60
			非藤蔓型	1.10	1.61	2.49	2.41	2.57	2.82	3.51	4.17	5.31
		特殊	藤蔓型	3.11	8.59	9.64	2.41	2.57	2.82	5.52	11.16	12.46
			非藤蔓型	1.40	1.84	2.50	2.41	2.57	2.82	3.82	4.41	5.32
	不包装	传统	藤蔓型			6.68	2.41	2.57	2.82			9.51
			非藤蔓型	0.64	1.60	2.65	2.41	2.57	2.82	3.05	4.17	5.47
		特殊	藤蔓型		2.99	13.96	2.41	2.57	2.82		5.56	16.78
			非藤蔓型		1.29		2.41	2.57	2.82		3.85	2.82
本地商店	包装	传统	藤蔓型	2.07	2.58	5.78	0.32	0.21	0.10	2.38	2.79	5.89
			非藤蔓型	1.10	1.61	2.49	0.32	0.21	0.10	1.41	1.82	2.59
		特殊	藤蔓型	3.11	8.59	9.64	0.32	0.21	0.10	3.43	8.80	9.74
			非藤蔓型	1.40	1.84	2.50	0.32	0.21	0.10	1.72	2.05	2.60
	不包装	传统	藤蔓型			6.68	0.32	0.21	0.10			6.79
			非藤蔓型	0.64	1.60	2.65	0.32	0.21	0.10	0.95	1.82	2.76
		特殊	藤蔓型		2.99	13.96	0.32	0.21	0.10		3.21	14.06
			非藤蔓型		1.29		0.32	0.21	0.10		1.50	0.10
集市	不包装	传统	藤蔓型			6.68	2.54	2.57	1.71			8.39
			非藤蔓型	0.64	1.60	2.65	2.54	2.57	1.71	3.18	4.17	4.36
		特殊	藤蔓型		2.99	13.96	2.54	2.57	1.71		5.56	15.66
			非藤蔓型		1.29		2.54	2.57	1.71		3.85	1.71
集市（小生产者）	不包装	传统	藤蔓型			0.92	2.54	2.57	1.71			2.63
			非藤蔓型			0.92	2.54	2.57	1.71			2.63
		特殊	藤蔓型			0.92	2.54	2.57	1.71			2.63
			非藤蔓型			0.92	2.54	2.57	1.71			2.63
城市农场（商业型）	不包装	传统	藤蔓型		5.01	5.01	1.43	1.39	0.90		6.40	5.92
			非藤蔓型		2.13	2.13	1.43	1.39	0.90		3.52	3.04
		特殊	藤蔓型		5.75	5.75	1.43	1.39	0.90		7.14	6.66
			非藤蔓型		2.39	2.39	1.43	1.39	0.90		3.78	3.29
城市农场（半商业型）	不包装	传统	藤蔓型			0.93	1.43	1.39	0.90			1.83
			非藤蔓型			0.93	1.43	1.39	0.90			1.83
		特殊	藤蔓型			0.93	1.43	1.39	0.90			1.83
			非藤蔓型			0.93	1.43	1.39	0.90			1.83
城市农场（份地）	不包装	传统	藤蔓型			0.93	0.99	1.20	1.11			2.05
			非藤蔓型			0.93	0.99	1.20	1.11			2.05
		特殊	藤蔓型			0.93	0.99	1.20	1.11			2.05
			非藤蔓型			0.93	0.99	1.20	1.11			2.05

图27.6　每月各采购地点、各类型产品的总排放量

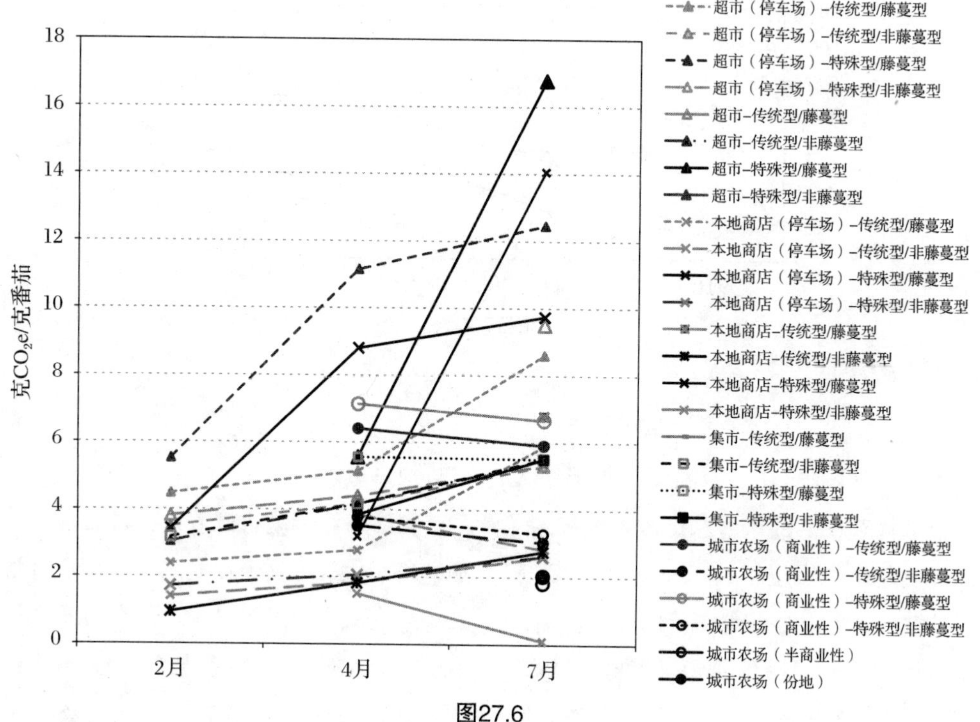

图27.6

业性城市农业番茄排放量（1.83g CO_2e/g）都比较低，但份地农园番茄的排放量相对较高，这是因为消费者通常使用私家车前往份地农园。7月份当地商店的番茄（特殊品种/非藤蔓型/无包装）排放量（0.102g CO_2e/g）看起来是最低的，这是由于这些番茄主要是从南欧进口的且消费者到采购地点的交通排放微不足道。然而，7月份超市番茄（特殊品种/藤蔓型/有包装）的排放量（16.78g CO_2e/g）最高，这是因为消费者对私家车的依赖以及番茄主要来自英国及北欧国家。

威廉姆斯等人（Williams，2006）的研究忽略了进口产品和当季/当地采购产品的排放量。本研究则基于对东安吉利亚采购点和城市农业实践家庭的月度调查，提出与产品类型和采购地点相关的番茄“标准排放”。由于每人每周食用142g新鲜番茄，每月的温室气体排放当量即为20oz（568g）。图27.7显示了每月各采购地点的番茄标准排放量（g CO_2e/568g番茄）。

接下来，根据这些数据就可以推测年排放量，2月是进口番茄季（12月—2月）的样本月，4月是商业番茄季（3月—6月和11月）的样本月，7月是室外番茄季（7月—12月）

图27.7　每月各采购地点番茄标准排放量

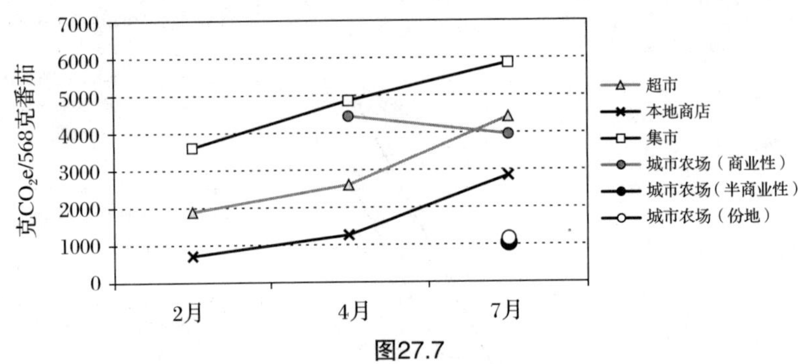

图27.7

的样本月。从表27.2中可以看出，每周每人两个传统番茄产生的年度总排放量为52.4kg CO_2e（食物来源为超市）。在没有城市农业参与的情况下，以当地商店和集市作为食物来源可以将排放量降低到每年20kg CO_2e。在有城市农业参与的情况下，可达到的最低排放量是每年11.2kg CO_2e，比无城市农业参与的最低排放减少了44%，比单纯从超市采购的排放量减少了78.6%。这说明在季节允许的情况下开展城市农业活动能减少年度番茄排放总量。

最终，我们就可以发现排放量最低的番茄的采购模式，这一模式与采购地点、番茄品种均有关系。表27.3显示了在最低排放的前提下，城市农业的参与者（种植/购买）和非城市农业参与者的采购地点及采购品种。需要指出，与交通相关的排放量是基于城市农业参与者的家庭调查数据，因此非城市农业参与者家庭的番茄总排放量只是一个估值，还有待进一步的探索。

年度番茄消费排放量　　**表27.2**

	年度番茄消费排放量（568克番茄/月）				合计/年	
年度排放量	12月–2月	3月–6月	7月–10月	11月	克二氧化碳当量	千克二氧化碳当量
最高排放量	3612.2	4858.9	5866.8	5866.8	52381.6	52.4
最低排放量（非城市农业）	712.2	1261.4	2843.7	2843.7	19976.6	20.0
最低排放量（城市农业）	712.2	1261.4	1037.2	1261.4	11168.3	11.2

番茄排放量最低的月份和产品种类

表27.3

番茄种类	从事城市农业的家庭			不从事城市农业的家庭		
	12月–2月	3月–6月	7月–11月	12月–2月	3月–6月	7月–11月
传统/藤蔓型（包装）	本地商店	本地商店	本地商店	本地商店	本地商店	本地商店
传统/非藤蔓型（包装）	本地商店	本地商店	本地商店	本地商店	本地商店	本地商店
特殊/藤蔓型（包装）	本地商店	本地商店	本地商店	本地商店	本地商店	本地商店
特殊/非藤蔓型（包装）	本地商店	本地商店	本地商店	本地商店	本地商店	本地商店
传统/藤蔓型		城市农场（商业型）	城市农场（半商业型）			集市
传统/非藤蔓型	本地商店	本地商店	城市农场（半商业型）	本地商店	本地商店	本地商店
特殊/藤蔓型		本地商店	城市农场（半商业型）		本地商店	集市
特殊/非藤蔓型		本地商店	本地商店		本地商店	本地商店

27.3.4　进一步的思考

需要说明，基于个体的实际消费，这些总排放量会有所波动。例如，夏天消费的番茄多于冬天。实际上，除了碳排放量，食物生产的环境影响还涉及很多方面的问题，这些问题还没有得到足够的重视，例如，对营养价值、废物处理量和内含水量（指用于种植/生产食物的水）的更深层次的思考。

27.4　总结

将食物排放与采购地点相关联后可以看到，食物的购买/种植地点、时间、品种与排放量有直接的关系。番茄研究案例表明，当地食物市场中的城市农业的参与能够减少英国番茄的排放量。城市农业或表现为份地农园，或依赖于半商业性或商业性的城市农业商店/集市摊位。在城市农业参与的前提下，英国年度番茄消费排放量能够分别减少44%（相对于无城市农业参与的低排放食物情况）和78%（相对于超市食物情况）。

因为减少了消费者交通排放并限制了过度包装，当地商店提供的是低排放食物。由于相对较低的前农场阶段排放、后农场阶段排放、包装和交通排放，半商业性的城市农业产品（传统藤蔓型、传统非藤蔓型，特殊品种藤蔓型）在7月到10月之间的排放量最低。可以认为，城市农业对于减少英国的食物排放有很大的潜力，与超市和其他来源的食物相比，在适宜的季节（7月到11月），城市农业能够降低食物的温室气体排放量。此外，半商业性城市农业的平均排放量最低，这是因为份地农园带来了较高的运输排放量，而商业性城市农业在前农场阶段的排放量较高。

番茄温室气体排放量水平可以通过限制消费者私家车交通来降低，尤其对于份地农园和超市来说。此外，过剩的份地农园产品也会增加了总排放量。因此，如果能提高份地农园的耕作效率，而不仅仅作为市民的爱好，这种非商业性的生产模式是排放量最低的选择。

参考文献

Audsley, E., Brander, M., Chatterton, J., Murphy-Bokern, D., Webster, C. and Williams, A., 2009. How low can we go? An assessment of greenhouse gas emissions from the UK food system and the scope to reduce them by 2050. FCRN and WWF, UK, 85 pp.

Biel, A., Bergstrom, K., Carlsson-Kanyama, A., Fuentes, C., Grankvvist, G., Lagerberg, Fogelberg, C., Shanahan, H. and Soler, C., 2006. Environmental Research. Stockholm, Sweden, 117 pp.

BTGA (British Tomato Growers' Association), 2010. Tomato facts. Available at http://www.britishtomatoes.co.uk/facts/index.html.

Carter, C., 2010. Global warming potential of produce grown on an allotment using a life cycle assessment approach. Case study: Wellesbourne Allotment. MSc Thesis, University of Surrey, Surrey, UK.

DEFRA (Department for Environment, Food and Rural Affairs), 2008. 2008 Guidelines to DEFRA's GHG conversion factors: Methodology paper for transport emission factors. Department for Enviroment, Food and Rural Affairs, London, UK. Available at http://www.defra.gov.uk.

FAOSTAT (Food and Agriculture Organization Statistics Division), 2010. 2010 agricultural trade statistics. Available at http://faostat.fao.org/site/342/default.aspx.

Williams, A.G., Audsley, E. and Sandars, D.L., 2006. Determining the environmental burdens and resource use in the production of agricultural and horiticultural commodities. Main Report. DEFRA Research Project IS0205. Granfield University and DEFRA, Bedford, UK, 97 pp.

Williams, A.G., Audsley, E., Pell, E., Moorehouse, E. nad Webb, J., 2009. Comparative life cycle assessment of food commodities procured for UK consumption through a diversity of supply chains. Main report, DEFRA Research Project FO0103, Cranfield University and DEFRA, Bedford, 18 pp.

Rawstorne, T., 2005. Under vast sheets of white plastic enveloping Spain: Britain's tomatoes are being grown without soil ina soup of chemicals controlled by computers. Daily Mail, London, UK. October1, 2005.

第28章

个体种植、集体种植还是空间融合？对英国城市食物生产自发社会组织的思考

理查德·威特夏（Richard Wiltshire）
路易斯·乔黑根（Louise Geoghegan）
伦敦国王学院地理系
richard.wiltshire@kcl.ac.uk

摘要：无报酬的劳动力组织是当代城市农业发展不可或缺但又研究不足的方面，也是制约城市农业扩张的关键。英国有两种主要的城市农业实践组织模式，即集体模式和个体模式，前者主要表现为种植项目中的志愿者活动，后者则主要出现在传统的份地农园中。本章采用比较方法思考动机、个人权利问题，探索支持这两种模式的有效的社会组织形式。这两者各有优势和劣势，当土地资源缺乏时，两者间的关系是敌对的，但两种模式能够融合的地区也开始逐渐出现，同时，如果志愿劳动力资源丰富，也需要被合理安置。

关键词：志愿者，人类动机，个人权利，集体，份地，城市农业

28.1 引言（或简介）

要想持续获得扩张城市农业的利润，对人、土地和产品之间的复杂关系进行有效管理至关重要，尤其是当人们贡献劳动力的动机并不仅仅是物质收获、并且参与方式灵活多变的时候。

本章节批判性地审视了城市食物种植活动中两种对比鲜明的社会组织模式——个人模式和集体模式。我们认为，个人模式和集体模式对应着不同的种植动机，两者在吸引和维持志愿者上各有长短，这两种模式的恰当混合对城市农业的可持续扩张是必要的。这两种模式的区别可以被视为个人行为冲突理论的具体表现，即精明的利己主义“理性选择”模式和行为受文化和社会规范驱动的“社会存在”模式间的冲突（克里夫Cleaver，2001；39）。

本章关注发生在英国的实践活动，讨论的展开则基于笔者二十多年来在地方和国家层面平衡这两种组织模式冲突的实践经验。笔者长期作为国家非政府组织管理部门的志愿者，并作为中央政府农业种植项目“良好实践”的顾问。虽然没有尝试概括英国以外地区的实践经验，我们还是认为由两种模式的区别所引发的问题在本质上是相同的。更进一步，在其他国家，更需要对这两种模式进行深层次的思考，尤其是在不同的社会政治体系中去理解到底“是什么在起作用”。这就可以解释目前该领域的学者为何抱着极大的热情研究各个国家的相关经验，比如对古巴（如维尤恩Viljeon，2005）和美国（如菲利斯等Ferris et al.，2001）的城市农业活动的研究。詹姆森（Jamison，1985）在对花园城市建设中“集体主义和官僚主义”的对比中，也触及了本章中提出的很多问题，他的分析也说明了社会政治背景的重要性。不过，他的研究显示，官方认为个人主义代表了美国人的公民精神，而在集体“社会主义”框架下运作的项目则是对现存社会秩序的一种威胁（同上p.473）。

在英国，个人模式的农业种植活动主要表现为份地农园，1922年的《份地法案》将“份地”定义为“全部或者主要由占有人为自己或家庭种植蔬菜水果的小块土地”（OPSI，2010）。集体模式的农业种植活动则没有这种法规支持，通常被认为是一种“社区的”活动，如“社区农园”。然而“社区的”这个形容词的内涵并不清晰，它包含着抽象的意识形态和具象的空间形态两重含义。实际上，英国城市中的很多社区农园都是混合使

用的，其中供个人租用的小块土地并不鲜见，这在伦敦最著名的库帕尔（Culpeper）和凯布尔街（Cable Street）社区农园中可以得到证实。然而在其他国家的背景中，“社区农园”有非常不同的含义。例如，在美国主要的城市，大多数的“社区农园”由个体租户经营，尽管这限制了普通公众接近农园边界的权利（劳森Lawson，2005）；斯堪的纳维亚的“露台农园”也是由个体租户管理的。此外，英国的“社区份地”处于这两种传统模式中间的尴尬地带（维尔特Wiltshire和伯恩Burn，2008；4）。因此，冲突并不在于“个体”和“社区”之间，而是在于逐渐成为城市农业实践活动组织模式的“个体”和“集体”之间。英国城市农业实践的一个明显特征是，法律规章倾向于支持个体模式，这就会导致不确定性，即究竟是通过加强和全面实施份地法案来扩张城市农业，还是通过法律框架之外的集体行为来确保新的发展空间以满足“社区”需求。

在以下的内容中我们将首先浏览战后关注城市种植动机的历史文献，简要追溯英国个体模式和集体模式的传统。接着我们对这两种管理模式进行对比分析，以强调他们各自的优势和局限。我们认为，一种与地方政府财政紧缩背景相关的融合模式正在出现，这使得城市中现存的农业空间能得到更有效的利用，并使制定一套更细致的政策具有了可能性。

28.2 城市农业种植活动组织形式和动机的历史源流

城市农业种植活动的动机受到需求、选择、社会价值和支持机构变化的影响。英国分配式份地农园的起源可以追溯到17世纪的圈地法案，当时大量的失地农民成为了农场劳工，仅能获得微薄的工资，为了得到一定的补给，他们开始自己种植食物（布尔夏特Burchardt，2002），这项活动随后被移民带到了城市内。之后，份地农园的“黄金时代”则源于两次世界大战所带来的生存威胁。对于没有其他方法获得食物的个体和要确保国家存续的集体来说，“胜利农园（Digging for Victory）”都有重要意义。英国（和美国、日本及其他参战国）发起了爱国运动以鼓励本地食物种植，鼓励那些无法用其他方式为“战争成效”做出社会认可贡献的人（如年老体弱者）从事种植活动。这使得私人份地大大扩张，遍布于到每一处可用的公共空间，并在1945年达到140万处的峰值（下议院，1998：xiii）。

战后，由于生存威胁消失，自发的城市农业活动也衰退了，商业性的食物供应链重启，经济增长也为个体提供了更多打发工作和休闲时间的生产方式（克劳奇Crouch和沃德Ward，1997）。从理性选择的角度来说，除了剩余的坚定的种植者以及不能得益于国家繁荣的那些人，所有人从事食物种植活动的机会成本剧烈增加。因此，份地农园和贫困之间的历史联系始终存在，这也可以从日本官方调查团的总结中得到印证。为了进行政策改革，日本曾派出调查团调查欧洲的农园实践活动，他们认为英国份地模式是“将持续的土地分配作为贫穷救济的模式”（津下Tsuge，1987：186）。

相反，在欧洲大陆国家，很多食物农园

在战后转变成了以家庭为中心的私人休闲场所。以亨利索普（Thorpe，1975）教授为首的团队进行过一次官方调查，研究团队主张在英国进行类似的功能转变，其目的是为将份地转变为“休闲园地”提供与时俱进的理论支持。“休闲园地”这一名称迅速被种植者代表机构（“份地和休闲园丁”国家学会）采用。索普的建议当时并没有获得政府或地方的支持，但确实反映了附着在份地上的更多的积极社会价值和更复杂的种植动机（或至少拥有一块份地的动机）（韦Way，2008）。从日常生活压力中逃离出来，通过耕种表达创造力，份地上的休闲乐趣，这些都增加了个人拥有一小块土地所带来的快乐（克劳奇Crouch和沃德Ward，1997）。相比食物生产的经济价值来说，份地给个体种植者带来的价值远大于此。“份地和休闲园丁”国家学会杂志中反对份地关闭的文件可以证明这一点。除此之外，这些文件还证明了集体行为和社会团结的力量，尽管这只是为了保护个体种植，而不是集体种植。

不过，在过去几十年中增加的对配给土地的需求或归因于愈发重要的环境价值和食物伦理道德，尤其是对中产阶级来说（白金汉Buckingham，2005），有机食物快速增长的需求和农夫集市的流行反映了这一点（柯万Kirwan，2004）。对于那些重视“伦理生活”的人以及对工业化农业和全球化经济感到反感的人来说，消费自己种植的食物并不仅仅是为了获得卡路里、营养和美味，为地球的未来做出贡献的感觉才是他们从事食物种植的主要动机。这一趋势的直接证据是零零散散的，而且由于当地政府并没有公开份地使用者的统计数据，间接证据则往往都是暗示性的。例如与之前的50年相比，在21世纪的第一个8年出版了更多关于份地的书籍（维尔特Wiltshire和伯恩Burn，2008：2），它们中的大多数包含了明显的有机和环境内容。在过去的10年中，向公众宣传份地的官方指导中也植入了明显的环境信息（克劳奇等Crouch et al.，2001）。

因此，份地重新成为时尚，其附加的新价值主要集中在环境友好型生产方面，并在新兴的集体生产模式中与很多参与者共享。

英国当代集体种植运动的根源和潜在的价值可以追溯到20世纪60年代，在那个时期，战后一代开始质疑新消费文化的物质陷阱，探索另一种价值观和生活方式，关注自然和生态（佩珀Pepper，1993），并尝试集体生活，比如公社。这种意识形态观点在全球化的过程中得到了加强（克里斯特Gilchrist，2000）。与基于立法的份地运动不同的是，集体种植运动基于共同的意识形态并体现于参与者共同的农园劳动中。立足于当地，更好地利用身边的人力和自然资源，被视为解决全球化及其所带来的气候变化和食品危机问题的良药。

同时，土地权利运动，例如“土地属于我们”重新发现了新时代的英雄，拒绝以私有财产为基础的机构，类似的运动这可以追溯到杰拉德·温斯坦利（Gerrard Winstanley）和“挖掘者（Diggers）”（安德鲁Andrews，2005）。在此背景下，个人的份地农园被视为过时的小资产阶级象征，一种误导普通民众的工具，在实则对民众进行压榨的经济系统中让民众产生拥有地产的错觉（类似玛格丽特·撒切尔的“购买权”）。因此，基于集体主义原则，一些积极的活动者提出了一种新的农耕类型，这种类型往往被冠以“社区”的标签并且被视为是道德认同的象征（科恩Cohen，1985）。这种农耕类型倡导与自然系统更加和谐的种植方式，包括有机种植和朴门永续农耕。

这种激进的农耕类型保有一定的吸引力，尤其是在年轻的城市种植者中。同时这种集体运动的设想也渗透到了当代支持食物供应本地化的运动以及转型城镇运动中（霍普金斯Hopkins，2008）。在缺少系统化数据的情况下，集体农耕模式的发展很难量化，但有国家支持的赞成集体模式的组织会员的增长可以佐证这一模式的发展。这些组织包括“有机农园”，“朴门永续协会”，最著名的是“城市农场和社区农园联合会”。该联合会是一个国家代表机构，成立于30年前，根据其年度报告，该联合会最近每年的会员增长率为25%（www.farmgarden.org.uk），并代表超过1000个团体的农耕运动，其中大多数的社区农园有着明显的集体模式要素。当前最具有代表性的是“首都种植”运动（www.capitalgrowth.org），这是一个由慈善机构运营的活动，其目标是在2012年奥运会举办前在伦敦创造2012个新的食物种植空间（不包括新增份地），尽管伦敦的份地等候名单处于近几十年最长的状态（坎贝尔Campbell和坎贝尔Campbell，2010）。

因此，当代的英国基于志愿者的城市公共空间食物种植活动中，个体模式和集体模式共存，各有各的优缺点，尤其是在维持种植动机和吸引潜在的种植者方面，如果要发展以志愿者为主的城市农业，这些潜在种植者的动员是非常重要的。我们在下一部分会对这两种模式进行批判性的对比分析，深入探讨这些要点。

28.3　个体模式与集体模式：一个比较框架

表28.1试图在一个比较框架中概念化个体和集体种植模式的关键特征。列表中的特征并不是面面俱到的，因此我们将在下文中通过附加说明进一步分析两种模式。尽管如此，这个图表还不能够澄清两种模式的本质区别，如果要在城市农业发展过程中有效整合任一模式，对这些本质区别的了解都是必要的。

我们认为份地农园耕作者主要的（虽然不是唯一的）动机是个人利益，这是一种期望主要受益人将会是个体种植者和他/她的家庭的理性选择。这一期望实际上也是法律对份地农园的基本界定，并通过设定了明确条件的租约保护这一权利，保障种植者在一定时期内有份地的专门使用权。

然而在集体模式中，主要动机则更为复杂，我们可以将其视为对共同利益的向往，在这种共同利益的激励下吸引个体的参与。集体农耕是一种社会运动，要符合作为主要受益人的参与者们的意识形态偏好，但为了满足更广泛的社区或环境的需求，这一模式的内涵还有待阐释。如前所述，最近份地的供不应求很可能是受到这种意识形态和这些集体农耕人群的影响，而不仅仅是出于个人利益的考虑，但份地耕作者使用农园的权利

个体农耕模式和集体农耕模式的特征对比　　表28.1

	个体模式	集体模式
主要的动机	个人利益（理性选择）	共同利益（社会性）
主要的受益人	个人	参与者
次要的受益人	家庭	社区/环境
参与权利	租赁	会员/志愿服务
社会参与	自由随意	强制性
集体活动	潜在的可能	基本原则
生产/分配	自主决定	协商决定
责任	个人	个人/分担
违反规则的后果	伤及自己	伤及集体
管理	机构管理	民主管理
主要的参与障碍	土地供应	组织适应
获得土地的途径	法定	协商
剥夺补偿	法定	自由量裁
资金来源	租金	拨款、服务收益、商品售卖
专业参与	弱	强

并不需要基于共享精神。而在集体模式中，使用农园的权利则是有条件的，使用者需要成为组织的会员，这意味着他们需要承担随之而来的义务，或者要服从志愿劳动安排。

在集体模式中，社会参与是一项强制性特征，但对份地种植者来说则是自由决定的，一些人可能仅仅只接受邻居们的加入，还有些人则可能是被充满活力的社区活动所吸引而自发参与。份地的租赁条件和土地的使用方式有关，其他人的参与并不是必须的，但禁止使用有毒害的材料进行耕种。然而，个体模式并不禁止免费的集体活动。这是一种潜在的可能，通常采取社群的形式。实际上，这也是出自份地种植者对个人利益的考虑，社群可以承担场地管理、防止破坏或清理等职责。

然而在集体农耕模式中，集体活动是一种基本原则，并覆盖了广泛的决策范围：从协商种什么，哪些种植方式是被允许的，如何分配产物，到如何监管参与者和告诫逃避义务的人。与之相比，份地种植者在租赁协议所确定的生产和分配限制范围内享有自主决定权。土地持有人的自主决定权意味着生产很少依赖于他人的活动，除了那些需要分享共同资源（比如水）的地方。承租人必须满足租赁协议规定的内容，否则就必须自负后果，最严重的情况是租赁终止。至于一些含糊的部分，比如是否满足了种植标准，可以通过适用规则解决（维尔特Wiltshire，2010）。

然而在集体模式中，就更难界定某些行为是否符合规定。一些违反群体信仰和意识形态（尽管可能是模糊不清的）的行为会破坏集体运转的基础。这些行为包括价值观和意识形态的分歧，以及更常见的关于付出、回报和不劳而获方面的争论，这些争议会耗散对集体模式来说至关重要的能量和信任（法尔克Falk和基尔帕特里克Kilpatrick，2000）。解决这些争议的民主辩论虽然有益于集体目标的恢复和重申，但也可能导致会员减少，最终只剩下一些核心的坚定信徒。

因此，尽管与“社区”这个词联系在一起，集体模式项目实际上排斥那些住在同一社区但有不同价值观的居民，并且这些居民没有权力进入集体种植空间（雷泰克Littek，2009）。这就意味着，集体模式推动城市农业发展的关键取决于包容内部差异、改变核心价值和扩大客户基础的能力。

相比之下，个体参与份地种植最重要的障碍是两种模式共有的一个问题：土地供应不足。理论上，这问题对于集体种植者来说更加严重，他们没有获得土地的法定权利，必须通过协商获得土地或者干脆直接采取行动，如“游击队农园”（雷诺兹Reynolds，2008）。另一方面，根据1908年的《小规模耕地和份地法案》，个体种植者有权利要求地方当局提供土地。然而，实际情况是，英国有超过100,000人被搁置在等候名单中，这表明相对于这种种植形式的流行程度，土地供应力度远远落后（坎贝尔Campell，2010）。因此很多人呼吁对现存的份地资源进行调整，例如缩小每块份地的面积（维尔特Wiltshire，2010），并提出替代性的解决方案。这些方案包括在其他的公共空间进行集体耕种，尤其是在伦敦内部，在免去当地政府提供配给土地的义务后（根据1963年《伦敦政府法案》），“首都种植”运动的范围已经大大扩张。

当地政府不愿意提供更多份地的原因部分是出自对直接成本的考虑，同时也担心会给这些土地的后继处理或者功能转化带来困难。过去，已经有一些地方政府因蓄意破坏扰乱份地配给而遭受指控。政府散布土地即将进行开发的谣言、降低服务水平来打消租户的承租念头。因此，在一次议会调查（下议院，1998）中对这种行为的抱怨使得政府收紧了场地处理的管理规则，要求地方政府在获得处理意见前积极推广份地。在这种背景下，有些人对“社区农园”和其他最近几年流行起来的替代性模式表示担忧也就不足为奇了，他们认为这是当地政府逃避提供份地法定责任的借口，一些媒体经常公开发布这种指责，如《份地和休闲农耕》杂志。

地方政府对两种农耕模式的态度与资金的考虑也有关系。理论上，份地在资金问题上占有优势，因为份地有稳定的租金收入。但是租金的水平不能满足目前的维护管理开支，更不用说场地投资的贬值，而把租金提高到更现实的水平则面临着挑战法律的风险（克莱登Clayden，2008）。份地由委员会管理运营，要想提高慈善资金对份地的支持有很大的难度，因为人们感觉份地获利的仅仅是个人，而不是当地社区内有支持价值的群体。实际上，在过去十几年里，“份地再生计划”项目组（www.farmgarden.org.uk/ari）只运营了一个支持份地的国家慈善基金。然而，长期声明致力于维护社区利益、体现包容性与灵活性的集体模式，能更好地利用政府拨款之外的资金，如各类定向补贴、服务收益（如为弱势群体提供的园艺治疗方法）和产品的商业销售收入等。

然而，对外部资金的依靠就意味着集体模式要满足一定的要求，这与份地经营者所面临的情况有本质的区别。欣奇利夫等人（Hinchliffe，2007）在一个案例研究中强调了满足投资者优先权的重要性，投资者通常将重点放在创新上而不是无限制资助一个有可靠业绩的项目。正如欣奇利夫等人清楚地表述："农耕是一个过程，并且是一个持续的过程。一旦创建了新项目就必须给予持续呵护。这对于当前一步到位的资助模式是一种挑战。"（同前，p.275）。此外，衡量产出以决定是否投资的方式就意味着能得到投资的必然是能被量化的，但这或许并不是项目本身所关注的内容。实际上，如果项目所关注的是意识形态的转变问题就会继而引起政治争议，但是，紧张的资金状况可能就会让人忽视这些争议，只担心项目结果是否符合投资的要求（同前，p.270）。

因此，为了得到长期的投资，这些项目就要应对不间断的挑战，要在固有模式中不断创新。欣奇利夫等人（Hinchliffe，2007）作为研究案例的伯明翰"香菜混凝土"项目就是一个有趣的案例。实际上，这个计划源自一块废弃的份地，但这块份地难以获得重建资助。解决这一问题的办法就是将份地移到邻近的荒废地，通过重建计划中吸引人的元素和新鲜有趣的标题来刺激创新，但是从功能性的角度看，这样的移动并无任何收获（鲁然斯基Rozanski，2011，个人交流）。

此外，新的项目目标能够转换个体种植者和集体组织之间的关系。正如欣奇利夫等人（Hinchliffe，2007）在他们的研究案例中发现的，有些目标需要一个招募流程来创造顾客种植者群体，必须要让投资者确信参加的客户足够多。项目目标也包括一些特殊的成果，比如为社区咖啡店和种植箱计划提供蔬菜，招募有足够动力的、能满足一个成功的社会企业基本原则的志愿者来确保项目按时结束。

确保资金连续性的需求也刺激了集体农耕模式的专业化，筹款、宣传、管理环节引入的专业人士扩大了原来的单纯的爱好者团体。专门化也进一步增加了团体的活力，出于保证个人收入和职业前途的考虑，专业人员必然会积极推动项目开展，为资金筹集施加压力，让投资方将自己的项目放在首位考虑。在这种情况下，志愿者的"本地声音"有被"雇工"的权威声音覆盖的风险，古德温（Goodwin，1998）在关于环境项目的论文中对这一点进行了更全面的阐述。

相比较而言，负责运营城市份地农园的地方政府部门则有不同的专业特长，例如园艺或土地保养。他们在上级设定的预算范围内运作，主要专注于相对日常的任务，比如解决纷争，确保租金和账单按时支付。个体模式的专业化发展水平相对较低：最后一个提供份地管理正式（但未经认可）课程的机构——休闲和市容美化管理部——在2007年关闭。

28.4　分开种植还是空间融合？

在未来城市食物种植的扩张过程中，不

管是个体模式还是集体模式都将会继续吸引追随者，由于价值观的不同，在这两类坚定的追随者之间很难找到交集，尤其是在城市中适合农耕的土地成为稀缺商品的前提下。然而，如果志愿劳动力的供给到达了最大化的程度，这两种模式将不得不做出改变以适应该状况。实际上，在英国，已经存在土地整合的案例，而且被视为份地管理值得借鉴的做法（克劳奇等Crouch et al，2001，维尔特Wiltshire和伯恩Burn，2008），这也许会激发起那些单独种植的人们从事集体活动的热情，从而加强份地模式并适应更集体化的耕种。

至于份地，减少赤字的压力可能使地方政府的服务质量下降，致使个人种植者不得不接受基于保护和改善场地的集体模式的管理协议。例如，伦敦巴尼特自治区已经决定修改所有的场地管理协议，作为实施联合政府的“大社会”政策的范本（Hendon and Finchley Times 1 December 2009）。同时，新增份地的需求不大可能得到满足，因为资金困难的地方政府只能履行有限的法定要求。实际上，份地管理所需要的是一种更微妙的政治呼吁，强调能够满足更大范围的公共利益的食物种植的好处（维尔特Wiltshire，2010）。这其中就包括对气候变化的适应，这其实就是一种集体模式，其成效也是集体化的，尤其是使确实需要支持的潜在种植者成为可能。这两种模式的互补性因此得以存在，应该正式将合适的集体模式项目纳入，改变对份地法案的阐释，通过类似的公共政策加大支持力度，鼓励租赁。

城市农业模式和参与者的多样化不会成为问题，相反是一种尽可能吸引当地市民参与以培育城市农业活动弹性的方法（纽曼Newman和戴尔Dale，2004）。从纽约社区农园（美国模式）中得到的经验是十分珍贵的："有关社区农园的争议已经成为社区和个体概念重新界定的背景，这也与在公众的认知中对社区农园的自我反省和审视相关”（冯哈赛尔Von Hassell，2005：93）。

参考文献

Andrew, A., 2005. The allotment handbook. Eco-logic Books, British, UK, 124 pp.

Buckingham, S., 2005. Women (re) construct the plot: the regen (d) eration of urban food growing. Area 37: 171-179.

Burchardt, D., 2002. The allotment movement in England, 1793-1873. The Boydell Press, Woodbridge, UK, 287 pp.

Campbell, M. and Campbell, I., 2010. Allotment waiting lists in England 2010. Transition Town West Kirby in conjunction with the National Society of Allotment and Leisure Gardeners, UK. Available at http://www.transitiontownwestkirby.org.uk/files/ttwk_nsalg_survey_2010.pdf.

Clayden, P., 2008. The law of allotments. Shaw and Sons, London, UK, 104 pp.

Cleaver, F., 2001. Institutions, agency and the limitations of participatory approaches to development. In: Cooke, B. and Kothari, U. (Eds.) Participation: the new tyranny. Zed Books, London, UK, pp. 36-55.

Cohen, A.P., 1985. The symbolic construction of community. Routledge, London, UK, 128 pp.

Crouch, D. and Ward, C., 1997. The allotment: its landscape and culture. Five Leavers Publications, Nottingham, UK, 320 pp.

Crouch, D., Sempik, J. and Wiltshire, R., 2001. Growing in the community. First edition. Local Government Association, London, UK, 88 pp.

Falk, I. and Kilpatrick, S., 2000. What is social capital? A study of interactions in a rural community. Sociologia Rurails 40: 87-110.

Ferris, J., Morris, M., Norman, C. and Sempik, J. (Eds.), 2001. People, land and sustainability: a global view of community gardening. PLS Publications, Nottingham, UK, 64 pp.

Gilchrist, A., 2000. Design for living : the challenges of sustainable communities'. In: Barton, E. (Ed.) Sustainable communities: the potential for eco-neighbourhoods. Earthscan Publications, London, UK, pp. 147-159.

Goodwin, P., 1998. 'Hired hands' or 'local voice': understandings and experience of local participation in conservation. Transactions of the Institute of British Geographers 23: 481-499.

Hinchliffe, S., Kearnes, M, Degan, M. and Whatmore, S., 2007. Ecologies and economies of action—sustainability, calculations, and other things. Environment and Planning A 39: 260-282.

Hopkins, R., 2008. The transition handbook: from oil dependence to local resilience. Green Books, Totnes, UK, 240 pp.

House of Commons, 1998. The future for allotments. Fifth report of the House of Commons Environment, Transport and Regional Affairs Committee, Her Majesty's Stationary Office, London, UK, 44 pp.

Jamison, M., 1985. The joys of gardening: collectivist and bureaucratic cultures in conflict. Sociological Quarterly 26: 473-490.

Kirwan, J., 2004. Alternative strategies in the UK agro-food system: interrogating the alterity of farmers' markets. Sociologia Ruralis 44: 395-415.

Lawson, L., 2005. City bountiful: a century of community gardening in America. University of California Press, Berkeley, USA, 363 pp.

Littek, M., 2009. 'This ain't Ethiopia you know!' Barriers to participation in urban agriculture on social housing estates in London, with particular reference to the ABUNDANCE project, Brixton. MA Dissertation, Department of Geography, King's College London, London, UK, 52 pp.

Newman, L. and Dale, A., 2004. Network structure, diversity and proactive resilience building: a response to Tompkins and Adger. Ecology and Society 10: 1-4.

OPSI (Office of Public Sector Information), 2010. Allotments Act 1922. Office of Public Sector Information, London, UK, available at http://www.opsi.gov.uk/RevisedStatutes/Acts/ukpga/1922/cukpga_19229951_en_1.

Pepper, D., 1993. Ecosocialism: from deep ecology to social justice. Routledge, London, UK, 288 pp.

Reynolds, R., 2008. On guerrilla gardening. Bloomsbury Publishing, London, UK, 256 pp.

Thorpe, H., 1975. The homely allotment: from rural dole to urban amenity: a neglected aspect of urban land use. Geography 268: 169-183.

Tsuge, N., 1987. Igirisu toshi amenity-gata e no seijuku no nayami (England—pain on the road to recognition as an urban amenity). In: Egaitsu, F. and Tsubata, S. (Eds.) Shimin noen: kuraingaruten no teisho (Allotment gardens: an advocary of the kleigarten). Ie No Hikari Publications, Tokyio, Japan.

Vijoen, A. (Ed.), 2005. Continuous productive urban landcape: designing urban agriculture for sustainable cities. The Architectural Press, London, UK, 304 pp.

Von Hassell, M., 2005. Community gardens in New York City: place, community, and individuality. In: Barlett, P.F. (Ed.) Urban place: reconnecting with the natural world. The MIT Press, Cambridge, MA, USA, pp. 91-116.

Way, T., 2008. Allotments. Shire Publications, Oxford UK, 64 pp.

Wiltshire, R. and Burn, D., 2008. Growing in the community. Second edition. Local Government Association, London, UK, 61 pp.

Wiltshire, R., 2010. A place to grow. Local Government Association, London, UK, 15 pp.

第29章

公共空间、城市农业和草根阶层创造的新型公地：决策者的反思和挑战

奇亚拉·托尔纳吉（Chiara Tornaghi）
利兹大学地理科学学院
chiara.tornaghi@gmail.com

摘要：本章研究对象为实验性的基层城市农业活动。尽管这些活动的合法性程度不同，但它们均在食物生产的过程中创造了一种全新的令人愉悦的共享城市空间。其中一些城市农业项目始于城市中的灰色/边缘空间，其他项目则寻求与传统的本地相关机构开展更为系统的对话。然而，地方和区域机构应对新需求的能力似乎受制于传统规划，这些传统规划没有渗透到新兴城市文化和文化需求中，未能创造反映社会流动性、易变性的弹性公共空间。尽管所谓的“灰色空间”或草根组织和地方机构之间的特别商谈可以在短期内满足这些需求，但是这些方法都仅仅只能应急或处在可有可无的地位。本章重点关注利兹市的4个项目，即“土地共享”，“城市收获”，“海丁利社区果园”和“可食的公共空间”，介绍和讨论这些项目给城市公共空间的管理者和设计者带来的政治和规划议程的挑战，反思可以从中吸取的经验教训，以确保在能源和资金短缺时能够做出恰当的响应决策。

关键词：社区行动主义，食物种植，城市农耕，关系研究法，决策

29.1　简介

近几年，一种新兴的环境文化对城市公共空间管理提出了新的挑战。北半球的城市社会运动主张公共空间应该更鲜明地反映对可持续发展、气候变化和环境质量的关注。从“土地共享”到“城市收获”，从“游击队农园”到各种集体模式的城市农业实践，尽管合法性程度不同，但是伴随着在公共空间生产食物和体验欢乐的过程，这些项目正在实验并且实践共享空间的新方式。

在某些城市中，一些城市农业项目始于城市内的灰色空间（非法的份地，游击队农园等），而其他一些团体和组织正在寻求与地方机构（转型城镇，永续农业协会等）开展更系统的对话或争取获得他们的支持。尽管如此，传统规划似乎限制了地方和区域机构应对新需求的能力，这些传统规划没有渗透到新兴城市文化和文化需求中，未能创造反映社会流动性、易变性的弹性公共空间。所谓的“闲置空间”（弗兰克Frank和斯蒂芬Stevens，2006）或草根组织和地方机构（议会、地方商业组织等）之间的特别商谈（比如争取土地的特许权）可以在短期内满足这些需求，但是这些方法都仅仅只能应急或处在可有可无的地位。

基于对在利兹环境运动中出现的草根城市农业活动的初步研究，本章旨在介绍和讨论这些做法给城市公共空间的管理者和设计者带来的政治和规划议程的挑战，反思可以从中吸取的经验教训，以确保在能源和资金短缺时能够做出恰当的响应决策。

为此，本章将社会空间关系视为一种社会结构，在这一结构内采用关系研究方法对围绕城市公共空间使用、意义和管理的日常实践及冲突进行分析。

社会空间关系能够生产和再生产城市空间（其中就有城市农业项目），利用这一分析方法可以揭示引发和限制城市农业项目的组织结构、动力和排他性机制，并能够引起对非正义社会环境的关注。这种研究视角并不局限于一个孤立的学科领域，

而是将治理理论和制度理论相关研究结合起来的跨学科产物，尤其是鲍伯·杰索普（Bob Jessop）提出的策略关系研究法（杰索普Jessop，2001；杰索普等Jessop et al.，2008），以及城市政治生态研究法（柏兰德Brand和托马斯Thomas，2005；海能等Heynen et al.，2005；海能Heynen和史文吉道Swyngedouw，2003）。两者均致力于分析空间和建成环境的社会生产，这一领域由列斐伏尔·亨利（Lefebvre，1974）创建，后由一系列城市和政治地理学家推动发展（布伦纳Brenner，2004；哈维Harvey，2005；梅里菲尔德Merrifield，2002；索亚Soja，2000）。

因此，对城市公共空间的关系分析并没有一个统一的理论标准，而是一种跨学科的尝试，试图关注地域、场所、规模和网络之间的相互关系，并强调了各学科的经典分析对象不能独立于社会行为和引发社会行为的社会空间组织之外。可以认为，关系分析方法解决的是城市环境中空间和自然生产的社会—文化—经济—政治机制。

少数具有前瞻性的学者意识到人和空间的相互影响并把城市规划作为一门学科，自那时起，关系分析方法实际上就已经出现了（盖迪斯Geddes，1915；雅各布斯Jacobs，1961；李斯曼Riesman，1950）。但是，在实用和规范原则占主导地位的建筑和规划学科内，这一分析视角一直处于边缘地位。

在过去的20年中，参与式规划理论向这种传统的自上而下的技术方法提出了挑战（希利Healey 1990）。参与式规划理论并不仅仅只是一种关系研究方法，还引导规划从业者在实践中探索不同的社会参与方式。尽管如此，把城市空间中随机生活情景的易变性和创新性转化为建设和管理公共空间所需要的导则尝试仍然很少，关系研究方法还不能直接指导场所的建设。

为了解决这一问题，本章认为城市管理和设计中的决策可以从创新型草根实践中获得灵感，这些实践代表了新兴社会需求的自我实现形式、新的组织模式和社区的弹性适应模式。

29.2　案例研究：重建公地的草根实践

在过去的两年中，北半球的城市农业实践经历了史无前例的扩张。从屋顶花园、屋顶蜂房到街道种植箱，或多或少的组织一直在尝试城市食物种植的不同形式。这些实践表明人们日益关注环境保护、气候变化、金融危机问题，并越来越认同“自给自足”的文化。一些城市农业项目得到了当地政府机构的推动与支持，植入到健康、教育或社区建筑项目中，但是大部分项目仍然处在“灰色”地带，通常没有外部经费来源，只能自力更生，面临被边缘化甚至不合法的风险。

本章特别关注这样一些不够制度化的实践，观察它们重建“公地（the commons）”的不同方式。

“公地”这个术语是指集体所有或集体共享的资源总和，包括了环境资源（如土地、水和空气）和文化资源（如特定形式的知识和技术）。本章主要讨论“土地”这种公共资源和其相应的管理模式。笔者从规划的视角进行了初步的研究，以揭示这些发生在公地上的活动能够对公共空间的设计和管理带来怎样的影响。

早在1968年，哈丁（Hardy）就发表了著名的“公地的悲剧”一文，最近的讨论则围绕着原始资本积累对公地的影响展开（德·安格利斯De Angelis，2001；格拉斯曼Glassman，2006），诺贝尔奖得主奥斯特罗姆·埃莉诺有关公地的著作也广为人知（Ostrom，1990），但是，令人惊讶的是在建筑和规划领域关于公地的讨论几乎为零。

拉尔霍温（van Laerhoven）和奥斯特罗姆（Ostrom）在最近的一篇文章（2007）中指出，公地的成功管理和维护需要一定的机制，而要理解这种机制，跨学科的视角是必要的。

虽然有分析指出，社会隔离、土地征用、环境崩溃和资本主义重新调整的机制会使公共空间重建的过程十分漫长（Harvey，2005），不过笔者更赞同费德里西（Federici，2009）和莫拉尔特等人（Moulaert et al.，2010）等人的观点，他们关注草根阶层的实践，认为在一些本地项目中已经出现了恢复以及重建公地的行动，新的食物主权和食物认知也开始逐渐加强。

本章案例研究中的“公地”并不是公有空间的简单集合，也不是安琪里斯（De Angelis）所指的完全公有化的再生产场所（2010：955），而是里德（Reid）和泰勒（Taylor）提出的由公共空间、公民和生态公共资源组成的复杂网络，即在具体的文化和政治背景语境中的社会和生态再生产以及它们间的相互依存关系。

2009—2010年期间，笔者在利兹市（英国，西约克郡）参与了3个城市农业项目（TINWOLF土地共享，利兹城市收获，海丁利社区果园），期间所收集的材料构成了本章的基础。针对这3个项目，本章会描述其项目目的，评估项目成果，分析它们为重建公地做出的贡献，总结可以从中吸取的经验教训，以备公共空间管理和设计领域的决策者参考。

29.2.1 案例1：TINWOLF土地共享项目

TINWOLF始于两年半前，当时利兹的“转型城镇”委员会决定成立社区组织来实施新的策略，TINWOLF是其中最活跃的地方组织。该组织的覆盖范围很广，主要包括利兹的学生聚居区（海丁利，海德公园，伯利，伍德豪斯）。通过放映电影、举办研讨会和组织各类活动，该组织致力于提升公众对廉价石油经济、气候变化、可再生能源、粮食增长的意识，增强社区弹性，推广可持续的城市生活方式。2009年2月，TINWOLF开始通过土地共享的方式推动食物项目，致力于减少食物里程，增强社区和居民的自信以及自给自足的能力。对于TINWOLF来说，“土地共享”项目不只是土地捐献者和种植者的匹配平台，也并不仅仅是对越来越长的份地等候名单的自下而上的回应（图29.1）。

从关系视角来看，TINWOLF的土地共享和食物项目试图围绕食物生产重建相互学习、团结的社区文化，这种文化已经被极端的居住隔离、被动市民化和空闲时间的消费行为所摧毁。因此，传统的对家庭农园的规划又开始进入人们的视野。TINWOLF的食

图29.1 TINWOLF土地共享：2009年8月，共享农园中欢乐的场景

图29.1

物小组就是支持这一趋势的积极力量，他们在不同的农园开展“活动日”活动，在耕种季开始时帮助人们除草和翻地，帮助居民建设新农园、温室和堆肥设施。除了在活动日对参与者们进行园艺辅导外，小组还与利兹朴门永继网络（LPN）工作坊以及利兹高校联盟园艺项目建立了联系，为参与者们提供园艺技能培训。

然而，在TINWOLF项目中，成员的流动，租赁权的流转，尤其是活动参与者的不稳定（学生/年轻公民）有时会导致花园养护缺乏连续性，因此需要更多的成员参与以及更长的时间投入，管理方不得不考虑其他替代性的管理方式，这一项目最终因为可持续性问题而结束。

通过欢乐的集体园艺活动，例如食谱交换和食物分享，这个项目为孤独的居民和新城市人口提供了社会化的机会。不过，这一项目的成就并不仅限于社会层面，项目参与者时间、技能、工具和产品的分享可以

说明，该项目在重建公地方面也无疑是成功的。

在本章呈现的案例之中，TINWOLF是最具有争议的一个。该项目将私有土地重新集体化，将私有土地纳入公地的范畴。对于新手和不熟练的园丁来说，照料一块新土地并获得充足的食物并不容易，封闭式的农园，难以建立信任（农园主人和愿意种植的人在项目开始之初并不认识），种植者和农园之间距离太远以及工作生活的不同节奏都是影响因素。

尽管如此，一些情况还是值得注意的。该项目的部分参与者并不在官方的份地等候名单之中；与希望种植的人数相比，肯定还有更多的可供利用的花园。

这就激发了利用共享空间种植粮食的灵感。官方分配式的份地主要是为个人或家庭提供种植空间，这些空间通常缺少厕所和烹饪区等相关设施，而在共享农园中，土地所有者和土地耕种者之间可以开展不同形式的交换：共享食物，共享美餐，共享烹饪经验，共享园艺技巧，相互陪伴和培养友情。

现存的耕作教育场所主要是由教育机构运作的，重点培训对象是年轻学生而非成年人。如果从关系方法的角度考虑居住区规划，就可以在社区中心的集体空间以及私人花园中纳入食物种植活动，只要这些空间中有易达的水源、存储和烹饪设施即可。相似的项目在全国如雨后春笋般出现，尤其是在居民区内，对于规划师、城市设计师以及住房部门来说，这种特殊的空间安排和管理是一种新的挑战。

29.2.2　案例2：利兹城市收获项目

利兹城市收获项目从公共空间和私人花园中收集多余的水果，对其进行加工后（果酱，果汁，苹果酒）免费分配给需要的人。受谢菲尔德“丰裕”项目的启发，项目组利用一笔小小的拨款购买了用于采摘、加工和保存的基础工具，2009年夏天，利兹城市收获项目正式启动。

这个项目由8～10个人的核心团队运营，志愿者的数量则不固定（已经有200人参与其中），他们参与每两周一次的采摘、加工和分配活动，还会在当地的节庆活动上推广项目（见表29.1）。

利兹城市收获项目目标（来源：利兹城市收获组织者的维基空间）　表29.1

• 采摘、加工和分配多余的水果，共享设备和交通工具
• 将收获品分配给那些目前难以获得新鲜水果的人
• 让人们意识到，本地美味又健康的食物非常丰裕，足够每个人免费享用
• 授权团体在管辖范围内采摘水果
• 识别、保护和种植更多的果树和灌木来增加收获品
• 所有的收获过程都是环境友好的，所有人都可以参加，没有阶级区分
• 允许团体采摘、处理和分配那些留在树上和灌木上无人采摘的果实
• 鼓励人们发挥他们的技能和才智积极参与
• 为人们研发收获和保存水果的新技能提供机会
• 如果条件允许，务必使用可再生能源和可重复利用的设备

在第一季末，团体的自我评估显示，在增强利兹人对本地健康食物的意识方面，这个项目取得了很大的成功。此外，该项目减

少了食物浪费，提升了参与者收获和保存食物的技能和知识，为不同年龄阶段、不同社区的人共同工作提供了机会。项目组也绘制了一幅利兹无人采摘的果树地图，这对于现在和未来的食物分配项目来说都是一个有价值的工具。

城市收获项目是利用私人花园和城市公共空间的新方式，这与传统的利用公地供应食物和开展畜牧业的方式类似，在17世纪的圈地运动驱逐了农业人口并推动了工业革命的发展之前，这种传统方式一直是英格兰乡村食物的主要来源。采摘活动在星期六开展，从私人花园中采摘的水果通常是与花园所有者共享的（图29.2），然后这些水果会被送到加工场所（通常是社区厨房），星期六下午，对水果进行分拣和保存，优质的新鲜水果会被直接分发给慈善机构，其他水果则被制成果汁或果酱。活动参与者可以获得一部分产品，在当地的节庆市集上，他们还可以摆摊向社区或居民销售产品。

图29.2

图29.2 2009年秋天，摘苹果（图片来源：利兹城市收获项目组织者）

利兹城市收获项目推动了私人花园的共享，形成了一种临时性的水果收获集体化形式，以对抗廉价能源时代和丰裕时期出现的主流食物文化，并对“公共”空间只有美化作用这一观点提出质疑。在从培养市民意识到城市环境中有现存的免费食物的过程中，项目组建立了一种在自然环境中搜寻食物的文化，并开始思考在经济衰退时期（或其他时候）使城市空间成为食物生产场所的可能性。

2010年9月，项目组对新的志愿者进行了食物储存的相关培训，使新的社区成员能够胜任食物储存工作，能够为其他地方组织提供必要的培训，保证项目参与者能安全地借用由项目组购买的放置在社区中心的加工机器。因此，从社区团体的专门技能的意义上来说，城市采摘活动为公用地的重建做出了贡献。

这些城市耕作和寻觅城市食物的活动如雨后春笋般在英国出现，从中我们可以获得一些经验以反馈城市设计和城市管理。这些自组织的基层活动是市民新兴需求和兴趣的即时反映，它们不同于共产主义社会运动并超越了一己之私。随着食物教育和植物栽培培训活动的开展，可以对公共空间、公园和城市绿地进行合理的规划设计，在满足审美的同时为城市社区带来更多的乐趣，同时也将其作为健康本地食物的来源以及食物生产培训和社区建设的根据地。

除了公共公园（如格拉斯哥或米德尔斯堡），街道、广场和街头绿地都可以种植果树和灌木，波特兰（俄勒冈州）、达文波特（爱荷华州）市已经开展了类似的试验（诺达尔Nordahl，2009），这证明了恰当的城市设计可以应对减少食物花费的新兴诉求。

谈到公共资源，人们不免会有“公地悲剧”和自然资源过度开发的担忧，而这些新型的食物供应形式应该能够避免这些问题。城市收获项目证明了即使在一个像利兹这样的小城市中水果浪费的数量也是巨大的，而少数志愿者工作6个小时即可收获半吨苹果，除了留下满满两箱用于分配的苹果外，剩下的还可以生产150公升果汁。

29.2.3　案例3：海丁利社区果园

海丁利社区果园是由利兹海丁利社区的居民和工人所组成的非正式团体所推动的一项城市农业活动。该团体原本计划集体购买附近的米伍德（Meanwood）社区的一大片土地，在这一尝试失败后，他们决定寻求未被充分利用的土地的使用权并购买小块的土地，以此创造一个空间分散的集体化社区果园。

考虑到社区绿地的稀缺情况，他们于2010年春天开始关注学校、教堂以及市政厅所拥有的零散土地。这一策略有助于规避启动大规模项目时资金不足的情况；也可以对当地社区活动产生积极的影响，使学校学生和其他现存的组织能够参与其中，并增加社区附近的绿地面积。

海丁利社区果园项目得到了海丁利发展信托基金会的支持，该基金会为项目进一步申请各类资助提供了支持和指导。果园项目的成员资格每年仅需一英镑即可获得。

该项目目前拥有3块土地：社区商店（自然食品商店）的后院，橡树郡小学的院子，以及乍得街道教区教堂的绿地。

海丁利社区果园项目旨在通过增加生物多样性和绿地来改善社区环境，推动健康的饮食文化，并通过海丁利农夫市场以合理的价格出售本地种植的食物（http://www.headingleycommunityorchard.org.uk/）。

审视这个项目，我们可以清楚地发现，获得土地使用权是集体所有制农园的第二优选方式，但是，集体所有制往往是临时性的。莎伦·左金（Sharon Zukin）曾在著名的城市社会学网上论坛（Comurb_21）发起过关于纽约城市社区花园和城市士绅化风险的辩论，集体所有制的这种不可预测的特性是辩论的主题之一。前一届英国政府已经宣布了重新分配未使用的棕地和土地的主要目的是发展种植（社区和地方政府，2010），但没有明确相关的分配标准，到目前为止，新一届政府还没有表示认可这一决定。

在最近的经济危机中，出现了投机资本操纵小麦价格的现象。出于对新鲜蔬菜和水果价格上涨的担忧，个体和地方组织正在积极实施一些自组织的种植策略。自从圈地运动之后，几乎已经完全被逐出城市的集体化农业实践（除了第二次世界大战期间的“胜利农园”运动）再一次出现在了人们的视野中。

最近的关于世界人口规模和气候变化的辩论已经指出：在不进一步消耗自然资源的前提下，不断减少的耕地将难以养育呈指数级增长的人口。

面对这一困难，郊区化并不会是更简单或最直接可行的方案，也不是最理想的解决办法，而基层组织的自足模式或许能够为政府机构提供参考。这些项目不仅可以被运用到城市食物系统的更新中，对于面临财政紧缩和食物里程伦理关怀需求的规划部门来说，这些项目也可以为公共空间设计和城市规划提供灵感。

例如，可以重新设计公共建筑内部和周边的绿地，对这些城市资产进行调整并外包给地方组织用以公共食物项目。很多批判性思想家已经指出（费恩特Feindt，2010），当前的金融危机和很多投机开发商的破产意味着探索替代性资本组织、财产权利和城市规划模式的时代已经到来，应该制定公共政策买回未开发的土地，将这些土地作为集体化城市农业用地并与城市规划相结合。

29.3　总结

本文展示了城市食物生产的兴起和一系列非正式实验，这些活动可以被视为公共资源再创造的自发形式。

本文的重点并不在于对这些项目的成功或失败进行社会学分析，而是关注它们所引起的争议，正是这些争议为该领域的研究指明了方向。

不管是否涉及到产品的分配，仍然需要通过这些项目进一步推动“公共资源的使用管理”。这些项目要想得到进一步的发展，就需要管控食物的加工分配以及土地的使用，综合评估项目的资金、收益等。然而，每一个项目组织对“社区”的界定不尽相同，这也会影响与之匹配的权利范围。对于这个问题，组织社会学是对这些项目的组织动力进行批判性研究的有力工具。针对公共空间设计和管理领域过度管理或私有化的主流倾向，诺贝尔经济学奖得主埃莉诺·奥斯特罗姆（Elinor Ostrom）在《公共事物的治理之道》（governing the commons）一书中提出自主治理公共资源的倡议，她认为这种公共资源的自主治理方式是除政府机构治理方式外的替代性选择，且这种治理方式并不会导致“公地悲剧”。

前文中的3个项目均创造了集体资源，例如在意想不到的地方种植食物或提供学习机会，创造了能促进社会融合的新社区项目和网络组织，激活了地方社区的资源（地方机构拥有的土地），同时也挑战了传统的空间管治和土地区划（如学校农园，教区园地，公共休闲农园）（兰扎植Lanzara，2003）。

在规划和政府机构面临主流经济学失败的危急时刻，这些项目应该成为重要的学习对象。将政府机构拥有的公共土地或私人土地向公众开放，会使这些项目的宝贵经验进入大众的视野，这也是推动更广泛的公众学习的第一步。

但是我们应该如何从中学习呢？我们怎样才能超越这些地方项目呢？我们要怎样融合社区的独特环境呢？我们要如何从这些草根项目中学习并反馈在城市设计和城市管理领域的社会创新决策中呢？

在此我向从事社会活动的个人（一般而言是学者，实践者，活动家和市民）提出一个三段式的方法：背景分析，行动研究和公共资源再政治化。

29.3.1　系统要素及其关系：背景分析

第一步是背景分析，这需要考虑系统要素之间的关系（杰索普Jessop，2001），如利益集团和监管机构之间、社区文化和官僚习气之间的关系，包括项目所涉及的历史文化要素。例如，在这个特定的领域，需要全面考虑能够用于种植食物的空间可能性；人们的居住流动性；对环境议题/环境文化的敏感性；公共空间的安全问题和公共行为问题（这主要与开放式食物种植空间的破坏行为有关）。这些要素可以通过公共参与的方式进行收集，以揭示当前新型组织模式面临的机会窗口，并指出将关系视角应用到规划和设计中的基本方式。

29.3.2　政策创新者的学习工具：行动研究和社会平台

第二步是利用行动研究法来对决策者和管理机构进行培训。行动研究法最近受到了教育领域之外的关注，这个方法结合了调查和宣传两重目的，可以作为提高决策者和公务员工作能力的学习工具。最近出现的“社会平台”工具（例如，用以协同行动的“社会城邦”平台，由欧盟资助，Frank Moulaert领导）就是行动研究的一种形式，它使不同种族团体的参与者在一段时期内处于对方的语境、原因和实践中（http://www.socialpolis.eu/）。

随着社会创新研究而出现（莫拉特等Moulaert et al.，2010）的社会平台是一个跨学科的工具，它重视不同形式的知识（学术的和非学术的，实践为基础的和理论为基础的），为不同的声音提供空间，揭开并面对不同的利益和视角，为创新政策提供智力支持。这个工具不仅可以作为新型的多层面的复杂食物生产项目和政策的催化剂，还可以作为提升现存草根项目的学习工具。

在英国经济社会研究委员会（ESRC）的资助下，作者目前正在约克郡尝试搭建城市农业社会平台。该平台将由来自城市农业、土地管理和食物系统领域的参与者共同主导，该平台将为社会活动家、社会企业家、公民社会团体和政府机构提供对话机会来协商他们的需求、主张和利益，并设计地区性政策以支持城市农业成为地方食物系统的关键要素。

29.3.3　从边缘实践到政治诉求：公共资源再政治化

第三步是公共资源（尤其是土地）的再政治化。本章所提到的实践都是在城市的边角空间、通过专门协商以及志愿者的帮助下实施的，它们的创新潜力受制于这种边缘化的状况。它们对主流资本主义土地资产体制持批判性态度，它们为解决社会隔离和环境不公做出了贡献，这使得它们大体上有资格被称为社会创新（维加里Vicari和托尔纳吉Tornaghi，即将出版），但是它们并没有清晰地提出能够确保此类项目稳固发展的政治诉求。为了改变这种边缘化状况，需要在实践中进行反思以及政治化，以便把这些项目纳入到公共范畴并开展民主讨论。

“公共空间公共生产”即是采取了这一方法的众多项目的代表（其他还有如围绕泛欧洲运动“开垦田地”所形成的组织网络；www.reclaimfields.org/）。这是个以利兹为基础的非正式团体，当前正在开展“可食的公共空间”项目（www.ediblepublicspace.org）。该项目旨在使公共空间重新成为地方社区的公共生活核心，创造由社区所领导的欢乐而又具有生产性的公共空间，重新把个人和曾被疏远的自然公共资源联系起来（托尔纳吉Tornaghi，2011a，b）。尽管像其他很多项目一样，“可食的公共空间”并没有在边缘化实践的过程中（暂时占用，占用有限的空间，随机占用）重新赢得公共资源的控制权，但已经有意识地与地方社区合作，明确管理公共资源的相关机构。在与政府部门进行有关公共资源（如一块官僚机构忽视的公共土地）使用权利的谈判时，擅自占用公共资源的途径或行为（例如园艺游击队或土地征用）通常都是无效且短暂的，并不会带来长期的、广泛参与的、多样化的社区项目。

在探讨“公共”、“社区”和“公正”意义的基础上提出明确的政治诉求，在公共范畴引发广泛的社会讨论，这是通向公共资源再政治化的途径，也是城市规划者和管理者不能忽视的挑战。

参考文献

Brand, P. and Thomas, M., 2005. Urban environmentalism, global change and the mediation of local conflict. Routledge, London, UK, 237 pp.

Brenner, N., 2004, New state spaces, urban governance and the rescaling of statehood. Oxford University Press, Oxford, UK, 351 pp.

Communities and Local Government, 2010.

Grow your own revolution gets major land boost. City Farmer News, available at http://www.cityfarmmer.info/2010/03/08/allotment-boost-from-under-used-land-planned/.

De Angelis M., 2001. Marx and primitive accumulation: "The continuous character of capital's "enclosures". The Commoner. Available at http://www.commoner.org.uk/02deanhelis.pdf.

De Angelis M., 2010. The production of commons and the 'explosion' of the middle class. Antipode 42: 954-977.

Federici, S., 2009. Silvia Federici: on capitalism, colonialism, women and food politics. Interview by Max Haiven, Politics and Culture, Nr. 2, November 2009. Available at http://www.politicsandculture.org/2009/11/03/silvia-federici-on-capitalism-colonialism-women-and-food-politics/.

Feindt, P.H., 2010. The Great Recession—A transformative moment for planning. International Planning Studies 15: 169-174.

Frank, K. and Stevens, Q. (Eds.), 2006. Loose space. Possibility and diversity in urban life. Routledge, London, UK, 296 pp.

Geddes, P., 1915. Cities in evolution: an introduction to the town planning movement and to the study of civics. Williams and Norgate, London, UK, 409 pp.

Glassman, J., 2006. Primitive accumulation, accumulation by dispossession, accumulation by "extra-economic" means. Progress in Human Geography 30: 608-625.

Healey, P., 1990. Policy Progress in Planning? Policy and Politics 18: 91-103.

Hardin, G., 1968. The tragedy of the commons. Science 162: 1243-1248.

Harvey, D., 2005. The new imperialism. Oxford University Press, Oxford, UK, 275 pp.

Heynen, N., Kaika, M. and Swyngedouw, E. (Eds.), 2005. In the nature of cities: urban political ecology and the politics of urban metabolism. Routledge, London, UK, 272 pp.

Jacobs, J. 1961. The death and life of great American cities. Random House, New York, NY, USA, 458 pp.

Jessop, B., 2001. Institutional re (turns) and the strategic-relational approach. Environment and Planning D: Society and Space 26: 389-401.

Lanzara, G.F., 2003. Nuove forme di azione organizzata nelle citta: comunita defensive o laboratori per l'innovazione? Urbanistica 1: 29-34.

Lefebvre, H., 1974. La production de l'espace. Anthropos, Paris, France, 485 pp.

Merrifield, A., 2002. Metromarixism: a Marxist tale of the city. Routledge, New York, NY, USA, 212 pp.

Moulaert F., Swyngedouw, E., Martinelli, F. and Gonzalez S., (Eds.), 2010. Can Neighborhoods Save the City? Community Development and Social Innovation.

Routledge, London, UK, 264 pp.

Nordahl, D., 2009. Public produce: the new urban agriculture. Island Press, Washington DC, USA, 177 pp.

Ostrom, E., 1990. Governing the commons: the evolution of institutions for collective action) political economy of institutions and decisions). Cambridge, UK, 280 pp.

Riesman, D., 1950. The lonely crowd: a study of the changing American character. Yale University Press, New Haven, CT, USA, 315 pp.

Reid, H. and Taylor, B., 2010. Recovering the commons: democracy, place, and global justice. University of Illinois Press, Champaign, IL, USA, 288 pp.

Soja, E.W., 2010. Postmetropolis: critical studies of cities and regions. Basil Blackwell, Oxford, UK, 440 pp.

Tornaghi, C., 2011a. steal this veg. the Red Pepper, London, UK, July 2011. Available at http://www.redpepper.org.uk/steal-this-veg/.

Tornaghi, C., 2011b. Edible public space and urban agriculture. Interview for New Left Project/Red Pepper, edited by Sean Gittins. Available at http://www.archive.org/details/RedPepperAudio-Issue1stJune2011.

Vicari Haddock, S. and Tornaghi, C. (forthcoming). A transversal reading of social innovation: Questions to the theorists. In: Moulaert, F., MacCallum, D., Mehmood, A. and Hamdouch, A. (Eds.) International handbook on social innovation. Social innovation: Collective action, Social Learning and Transdisciplinary Research. Edward Elgar, Northampton, MA, USA.

第 30 章

城市田园计划：推动城市农业

黛布拉·所罗门（Debra Solomon）
荷兰阿姆斯特丹城市农业社会设计实验室
debra@urbaniahoeve.nl

摘要：自从2009年9月“城市田园计划（Urbaniahoeve）”一词出现以来，城市农业社会设计实验室已经开始在荷兰开展了一系列研究，旨在构建标志性的、恰当并具有弹性的城市农业模式，这一模式应该能够适用于荷兰以及其他北欧城市。这种城市农业模式实践和理论的出发点是：利用并整合现有的绿地和社会基础设施，改善周边环境。荷兰阿姆斯特丹已经开始发展农业景观，将城市食物生产与公共空间结合起来，形成了初步的城市农业模式。城市田园计划发动本地的参与者，将未开发、未规划的以及过度硬化的土地利用起来，建设成连贯式的“食物地景”并开展社会驱动的食物系统活动。本章将阐释城市田园计划的研究范围和其广泛的影响，包括种植设计和食物设施如烹饪设备，复兴公共空间的合作协议和社区参与战略等。本章将总结城市田园计划这类典型城市农业项目的特点，并说明这些特点在帮助城市农业实验和创新方面的重要作用。

关键词：永续农业，食物地景，可食景观，食物种植，公共空间，城市复兴，文化部门

30.1 城市田园计划的背景

城市田园计划是一种公众维护的城市农业模式，重点关注未得到充分利用的公共空间。2010年，城市田园计划开展了3个项目：（1）连贯式生产性食物景观；（2）公共空间烹饪基础设施建设；（3）一系列教育计划。基于偶然的机会，当然也出于与艺术和设计实践相结合的考虑，项目组选择了海牙和阿姆斯特丹作为实践基地。海牙和阿姆斯特丹的“绿色公共空间”、市政部门以及机构有很大的不同，因此城市田园计划基于城市社区搭建了城市农业合作平台，以便于不同的利益相关者共同参与。

接下来将介绍“城市田园计划（Urbaniahoeve）”的3个城市农业项目：海牙食物地景，美味烹饪站和一起来发酵!。

30.1.1 海牙食物地景（2010，进行中；所罗门Solomon，2010a）

海牙的食物地景项目在Schilderswijk区的支持下将最终建成连贯式的食物生产生态景观。该项目作为Stroom（海牙艺术与建筑中心）“公共空间艺术——食物足迹、城市食物”的组成部分。“食物地景”一词则来自卡特琳·伯恩（Katrin Bohn）和安德烈·维尤恩（André Viljoen）2005年出版的著作：《连贯式生产性城市景观》，这是一种整合了园艺知识、栽培技术、食物系统基础设施的食物生产生态环境（维尤恩Viljoen，2005）。2009年，食物地景项目开始绘制Schilderswijk区（图30.1）现有的绿化和社会基础设施以评估该地区建设食物地景的潜力。Schilderswijk区是一个种族多元，收入较低的社区。2010年5月，城市田园计划/食物地景项目团队和来自维斯滕堡（Westenberg）街道、惠灵顿（Wellington）街道的本地参与者在维斯滕堡霍夫（Westenberg Hof）开始建设第一处社区果园（图30.2）。2011年6月，项目的参与者已经在曾经难以利用的所谓的“视觉绿化空间”建设了3个果园和2个迷你菜园，种植

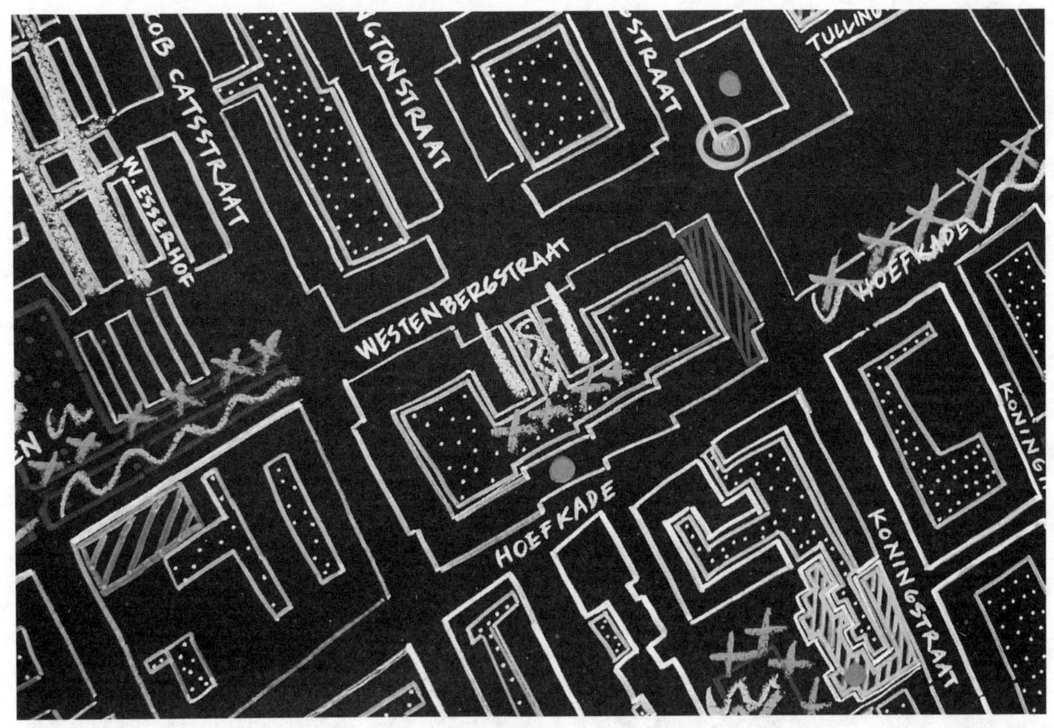

图30.1

了近50棵果树、大量的浆果灌木、洋蓟、药用植物及其他地被植物。

就像其他受到20世纪80年代和90年代“城市美化风格”影响的区域，Schilderswijk区几乎所有的“绿色（公共）空间”仅突出了其“视觉”效果。因为缺乏合理的（空间）规划，这些绿地的设计并不实用（亚历山大等Alexander et al.，1977）。有部分人开始逐渐觉察到这是对公共空间的浪费（雅各布斯Jacobs，1993）。为了改善这一情况，食物地景项目植根于社区基础设施，包含社区建设和空间建设两部分，和当地的利益相关者一起创造可食用的景观形式，重新激活公共空间的活力。下文将介绍相关的种植和设计策略。

首先是永续农业。这是一种灵感来自于自然生态平衡的住区和农业系统设计策略，旨在建立一个稳定、丰产的系统，以满足人类的需求，协调土地和其上栖居者的关系。

永续农业的理论起点是每个功能（在一

图30.1　食物地景（2009），手工绘制的海牙市Schilderswijk区的地图。该图描绘了现有的绿地和社会基础设施以及可能的城市农业位置和类型（所罗门Solomon和奥伯曼Abelman）。

图30.2 维斯滕堡（Westenberg）的果园。来自Schilderswijk区的邻居们在一块曾经难以利用的“公共空间”培育果树。

图30.2

个给定的系统内）都必须基于众多要素的支撑。如果其中一些要素出了问题，其余的要素仍然可以支撑相应的功能。此外，每个要素服务于多种功能；因此，就算是其中一种功能遭到破坏，在更大的系统内每个要素仍具有价值（莫里森Mollison，1988）。这是建设社会和环境弹性系统的原则，在食物地景项目的设计中也贯穿了这一原则。

食物景观项目并不是一个社区菜园，而是一种食物系统景观基础设施，其果园的树墙主要是以多年生植物为主，如浆果树，药用植物和鲜花，并用地被植物覆盖地面。截至到目前，该项目已有5个不同的参与群体，每个群体的角色和参与程度也各不相同：

- 邻居们作为策划者参与活动，他们的热情甚至推动了一个新项目的建设（位于维斯滕堡和惠灵顿霍夫封闭式的“花园”内）。他们参与“有趣的”社区活动，比如在周日下午植树，但至今还未对园艺的其他方面表示出更浓厚的兴趣，如修剪树墙、景观建造、城市农业或公共空间政策。
- 自2011年3月以来，一群来自PALET小学的母亲和儿童在毗邻学校操场的一块条状土地上建设了一处果树墙。这一位置能够吸引操场上的儿童“顺便”来参与种植活动，并形成了一个特殊的包括母亲和儿童在内的固定群体，他们中的一些人知识渊博并对园艺十分感兴趣。

- 上述小学果树墙的位置非常醒目（在人行道交叉口），这就为食物地景项目带来了许多成年人参与者。这些新参与者们与食物地景项目的核心团队共同参与每周两次的活动。其中一个参与者独自建设了一处永续社区农园。
- 附近诺瓦学院的19名学生（和他们的教授）以生物课的形式参与了食物地景项目。这个小组相当专业，能够根据指示独立进行果园种植床的建设和维护。这一案例证明，用跨学科的方法进行永续农业教育并解决城市农业这一难题是可行的。
- 来自市政绿化部门的园艺工作者们与食物地景项目组进行专业合作，并定期向项目组提供技术援助。

食物地景项目2011年的春季计划主要是一系列的（树墙）修剪活动，其目的是测试公众参与的程度。结果并不意外，只有大学生群体、来自市政绿化部门的专业人士以及园艺爱好者们参与了活动。

鉴于种植的食物均是供社区使用的，因此理论上所有的项目最好都是由社区居民主动发起。但是事实证明并非如此。本项目所界定的城市农业是在城市公共空间中的食物系统景观基础设施。和其他系统一样，食物系统的弹性也依赖于多样化的参与形式，包括并不仅限于社区居民们的闲暇活动。虽然果树和多年生草本等“低维护植物”不需要投入太多精力去照看，但会导致那些没有正式参与进来的参与者逐渐失去兴趣。尽管如此，那些开展了食物地景项目的公共空间得到了史无前例的关注。当前这种多元、多参与程度的战略（莫里森Mollison，1988；怀特菲尔德Whitefield，2004）被证明行之有效，有助于确保项目的稳定开展和更广泛的公众参与。

30.1.2 美味烹饪站（DIYMOT）（2010年6月实施；所罗门Solomon，2010b）

在城市田园计划的愿景中，一个完善的城市农业网络必须依赖于优秀的公共空间食物系统基础设施规划。美味烹饪站（DIYMOT）是一个为在公共空间开展烘焙活动提供服务的社区烹饪设施。2010年6月，在Sloterplas（湖）畔举办的大型社区活动上，该项目得以成功实施。社区里的孩子们对项目表现出了浓厚的兴趣，并自发想要学习烹饪技巧。在配备了DIYMOT的小岛上，小孩子们非常乐意参与这个活动，他们沉浸在自己扮演的助理角色中，甚至都不愿意离开，坚持完成晚餐（供64人）的准备工作后才肯跟父母回家。

利用夯土、地炉、废弃的阳伞和比萨盒子，社区居民通过自己的双手制作了一个实用的烹饪设施（图30.3；亚历山大Alexander等人，1977）。DIYMOT项目组目前正在考虑在阿姆斯特丹的另外3个地方设置烹饪站，包括一个关注能源使用的自然公园、一

图30.3　Sloterplas社区活动期间，美味烹饪站的项目参与者在使用夯土炉。孩子们自己准备料理，制作煎蛋饼是其中一个学习课程。

图30.3

处本地游戏场、一处废弃建筑基地（由于资金问题，在可以预见的将来该基地依然会保持废弃状态）。在2011年的规划中，项目组已经设定了全年活动计划，在每月的活动中都会选择与不同的组织合作，使用不同的烹饪设备和厨房用具。项目组会邀请学校的学生、妇女团体、宗教组织、厨师、烹饪俱乐部、小型餐厅、美食家协会等共同建设烹饪平台来推广这一理念：本地公共空间的建设应该包括烹饪基础设施。

30.1.3　一起来发酵!发酵食物制作及社区食物储藏技能（2010年10月1日实施，进行中；所罗门Solomon，2010c）

社区食物生产能够为给城市居民提供新鲜的水果和蔬菜。但是，如果对过剩的食物不加以控制和管理就会导致浪费。城市农业非常重视保存食物的技能，将夏季的食物储存起来以渡过食物匮乏的冬天（阿斯泰克Astyk，2008；卡茨Katz，2006）。

图30.4　制作泡菜是2010年制造节的活动之一。工作坊由来自德格洛尼范德法特（de Groene Vaart）的女性园丁主持。城市田园计划鼓励大家学习传统的食物储存方法。

图30.4

All that Rot！项目将新技术与传统发酵技术结合，传播了这样一种社区食物储存文化（图30.4）。

利用乳酸菌自然发酵将白菜变成泡菜，这种富含益生菌的食物不管是对当地生态环境还是对人们的免疫系统都有益处。按照时令食用不同的食物，当身体需要乳酸菌的时候，尤其是在蔬菜较少的冬季，泡菜就能给人们提供足够的营养补充。发酵的过程既不需要汽油也不需要电，只需要盐和厌氧环境（卡茨Katz，2003）。

2010年，城市田园计划项目组和阿姆斯特丹一个妇女培训中心举办了一系列的发酵工作坊。工作坊指导参与者学习酸菜和泡菜的制作方法（勇Yoon，2005）以及酵素茶饮、酸奶的酿造技术（卡茨Katz，2003）。实践证明这种城市农业技术培训广受欢迎。

30.2　发展中的城市田园计划种植模式

30.2.1　合作协议及方法

由于城市田园计划项目位于（如海牙的食物地景项目）公共空间，因此与公共绿化部门的良好合作关系是项目成功的必要条件。为了促进两个部门之间的合作并保证该项目预期目标的落实，城市田园计划制定了相关协议，协议中的关键条目如下。

可食地景项目旨在建设由社区维护的可食用景观，并依据以下原则选择项目实施地点：

- 与现有的绿化和社会基础设施结合，而非一无所有的净地；
- 激活“视觉绿化空间”，将其建设为生产性景观区域；
- 整合各个项目，形成连续的生境；
- 在同一个地方进行多层次设计；
- 分阶段工作；
- 选用“非动态植物”（低维护，弹性，多年生）；
- 融入永续农业技术和设计原则；
- 设计一系列支持社区项目维护的计划；
- 保持项目的连续性；
- 根据季节选择地被植物；
- 优先考虑城市土壤的肥力；
- 创建一个社会驱动的、有弹性的城市食物生境。

该协议还包括了工作流程、责任、项目评估和交付期限等相关内容。

城市田园计划的一个目标是，通过食物地景项目将所有的绿色空间都变成可食用景观并改善生态环境（亚历山大等Alexander et al.，1977）。城市田园计划在公共绿化部门的合作伙伴认为，尽管这个愿景很激动人心，但是预算限制使其难以实现。因此，食物地景项目将社区支持的可食地景建设与公共绿化部门实施的相关工作整合在一起，就有可能共同实现这一目标。食物地景项目正致力于将种植模式指数化，目的是为了对公共绿化部门的技术要求作出回应，而且使这一项目可以在整个地区复制，同时为其他地区提供参考。

为了形成低维护的社区食物生产模式，城市田园计划主要选择多年生的和低维护的植物，这些植物不怎么需要管理并有助于增加土地肥力。项目组会在种植协会的指导下进行系统化的耕作。

30.2.2　独立式的水果树篱种植床

城市田园计划中的水果树篱种植床既可以用于食物生产，也能够改善生境、优化垂直空间利用。树篱是一种比较常见的农业实践项目，通过修剪能够使树枝生长的相对整齐。除了具有审美价值之外，这一技术有利于水果生产，同时还是荷兰（Dutch）园艺文化遗产的一部分（奎泰特Kuitert和弗雷利克斯Freriks，1994）。食物地景项目中的种植床间种了苹果、梨、李子、樱桃以及药用植物、鲜花和鳞茎植物，形成了一种多层次的种植空间，生长4～5年之后，这一空间就基本上能够实现自我维持（图30.5）。项目组还开展了一系列的修剪研讨会，帮助相关人员学习先进的果树养护技能。

图30.5　位于海牙Schilderswijk区的社区水果果树树篱。

图30.5

30.2.3　菊科区

朝鲜蓟与其他菊科植物如紫锥花，甜叶菊、向日葵、洋甘菊等，既有食用价值也有药用价值，还可以作为鲜切花，非常适合应用于城市农业中。菊科区的设计灵感可以参考荷兰园艺师亨克·葛瑞森（Henk Gerritsen）和生物多样性大师安东·斯盖尔博（Anton Schlepers）所提出的“自然风格”（葛瑞森Gerritsen，2008；奥多夫等Oudolf et al .，2009）。

30.2.4　授粉动物吸引区

由于缺乏空间规划并被3层高的公寓楼围合，维斯滕伯格霍夫（Westenberg）和威灵顿霍夫（Wellington Hofs）社区花园中原来种植的是单一品种的草和许多缺乏修剪的树木。食物地景项目实施后，截至到2011年4月，底楼的居民发现，其他居民往这个封闭式花园中扔垃圾的频率已显著降低，他们认为这应该归功于果树种植床的建设。

为进一步改善封闭式空间，城市田园计划正在探索一种种植模式。通过景观设计应对社会问题，丛生的灌木和丰产的植物或许是一种廉价的解决方案（亚历山大等Alexander et al.，1977）。在树篱花园生境中，大叶醉鱼草，黑接骨木花，琉璃苣等紫草科作物能作为优良的林下地被植物，同时还能吸引蜜蜂为其上的果树授粉。

30.2.5　用地被替换草坪（2011年秋）

封闭式花园内的草坪以及沿着街道边缘的绿化带每年都需要8个月的昂贵养护，但对生境的贡献极小。另外，那些对花粉过敏的人，90%也会对这种形式的地面覆盖植物过敏（奥格伦Ogren，2008）。2011年秋季，项目组在果树树篱边缘种植冬季耐寒、不需要频繁修剪的地被，这种地被能为蜜蜂提供花蜜，并能缓慢改良土壤，形成优美的、耐践踏的景观空间。

30.2.6　药用植物地被（2011年秋）

维斯滕伯格（Westenberg）和威灵顿（Wellington）街的街角是一处已经完全硬化的场地，在这里当地儿童和专业园丁一起开展了实验性的工作坊，利用药用植物作为地面覆盖物（亚历山大等Alexander et al.，1977）。项目组在硬化地面的接缝处种植匍匐药用植物如百里香，牛至和洋甘菊（图30.6）。其目的之一是为了弄清楚药用植物地被的耐践踏程度和吸水速度，以评估这种模式是否适合较高的人流，以及是否可以

图30.6

图30.6　洋甘菊地被，这种形式能够减少硬质铺装材料的使用。

取代传统的硬化铺装。虽然在这种条件下生长的药用植物可能没有作为食物的价值，但是即使被踩在脚下它们依旧能够散发芳香的气味，具有美学价值，并有助于改善生境。

30.2.7 觅食森林

在惠灵顿霍夫（Wellington Hof）一处荫凉的空间内，孩子们种植了浆果、黑醋栗、野蒜和韭菜，形成了觅食森林（图30.7）。公共绿化部门则把从梧桐树上修剪下来的树枝存放在这里，利用这些树枝，项目组将最阴凉的角落改建为蘑菇种植基地。孩子们在城市森林花园内将平菇、香菇孢子接种到树枝上，了解菌丝在城市森林花园中的角色（凯洛格Kellogg和佩蒂格鲁Pettigrew，2008）。

30.2.8 树池苗圃

在海牙的Schilderswijk区，食物地景项目组认为街道上的树池可以作为苗圃培育作物，并能够把分散的花园串联起来，从而形成连贯式生产性空间。苗圃里可以种植自播种植物、花卉和药用植物，为公共空间的建设定下基调（亚历山大等Alexander et al.，

图30.7

图30.7 觅食森林，孩子们正在种植蓝莓、黑加仑果和韭菜。

1977），创造完整的生境、减少乱扔垃圾的现象、减少硬化路面。

30.2.9 树池迷你花园

起初，为了测试社区居民维持可食用景观的能力，项目组发动本地儿童利用威灵顿街的两个树池开展种植，其中一个种了一些常用的蔬菜，另一个种了一些食用大黄和草莓（图30.8；亚历山大等Alexander et al., 1977）。一年之后发现，迷你花园维护得很好，既没有受到破坏也没有滋生垃圾，收获的食物由本地社区享用。

30.3 艺术家和设计师们正在推动城市农业吗？

城市田园计划有很大的潜力，值得进一步探讨，如多样化的效益；社区食物地景；一地多用；社区技能培训计划等。由艺术家和设计师们推动的城市农业活动已经成为社会公共空间设计实践的一部分。从推动城市农业发展的角度来考察，这些由艺术家和设计师发起的活动可能比由农业部门或其他部门发起的活动更有效。这一结论基于笔者的观察和实践，从2006年以来，笔者参加了大

图30.8

图30.8 树池迷你花园

量的城市农业项目，与本地农民以及其他部门的相关人员有着广泛密切的联系。

30.3.1　个性化和灵活的实践

在推动城市农业发展的背景中，艺术与设计或许能够激发出有趣的、形式多样而独特的城市农业模式（詹克斯Jencks和西尔弗Silver，1972）。

值得一提的是，艺术和设计“产品”并不受制于规则、习俗、农业生产或工业生产条例。艺术家和设计师们都是在一个相对来说非常自由的环境和文化背景下进行创作和设计的。例如，笔者曾经设计过概念餐厅，并将其布置在展览馆中作为艺术装置，在“厨房乐园”和“自由厨房”活动中利用这个装置制作食物，但是这种行为并不会受到卫生法和惯例的约束。从官方的角度来讲，这个装置里的产品并不能被称为“食物”，而应该是一种“艺术品”或者“设计产品”。但是实际上，这些产品必须能够供给顾客食用，并确保安全，因此，这个项目在食物方面把关很严格。甚至可以想象，将来在餐桌上或许会出现不需要土壤和阳光就能生长的食物（图30.9；所罗门Solomon，2006）。

图30.9

图30.9　阿姆斯特丹的芽菜餐厅：无土无水栽培食物。

30.3.2 跨专业的综合性技能

能够涉足公共领域的艺术家和设计师们通常具备多种才能并能适应跨专业的工作平台。食品地景项目、食物从业者项目（维尔德韦斯顿Wilde Western和帕特克Potrc，2009）以及明日市场项目（图30.10；范西斯维克Van Heeswijk和卡斯帕Kaspori，2008）的发起者们都是如此。涉及到城市农业领域，除了项目选址所需的文化和历史知识以及社会政治觉悟，其整体要求远远超出了基本的种植技术和烹饪技术，只有具备高超的烹饪和食物储存技术、空间设计技巧才能实施高水平的景观、有机园艺和朴门永续农业项目。

图30.10

图30.10 蔬菜玩偶，明日市场项目组与集市商人合作，以玩偶的形式售卖蔬菜。

30.3.3 致力于公共空间的优良传统

自20世纪60年代和70年代的“艺术非物质化”趋势出现后，公共空间开始被视为艺术对象/平台（利帕德Lippard，1973）。一些有政治诉求的艺术家创作关于城市批判和社会批判的作品，以传达对土地/资源使用和（社会）机构的政治态度。这种传统使得艺术家活跃于公共领域中。此外，艺术家们对于公共空间的关注可能会为城市市政基础设施建设提供可参考的模式，或者直接推动城市复兴（亚历山大Alexander，1979），例如，自2006年起，鹿特丹的一批艺术家就一直参与城市复兴项目。

30.3.4 公共空间中的机会

在公共空间设计中，有几个易犯的错误（雅各布斯Jacobs，1993）：

- 在设计中仅使用满足观感的“视觉绿化”；
- 绿化植物仅由市政机构养护，几乎没有任何公众参与性活动；
- 选择观赏性植物仅为了呼应建筑风格，或者仅出于防御功能的考虑（形成隔断）。

即使是最温和的评论家也不得不承认，这不能形成一种有弹性有活力的公共空间（萨卡拉Thackara，2005）。

海牙Schilderswijk区的城市复兴项目在某种程度上是对这种公共空间问题的回应。城市田园计划通过开展食物地景和美味烹饪站此类项目来重建公共空间，这两个项目均致力于“场所修复”（亚历山大等Alexander et al.，1977）和活力重塑。尽管要提出一个养护果园或生境的完美方案还为时尚早，但这些活动和干预措施已经获得了众多利益相关者前所未有的关注。时间会告诉我们低维护的生产性景观和持续的活动是否是建设食物地景的最佳方式；时间也会告诉我们公园里有趣的公共烹饪设施、活动项目以及多方的合作是否能为公共空间带来活力。

在城市田园计划项目中，除了社区和本地机构以外，公共绿化部门等市政机构以及当地房地公司的持续参与也取得了很好的效果。城市田园计划是一个活动平台，旨在让所有的利益相关方分担维护公共空间的责任，并认为所有的公共空间都有发展为食物地景的潜力。

30.4 结论

虽然近期社区农园备受欢迎，小规模项目的参加人数也在增加，但是对于真正意义上的繁荣发展而言，城市农业需要达到能够具有明显影响力的临界规模。本文介绍了一系列城市农业模式以及参与人员需要具备的技能和工作方法。然而，最重要的是，要开展多层次的公众参与活动。

从字面上来看，“城市农业”一词由“城市”和“农业”两部分组成，但许多实践者都认为，传统的城市规划行业或农业行业都不足以应对城市农业的发展、创新和战略布局问题。因此，应该扩展城市农业的内涵使其超越传统农业，把20世纪60、70年代对土地使用的艺术批判实践融入其中（詹克斯Jencks和西尔弗Silver，1972），重新界定公共空间的概念，为实践中形成的民间组织赋权。推广城市农业的效益则包括能够在项目实施过程中体现出高度的专业性和灵活性，不受会给新模式施加负面影响的管理规则的羁束。同时，艺术家和设计师们所具有的综合技能有助于形成多元化的解决方案。

在推动城市农业的过程中必然解决现存的城市空间问题，如视觉绿化空间，可达性差的公共空间，封闭式空间以及错误使用的空间。另外，培训和鼓励本地参与者也非常重要，这能够确保在项目结束后社区还能持续开展活动。灵活的民间组织和学校是适应性很强的平台，他们能够很快了解到食物地景的价值，能够增加社区园艺项目的丰富度。推动城市农业能够帮助社区居民意识到利用公共空间生产食物的可能性，增强他们的食物主权意识，还能促成民间组织与本地参与者之间的合作。

推动城市农业需要社会实践者们的通力合作，为有益的食物生产调整城市结构。和任何有活力、有弹性的生态系统一样，城市农业的发展有赖于大量的空间、项目和实践。

参考文献

Alexander, C., Ishikawa, S., Silverstein, M., Fiksdahl-King, I. and Angel, S., 1977. A pattern language. Oxford University Press, New York, NY, USA.

Alexander, C., 1979. The timeless way of building. Oxford University Press, New York, NY, USA, 552 pp.

Astyk, S., 2008. Depletion and abundance. New Society Publishers, Gabriola Island, British Columbia, Canada, 288 pp.

Gerritsen, H., 2008. Essay on gardening. Architectura & Natura Press, Amsterdam, the Netherlans, 396 pp.

Jacobs, J., 1993. The death and life of great American cities. The Modern Library, New York, NY, USA, 458 pp.

Jencks, C. and Silver, N., 1972. Adhocism: The case for improvisation. Doubleday & Company, Garden City, New York, NY, USA, 216 pp.

Katz, W.E., 2003. Wild fermentation. Chelsea Green Publishing Company, White River Junction, VT, USA, 178 pp.

Katz, W.E., 2006. The revolution will not be microwaved: Inside America's underground food movements. Chelsea Green Publishing, White River Junction, VT, USA, 378 pp.

Kellogg, S. and Pettigrew, S., 2008. Toolbox for sustainable city living. South End Press, Cambridge, MA, USA, 242 pp.

Kuitert, W. and Freriks, J., 1994. Hovernierskunst in palmet en pauwstaart. Uigeverij de Hef, Rotterdam, the Netherlands, 178 pp.

Lippard, L., 1973. Six years: The dematerialization of the art object from 1966 to 1972: a cross-reference book of information on some esthetic boundaries. University of California Press, Berkeley, CA, USA, 294 pp.

Mollison, B., 1988. Permaculture: A designers manual. Tagari Publications, Tyalgum New

South Wales, Australia, 579 pp.

Ogren, T.L., 2008. City trees and urban health. In: Borasi, G. and Zardini, M. (Eds.) Actions: what you can do with the city. Canadian Centre for Architecture SUN Publishers, Amsterdam, the Netherlands, pp. 198-203.

Oudolf, P., Kingsburuy, N. and Cooper, S. (Eds.) . 2009. Designing with plants. Conran Octopus Limited, London, UK, 160 pp.

Solomon, D., 2006. Grow yer own dang food. Sprout restaurant. Available at http://culiblog.org/?s=grow+yer+own+dang+food+sprout+restaurant.

Solomon, D., 2010a. Foodscape Schilderswijk. Available at http://www.urbaniahoeve.nl/?page_id=54.

Solomon, D.A., 2010b. DIY Mmmmusem of Oven Typologies. Available at http://www.urbaniahoeve.nl/?page_id=107.

Solomon, D., 2010c. All that rot! Available at http:// www.urbaniahoeve.nl/?page_id=95.

Thackara, J., 2005. In the bubble: designing in a complex world. MIT Press, Cambridge, MA, USA, 331 pp.

Viljoen, A. (Ed.) CPULs—continuous productive urban landscapes. Designing urban agriculture for sustainable cities. Architectural Press, London, UK, 304 pp.

Van Heeswijk, J., Kaspori, D., 2008-ongoing. Market of tomorrow. Available at http://www.freehouse.nl/freehouse/index.php?option=com_content&view=article&id=21&Itemid=53.

Wild Western and Potrc, M., 2009. The Cook, the Farmer, his Wife and their Neighbor. Available at http://www.kkvb-cfwn.blogspot.com.

Whitefield, P., 2004. The earth care manual: a permaculture handbook for Britain & other temperate climates. Permanent Publications, Hyden House Limited/The Sustainability Center. East Meon, Hampshire, UK, 469 pp.

Yoon, S., translated by Han, Y., 2005. Good Morning, Kinchi! Hollym Corporation Publishers, Elizabeth, New Jersey/Seoul, 128 pp.

第四部分

规划与设计

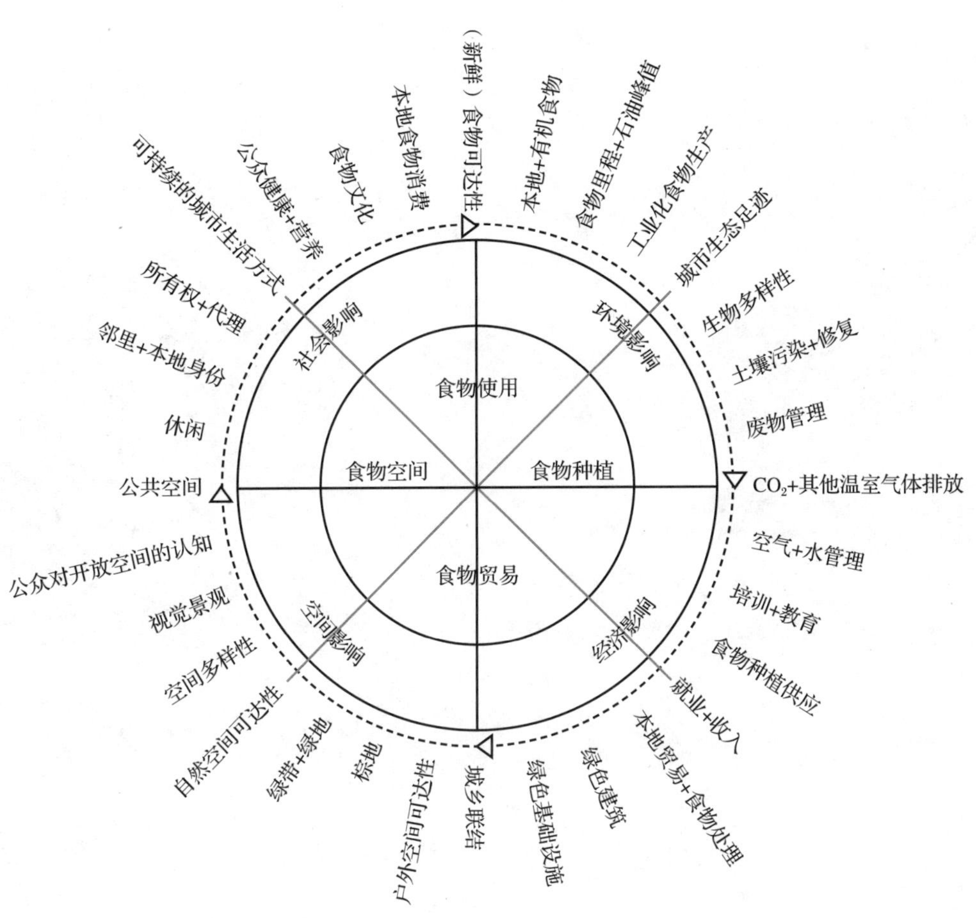

第 31 章

食物系统规划设计，迈向空间实践

安德里・维尤恩（Andre Viljoen）
卡特琳・伯恩（Katrin Bohn）
英国布莱顿大学建筑与设计学院
a.viljoen@brighten.ac.uk

31.1 食物和人居环境

一个更加可持续性的食物系统空间是怎样的？城市和乡村腹地会如何变化？“食物规划师”所设想的农业和食物分配系统是怎样的？城市农业领域的实践者和学者将在本部分对这些问题展开讨论。

城镇的食物系统空间是指一系列包括了食物交易、加工和种植等活动在内的空间。在多数接受全球化农业商业模式的城市中，本地食物空间基础设施已经严重萎缩或不复存在。很多人认为必须重新引入这些基础设施，建筑师和景观设计师尤其关注在生产性多功能景观中引入城市农业的可能性，以及这一举措会带来的空间、社会和环境效益。与保留这些空间（在很多亚洲城市中都有这种案例）不同，在欧洲和北美城市中重新引入这些空间会面临很多理论和实践挑战。本书此部分的作者将着眼于城市与城郊地区，从理论、政策、实践和教育等角度介绍不同尺度（从个人到都市）、不同层次（自上而下和自下而上）的城市农业举措。

31.2 规划师和设计师

布鲁克霍夫（Broekhof）和范・德・瓦尔克（Van de Valk）对比了规划学术期刊中持相反观点的两类文章：一类认为目前占主导地位的农业商业模式将持续增长，一类则倡导发展替代性食物系统模式。他们的调查结果显示目前城市农业的发展处于一个观点两极化背景中，他们认为两种模式应该相互取长补短并发展出“第三条道路”。接下来的章节主要关注替代性食物运动，但作者们也并不赞成完全本地化的食物系统。我们发现，与规划领域相比，设计领域的观点两极化现象没那么明显，布鲁克霍夫和范・德・瓦尔克认为这主要是因为规划师和设计师在解决问题时采取的方法不同，并且两门学科间缺少对话。如果我们能更加开放地讨论所有的观点，那么就算不能完全消除观点对立，至少也可以减少由内涵模糊和猜想所导致的观点两极化。要形成一个更加公平的食物系统必须诉诸合作。规划师通常是在很大的尺度上开展工作，因此当把一些名词如“再地域化（re-territorialisation）”与加强本地食物系统联系在一起后，其内涵仍有些抽象。但是，一旦应对这些问题的地点或者项目具体化，人们又有可能将这种具体化误解为对普遍性问题的特殊化处理，从而忽视了这种具体解决方案所具有的参考价值。

例如，在奥尔德罗伊德（Oldroyd）和卡莱文（Clavin）的第33章“嵌套尺度和设计实践”中，介绍了一个名为“重返前院”的项目，这个项目鼓励在英国相对缺少食物的地方利用前花园来种植食物。虽然这个项目所得到的实际产出并不能满足其他地方的食物需求，但正如奥尔德罗伊德和卡莱文所说的：“重返前院项目的目的主要是联接人居和自然环境、链接不同的空间尺度、联合私人和政府管理结构，从而促进个人行为的改变，并反过来将影响更广阔的地理区域和其管理方式。”

类似这样的项目代表了从理论研究到实践的转向，这是可持续食物系统发展历程中不可缺少的一部分。

汤姆金斯（Tomkins）的章节继续探索伦敦社区食物种植从业者的动机。他认为这些项目的参与者不仅仅是为了解决食物问题，也是为了控制周边的环境。奥尔德罗伊德和卡莱文的研究表明，如果仅仅通过食物的产量来衡量此类项目可能是不全面的。通过培育人们与环境协作的能力，这些项目或许会有更为深远和长期的影响。更进一步，会有能为当前的食物系统带来更大改变的政治认可吗？对此，纽约的社区园丁们提供了一个答案：地方行动的活力来自于真实的对美好事物的诉求。米斯（Mees）和斯通（Stone）的章节追溯了纽约社区花园运动从非法活动到被城市当局认可的过程，以及合法化所带来的效益、妥协和限制。这些花园中往往会有食物种植活动，现在，社区花园因为其在食物安全和食物主权中的角色而获得了更多的关注。米斯和斯通还总结了社区花园的管理、建设和食物小书等关键要素和数据，从而为其他城市提供了有用的参照。

31.3 食物和空间

李（Lee）认为应该严格评估城市农业的产量。这就要求进一步进行场地实践，如吉塞克团队在卡萨布兰卡所开展的城市农业项目（见卡斯帕Kaeper，吉塞克Giseke和马丁汉Martin Han的章节）。显然，李的农学学科背景能够为规划师和设计师在评估项目可行性时提供帮助。

李（Lee）同时也讨论了城市农业所需要的空间，埃弗雷特（Everett）则探讨了销售新鲜农产品的空间。埃弗雷特在新奥尔良工作，她对位于富裕和贫困社区之间的市场空间进行了研究，她认为这种空间能够解决美国许多城市中的食物荒漠问题，同时富裕社区的购买力也能够确保市场的经济可行性。根据简·雅各布斯（Jane Jacobs）和凯文·林奇（Kelvin Lynch）的研究，这一战略有可能缓解城市隔离问题。满足不同购买力用户的不同需求、市场的可达性、市场的多样性以及附属活动的丰富度都是决定城市市场是否能够成功的关键因素。

31.4 食物和地区

除了新奥尔良，美国还有两个成功的创新市场案例，规模较小的密尔沃基的Fondy市场（http://www.fondymarket.org/）和底特律的大型东部市场（http://detroiteasternmarket.com/index.php）。这两个市场都率先进行创新实践，以确保当地居民的食品安全，同时也作为市民共享的社会场所和设施。更值得一提的是，他们都探索城市农业和城郊农业项目的经济可行性。在美国，不太富裕的地区无法获得新鲜水果和蔬菜是非常极端的案例，但类似的趋势——小的社区商店只出售加工食品和酒精——在欧洲的部分地区越来越明显，尤其是在英国。市民容易到达并且买得起的市场是可持续食物系统的组成部分，但不是所有的市场都能成功或在经济上可行，因此找出市场的成功因素是当务之急。负责底特律东部市场的丹·卡莫迪（Dan Carmody）（有城市规划，城市复兴和食物零售背景）认为：

> 我们的食物系统不应该是这样的：位于经济图腾柱底端的20%的人所食用的新鲜水果和蔬菜只是那些位于顶端的人的1/7。我们的社会不应该负担因为不良饮食习惯而引起的糖尿病、高血压和冠状动脉疾病的医疗费用。我们必须找出一种方式，使得所有阶层的人都能负担得起并买得到健康食物（布罗德Broder，2011）。

卡莫迪同时认为市场创造的社会环境和它提供的健康食物一样重要：

> 东部市场在这个地区备受喜爱，因为它是提供食物和社会活动的场所。社交欢乐和美食一样重要，市场会影响我们的食谱，也会影响地区健康，更会进而影响这个国家（布罗德Broder，2011）。

这一部分文章的作者们认为食物和地区可以一起创造更好的城市空间。伯恩（Bohn）和维尤恩（Viljoen）曾提出，食物生产和销售空间成为景观的一部分从而改善城市环境，在获得了足够的知识和实践经验的前提下，我们可以揭示可持续食物系统所需要的基础设施。基于连贯式生产性城市景观（CPUL）的概念，我们提出了CPUL工具包，将连贯式生产性景观的规划和实施计划划分为四个阶段。这一理念在许多地区和城市的实践中得到了应用，卡萨布兰卡、瑞士、鹿特丹和芝加哥的实践也借鉴了CPUL的理念。

31.5　社会背景和策略

与萎缩的底特律不同，在卡萨布兰卡城市规划中，人口将持续增加到超级大都市的规模。在这种背景下，卡斯帕（Kasper）的团队所从事的卡萨布兰卡城市农业项目有着宏伟的目标：将城市农业作为优化气候的多功能城市景观的重要组成部分，探索生产性绿色基础设施的潜力。尽管卡萨布兰卡项目的要素在其他地方也曾实践过，荷兰组织RUAF（www.ruaf.org）也曾有过类似的示范项目，但卡萨布兰卡项目是由设计师主导的第一个也是最综合的项目，设计师们尝试在各种尺度上探索更加可持续的城市食物系统，并综合考虑其给城市空间、社会和管理造成的影响。不过也必须认识到，这些将生产性城市景观纳入城市综合战略的倡议，在实施的过程中不太可能一帆风顺（加拉格尔Gallagher，2010）。卡萨布兰卡和底特律项目的主要障碍是土地。在底特律，人口密度很低的城郊住区居民和社区的非营利性组织联系密切，这些居民不欢迎大规模的自上而下的项目，尤其是由忽视居民意愿的经济驱动型公司所运作的项目。卡萨布兰卡的情况则完全不同，一旦城市扩张，农业用地的价值就会急剧增长（斯图曼Stollmann，2011）。

底特律和卡萨布兰卡分别是城市收缩和城市扩张的案例。在其他相对稳定的情况下，规划师和企业家正一起探索更加环境可持续、更公平的食物生产和食物安全方案。经济的不确定性、对石油峰值的认识以及全球实力平衡的变动都推动了创新。密尔沃基的城市发展委员洛奇·马卡尔库（Rocky

Marcoux）认为，如果城市想要变得有弹性和更加“繁荣”，将生产性城市景观纳入到城市战略中是必要的，密尔沃基的市长也强烈认同这一观点。洛奇·卡尔库认为，城市官员和规划政策应该支持个人和组织经过深思熟虑所提出的一系列计划（个人交流，2011）。在这样的背景下，密尔沃基市积极支持城市农业项目并试图消除障碍，以合理的条件提供城市所属的土地，由此推动了食物和社会正义组织“种植力量”以及其他一系列受到“种植力量”启发的城市农业活动（如甜水有机物http://sweetwater-organic.com/）。在其他土地稀缺的地方，比如纽约或柏林，有团队开始探索屋顶农场的经济可行性，如布鲁克林屋顶农场（http://www.brooklyngrangefarm.com/），哥达农场（http://gothamgreens.com/）和柏林城市鱼菜共生农场（路透社，2011）。

怀特（White）和纳特森（Natelon）章节涉及英国规划体系，探讨了规划体系如何能支持更可持续的食物及农业生产，介绍了可用于这一领域的更详细的政策和管理策略。这一章节表明，规划法规可以支持未来的行动。怀特和纳特森认为规划过程也可以成为一种管理策略，赋权给力量较弱的部门（如食物部门），从而达到社会平衡。

维尔佐内（Verzone）关于瑞士城市食物的章节进一步说明了可持续的食物系统对城市物理空间的影响以及跨学科合作的重要性。值得一提的是，这篇文章的资助单位是瑞士国家自然科学基金委，资助课题名称为“新城市品质”。毫无疑问，生产性城市景观能够带来新型的城市品质。

格拉夫（De Graaf）和皮穆勒（Peemoeller）分别对鹿特丹和芝加哥的本地食物系统进行了研究。格拉夫介绍了为在鹿特丹引入经济上可行的城市农业而开展的“自上而下”的评估，评估结果为“自下而上”的城市农业行动提供了指导性的“机会地图”。他将这项工作描述为：规划师在创造可持续城市中的贡献。这个评估过程是可复制的，并得出了很多有用的参数，可以帮助其他项目选择恰当的城市农业模式。和其他作者一样，格拉夫也提出城市农业应该与城市资源流和废物流整合的观点，从而“闭合循环”并减少其他城市基础设施的使用费用和使用需求。

皮穆勒的章节批判性地评估了芝加哥大都会地区第一个食物系统报告。卡萨布兰卡、瑞士和鹿特丹都学习了《芝加哥2040规划》报告，意识到自上而下和自下而上的方法同等重要。皮穆勒阐述了召集一大群专家和社区责任人并达成共识的难度。长达9个月的研究并没有产生一个行动方案，但这个过程的确促进了各个群体的沟通，也达成了将食物规划嵌入到地区规划中的共识。

31.6　回到规划和设计

或许我们可以认为，这种与各利益相关群体开展广泛合作的方法有助于获得一个愿景或目标，但不是实现这一愿景的最好方法。试图达成共识的庞大而多样化的参与者本身就是一个挑战。这就需要我们回到之前关于总体“规划”方案和特定“设计”方案间区别的讨论。实现愿景的具体方案需要一系列与特定地点和环境相关的策略，由相对较少的直接利益相关者达成关于某个具体方案的共识可能更实际。因此，在集体达成统一的原则和共识后，由小规模的相关者落实具体的项目任务，这种两阶段的方法或许更好。正如皮穆勒指出："研究不同的食物系统规划方法并比较其成果是对于专业和学术领域的宝贵贡献。这将有助于建立食物系统规划的实践指南。"

尽管皮穆勒对于没有形成具体的行动方案表示失望，城市发展规划依然将城市农业纳入了考虑范畴。在《2040规划》报告的影响下，芝加哥修改了城市区划代码，消除了某些城市农业活动的土地和管理障碍（芝加哥，2011）。芝加哥的城市农业活动家艾丽卡・艾伦（Erica Allen）认为，这是意义重大的改变。

> 城市区划代码的修改意味着将城市农业作为市场活动并合法化，这是前所未有的。芝加哥城市范围内一直存在农业空间，但新区划法为社区创造了新的经济机会，尤其是在那些由失业和缺乏经济机会而导致的食物荒漠地区（内梅斯Nemes，2011）。

31.7 教育：设计教育和食物系统

在本书其他部分，纳尔（Nasr）和柯米莎（Komisar）曾描述过建筑院校所培养出的一批致力于将生产性景观融入到各自工作领域的新一代实践者。本部分的最后两章就提出了与之相关的本科生培养方法。克罗齐（Crotch）描述了英国格拉斯哥麦金塔建筑学校的建筑学研三学生的项目，莫亚・派雷泰佐（Moya Pellitero）和达西尔维娅・艾丽娅佐（da Silva Eliziario）则描述了一个雄心勃勃的欧洲跨学科、跨机构的暑期学校项目。

格拉斯哥的项目灵感来源于慢食运动和慢城运动，项目组的一个毕业生在2010年英国皇家建筑学院最佳本科设计项目比赛中获得铜奖。

莫亚・派雷泰佐和达西尔维娅・艾丽娅佐的学校暑期设置了为期一周的高强度工作坊，主题来源于景观都市主义和连贯式生产性城市景观概念。从这两章节可以看出，对于仅具备自己本学科技能的本科生来说，跨学科的主题如食物系统规划是个巨大的挑战，但毫无疑问，从设计复杂的可持续的食物系统过程中学生们受益良多。纳尔和柯米莎的章节表明，把这个相对较新的挑战整合到设计和规划教育中是有价值的，并能带来切实的改变。

对于替代性食物系统将如何影响未来的城市这个问题，本部分章节并没有给出明确的答案，但为其他实践和实验提供了可复制的、批判的、改良的方法和模型，规划师和设计师们也无疑将继续推动可持续的公平食物系统的发展。

参考文献

Broder, J., 2011, Eastern Market heats up. In The Metro Times. June 15, 2011. Available at http://www.detroiteasternmarket.com/

news_page.php?id=131&s=. Accessed 17th September 2011.

Gallagher, J., 2010, Reimagining Detroit, opportunities for redefining an American city. Wayne State University Press, Detroit, USA.

Reuters, 2011, Urban farming brings the country to the city. Available at http://www.reuters.com/video/2011/07/25/urban-farming-brings-the-country-to-the?videoId=217512288. Accessed 3rd October 2011.

Stollmann, J., 2011, Dounar Ouled Ahmed-A Future Urban Landscape as a Framework for Traditions, Aspirations and Business Opportunities. Urban Agriculture Casablanca, Design as an Intergrative Factor of Research. Ed. Giseke, G. Technische Universitat Berlin (TUB), Germany, pp. 14-15.

The City of Chicago, 2011. Urban Agriculture Zoning Code Amendment Approved. Available at http://www.cityofchicago.org/city/en/depts/dcd/provdrs/sustain/news/2011/sep/urban_agriculturezoningcodeamendmentapproved.html. Accessed 2nd October 2011.

Nemes, J., 2011, Green Scene: New Chicago ordinance encourages urban farmers to start planting. Available at http://www.cityfarmer.info/2011/09/22/green-scene-new-chicago-ordinance-encourage-urban-farmers-to-start-planting/#more-14560. Accessed 2nd October 2011.

第32章

可持续食物系统的规划和探索：未知规划研究领域的探索

桑内.M.布鲁克霍夫（Sanne M. Broekhof）
阿诺德J.J.范·德·瓦尔克（Arnold J.J. van der Valk）
荷兰瓦赫宁根大学土地使用规划系
sanne.brokhof@wur.nl

摘要：欧洲和美国的规划学者正在探索可持续食物系统这个新兴领域，研究范围已经覆盖了整个复杂而又琐碎的食物链。目前的规划文献多关注生产加工和零售环节，而对食物消费和废物处理环节则缺乏研究。本章检索了国际规划期刊近十年来（1999—2010）的相关文章，并与国际食物规划专家组探讨了本文的初步结论。这些论文多倾向于替代性食物系统，其理论起点来自于这样一种假设：占主导地位的传统全球工业食物系统和新兴的替代性本地有机食物系统之间有不可逾越的鸿沟。本章提出了“第三条道路”，将传统的、去地域化的农业食物系统和替代性的、再地域化的农业食物系统联系起来，寻找其中间地带。

关键词：空间规划研究，食物系统规划，议题

32.1　引言

食物已经不再是土地规划中的陌生人（帕卡秋奇Pothukuchi和考夫曼Kaufman，2000）。食物塑造了我们的生活，规划师已经理解了这一点并开始接受食物系统规划的挑战。与食物相关的事务开始被视为规划对象。正如机动车对可持续城市的影响，与食物相关的问题在气候变化中也扮演着重要角色，它们影响到肥胖和饥饿问题，它们影响到浪费问题，并最终影响到发达国家和发展中国家之间的不平等问题（戴思博米尔Despommier，2010；普兰Pllan，2006；庞廷Ponting，2007；萨尔Salle和侯兰德Holland，2010；斯蒂尔Steel，2008）。食物关系到交通、绿色空间、商业带和零售市场、农田保护、混合土地使用、城市农场等一系列规划问题。食物生产是人类土地利用的重要组成部分，在英国和荷兰等人口稠密的国家，用于食物生产的土地占总土地面积的70%（维尤恩Viljoen，2005）。

从规划角度来看，最关键的问题是食物系统非地域化和再地域化之间的分歧（摩根等Morgan et al.，2006）。食物系统的非地域化意味着农业商业系统中的食物生产和加工不再依赖于传统的农耕方法、土壤类型和地区。而食物系统再地域化则旨在重建农业和土地之间的关系，建立替代性本地生态食物系统。下文将详细描述这两种相对立的食物系统。

非地域化形成了全球工业化食物系统或者农业商业综合体，并带来了一系列问题，如单一化、空间均质化、景观单调化、复合农业系统减少、经济增长依赖批量生产、农村劳动力减少等。依靠规模扩大和产量增加的工业化食物系统被视为是导致乡村衰落的元凶。小农们开始抗议工业化食物相对较低的成本和价格给他们带来的双重压力，他们开始强调传统农业的多样化、生态效益、生产者和消费者的直接联系等优点，以此来对抗工业化食物系统，并试图建立地区性的生产网络。

替代性食物系统的目标是食物生产和加工的再地域化。具体内容包括：重新评估地区手工技艺和生态质量标准，缩短本地和地区生产者的链条。这一目标对本地生产者来说是有利的，由此产生的影响依地区不同而不同。

北美和欧洲的规划师及专业协会已经认同食物和农业是规划议题。2007年，美国规划协会发布了一份食物白皮书，将食物与住房、能源、交通和绿色空间等现存的规划对象平等对待。欧洲规划院校联盟则在2009年建立了食物规划工作组。

本章探讨了新兴的食物系统规划领域两个相反的议题，目的是为了找到以下问题的答案：食物规划究竟是昙花一现还是会持续增长？这就不可避免地需要回答：空间规划对缓解工业化食物系统和本地食物系统的对抗有何潜在贡献（摩根等Morgan et al.，2006）。或者也可以这样问：它们会合二为一吗？

本文基于对规划文献的整理展开。为了清楚了解复杂的食物和空间规划问题，笔者选择近十年来（1999—2010）的12份规划期刊进行研究。期刊中文章的选择标准有3个：关键词包括“食物系统”；文章基于规划视角；至少一位作者有规划背景。文献研究的中间成果递交由罗博塔·松尼诺博士（Rpberta Sonnino）（加的夫大学城市和区域规划系），卡密·帕苏古彻彻博士（Kami Pothukuchi）（伟恩州立大学文理学院），乔·纳斯尔博士（Joe Nasr）（瑞尔森大学食品安全研究中心），克雷格·维尔佐内（Craig Verzone）（维尔佐内伍德建筑事务所）和皮姆·韦尔默朗博士（Pim Vermeulen）（阿姆斯特丹政府）组成的国际专家组进行审阅和讨论。

本文采用了解释性研究方法、定性研究方法和探索性研究方法（克雷斯维尔Creswell，2003；罗兰兹Rowlands，2005；言奥Yanow，2006）。

32.2 食物世界：规划中的两个相反议题

目前占主导地位的工业化食物系统包含了食品研究、运输、产品开发、加工及包装等一系列产业。越来越多的专家、政客及意见领袖认为这种食物系统导致了景观均质化、降低了生产者收入、割裂了生产者和消费者，是不可持续、不健康、不公平的系统，是对景观遗产的威胁。因此，学者们提出了“替代性食物系统（AFS）”这一术语用以指代那些可以替代工业食物系统的不同的食物生产形式。

工业化食物系统意味着高产农业，高效物流，复杂的零售商网络和食物加工工业。它的主要优点是：能够大量供应低价食物，使发达国家摆脱了季节性的食物缺乏。在大多数西方国家，食物采购的稳定性被视为战后社会稳定的主要原因。低价食物也被视为全球范围内城市化进程的主要驱动力之一，在这一进程中，居住在城市的人口比例从1900年的30%上升到了2007年的50%（联合国，2006）。在北美和欧洲国家及国际食物政策中，这一模式已经根深蒂固。因此，对大多数生活在西方世界的人来说，工业化食物非常易得（斯蒂尔Steel，2008）。此外，关贸总协定（GATT）和北美自由贸易协定（NAFTA）进一步推动了工业化食物系统的发展（摩根等Morgan et al.，2006；帕尔伯格Paarlberg，2010）。但是，另一方面，也有人指出，工业化食物系统已经开始走向衰落。

32.2.1 工业化食物系统

在规划学者中，工业化食物系统的提倡者是少数派。他们指责对手传播不科学的推测和虚构的神话（斯梅茨Smeets，2011；麦克威廉斯c. f. McWilliams，2009）。提倡应用西方技术的政治学家罗伯特、帕尔伯格（Robert Paarberg，2010），表达了大多数工业化食物系统支持者的感受：

> 大部分和我一同工作过的训练有素的专家——营养学家，农业经济学家，毒理学家，生物学家、土壤学家和灌溉工程师——对最近这些食物风尚持严重保留的态度……那些关于最好的食品是有机的、地方性的、缓慢生长的断言，应该由其他人批判性地鉴定，而非记者或“美食作家”（帕尔伯格Paalberg，2010：112）。

工业化食物系统的支持者相信，在使用最新精密技术的前提下，环境将会受益于高度资本化和专业化的高产农业系统。不过，他们也认同需要向可持续性实践转变。他们推崇农业综合体和垂直农场（戴思博米尔Despommier，2010；斯梅茨Smeets，2011）。农业综合体是农业食物工业集群，整合了动物饲养，新鲜农产品生产，鲜切花，饲料生产以及包装、运输、废物管理，劳动力管理，市场调研等相关产业。垂直农场则是以高层建筑形式出现的农业综合体。效率和生产力是工业化食物系统生产、营销和物流创新设计的核心。表32.1从工业化食物系统支持者的角度概述了食物问题。

32.2.2 替代性食物系统

工业化食物系统的批判者们支持新兴的替代性食物系统（休伊特Hewitt，2009；波轮Pollan，2006，2008；萨尔Salle和霍兰德Holland，2010；斯蒂尔Steel，2008）。这一系统支持本地食物和生态安全的食物生产方式。替代性食物系统的倡导者是多元化的专家团队，他们指责全球工业化食物系统造成

工业化食物系统支持者视角下的食物问题概述
（来源：35篇发表于1999年至2000年间的规划论文） **表32.1**

问题	可能的解决方案
减少的农业用地数量与增加的城市人口之间的矛盾	建设农业综合体，进行机械化集约化食物生产
效率低下的（规划）管理	—
生产者消费者割裂	组织（学校）参观农业综合体
破坏生产许可制度	由农业综合体提供可持续的、本地的和动物友好的产品
不可持续的废物管理	闭合农业综合体的废物循环
食物里程	在农业综合体中集成各类农业活动
景观破坏	限制农业综合体的密度以保护景观
动物权益	农业综合体为动物提供健康、安全和充足的空间

了全球变暖，预包装食物营养和蛋白质减少，家畜流行病，土壤管理缺乏以及文化景观缺失等一系列问题。替代性食物系统只接受可持续的生产方式，其关注点是食物“品质”而不是低廉的价格。然而，可持续性的定义还有待讨论。有人强调土壤优化，有人倾向用水节约，也有人强调农民增收。替代性系统的发展提高了生产者的收入，也缩短了生产者和消费者之间的距离（既包括空间距离也包括社会距离）。在替代性系统中，消费者对地点，方法，产品和空间条件的认可至关重要。这个系统的链条要尽可能的短和透明。消费者的信心基于地区品牌和产品健康认证。要尽可能减少废物的产出并最好对废物进行回收利用。表32.2总结了相关问题。

32.2.3 第三条道路？

既然可持续性是两个议题均赞同的价值观，那么就可以假定存在一个中间地带，“第三条道路”。但是，持这种中立态度的论文非常少。表32.3总结和比较了工业化食物系统和替代性食物系统的观点。很难想象处于黑白对立之间的灰色地带是怎样的，也很难想象全球化支持者和环保人士之间还存在持中立态度的人士（威廉姆斯McWilliams，2009；帕尔伯格Paarlberg，2010）。卡洛琳斯迪尔的“食托邦”概念——基于建筑领域的食物景观乌托邦——是罕见的完整的第三条道路（斯蒂尔Steel，2008）。考虑到全球食物系统的复杂性，也就不难理解第三条道路战略非常少见，并且基本是虚构的。论文

替代性食物系统支持者视角下的食物问题概述
（来源：35篇发表于1999年至2000年间的规划论文） 表32.2

问题	可能的解决方案
消费者与食物链脱节，食物生产者和环境脱节，食物链越来越长	本地农业（农场商店，农夫集市，社区支持农业，种植箱计划，地区特产），农场学校项目，社区农园，份地农园，连贯式生产性城市景观
食物荒漠	农夫集市，与提供新鲜食物的商店建立联系，网络销售，社区食物安全
肥胖症和营养不良	农场学校项目，份地农园，社区农园
小农经济问题	本地农业，多功能农业，有机产品
零售市场的全球化	—
环境污染	有机农业，永续农业，作物轮作
景观破坏	景观保护政策，缓冲带，小规模农场，有机农业，作物轮作
食物里程	本地农业，城市农业
“鬼田”（生产食物所需的土地位于食物消费地区之外）	本地农业，城市农业
不可持续的城市食物系统	城市农业，连贯式生产性城市景观，城市废物循环

问题和解决方案概述 **表32.3**

问题	工业化食物系统	替代性食物系统
减少的农业用地数量与增加的城市人口之间的矛盾	建设农业综合体，进行机械化集约化食物生产	连贯式生产性城市景观
肥胖症和营养不良	通过食物加工产业创造监控食物	农场学校项目，份地农园，社区农园
AgB：生产者消费者割裂 Alt：消费者与食物链脱节，食物生产者和环境脱节，食物链越来越长	组织（学校）参观农业综合体	本地农业（农场商店，农夫集市，社区支持农业，种植箱计划，地区特产），农场学校项目，社区农园，份地农园
社会批判	由农业综合体提供可持续的、本地的和动物友好的产品	本地农业（农场商店，农夫集市，社区支持农业，种植箱计划，地区特产），农场学校项目，社区农园，份地农园
AgB：不可持续的废物管理 Alt：不可持续的城市食物系统	闭合农业综合体的废物循环	城市农业，连贯式生产性城市景观，城市食物战略
食物里程	在农业综合体中集成各类农业活动	本地农业，城市农业
景观破坏	限制农业综合体的密度以保护景观	景观保护政策，缓冲带，小规模农场，有机农业，作物轮作
动物权益	农业综合体为动物提供健康、安全和充足的空间	有机农业
食物荒漠	—	农夫集市，与提供新鲜食物的商店建立联系，网络销售
环境污染	人造肥料创新，洁净生产技术创新	有机农业，永续农业，作物轮作
小农经济问题	—	本地农业，多功能农业
零售市场的全球化	—	—
效率低下的（规划）管理	—	—
"鬼田"（生产食物所需的土地位于食物消费地区之外）	农业综合体	本地农业，城市农业

AgB：工业化食物系统支持者提出的问题
Alt：替代性食物系统支持者提出的问题

研究可以得出这样结论：整合两个独立的食物系统相当困难，经济、技术、逻辑、伦理以及政治等方方面面的考虑更是使困难加倍，这其中，意识形态或许是最严重的障碍。这一结论提出了一系列问题，比如：我们可以把全球食物系统的变革视为规划议题吗？这种替代性食物系统议题是否与当代技术的飞速发展背道而驰？规划师能找到全球性和替代性食物系统的中间地带吗？

表32.4强调了两种议题之间的细微差别。

问题和解决方案出现频率（来源：35篇发表于1999年至2000年间的规划论文）　表32.4

问题	AgB问题	Alt问题	AgB解决方案	Alt解决方案
减少的农业用地数量与增加的城市人口之间的矛盾	++	?	+	–
肥胖症和营养不良	–	++	+–	–
生产者消费者割裂	+	++	+	+
消费者与食物链脱节，食物生产者和环境脱节，食物链越来越长	+–	+	+–	+
社会批判	++	+	+	+
（不）可持续的废物管理	+	+	+	+
（不）可持续的城市食物系统	–	++	–	+
食物里程	++	++	+	+
景观破坏/保护	+	++	+	+
动物权益	+	+–	+	+
食物荒漠	–	+	–	+
环境污染	++	++	+	+
小农经济问题	–	+	–	+
零售市场的全球化	–	+–/+	–	–
效率低下的（规划）管理	+	+–	–	+
“鬼田”（生产食物所需的土地位于食物消费地区之外）	+–	+	+	+

AgB问题：工业化食物系统支持者提出的问题；
Alt问题：替代性食物系统支持者提出的问题；
AgB解决方案：工业化食物系统支持者提出的解决方案；
Alt解决方案：替代性食物系统支持者提出的解决方案。
++：频繁提到的问题
+：不止一次提到的问题
+–：仅提到一次的问题
–：未提及的问题

替代性食物系统的支持者认为，从长远来看，工业化食物系统会因为它的不可持续性而崩溃。从现有的科学文献中无法推断出这个问题的终极解决方案。工业化食物系统支持者提出的可能的解决方案大多是基于经验的推论，一厢情愿的幻想和狡辩。替代性食物系统的支持者并不期望他们的建议在全球层面上实施后会有立竿见影的效果。他们更希望把食物生产带回城市中，增强社区和食物系统的关联。替代性食物系统议题涵盖了宽广的小尺度计划和项目，这些计划和项目一般与本地食物网络相联系（亚罗什Jarosz，2008）。目前这一议题的状态仍然弱小而脆弱，但在持续增长。例如，根据荷兰食物部门2007年发布的数据，4.4%的土豆、蔬菜和水果以及3.8%的新鲜奶制品都是生态产品。

32.2.4　专家意见

农业食物论文和规划论文中遍布二元对立思维。这种传统导致了两个高度对立的食物系统议题无法对话（摩根等人Morgan et al.，2006）。

那么，不同的食物系统会融合吗？很少有作者愿意正视这个问题。大部分人宁愿制造越来越多的鸿沟或者逃离到一厢情愿的幻想中。与之相对，第三条道路符合可持续性、公共健康和公平贸易的食物伦理要求。而大多数规划师忽视了这个融合选项。

作者同五位欧洲和美国的食物规划专家分享了这一结论。专家们也认同论文中两种对立议题的主导地位以及它们之间不可逾越的鸿沟。两种系统都有可能成为具有竞争力的领域，但是，它们之间也确实存在联系的可能，例如，英国70%的有机销售额来自零售商业集团。松尼诺（Sonnino）（2010，个人沟通）谈到她正在思考"一个真正可持续的食物系统实际上是一个混合系统，有着不同食物系统的属性和特征"。纳斯尔（Nasr，2010，个人沟通）认为应该重视传统工业化食物系统的存在："我们要认识传统工业化食物系统的存在和它的角色，同时也要发展替代性食物系统。我认为应该把工业化食物系统解读为复合体，而不是简单的个体。"一般认为，在传统超市中，替代性食物系统的一些优点很容易消失。然而，并非所有的面谈的专家都完全同意我们对待传统超市的态度。"如果可以和艾伯特连锁超市（Albert-Heijn）合作，那么你就是在一个庞大的组织中工作了。我们真的需要创造一些临界规模"（韦尔默朗Vermeulen，2010，个人沟通）。帕苏古彻（Pothukuchi）（2010，个人沟通）没有完全反对与超市和更多主流实体合作的想法。然而，她担心传统食物系统的力量和规模。"沃尔玛的规模本身就是个问题……在本地市场中，100个农民也无法与沃尔玛的力量抗衡。"不过，帕苏古彻还是强调在通往可持续食物系统的道路中需要批判和务实的研究态度。

32.3　总结

规划学者已经开始着手进行可持续食物系统规划。这些规划已经涉及食物生产、加工和零售环节。相关的论文以两个冲突的食物世界的共存为前提。规划学者的论文带有对替代性食物系统的强烈偏爱。工业化食物系统和替代性本地食物系统被界定为一对相反的命题。能够融合两种系统的"第三条道路"目前还只是一个遥远的理想。

规划师关注最佳的本地食物系统实践案例，并希望能够将其运用于不同的环境中。由于大部分的本地食物活动都还很弱小，因此必须扩大规模。但是目前，扩大规模遇到了无法克服的困难，这些困难来自于全球贸易机制，物流、分配、知识、根深蒂固的文化习惯，食物来源及商业力量。替代性食物系统的支持者不认为市场体系和全球贸易机制会有实质性的改变，因此他们采用自下而上的方式。农业补贴、土地政策、交通系统、食物物流和环境法规都有利于传统工业化食物系统。替代性食物系统仍然处于萌芽阶段。替代性食物系统与光鲜的健康食物杂志和回归土地的嬉皮士运动联姻，其基石是“生活方式运动”（休伊特Hewitt，2010）。在意识形态领域中，食物规划理论相当丰富，但在实证基础领域却相当贫乏。所以，探索才刚刚开始。

参考文献

American Planning Association, 2007. Policy guide on community and regional food planning. Available at http://www.planning.org/policyguides.

Creswell, J.W., 2003. Research design. Qualitative, quantitative and mixed methods approaches. Sage Publications, London, UK, 245 pp.

De la Salle, J. and Holland, M., 2010. Agricultural urbanism. Handbook for building sustainable food & agriculture systems in 21st century Systems. Green Frigate Books, Winnipeg, MB, Canada, 200 pp.

Despommier, D., 2010. The vertical farm. Feeding the world in the 21st century. Thomas Dunne Books, New York, NY, USA, 305 pp.

Hewitt, B., 2009. The town that food saved. How one community found vitality in local food. Rodale, New York, NY, USA, 234 pp.

Jarosz, L., 2000. Understanding agri-food networks as social relations. Agriculture and Human Values 17: 279-283.

Jarosz, L., 2008. The city in the country: growing alternative food networks in Metropolitan areas. Journal of Rural Studies 24: 231-244.

McWilliams, J.E., 2009. Just food. Where locavores get it wrong and how we can truly eat responsibly. Back Bay Books, New York, NY, SUA, 272 pp.

Morgan, K., Marsden, T. and Murdoch, J., 2006. Worlds of food. Place, power and provenance in the food chain. Oxford University Press, Oxford, UK, 225 pp.

Paarlberg, R., 2010. Food politics: What everyone needs to know. Oxford University Press, Oxford, UK, 240 pp.

Pollan, M., 2006. The omnivore’s dilemma. The search for a perfect meal in a fast-food world. Bloomsbury, London, UK, 450 pp.

Pollan, M., 2008. In defense of food. An eater’s manifesto. Penguin Books, London, UK, 244 pp.

Ponting, C., 2007. A green history of the world: The environment and the collapse of great civilizations. Penguin Books, London, UK, 430 pp.

Pothukughi, K. and Kaufman, J.L., 2000. The food system, a stranger to the planning field. Journal of the American Planning

Association 66: 113-124.

Rowlands, B.H., 2005. Grounded in practice: Using interpretative research to build theory. The electronic journal of Business Research Methodology 3: 81-92.

Smeets, J.A.M., 2011. Expedition Agroparks. Research by design into sustainable development and agriculture in the network society. Wageningen Academic Publishers: Wageningen.

Sonnino, R., 2009. Feeding the city: Towards a new research and planning agenda. International Planning Studies 14: 425-435.

Steel, C., 2008. Hungry city. How food shapes our lives. Vintage Books, London, UK, 400 pp.

United Nations, 2006. World urbanization prospects: The 2005 Revision. United Nations, New York, NY, USA.

Viljoen, A., Howe, J. and Bohn, K. (Eds.), 2005. CPULs. Continuous productive urban landscapes. Designing urban agriculture for sustainable cities. Elsevier Architectural Press, Oxford, UK, 295 pp.

Yanow, D., 2006. Thinking interpretatively: philosophical presuppositions and the human science. In: Yanow, D. and Schwartz-Shea, P. (Eds.) Interpretation and method: Empirical research method and the interoretative turn. ME Sharpe inc. New York, NY, USA, pp. 5-26.

第 33 章

合作平台和设计实践：利兹城市中心食物种植的综合举措

爱玛·奥尔德罗伊德（Emma Oldroyd）
阿尔玛·安妮·卡尔文（Alma Anne Clavin）
英国利兹都会大学景观设计学院
e.oldroyd@leedsmet.ac.uk

摘要：“回到前院”（Back to Front）是利兹市实施的一个跨学科城市食物种植项目。利兹都会大学景观设计学院的师生与英国环保志愿者信托BCTV（British Trust for Conservation Volunteers）、英国国家医疗服务部门NHS以及利兹永续生活网络搭建了网络状的合作平台，以多尺度的设计和多样化的服务开展城市食物种植活动，以此来推动城市中心贫困社区居民从事食物种植活动。本研究主要是在利兹市东部和东北部地区进行。该地区极度贫困，甚至某些社区还位于全国3%最贫穷地区之列。但是，该地区却充满活力，文化多元，查珀尔敦（Chapeltown）地区的黑人和少数民族是该市平均数量的两倍多，并且当地十分支持食物种植。该研究由英国环保志愿者信托主持，NHS主要研究该地区食物种植的兴趣和需求。实证性研究主要由教师和学生们完成，主要是根据该地区不同的房屋类型和邻里空间设计不同尺度的食物种植空间。这些设计多种多样，既包括在前院使用的可移动种植模块系统，也包括屋顶香蕉种植池。项目的实施主要是通过自下而上的方式，与市政府和当地居民建立紧密联系，为社区尺度的农业活动网络打下坚实基础。本章阐述了该项目的基本情况、实施过程和成果。此外，也阐明了跨学科的设计项目能给教学和实践带来多方面影响。

关键词：跨学科，合作平台，实际项目，城市食物规划

33.1　合作平台和设计实践：利兹城市中心食物种植的综合举措

在英国某些地区，日益增长的本地食物种植运动（Iles，2010）成为对食物资源全球化和食品安全问题的回应。目前，一个合作平台推出了Back to Front（回到前院）项目，将食物种植视为复兴利兹中心城市地区的设计策略，在社区的层面上解决城市可持续发展的问题并思考本地资源的合理利用问题。这一项目立足于居民的前院花园，探索了利用网络式合作平台推动食物种植活动的可能性。从景观建筑学以及相关学科教学的角度来看，该项目可以作为研究—教学—设计相联系的跨学科模式的典范，学生在其中也获益良多并且成果丰富。

33.2　生态可持续与城市

对本地可持续发展的讨论是不能孤立在全球问题之外的，这已然成为共识。巴顿等人（Barton et al，1995）认为，一个家，一处房产或者是一个城镇都应该被看作是一个完整的系统，因为他们都在不同的尺度上为人类提供了必不可少的生存环境甚至是舒适的生活环境。更进一步，梅西（Massey，2007）认为，能够在全球尺度上产生影响的活动都是基于那些在本地尺度上产生影响的日常行为。

对于如何理解复杂的本地可持续性系统

并没有一个完全统一的正确答案，而是出现了各种各样的观点。因此，有必要了解可持续性的理论渊源，即冯·贝塔朗菲（Von Bertalanffy，1969）的一般系统理论：随着自然系统的进化和成熟，衍生出了更加复杂的结构和更广阔的多样性，这些结构相互支撑从而引发了更多的资源循环和再循环过程，从而加强生态完整性。

因此，可以认为，生态的可持续性就是保持和加强各生态社群之间的融合。所有以人为基础的社会系统，如政府，都必须以地方生态景观和生态资源为基础展开活动（凯博特等Kibert et al.，2001）。然而，这种地方生态景观主要由公共空间和私人空间组成，这两类空间的管理方式通常差别很大并且没有一个共同的工作目标（巴顿等Barton et al.，2000）。在这种背景下，回到前院项目旨在推动人类和自然环境、不同尺度的空间以及私人和政府管理机制之间的交流，以此来促进个人的行为改变，进而影响到更广泛的地区和其管理方式。

33.3 生态可持续与设计

社会系统和自然生态系统之间的交流必须受限于自然生态系统提供能量、消化废物的阈值。因此，也必须用一种非线性的思维模式衡量设计对自然环境的干预以及生态可持续性，这种思维模式应该基于这样的假设：资源不是无限的（凯博特等Kibert et al.，2001）。设计方案必须现实可行并能适应多元化的需求，必须将人类视为是生态系统的一部分而并非独立于生态系统之外。城市居民或许能够受益于与自然系统或人工系统的接触。

从自然系统中学习到的内容可以被界定为生态文化（奥尔Orr，1992）或者可持续性文化（史特博Stibbe，2009），这两种文化都可以追根溯源到系统理论中。要想成为一个生态学者需要具备洞察自然的能力，成为“地景（Landscape）和脑景（Mindscape）的融合者”（奥尔Orr，1992：85）。因此，生态设计不仅仅需要改变思维方式，还需要改变表达方式。班亚斯（Benyus，2000）认为参与设计能够提高学习能力和认知能力，设计是思维的镜子（福阿德·卢克，Fuad-Luke，2009）。相似的，生态设计大师范·德·莱恩（Van der Ryan）和考恩（Cowen）（1996：162）认为“设计转译意识”，生态设计的内涵是：在设计建筑和自然环境的过程中，我们能够从生态系统中学习到许多有价值的知识，生态系统的每一个层面——细胞、有机体、生态系统、生物区和生物圈——都代表了一系列重要的设计机会和限制条件。

对复杂系统的认知提醒我们，对于超出一定规模的系统，我们或许无法“科学”地进行管理。我们的认知有边界（范德莱恩Van der Ryn 和考恩Cowen，1996：68），无法驾驭无限的复杂度，因此，本地尺度的设计应该受限于本地生态系统和本地认知的范围。温德尔·拜瑞（Wendell Berry）提出了人类受限于两种能力：我们协调和理解超出一定范围事物的能力，作为生物本身固有的有限感知。在一些更大的尺度上探究当地环境的多样性和那些细微的差别就会更困难。

例如，奥尔（Orr，1992）认为，对于优质的土地管理项目来说，对生态环境的认知和关注尺度十分重要，对地形、微气候和时间要素的认知会随着尺度的变化而变化。一旦尺度增大，人类必须简化复杂性、消除差异化以便于掌控局势。更进一步，接下来我们就很难预见事情的后果，也不知道废物产出到哪里去了。

为了实现生态可持续，城市规划设计必须做出相应的调整，但是如何才能更加包容、民主和可行呢？这不得不让我们开始考虑在一个合理的尺度上进行生态可持续规划。回到前院项目将居民的屋前花园作为食物种植活动和园艺活动的场所，以便于居民照看作物、获取食材、准备烹饪。这个项目的最大特点就是临近居民住宅，这也是永续设计理念的主旨。永续设计理念的一个创建者认为，在开发一个地区的时候，"从后门开始"（本案例从前院开始）能够避免对自然环境的过度侵蚀（霍姆格伦Holmgren，2002：138）。如果我们不好好组织经营临近的领地，而是将人类活动肆意扩张的太远或太快，我们会发现人类和资源会一同消散。

回到前院项目面临的最大的挑战就是在高密度城市环境中应用永续设计分区理念。澳大利亚学者在20世纪80年代最先提出了这一理念（莫利森Mollison和霍姆格伦Holmgren，1978）。基于这一理念，安德森（Anderson，2006）建议城市分区应该与各种运输模式中化石燃料的使用状况挂钩，住宅则作为分区中心（参照图33.1）。安德森的模式使我们在关注居民的同时，能够从更高的层面理解永续设计。该模式开始将公共开放空间视为一种资源，但是需要增加更多的与公共空间等级和食物分区相关的内容。

在《公园绿地空间战略规划中》，利兹市政府并没有明确其关于公共空间类型准入标准（未注明日期）。不过，伦敦公共开放空间分级系统（GLA，2008）对公共开放空间和距离关系的描述能够运用到安德森模式中（参见图33.1）。从伦敦的食物种植项目中可以得知，城市环境中的种植活动能够提供所在地区所需食物的7.5%，其中有2.5%都来自私人空间。这足以说明，即使是尺度很小的家庭花园也能够在应对全球食物安全问题上起到重要作用，回到前院项目或许也能为利兹的可持续发展做出巨大贡献。

前院花园是家庭种植食物的合适空间，还能使居民积极参与到生态可持续活动中，将家庭同更广泛的人居和自然环境建设联系到一起。英国国家医疗服务部门（NHS）、利兹城市政府与地方团体建立了合作伙伴关系，通过扩大社会网络和社会接触，广泛的社会参与和可持续发展就是有可能的。此外，这样的项目或许还有助于提高社区景观质量、改善生产性景观和生态系统。

33.4　回到前院项目

回到前院项目的主要目的是在利兹东北部推动前院花园的食物种植活动。为了该活动的可持续发展，项目组还会提供食物种植指导手册，帮助那些不想吃现成工业化食物的人们将前院改造为生产性空间。

图33.1　将安德森的城市永续设计分区与伦敦公共开放空间结构相结合（修改自安德森的化石燃料使用分区模型图，2006）。

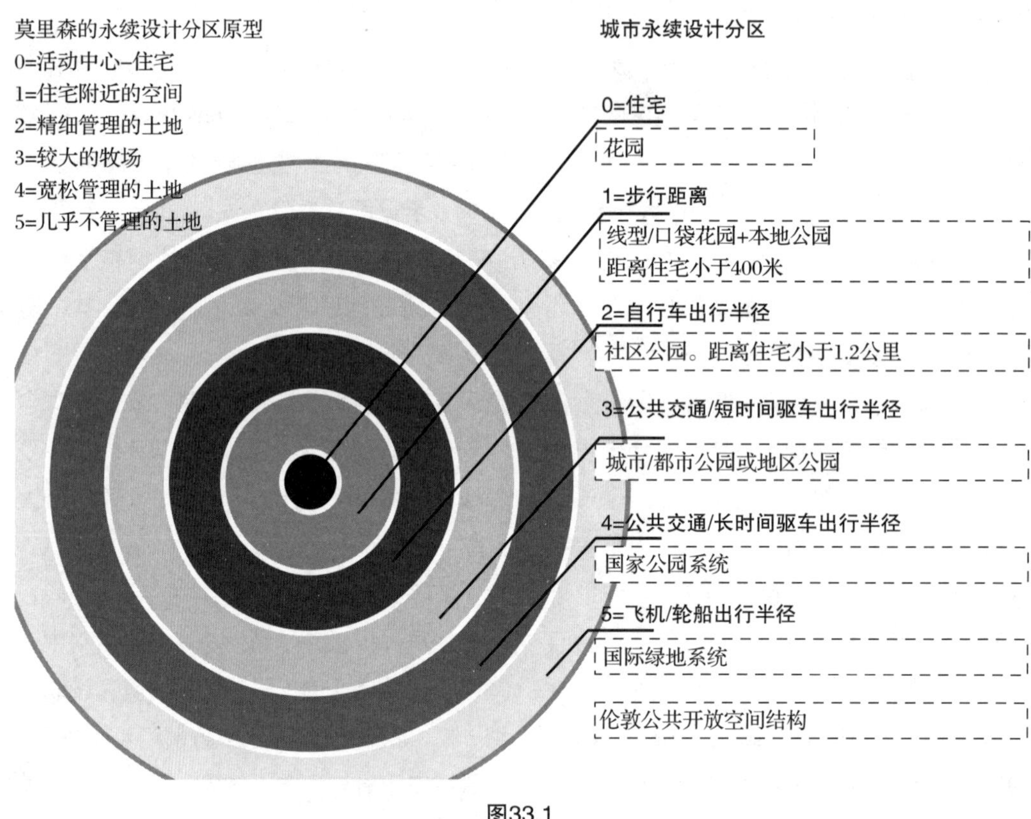

图33.1

2009年回到前院项目启动，主要有3个阶段：

- 第一阶段：开展关于城市食物种植需求和兴趣的初步调查，介绍一系列跨学科的设计方案；
- 第二阶段：建设3个花园（于2010年7月启动）；
- 第三阶段：发布回到前院项目指导手册。

33.4.1　合作平台

利兹都会大学、利兹市政府、利兹永续设计网络、英国国家医疗服务部门以及许多与本地食物相关的组织共同组建了项目智囊团。该项目得到了健康问题社会决定因素基金的支持，该基金仅支持4个国家级项目，这些项目均是解决健康不平等问题的创新实践。同时，这个项目也是地方政府发展改革委员会（LGIDA）指定的创新实践案例。

33.4.2　项目目标、进程和设计方案

为了应对健康不平等问题，回到前院项目在利兹市东部和东北部地区开展。该地区极度贫困，甚至某些社区还位于全国3%最贫穷地区之列。同时，这个地区也是利兹的文化多元地区，这里的黑人和少数民族是该市平均数量的两倍多（LCC，2009）。第一批移民英国的人带来了深厚的食物种植文化，并且已经开始尝试在自家屋前种植食物。该项目的目的就是积极响应并且推广这些食物种植活动。

在项目的第一阶段，合作平台成立了一个特别小组开展城市食物种植需求的基础调研。这个15人的小组开展了400次上门调查和10次协调会。利用调研成果（普勒斯顿，Preston，2009），利兹国家医疗服务部门（NHS）委托利兹都会大学为该地区的食物种植做出规划设计。

调研结果表明（普勒斯顿Preston，2009），只有不到1/5（19.4%或45人）的受访者表示愿意在自家门前的花园进行种植。不愿意参加活动的人给出了以下理由：动物和病虫害影响、没时间、没兴趣。这3种回答占40%。几乎有一半的反对理由（47.4%）都能通过合理的设计方案来解决。详见表33.1。

设计可以应对上述限制性因素，并通过与本地资源建立联系而牢牢植入社区中。这些设计考虑了每个个体的种植能力和所处的环境，开始可以选择容器种植简单的药用植物和沙拉食材，然后，如果能力和环境许可，就可以开展更复杂的种植活动。

这一系列的设计方案始终围绕着3个空间层次：邻里/社区，街道/地方公园，家庭。来自景观建筑专业、园艺设计专业、建筑和三维设计专业的学生们用不同的方式推动这个项目。三维设计专业的学生主要在家庭和花园的尺度上进行设计（参见图33.2），

回到前院项目的设计方案　　表33.1

限制因素	设计解决方案
空间：缺乏种植空间	采用相应的设计理念，如：垂直花园和支架结构（利用能够支撑豆类、豌豆和南瓜藤蔓的廊架作为花园出入口）
安全性：盗窃的可能性增加	如果大批成员加入项目将会减低这个可能性。加入项目的居民没有提到曾遭遇失窃问题
花费	提供能够进行原料再利用和回收的设计方案，此外，居民协作也能够节约成本
种植位置	种植指导手册帮助人们选择适当的地方种植相应的作物
文化方面："不习惯在屋前花园劳作"或"没这种习惯"	更多的居民参与会减少这种顾虑，前院种植本身会成为一种文化
需求：应该投资该地区的其他设施（如儿童游戏场地）	公共空间设计能够适应各种活动

图33.2 玛利亚姆·奥马尔·佩雷（Mariam Aomar Pere）的种植梯设计
图33.3 克里斯多夫·哈茨霍恩（Christopher Hartshorne）的香蕉园设计
图33.4 利亚姆·克拉克（Liam Clark）的花园设计

图33.2

建筑专业的学生主要负责邻里尺度的设计（参见图33.3），景观建筑专业的学生则更倾向是考虑街道尺度和花园设计（见图33.4）。

2010年3月，所有的学生设计作品进行了公开展示。设计干预措施必须回应当地的需求并适应房屋类型，因此每一个设计作品都与所在的空间紧密相关。例如：20世纪30年代的半独立式建筑和拥有阳台的公寓有着不同的种植/回收条件和限制。公共空间很有潜力成为食物种植空间，尤其是在私人空间受限的条件下。公共空间和私人空间之间的联系则需要和土地所有者以及当地政府进行协商。该项目已经推动了更多本地社区复兴计划的开展，当地住房协会也接受了项目理念。

项目的第二阶段要在该地区建设3个示范性花园。为此，利兹城市政府从地区管理专项资金中拨出了1000英镑。2010年夏天，地方社团的工作人员以及利兹都会大学的学生们在该地区设计并建成了3个花园。每一个花园都有不同的主题："时光花园"（见图33.5），是房主的永久花园。"分享花园"（见图33.6）是这个地区住房合作社的社区花园。"地上花园"（见图33.7）是个可移动式的花园，能避免开挖或改变花园结构。这对租用房产的住客来说无疑是个很好的选择。花园的类型也是源自项目前期调研阶段的成果。

2010年夏天的示范花园的建成推动了设计从传统方式（莫特罗奇Motloch，2001）向重视当地资源和原料的转变。"当地资源"有两重含义：其一是与花园建造有关的资源和植物，这些资源往往是该地区的"废弃物"；其二是能从当地组织、服务机构和智力机构获取的资源。回到前院项目与当地政府保持了密切的合作，探索个人是如何在政府服务机构的支持下参与到项目中的。这

图33.3

图33.4

图33.5 时光花园
图33.6 分享花园
图33.7 地上花园
图33.8 雷切尔·福布斯（Rachel Forbe）的种植模块设计

种合作意义重大，因为它能将项目与当地社区、空间以及更高层级的体系和空间联系在一起。

该项目的第3个阶段要在2011/12年冬季出版项目指导手册。在2011年的种植季，项目组将收集示范花园以及其他种植设计的使用反馈情况，如雷切尔·福布斯（Rachel Forbes）种植模块（见图33.8）。项目智囊团以及来自利兹都会大学的设计师均认同项目指导手册应该围绕以下3个目标：

图33.5

图33.6

图33.7

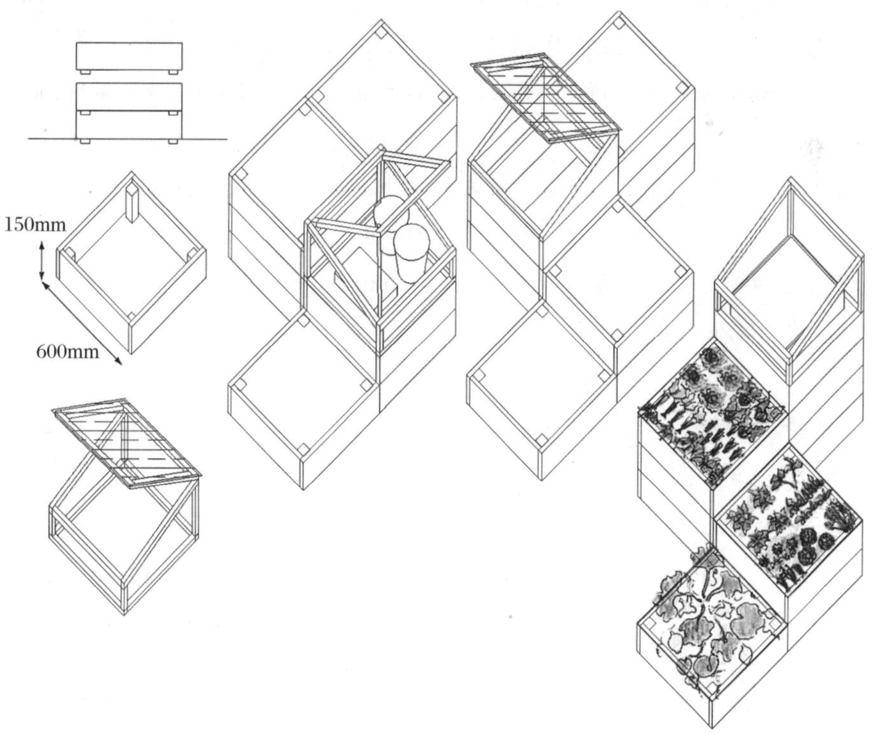

图33.8

- 为市民，尤其是英国北部城市中心区的市民提供食物生产所需的设计信息；
- 为愿意开展类似项目的社区提供培训指导；
- 提高该项目和后继项目的关注度。

该项目的官方网站为www.backtofront.org.uk。时至今日，更深入的设计工作和项目反馈评估工作还在持续进行。回到前院项目不仅仅是该地区各类食物种植活动的催化剂，还是一个成功的学生实践项目。该项目将社区、兴趣组织和利益相关组织链接起来，并获得了丰富新颖的教学成果和研究成果。

33.4.3 回到前院项目和设计活动

在学术界，高等教育中科研和教学关系的研究日渐成为热门话题（汉克尔Henkel，2004；罗伯森特Robertson，2007；罗尔夫Rolfe，2003），有大量的证据证明，学生和教师都能从此类设计实践活动中受益（格里菲斯Griffiths，2004；希利Healey，2005）。此外，出于专业发展和个人职责的考虑，设计学者们也期待将设计实践活动融入到工作中。维萨-范因等人（Visser-Wijnveen et al.，2010）曾提出了一系列有关研究和教学关系的观点，在此基础上，回到前院项目探索了研究—教学—设计实践活动之间的关系，这其中，设计实践活动既是探究方法也是研究结果。正是这种为社会需求进行设计的理念将设计活动转变为设计运动。

33.5 总结

学生们把前院花园作为研究和设计基地，为食物种植设计提供了工具包，将居民的前院花园、社区和利兹市整合到网络状的合作平台上。对当地资源的重视体现在了设计作品和种植指导手册中。指导手册是该项目的成果总结并为项目的未来发展指明了方向。对指导手册的精益求精将确保生态可持续设计方案既适用于特定的空间，又具有可复制性，能够应用到城市的其他地区。

参考文献

Anderson, B., 2006. Adapting zones and sectors for the city. 13 January 2006, available at http://www.cwo.com/ ~ bart/essays/z_s_urban.htm.

Barton, H. (Ed.), 2000. Sustainable communities: The potential for eco-neighborhoods. Earthscan, London, UK, 288 pp.

Barton, H., Davies, G. and Guise, R., 1995. Sustainable Settlements—A guide for planners, designers and developers, University of the West of England and Local Government Management Board, Luton, 247 pp.

Barton, H., Grant, M. and Guise, R., 2003. Shaping neighborhoods: A guide for health, sustainability and vitality. Spon Press, London, UK, 256 pp.

Benyus, J., 2000. Biomimicry. In: Ausubel, K. and Harpignies, J.P. (Eds.) The Bioneers Series—Nature's Operating Instructions. University of California Press, Berkely, CA, USA, 256 pp.

Berry, W., 1987. Home economics. North Point Press, San Francisco, CA, USA, 192 pp.

Fuad-Luke, A., 2009. Design activism: Beautiful strangeness for a sustainable world. Earthscan, London, UK, 192 pp.

Greater London Authority, 2008. The London plan. Greater London Authority, London, UK, Available at http://www.london.gov.uk.

Griffiths, R., 2004. Knowledge production and the research-teaching nexus: The case of the built environment disciplines. Studies in Higher Education 29: 710-725.

Healey, M., 2005. Linking research and teaching to benefit student learning. Journal of Geography in Higher Education 29: 183-201.

Henkel, M., 2004. Teaching and research: The idea of a nexus. Higher Education Management and Policy 16: 19-30.

Holmgren, D., 2002. Permaculture principle and pathways beyond sustainability. Holmgren Design Services, Victoria, Australia, 286 pp.

Iles, J., 2010. Community land bank consultation. Executive summary, conclusion and next steps. Federation of City Farms and Community Gardens, Bristol, UK.

Kibert, C., Sendzimer, J. and Bradley, G., 2001. Construction ecology: Nature as the basis for green buildings. Spon Press, London, UK, 336 pp.

Leeds City Council, n.d. A parks and green space strategy for Leeds. Leeds City Council, Leeds, UK. Available at http://www.leedsinitiative.org.

Leeds City Council., 2009. Neighborhood index. 1 June 2009, Leeds City Council, Leeds, uk. Available at http://www.leeds.gov.uk.

Massey, D., 2007. World city. Policy, Cambridge, UK, 272 pp.

Mollison, B and Holmgren, D., 1978. Permaculture one: A perennial agriculture for human settlements. Tagari Publications, Tasmania, Australia, 127 pp.

Motlock, J., 2001. Introduction to landscape design. John Wiley and Sons, Hoboken, NJ, USA, 352 pp.

Orr, D., 1992. Ecological literacy: Education and the transition to a postmodern world. State University of New York Press, Albany, NY, USA, 210 pp.

Pinkerton, T. and Hopkins, R., 2009, Local food: How to make it happen in your community. Transition Books, Devon, UK, 216 pp.

Preston, J., 2009. Garden to eat: Encouraging greater domestic food growing. Public presentation. 1 October 2009 BTVC and NHS Leeds, Leeds, UK.

Robertson, J., 2007. Beyond the research/teaching nexus: Exploring the complexity of academic experience. Studies in Higher Education 32: 541-556.

Rolfe, H., 2003. University strategy in an age of uncertainty: The effect of higher education funding in old and new universities. Higher Education Quarterly 57: 24-47.

Stibbe, A., 2009. Handbook of sustainability literacy. Green Books, Totnes, UK, 224 pp.

Von Bertalanffy, L., 2008 [1969]. General systems theory. Brazillier, New York, NY, USA, 296 pp.

Van der Ryn, S. and Cowan, S., 1996. Ecological design. Island Press, Washington DC, USA, 246 pp.

Visser-Wijnveen, G., Van Driel, J., Roeland, M., Van der Rijst, Verloop, N. and Visser, A., 2010. The ideal research-teaching nexus in the eyes of academics: Building profiles. Higher Education Research and Development 29: 195-210.

第34章

伦敦住宅区的空间合作者：食物花园

米奇·汤姆金斯（Mikey Tomkins）
英国布莱顿大学
milkeytomkins@gmail.com

摘要：法国诗人兼艺术家让·科克托（Jean Cocteau，1983）曾指出所有的艺术都是匿名的，即使是作品受到关注作者也很少出现。在建筑环境领域也是如此，建筑师们通常都沉默寡言，对居民们的日常活动的干预行为则热闹喧嚣。这一章探索了一种干预要素——社区食物花园，最近这种空间出现在伦敦的六处居民区内。那里的居民们表示，住宅周围“无用的”、“暗淡的”、“忽视的”、“荒芜的”、“灰暗的”、“废弃的”、“荒凉的”、“没有风景”的土地非常令人沮丧，他们希望通过食物种植激活土地。本文认为，当把食物确定为社区的主要议题，便会产生一系列相关实践工作，比如自主建设的景观，创造乐于分享的社会氛围，与自然资源的互动等。运用参与性观察法，半结构化的访谈和摄影，本文将通常并不引人瞩目的食物种植活动作为研究对象，这种活动往往位于经济、环境领域、“给养城市”城市农业议题的边缘地带。然而，本文认为，更需要探索的是怎样通过食物花园把居民和建筑、景观以及城市规划重新联系起来。一个居民认为，园丁是“业余建筑师”，他们会在建成环境的基础上开展一系列季节性的、日常的、有趣的项目。这些基于土壤的干预活动、使用者对空间的改造挑战了正统建筑议题。从这个意义上来说，建成环境可以被视为是多元主体合作创造出的空间。

关键词：城市农业，参与性观察法，人种学/民族志/社会学，日常生活

34.1 研究方法

作者选择伦敦的6处社区食物花园作为参与性观察法（PO）的基地，以项目参与者的身份开展研究（德瓦尔特DeWalt和德瓦尔特DeWalt，2002，斯普拉德利Spradley，1980）。“参与性”或“走出去”要求研究者将“他们的社会身份本身作为主要的研究工具”（休谟Hume和穆拉克Mulcock，2004），并按照学术规范将经历转化为分析结果。作为研究对象的6处社区食物花园均位于社区边界内，能够将景观、建筑和住宅联系起来。之所以选择社区花园作为研究对象是因为它们代表了在共享土地上的共享式合作，这有力地回应了“环境问题是集体事务而非个人事务”的论调（盖尼Gaynor，2006）。

本研究还采用了扎根理论方法（GTM）和现象学方法（安耐尔斯Annells，2006；温佩尼Wimpenny和盖斯Gass，2000）。扎根理论（布莱恩特Bryant和卡麦茨Charmaz，2007；斯特劳斯Strauss和科本Corbin。1997）倡导从经验资料的基础上建立理论，研究并不预先假设一般理论，而是直接进行场地研究和数据收集，从而逐步形成理论框架（温佩尼Wimpenny和盖斯Gass，2000）。克拉克认为“现象的意义存在于社交关系当中——在社会中……如果人们没有参与到某一个现象中，就不会关注这个现象”（克拉克Clark，1997）。作者从2009年10月到2010年8月连续参与到食物花园活动中，同时开展了22个半结构化访谈。

34.2 简介

大多数文献关注与农业相关的消费文化（弗雷德伯格Freidberg，2001；莫里斯Morris

和柯万Kirwan，2010），在这种消费文化的语境下，食物花园被视为农业产业的一部分。卡罗伦（Carolan，2007）曾写道，“生态生活方式在当今依靠信息不对称的商业世界里能存在吗?”卡罗伦认为，食物种植实践能消除由商业体系产生的“冷漠距离”和“不对称信息流”，揭示环境的复杂联系。这些文献呼吁“认识食物食品，生产食物”（冯特Fonte，2008；古德曼Goodman和杜普斯DuPuis，2002），将生产者和消费者联系起来。然而，我认为，更值得关注的是被割裂的空间使用者和设计者之间的“不对称流”和“认知距离”问题（希尔Hill，1998），这种割裂既体现在多元合作中也体现在技术领域（列斐伏尔Lefebvre，1991）。

大量的研究关注自发的食物种植行为和健康（维克菲尔德Wakefield et al.，2007）、可持续性（何兰德Holland，2004；科克等Koc et al.，1999）、教育（蒲杜普Pudup，2008）、消费和生产（莫里斯Morris和科尔文Kirwan，2010）的关系，与之相对，只要少部分研究提及食物种植者将废弃的建筑改造为食物生产空间，揭示了设计意图和使用者期望之间的不对称问题。因此，本文的研究线索并不是食物（库克Cook，2006；方特Fonte，2008），而是从消极使用者（希尔Hill，2003）到自我建造者（哈迪Hardy和瓦特Ward，1984；扎昆Szczelkun，1993）的转变过程。这种研究或许不能够导向支持食物种植的政策策略（侯Howe和威尔勒Wheeler，1999），也不能提出一种新的设计模式（利姆Lim和刘Liu，2010；斯蒂尔Steel，2008），但是能够扎实地记录居民们和食物相关的日常实践以及创造性的灵感。需要说明，尽管本文的研究对象是食物花园，但并不是所有居民都赞同食物种植活动，有些居民相当反对食物种植，认为这种活动破坏了景观。如果土地所有者也支持这种态度，可能就会阻碍社区食物花园的推广，这也需要进行充分研究。

34.3　谁创造景观，谁就有权界定景观

对于如何描述食物种植活动这一问题，一些学者赞同使用“城市农业”一词（贝克等Bakker et al.，2000；穆杰特Mougeot，2000），其他学者则尝试创造新的词汇来描述这一个体化的种植活动。比如，“社区蔬菜花园”（托曼Domene，2006），“后院种植”（贝雷洛克Blaylock和盖伦Gallo，1983），“门前种植”（威廉Wilhelm，1975），厨房/食物花园（尼内茨Ninez，1984），“城市耕作”（萨亚Sanyal，1985），“食物园艺”（瓦赛Vasey，1985）等。普拉迈特（Premat）（2005）写道，如果忽视“多样化的实际空间使用情况，就会受制于‘城市农业’一词贫乏的内涵”。在研究领域，争论往往都始于对事物的界定，正如萨缪尔（Samuels）所说，“谁创造景观，谁就有权界定景观”（萨缪尔Samuels，1979）。在本文涉及的6处社区食物花园中，有几个由于其位置可以称之为“花园”，另外几个则被界定为“厨房花园”或者“生长花园”或者“可食用花园”。这些空间原来是“冷漠的，没有生机的景观”（库伦Cullen和诺克斯Knox，1982），面目模糊的开放空间，“是认知和利用社区环境的障碍”

（瑞瓦茨Ravetz，2001）。

1965年，艾莫·古德芬戈（Erno Goldfinger）设计了伦敦东部布朗菲尔德高层建筑社区；大约35年以后，居民们开始构建“绿色的布朗菲尔德”，这个社区的“景观传记”（萨缪尔Samuel，1979）得以续写。结果，他们将废弃网球场变成了食物花园。我参与了食物种植床的放线工作，以已经褪色的场地白线为参照，利用旧轮胎、废木料和土壤包做成种植床（见图34.1）。

古德芬戈或许会赞成这个计划的某些部分，反对另外一些部分。他曾说过“高层建筑可以为孩子和成人提供更多的空地，让他们在地球母亲的怀抱中快乐生活”。古德芬戈希望伦敦成为公园城市，“而非花园城市”（瓦布顿Warburton，2005）。然而，在那里生活的是居民而不是古德芬戈，居民会在日常的实践活动中直接感知他们的环境（奥凯利Okely，2001），在早期的设计中并没有考虑这样的活动。

图34.1

图34.1　“绿色的布朗菲尔德”社区

34.4　业余建筑师

这些日常生活化的、无计划的小改变被扎昆（Szczelkun，1993）称为“社区提升”，艾伦（Allen，2007）则将这些变化描述为“不断运动着的景观”：这一切既受规划和建筑设计的控制，也受居民日常需求的持续影响。例如，伦敦东部帕类斯通（Plaistow）社区的居民在废弃的篮球场地上耕作，伦敦东北部哈波达斯（Haberdaser）社区的居民为了耕作移除了市政种植的灌木，圣约翰（St John）区的居民将无用的草地变成“社区厨房花园”。当我和尼尔（Neil）在哈波达斯（Haberdaser）社区周边散步时，发现了更多类似的自我改建。尼尔就曾经将一辆顶棚破损的手推车改造成了“番茄工厂”，把废弃的地下自行车棚变成了“蚯蚓工厂”，在房屋周边的空地上放置了种植袋。

对尼尔来说，食物种植就像是让池塘泛起涟漪的石头。尼尔说道“如果一个新手过来想要参与种植，对我来说没有问题，我要做的只不过是给他一个种植袋……”（2010年5月）。在社区花园中，这些占地1m^{2}左右的种植袋很常见，整整齐齐地排成几列。尼尔愿意和邻居分享这些空间来换取更广泛的社区参与。社区里食物花园星罗棋布，居民们从自己的公寓里俯视花园并相互打招呼。大片的大豆有两层楼高，把周边的建筑和二楼的卫星天线都缠绕了起来。李（Lee）和约翰（John）在阳台上交谈。虽然大豆种植袋是某个居民所有的，所有阳台被植物缠绕的居民都会浇水并照料作物，当然，大家也一起分享收获（图34.2）。

这并不是预先设计的，但是经过居民协商，植物得以原地生长。在这里，耕作、建筑和日常生活融合在一起。就像金博（Kimber，2004）所说的：“当人们对特殊人群的关怀或特殊环境的需求得到满足时，人类的居住需求也就得到了满足。”其中一个基本的需求是将居民与闲置环境联系起来。萨缪尔（Samuel，1979）认为，“建成环境缺乏使用者是不合理的”。种植食物，建造必要的基础设施似乎是一个有力的工具，能够让居民参与、改造、提升建成环境。

近30年来，伦敦东北部的De Beauvoir住宅区一直由专业团队设计和维护，但辛迪（Cindy）指责他们没让居民参与其中。她说“我们都是业余的，这一点我知道，业余建筑师，业余景观设计师，但是如果他们让我们参与其中，我们会做得更好，不是吗?”（2010年6月）。辛迪清晰地使用了“业余建筑师”这一名词。实际上，其他住宅区的活动也能体现这一点，如沿着住宅增加种植床（圣约翰St John住宅区），或是利用回收的木头搭建廊架、制作桌椅等（Dirty Hands项目）。

34.5　生产与生产力

尼尔对居住环境最鲜活的感知来自于和土地的亲密接触。或许尼尔在孩提时代曾经在社区土地上无忧无虑地玩耍，如今20年以后他又以成人的身份改造这片土地。园艺活动有趣又富有创造力。来自圣约翰住宅区的西蒙（Simon）将食物种植和其他有创造性的实践融合起来：

图34.2 李在二楼阳台，被蔓延的豆秧环绕

图34.2

当你从地里拔出小萝卜直接吃的时候有一种满足感，这种感觉非常独特……这是一件有创造性的事情，不是吗？这就像是音乐或者艺术，你在创造着什么，看着它发展变化……并为之骄傲……就像我（为花园）做了个标志，我很满意这个标志，看着标志挂在那里我就很满足……它仿佛在宣称有些东西（从城市）回来了……（2010年8月）。

城市景观不再仅仅是形式和功能，不再仅仅是一部机器，同时也是一种情感，一种品位，一个故事。“回来的”既是食物也是景观。访谈之后，我们从种植床里摘下一个小番茄，就在住宅旁边享用它，我们似乎暂时逃逸到了加德纳（Gardiner）所描述的“非商品化社会关系”中（加德纳Gardiner，2000）。

海德（Head）等人（2004）辨析了食物

图34.3　15吨堆肥土壤，伦敦哈波达斯（Haberdaser）住宅区

图34.3

生产和生产力、创造力之间的区别。海德认为生产力“来自于三组要素的紧密配合：园丁和土地、气味和味道、生命韵律”。食物会成为激发景观活力、解决住宅区草地过剩以及改良表层土壤的重要工具。我和尼尔坐在哈波达斯（Haberdaser）住宅区，他深吸了一口气，“闻闻，很棒吧”（2010年7月），他指的是刚放置在住宅区中心的15吨堆肥土壤的气味（图34.3）。

马克卢姆·希耶克（Malcolm Thick）（1998）曾探讨过本地食物生产的气味问题，他认为在19世纪30年代以前食物花园覆盖了伦敦1/5的土地（格兰维尔Glanville，1972），因此可以一直闻到肥料的气味。他把这个称为食物花园的“丑陋姐妹”，现在则被“埋葬在他们曾经服务过的城镇之下”（希耶克Thick，1998）。来自圣约翰住宅区的安杰拉（Angela）说：“你向下挖六英尺，看到的一

直都是砖石瓦砾，能指望我们怎么处理这杂草丛生的地方呢?”（2010年7月）。本文中所涉及的所有食物花园都必须运入大量优质土壤，居民们已经意识到土壤质量的重要性，因为这是用来种植食物的。土壤是关键要素，它使无用的建筑和空间变成了食物种植区。安杰拉的邻居格雷姆（Graeme）说得更加简洁“伦敦已经没有土壤了”（2010年8月）。

34.6　文化和农业

住在哈波达斯（Haberdaser）住宅区的李（Lee）表示想要回馈养育他的土壤，李说，“只是想看它怎样生长……就像回馈我的家庭、我所爱和我所关心的人……”（2010年5月）。在关于自然、文化与建筑的相互影响的探讨中，博斯多夫（Bonsdorff，2005）也表达了类似的观点，提醒我们“生生不息是农耕文化的一部分”。

7月中旬，2个兰斯伯里社区（Lansbury）的园丁，弗兰西斯（Francis）和琼（June）正在收获大蒜。大蒜从土地里拔出来的那一刻，她们非常兴奋。琼记得在秋天种下了大蒜，之后每星期参加园艺俱乐部。对她而言，在居民区废弃的土地上培育食物就是和其他的园丁培育友情。没有食物，就没有什么故事。每次活动，一群人会花将近40分钟在种植袋中间走动，讨论作物是否有变化。他们不停地交流，一个成熟的小黄瓜被切成片，放在盘子上，供大家分享（图34.4）。这是种仪式，也是值得回忆的事。就像巴瑟（Barthes）说的，“毫无疑问，从人类学角度上来说，食物是第一必需品”。随着迅速发展的伦敦社区食物花园运动，我们得到了“第一必需品”，不是吗？出于快乐、回忆和味道，这些空间被用来种植食物，其产品虽然可食用，但并不是那些在农业上有重大意义的作物，因此，这些食物花园和农业产业的联系其实是很微弱的。

此外，它们的功能和形式也处于简易状态，经常使用的是种植床和种植袋，很难把它们和正规的规划和建筑设计许可联系起来。这样的话，我们还能称之为城市农业吗？城市农业的概念和内涵并不涵盖隐藏在日常生活之中丰富的生活现象，这就不可避免地会导致目前主导土地使用和食物生产的权威部门忽视日常生活空间中的多样性和模糊性。

34.7　总结

这一参与性研究项目的初衷是记录真实建成环境中的食物种植活动。我们当前不理想的环境部分可以归咎为把这些活动抽象为量化数据表格的做法，因此，本文尝试重新关注在社区食物种植活动中“居民和环境的日常互动”（盖纳Gaynor，2006）。

戈夫曼（Goffman，1956）引用了汤姆斯（Thomas）的话提醒我们，“在每天的日常生活中，我们并不是从统计角度或科学角度引导生活，做出决定，并达到目标的”。从这个意义上来说，我们无法实时分析人类生活对环境的影响，我们得到的数据也只是回顾性的。如果这些影响环境的人类行为成为全球性的，并以“气候变化”这样的词语反馈给人们，那么对于个体来说，这样的抽象程度难以使他们感知到他们的行为是如何

图34.4　大家一起分享亲手栽培的黄瓜，兰斯伯里社区（Lansbury）

图34.4

影响当地环境的。

传统公共领域的设计、建设和维持是由专家和政策法规严密控制、缜密设计的（瑞瓦茨Ravetz，1986）。而本研究则记录了园丁们的短期的、口头的、身体力行的表现，观察他们如何以非正式的方式建设住区环境。或许像辛迪说的那样，这种研究或许能超越"业余者"一词，形成自己的概念和内涵。

这能够扩大城市农业研究的内涵，使其从与消费和农业相关联的自给自足转到联系食物种植与住区（克姆博Kimber，2004；莎拉Sharr，2007），这既是对环境的呼应也反映了居民成为多功能环境的一部分的愿望（波顿Boudon和奥尼Onn，1972；特纳Turner和菲柯特Fichter，1972）。详细来说，将"作物生长"和"认知"不断变化的建成环境联系起来（拉萨斯Lassus，1993），按照自然规律改造、设计、建造人居环境（伯恩斯托夫Bonsdorff，2005）。

参考文献

Allens, S., 2007. Pamph; et architecture 28: Augmented landscapes. Princeton Architectural Press, New York, NY, USA, 80 pp.

Annells, M., 2006. Triangulation of qualitative approaches: hermeneutical phenomenology and grounded theory. Journal of Advanced Nursing 56: 55-61.

Bekker, N., Dubbeling, M., Guendel, S., Sabel-Koschella, U. and De Zeeuw, H.O., 2000. Growing cities, growing food: urban agriculture on the policy agenda. A reader on urban agriculture Deutsche Stiftungfuer Internationale Entwicklung. DSE, Feldafing, Germany.

Barthes, R., 1975. Towards a psychology of contemporary food consumption. European diet from pre-industrial to modern times. [S.I.]: Harper, New York, NY, USA, pp. 73-91.

Boudon, P. and Onn, G., 1972. Lived-in architecture: Le Cobusier's Pessac revisited. Lund Humphries, London, UK, 200 pp.

Bryant, A. and Charmaz, K., 2007. The SAGE handbook of grounded theory. SAGE, London, UK, 656 pp.

Carolan, M.S., 2007. Introduction the concept of tactile space: Creating lasting social and environmental communities. Geoforum 38: 1264-1275.

C.J.Lim and Liu, E., 2010. Smartcities and eco-warriors. Routledge, New York, NY, USA, 256 pp.

Clarke, A.E., 1997. A social worlds research adventure: The case of reproductive science. In: Strauss, A.L. and Corbin, J.M. (Eds.) Grounded theory in practice. SAGE, London, UK, pp. 63-94.

Cocteau, J., 1983. The White paper (anonymous). Brilliant Books, Bedfordshire, UK.

Cook, I.E.A., 2006. Geographies of food: following. Progress in Human Geography 30: 655-666.

Cullen, J. and Knox, P., 1982. The city, the self and urban society. Transactions of the Institute of British Geographers 7: 276-291.

Dewalt, K.M. and Dewalt, B.R., 2002. Participant observation: a guide for fieldworkers. Altimia Press, Walnut Creek, CA, USA, 285 pp.

Domene, E. and Sauri. D., 2006. New urban lifestyles and welfare: water consumption in the suburbs of Barcelona. Sixth European Urban & Regional Studies Conference. Barcelona, Spain.

Fonte, M., 2008. Knowledge, food and place. A way of producing, a way of knowing. Sociologia Ruralis 48: 200-222.

Freidberg, S., 2001. On the trail of the global green bean: methodological considerations in multi-site ethnography. Global Networks, 1: 353-368.

Gardiner, M., 2000. Critiques of everyday life: an introduction. Routlrdge, New York; London, 224 pp.

Gaynor, A., 2006. Harvest of the suburbs: an

environmental history of growing food in Australian cities. Crawley, W.A., University of Western Australia Press, Perth, Australia, 264 pp.

Glanville, P.J., 1972. London in maps. The Connoisseur, London, UK, 212 pp.

Goffman, E., 1956. The presentation of self in everyday life. Anchor, New York, USA, 161 pp.

Goodman, D. and Dupuis, E.M., 2002. Knowing food and growing food: Beyond the production—consumption debate in the sociology of agriculture. Sociologia Rurails 42: 5-22.

Hardy, D. and Ward, C., 1984. Arcadia for all: the legacy of a makeshift landscape. Mansell, London, UK, 320 pp.

Head, L., Muir, P. and Hampel, E., 2004. Autralian Backyard Gardens and the Journey of Migration. Geographical Review 94: 326-347.

Hill, J., 1998. Occupying architecture: between the architect and the user. Routledge, London, UK, 253 pp.

Hill, J., 2003. Actions of architecture: architects and creative users. Routledge, London, UK, 222 pp.

Holland, L., 2004. Diversity and connections in community gardens: a contribution to local sustainability. Local Environment 9: 285-305.

Howe, J. and Wheeler, P., 1999. Urban food growing: the experience of two uk cities. Sustainable Development 24: 13-24.

Hume, L. and Mulcock, J. 2004. Anthropologists in the field: cases in participant observation. Columbia University Press, New York, Chichester, 265 pp.

Kimber, C.T., 2004. Gardens and Dwelling: People in vernacular gardens. Geographical Review 94: 263-283.

Koc, M., Macrae, R., Mougeot, L.J.A. and Welsh, J. (Eds.), 1999. For Hunger-proof Cities: Sustainable Urban Food Systems. IDRC, Ottowa, OR, Canada, 239 pp.

Lassus, B., 1993. The garden landscape: a popular aesthetic. In: Hunt, J.D.E. and Wolsochke-Bulmahn, J. (Ed.) The vernacular garden: 14th Dumbarton Oaks colloquium on the history of landscape architecture: Revised papers. Dumbarton Oaks Research Library and Collection, Washington, DC, USA.

Lefebvre, H., 1991. The production of space. Basil Blackwell, Oxford, UK, 454 pp.

Morris, C. and Kirwan, J., 2010. Food commodities, geographical knowledges and the reconnection of production and consumption: The case of naturally embedded food products. Geoforum 41: 131-143.

Mougeot, L.J.A., 2000. Urban agriculture: concept and definitions. The Urban Agriculture Magazine 1.

Ninez, V.K., 1984. Household gardens: theoretical considerations on an old survival strategy. International Potato Center, Lima,

Peru, 43 pp.

Okely, J., 2001. Visualism and landscape: Looking and seeing in Normandy. Ethnos: Journal of Anthropology 66: 99-120.

Premat, A., 2005. Moving between the plan and the ground: Shifting perspectives on urban agriculture in Havana, Cuba. AGROPOLIS, The Social, Political and Environment Dimensions of Urban Agriculture, Earthscan, London, UK.

Pudup, M.B., 2008. It takes a garden: Cultivating citizen-subjects in organized garden projects. Geoforum 39: 1228-1240.

Ravetz, A., 1986. The government of space: town planning in modern society. Faber and Faber, London, UK, 154 pp.

Ravetz, A., 2001. Council housing and culture: the history of a social experiment. Routeledge, London, UK, 262 pp.

Samuels, M.S., 1979. The Biography of landscape. In: Meinig, D.W. and Jackson, J.B. (Eds.) The Interpretation of ordinary landscapes: geographical essays. Oxford University Press, New York, NY, USA, pp. 51-88.

Sanyal, B., 1985. Urban agriculture: Who cultivates and why? A case-study of Lusaka, Zambia. Food and Nutrition Bullentin 7: 15-24.

Sharr, A., 2007. Heidegger for architects. Routeladge, London, UK, 144 pp.

Spradley, J.P., 1980. Participant observation. Holt, Rinehart and Winston, New York, London, 285 pp.

Steel, C., 2008. Hungry city: How food shapes our lives. Chatto and Windus, London, UK, 400 pp.

Strauss, A.L. and Corbin, J.M., 1997. Grounded theory in practice. SAGE, London, UK, 288 pp.

Szczelkun, S., 1993. The conspiracy of good taste: William Morris, Cecil Sharp, Clough Williams_Ellis and the repression of working class culture in the 20th century. Working Press, London, UK, 128 pp.

Thick, M., 1998. The neat house gardens: early market gardening around London. Prospect, London, UK, 175 pp.

Turner, J.F.C. and Fichter, R. (Eds.), 1972. Freedom to build; dweller control of the housing process. Macmillan, New York, NY, USA, 301 pp.

Vasey, D.E., 1985. Household gardens and their niche in Port Moresby, Papua New Guinea. Food and Nutrition Bulletin 7: 15-24.

Wakefield, S., Yeudall, F., Taron, C., Reynolds, J. and Skinner, A., 2007. Growing urban health: Community gardening in South-East Toronto. Health Promotion International 22: 92-101.

Warburton, N., 2005. Erno Goldfinger: the life of an architect. Routledge, London, UK, 197 pp.

Wilhelm, G., Jr., 1975. Dooryard gardens and gardening in the black community in Brushy, Texas. Geographical Review 65: 73-92.

Wimpenny, P. and Gass, J., 2000. Interviewing in phenomenology and grounded theory: is there a difference? Journal of Advanced Nursing 31: 1485-1492.

第35章

食物、家和花园：公共社区花园对可持续城市的意义

卡洛琳·梅斯[1]（Carolin Mees）
伊迪·斯托内[2]（Edie Stone）
1德国柏林艺术大学设计理论和设计历史研究院
2美国公园休闲部纽约社区花园项目组绿拇指计划
Mees.carolin@gmail.com

摘要： 社区花园是对城市土地的综合利用，也是对传统开放空间的有益补充，有助于开展城市休闲娱乐活动、保障食物安全、推动城市可持续发展。20世纪80年代期间，纽约的社区花园最初是在20世纪70年代由居民团体创建的；空地上的公共空间分别被用作集会、种植食物和美化社区。过去花园一直由居民团体维护，现在则由城市社区花园项目“绿拇指计划”维护和管理。在过去的30年里，由于土地所面临的经济压力，社区花园的数量波动很大。迄今为止，这座城市共有大约600个农园，其中超过300个农园都位于公共用地。近年来，为了应对气候变化和经济危机，园艺师们也在丰富花园的具体内容，争取提高食物产量，节约用水，管理废弃物。市政当局也意识到维护花园的重要性以及农园对城市食品安全的巨大贡献。最近，在纽约市，蜂巢、鸡舍、雨水收集设施以及构筑物等社区花园的重要要素被合法化，还得到非政府组织的资金支持。本章将利用定性数据分析、文献分析、参与性研究等方法对这些组成部分的应用和功能进行详细研究，并评估城市社区花园在城市和居民互动过程中的作用。

关键词： 土地利用，社区花园，开放空间规划，城市密度，低收入

35.1 引言：纽约城市社区花园和城市农业的发展

纽约市的城市公共农园历史悠久，最早始于两次世界大战以及大萧条期间，政府以自上而下的形式推动了“胜利农园”和“战争农园”（Victory and War Garden）运动（梅斯，Mees，2010a）。20世纪70年代经济危机期间，社区花园又一次以草根运动的方式兴起（斯托内，Stone，2009）。纽约市并不反对这项草根运动，认为这种当地居民自发的活动能够减轻市政预算的压力。社区花园开始在整个城市刮起一阵狂潮，比如：南布朗科斯（South Bronx）的幸福农园，在居民团体重新得到社区的控制权之后，日渐萎靡的社区又一次恢复了生机与活力（弗格森Ferguson，1999；福克斯等人Fox et al.，1980；阿赛尔Hassel，2002；梅斯Mees，2010；斯托内Stone，2009）。（见图35.1）

1978年，纽约市长爱德华·科齐（Edward Koch）在城市总务部门设立了“绿拇指计划管理处”，以配合社区花园运动并规范公共土地的使用。该计划现在隶属于公园休闲部门，并得到了联邦社区发展基金的资助，如今继续作为城市的官方计划实施。该计划主要为公共用地转作社区花园发放执照，并且为园艺师提供材料和技术支持。在过去的30年里，城市公共农园的数量发生了很大的变化：尤其是在20世纪90年代经济繁荣时期，为了发展房地产，市长鲁道夫·朱利安尼（Rudolph Giuliani）在执政期间下令拆除了许多农园。为了应对这一情况，园艺师们在过去几年里壮大了自己的组织（弗格森Ferguson，1999；福克斯等人Fox et al.，1980；阿赛尔Hassel，2002；梅斯Mess，2010b；斯托内 Stone，2009）。2003年绿拇指的调查报告指出，社区花园组织不仅积极参与社区发展，在与农园无关的政治和社会活动中参与度也很高。除此之外，超过

图35.1　南布朗科斯的幸福农园（梅斯Mees，2009）

图35.1

50%的受访园丁表示他们与街道管理委员会和社区委员会有密切联系（斯托内Stone，2009）。

园丁们有组织的活动使得城市政府不得不重新审视他们在公共用地社区花园方面的立场。2002年9月，《社区花园决议案》出台，宣布那些面临土地开发威胁的农园“永久”化。在长达8年的有效期内，这个合法的约定将协调所有社区花园的管理（总检察长办公室，2010）。

2010年10月，第一个纽约城市社区花园条例生效，取代了2002年的《社区花园决议案》。这一条例继续为公共用地上的农园提供法律保护。也就是说，属于公园部门管辖范围的农园，只要在绿拇指注册并取得许可证就会受到保护。除此之外，该条例还规范了社区花园土地的使用，以防止私有化，确保城市公共土地能为公众所用（纽约城市社区花园条例，2010：http://www.nycgovparks.org/sub_about/rules_and_regulations/rr_6.html#licenses）。

2006年11月，市长布罗姆博格（Bloomberg）发布了《2030纽约规划》，预计到2030年，纽约市人口将增至1000万，这将带来巨大的环境压力。报告以一种自上而下的姿态关注社区十分钟步行范围内公共休闲和开放空间的供给，但令人吃惊的是，这个版本的报告没有探讨食品安全问题，也没有任何关于社区花园的内容（2030纽约规划计划，2011）。非政府组织和关注公共健康的政治人士也都意识到了这个缺漏。因此，几个关注改善食品安全重要性的报告相继出现，这其中包括了市议会发言人克里斯蒂娜·奎恩（Christina Quinn）的纽约《食物工作》报告。这个报告认为，社区花园对于城市获取健康安全食物有重要贡献（《食物工作》，http://council.nyc.gov/html/action_center/food.shtml）。

此外，纽约城市社区花园联盟（NYCCGC）全力确保在每次市长主持的“社区对话”中都有园丁参与，以引起纽约市民对修改纽约规划的重视。他们请求在纽约规划2.0版本中纳入社区花园的相关内容。2011年4月，《2030纽约规划》的修订版发布，其内容包括“重新审视现存的条例和法律，发现并移除社区花园建设和城市农业发展中的不必要障碍”，“创造多方面的政策增加经济健康食物，减少由食物生产、分配、消费和丢弃带来的环境和气候影响”（更绿、更强的纽约A Greener，Greater New York City，2011）。具体的实施步骤如下：明确公共用地上潜在的城市农业项目地点或社区花园地点，培育129个新的社区花园，在纽约城市住房局的用地上建设一个城市农场，新建5个农夫集市，增加25%在绿拇指注册的社区志愿者数量，以支持服务水平较低的社区建设社区花园（更绿、更强的纽约A Greener，Greater New York City，2011）。因此，在纽约社区花园和城市农业的历史中，这是首次城市以总体规划的方式承诺在未来几十年中推动城市农业和社区花园的发展。

35.2　讨论：有助于建设可持续城市环境的社区花园的构成要素

根据城市区划法规，总体上来说，凡是在‘开放用地’以及“农业用地”上，都可以建设温室、苗圃或者小型农园，建设内容要确保不产生有害气味或粉尘，仅允许出售在建设土地上生产的产品（纽约城市区划条例22章-14B）。具体的建设内容由农园组织根据成员的喜好以及居民的需求做出选择。为了建设更加可持续的城市农园，绿拇指和非政府组织为园丁们提供有关园艺技术等广泛培训。除此之外，也经常提供建设资金和建设援助（绿拇指，2011）。

美国农业部2009年11月的工作报告显示，在2008年期间，约有14.6%的美国家庭食物得不到保障。从1995年美国农业部发布第一个国家食品安全调查以来，这是食品无保障率的最高纪录（诺德等人Nord et al.，2008）。同一时间，绿拇指的调查显示，纽约311个位于公共用地的社区花园中，有275个花园正在种植水果和蔬菜（绿拇指社区花园调查，纽约市休闲部，2009）。纽约共有大约600个社区花园，其中约有400个位于公共用地上，至少50%的花园都在进行食物生产（来自绿拇指花园注册处的未公开数据，2011）（见图35.2）。

由于不同的土地归属于不同的城市机构，而不同机构登记和测量土地的方法并不一致，因此，用于社区花园和城市农业的公共土地的精确面积目前还不可知。然而，归属于公园部门管辖的社区花园面积可以精确测量。公园部所辖的社区花园共占地45.8公顷。其中有50%的花园用于食物种植，也就是说，22.9公顷的公共土地被用来生产食物（由公园和休闲部公园土地管理处提供的未公开数据）。绿拇指和其他非政府组织收集的未公开数据显示，其他城市机构管辖下的用于食物生产的花园百分比可能高于50%。

与设施农业用地规模相比，这个数字不

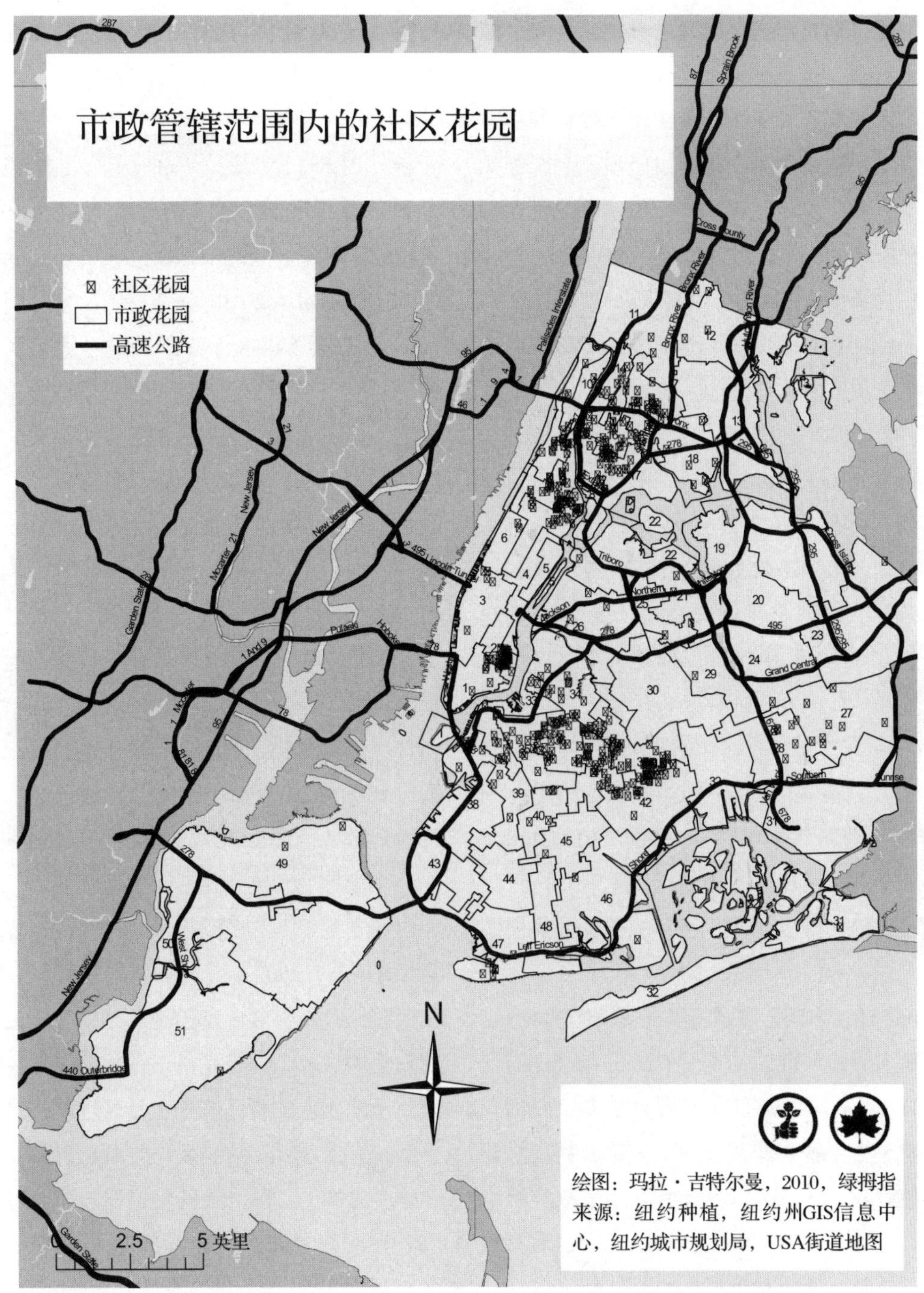

图35.2

图35.2　绿拇指社区花园地图

值一提，但是已经足以开展集约化种植，如一米菜园。这是一种小规模但采用了集约种植技术的菜园，通过改良土壤、优化种植空间以及加强病虫害防治可以明显调高菜园的产量，社区花园正在生产大量的食物（巴萨罗缪Bartholomew，1981）。

由绿拇指支持的“水泥森林农场项目”（Farming Concrete Project）统计了纽约城市社区花园的食物产量。

> 2010年，110个社区园丁统计了他们在67个社区花园中的作物产量和清单。利用园丁们给出的平均产量，我们估计在67个花园1.7公顷的土地上收获了87700磅新鲜作物，价值超过200000美元（farming concrete，2011）。

这一报告的结果被绘制成了地图并逐渐被公众所了解（花园地图，2011，http://gardenmaps.org）。这仅仅只是2010年的数据，目前实际的水果、蔬菜、蛋类、蜂蜜、药草的产量还未可知。水泥森林农场计划将在未来两年里采取同样方法收集数据以获取更加精确的结果（farming concrete，2011）。平均每天有五个人会咨询绿拇指办公室是否能提供花园空间，大部分都是想要种植食物，因此，绿拇指和其他非政府组织成员认为公众对城市食物种植空间的需求呈上升趋势（未公开数据）。

在绿拇指注册的社区花园中，最常见的蔬菜是西红柿，在大约150个花园中94.7%都种植西红柿。药用植物如罗勒（87.3%）和薄荷（80%）也比较受欢迎，其次是羽衣甘蓝（78.9%）、莴苣（77.6%）、甜椒（77.2%）、豆子（76%）、茄子（73.1%）、西芹（71.5%）、黄瓜（68%）。最常见的水果是苹果和梨，大约70个社区花园中种了128棵苹果树和102棵梨树（吉特尔曼Gittleman et al.，2010）。

食物来源通常与城市人口密度呈负相关。政府一般会在低收入地区投资建设高层住宅，但是因为这些地区的预期利润低，因此几乎没有私人资本愿意投资建设超市，低收入地区的食物来源匮乏。而由于土地资源丰富，社区花园在这些低收入地区相当普遍，这就提供了额外的食物来源。纽约住房局目前正在寻求联邦资金支持，以推动社区食物种植花园的建设。（图35.3）

水泥森林农场的研究结果表明，社区花园是纽约食品安全网的重要组成部分，通过这个可持续食物体系，社区居民能够获得安全、营养的食物，在最大程度上实现了社区自给自足和社会公正（贝洛斯Bellows和哈姆Hamm，2003）。《2030纽约规划》以及其他纽约政府文件中都已经明确了花园对食品安全的贡献，并特别指出，由于花园主要集中于低收入的食品不安全社区，使得这一贡献就更为重要。这种地理位置上的集中原因是多方面的，除了这些地区日益增长的需求外，或许主要原因是绿拇指基金对项目实施地区的限制条件，绿拇指基金要求项目只能在大部分居民处于国家贫困标准线之下的地区实行（美国住房和城市发展部，2010）。

图35.3　东纽约农场（Just Food，www.justfood.org）

图35.3

35.3　土地：安全和管理

要利用公共用地开展园艺活动，需要至少十位居民向绿拇指提出许可申请。申请通过后，首先要做的就是必须确保种植土壤没有含铅和其他污染物，这既是对城市环境的保护，也是对园丁本身的保护。因为绿拇指认为，纽约绝大多数的公共花园土地都已经被周边住宅的含铅涂料污染。为了保证安全的食品生产，绿拇指提供了建造种植床所需的无污染土壤和木材。在多数情况下，建造植栽床的代价远比测试和修复土壤小得多（未公开数据）。2010年3月，绿拇指开始参与国家健康研究所（NIH）为期四年的研究项目，以评估城市花园的土壤污染程度和范围。这个研究项目名为“健康土壤，健康

图35.4　联盟菜园中的堆肥，布鲁克林（拉希德・希斯洛普Rasheed Hislop，2010）

社区"，其目标是为解决园丁和其他人所担心的土壤污染问题提供资源，合理管理花园和土壤，保障公共健康（健康土壤，健康社区，Healthy Soils，Healthy Communities，2010）。为了在照料作物的时候不踏进种植区，种植床的宽度通常不超过 1.2m，其长度在2.4～3.6m之间，这样的尺度适合一个人采用集约方式进行种植，能够在一个相对较短的时间内达到较高的产量。在开始耕作之前，应该对土壤进行堆肥改良，增加有机物含量提高土壤肥力，这样能够在一季中收获更多的食物（图35.4）。研究表明，增加有机物含量能够抑制重金属物质并减少污染物对农作物的侵害（普西安瑞塔Puschenreiter et al.，2005）。国家健康研究所的初步研究结果显示，使用种植床能够非常有效地减少铅污染造成的影响（朗Lang，2010）。

图35.4

35.4 堆肥和废物处理

在纽约市，平均每家每天丢弃的有机废弃物大约是2磅，一年就能产生超过100万吨有机废弃物（纽约市卫生部）。这种“废弃物”经过堆肥就可以成为肥沃的土壤，对城市来说，这是一种潜在的资源而不是经济负担。纽约市卫生部收集城市落叶进行堆肥，此外还建设了很多试点回收其他的有机废物进行堆肥。在卫生部的“堆肥回赠（Compost Giveback）”活动中，市民可以得到不限量的免费堆肥土壤。为了改良花园土壤，社区园丁们通常会在花园里建造一个堆肥区，这个区域一般远离住宅和活动区，以避免气味的影响。城市的两个植物园提供非常便宜的培训课程，可以让社区园丁们或其他爱好者成为“堆肥大师”。在培训中，参与者必须抽出几个小时去帮助其他人建设或改造菜园和学校堆肥区。从对绿拇指137个社区菜园的调查中发现，65.6%的菜园都有堆肥区（吉特尔曼等人Gittleman et al.，2010）。但不幸的是，由于这种固体废物管理归属于卫生部门，而社区花园被视为由公园部门管理的休闲空间，因此社区花园堆肥对减少有机废弃物作用的研究还没有开展。

35.5 花园构筑物

虽然关于社区花园的官方条例多种多样，但是城市尤其重视管治自建构筑物。自从1978年绿拇指颁发了第一个许可证以来，园丁们就必须密切关注这一特定的条例。在过去，如果花园中出现了“非法构筑物”，那么花园许可证就会被吊销。但是“非法构筑物”一词相当含糊不清，它仅仅被简单地界定为“任何封闭结构”（莎拉Sciorra，1996）。

实际上，许多社区花园中都有小型构筑物，尤其是大部分成员拥有加勒比、拉丁美洲或者波多黎各文化背景的花园。他们称这些构筑物为“小屋（casitas）”。“小屋内部通常装饰的像家一样舒适，有桌子、椅子、沙发甚至还会有电视机。还有小屋会配备小而实用的厨房，有冰箱、自来水和烤炉”（梅斯Mees和斯托内Stone，2009）。

对于城市管理部门来说，这些“小屋”实际上代表了城市财产（莎拉Sciorra，1996：76），也标志着公共空间的私有化。城市管理部门随即就非常重视管理社区花园土地和花园里的各类要素。他们的管理依据主要是公园管理模式中的安全和责任标准。但是这些标准通常不适用于社区花园，因为与公园的市政管理模式不同，社区花园的特征是草根和自我管理。

十年之后，“随着各大媒体的不断关注，市政府要求绿拇指制定一个公开的官方标准……”（莎拉Sciorra，1996）。2006年2月，纽约城市建设部的技术事务处和自治区委员会发布了社区花园构筑物导则。在绿拇指园艺师手册上可以看到相关导则（绿拇指园艺师手册GreenThumb Gardeners' Handbook，2011）。导则详细规定，构筑物的顶面积不能超过150平方尺（约14m^2），高度不超过10英尺（约3m），距离所有的住宅的用地红线不少于6英尺（约1.8m）。除此之外，围合部分必须透光。在此基础上，绿

图35.5

拇指又增加了一些细则，规定了不能用于花园构筑物中的物品，包括小型取暖器、煤油炉或者其他取暖设备，沙发等家居用品，电视或不可移动的电器设备如立体声系统，烧烤架或者冰箱以及其他需要一直通电的电器等，也就是说，那些所有能让这个空间看起来像是住宅的物品都被禁止使用。

为了使这种自主设计并建造的构筑物成为纽约城市景观的一部分，绿拇指和小屋修建者以及建筑师们研发了一个构筑物样本，这个低成本的自建样本“花园屋”符合城市建设部门的导则要求，其形态参考了纽约城市社区花园中传统构筑物的结构，体现了社区园丁们的文化背景。花园屋的设计中也融入了花架和凉亭，它们都是社区花园景观中的常见要素（图35.5）。此外，花园屋既能适应不同的场所也允许园丁们进行个性化的改进。

图35.5　花园屋样板，时尚花园，布朗尼克斯（梅斯Mees，2008）

花园建造指南目前可以从绿拇指网站下载（www.greenthumbnyc.org）。这本指南中有花园屋的设计过程详解、设计图纸以及材料清单。绿拇指提供花园建造中所需要的大部分材料和建筑图纸，但并不提供工人，其目的在于鼓励园丁自主建造花园并学习新技能。2009年，绿拇指和“纽约种植”项目组对208个社区花园进行了调研，这其中超过40%的花园里都有类似花园屋的构筑物，调研显示，这种社区花园构筑物在储存食物/工具、躲避坏天气和社区聚会中都起到了重要作用（吉特尔曼等人Gittleman et al.，2010）。

35.6　电力和太阳能板

纽约城市用电主要依赖于商业电力供应商，他们通常不会给花园所在地供电，因此，从20世纪70年代开始，在花园附近安装电线杆就成为一个非法但属惯例的做法（未公开的数据）。一些园丁会和花园附近的邻居协商获得供电。但是并没有多少园丁使用太阳能电池板，因为其购买和安装的费用很高，平均一个需要400美金，这对低收入人群来说实在是太贵了。此外，绿拇指和其他社区花园支持群体还没有足够的资金资助太阳能设备。这是因为，在2002年《社区花园决议案》颁布之前，社区花园都处于“临时”状态，很明显，在一个临时花园中投资昂贵的固定设备并不划算。

然而，在一些中产阶级社区，如东村（在美国纽约曼哈顿），在2002年的《社区花园决议案》将他们的花园纳入公园法律保护范围后，一些园艺团体就已经开始投资引进太阳能。例如，位于东六街，B、C大道之间的6BC植物园里就有一个由6块太阳能电池板供电的瀑布，其中4块固定在葡萄架上，还有2块位于花园屋屋顶。太阳能设备不仅仅用来启动瀑布，还用来给割草机等别的设备充电，在举办活动的时候还可以为音响和照明灯供电。尽管在这个案例中，太阳能供电的水池被用来养殖观赏鱼类和植物，不过将电力用于支持水产养殖也很容易。

35.7　水资源和雨水收集系统

纽约社区园丁们起初是通过市政消防栓非法取水。如今是由绿拇指负责分配环保局准许使用的消防栓，发放消防栓扳手和软管接口（绿拇指园丁手册，2011）。一些社区花园以付费的方式使用花园附近建筑物的水源。2001年夏天发生了干旱，环保局限制园丁们从消防栓处取水，非政府组织“纽约种植”和绿拇指专门成立了水资源小组，在社区花园安装雨水收集系统，提倡节约用水（图35.6）。至今，全市总共有55套这样的系统。纽约市年均降水量为40～50英寸，这样，一些花园能够收集并储存7000加仑的水量（GrowNYC，2010）。

因为每个花园的地形都有所不同，所以每处的雨水收集系统都需要因地制宜。通常情况下，储水箱要紧邻着建筑、遮阳亭或者花园屋安装，以便收集屋顶的雨水，并且要用金属框架固定以保持稳定。雨水收集系统的价格依水箱的大小和设计不同而不同。水箱的大小依据花园的大小确定：社区花

图35.6 雨水收集系统，幸福花园（梅斯Mees，2008）

图35.6

园雨水收集系统水箱的最小容量是55加仑（208L），对于小于平均面积（15m×30m）的花园来说，165加仑（625L）的水箱就够了，如果花园面积稍微大一些，可以安装1000加仑（3785L）的水箱。可循环利用的桶还经常被用来运输橄榄和其他产品，以此节约投资（GrowNYC，2010）。

35.8 温室

冬末春初在温室中种植蔬菜和鲜花，天气转暖后则移植到室外，这一技术已经成为常识。此外，在温室生长的农作物能够得到很好的保护，避免过热或过冷、极端的天气以及病虫害的影响。温室可以对灯光和温度进行控制，应用水培技术，很容易将贫瘠的土地改造为丰产的空间。然而，对于大多数的社区园丁来说，温室的造价太高而且养护成本也不低（图35.7）。

尽管有时候绿拇指会为社区花园提供温室，但是由于温室成本和安装所需人力的限制，全市的温室不足20个（未公开数据）。

图35.7　幸福花园里的温室（梅斯Mess，2009）

图35.7

与室外种植相比，温室的密闭环境也有独特的要求，如需要人工引入大黄蜂进行植物授粉。此外，必须持续监控温室内部的温度和湿度，确保植物生长的最佳条件，尤其是在冬季种植暖季蔬菜的时候。

与温室相比，小型防冻温床在社区花园中更为常见，因为它占地面积比温室小而且便于安装，成本也低，可以直接利用废弃门窗进行改造。在纽约，小型防冻温床受到很多社区园艺师们的青睐，在温床中种植莴苣和早春作物以免遭霜冻的侵害。

35.9　鸡舍

为了生计和食品安全，拥有波多黎各、多米尼加或加勒比其他地方以及美国南部地区文化背景的纽约居民习惯在花园里养鸡（约瑟·索托Jose Soto的采访；梅斯Mees，2010）。养鸡能够为居民供应肉类和新鲜蛋类，同时还可以改善了土壤肥力。鸡会翻松土壤，吃掉害虫，处理厨房和花园残渣。现在，许多社区园丁都去参加由绿拇指举办的研讨会，学习如何建造鸡舍和养鸡技巧

图35.8 在纽约市养鸡（www.justfood.org）

（Just Food，2010：http://www.justfood.org）（图35.8）。

在纽约养鸡是合法的。《纽约城市健康条例》规定，任何城市建成地区不允许养公鸡、鸭、鹅和火鸡（《纽约城市健康条例》），但是，可以喂养被界定为宠物的母鸡。想要修建鸡舍养鸡的园丁必须得到绿拇指和邻居们的同意，鸡舍还必须位于住宅25尺（约7.6m）之外。依据法律，鸡舍必须保持清洁并进行粉刷，或者必须依据健康部门的规定每年至少接受一次检查（《纽约城市健康条例》）。

鸡蛋和肉的买卖则适用纽约州和联邦农业法。在纽约市，鸡的饲养数量几乎是不受限制的，只有以下两类人需要到联邦政府注册：饲养3000只或以上数量禽类的人；需

图35.8

要出售非自产鸡蛋的人（美国法典第21篇，15章：蛋类产品检查法案 1044，1970）。然而，随着花园里鸡的数量的增多，各种苍蝇和寄生虫也就越来越多，臭味和噪声问题也就随之而来，也就是说，尽管养鸡合法，但“滋扰环境”不合法（纽约健康管理条例 § 161.11 妨害行为的预防、清洁）。

一般来说，在居住区和商业区进行售卖自产农产品的行为是合法的（纽约城市区划法案 22-14，32-13，42-11）。州和联邦法律规定，供售卖的肉类必须在有执照的屠宰场进行加工，然而，社区花园饲养的鸡也供个人食用。因此，纽约市通过绿拇指发放的社区花园许可中规定，允许直接向消费者出售社区花园中产出的鸡蛋和农产品，前提是所得利润需用于花园维护。为了让养鸡更加容易，公益组织Just Food实施了一个“城市养鸡计划”，为大家提供养鸡和修建鸡舍的培训（Just Food，2010：http://www.justfood.org）。然而，2009年的调查发现，208个社区花园中只有3.8%修建了鸡舍（吉特尔曼等人Gittleman et al.，2010）。

因为鸡舍也属于花园构筑物，因此纽约城市建设部针对鸡舍也制定了导则（绿拇指园丁手册，2011）。如果社区花园的鸡舍属于临时性构筑物并且符合导则对于鸡舍外形以及与地块边界距离的规定，那么就不需要提出建设许可申请。鸡舍的屋顶需要遮盖，防止野兽破坏以及野生鸟类带来禽流感。此外，健康的鸡需要一定程度的放养。因此，鸡舍必须提供通风设备、禽类栖木和巢箱，结构必须便于进出和清洁。鸡舍需要定期清洁，食物、水和草垫必须一周更换一次（Just Food，2010）。

美国约97%的鸡蛋（世界范围是60%）来自层架式鸡舍（典型的六联式鸡舍，通常长宽各20cm）（伯杰Berger，2010）。目前，因沙门氏菌感染而被召回的鸡蛋数量已经超过3亿，而病菌在这种拥挤的层架式鸡舍中的传播速度会更快（诺伊曼Neumann，2010）。

美国人道主义协会表示在过去的五年里已经做了9次相关研究，研究表明，与放养状态的母鸡相比，圈养母鸡的沙门氏菌要高3～50倍（伯杰Berger，2010）。不仅仅是母鸡会携带病菌，生产设备也会携带病菌。美国一半的鸡蛋出产于五个州，因此，爱荷华州一个郡的养鸡设备出现问题就可能会让整个国家的消费者生病。例如，产自爱荷华州两个农场的感染了沙门氏菌的鸡蛋，会被36个分销商贴牌后销往14个州（伯杰Berger，2010）。如果允许在社区花园养鸡，那么城市地区的食品安全问题会得到改善。

35.10　蜂箱

在大多数情况下，政府并不赞同社区园丁们饲养动物增加食物产量的做法，但涉及到蜜蜂养殖，政府正在逐渐倾向于接受园丁们的这种行动。

蜜蜂是必要的植物授粉昆虫，因此，在花园里养蜜蜂有助于食物生产（图35.9）。

蜂蜜的年产量受很多因素的影响，比如：蜜蜂的数量、蜜源植物（花）、天气等，通常情况下，一个蜂箱能产出50磅蜂蜜（英国蜜蜂养殖协会）。蜜蜂带来的附加价值

图35.9 位于哈莱姆约瑟夫·丹尼尔·威尔逊纪念花园的蜂箱（艾瑞克·弗雷Eric Frey，2010）

图35.9

也是多种多样的，不仅仅提供食品，而且还可以开展蜡烛和肥皂生产，这些产品在当地农贸市场上都能获得很高的收益。低收入的园丁家庭可以出售这类产品获得收益贴补家用，也可以投入到花园建设中。

尽管对城市食品安全有明显积极的作用，但是从1999年到2010年3月，长达十年之久，蜜蜂养殖在《纽约城市健康条例》中是非法的。1999年，前任市长鲁道夫·朱利安尼（Rudolph Giuliani）颁布法令禁止喂养野生动物。在这个文件中，蜜蜂同黄蜂和胡蜂一起被视为有毒昆虫，被列入禁止喂养的野生动物名单（《纽约城市健康条例》§161.01）。纽约市健康部会对蜜蜂养殖将处以2000美金的处罚。但是上百名纽约蜂农无视该条例并且继续养殖，纽约蜜蜂养殖协会（http://britishbee.org.uk/faq.php）则呼吁建立完善的法律规范蜜蜂养殖。

在2006～2007年冬天这段时间，蜂群衰竭失调症让美国蜂农共损失了30%～90%的蜜蜂，之后美国环保局官方承认养蜂的意义。“我们人类食物中有1/3都是通过蜜蜂授粉而获得的，授粉带来的作物价值高达150亿美元”（美国环保局，2010）。纽约城市健康部在2010年2月3日举行一次了公开听证会，对《纽约城市健康条例》第161.01条提出了修正议案，其中就包括养蜂合法化。将近80名个人和组织提交了支持修正案的证词（Just Food，2010）。2010年3月16日，健康部委员会投票支持修正议案，修改后的法令再一次让纽约的养蜂活动合法化。养蜂人需要向健康部递交一份文件，写明养蜂人联系信息和蜂箱位置。除此之外，养蜂人还需要承诺适当养殖，将蜂箱放到远离人群的地方防止对路人和邻居造成伤害。

35.11 花园设计

纽约公共土地上的社区花园要向绿拇指

注册，但是其具体的管理可以由任何不少于十人的居民团体来负责。也就是说，园丁们可以自由决定如何利用这片土地，自由地进行花园设计和建造。花园中不同建设要素的组合决定花园的空间利用强度。但是，园丁们不仅仅在乎的是食物生产和社会影响，更重要的是花园设计能够体现出他们的个人和文化认同，因此，社区花园设计本身成了社区参与的一部分。

当居民开始设计社区花园的时候，首先需要对基地进行测量便于绘出一个简单的基地地图作为讨论依据。一般情况下，居民会举办两到三次花园设计讨论会，在这个过程中，设计逐渐具体。通常情况下，花园中阳光最为充裕的部分会被划分为小地块分配给每个社区园丁。当然，其他的花园功能要素也需要进行合理规划设计。

此外，随着社区的经济水平的变化，人们对食物种植空间、休闲空间的需求不断增加。为了满足不同居民的需求，社区花园的布局设计必须具有灵活性，也就是说，设计要满足园丁们不同的文化背景和喜好，符合不同的社会和经济需求。

35.12　社区农场

有很多社区花园主要用于农业生产，其中一个案例就是Taqwa社区农场（图35.10）。

这个设置了水培系统的农场于1992年开始建造，位于布朗尼克斯西部W164街道的高桥社区。在这块2英亩的土地上，有30～35个园丁进行耕作，每年农作物的平均收成都在2000磅以上。作物产量超出了园丁们的消耗量，多余的食物要么在现场集市出售，要么捐赠给“Grow and Give table”公益组织以分配给有需要的人。

在这个农场中还包括40棵果树，一个饲养了13只鸡的鸡舍和一个休息区。从临近的一幢3层高公寓屋顶收集的雨水储存在1000加仑（3785L）的水箱中。园丁们估计，在种植季，这个雨水收集系统能从1000平方尺（约111m^2）的屋顶收集到17000加仑的雨水（http://www.grownyc.org/openspace/rwh/taqwa）。

35.13　总结

在经济危机时期，统一管理、私人使用的公共开放空间，即社区花园，是一种有效改善社区（尤其是低收入社区）居民生活质量的低成本方式。此外，社区花园对增加城市新鲜食物供给、减轻饥饿、改善公共健康、增加民众福利也有重要意义。

纽约城市管理局和其他的一些公益性园艺组织都已经参与到社区花园管理中。可以看出，花园管理组织和政府正在采用一种自上而下的方式，逐渐把草根型社区花园转变为建设完善的公共开放空间。

目前，政府部门对于社区花园的最大质疑就是花园规模太小了而不能为食物安全、环境或者社会公平做出显著贡献，也不能成为21世纪城市可持续发展的重要组成部分。因此，需要进一步开展调查收集数据阐明这些关系并揭示社区花园作为一个整体的重要作用，以反驳这种无事实根据的假设。

图35.10 Taqwa社区农场（拉希德·希斯洛普 Rasheed Hislop，2009）

图35.10

参考文献

Bartholonew M., 1981. Square foot gardening: A new way to garden in less space with less work. Rodale Press, Emmaus, PA, USA 352 pp.

Bellows A.C. and Hamm, M.W., 2003. International origins of community food security policies and practices. United States Critical Public Health, Special Issue: Food Policy. 13: 107-123.

Berger, M.O., 2010. US: Salmonella outbreak

tied to factory farming. Inter Press Service, August 27, 2010. Available at http://ipsnews.net/newsTVE.asp?idnews=52643.

Farming concrete, 2011. Harvest 2010 Report. Available at http://farmingconcrete.org/2011/04/19/2010-harvest-report.

Ferguson, S., 1999. The death of little Puerto Rico. New Village Journal 1. Available at www.newvillage.net/Journal/Issue1/1sacredcommon.html.

Fox, T., Koeppel, I. and Kellam, S., 1980. Struggle for space: The greening of New York City, 1970—1984. Neighborhood Open Space Coalition, New York, NY, USA, 165 pp.

Gittleman, M., Librizzi, L. and Stone, E., 2010. New York City community gardens survey—Results 2009/2010. GrowNYC and GreenThumb (Eds.). available at http://www.greenthumbnyc.org/pdf/GrowNYC_community_garden_report.pdf.

GreenThumb, 2011, GreenThumb Gardeners' Handbook. City of New York, Department of Parks and Recreastion, New York, NY, USA. Available at http://www.greenthumbnyc.org/pdf/gardeners_handbook.pdf.

GrowNYC, 2010. Rainwater harvest system at Taqwa farm. GrowNYC, New York, NY, USA. Available at http://grownyc.org/openspace/rwh/taqwa.

Healthy Soils, Healthy Communities, 2010. A research and education partnership with urban gardeners. Cornell Waste Management Institute. Cornell University, Ithica, NY, USA. Available at http://cwmi.css.cornell.edu/healthysoils.htm.

Lang, S., 2010. The dirt on urban gardens: Some contamination but help is on the way. ChronicleOnline, Cornell University, Ithica, NY, USA. Available at http://www.news,cornell.edu/stories/Dec10/NYCSoils.html.

Mees, C. and Stone, E., 2009. Preserving community gardens in NYC: Strategy in public space development? Booklet of the Conference 'X-Larch III, Landscape—Great Idea!', University of Nature Resources and Applied Life Sciences, Vienna, Austria, pp. 82-87.

Mees, C., 2010a. A public garden per resident? The socio-economic context of homes and gardens in the inner city. Acta Horticulturae 881, International Society for Horticultural Science. Leuven, Belgium.

Mees, C., 2010b. Community gardens in New York City: Privat-gemeinschaflich genutzte offentliche Garten fur innerstadtischen Wohnraum im Freien. In: Groning, G. and Hennecke, S. (Eds.) Kunst-Garten-Kultur. Dietrich-Reimer Verlag, Berlin, Germany.

Neumann, W., 2010. Egg recall expanded after Salmonella outbreak. New York Times, August 18, 2010. Available at http://www.nytimes.com/2010/08/19/business/19eggs.html.

Nord, M., Andrews, M. and Carlson, S., 2008. Measuring food security in the United States.

United States Department of Agriculture, Economic Research Report. Available at http://www.ers.usda.gov/publications/err83/err83.pdf.

Office of the Attorney General, 2010, Community Gardens Settlement. Office of the Attorney General, Albany, NY, USA. Available at http://ww.ag.ny.gov/media_center/2002/sep/sep18a_02/html.

PlaNYC 2030, 2011. A greener, greater New York City. Available at http://www.nyc.gov/html/planyc2030/ht, l/home/home.shtml.

Puschenreiter, M., Horak, O., Friesl, W. and Hartl, W., 2005. Low-cost agricultural measures to reduce heavy metal transfer into food chain—a review. Plant Soil Environment 51: 1-11.

Sciorra, J., 1996. Return to the future: Puerto Rican vernacular architecture. In: King, A.D. (Ed.) Re-presenting the City: Ethnicity, capital, and culture in the 21st century metropolis. New York University Press, New York, NY, USA, pp. 60-84.

Stone, E., 2009. The Benefits of community-managed open space: Community gardening in New York City. In: Campbell, L. and Wiesen, A. (Eds.) Restorative commons: creating health and well-being through urban landscapes. United States Forest Service Northern Research Station, New York, USA, pp. 122-137.

Stone, E., 2000. Community gardening in New York city becomes a political movement. Paper presented at the conference 'Perspectives of small-scale farming in urban and rural areas—about the social and ecological necessity of gardens and informal agriculture', Berlin, Germany.

United States Department of Housing and Urban Development, 2010. Community Development Block Grant Program. Available at http://www.hud.gov/offices/cpd/communitydevelopment/programs/.

United States Environmental Protection Agency, 2010. Pesticide issues in the works: Honeybee colony collapse disorder. Available at http://www.epa.gov/opp00001/about/intheworks/honeybee.htm, accessed 16 May, 2011.

Von Hassel, M., 2002. The struggle for Eden. Community gardens in NYC. Bergin and Garvey, Westport, Connecticut, USA, 183 pp.

第 36 章

英国城市将如何确保食品安全？

霍德华 C. 李（Howard C. Lee）
英国哈德洛学院
howard.lee@hadlow.ac.uk

摘要： 本章讨论了城市以及城市郊区的食品安全压力，探讨了明确基本产量的可能性，客观评估了本地化战略。

关键词： 城市，城市郊区，农业，规划

36.1 引言：英国食品安全的压力来自哪里？

36.1.1 食物和燃料

据估计，英国国内的食物生产能供养65%的居民（UK Agriculture，2010：http://www.ukagriculture.com/statistiucs/ farming_statistics.cfn），但是，如果石油峰值理论的假设成立，也就是说，与石油相关的资源减少，那么这一数据将会下降（勃兰特Brandat，2007；坎贝尔Campbell，2006；格林等Greene et al.，2006；古赛欧等Guseo et al.，2007）。燃料供给受限，价格随之上涨，货物运输同样也会受到影响："随着石油供应减少…价格上涨…可能会引起运输与其他能源需求之间的冲突"（伍德考克Woodcock et al. 2007：1083）。很快，这一推断变成了现实：2011年9月，石油和柴油价格已创新高。如果运输成本持续增加，转向关注本地层面的食物生产和消费将是自然而然的。

36.1.2 我们身在何处

包括英国在内，约80%的欧洲居民居住在城镇中，如果交通受限，那么他们所需的大部分食物将不得不在城市附近或者城市郊区生产，也就是"城市农业"（安托洛普Antrop，2004）。但是，要发展城市农业就必须要回答，其产量究竟如何以及供养城市所需的"食物足迹"有多大，重新评估本地化战略或许能够解答这一问题。

36.2 城市的食物足迹

食物足迹被定义为"城镇周围用以供养城镇居民的土地面积"（地理未来Geofutures，2010）。到目前为止，精确测定食物足迹的案例并不多，"地理未来"组织开展的研究是基于不精确的估算因而算不上严谨。可以认为，只有确定了城市和城市郊区单位面积的基本产量（能够确保的最小产量），才能对食物足迹进行精准测定。

36.3 基本产量

如果城市农业想要得到进一步发展，就应该量化影响产量的要素，可以从以下方面着手：（1）影响产量的要素；（2）管理方式的选择；（3）现代农业技术与生态农业技术的选择。

36.4 城市农业的产量影响要素

已经有一些出版物对城市农业可能的产量影响要素进行了研究，埃里克森·海默（Eriksen Hamel）和丹森（Danso，2010：86）列举出几种要素："水源的可利用性、营养补给、土壤退化、害虫和土壤污染"等。库克等人（Cook，2005）表示认同这些影响要素，同时强调作物种类的选择也有

重要的影响。因为不同品种的作物对疾病和害虫的抵御能力各有不同，产量也就会有相应的变化（NIAB，2010），所以要充分考虑品种选择对产量的影响。库克等人（2005）还强调了土壤污染对产量的潜在影响，城市农业方面的一系列相关研究表明生长在受污染土壤上的蔬菜会对人类健康构成威胁（Nabulo et al.，2010）。

36.5 城市农业的管理方式选择

我们也需要关注城市农业的管理方式对基本产量的影响。

与城市农业相比，乡村地区的作物产量是最受关注的研究领域，莱利（Reilly）和维纶布洛克（Willenbockel，2010）强调需要考虑农业的食品安全问题，“食物系统（必须被视为）是多层次的，包括社会、经济、生物、政治和制度等方面。想要建立一个覆盖整个系统的模型就会面临本体论和认识论的挑战（p.3050）……”。他们的论文表明，预测作物产量充满了不确定性，特别是:

技术上的不确定性，关乎用来校准模型和确定投入产出比例的数据的质量;

方法上的不确定性，往往源自技术知识的缺乏;

认识论的不确定性，指的是人类行为和价值观的改变、大自然的随机性、技术上的意外成果和所谓的高影响力、高不确定性事件（就像极端天气事件），这些都是很难预测的。

以上这些不确定性同样也会影响城市农业的基本产量，例如，布莱尔等人（Briar，2010）测定在聚乙烯大棚中种植的西红柿产量大约是每平方米42千克，作者根据自己的经验测定，小麦之类的谷物（使用化石原料高投入的种植方式）最高产量大约是每平方米1千克。很显然，西红柿和小麦所具有的营养价值不同，但是我们可以粗略估算，42千克的西红柿和1千克的小麦其热量分别为7140千卡和3100千卡（麦戈文McGovern，2001）。这种热量上的区别说明蔬菜生产更有价值。

有几种适用于城市地区的蔬菜生产管理方式:玻璃温室生产、塑料大棚生产和露地种植。

36.5.1 玻璃温室生产

在玻璃温室中种植蔬菜已经发展得非常成熟，并有大量的权威技术指导（贝克特Beckett，1999）。控制种植环境条件的技术体系也已经建立（狄默曼Timmerman和坎普Kamp，2003）。尽管没有特别提及，但明显这些技术能够适用于城市地区。查拉（Challa，2002）比较了农田作物种植和玻璃温室作物种植，指出“玻璃温室作物和农田作物的生理习性并没有很大差异”，“（玻璃）温室适于种植那些能够多次收割、含水量高的作物……现代（玻璃）温室是先进而昂贵的种植系统”（p.47）。这些相对精细化的管理方式能最大限度地增加种植产量，李（Lee，2010）也同意这种观点，认为玻璃温室能够为西红柿种植创造最适宜的根区环境。一篇匿名文献（2011）估计了2009年英国温室蔬菜的产量，单位为吨/公顷/年:西红柿（茄属植物）414，黄瓜（胡瓜）497，芹菜75，甜椒（五彩椒）262，莴苣33。

36.5.2 塑料大棚生产

在塑料大棚中种植蔬菜也有成熟的技术体系（如萨尔特Salt，2001）。莫拉莱斯（Morales，2010）等对此有系统研究。布莱尔（Briar，2010）等人则关注在城市郊区利用塑料大棚进行有机西红柿生产：

> 大棚呈塑料密封结构，尺寸为6.4m宽，14.6m长，能够控制环境变化，主要是控制温度、湿度和太阳照射。与露地种植相比，大棚种植能明显增加产量（布莱尔等Briar et al.，2010：2）。

他们总结：

> 即使在早春寒冷时节，大棚种植也能使土壤保持生物活跃状态。大棚会增加土壤氮元素含量，为之后的西红柿种植提供条件。这样，由于氮元素增加和种植季延长，西红柿产量就会显著增加（布莱尔等Briar et al.，2010：7）。

在这个研究中，生产季节内最大产量能达到每株23千克西红柿（布莱尔等Briar et.al.，2010），相当于约42kg/m^2。

玻璃温室或塑料大棚中的水培种植方式目前在英国已经商业化（Thanet Earth，2010：http://www.thanetearth.com/），在小规模的城市食物生产中也有可能采用这种方式，不过其详细的产量现在还不清楚。

总之，温室或大棚能大大提高作物产量。坎特利夫等人（Cantliffe，2001）认为"（玻璃）温室作物产量通常比普通农田作物产量高十倍。（p.195）"。这种论断也得到了很多研究的支持，如来自中国的研究（仇等Qiu et.al.，2010）：

> 在最近20年间，（玻璃）温室蔬菜生产在增加农业收入中起到了重要作用。很多农民开始从传统谷物种植转向（玻璃）温室生产。在山东省寿光市乡间，超过65%的耕地都已经用来发展精细化的（玻璃）温室生产（仇等Qiu et.al.，2010：81）。

36.5.3 露地种植

城市农业的另一选择就是露地种植蔬菜。首先我们来看一下商业化的露地蔬菜种植的相关数据，如表36.1所示。

气候变化是影响露地种植产量的因素之一。科利尔（Collier，2008）等人认为，产量会受到极端天气的显著影响，如干旱、无规律虫害、疾病等。

尽管英国有悠久的城市份地耕作传统（科尔等Cool et al.，2005），但由于缺乏充足的研究数据，城市地区的蔬菜产量很难估计。表36.2展示了城市露地种植的部分数据，与表36.1的商业化种植产量相比，表36.2的产量还是相当不错的。

英国露地蔬菜产量（吨/公顷/年）（农业商业咨询，2010；尼克斯Nix，2008）　　表36.1

蔬菜种类		产量（吨/公顷/年）	
中文名	拉丁名	尼克斯（2008）（pp.48–49）	农业商业咨询（2010）（p.433）
胡萝卜	Doucus carota ssp. sativus	65	
干球洋葱	Allium cepa	41	
抱子甘蓝	Brassica oleracea var. gemmifera	13	14
冬甘蓝	Brassica oleracea var.capitata	33	45
春甘蓝	Brassica oleracea var. capitata		12
四季豆	Phaseolus vulgaris	11	
花椰菜	Brassica oleracea var. botrytis	14	13
西兰花	Brassica oleracea var. Italica	14	
花茎甘蓝	Brassica oleracea botrytis cymosa	10	10
甜玉米	Zea mays var.saccarata	13	
莴苣	Lactuca sativa	23	22
欧洲萝卜	Pastinaca sativa	27	
韭菜	Allium ampeloprasum var.porrum	20	
大黄	Rheum rhabarbarum	47	55
豌豆	Pisum sativum		4
小胡瓜	Cucurbita pepo ovifera		30
芦笋	Asparagus officinalis		2

英国城市农业的作物产量（桑希尔Thornhill，2010；修改自布彻Butcher，2009；Brown，2010；Horrocks，2010；Tompkins，2006）。　　表36.2

来源/地点	作物类别	产量（吨/公顷/年）
份地种植者，苏格兰	水果和蔬菜（1：4）	21.1
集市花园，霍克尼（Hockney）	色拉菜和叶菜	21.6
1941年农业部	份地作物	27.2
2009年NSLAG 调查	水果和蔬菜	30.0
1975年英国园艺学会试验	色拉，蔬菜，浆果	31.3
20世纪70年代某杂志试验	蔬菜（大部分使用无机肥料）	40.0

36.6 现代农业技术与生态农业技术之间的争论

除了上述城市农业的基本生产方式，还有必要将一切有可能增加产量的方法都考虑在内，包括新技术的应用。英国皇家学会（2009）、康伟（Conway）和瓦吉（Waage）（2010）的文章都显示，英国以及西欧的其他国家都已经开始研究如何确保食物安全。"可持续集约型（SI）"农业发展原则随之得到关注，即"在不危害有价值的生态系统的前提下提高生产率"（奥马尔等Omer et al.，2010：1926）。"提高生产率"需要将现有技术与最新的技术结合（匿名，2010），如纳米技术（约瑟夫Joseph和莫里森Morrison，2006）和基因重组技术（康伟Conway和瓦吉Waage，2010）。可持续集约型发展原则已经被英国环境、食物和农村事务部（Defra）所接受（2010）。这与那些回避使用高科技的生产系统形成对比，其中最有名的就是有机农业。有机农业不允许使用转基因作物，一篇有关转基因潜在影响的报告（阿扎迪Azadi和霍Ho，2010）认为，转基因科技所造成的环境风险并不小于其提升产量的效益。支持生态农业的科学家（使用生态技术进行食物生产，支持小农场主）甚至对转基因技术持更为怀疑的态度（阿尔铁里Altieri和罗塞特Rosset，1999）。当然，也有人认为（特莱瓦斯Trewavas，2008）那些生态科学家和非专家公众是被误导的"外行"，他们阻碍了能够提高产量、增强食品安全的创新科技的传播应用。

36.7 获得基本产量数据的信心

那么，城市食物生产中的基本产量究竟能不能确定呢？即使没有充足的数据支持，普遍经验也显示温室作物比露地作物产量更高。同时，玻璃温室内相对更可控的微气候管理也有助于获得产量数据。但是，仍然有很多因素会影响作物产量：意外的极端气候活动（对于露地种植的作物来说更加明显）、污染、病虫害、水肥的不稳定供给，另外，是否采用最新的科技技术也会对产量造成影响。

如果城市农业的基本产量不确定，那么食物足迹也就无法测定。由"转型城镇运动"和其他非政府组织开展的社区份地项目表明，城市农业的基本产量会很快得到较精确的估算。这些在实践中积累的数据非常具有价值。

36.8 本地化战略

本章中的本地化战略与食物网络密不可分。学术领域中出现的关键议题见下文。

36.8.1 有机的和/或本地的

有机管理的重要性已经在学术界被广泛讨论，而对于城市农业来说，有机农业是否适用于本地层面还有待讨论。卡尔（Carr）认为城市居民通过相互支持能了解农业生产知识并掌握更多的决定权（2006）。拉姆（McMullum）等人（2005）认为社区食物安全建立在下列条件的基础上：（1）创建跨部门合作网络；（2）通过公共参与制定决策和政策。格雷（Gray，2007）进一步发展了本土化战略，称其为“生物地域主义”，并认为其与“社会和生态意义上的小规模社会”（p.270）相联系。还有学者建议本地组织应该引进技术人员来支持创业，这对农业生态现代化和可持续发展有重要作用（康维尔Cowell和帕金森Parkinson，2003；亚罗什Jarosz，2008；卡兰塔利德斯Kalantaridis，2010；马斯登Marsden和史密斯Smith，2005）。

那么，本地生产和本地消费是否是确保食物安全供给的最好方式？有些人持肯定态度（勃兰特Blanc，2009；诺斯North，2010；西摩等Seymoar et al.，2010），而另一些则持中立态度（爱德华琼斯等Edward-Jones et al.，2008；欣利西斯Hinrichs，2003；史密瑟斯等Smithers et al.，2008；尚德维斯特等Sundkvist et al.，2001）。从经济学角度来说，本地的、自给自足的食物生产系统是对全球化的对抗，是新型自足经济模式的一部分（柯蒂斯Curtis，003；杜普斯DuPuis和古德曼Goodman，2005；诺斯North，2010）。格斯曼把农业食物政策简洁地概括为四个主题：（1）顾客的选择；（2）地方性；（3）自主创新精神；（4）自我改善能力。另外，柯蒂斯（2003）提出的一些关于食物地方主义的重要观点是非常中肯的，包括：

可持续地使用和维护各种生态系统需要相应的本地知识、社区、产品、文化和实践。

可持续性意味着社会、环境、人类和经济资本的本地适应性和共生。生产商、网络、教育、资金、银行和投资都要以本地化为导向。

在本地生产、本地消费的前提下，生产消费和服务所造成的正外部效应以及负外部效应都会本地化，这就会敦促人们减少污染、合理利用资源并增加正外部效应（如生态修复和社区建设）。

在地方经济中，相对的小规模生产可能会很高效，因为其目标不再是简单地最大化与输入相关联的输出，而是在一个特定社会环境中的复合目标，因此，需要重新界定“效率”（pp.98-99）。

36.8.2　人口压力和规划紧凑型城市

人口压力对许多关于城市食物安全的研究来说始终是一个关键因素：很显然，一个城市的人口密度越大，养活居民的压力就越大，更何况农业用地在不断减少（霍普金斯等Hopkins et al.，2010；保罗特等Pauleit et al.，2005）。因此，城市里的绿色空间就尤为重要，这些空间不仅仅可以用来种植食物，更可以为人类提供舒适感、存在感和良好的生活质量（戈麦斯等Gomez et al.，2001；米拉德等Millard，2004；惠特福德等Whitford et al.，2001）。一些研究表明，越来越多的人选择搬到人口较少的郊区居住（豪利Howley，2009）。这种迁出城市的行为肯定是不可持续的：高密度的紧凑型城市（或者短距离城市）才能确保商品和服务的稳定供给（豪利Howley，2009；柯登等Condon et al.，2010）。在美国进行的著名的波特兰研究就是个很好的案例（西北环境观察North West Environment Watch，2002）。

> 在大都市地区，增长管理减缓了人口快速增长的冲击。波特兰地铁的边界限制了郊区蔓延，减缓了乡村土地和开放空间的损失速度；建设紧凑的社区提高了土地和城市基础设施的利用效率（p.6）。

要确保食品安全，维持紧凑型城市和限制未来郊区蔓延是非常重要的。

在紧凑型城市中，如何规划食物足迹呢？以下是几点建议：

绘制城市地图，决定哪些区域适合发展城市农业（如保罗特等Pauleit et al.，2005；基尔等Gill et al.，2008；欧文等Owen et al.，2006）。

进行城市区划，柯登（Condon）等人在城市建设用地和农业用地之间进行了区划，布朗（Brown，2010）则对城区、城市边缘区和乡村腹地进行了更成熟的区划（分为1、2、3区）。

规划的实施要采用生态化、本地化的策略，在城市农业的发展过程中，市民会逐渐拥有自主权利，就像沃斯顿（Waston）提到过的，传统的总体规划必须变得“更透明、更具有参与性、更具有包容性”（p.167）。

城市食物足迹的合适比例应该是多少？布朗（Brown，2010）认为：“位于城市里或城市周边的有机农场应该与它们所供养的社区直接关联，这样使各个社区能够就近得到充足的食物”，但是布朗并没有明确分区1、2、3的具体产量。柯登（Condon）等人研究了城区与农业地区的界面（基本上相当于布朗所指的分区2）并提议：

> ……三分之二的土地只能作为农田使用……；
>
> 这样的农业用地归市政当局所有，称之为社区信托农场；
>
> 这些土地只能租给面向本地市场的承包商，且承包商需以合同的形式承诺土地的农业用途……（柯登Condon et al.，2010：109）。

作者支持柯登（Condon）等人的建议，目前正致力于英国肯特（Kent）首府梅德斯通（Maidstone）市的食物足迹工作。这项工作的前提是，1、2、3区分别要提供居民所需食物的10%、70%和20%。这个项目采用由吉尔等人（Gill，2008）提出的绘图技术，并与其他科学家和利益相关者合作，以展开讨论和收集反馈。项目的目标是就可持续的土地使用策略达成共识，以保障梅德斯通（Maidstone）的食物安全。

36.9　结论：情景规划

城市食物生产和安全取决于对未来的战略眼光和相应的规划，否则我们就会面临粮食不安全和饥荒等问题（戴利Dilly和布德罗Boudreau，2001）。有弹性的未来规划被称为“情景规划”（Chermack，2005），（1）这是一种用来厘清当前面临的复杂与不确定事物的方法；（2）探索未来的各种可能性，据此进行策略性地改变。情景规划的优势在于其灵活性，即有效平衡深思熟虑的情况和紧急情况的能力（鲍威尔Bodwell和谢尔马克Chermack，2010）。这就要求园艺家、农学家、生态学家、经济学家、社会科学家、建筑师和城市规划师必须协同合作，将城镇和城市农业生态系统视为一个整体，在经过客观研究后，提出切实可行的方案。我们需要做好准备，更重要的是，为意外做好准备。

致谢

作者要对以下学生表示感谢：妮娜·桑希尔（Nina Thornhill）、杰夫·康威（Jeff Conway）、理查德·凯西（Richard Casey）、戴安娜·马蒂诺（Diana Martineau）、西恩·克莱门茨（Sean Clements，BSc 可持续土地管理处）、理查·德梅森（Richard Mason）、山姆·杰克森（Sam Jackson，BSc 国际农业处）。还要感谢其他同事：卡洛琳·杰克森（Caroline Jackson）和阿兰·哈维（Alan Harvey）。

参考文献

Agro Business Consultants, 2010.The agricultural budgeting and costing book.Agro Business Consultants Ltd., Leicestershire, UK, 474. app.

Altieri.M.and Rosset, P., 1999.Ten reason why biotechnology will not ensure food security, protect the environment and reduce poverty in the developing world.Agricultural Biological Forum 2: 155-162.

Anonymous, 2011.Greenhouse Yearbook and Buyer Guide.ACT Publishing, Suton, UK, 75 pp.

Anonymous, 2010.How to feed a hungry world. Nature 466 (7306) : 531-532.

Antrop, .M., 2004.Landscape change and the urbanization process in Europe.Landscape and Urban Planning 67: 9-26.

Azadi, H, and Ho, P., 2010, Genetically modified and organic crops in developing countries; A review ofoptions for food security. Biotechnology Advances28: 160_168.

Beckett, C., 1999.Growing under glass.The RHS Encyclopedia Practical Gardening .Royal Horticultural Society London, UK, 191 pp.

Beniston, M., 2007.Linking extreme climate events and economic impacts: Examples from the Swiss Alps. Energy Policy35: 5384-5392.

Blane, J.2009.Family farmers and major retail chains in the Brazilian organic sector; Assessing new development pathways.A case study in a peri-urban district of Sao Paulo.Joural of Rural Studies25; 322-332.

Bodwell, W.and Chermack, T.J., 2010. Organizational ambidexterity: Integrating deliberate and emergent strategy with scenario planning. Technological Forecasting and Social Change 77: 193-202.

Brandt, A.R., 2007.Testing Hubbert.Energy Poliy5: 3074-3088.

Briar, S.S., Miller, S.A., Stinner, D., Kleinhenz, M.D.and Grewal, P.S., 2010.Effects of organic transition strategies for peri-urban vegetable production on soil properties, nematode community, and tomato yield. Applied Soil Ecology 47: 84-91.

Brown, J., 2010.'Growing communities 'Manifesto for feeding the city.Taking our food system back.'Available at http://www.transitiontownbrixton.org/wordpress/wp-content/uploads/2010/01/manifesto.pdf.

Butcher.J., 2009.Investigating the potential for the expansion of urban agriculture in the city of Edinburgh.Ecology and Conservation Management dissertation, University of Edinburgh, Midlothian, UK..Avaulable at www.cityfarner.info/2009/10/04.Acessed 21January2011.

Campbell, C.J., 2006.The Rimini Protoco, an oil depletion protocol: heading off economic chaos and political conflict during the second half of the age of oil.Energy Policy 34: 1319-1325.

Cantliffee, D.J., Secker, I.and Karchi, Z., 2001. Passive ventilated high -roofgreenhouse production of vegetables in a humid, mild winter climate In: Fernandez, J.A., Martinez, P.F.and Castilla, N. (Eds.) Production of crops in mild winter climate. Current trends for sustainable technologies.Acta Horticulturae 559; 195-201.

Carr, E.R., 2006.Postmodern conceptualizations, modernist applications; Rethinking the roleof society in food security, Food Policy31: 14-29.

Challa, H., 2002.Crop models for greenhouse production systems. In: Baker, J.andlieth, H. (Eds.) Models for plant growth and control in greenhouse: Modeling for 21th century-Agronomic and Greenhouse Crop Models. Acta Horticulturae 593: 47-73.

Chermack, T.J., 2005.Studying scenario planning; Theory research suggestions, and hypotheses .Technological Forecasting and Social Change72; 59-73.

Collier, R., Fellows, J., Adarns, S.Semenov, M.and Thomas, B., 2008.Vulnerability of horticultural crop production to extreme weather events.In: Halford, N., Jones, H.D.and Lawlor, D (Eds.) Effects of Climate Change on plants; Implications for Agriculture, Aspects of Applied Biology88; 3-13.

Condon, P.M., Mullinx, K., Fallick, , A.andHarcourt, M., 2010.Agriculture on the edge; strategies to abate urban encroachment onto agricultural lands by promoting viable human-scale agriculture as an integral element of urbanisation. International Journal of Agricultural Sustainability 8; 104-115.

Conway, G.and Waage, J., 2010.Science and Innovation for Development. UK Collaborationon Development Service London, UK, Available at www.ukcds.org.uk.

Cook, H.F., Lee, H.C.and Perez-Vazquez, A., 2005.Allotments, Plot and Crops in Britain, In; Viljoen, A. And Howe, J. (Eds.) CPULs; The productive urban landscape. Architectural Press, London, UK, pp.206-216.

Cowell, S.J. And Parkinson, S., 2003.Localisation of UK food production; an analysis using land area and energy as indicators.Agriculture, Ecosystems and Environment 94; 221-236.

Curtis.F., 2003.Eco-localism and sustainability. Ecological Economics 46; 83-102.

Department of Environment, Food and Rural Affairs, 2010.Food 2030.HM Government, UK, 81 pp.

Dilley, M.and Boudreau, T.A., 2001.Coming to terms with vulnerability: a critique of the food security definition.Food Policy 26: 229-247.

DuPuis, E.M.and Goodman, D., 2005.Should we go “home”to eat?: toward a reflexive politics of localism Joural of Rural Studies 21: 359-371.

Edwards-Jones, G., Mila i Canals, L., Hounsome, N., Truninger, M., Koerber, G., Hunsome, B., Cross, P.,

York, E.H., Hospido, A., Plassmann, K., Harris, I.M., Edwards, R.T., Day, G.A.S., Tomos, A.D., Cowell, S.J.and Jones, D, L., 2008. Testing the assertion that ‘local food is best’: the challenges of an evidence-based approach.Trends in Food Science and Technology 19: 265-274.

Eriksen-Hamel, N, andDanso, G., 2010. Agronomic considerations for urban agriculture in southern cities. Geofutures, 2010.Food footprints.Available at http://www.geofutures.com/2009/07/.

Food-fooprints-re-localising-uk-food-supply/.

Gill, S.E., Handley, J.F., Roland Ennoos, A., Pauleit, S., Theuray, N.and Lindley, S.J., 2008. Characterising the urban environment of UK cities and towns: A template for landscape planning. Landscape and Urban Planning 87: 210-222.

Gomez, F., Tamarit, N.and Jabaloyes, J.2001. Green zones, bioclimatics studies and human comfort in the future development of urban planning.Landscape and Urban Planning 55: 151-161.

Gray, R., 2007.Practical bioregionalism: A philosophy for a sustainable future and a hypothetical transition strategy for Armidale, New South Wales, Australia.Futures 39: 790-806.

Greene, D.L., Hopson, J.L, and Li, J., 2006. Have we run out of oil yet?Oil peaking analysis from an optimist’s perspective. Energy Policy 334: 515-531.

Guseo, R., Dalla Valle, A. And Guidolin, M., 2007. World oil depletion models: Price effects compared with strategic or technological interventions, Technological Forecasting and Social Change 74: 452-469.

Guthman, J., 2008.Neoliberalism and the making of food system localization.Journal Studies 19: 33-45.

Hopkin, R., Thurstain-Goodwin, M. And Fairlie, S., 2010.Can Totnes and district feed itself? Exploring the practicalities of food relocalisation. Available at www.transitionnetwork.org.

Horrocks, P., 2010.What is your plot worth?National Society of Allotments and Leisure Gardeners limited. Available at http://www.nsalg.org.uk/page.php?article=658&name=What+is+your+plot+worth%3F.

Howley, P., 2009.Attitudes towards compact city living; Toward a greater understanding of residential behaviour.Land Use Policy 26: 792-98.

Jarosz.L., 2008. The city in the country: Growing alternative food networks in Metropolitan areas. Journal of Rural studies 24: 231-244.

Joseph, T. and Morrison, M., 2006. Nanotechnology in Agriculture and Food. Institue of Nanotechnology. Available at www.nanoforum.org.

Kalantaridis, C., 2010, In-migration, entrepreneurship and rural-urban interdependence: The case of East Cleveland, North East England, Journal of Rural Studies 26: 418-427.

Lee, A., 2010.Improving tomato fruit quality. Reducing or eliminating fruit physiological dsorders with correct root zone management. Practical Hydroponics and Greenhouses May/June 2010: 53-59.

Lee, H.C., Walker, R., Haneklaus, S., philips, . Rahmann, G, and Schnug, E., 2008.Organic farming in Europe: a potential majorontribution to food security in a scenario of climate change and fossil fuel depletion.Landbauforschung -vTI/Agriculture and Forestry Research 58: 145-152.

McCullum C., Desjardins, E., Kraak, V.L., Ladipo, P.and Costello, H., 2005.Evidence-based strategies to bulid community food security.Journal of the American Dietetic Association February 2005; 278-283.

McGovern, S.G., 2001.The Healthy Eating Plan.Geddes and Grosset, Scotland, UK, 288 pp.

Marsden, T.and Smith.E., 2005. Ecological entrepreneurship: sustainable development in local communities through quality food production and local branding.Geoforum36: 440-451.

Millard, A., 2004. Indigenous and spontaneous vegetation: their relationship to urban development in the city of Leeds, UK.Urban Forestry and Urban Greening3: 39-47.

Mirza, M.M.Q., 2003.Climate change and extreme weather events; can developing countries adapt? Climate Policy 3; 233-248.

Morales, A., Martin, A, and Pacheco, V., 2010. Plastics in the present agriculture. Use advantages. Plasticulture8: 69-79.

Nabulo, G., Young, S.d.and Black, C.R., 2010.Assessing risk to human health from tropical leafy vegetables grown on contaminated urban soils.Science of the Total Environment408: 5338-5351.

National Institute of Agricultural Botany, 2010. National lists of Crop Cultivars.Available at http://www, niab.com/pages/id/106/National_Listing.

Nix, J., 2008. Farm Management Pocketbook.

38thedition. Imperial College London, London, UK, 255 pp.

North, P., 2010.Eco-localisation as a progressive response to peak oil and climate change -A sympathetic critique.Geoforum 41: 585-594.

North West Environment Watch, 2002.Sprawl and smart growth in metropolitan Portland: Comparing Portland, Oregon, with Vancouver, Washington, during the 1990s.Sightline Institue, Seattle, WA, USA. Available at http; //www.sightline.org/researh/sprawl/aprawl-and-amart-growth/sprawl_smart_port/Portlandgrowth.pdf/view.

Omer, A., Pascual, U.and Russell, N., 2010. A theoretical model of agrobiodiversity as a supporting service for sustainable agricultural intensification.Ecological Economic 69: 1926-1933.

Owen, S.M., Mackenzie, A.R., Bunce, R.G.H., Stewart, H.E., Donovan, R, G., Stark, G.and Hewitt, C, N., 2006.

Urban land classification and its uncertainties using principal component and cluster analyses: A case study for the UK West Midlands, Landscape and Urban Planning 78: 311-321.

Pauleit, S., Roland, E.and Yvonne, G., 2005. Modeling the environmental impacts of urban land use and land cover change-a study in Merseyside, UK.Landscape and Urban Planning 71: 295-310.

Qiu.S.J., Ju, X.T., INGWERSEN, J., Qin, Z.C., Li., Streck, T., Christic, P.and Zhang, F.S., 2010.Changes in soil carbon and nitrogen pools after shifiting from conventional cereal to greenhousevegetable production.Soil and Tillage Research107: 80-87.

Reilly, M. And Willenbockel, D.2010. Managing uncertainty: a review of food system scenario analysis and modelling, Philosophical Transactions of the Royal Society B 65: 3049-3063.

Salt, B., 2001.Gardening under plastic.Batsford, London, UK, 127pp.

Seymoar, N-K., Balantyne, E. and Pearson, C.J., 2010. Empowering residents and improving governance in low income communities through urban greening. International Journal of Agricultural Sustainability 8: 26-39.

Smithers, J., Lamarche, J. and Joseph, A.E., 2008. Unpacking the terms of engagement with local food at the Farmers' Market: Insights from Ontario. Journal of Rural Studies 24: 337-350.

Sundkvist, A., Jansson, A.M. and Larsson, P., 2001. Strengths and limitations of localizing food production as a sustainability—building strategy—an analysis of bread production on the island of Gotland, Sweden, Ecological Economics 37: 217-227.

The Royal Society, 2009. Reaping the benefits: science and the sustainable intensification of global agriculture. The Royal Society, London, UK, 73 pp.

Timmerman, F.J. and Kamp, P.G.H., 2003. Computerized Environmental Control in

Greenhouses. PTC, Ede, the Netherlands, 267 pp.

Tomkins, M., 2006. The Edible urban landscape: an assessment method for retro-fitting urban agriculture into an inner London test site. MSc Thesis, Architecture: Advanced Environment and Energy Studies, University of East London, London, UK. Available at www.cityfarmer.org/MikeyTomkins_UA_thesis.pdf.

Trewavas, A., 2008. The cult of the amateur in agriculture threatens food security. Trends in Biotechnology 26: 475-478.

Waggoner, P.E., 2006. How can EcoCity get its food? Technology in Society 28: 183-193.

Watson, V., 2009. 'The planned city sweeps the poor away...': Urban planning and 21st century urbanization. Progress in Planning 72: 151-193.

Whitford, V., Ennos, A.R. and Handley, J.F., 2001. 'City form and natural process'—indicators foe the ecological performance of urban areas and their application to Merseyside, UK. Landscape and Urban Planning 57: 91-103.

Woodcock, J., Banister, D., Edwards, P., Prentice, A.M. and Roberts, I., 2007. Energy and transport. The Lancet 370: 1078-1088.

第37章

食物接口：新奥尔良社区边界规划策略

布里特尼·艾弗瑞特（Brittney Everett）
美国新奥尔良
Brittney.everett@gmail.com

摘要：自2005年卡特里娜飓风和丽塔飓风以来，新奥尔良食品安全问题便呈指数上涨。许多超市自飓风后就再未营业，开始营业的那些超市都集中在更加富裕的社区。在低收入社区，许多没有车的居民要么依赖于食物种类有限的街角商店，要么必须乘公共交通工具远距离穿越城市去购买便宜的食物。这样的情况使城市经济网络出现了可怕的空洞。本章是独立研究的成果，旨在为新奥尔良的社区边界地带提供规划策略，建立社会功能和文化功能齐全的食物接口，为那些享受不到周全社会服务的人们提供健康、实惠的食物。本章分析了新奥尔良食物系统的弱点，研究了美国其他城市的食物项目，提出确保新奥尔良食品安全的建议。

关键词：食品安全，农夫集市，低收入，社会经济，飓风卡特里娜

37.1　简介

尽管新奥尔良是一个以食物文化而闻名的城市，但它仍然像许多其他城市一样为如何给居民提供充足、安全、健康、营养的食物而苦恼。20世纪早期，许多农贸市场、移动食物货车可以为人们提供多种健康食品，如今它们已经由大规模的室内超市取代，但是许多市民却难以到达这些超市。2005年卡特里娜飓风和丽塔飓风之后，这里的食品安全问题进一步恶化，只有50%的超市重新开业（新奥尔良食品政策信息委员会，2008）。而这些重新开业的超市中又有近半数坐落在花园地区以及上城区，这些地方居民的平均收入远远高于国内大多数城市，如图37.1所示。由于没有私家车而公共交通的线路又非常有限，许多人根本没办法抵达百货商店（新奥尔良社区数据中心，2010）。许多居住在低收入社区的居民只能依靠街角的零售百货店获得食物，但这些商店主要售卖高利润、高卡路里的零食和酒水，健康食品少之又少。这些商店通常不会储备新鲜的蔬菜水果，而那些有库存的地方既少又远（Custer，2009）。

许多新奥尔良食物组织，包括新奥尔良食物政策咨询委员会（FPAC，2008）、新奥尔良食物和农场网络（NOFFN，2010）以及路易斯安那健康组织（LPHI）在内，都致力于创办农夫集市、增进食品安全，并且已经提出了城市食物规划策略。2007年《新奥尔良社区食物宪章》显示了居民对本地食物生产、食物教育和食物基础设施的支持，但并未提出具体的规划策略来解决食物问题。2010年1月，新奥尔良城市规划委员会通过了古蒂柯兰奇（Goody Clancy）的《21世纪规划——2030年的新奥尔良》，该规划报告共有50页，但仅有很少的部分涉及到食物问题，这些建议包括：为所有居民提供步行可达的新鲜食物零售点，支持城市农业的发展，开展市场调查分析从而确定合理的超市选址。但这些只是为新奥尔良的食品安全提供了一个基本图景，缺乏具体的、可实施的设计策略。

本章将探索在社区边界地带建设城市“食物接口”的具体方法，从而推动新奥尔良的食品安全。所谓食物接口是指新鲜食物零售场所，这些场所位于社区之间的边界地带，其首要任务是为那些公共服务水平低下

图37.1　飓风后新奥尔良的超市及生活在贫困极值两倍以下的居民分布（基于杜兰医药大学，2010）

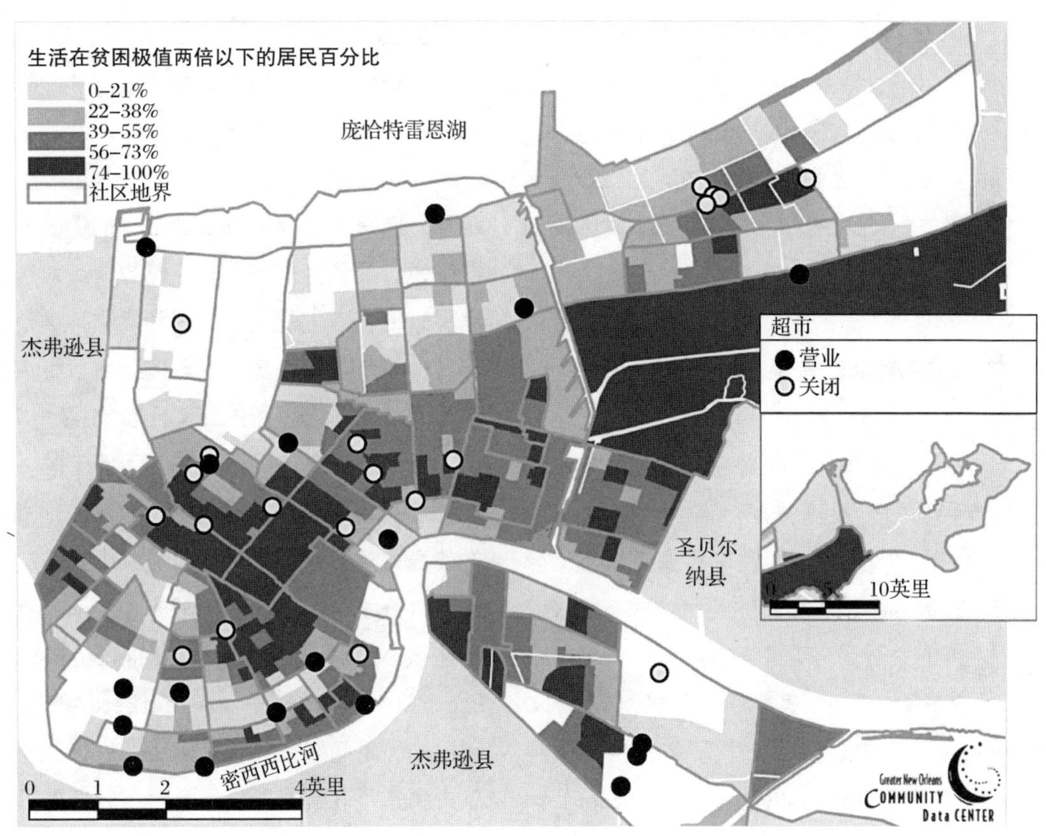

图37.1

的地区提供健康食物。通常情况下，社区边界地带位于社会经济情况不同的两个社区之间，这里往往饱受种族、民族、经济问题的困扰（埃弗雷特Everett，2010）。简·雅各布（Jane Jacobs）将边界地带称为“低价值区”和“无用之地”，并建议增加这些地带的社会活动，以提高地区活力。“边界真空的诅咒定会被打破”（简雅各布Jacobs，1961）。凯文·林奇（Kevin lynch）也有相似的看法，“……边界地带不仅仅是一个屏障，如果能够植入更多的视觉元素和活动元素，通过这些元素链接边界两边的地区，这里将会变为一个接口，一座两个地区之间交流的桥梁”（林奇Lynch，1960）。

食物的价值与体验是所有居民都能够共享的，因此，食物接口可以为两个问题提供解决方案：食品安全问题和社区边界地带问题。

通过比较分析新奥尔良及美国其他地方的食物项目，本章将构建食物接口理论。这些项目的优缺点将从以下四个方面进行分析：食物的多样性、项目多元化、可达性、可负担性。最终证明在社区边界地带发展食物项目的好处，并为新奥尔良提出食物规划建议。

37.2　新奥尔良食品安全问题

接下来的案例分析将全面浏览新奥尔良的食物项目，重点关注这些项目所面临的挑战。图37.2显示了新奥尔良农夫集市的分布、开放频率、可接受的支付方式与居民收入水平的关系。

2008年，新奥尔良食物农场网络（NOFFN：http://www.noffn.org）创办了霍利格罗夫集市和农场（http://hollygrovemarket.com）为社区居民提供新鲜的本地食物。农场包括专业示范性农园和供市民耕作的社区农园。集市则是一个永久性的室内场所，以25美元的价格供应包括新鲜产品、干货、奶制品以及季节性产品在内的食物盒子。再多加一点费用，市集可以提供送货服务。市集面临的最大挑战是吸引社区居民。霍利格罗夫的居民大多是老年人或有严重的健康问题，他们难以到达市集所在地。因此，市集的顾客中只有10%～15%的人来自霍利格罗夫社区（万斯Vance，2010）。而且，市集一周仅开张两天，位于社区的内部，交通很不便利，顾客必须自驾或者长距离骑自行车才能到达，这个地区公共汽车的路线也很有限，对于大多数新奥尔良人来说，霍利格罗夫集市和农场的可达性很差。

新月农夫集市（2010：http://www.crescentcityfarmersmarket.org）位于3个不同社区，每周开放一次。这些集市对食品危机没有显著帮助，因为它们位于白人富裕区。对于那些只能依靠公共交通工具的低收入人群来说，要到这些集市非常不方便。对很多居民来说，有限的营业时间和食物种类也很不方便。新月农夫集市的创建者将目标人群定位为使用政府发放的25美元食物福利券的人。然而在实际运营过程中，消费者的多样性并没有显著增加，因为这里距离使用福利券的居民实在是太远了。新月农夫集市的创建者公开承认，他们实际上的主要消费者是那些收入水平较高的人群（Marketumbrella.org，2010：http://www.marketumbrella.org），但是问题依然没有解决：为什么新月农夫集市不在那些社会服务水平较低的地区开办集市呢?

新建成的康复中心（新奥尔良康复中心，2011：http://neworleanshealingcentre.com）位于圣克劳德大街，这里是新奥尔良最典型的社区边界地带，周边环绕着混合种族社区、富人社区、以黑人为主的低收入社区（新奥尔良社区数据中心，2010：http://www.gnocdc.org）。康复中心这幢充满活力的多彩建筑坐落在主要的公共交通线路上，中心里开展的项目非常丰富，包括合作社百货商店、有机餐厅、瑜伽工作室、健身中心

图37.2　新奥尔良的农夫集市及生活在贫困极值两倍以下的居民分布（基于杜兰医药大学，2010）

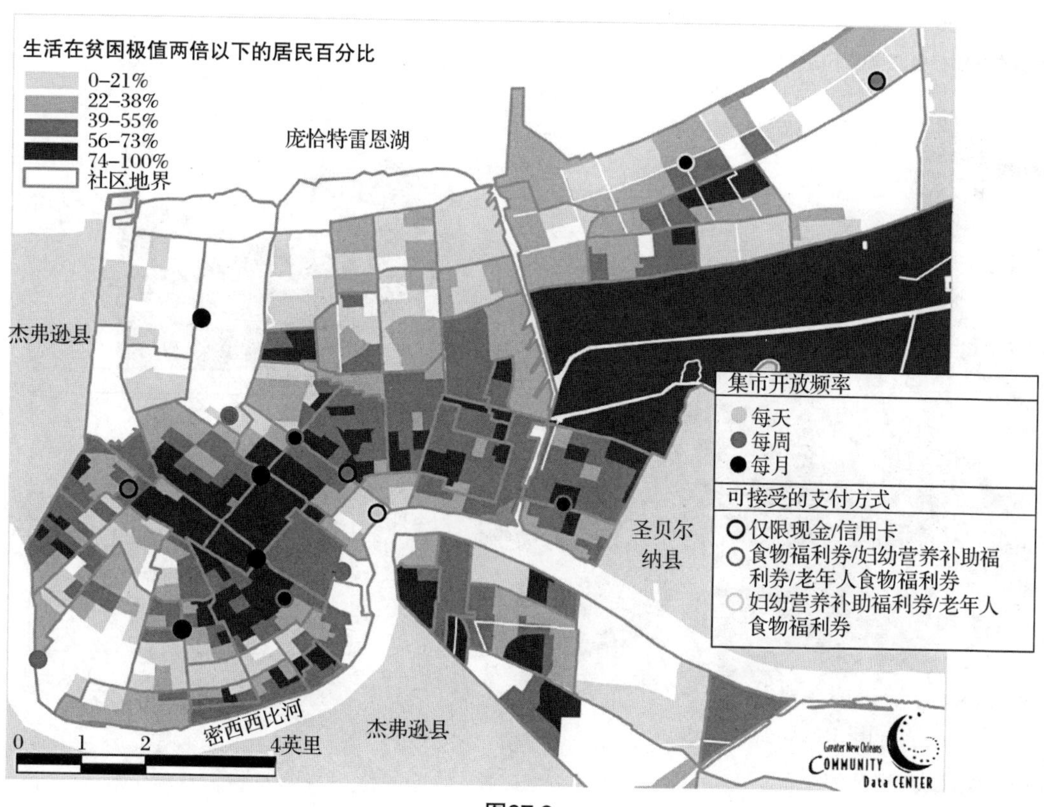

图37.2

及艺术廊。许多项目更青睐富裕居民，因此影响了低收入居民的参与热情。健康食物杂货店似乎仅仅是为富裕居民服务的（考夫曼Coffman，2010）。如果康复中心能够提供吸收低收入消费者的项目，可能会有效地缓解其所在地区的食物荒漠问题。

虽然许多食物项目为部分新奥尔良人扩大了新鲜食物来源，但是这些项目都缺乏城市层面上的战略规划和分析，相互之间没有什么关联的小规模市集埋没在社区的深处，很难被发现也很难到达，售卖的产品也并不十分实惠，因此总的来说对食品安全问题的改善不大。而食物接口则倡导将食物项目建立在低收入社区的边缘，这样既可以方便地服务于低收入人群也可以是让路过的人一眼就看到。食物接口为食品安全问题提供了全面综合的解决方法，据此可以建立如图37.3所示的城市食物零售网络。

图37.3　新奥尔良农夫集市与社区边界图（基于杜兰医药大学，2010）

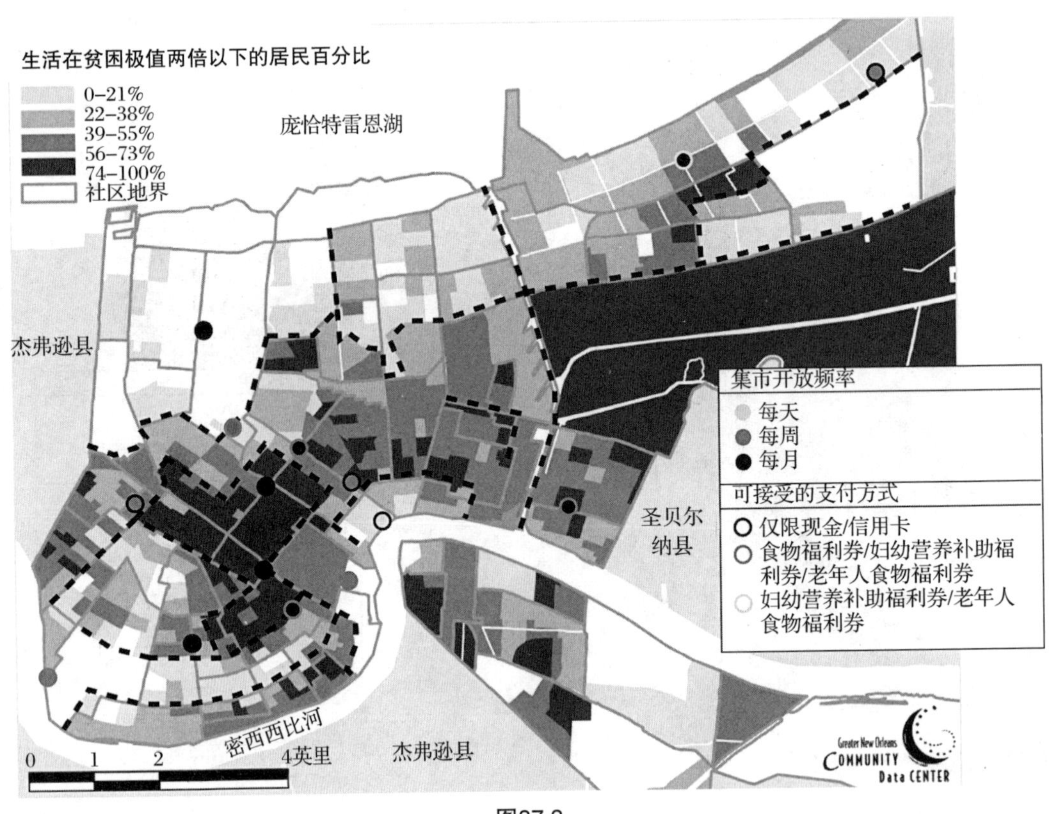

图37.3

37.3　建立食物零售网络

下面的案例研究揭示了在社区边界地带开展本地食物项目的好处。从食物多样化、项目多元化、可达性及可负担性的角度考察，这些项目对它们所在城市的食品安全问题都产生了显著的正面影响。

37.3.1　芳德雷市场

在辛辛那提市，芳德雷市场提供满足不同消费者预算的多种多样的食物，从而吸引了社区乃至全市的居民到这里购物。这个市场的位置很方便，周边社区（Over-the-Rhine）的低收入居民也能负担得起这里的食

图37.4　芳德雷市场图示（基于杜兰医药大学，2010）

物。芳德雷市场里有大量的民族食品、稀缺食品、独一无二的家庭制造食品，因此对富裕人口也有吸引力。色彩鲜艳的食物主题墙绘增强了这里与中央公园大道的视觉联系。中央公园大道是一条主要的交通干道，也是Over-the-Rhine社区与West End社区的边界，如图37.4所示。由于临近主要干道，市场的可达性非常好。

芳德雷市场之所以可以提供多种多样的食物，是因为该市场有完备的固定基础设

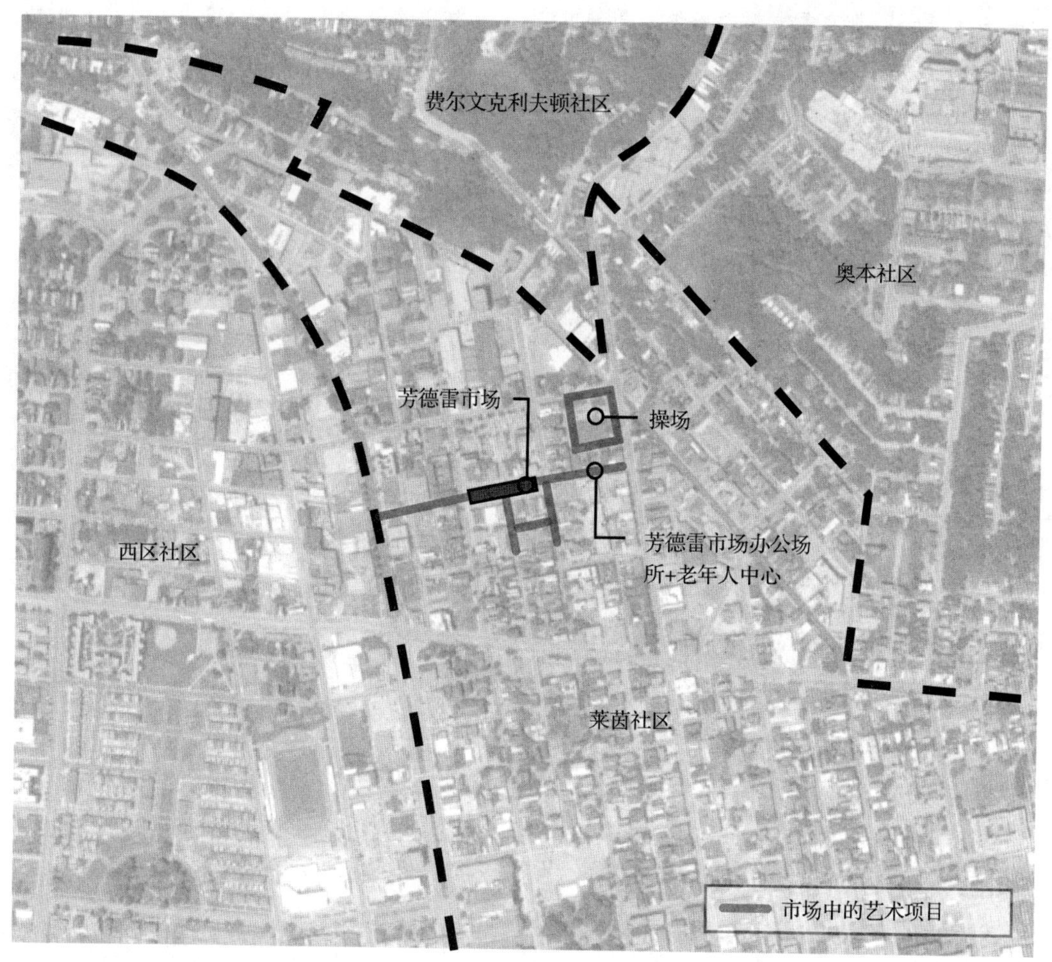

图37.4

施。这个室内市场为每个摊位配备电子秤、冷冻和干燥食物储存区、食物加工区和冰柜展示区。利用这些设施，商贩们可以售卖肉类、海鲜、奶制品和熟食。商贩还可以利用市场周围的人行道摆摊售卖非食物商品。这个有顶棚的长廊市场一直延伸到停车场，这样农民就可以很方便地把他们的卡车停靠在摊位附近。芳德雷市场周围都是中高层建筑物，这样就创造了额外的地面食物售卖空间，因此可以吸引更多的消费者。

凭借着多种多样的服务项目，芳德雷市场成为了一个生机勃勃的食物零售街区。这个市场还为消费者提供桌椅座位，以方便他们享用在市场里购买的食物饮料。芳德雷市场的雄伟计划中还包括举办音乐会、游行、节日集会，使其成为一个多功能的公共场所。市场的艺术项目支持年轻人创造艺术装置，把色彩和乐观的精神播撒到社区中。这些艺术项目还会扩展到附近的操场和棒球场，这样当父母去购物的时候孩子们便可以在这里玩耍。

37.3.2 三十二大街农夫市场

30年来，巴尔迪莫市的三十二大街农夫市场因为其便利的交通位置一直保有忠实的客户（2010：heep://www.32ndstreetmarket.org）。这个市场利用了一个大型的停车场地，位于中等收入的非洲裔美国人社区、低收入的韩国人社区、富人社区和约翰霍普金大学之间（费舍Fisher，1999）。约有30%的人步行来此购物（雷伊Rey，2010）。此外，这个市场实际上就在绿山大街商业区的边缘位置，绿山大街商业区是一个大型的零售终端，包括餐馆、超市、服装店、书店、美发沙龙和其他服务，吸引着全市居民来这里购物。在商业区和市场这两个街区之间有五条公共交通线路，对消费者来说非常方便，如图37.5所示。

三十二大街市场为周边社区的居民提供实惠多样的食物，包括生鲜农产品、烤制食品、肉类及奶制品，还有不同风味的成品食物，包括亚洲、埃塞俄比亚、印度和墨西哥风味料理，这也说明了该市场消费者多元的文化背景。商贩们也来自不同的本地社区，这也有助于加强消费者的归属感。市场设置了无线食物优惠券设备，方便了低收入消费者，同时还为购买新鲜食物提供额外的补贴。市场的规模很大，每周有近五十位商贩来摆摊，这使得市场成为了一站式的购物场所，可以满足消费者一周的食物需求。市场有严格的商贩准入政策以确保食物和服务质量。

除了供应食物，三十二大街市场也是社区活动场所。除了厨艺展示、儿童活动和举办婚礼等吸引消费者的方式外，市场还利用历年的结余基金资助社区学校、教堂和唱诗班，同时为社区提供公益性的空间，方便社区收集发放信息、社区居民聚集在一起讨论社区事务。

27.3.3 城市农场

芝加哥城市农场项目的任务是将整个城市的空地转化成生产性的绿色空间并为不同社区提供高质量的食物（芝加哥资源中心，http:www.resourcecenterchicago.org）。试点地区位于低收入社区（公共住房项目

图37.5　三十二大街市场地图（基于杜兰医药大学，2010）

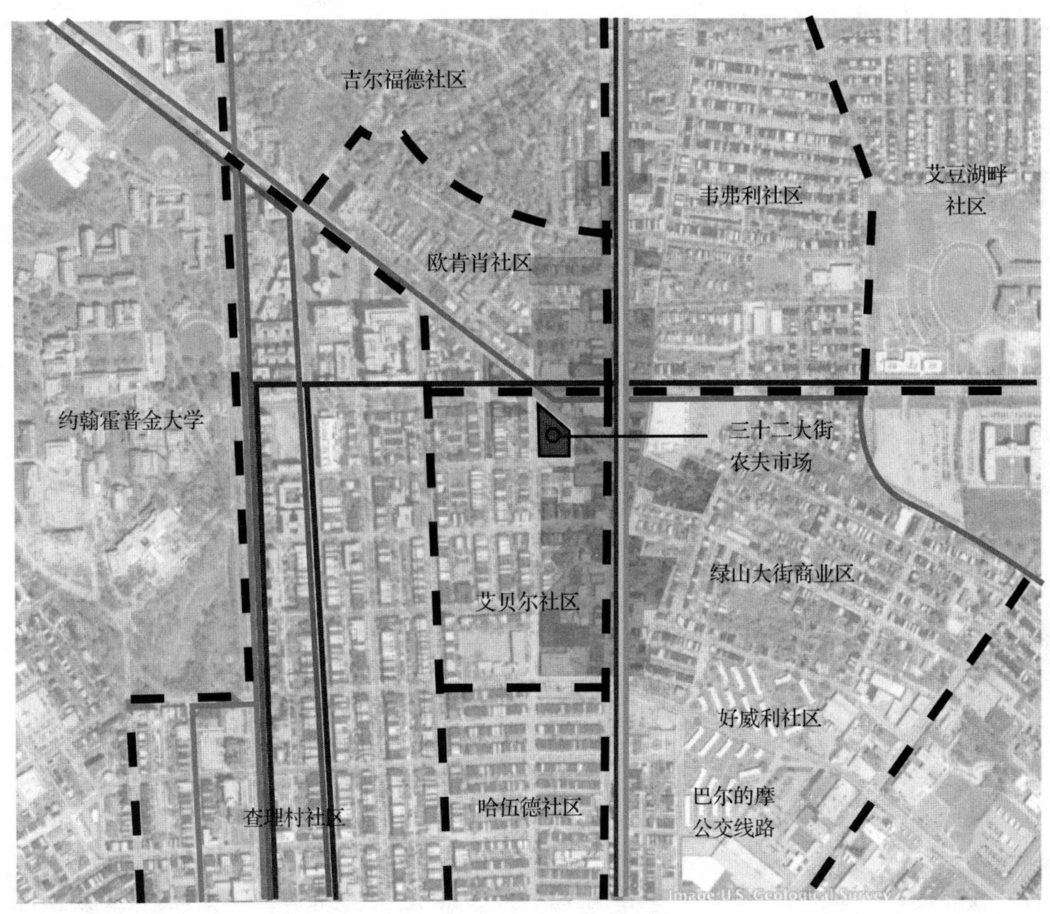

图37.5

Cabrini-green 社区）和富裕社区（黄金海岸社区）之间的边界地带，如图37.6所示。农场的产品主要出售给当地餐馆的大厨和两个相邻社区的居民。这个项目是滚动式进行的：一个地点的土地开垦后，从这里所获得的堆肥原料就被转移到城市里另外一个地点，进行新的开垦。

城市农场向人们展示了城市农业为当地居民创造就业机会的能力。数千人已经参观了城市农场，学习了可持续农业技术并得到了相应的培训。项目组还会为那些想在自己的土地上建设食物花园的人提供进一步培

图37.6　城市农场地图（基于杜兰医药大学，2010）

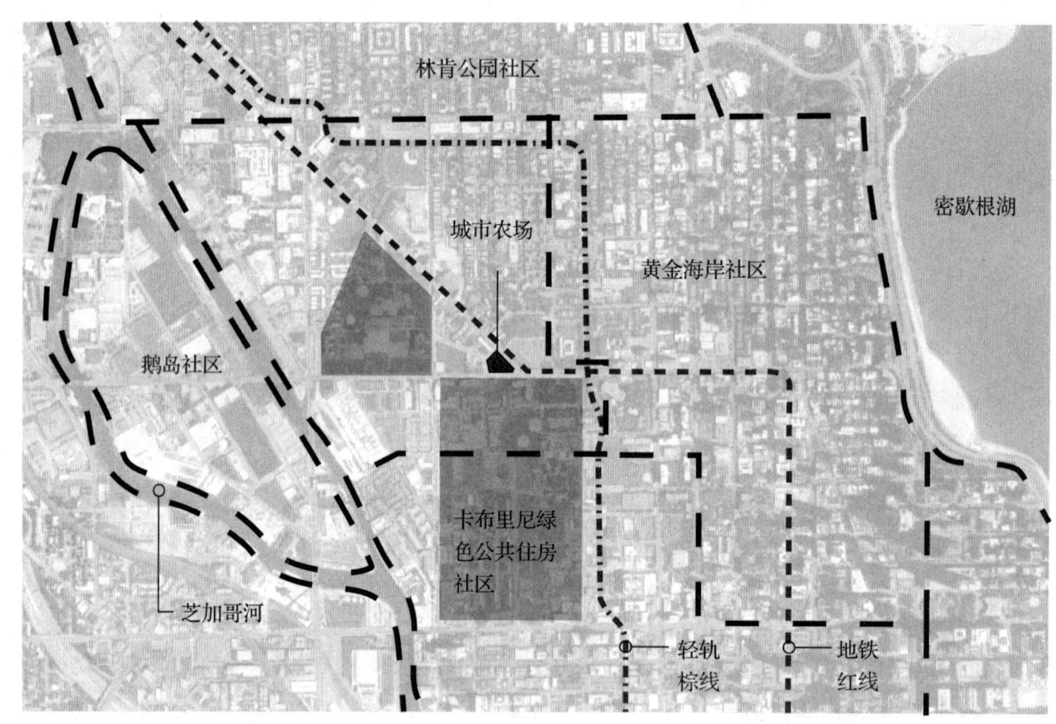

图37.6

训。城市农场项目意图创建一种长期的培训机制，这样就可以扩展其劳动力培训项目。

37.4　连接新奥尔良

在研究学习以上案例的基础上，下面将明确新奥尔良当前面临的食品安全问题并提出相应的建议。

挑战： 规模过小以及每周营业时间过短降低了新奥尔良市集的可靠度。

建议： 食物接口必须要有一定的规模，配备固定设备，提供多样化的食物，以此来保证其效率和可靠性，使市集能够替代传统超市。

如果市民必须到超市中补充集市没有的产品，那么农夫集市会逐渐被市民抛弃。因此食物接口必须有丰富的食物种类才能成为一站式购物场所。为了供应多样的食物，这里需要配备固定设施，包括电力接口、冰箱、烹饪台、加工区域以及储藏区域。成品食物和饮料也是必要的，可以吸引只是前来就餐的顾客，并能让人们在这里闲逛一会，从而增加食物接口的社会活动。

挑战：新奥尔良农夫集市缺少多元文化经济背景的顾客群。

建议：食品接口必须提供多样的食物从而吸引多元的顾客。

由于食物接口坐落于社区之间，因此非常有必要针对周围社区提供多样的食物。食物接口可以像芳德雷市场那样提供不同价格档次的食物，这样就可以吸引不同经济水平的消费者；也可以像三十二大街市场那样，提供不同种族/民族的特色食物，引进不同种族/民族的商贩，这样就可以吸引不同种族/民族的消费者并营造归属感。

挑战：新奥尔良农夫集市的公众关注度不高。

建议：把各种项目整合到食物接口中以吸引更多的参观者，将食物接口建设为社区公共活动场所。

通过举办音乐表演、节日庆典、厨艺展示、游行、社区集会和儿童活动，食品接口可以成为一个社会公共场所。

食物接口可以为年轻人提供从事艺术和食物教育的机会。由于边界地区通常会有被忽视、被荒废的土地，利用这些空间开展艺术项目可以为社区带来活力和生机。食物接口还可以与现存的社区组织一起推动社区中的艺术项目和活动。芝加哥的城市农场项目展示了城市农业可以把边界地带转变为具有活力的生产性景观。食物接口同样可以纳入城市农业项目，以便创造更多的工作岗位、培育社区意识。

挑战：对那些低收入人群来说，许多新奥尔良的农夫集市可达性不好。

建议：为最大化可见度和可达性，食物接口应该坐落于主要的公共交通沿线。

许多新奥尔良的集市深藏于社区中而难以被人发现。这样的集市倾向于吸引来自特定社区的特定人群。位于社区边界地带的食品接口则位于周边多个社区的步行范围内。在主街或靠近主街的地方设置食物接口能够最大化可见度和可达性，如果食物接口临近现存的零售点，还可以共享客流。

挑战：对那些低收入人群来说，新奥尔良农夫集市的产品价格过高。

建议：食物接口必须位于经济多元的社区之间。

食物接口应该提供不同价位的食物，富人购买更贵更精细的食物，这可以确保食物接口的收支平衡，从而使食品接口可以为低收入人群提供价格低廉的食物。食品接口还可以像三十二大街市场和新月农夫集市那样设立金融项目，用以补贴新鲜食物，从而鼓励低收入人群选择更为健康的食物。

挑战：许多新奥尔良农夫集市缺乏扩建资金。

建议：食物接口必须寻求公共及私人投资。

通过整合来自公共部门、私人银行和基金的资助，食物接口可以发展成为一个大规模的项目（再投资基金会、食物信托、费城城市事务联合部，2009）。像宾夕法尼亚食物信托组织这样的机构可以为项目的扩建提供程序上的帮助。

37.5 结论

为了尽快解决食物安全问题，我们应该提出食物总体规划，确定潜在的食物接口地点，制定使这些地点具有吸引力、可达性、可负担性的战略。上述这些建议为食物接口计划提供了一个指导框架。接下来就应该详细考察分析每一处地点和其周围社区的情况，从而决定合适的食物供给种类和项目、评估其可达性并明确资助来源。有了这样的食物接口计划，新奥尔良将不仅仅会因其食物文化而闻名，更将因其创新的食物安全项目而闻名。

参考文献

Custer, S., 2009. Healthy Corner Stores for Healthy New Orleans Neighborhoods. Congressional Hunger Center. Available at http://healthycornerstores.org/wp-content/uploads/resources/NOLA_Healthy_Corner_Stores_Toolkit.pdf.

Everett, B., 2010. Katrina the Seam [STRESS]: Rebuilding through flood architecture. In: ReBuilding: Proceedings of the 2010 98th Annual Meeting in New Orleans. ACSA Press, Washington DC, USA, pp. 212-220.

Fisher, A., 1999. Hot peppers and parking lot peaches: evaluating farmers' markets in low income communities. Community Food Security Coalition, Portland, OR, USA. Available at http://www.foodsecurity.org/pubs.html.

Goody Clancy, 2010. The Plan for the 21st century: New Orleans 2030. Available at http://www.nolamsterplan.org.

Jacobs, J., 1961. The Death and life of great American cities. Vintage, New York, NY, USA, pp. 257-269.

Lynch, K., 1960. The image of the city. MIT Press, Cambridge, USA, 194 pp.

New Orleans Food Policy Advisory Committee, 2008. Building healthy communities: expanding access to fresh food retail. Available at http://www.sph.tulane.edu/PRC/pages/FPAC.htm.

The Reinvestment Fund, The Food Trust, and Greater Philadelphia Urban Affairs Coalition, 2009. Pennsylvania Fresh Food Financing Initiative. The Reinvestment Fund, Philadelphia, PA, USA. Available at http://www.trfund.com/resource/downloads/Fresh_Food_Financing_Initiative_Comprehensive.pdf.

第38章

连贯式生产性城市景观策略包

卡特琳·伯恩[1]（Katrin Bohn）
安德烈·维尤恩[2]（Andre Viljoen）
1德国柏林工业大学
2英国布莱顿大学艺术学院建筑设计系
Katrin.bohn@tu-berlin.de

摘要：为了证明城市农业的影响，并试图理解城市农业与切实可行的可持续性食物政策的关系，全世界的城市都在寻求政策导则、好的实践案例和更深入的证据。在欧洲，城市中的生产性景观所具有的潜在环境和社会文化效益已经被广泛认同，但还没有成为必要的城市基础设施。本文旨在探索规划师和设计师在构建、支持和推动可持续食物系统与城市系统结合过程中所扮演的重要角色。作者总结了10年来连贯式生产性城市景观概念的设计和研究工作，并在两个城市（柏林和伦敦）的背景中审视这一概念的演化。本文关注从这些城市中学到的经验、近期实践和未来的策略，总结了实施生产性城市景观的方案导则，即CPUL策略包。策略包旨在提供规划实施生产性城市景观（CPUL）战略所必须的关键策略，包括四种：U+D策略（自下而上结合自上而下策略），VIS策略（可视化策略），IUC策略（城市容量清单策略），R策略（设计研究策略）。本文总结了CPUL策略包在柏林和伦敦的应用，可以发现，CPUL已经开始与城市基础设施逐步融合。

关键词：连贯式生产性城市景观（CPUL），城市农业，可持续的城市规划和设计，城市和区域基础设施，城市食物体系

38.1　CPUL：必要的基础设施

为了证明城市农业的影响，全世界的城市都在寻求政策导则、好的实践案例和更深入的证据。从2005年以来，作者受邀向加拿大、古巴、丹麦、法国、德国、意大利、爱尔兰、荷兰、挪威、葡萄牙、西班牙、瑞典、瑞士、英国和美国的公众和专家展示CPUL城市理念。另外，关于这一理念的文章在各地广泛出版，包括中国、韩国和俄国。

CPUL理念的核心是将城市农业与城市开放空间系统整合，形成多功能的生产性开放空间体系。CPUL将生产性景观视为城市可持续基础设施的必要要素（维尤恩Viljoen和伯恩Bohn，2009，2005a）。认为在改善环境的同时，城市农业还有助于形成更加可持续和具有弹性的食物系统。CPUL是一种物质环境设计策略，为在现存的城市肌理中实施生产性景观提供了策略和理论框架（伯恩Bohn和维尤恩Viljoen，2010）（图38.1）。

在CPUL概念中，城市农业主要指的是水果和蔬菜生产。食物种植、人们共享的休闲和商业户外空间、自然生物、生态走廊和非机动车道路是CPUL的核心要素。这一网络联系了现存的开放空间，根据情况保持或改变其用途。

CPUL能够提升居民的生活质量并减少负面的环境影响（维尤恩Vilioen和伯恩Bohn，2005b）。基于不同城市的不同情况，CPUL的形态和功能也会随之变化。CPUL设想了一种“混合经济”图景：各种规模、各种主体、商业化或非商业化的城市农业项目（图38.2）。

在城市设计中，城市农业扮演着什么角色？在研究这个问题的过程中，伯恩和维尤恩建筑事务所提出了CPUL概念（维尤恩Viljoen和伯恩Bohn，1999；维尤恩等Viljoen et al.，2004；维尤恩Viljoen和泰迪沃

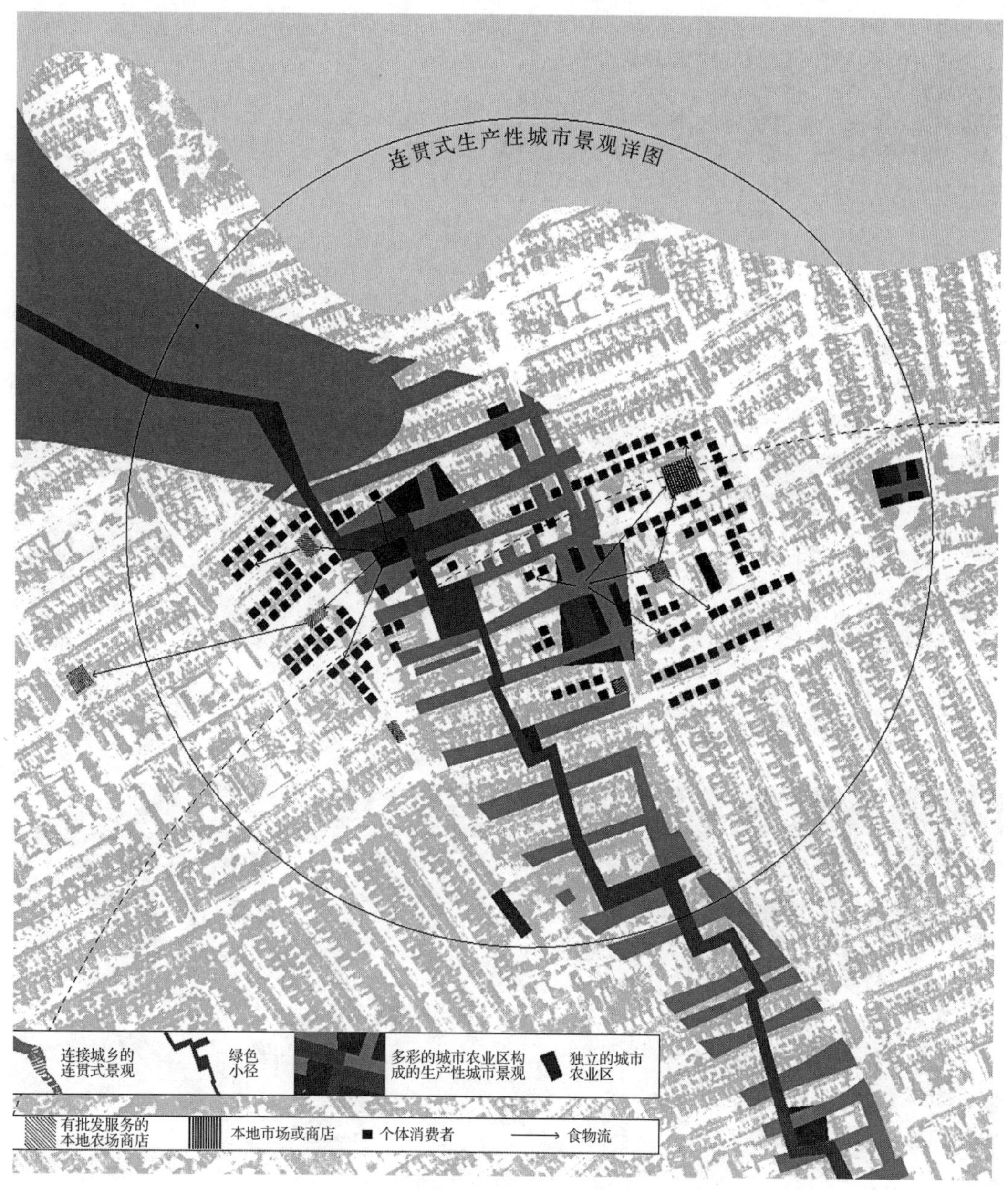

图38.1

图38.1　CPUL概念示意图。包括步行道和自行车道在内的连贯式生产性开放空间网络形成了绿色廊道。城市农业和其他户外工作和休闲活动位于这个网络中，并服务于邻近的建成区域（伯恩和维尤恩建筑事务所Bohn Viljoen Architects，2002）

图38.2　把CPUL设想为一种城市开放空间，在这样的空间里，城市农业和居民的户外活动场所有机融合在一起（左图，伯恩和维尤恩建筑事务所“古巴：城市农业实验室”，2002；右图，伯恩和维尤恩建筑事务所“连贯的聚会地”，2008）。

图38.3　布莱顿开放空间项目：这是一个公共活动，证明了CPUL可以改变单一用途的公共空间。该活动由伯恩和维尤恩建筑事务所发起和策划，与当地居民以及布莱顿大学合作开展。资金来源于“创新校园活动”基金（乔纳森·盖尔斯Jonathan Gales，2010）。

图38.2

图38.3

Tadiveau，1998）。

究竟是什么会导致城市开放空间的剧烈变革？在针对这个问题进行了大量相关的社会、环境、经济和设计研讨后，CPUL概念更加清晰。引发开放空间变革的最主要动因是人们希望能找到更加自足的生活方式（维尤恩Viljioen和伯恩Bohn，2000）（图38.3）。

CPUL概念也在不断发展，这归功于许多提出宝贵意见的学者和社会活动家，包括转型城镇网络（Transition Town Network）的创立者罗伯·霍普金斯（Rob Hopkins）（霍普金斯Hopkins，2006）。这一概念也被许多学者和实践者所引用（堪萨斯耕作Cultivate Kanasas City 2011；霍奇森等Hodgson et al，2010；穆杰特等Mougeot 2005；斯密特Smit 2005；泰勒洛弗尔Taylor Lovell和约翰斯顿Johnston 2009）。

38.2 规划和设计的角色

从20世纪90年代开始就有大量有关城市农业的文献出现，这些文献主要关注城市农业在食品安全、公共健康和社会公平等方面的积极影响（科鲁兹·埃尔南德斯Cruz Hernandez和桑切斯·麦地那Sanchez Medina，2003；埃格起亚贝尔等Egziabher et al，1994；考克等Koc et al，1990；穆杰特Mougeot，2005）。

1996年出版的《城市农业：食物、工作和可持续的城市》（斯密特Smit，1996）是一个里程碑，该书确立了城市农业的国际角色，并引发了一系列学术或大众读物的出版。随后城市农业规划也被逐渐提上议程，2005年出版的《连贯式生产性城市景观》（维尤恩Viljoen，2005）一书首次提出了将城市农业整合到城市中的设计策略。

在设计学科中，新思想主要通过展览以及学术论文进行传播。城市农业设计成果的破冰之旅始于2007年，彼时荷兰建筑学会在马斯特里赫特举办了一场名为“可食用城市”的展览（匿名，2007），将有名望的建筑师、艺术家和设计师汇聚到了一起，共同探索城市农业。自此，由国际设计机构举办的类似的展览和工作坊不断增加（图38.4）。

建筑师之所以会较早地关注这一主题或许与以下因素有关：该主题与低能耗和可持续的紧密关系、该主题整合貌似毫无联系的事务的能力、该主题引发的具有吸引力的城市未来情景。

如今，其他将城市农业融入到当代城市中的新理念不断出现，这使得CPUL得以持续完善。这些新理念通常始于与CPUL不同的关注点，从而引发了一系列不同的方案，但与CPUL一样，这些理念也都致力于探索城市中食物种植设计的可能性。它们中的佼佼者包括卡洛琳·斯蒂尔（Carolyn Steel）的食托邦（Sitopia）（斯蒂尔Steel，2008），迪克森·德波米耶（Dickson Despommier）的垂直农场（Vertical Farms）（德波米耶Despommier，2010）和利姆（CjLim）的智慧城市（Smartcities）（利姆Lim和刘Liu，2010）。

38.3 CPUL策略包

尽管在城市农业方面缺少相关政策和设计

图38.4　由艺术机构、建筑机构和画廊主办的关于城市农业和CPUL的展览数量持续增加，说明国际建筑和城市设计领域正在逐渐接受这一议题（这并不是一个完整的图表，仅用于反映相关趋势）（伯恩和维尤恩建筑事务所，2009）。

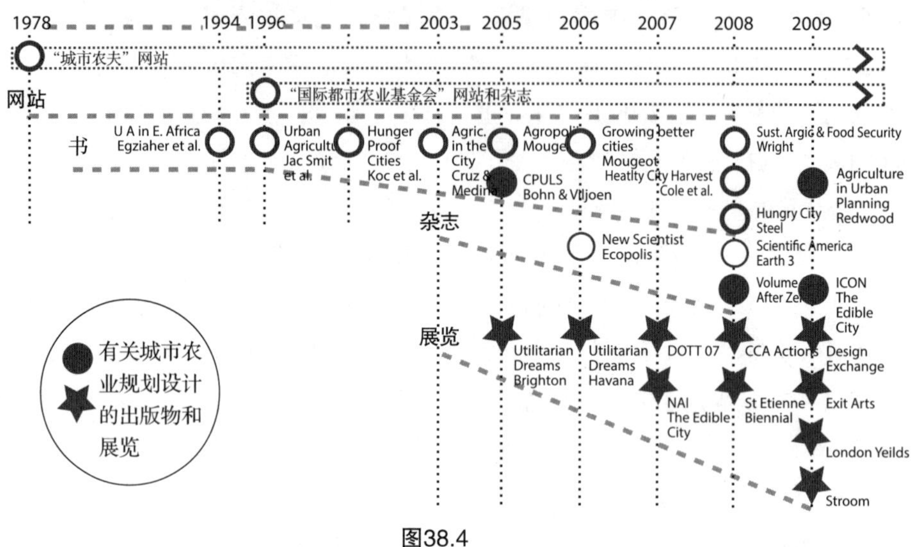

图38.4

指导，但这并不妨碍一些成功项目的开展，如柏林的公主花园项目（Prinzessinnengarten）（Nomadisch Grun股份有限公司Nomadisch Grun GmbH，2011）或伦敦的首都种植项目（Capital Growth，2010）。在很多情况下，实践的开展领先于政策的出台，但这也会导致实践往往是偶发的并缺乏连贯性。此外，不同的发展策略和方式会导致高度竞争的环境，在这种情况下，针对食物问题的政治经济解决方案可能就会趋于两极化（加拉格尔Gallagher，2010）。

导致这种不平稳发展局面的原因错综复杂，包括：

- 城市食物系统的复杂性；
- 每个国家、城市或场所都有不同的背景条件，包括不同的食物文化、地形地貌和贸易模式等；
- 多种多样的城市农业实践和组织结构；
- 城市农业项目缺乏长期经验；
- 缺乏项目评估体系，项目经验难以连续传播；
- 在不断扩张的城市中，有价值的城市土地面临商业开发压力，在萎缩的城市中则缺乏基础设施资源；
- 城市农业作为一种城市土地用途的合法性受到质疑。

基于上述几点，我们正在制定CPUL策略包，以便更好地指导城市食物系统的规划设计工作。策略包是系统的、能够指导

图38.5　CPUL策略包，确保城市农业项目成功实施的四种策略（伯恩Bohn和维尤恩Viljoen，2010）

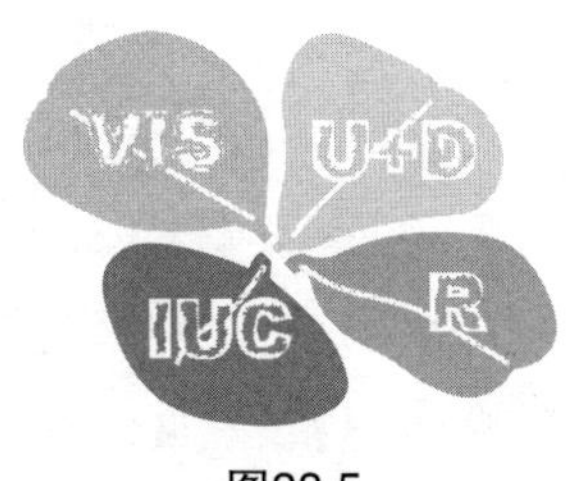

图38.5

空间实践的技术体系。例如转型城镇组织出版的《本地食物》一书就是类似的策略包，它关注在社区实践中所需要的系统技术信息（平克顿Pinkerton和霍普金斯Hopkins，2009）。

与《本地食物》相比，CPUL策略包涉及的空间范围更广。它明确要与城市规划框架相结合，其目标人群是社会活动家、设计师、规划师和城市管理人员。我们认为，四个不同的策略与建筑、设计和规划学科最为相关，我们将其命名为“CPUL 策略包”（图38.5）。

38.3.1　U+D策略（自下而上结合自上而下策略）

CPUL项目需要自上而下和自下而上共同推动。如果一个城市农业项目既能依赖当地的创始人和支持者，同时也进入了当地政府的议事日程，那么这便是获得长足成功的最好机会。古巴的有机种植项目（organoponicos）（维尤恩Viljoen，2005）和纽约的绿拇指计划（Green Thumb Initiative）就是很好的例子。社区发起和企业行为都可以被界定为自下而上的推动方式。当然，每种方式都各有特点。社区发起的项目往往是受到居民自治的驱动，如密尔沃基种植力量项目（Growing Power in Milwaukee，2011），柏林的跨文化花园项目（Stiftung Interkultur，2011），那些富裕社区则专注教育和生活方式问题，如伦敦的富通绿色社区份地信托（Fortis Green Community Allotments Trust，2010）。企业经营的项目既包括那些小规模的集市花园，如伦敦的社区耕作（Growing Communities，2011），也包括大规模的“公司”，如底特律的汉茨农场（Hantz Farms，2009）。现在最需要的是改革政策来支持这些多样化的自下而上的行动，并将其与其他城市事务整合在一个完整的框架中以提升城市弹性和城市空间质量。

38.3.2　VIS策略（可视化策略）

CPUL和城市农业的成果需要可视化才能进一步提升公众认知和对决策者的影响力。这恰恰是建筑师、规划师和设计师所擅长的，可以以展览、装置、访谈、网页和出版物等多种多样的方式传播城市农业及CPUL的理念。这些专业人士可以成为迎接未来改变和挑战的先锋。利用可视化策略，CPUL理念可以随着持续的研究得到进一步巩固。

38.3.3 IUC策略（城市容量清单策略）

城市容量清单非常重要，可以细分为空间清单、利益相关者清单和管理能力清单。在城市农业运动的开端，确定并图示可利用的城市空间（土壤质量、污染、水、空气、相邻的集市和堆肥点）是一项颇受重视的工作，波特兰的《可挖掘城市报告（Diggable City）》（巴尔莫等Balmer et al，2005）以及伦敦的《大象城堡社区研究报告（The Elephant & Castle Study）》（汤姆金斯Tomkins，2009）中都有相关内容。近几年来，项目的利益相关者和项目管理能力的重要性日渐凸显，这也在一些项目中得到了证实，如伦敦滨水开放空间基金会的努力增加了当地的种植空间（B.O.S.T，2011），柏林利希滕贝格议会和城市农夫的合作增强了项目的管理能力（Agrarborse，2011）。由于土地是有限的，利益相关者和管理能力的重要性就会增强。古巴多年的实践表明，利用项目资金提升农业技术和管理技能是一种自上而下行之有效的方式（维尤恩Viljoen，2005）。

38.3.4 R策略（设计研究策略）

不管是在本地层面还是全球层面，社会条件和环境条件都在迅速变化。为了适应不断变化的环境，也为了检验CPUL的成果，策略包必须持续演进。其中，应用性设计研究需要构建不同的程序、空间和商业模式以适应不同的生产规模。

对种植技术来说，原型测试和原地测试是两种最有效的评估方式。我们发现展览和装置是比较好的测试方法，例如，我们设计了“城市农业窗帘”和“种植阳台”装置（伯恩Bohn和维尤恩Vilijoen，2009），两者都采用了水培系统，在测试中发现，设计中的巧妙改变、不同的安装位置和管理方式能在很大程度上影响产出以及装置使用的便捷程度（图38.6）。可以想象，不同的商业模式和生产规模也会有相似的情况。

图38.6

图38.6 城市农业窗帘。这是为“伦敦收获”展览设计的垂直生产性景观装置。由伯恩和维尤恩建筑事务所与哈洛农业学院共同开发，利用工业标准的水培系统种植作物，安装在Building Centre饭店中（伯恩和维尤恩建筑事务所，2009）。

38.4　伦敦和柏林：策略包的初步应用

伦敦和柏林的几个案例体现了U+D策略（自下而上结合自上而下的策略）的初步应用：

38.4.1　《首都耕作》——自上而下的推动

在与约50位农民、农夫协会、政府管理部门、食物系统专家以及本文作者进行讨论后，2010年1月，大伦敦市规划和住房委员会出版了《首都耕作：伦敦的食物种植和规划体系》报告（London Assembly，2010）。报告内容包括前期的调研分析、相关文献的综述以及该领域的优秀案例。

报告出了9项政策建议，并呼吁改变规划体系，探讨将商业化食物种植融入到城市之中的可能性。报告还强调需要对《伦敦总体规划》以及地方规划政策进行修改，加入鼓励在伦敦开展食物种植的相关内容。

38.4.2　首都种植——支持自下而上行动的框架

2009年，在筹备《首都耕作》的同时，伦敦食物链、伦敦市长鲍里斯·约翰逊（Boris Johnson）和大乐透本地食物基金共同发起了"首都种植"项目。该项目由食物慈善机构管理，致力于到2012年在大伦敦范围内新建2012块社区菜园，能够提供"实践帮助，拨款，培训，支持想要建立社区食物种植项目的团体，为土地拥有者提供建议"（首都种植Capital Growth，2011）。

38.4.3　伦敦2011总体规划

2011年，在首都耕作和首都种植的影响下，伦敦总体规划纳入了"食物用地"政策（大伦敦市Greater London Authority，2011）。这一意义重大的政策具体包括：（a）支持发展农业，尤其支持在绿带发展农业（城市周边农业）；（b）鼓励利用城市社区周边的土地种植食物（城市农业和城市周边农业）；（c）要求各区明确可用于食物种植的土地，包括屋顶（城市农业）。

38.4.4　伦敦克罗伊登（Croydon）区2011战略策略

伦敦总体计划要由各地方政府执行，其中，伦敦克罗伊登区率先响应。克罗伊登区广泛探索和咨询了城市农业的相关事宜，将生产性景观作为一种土地使用类别纳入了战略规划中（伦敦克罗伊登区London Borough of Croydon，2011）。

38.4.5　柏林《绿色美景》——自上而下的回应模式

2009年，在专家智囊团的支持下，两个景观建筑实践团队开始制定柏林规划草案。2010年9月，柏林城市发展部发布了《绿色美景》草案（Grunes Leitbild）。随之，柏林居民被邀请对草案提出意见。

"自然的、城市的、生产性"是草案的副标题，这表明了柏林所追求的三个主要方向。尽管草案中没有提出城市农业，但是明确了"生产性"土地类别，这就等于将城市农业纳入到了草案中。

"生产性"被界定为"不仅仅由设计者创造，同时也由使用者创造的开放

图38.7　柏林的城市农业。在柏林，社会效益是食物种植的主要推动力。这张地图展示了有明显社会影响的食物种植地点（城市Stadt和营养Ernahrung，2011）。

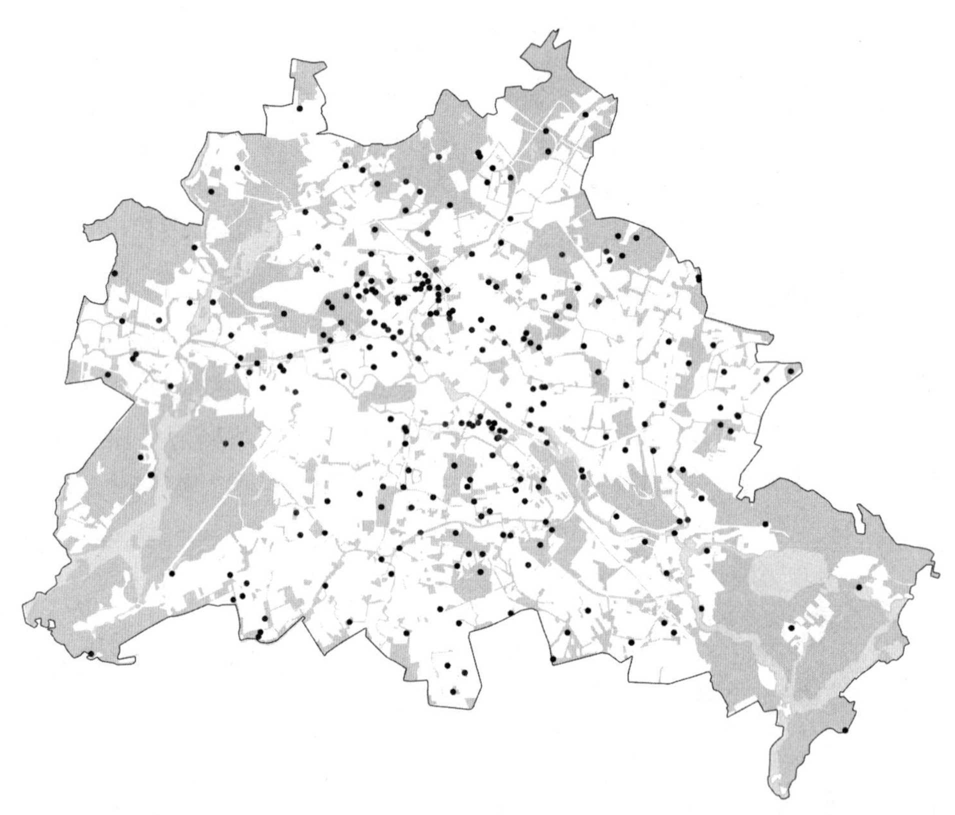

图38.7

空间及文化景观”（伯恩Bohn和吉斯克Giseke，2010）。

在草案中纳入生产性空间也要归功于柏林大量社会团体的努力。在草案制定过程中，他们不停呼吁将城市中的棕地转化为生产性空间。最引人注目的是“都市农业”（urbanacker e.V.，2011）和“微农业（AG Kleinstlamdwirtschaft）”（图38.7）。

在伦敦和柏林将食物生产景观纳入城市规划的过程中，《首都耕作》（Cultivating the Capital）和《绿色美景》（Grunes Leitbild）是重要的基石。这一过程说明城市农业运动在不同城市中有不同的特征。

伦敦和柏林的案例表明，自上而下和自下而上结合的策略有一定的成效。伦敦已经从“伦敦食物委员会”（自上而下）和食品慈善机构“供养：好食物和农场联盟”（自

图38.8　公共办公室。于2011年5月开放6个月以后，本地食物种植者充分利用了这个5000m²的场地（伯恩和维尤恩建筑事务所 Bohn & Viljoen Architects，2011）

图38.8

下而上）中获益。“供养”是国家级别的机构，但是在伦敦非常活跃，致力于推广和推动食物项目（Sustain，2011）。“伦敦食物委员会”是个独立的食物政策咨询机构，曾主管出版于2006年的《食物策略：为伦敦提供健康可持续的食物》，协调食物工作，引导关于可持续食物议题的讨论（London Assembly，2011）。这两个组织在政治领域都很活跃，提高了政府和市政部门对可持续食物系统的关注度，现在正致力于推进城市农业项目的实施。

柏林没有食物委员或食物政策咨询委员会，但是很早就建立了参议院（自上而下）和园艺活动家网络（自下而上）的沟通机制，并共同推动了一个很有前景的示范项目，这个项目位于已经于2008年关闭的滕伯尔霍夫机场。在参议院确定了示范项目场地后，园艺活动家网络开始建设这个雄心勃勃的城市农业项目，并将其命名为“公共办公室（Allmende Kontor）”。目前公共办公室项目已经成为参议院宣传推广的土地临时用途模范项目（图38.8）。

伦敦和柏林的案例都仅仅只是一个开始。《首都耕作》报告使伦敦调整了政策以支持“食物种植用地”。柏林正在尝试将《绿色美景》相关内容纳入到官方政策中。这两个城市中的项目都基于社区的层面开展，本地政治家已经逐渐意识到此类项目有助于形成良好的公众关系。

38.5　结论

在探索城市农业和CPUL的道路上，伦敦和柏林并不孤单。由于社会背景不同，城市农业项目的类型不同，尤其是规划设计体系在项目中的角色不同，其他城市中的实践均有不同的成果。共同点则是项目中食物种植者、建筑师、设计师以及规划专家和当地的政府管理部门的广泛参与。伦敦正在探索商业化的种植项目和食物规划体系，但目前成果还不明显。实际上，每个城市中都有商业化的创新项目，可以想象，未来商业化的食物项目也会被纳入到规划体系中。在密尔沃基市和纽约，这种情况已经开始出现。

随着城市农业规划政策工作的不断深入，伦敦和柏林与其他国家开始合作开拓新的领域。这些探索和它们在城市规划部门的位置反映了政府对城市农业态度的改变。

在这两个案例中，当地政府参与食物种植事务的意愿提高了居民的参与热情：柏林的园艺活动家积极推动了与参议院的沟通机制。伦敦的项目则得到了社区食物种植者的大力支持。

虽然普通民众的参与热情持续高涨，但这并不意味着建筑师和规划师的任务减轻了。相反，有大量的策略性和城市设计工作需要开展。为此，CPUL策略包或许能够提供设计方案和评估体系。它为发起讨论、传播理念和推动实施提供了一个策略框架。本文中出现的案例可能很快就会被更加成功的案例取代，但我们相信这个策略包能够在一段时间内适应情况的变化。

建筑师、设计师和规划师都有设计空间的专业技能。不管在社区项目中还是政府发起的项目中，他们都能通过跨专业合作成为变革的推动者。在他们的努力下，这种城市农业空间设计可能会成为一种可持续的、跨学科的、长期存在的方式。

参考文献

Agrarborse, 2011. Agraborse Deutschland Ost e.V. Available at http://www.agrar-boerseoev.de/.

Anonymous, 2007. De Eatbare Stadt. Naim/bureau Europa. Available at http://www.bureau-europa.nl/tentoonstellingen/archief/352-de-eetbare-stad.

Balmer, K., Gill, J., Kaplinger, H., Miller, J., Peterson, M., Rhoads, A. Rosenbloom, P. and Wall, T., 2005. The diggable city: Making urban agriculture a planning priority. Prepared for the city of Portland. Nohad A. Toulan School of Urban Studies and Planning, Portland State University, Portland, OR, USA. Available at http://www.diggablecity.org/.

Bohn& Vijoen Architects, 2009. The Urban Agriculture Curtain and Growing Balconies. Available at http://www.bohnandviloen.co.uk.

Bohn K. and Giseke U., 2010. Reiche Ernte fur die Stadt. Garten und Landschaft 12/2010: 26-28.

Bohn K. and Viljoen A., 2010. Continuous productive urban landscape (CPUL): Designing essential infrastructure. Landscape Architecture China 2010: 24-30.

B.O.S.T., 2011. Bankside Open Spaces Trust. Available at http://www.bost.org.uk/.

Cruz Hernandez, M. and Sanchez Medina, R., 2003. Agriculture in the city: A key to sustainability in Havana, Cuba. Ian Randle Publishers, Kingston, Jamaica, 210 pp.

Capital Growth, 2011. What's the big idea? Available at http://www.capitalgrowth.org/big_idea/.

Cultivate Kansas City, 2011. Urban agriculture and urban planning & design. Available at http://www.cultivatekc.org/resources/planning-design.html.

Despommier, D., 2010. The vertical city farm: feeding the world in the 21st century. Thomas Dunne Books, St Martin's Press, New York, NY, USA, 305 pp.

Egziabher, A., Lee-Smith, D., Maxwell, D., Mernon, P., Mougeot, L. and Sawio, C., 1994, Cities Feeding People: An Examination of Urban Agriculture in East Africa, International Development Research Centre, Ottawa, Canada.

Fortis Green, 2010. Welcome to the home of the Fortis Green Community Allotments Trust. Available at http://www.fortisgreenallotments.co.uk/.

Gallagher, J., 2010. Reimagining Detroit: Opportunities for defining an American city. Painted Turtle Book, Detroit, USA, 166 pp.

Greater London Authority, 2011. The London Plan. Greater London Authority, London, UK, pp. 240.

Growing Communities, 2011. Growing communities: Hackney's organic farmers' market and box scheme. Growing Communities, London, UK. Available at http://www.growingcommunities.org.

Hodgson, K., Caton Campell, M. and Bailkey, M., 2011. Urban agriculture: Growing healthy, sustainable places. (PAS 563), American Planning Association, Planning Advisory Service, Chicago, IL, USA.

Hopkins, R., 2006. Review of CPULs—Continuous productive urban landscapes. Designing urban agriculture for sustainable cities. Transition Culture. Available at http://transitionculture.org/essential-info/book-review/cpuls/.

Hantz Farms Detroit, 2009. Introduction Hantz Farms. Available at http://www.hantzfarmsdetroit.com/introduction.html.

Koc, M., Macrae, R., Mougeot, L. and Welsh, J. (Eds.), 1999. For hunger-proof cities sustainable urban food systems. International Development Research Centre, Toronto, Canada.

Lim, C. and Liu, E., 2010. Smartcities+ eco-warriors. Routeledge, Oxfordshire, UK, 253 pp.\

London Assembly, 2010. Cultivating the Capital: Food growing and the planning system in London. The London Assembly, London, UK.

London Assembly, 2011. What is the London Food Board? The London Assembly, London, UK. Available at http://www.london.gov.uk/london-food/general/what-london-food-board.

London Borough of Croydon, 2011. Croydon Development Plan Document—Proposed Submission for Publication. London Borough of Croydon, UK 60 pp.

Mougeot, J.A. (Ed.), 2005. Agropolis: The social, political and environmental dimensions of urban agriculture. Earthscan, London, UK, 12 pp.

Nomadisch Grun GmbH, 2011. Prinzessinnengarten, Urbane Landwirtschaft. About us. Available at http://prinzessinnengarten.net/about/.

Pinkerton, T and Hopkins, R., 2009. Local food: how to make it happen in your community. Transition Books an imprint of Green Books, Totness, UK, 216 pp.

Smit, J. (Ed.), 1996. Urban agriculture: food, jobs and sustainable cities. United Nations Publications, Blue Ridge Summit, PA, USA, 328 pp.

Smit, J., 2005. The ethics of urban agriculture. The urban agriculture network, Washington DC, USA. Available at http://www.cityfarmer.org/EthicsUA.html.

Steel, C., 2008. Hungry city: how food shapes our lives. Chatto & Windus, London, UK, 400 pp.

Stiftung Interkultur, 2011. Ubersicht aller Interkulturellen Garten in Berlin. Available at http://www.stiftung-interkultur.de/berlin.

Sustain, 2011. About Sustain. Available at http://www.sustainweb.org/about/.

Taylor Lovell, S. and Johnston, D.M., 2009. Creating multifunctional landscapes: how can the field of ecology inform the design of the landscape? Frontiers in Ecology and the Environment 7: 212-220.

Tomkins, M., 2009. The elephant and the castle; towards a London edible landscape. The Urban Agriculture Magazine 22: 37-38.

Urbanacker, 2011. Urbanacker.net. available at http://urbanacker.net/.

Viljeon, A. and Tardiveau, A., 1998. Sustainable cities and landscape patterns. In: Proceedings of Passive and Low Energy Architecture (PLEA) 98 Conference, Lisbon, Portugal, PLEA. Pp. 49-52.

Viljeon, A. and Bohn, K., 1999. Elasticity. In: Europan 5—Europan Results, Paris, France, pp 285.

Viljeon, A. and Bohn, K., 2000. Urban Intensification and the Integration of Productive Landscape. In: Proceedings of the World Renewable Energy Congress VI, Part 1, Pergamon, Oxford, UK, pp 483-488.

Viljeon, A., Bohn. A. and Pena Diaz, J., 2004. London Thames gateway: Proposals for implementing CPULs in London Riverside and the Lower Lea Valley. Report for the Architecture and Urbanism Unit of the London Assembly. University of Brighton and CUJAE Havana, Brighton, UK.

Viljeon, A. and Bohn K., 2005a. Don't forget the food—rural agriculture and urban agriculture. Littoral Rural Design Forum Conference "Architecture and Agriculture", DEFRA Conference Centre, York, UK.

Viljeon, A. and Bohn K., 2005b. Continuous Productive Urban Landscape—Urban agriculture as essential infrastructure. Urban Agriculture Magazine, 15: 34-36.

Viljeon, A. and Bohn K., 2009. Continuous Productive Urban Landscape (CPUL) Essential Infrastructure and Edible Ornament. Open House International 34: 50-60.

Viljeon, A., 2005. Continuous Productive Urban Landscape: Designing Urban Agriculture for Sustainable Cities. Architectural Press, Oxford, UK.

第39章

利用城市农业设计多功能的空间系统：卡萨布兰卡案例研究

克里斯托夫·卡斯帕（Christoph Kasper）
安汀·吉赛克（Undine Giseke）
西尔维亚·马丁·汉（Silver Martin Han）
德国柏林科技大学
christoph.Kasper@tu-berlin.de

摘要：全球变化中，最具影响的驱动力当属城市化以及城市与自然环境间错综复杂的相互作用。基于这一点，德国联邦教育研究部于2005年启动了“未来都市”研究项目。作为其中的一个子项目，“卡萨布兰卡的城市农业（UAC）”旨在调查城市农业对可持续城市的设计会有多大程度的贡献，试图在新兴都市卡萨布兰卡（Casablanca，Morocco）中将城市农业与开放空间相结合。城市农业是一种将绿色生产性基础设施（GPI）与食物规划相结合的策略方法，空间系统则是城市居民的工作生活环境，将城市农业与开放空间结合意味着城市农民会成为空间生产者，与此同时，一种新城市模式——乡村城市应运而生。考虑到大型都市的特殊结构、资源的利用效率以及气候友好型的城市发展，有两个问题至关重要：该如何对待城市边缘区域？在这个区域城市和农业的互动会产生什么样的积极作用？在将城市农业与开放空间整合后，这些城市边缘地带或许会形成气候友好型和多功能的空间系统，从而提升居民的生活质量。大都市的活力来自于自上而下与自下而上的结合，也需要量身定制的具体发展措施。因此，这项研究关注城市周边区域四个试点项目的实施，阐明了城市与农业结合的综合效益。

关键词：城市边缘地带，乡村城市，生产性景观，行动研究法，绿色生产性基础设施

39.1 引言

全球变化中，最具影响的驱动力当属城市化以及城市与自然环境间错综复杂的相互作用。基于这一点，德国联邦教育研究部（BMBF）于2005年启动了“未来都市”研究项目，探索在新兴工业国家和欠发达国家建设能源气候友好型城市的途径。

未来大都市面临很多挑战，包括空间增长、空间碎片化、人口增长、贫富差距日益扩大、住房问题、确保环境和生活质量问题、基础设施的维护，还有迫在眉睫的气候变化带来的挑战等。在“未来都市”项目的框架下，BMBF设立了十个子项目。这其中，卡萨布兰卡子项目将农业视为影响城市发展的因素进行专题讨论实属首次。这意味着，城市研究更加重视以前被忽视的问题，如生产性开放空间系统以及城市食物生产问题。

这里所探讨的开放空间系统也就有了新的内涵：它不再仅仅只具备娱乐和生态补偿价值，也具有给养城市的潜力。实际上，生产性景观对给养城市有巨大贡献，因此将其纳入规划过程是顺理成章的。考虑到大型都市的特殊结构、资源的利用效率以及气候友好型的城市发展，有两个问题至关重要：该如何对待城市边缘区域？在这个区域城市和农业的互动会产生什么样的积极作用？这正是卡萨布兰卡项目关注的重点。

据联合国2004年关于新兴国家和发展中国家人口的统计，从2003年到2025年，卡萨布兰卡的人口将从360万增长到450万（罗奥米杜马洛哥Royaume du Maroc，2008：271）。因此，达尔贝达应该属于新兴的特大都市之列。

最新的统计表明，达尔贝达的人口增长

已经放缓，2025可能无法达到近五百万人口的规模。然而，在摩洛哥王国，达尔贝达地区仍然是规模最大的城市化区域，是非洲的第十三大城市（UN-HABITAT，2010：53）。

达尔贝达（阿拉伯语：Dar el Beida）同时也是这个国家的经济引擎。这里集聚了摩洛哥60%的工业产业，也是北非最大的海港。同时，去工业化、第三产业的发展以及乡村移民带来的住房压力触发了复杂的转型过程并改变了土地利用模式（图39.1）。根据霍尔和菲佛所提出的大都市模型（Hall and Pfeiffer）（2000），对照相应的指标，达尔贝达应该属于活跃增长城市，而不是超速增长城市。

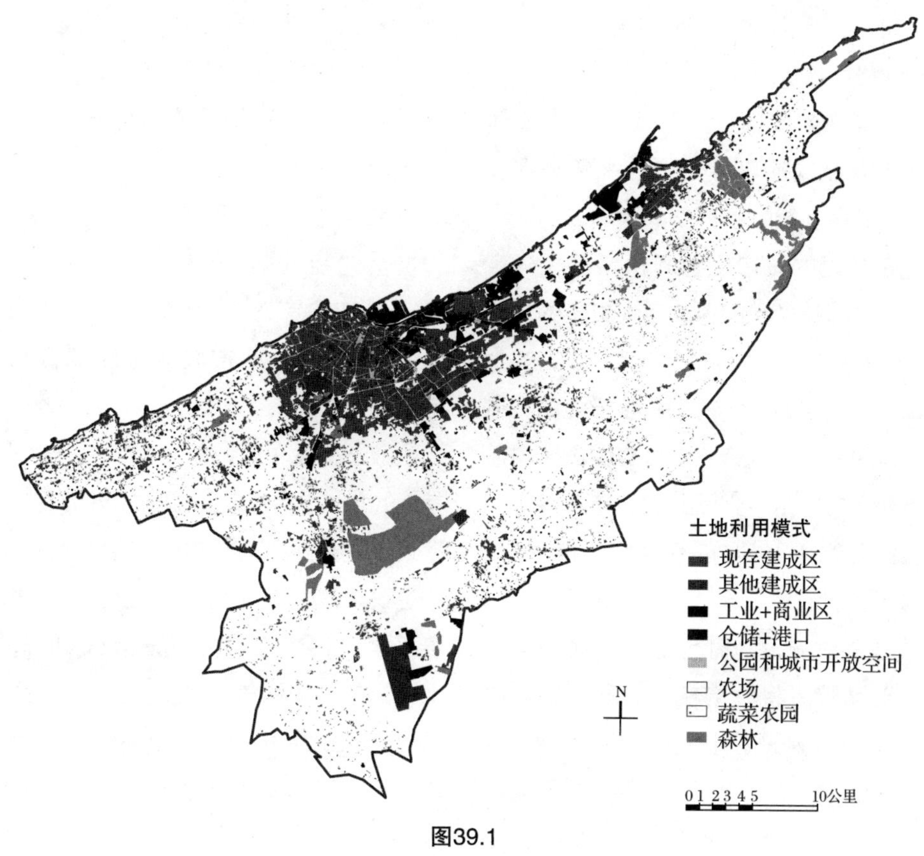

图39.1

图39.1　2004年卡萨布兰卡现有的土地利用模式（SDAU，2008；UAC项目图纸/克里斯托弗卡斯帕 Christoph Kasper）

39.2 城市农业多功能开放空间系统

利用现存的农业空间建设大都市开放空间系统是这个项目的主旨。这些农业地区有可能成为多功能的开放空间系统，并能应对城市所面临的各种挑战，尤其是给养城市的挑战。从这个角度思考城市开放空间意味着要将开放空间系统视为生产性绿色基础设施（PGI），这一系统能与城市在不同的层面上互动（生态，社会，文化等层面），从而创造出新的协同效应。

这也意味着要建立一种不同的农业体系，将农业区域转化为生产性绿色基础设施，强化其多功能性以达到共赢的目的。在这里，多功能的城市土地利用是指在确定的时间段内和在确定的地点实现更多的功能（普里莫斯等Priemus et al.，2004：270）。也就是说，在确定的区域内，将多样化的城市系统交织融合从而创造协同效应。由于覆盖了城市和乡村的范畴，因此在城市背景中，城市农业本身就已经具备多功能性。

需要强调的是：这一空间系统不仅仅是城市的基础设施，同时也是城市居民工作和生活的环境。将城市农业与开放空间结合意味着城市农民会成为空间生产者，以前的乡村生活方式成为城市发展中的要素，从而产生了一种新城市模式——乡村城市（rurban）。这一术语产生于UAC项目中，相比其他更关注欧洲背景的项目，UAC采用了不同的思考角度（阿斯巴Esparcial和布什格Buciega，2005，凡登阿比尔Vanden Abeele和莱茵菲尔德Leinefelder，2007）。在“可持续的城市系统设计”国际竞赛的参赛项目“果阿2100（Goa 2100 project）”中也可以发现类似的术语（李维等Revi et al，2006）。不过，与UAC项目相比，果阿项目仅涉及了生态系统，缺失了经济和社会文化系统。

关于绿色生产性基础设施（PGI）的内涵，项目组给出了以下子目标，并从这些目标中衍生出五个子概念：

- 应有助于城市的食物供应；
- 应该提供娱乐和休闲机会；
- 应有助于提高资源利用效率，改善城市的回收管理系统；
- 应该有助于调整与气候变化相关的服务；
- 应整合生活空间功能和基础设施功能；
- 应该是美不胜收的。

子概念1：城市农业是区域食物生产空间

该子概念关注的是：城市农业对城市可持续的食物供给有多大程度的帮助？它又能在多大程度上推动气候友好型饮食习惯并改善食物主权问题？要回答这两个问题，就必须从营养科学、社会学、文化等视角进行研究，但最重要的是空间视角。城市农业的内涵并不仅仅是在农业经济范围内通过农业生产创造收入，它同时也关注何种程度的生产能有助于改善食物主权，在更广泛的意义上，创建绿色产业，创造收入和价值来消除贫困。

子概念2：城市农业是美丽的、具有生产性的休闲空间

在当今的城市发展策略中，提供充足的休闲娱乐开放空间是重要目标。传统的城市开放空间主要是指公园，这种空间兴起于城

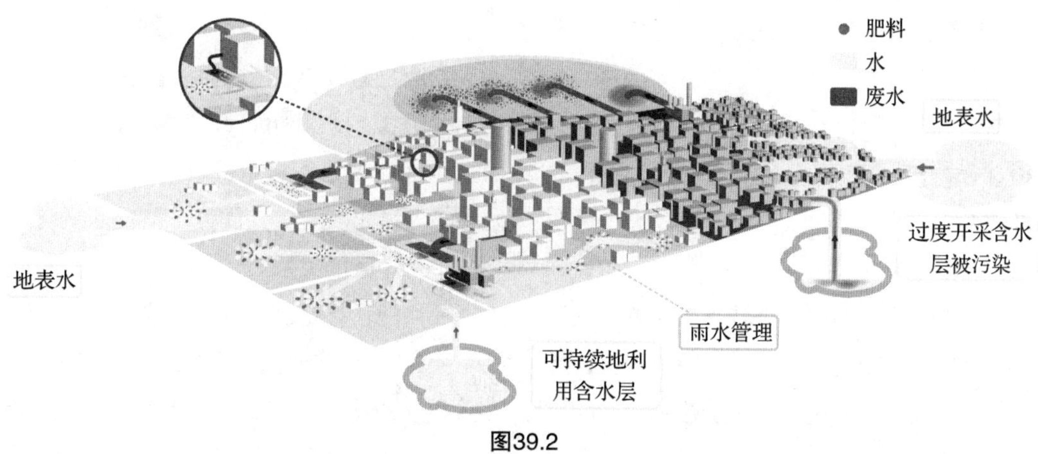

市郊区化扩张的过程中并主要集中在城市中心区，城市农业则扩展了城市开放空间的范畴。我们需要思考，城市农业如何能在满足城市休闲娱乐功能的同时又具有生产性。例如，在卡萨布兰卡的一个试点项目中，城郊农民在街头贩卖本地农产品，同时也为周末来卡萨布兰卡的游客提供旅游服务（周末野餐是在摩洛哥的一个广泛的休闲活动），从而增加了收入。

子概念3：城市农业有助于形成资源有效利用的城乡循环圈

这一概念关注建立城市和农业之间的资源循环圈，从而激发城市和乡村之间的协同效应。其中一个重点是利用经过处理的城市废水灌溉农地（图39.2），建设湿地，同时形成农业景观。当然，这需要开发新的技术手段和探索新型的管理机制。

子概念4：城市农业有助于调节气候

在全球气候变化的大背景下，我们尤其关注城市农业应对气候变化和极端气候条件的能力，即有助于风险管理的能力。除了作为食物生产和开放空间外，城市农业应该成为城市应对气候变化的管理措施之一。具体来说，城市农业有助于雨洪管理、缓解干旱以及城市冷却。

子概念5：城市农业是乡村城市的生活空间

该概念旨在将农业区域转变为都市居民的生活空间。这些人在城市边缘被界定为“乡村城市”的生产性土地上谋生，可以被称之为“乡村城市人（rurbanite）”（即接受城市生活方式的农民）。因此，不同于公园，城市农业是一种多功能的宜居的城市绿色基础设施。这并不是反城市的乡村浪漫主

图39.2　理想的资源高效率型城市和传统城市（UAC项目图纸）

义，而是城市和乡村的协同共生，能够创造新型的城市结构。

39.3　在区域层面上设计城市农业的空间模型

在UAC项目中，基于城市农业的区域开放空间结构与变化的城市空间模式呼应，并与多极化城市中的城市乡村连接带相匹配。农业地区要发展成为紧凑城市中的生产性绿色基础设施，在这个紧凑城市中，乡村和城市的协同共生体现在空间、功能、社会文化等方方面面。此前，利用城市农业整合大都市开放空间系统的发展战略还从未出现过。

因此，在该项目中，确定生产性景观的潜在空间也需要从几个不同的角度着手。这项工作的重要基础是农业空间的相关知识，包括不同的居民、生产方式、生产率、土壤质量，以及对这些空间的认知和评价。

在空间模型中，农业景观的类型与城市背景有关，既包括城市中心区的建筑内部或社区内部的微型空间，也包括城市周边区域集约化生产的空间。不过，UAC项目重点关注城市周边区域。

绿色生产性基础设施空间模型的构建方法基于总体规划中的量化框架（摩洛哥王国Royaume du Maroc，2008）。项目第一阶段的重要成果是城市农业被纳入了城市总体规划用地分类中，城市行政边界内近60000公顷的土地被规划为农业用地。图39.3显示了九种类型城市农业的空间分布情况以及它们与城市化地区的关系。

项目的目标是制定具体的战略和行动计划，通过双轨城市化强化城乡联系。2010年九月举办的城市规划和开放空间规划研究竞赛对此也作出了重要贡献（吉斯克Giseke，2011）。

39.4　试点项目

除了进一步深化理论框架外，实施四个试点项目也是项目组目前的工作重心。

在试点项目的筹备阶段，项目组探讨了城市与农业之间不同的协同方式，其中四种方式被认为值得深入探索（图39.4）。因为城市农业问题与社会和经济系统密不可分，所以试点项目中会涉及各种不同的群体和利益相关者。同时，通过公众参与过程（工作坊，工作会议，报告和监测，实地考察，实地研究），试点项目的工作组织也就自然而然地成立了。

试点项目1——工业和城市农业，论证

图39.3　J九种类型城市农业与城市化地区的关系（SDAU，2008；UAC项目图纸/克里斯托弗卡斯帕Christoph Kasper）。

图39.4　试点项目的分布（UAC项目图纸/克里斯托弗卡斯帕Christoph Kasper）。

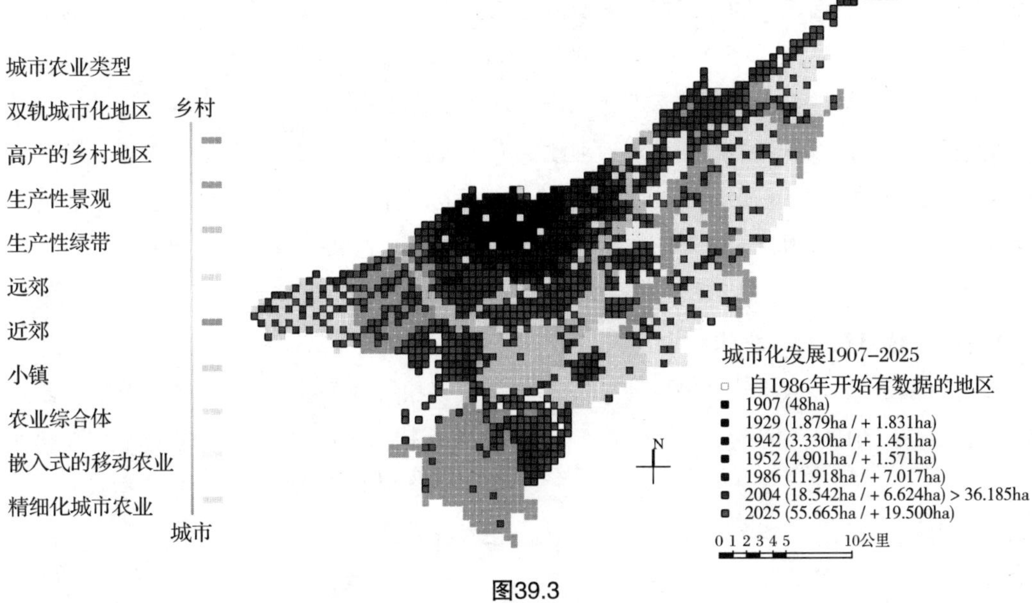

城市农业类型
双轨城市化地区
高产的乡村地区
生产性景观
生产性绿带
远郊
近郊
小镇
农业综合体
嵌入式的移动农业
精细化城市农业
乡村
城市
城市化发展1907–2025
自1986年开始有数据的地区
1907 (48ha)
1929 (1.879ha / + 1.831ha)
1942 (3.330ha / + 1.451ha)
1952 (4.901ha / + 1.571ha)
1986 (11.918ha / + 7.017ha)
2004 (18.542ha / + 6.624ha) > 36.185ha
2025 (55.665ha / + 19.500ha)
N
0 1 2 3 4 5　10公里

图39.3

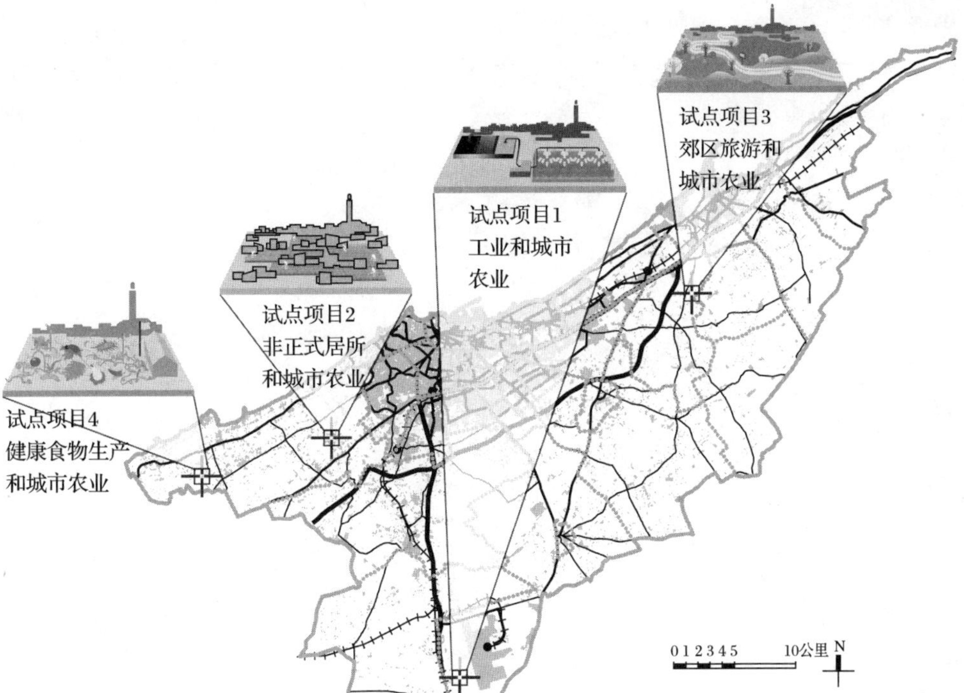

试点项目1
工业和城市
农业
试点项目2
非正式居所
和城市农业
试点项目3
郊区旅游和
城市农业
试点项目4
健康食物生产
和城市农业
0 1 2 3 4 5　10公里
N

图39.4

了农业和工业间的潜在协同效应。通常着眼于水资源的利用。试点项目2——非正式居所和城市农业，关注城市边缘地带非正式居所的居民是否可以以及如何利用城市农业改善生活。试点项目3——旅游和城市农业，致力于将卡萨布兰卡附近的城郊山谷旅游资源与城市农业相结合。试点项目4——健康食物生产和城市农业，旨在确保生活在城市边缘地带的农民通过有机耕种能获得更好的收入（UAC，2010）。

39.5　挑战和机遇

UAC这一跨学科的研究项目是由来自摩洛哥和德国的学者和实践者共同开展。柏林技术大学景观建筑和开放空间规划系负责统筹管理该项目。由景观建筑师来组织和协调这一复杂的跨学科项目并不是偶然的。这是因为他们的专长就是处理复杂的"景观"系统，他们非常擅长在不同的尺度中开展调查和评估工作，与其他学科的专家一起进行跨学科的研究。

城市农业、城市发展、气候变化和政府管理以及技术支持共同构成了项目的框架（图39.5）。这四个方面为项目提供了方法论工具，项目从这四个角度展开研究从而得到综合的结论。

该项目的跨学科特征也体现在工作团队的构成中，包括规划师、设计师、农业科学家、气候学家、社会学家、生态学家、工程师和营养师。

值得注意的是，如果能抓住有利的时机，使用恰当的方式，在频繁的沟通过程中有可能使城市规划机构、区域规划机构和区域农业机构成为永久的项目合作伙伴。此外，各种民间社会团体和当地农民也应该成为合作伙伴，或已经在试点项目中直接参与了进来。

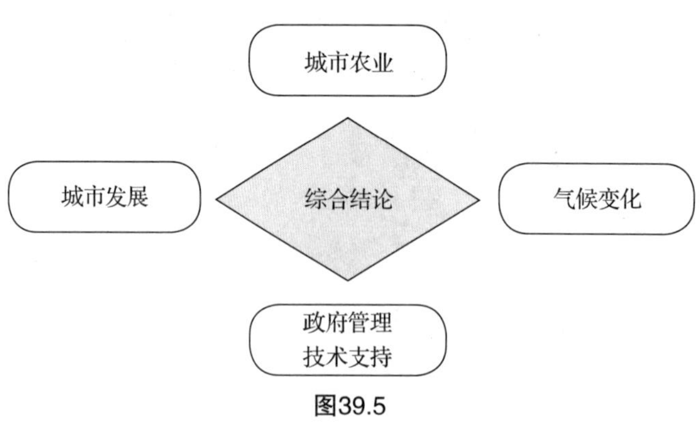

图39.5　项目框架图（UAC项目图纸）

该项目明确关注城市边缘地带，致力于探索现存农业地区转化为多功能开放空间系统的可能。在摩洛哥，农业从来没有与现代城市议题有过关联，这种情况目前已经在转变。在达尔贝达，一系列关于城市和农业可能的协同作用的讨论开辟了新的途径。同时，达尔贝达地区总体规划的修编（从2006年到2010年）提供了机会窗口，使得UAC项目的初步成果得以在总体规划中体现。在UAC项目的推动下，农业已经成为一种城市土地利用类别，并成为开放空间的发展目标。

到2013年3月项目结束时，我们希望能找到以下问题的答案：

在应对气候变化的过程中，城市农业能起到怎样的作用?

在未来的大都市中，城市农业对保护可持续开放空间有什么重要作用?

城市农业对消除贫困有何种程度的贡献?

城市农业能如何适应当地的实际发展情况?

空间模型的初步设计是后继研究的基础，以便进一步探索如何整合农业和城市。随着行业和地区分析的深入、多功能模块的逐步构建以及试点项目的结果反馈，最初的假设已经得到进一步的具体化和修正。其中一个需要深入研究的重要问题就是缩短食物链。同时，需要了解当前的空间使用模式和城市结构动态化发展。城市和城郊农业涉及社会、经济和环境间复杂的相互作用。在卡萨布兰卡，农业用地同时也是建设储备用地。很明显，保护土地要着眼于两个方面：采用新的经济上可行、资源高效利用的农业生产方法和分配方法；从新的社会实践和耕作实践中吸取经验教训。这需要大量优秀实践案例作为榜样，需要提升意识，需要在公共事务中构建合作网络，最重要的是，需要时间。

参考文献

Esparcia, J. and Buciega, A. 2005. New rural—Urban relationships in Europe: A comparative analysis. Experiences from the Netherlands, Spain, Finland and France. Local Development Research Institute, University of Valencia, Spain, 56 pp. available at http://www.rural-urban.org/fils/5fb1d5fe03b938775f1c535bc705d63b.pdf.

Priemus, H., Rodenburg C.A. and Nijkamp P. (Eds.) 2004. Multifunctional urban land use: a new phenomenon? A new planning challenge? Built environment 30: 269-349.

Giseke, U., 2011. Urban agriculture Casablanca. Design as an integrative factor of research. Technische Universitat Berlin. Special Topos insert—The International Review of Landscap Architecture and Urban Design, issue 74, Germany, 48 pp.

Hall, P. and Pfeiffer, U., 2000.Urban Future 21. A global agenda for twenty-first century cities. E & FN Spon, London, UK, 365 pp.

Revi, A., Prakash, S., Mehrotra, R., Bhat, G.K., Gupta, K. and Gore, R., 2006. Goa 2100: The transition to a sustainable RUrban design. Environment and Urbanization 18: 51-65.

Royaume du Maroc, 2008. Plan de Developpement Strategique et Schema Directeur d'Amenagement Urbain de la Wilaya du Grand Casablanca (SDAU). Projet de Diagnostic et Enjeux du Developpement, Rapport Justificatif, Ministere de l'Interieur, Agence Urbaine de Casablanca, 394 pp.

UAC (Urban Agriculture Casablanca), 2010. The four pilot projects. Available at http://www.uac-m.org/pilot-projects/.

UN HABITAT, 2010. The State of African Cities 2010. UN HABITAT, Nairobi, Kenia, 268 pp.

Van den Abeele P. and Leinfelder, H. 2007. New Alliances for a rurban region. Available at http://www.ifhp2007copenhagen.dk/Components/GetMedia.aspx?id=9a3665d8-f234-4df2-a493-fe1248e79b7d.

Wright F.L., 1958. The living city. Horizons Press, New York, NY, USA, 255 pp.

第 40 章

健康食物的合理规划：支持可持续食物和农业的规划系统

哈利特·怀特（Harriet White）

苏珊娜·纳塔逊（Suzanne Natelson）

英国伦敦，食物和农业联盟

harrietwhite@googlemail.com

摘要：规划系统的职责是引导和规范土地使用、安排场地和空间，以此来塑造城乡区域。本章探索了英国规划系统内能够为可持续食物系统提供支持的着力点。本章基于《健康食物的合理规划》报告，调查研究了规划师采取的一系列支持可持续食物议题的政策和实践，如支持食物的本地生产和本地分配，推动和保护非商业性种植空间，确保满足日常生活食物需求的零售店的多样性和可达性。

关键词：空间规划，地方食物系统，英国

40.1　引言

规划系统的职责是引导和规范土地使用、安排场地和空间，以此来塑造城乡区域。规划系统与食物系统有着内在联系。规划系统决定了商业性和非商业性农业土地是否可用，塑造了零售环境，划定了食物垃圾管理的方式。因此，规划系统可以阻碍或者推动可持续食物系统的发展。本章概述了“给养（Sustain）”这个非政府组织对英国规划系统的研究，强调了国家政策框架中影响规划系统与食物系统关系的部分，探索了地方性政策如何能够积极地影响地方食物系统。

本章并不致力于界定可持续食物系统（其他学者对此有详细研究，Lang 1999），但本章基于这样一个原则，即食物系统在满足社会需求的同时应该符合伦理、公平且环保。这些原则反映在“给养”的《可持续食物指南（Sustainable Food Guidelines）》中（Sustain，2010b），这也是本章对于可持续食物系统的工作定义。

“给养”是一个食物和农业联盟，这个联盟中有100多个全国性公益组织，这些组织均倡导“能够改善人类和动物的健康及幸福、改善我们的工作及生活环境、创造社会和文化财富并推动公平的食物农业政策及实践”（Sustain网站：http://www.sustainweb.org/about/.）。近几年，“给养”开始研究规划系统如何能影响并更好地支持可持续食物和农业。“给养”积极响应规划咨询以推动规划政策纳入食物内容，明确规划师能够采取的积极的工作方法，探索食物商业及社区组织能如何利用现存规划机制来实现目标（例如，增加份地的供应），并对规划政策的制定施加影响使政策能够更好地解决食物短缺等问题（Sustain，2004）。近期，“给养”发布了一份报告（《健康食物的合理规划Good planning for good food》，怀特White和纳特森Natelson，2011），该报告详述了规划师能够采取的工作方法，以便于他们通过规划工作来支持可持续食物和农业的发展。

本章提取了报告的一些成果。在开展了初步研究（与地方规划机构、其他政府机构如基层医疗信托以及非政府组织的沟通）以及扩充研究（包括全国性和地方性规划框架）后，报告出炉确定了最佳实践模式。同样地，本章没有详细地描述学术研究成果，而是以示例的形式说明为了支持食物和农业发展，英国规划系统能够做以及正在做的事情。本章也触及了在此过程中会碰到的机遇和障碍。考虑到英国规划系统的改变将会给全国性规划政策框架“瘦身”并将更加强调

地方性规划，“给养”将重点放在地方规划从业者能做的事情上就顺理成章了。

40.2　规划改革：空间规划的崛起

英国规划系统以全国性规划政策框架为指导，包含了地方和社区发展规划及各类单项规划。在英国，空间规划和规划政策的任务是构建发展愿景，做出基于政治、经济、空间等要素的发展决策，为项目选址并确定发展导则，具体工作既包括住房项目和基础设施的选址，也包括将商业空间转变为办公空间的决策。在过去十年间，英国规划系统经历了持续变革，从传统的以土地为基础转向了关注影响空间和场所的综合要素。

英国规划系统的发展是对《19世纪城市的罪恶（evils of the nineteenth-century city）》（霍尔Hall，2002）的回应，尤其是对健康及住房问题的回应，是对过度拥挤且不卫生的城市会造成经济损失和潜在社会动荡的理性认知结果。19世纪末的《公共卫生法》和20世纪初的第一部规划法致力于解决卫生问题，以及明确建成环境对卫生状况的影响。埃比尼泽·霍华德（Ebenezer Howard）于1898年出版的《明日的田园城市》在英国规划系统的发展过程中也起到了重要影响。该书描述了城乡共赢的田园城市愿景，自给自足的农业是这一愿景的基石（霍尔Hall，2002）。战后，英国的规划系统演变为以土地为基础的体系，以土地开发权利国有化（1947）作为基石，即规划系统有权允许或限制土地的使用。

在过去十年间，这个以土地为基础的系统经历了持续变革。2001年的绿皮书①《规划：根本性变革（ODPM））（Planning: delivering a fundamental change（ODPM））》明确传达了改革系统的愿望，使规划能够“支持可持续发展”（ODPM，2001：i）。为了实现这一愿望，除了以土地为基础的程序式的法规外（ODPM，2005），规划需要扮演更为广义的空间塑造角色（里昂Lyons，2007：i），这一系统继而也就有了新的头衔“空间规划”。这意味着空间规划要更好地与其他公共服务相结合来协调政策行为，也要积极地与私人的、公共的以及自发的合作者形成伙伴关系，实现社区和政府发展目标（希利Healey，2006；墨菲特等Morphet et al，2007）。规划改革中贯穿着一条重要的“社区”路线，即新的规划系统应该能够“让人们完全参与到塑造他们自己社区的未来中”（ODPM，2001：1）。

40.3　食物和农业系统：规划的机遇

本章审视了规划系统和城乡食物系统的生产（非商业和商业的）和零售环节有关联的部分，明确了在这些部分地方规划者为支持可持续食物和农业可以采取的措施。作者区分了“商业性”农业（种植食物以供销售）和“非商业性”农业（种植以供个人消

---

① 在英国，绿皮书是政府发布的建议性文件，并不强制实施。但绿皮书通常是变更法律的第一步。

费或主要基于教育和社区融合的目的）。这是因为商业性和非商业性食物生产的“需求”有明显差异（虽然对于土地的需求是相同的），这些不同形式的生产和规划系统之间的关联部分也是不同的（即规划对于它们的影响点不同）。除了生产和零售环节，食物链的其他环节也与规划系统有交集，如食物垃圾处理环节，但由于本章容量有限，在此不做讨论。

40.3.1　商业性食物生产

2010年，由内阁办公室和首席科学顾问负责的前瞻计划（Foresight Programme）发布了一个报告，阐述了今后50年英国在土地管理方面所要面临的挑战（政府科学办公室，2010）。该报告意识到需要增加食物生产总量，保持高质量农田的产能以及保障支持该产能的物质性基础设施。该报告探索了与规划师、开发者、地方社区、农民和政府有关的各种激励措施，如激励农民生产更多食物，以及推动商人、地方政府和居民合作决定土地使用方式等。

规划政策声明[①]（PPS）7《农村地区可持续发展》（Sustainable development in rural areas）指出，农村地区的发展目标之一是：

推动可持续的、多样的且恰当的农业分区，这些地区应该具有高标准的环境，减少对自然资源的影响，管理珍贵的风景地貌和生物多样性；直接和间接贡献于农村经济多样性；确保其本身具有竞争力和营利性；提供公众需要的高品质产品（CLG，2004）。

根据国家规划政策和前瞻计划《土地使用的未来（Land Use Futures）》这一报告的调查结果，规划部门应持续保护最好的农业用地，保证最肥沃的土地用于农业生产[②]。规划系统应该推动并允许在绿带内开展农耕活动，支持靠近消费者的农业生产。地方规划政策[③]同样可以制定在绿带以及更为广义的绿色区域发展农业的相关标准。这样规划政策就能在支持农民的商业生存能力方面起到积极作用。对于农场不断增长的多样化和现代化需求，规划申请的相关政策十分重要（例如，农场申请建设农产品加工空间和农场商店）。为了确保这些建设能够支持可持续目标，可以给规划许可附加一定的条件。举例来说，规划师可以要求农场商店销售的一定比例的农产品是来自该农场，其他的农产品来自该区域。

---

① 英国有21份国家规划政策声明（PPS），描述了指导区域发展和土地使用的原则、重点和目标，涵盖了一系列话题，如气候变化，交通，露天场所和沿海规划。

② 与非商业性种植相比，规划在支持可持续商业性食物生产上所做的贡献更加有限，但是在其他一些关键领域规划可以起到支持性作用。

③ 地方政府在国家规划政策的指导下制定了一系列规划文件（地方发展框架），描述了地方政府对本地发展和土地使用的愿景。其中一份文件是《核心战略（Core Strategy）》，该文件包含了一系列地方规划政策。

40.3.2　非商业性食物生产

虽然目前非商业性食物生产对生产总量没有显著贡献，但是社区种植项目能够提供宝贵的教育，健康，环境和社会效益（加内特Garnett，1999；Iles，2005）。非商业性食物生产也越来越受欢迎——英国大约有10%的人口目前积极参与城市食物种植活动（埃尔Iles，2005）。对于支持可持续地方性食物生产的规划者来说，在保护现存种植空间并为新份地和社区花园选址的工作中可以大有作为。在城市复兴规划、新的住房和商业开发方案、绿色基础设施战略和新城镇发展规划中都有可能植入新的种植空间。

在有明确需求的前提下，发展规划依法应为份地供给土地（份地法，1925）。此外，规划政策指南（PPG）17《开放空间、运动空间及休闲空间规划》（Planning for Open Space, Sport and Recreation）（CLG，2006）指出，地方政府应确保充足的开放空间供给（包括份地，社区花园和城市农场），并制定相关的供给标准。社区种植项目的效益很微妙且难以衡量，但是可以用定性和定量的实证来支持保留或建设种植空间的政策决议。基础设施实施规划（Infrastructure Delivery Plans）是地方发展框架（LDF）的一部分，这也可以成为地方政府满足本地需求提供种植空间的着眼点。

恩菲尔德区议会（Enfield Borough Council）的开放空间和运动场所评估声明“区内的所有居民都应能在离家800m的范围内使用份地花园”（恩菲尔德区议会Enfield Council，2006：xv）。该评估标明了份地花园不充足的区域，并指出了在这些区域创造新的份地花园的可能性，同时表明“提供份地花园的机遇也许存在于新的开发过程中”（恩菲尔德区议会Enfield Council，2006：xxvi）。但是，LDF文件中的声明，通常仅仅是“支持性声明”而非具体的政策承诺（怀特White，2010 个人沟通）。事实上，对于一个新开发项目来说，诸如土地价值、利润空间和美学方面的考虑是关注的重点，从而也就影响了土地使用的优先权排序。

为了切实支持非商业性食物生产，在可能的情况下应在一系列政策中明确并量化具体目标。例如，所有的地方政府都要签署“6岁小学适龄儿童肥胖症”这一全国性指标（NI）①56。而社区食物种植在应对这一问题中的作用已经被一家全国性机构认可（食物标准局Food Standards Agency，http://www.food.gov.uk/mutimedia/pdfs/enforcement/laani056.pdf）。和其他地方政府部门、非政府机构的合作也有助于食物种植空间的营造和维护。在《基础设施实施规划》或《绿色基础设施战略》中可以标识出这些关系，从而明确实施责任并可以对实施情况进行监控。

---

① 全国性指标NI是中央政府管理地方政府的指标体系。http://www.communities.gov.uk/publications/localgovernment/finalnationalindicators（note：this system is currently under review（2010））.

40.3.3 食物零售：可达性和选择

可持续的食物零售环境指的是可达性好、价格实惠、健康多样、本地化和环境友好型的食物系统。虽然影响食物零售环境的因素是多方面而又复杂的，但是规划系统能够影响食物零售环境并支持这种可持续愿景。

PPS4《可持续经济增长规划》(Planning for sustainable economic growth）指出，地方政府应该指出“为满足人们日常所需的地方便利店和其他设施的供应存在的不足”，并且评估这些供应是否能“满足整个社区的真实需求”(CLG，2009：EC1.3 and EC1.4）。PPG13《交通规划》指出，地方政府在筹备发展规划和考虑规划申请的时候，应该“将满足日常所需的设施设置在客户步行或骑自行车可达的区域中心”(CLG，2006：6)。

因此，地方规划应该建设满足日常所需的商店并保护现存的此类商店，同时对此类商店做出界定。哈克尼区议会(Hackney Borough Council）战略政策13(Core Strategy's Policy 13)《城镇中心》(Town Centres）做出了如下界定：“在区行政范围内的城镇、街道、地方购物中心、商业街及街角开设的为地方社区提供每日必需品的商店，如面包店，肉店，蔬菜水果店，杂货店，民族风味食品店等，它们应受到保护避免改变其零售方式”(哈克尼区议会Hackney Council，2010)。

重要的是，地方规划政策可以保护“唯一商店”(即社区内唯一的商店，或是社区内唯一销售特定商品——如水果和蔬菜——的商店)。《城镇中心第一》(Town Centre First）政策反对郊区化，支持有活力和生存能力的地方中心，在保护步行、骑车或公共交通可达的食物商店的事务中也起着重要作用(CLG，2009)。

规划无法影响地方商店销售的商品，因此，其他机制就显得十分重要。例如，“精明销售项目Buywell Retail Project”(Sustain，2010a）成功地推动了伦敦最贫困地区的便利店销售新鲜水果和蔬菜。但是，更重要的是，要确保销售点在满足居民的日常需要或者成为“唯一商店”后不改变用途。

为了解决食物的可达性问题，需要制定相关的评估标准和方法。这些标准可以包含在发展规划文件和扩充规划文件(SPDs)中。西米德兰兹郡(West Midlands）卫生署正在筹备一个“健康食物的空间可达性标准”，将由地方政府在全郡范围内实施(西米德兰兹郡卫生署，2009)。作为该标准的一部分，卫生署正在绘制全郡范围的图纸，以明确有可能销售水果和蔬菜的地点。郡内的地方政府会利用这些地图评估“热点”地区，这些地区往往在健康食物可达性上存在潜在的问题，之后地方政府会制定并实施相关政策来解决这些问题。

正如规划能够影响商店，规划也能够推动街道集市和农夫集市。这些集市有着多重效益：它们能够增加食物的多样性；它们能提高地方社区的活力；它们可以为包括社区种植在内的小生产者提供市场；它们可以为农民提供额外收入；它们可以更紧密地链接生产者和消费者。在地方规划政策、复兴项目和总体规划中纳入相关内容，可以保护现存集市并创造新的集市空间。

但是，如同商店的问题一样，很难确保农夫集市销售的产品既经济实惠又相对公平（对农民和生产者来说）（克鲁Crewe，2004）。再一次，非规划措施能起到重要的作用。市场管理者需要确保将摊位费用保持在最低的水平，引进售卖多种类型商品的摊主，既要有价格实惠的主食，也要有附加值较高的加工食品（地球之友Friends of the Earth，2000）。

最后，规划可以限制快餐店（在城乡规划用地分类标准中被归类为A5单元）的过度集中。限制措施包括：在敏感地区设置缓冲区，如学校和青少年发展基地附近不允许建设新的A5单元；制定一个区域内所允许的A5单元的数量标准（或单元数量的百分比）；制定A5单元之间的距离标准。伦敦沃尔瑟姆福雷斯特区（Waltham Forest）（2009）已经采用了类似的标准，详细规定了A5单元的限制标准。根据该标准，沃尔瑟姆福雷斯特区已经拒绝了12个A5单元的规划申请（怀特White2010，个人沟通），这表明了此类方法能具有直接影响。但是，规划只能决定是否给更多的A5单元发放许可，却无法影响现存的单元。因此，和商店及集市一样，非规划机制能影响快餐店的商品类型。

40.4 规划者面临的障碍

国家规划政策框架包含了支持可持续食物和农业的内容，但是规划者和非规划者对这些内容的重要性还没有足够的意识，而且对于规划系统变革的政治支持也很不足（朗等Lang et al.，2009）。此外，地方规划者的责任应该是利用国家政策框架促进地方规划的变革，而不仅仅是依照国家政策框架例行公事；主动支持变革的规划者被认为是空想家或者是“天生反骨”。

社会不同部门对于空间利用的竞争越来越激烈，在这种背景下，对于规划者来说，一个关键的问题是如何平衡各种各样的要求和需求。保护地方景观、驱动低碳社会、改变资源密集型的生活方式等需求层出不穷，地方性活动与国际性变化相互影响。规划者和其他政策制定者要平衡冲突的公众态度，调解个体和社区的不同偏好，还要增强面对未来变化时社会的弹性。

在决策过程中经常看到的是，不同部门之间的角力最终总是倾向于更强大的参与者。规划系统这一机制可以使社会中相对弱势的部门发挥影响力，以此来形成更加公平的平衡状态。任何一个发展决策都会涉及到一系列利益团体和政策（通常是自相矛盾的），这时就需要平衡和妥协来达成共识。

一些地方政府正采取措施利用现行的规划机制支持更为可持续的食物系统。但是，还需要做更多的工作让规划者和政策制定者意识到通过规划政策和实践来支持可持续食物和农业的重要性。同时也需要加强政策来鼓励这些地方层面的行动。

参考文献

Crewe, K., 2004. Planners and equitable food distribution. Progressive Planning 158: 2.

Department of Communities and Local Government, 2004, Planning Policy Statement

7: Sustainable Development in Rural Areas. Available at http://www.communities. gov.uk/publications/planningandbuilding/pps7.

Department of Communities and Local Government, 2009. Planning Policy Statement 4: Planning for Sustainable Economic Growth. Available at http://www.communities.gov.uk/publications/planningandbuilding/planningpolicystatement4.

Department of Communities and Local Government, 2011. Planning Policy Guidance 13: Transport. Available at http://www.communities.gov.uk/publications/planningandbuilding/ppg13.

Department of Health West Midlands and JMP Consultants Ltd., 2009. Developing a physical accessibility standard for healthy food in the West Midlands. Available at http://www.foodwm.org.uk/resources/Exec_Summary_Final.pdf.

Enfield Council, 2006. Enfield open space and sports assessment. Available at http://www.enfield.gov.uk/downloads/file/1229/volume_1_final_assessment_of_open_space_needs-august_2006.

Friends of the Earth, 2000. The economic benefits of farmers' markets. Friends of the Earth Trust, London, UK. Available at http://www.foe.co.uk/resource/briefings/farmers_markets.pdf.

Garnett, T., 1999. City Harvest-The feasibility of growing more food in London. Sustain, London, UK.

Government Office for Science, 2010. Land use futures: Making the most of land in the 21st century. Available at http://www.bis.gov.uk/assets/bispartners/foresight/docs/land-use/luf_report/8507-bis-land_use_futures-web.pdf.

Hackney Council, 2010. Hackney core strategy development plan document. Available at http://www.hackney.gov.uk/core-strategy.htm.

Hall, P., 2002. Cities of cities of tomorrow: an intellectual history of urban planning and design in the twentieth century. Blackwell Publishing, Oxford, UK, 553pp.

Healey, P., 2006. Territory, integration and spatial planning. In: Tewdwr-Jones, M. and Allmendinger, P. (Eds.) Territory, identity and spatial planning. Routledge, Abingdon, UK. pp.64-80.

Iles, J. 2005. The social role of community farms and gardens in the city. In: Viljoen, A. (Ed.) Continuous productive urban landscapes: designing urban agriculture for sustainable cities. Architectural Press, Oxford, UK, pp.82-88.

Lang T., 1999. Food policy for the 21st century: can it be both radical and reasonable?. In: Koe, M.MacRae, R., Mougeot, L. and Welsh, J. (Eds.) For hungerproof cities: sustainable urban food systems. IDRC, Ottowa, Canada, pp.216-224.

Lang, T., Barling, D. and Caraher, M., 2009. Food policy: integrating health, environment and society. Oxford University Press,

Oxford, UK, 336 pp.

London Borough of Waltham Forest, 2009. Waltham forest supplementary planning document: Hot food takeaway shops, spatial planning unit. London Borough of Waltham Forest. Available at http://walthamforest.gov.uk/spd-hot-food-takeaway-mar10.pdf.

Lyons, M., 2007. Lyons Inquiry into Local Government: Places-shaping: a shared ambition for the future of local government. The Stationary Office, London, UK, 44pp.

Morphet, J., 2007. Shaping and delivering places for tomorrow. Town and Country Planning 76: 303-305.

ODPM (Office of the Deputy Prime Minister), 2001, Planning: delivering a fundamental change. Available at http://www.communities.gov.uk/archived/publications/planningandbuilding/planningdelivering.

ODPM, 2002. Planning Policy Guidance 17: Planning for Open Space, Sport and Recreation. Department for Communities and Local Government, London, UK, 15pp. Available at http://www.communities.gov.uk/documents/planningandbuilding/pdf/ppg17.pdf.

ODPM, 2005. Planning Policy Statement 1: Delivering Sustainable Development. Available at http://www.communities.gov.uk/documents/planningandbuilding/pdf/planningpolicystatement1.pdf.

Sustain, 2004. How London's planners can increase access to healthy and affordable food. Available at www.sustinweb.org/publications.

Sustain, 2010a. Buywell Retail Project, Sustain, London, UK. Available at http://www.sustainweb.org/buywell/buywell_shops/.

Sustain, 2010b.7 Principles of Sustainable Food. Sustain, London, UK. Available at http://www.sustainweb.org/sustainablefood/.

White, H. and Natelson, S., 2011. Good planning for good food: How the planning system in England can support healthy and sustainable food. Sustain, London, UK, 39pp.

第41章

食物都市主义计划

克雷格·维尔佐内（Craig Verzone）①
瑞士维尔佐内伍兹建筑事务所
ful@vwa.ch

① www.foodurbanism.org,www.vwa.ch.

摘要：虽然农业和城市密不可分，但它们却往往被视为相互排斥的领域。近几年，出现了一种新兴的草根运动，试图把农业重新融入到城市生活中去。可以认为，用创新的空间方案来应对食物和城市化问题的时机已经成熟。食物都市主义计划（The Food Urbanism Initiative〔FUI〕）旨在考察食物对城市设计的整体影响，并研究制定新的建筑和景观设计策略，利用这些策略将食物生产、加工、分配以及消费整合到当代城市中。食物都市主义是一套方法论，利用这套方法论能够形成城市生活和食物生产的共生状态。由4个研究小组组成的跨学科团队基于瑞士的历史和当代背景，探索了食物都市主义的潜力。该项目旨在提出创新可行的方案，推动城乡一体化。在门户网站、民意调查、城市制图、原型设计以及一系列试点项目的推动下，FUI方法论得以逐步构建。食物都市主义方案、规划和项目正在全球范围兴起。FUI希望藉此加强理论和实践的联系、建筑和农业的联系以及城市和农耕的联系。

关键词：城市设计，建筑，农业，景观，公共空间

41.1 引言

在城市设计中，食物系统一直都是关键角色，但却一直没得到设计师们的认可。卡洛琳·斯蒂尔（Carolyn Steel）在《饥饿的城市》一书中指出，在前工业化社会中，为城市人口供应食物的能力是限制城市增长的最重要因素（斯蒂尔Steel，2008）。物流网络的革新和食物工业化持续改变着当代城市的空间模式和生活模式，与此同时，世界城市人口也在继续快速增长。食物都市主义计划（FUI）审视了农业和城市之间独特而复杂的关系，调查了食物对于城市设计的影响并提出了新的建筑和景观设计策略，利用这些策略将食物生产、加工、分配和消费整合到现代城市中，最终形成城市生活和食物生产的共生状态（见图41.1）。

本章的研究基于瑞士的背景，阐述了食物都市主义计划的团队构成、方法论以及第一阶段的研究举措，包括发起公众调查和建设门户网站。2010年，FUI受到瑞士国家科学基金会的资助（Swiss National Science Foundation Research Grant），这个为期三年的项目编码为65，项目名称为“新城市品质（Nw Urban Qualities）”。该项目旨在（进一步）提出新的城市品质概念和策略并检测研究结果的可行性。这些概念和策略将会带来创新的方法推动瑞士的城市开发和再开发，并用于制定可实现的城市中期（2030）及长期规划（2050）（瑞士国家科学基金会Swiss National Science Foundation，2011）。

图41.1 食物都市主义的城市愿景

“食物都市主义”这个词在过去一些不同的项目中曾经偶尔被提及（食物都市主义Food Urbanism，2007[①]；格林Grimm，2009），这一理念认为，食物生产、分配和消费空间能够塑造城市形态，如果在更广阔的背景中考察食物问题，那么城市居民和城市环境的健康状况都能得到改善。食物都市主义的内涵比城市农业更为丰富，与仅仅把农业作为城市范围内一种孤立的、与其他城市系统无关联的、边缘化的土地利用方式相比，食物都市主义意识到食物和消费者之间的关系能够创造出更复杂的关联。如果食物都市主义要成为构建或重建当代城市的可行模式，就必须要解决一些严峻的挑战和阻碍，并且认真挖掘潜在需求。

食物都市主义的理论假设是：结合了食物生产模式和设施的城市设计策略能够提供新的城市品质。在验证该假设时，项目团队要解决2个基础的研究问题。

1．城市设计和公共空间营造如何能结合、鼓励并促进城市食物生产？

2．什么类型的城市食物生产能够影响城市设计并提高城市品质？

食物都市主义计划的主要目标是发现并发展城市设计和城市食物生产的协同效应，以此来获得新的城市品质。第一阶段的研究任务包括：界定FUI参数、确定FUI的目标受众并启动公众意见收集和评估工作。这一阶段采用的主要研究方法包括：建设门户网站用于搜集全球范围的调研社区，开展公众调查以揭示公众接受度，绘制城市地图以标明食物都市主义可能的发展空间。见图41.2。

41.2 瑞士和可持续农业

瑞士是研究城市生活和食物生产结合的理想国家。与大多数工业化国家相比，瑞士已经开始实施保护乡村生活模式、食物生产以及乡村土地资源的相关政策。长期以来，高品质、地方生产的食物资源被视为国家遗产的一部分，这源自这样的信仰：资源的独立性有助于保持政治的独立性，瑞士独特的美景和农业土地美学紧密相关。但是，瑞士也不可避免地面临欧盟、全球化和开放市场带来的压力，瑞士居民在超市选购的时候不得不在“热卖产品”和“瑞士制造”之间做出艰难的选择。

同时，瑞士还在高效的现代基础设施上投入巨资，连接市中心和乡村，缝合城乡之间割裂的物质和文化。与亚洲或美洲的蔓延的大都市地带相比，瑞士相对紧凑的城市区域和周围乡村之间有清晰的轮廓线，这使得城市和乡村要素有更大的互动可能。但是，对于世界其他地区城市人口扩张所带来的诸多问题，瑞士也没有免疫力。例如，虽然瑞士的人口只有适度增长，但是城市化的足迹在过去50年里增长了1倍多（瑞士统计局Swiss Statistics，2001），这表明瑞士有向周边地区低密度扩展的趋势，而非向市中心致密化发展。这样的发展趋势对于城市和乡村

① 参见 http://www.nfp65.cn/F/portrait/Pages/default.aspx

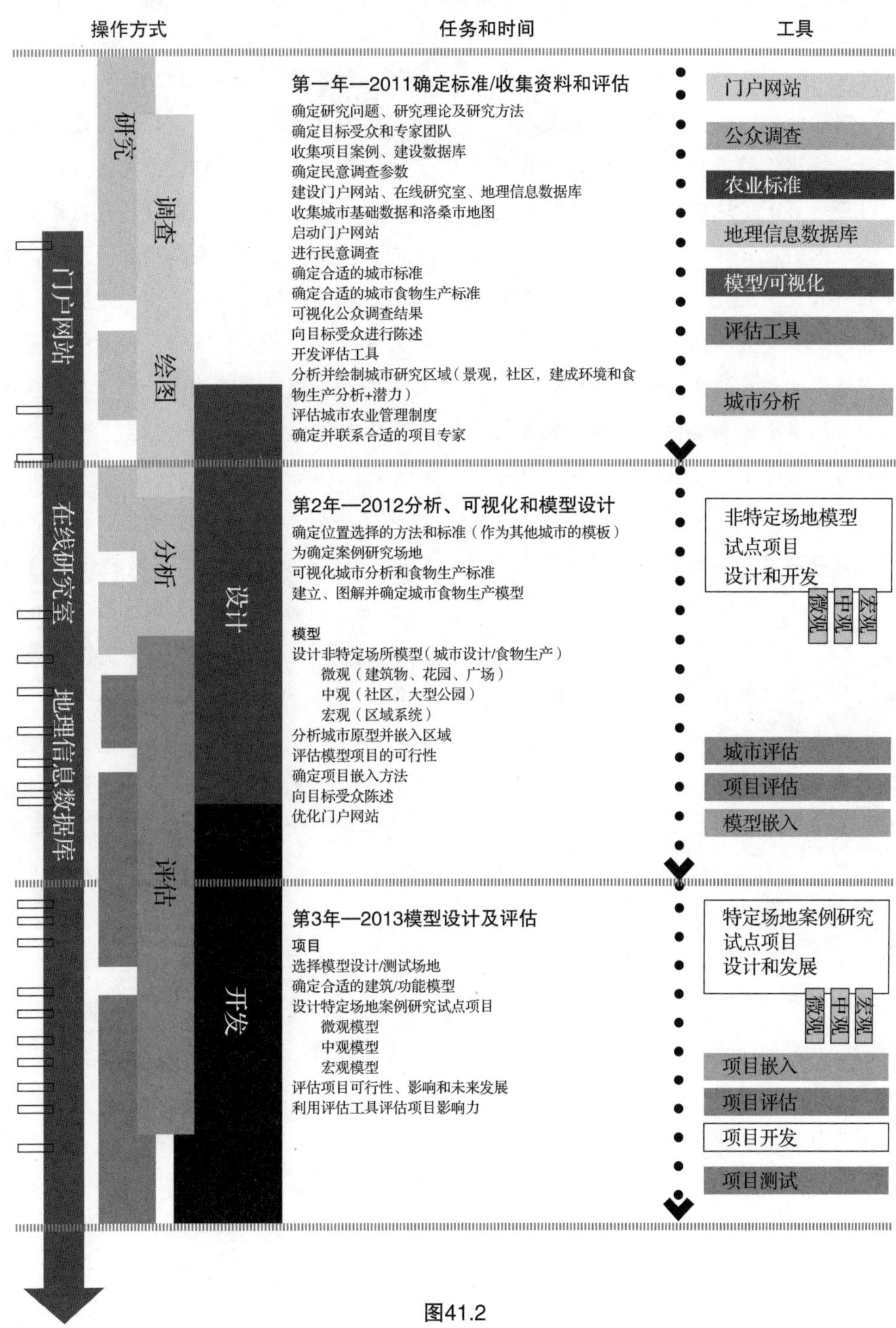

图41.2

图41.2　食物都市主义计划时间表

都没有益处。

在20世纪，瑞士的景观一直是农业生产系统演化的产物，这些演化过程不可避免地留下了地理印记。这些变化也反映了人们对食物、纤维、能源需求以及相关政策的变化。直到1850年，自给自足的农业一直占据着主导地位。随着蒸汽机以及相应的交通设施的出现，瑞士开始进口小麦和其他农作物。农作物和牲畜之间的价格关系随之发生了显著变化。农业生产从种植业转向养殖业，对奶制品和肉制品的需求使得牧场主导了土地使用。经济危机和两次世界大战使得农业部门形成了精确控制的管理模式。自从第二次世界大战以来，政府一直支持农作物生产以确保粮食供应，这使得农作物种植再度复苏（休伯Huber和莱曼Lehmann，2009）。

多功能农业的法理依据则可以追溯到瑞士宪法第104章，该章规定以市场为主导的农业部门要将自然资源保护和分散型居住模式保护纳入考虑范畴。多功能农业的理论基础是：农业提供了不能通过市场获得补偿的公共服务，因此需要政府的干预。政府因此特别设计了直接补贴（确保农场收入高于国家平均水平）和生态补贴（给采用农业环境措施的农民提供的额外支持）用来补偿这些公共服务。由于低价而导致农场收入的预期损失则会通过更加直接的补贴方式进行补偿（阿尔尼等Aerni et al.，2008）。

对于农业来说，另一个兴趣领域是公众认知。虽然有些农业活动被视为不雅观的或被认为是一种骚扰，但是，公众认知调查显示支持远远大于反对，因为多数农业活动被视为能创造场所感，即使是在城市区域也一样。例如，在瑞士洛桑市内及周边，葡萄园很受欢迎，公众认为它将这个城市和它的过去联系在了一起。通常，农业的必需性和必要性使公众认为它值得补贴，不仅仅是为了确保食物供应，同时也是为了确保其有形和无形的美学价值。政府和公众觉得通过农业补贴来支持传统农业是非常合理的，甚至把农业补贴作为保护国家最具代表性景观的策略（维尔佐内Verzone和伍兹Woods，2006）。毕竟，如果牛群消失的话，瑞士阿尔卑斯山的特色也会显著改变。

但是，公众对于城市农业的认知度就相对较低了。人们担心当代城市活动不能与传统的农业活动共存。根据公众认知度判断，在城市内部和城市边缘地区，保护农业遗产以及生产活跃地区的可能性会非常小。这就需要有合适的工具来测算农业的美学和环境效益，以便使农业能够进入成本—效益核算公式。例如，停车场对一片特定土地来说可能是经济可行的利用方式，但是如果只考虑不动产价值的话，那么利用这块土地种植蔬菜和浆果或许会让周围地产增值更多。因此，城市农业应该被视为一种具有衍生价值的土地使用方式，它的实际价值远远超出了作物的经济价值（阿佩尔鲍姆Appelbaum，2009；兰金Rankin，2009）（图41.3）。

善加利用景观管理政策或许会让城市食物生产更加具有可行性。例如，可以利用

图41.3

景观补贴机制和景观管理框架影响公益性城市农业项目。目前，瑞士政府会为那些建设有益景观类型的农民提供补贴，这些类型的景观可以提供有价值的生态服务。农民们会因为建立和维护生态界面得到补偿，这些生态界面包括草场、灌木丛、鱼类饲养池塘、树林、湿地等，如果这些举措被证实是更大的生态网络的组成部分，那么他们还可以享受额外补贴（瑞士联邦环境署Swiss Federal Office of the Environment，2011）。城市农业本身就是城市生态网络的积极贡献者，一旦建立了这样的认知，同时专职农民也愿意成为维持这种景观的合作者，那么补贴就有可能用来支持这种改变。

在洛桑市，政治、公众和地方都支持食物都市主义。在学术期刊、大众报纸和政府议程内都能看到关注度的上升（威尔士Wiles，2009）。几个最重要的地方政府通过直接反馈和协助的方式来支持食物都市主义。城市设计部门、公园部门、花园部门以及农林部门都已经在开展他们自己的创造性项目（洛桑种植Les Plantages Lausannois，

图41.3　食物都市主义的城市愿景

2011）。他们给食物都市主义团队提供了城市地理信息数据，帮助团队开展案例研究和空间参数的评估工作。

在规划实践中，洛桑市附近的社区已经开始认识到食物都市主义的重要性，并致力于调整规划中的相关内容。在学术领域中，洛桑大学（UNIL）和日内瓦园林、工程、建筑学院（HEPIA）在2010年10月围绕该主题组织了一次研讨会。2011年，苏黎世国际景观建筑师联合会代表大会选择将食物都市主义和城市边缘地区农业作为会议议题，强调了该主题的重要性（IFLA，2011）。

41.3　交叉学科的研究方法

食物都市主义计划由一个跨学科团队开展（图41.4）。VWA（Verzone Woods Architectes）是一家从事城市设计、建筑设计和景观设计的事务所，主导此次研究计划。LDM（Lausanne Media and Design Lab）是一家洛桑的媒体和设计实验室，擅长将量化的视觉和空间信息进行合成，用以创建系统的组织模型。苏黎世的农业食物和农业环境经济组织AFEE（Agri-food&Agri-environmental Economics Group）从农业经

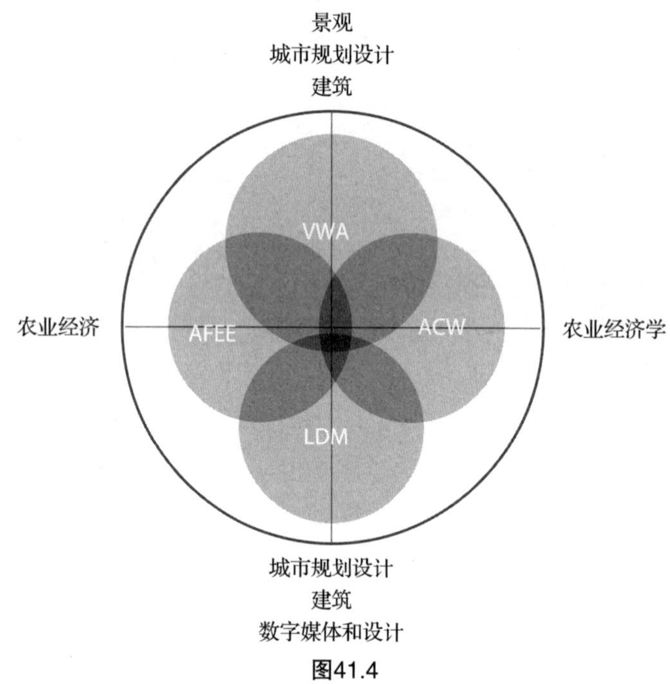

图41.4　团队构成和研究领域

济学的角度考察食物都市主义，权衡城市地价、消费者偏好（他们支付的愿望）以及在小块土地上开展非商业化生产的代价。瑞士联邦政府农业署研究中心ACW（Agroscope-proficrops）和瑞士农业部门有广泛的联系，它主要负责确定适用于城市的最佳的作物、基础设施和活动组合，并将它们植入到合适的食物都市主义项目中。

设计研究将受益于生物科学、社会科学和经济科学的技术手段，并将适应当代城市的空间结构。此外，团队平衡了研究和实践，通过可行的方案将研究和应用结合起来（图41.5）。

41.3.1　门户网站

研究团队建立了门户网站www.foodurbanism.org，并把它作为研究和实践的重要工具，对于方案短期、中期及长期目标的成功有至关重要的作用。Foodurbanism.org与城市农业空间领域的众多参与者建立了一种动态的网状联系。门户网站是食物都市主义计划的旗帜，通过网站可以收集资料，建立网上社区，促成多学科互动并传播城市农业领域的研究进展。

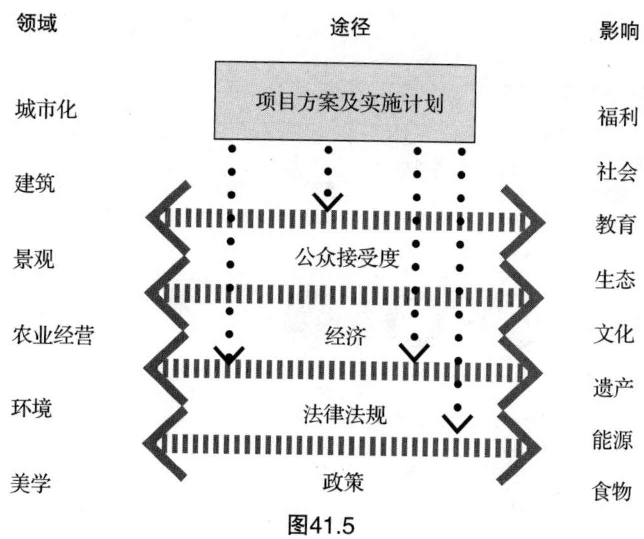

图41.5　研究领域、变革途径和项目影响

41.3.2　地理信息数据库

根据简明不列颠百科全书（Concise Encyclopedia Britannica）的定义，地理信息数据库是指“地图或图表的集合，通常两者结合在一起”，“通常包含了某一地区的照片、数据表格和信息，以及地名索引”。食物都市主义计划的地理信息数据库是指有完整记录并仔细分类的相关项目、工作和方案的集合。地理信息数据库不仅仅是信息库，也是交换和传播观念及信息的工具，这些观念及信息能够推动食物都市主义相关项目的发展。

食物都市主义项目团队正在持续建设地理信息数据库。该数据库通过门户网站向公众开放，展示了世界上与食物都市主义相关的各类项目。数据库根据以下主题进行组织和分类：城市背景、规模、场地关系、可达性、目的/意图、农业技术以及作者和位置（见图41.6）。项目根据主题进行标记、分组以及检索。数据库还包括事件和讨论，也根据主题进行标记、分组以及检索。数据库搜集并将项目案例归档、展示新的事件和代表性讨论主题，对于想要进入这个领域的人来说，这是一个有活力的、教育性的开放渠道。虽然公众能够看到相关信息，但是数据

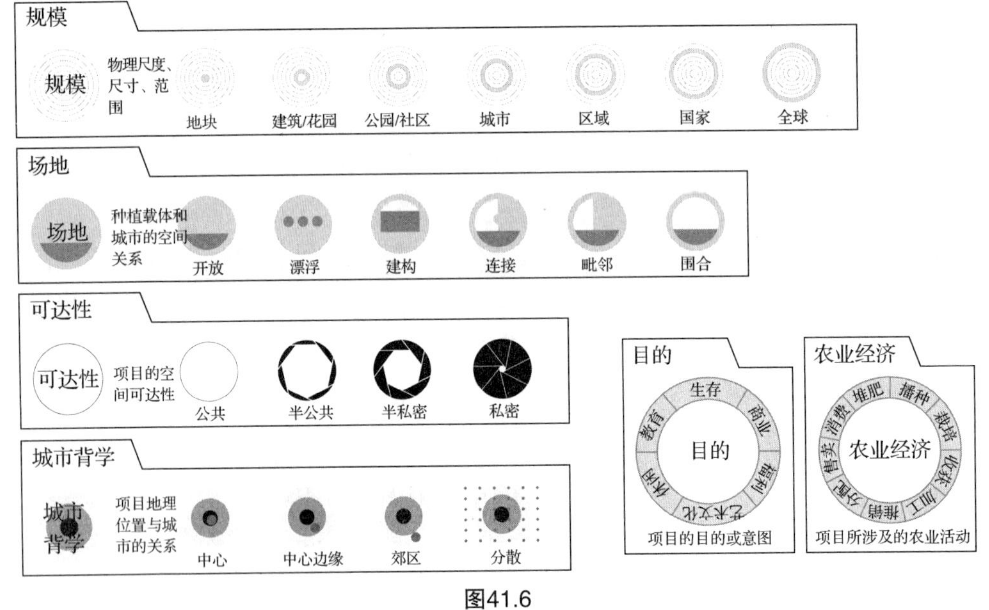

图41.6　数据库模板

库信息由网站管理成员上传，这样可以保证网站能够控制其内容并和成员进行交流。

41.3.3 在线研究室

食物都市主义数据库揭示了有大量的类似项目散布在全球范围内（City Farmer news，2011：http://www.cityfarmer.info/；RUAF，2011：http://www.ruaf.org/）。这一方面表明该运动非常活跃，但另一方面也表明项目信息非常分散，而且由于研究者们彼此之间很少或没有联系，他们很可能会做重复性研究。因此，项目团队决定在门户网站上建立一个在线研究室，帮助各地的参与者开展讨论、反馈情况并展开合作。

在食物都市主义计划的门户网站上，研究室的各个团队可以在各自的门户页面交流团队事件、开展讨论、研究新项目等，这些页面对公众可见。此外，每个团队都能进入只对成员可见的非公开页面。这个非公开的工作空间用于团队成员的内部交流，他们可以开展讨论、公布事件和分享链接（项目、文章或视频）。团队成员可以仅在自己团队范围内交流，也可以和其他选定的团队或者所有研究团队交流。

在线研究室通过讨论和事件面板让成员了解其他研究者的工作，这样能够推动更深入的研究、调查和评估。为了优化实验室，网站还为其注册团队提供了一个项目评议平台。总的来说，门户网站能够为团队提供身份认证，让团队成员了解最新研究进展，促进团队之间的信息交换和交流并鼓励同行评议，不断优化食物都市主义领域的研究模式。

41.3.4 公众调查

城市居民是消费者和使用者。没有他们的支持，他们在时间和金钱上的投入以及政策支持，城市农业运动是不具有现实性的。因此，对研究案例的评估不仅仅要关注物理参数，同时也要关注社会参数，如居民的意愿。2011年3月，研究团队在洛桑市随机抽取了2500人参加综合性公众意见调查，调查表通过邮件形式发放。最终反馈率为35.6%（889个调查对象回复）。

公众调查确定了某些农产品的市场潜力以及公众对于休闲园艺的需求。了解了公众对于食物都市主义的支持或反对态度，形成了制定一系列参数的标准。这些结论是下一步制图工作的基础，也是模型和试点项目的决策依据。

公众调查也关注了民众对城市中生产的水果和蔬菜的支付意愿。了解了公众的休闲时间、公共空间使用、园艺以及耕作偏好。也调查了农业可能的公共效益，包括空间、美学、生态和社会影响等。此外，将调查结果与被调查对象的社会人口学特征相对照能够明确个人动机。

除了对假设（例如大部分公众对城市农业持赞成态度）进行验证之外，利用公众调查还能够对特定群体进行分类（如对参与项目感兴趣的群体或潜在的消费者群体）。因此，调查结果能够应用到模式设计和试点项目过程中。对调查结果进行分析后，产生了一系列标准（如植物选择、种植场地意向、公众参与和社会功能），这些标准能够用于确定食物都市主义的参数。对城市农业持赞同态度的公众显示出特定的诉求（如对产品、休闲机会或公共利益的诉求），这样就可以形成相应的设计参数来满足这些诉求。

41.4　模型设计

参数化建模是一种电脑设计界面，基于相关的参数，可以快速迭代生成设计方案（伍德伯里Woodbury，2011）。要想使用参数化设计方法，就必须决定，哪些参数与支持某一特定场地开展城市农业活动的关联最大，对这一场地的分析调研就要以这些参数为基础（卡什Cache，2004）。食物都市主义项目团队开发了参数化建模软件来可视化调研数据，作为分析工具评估城市场地的农业潜能，最终生成设计。

选择参数化软件来可视化数据、进行地理数据分析和设计有许多原因。首先，参数化软件能够在项目分析和设计阶段反复迭代生成多种方案，提供大量的可能的解决方式，并能快速决定哪些参数对于场地的农业潜能和城市特色影响最大（普罗沃斯特Provoost，2009；洛克Rocker，2002）。分析及设计阶段所要考虑的参数包括：建成社区的密度、人口密度、开放空间的容积率、与交通设施和其他便利设施的距离、可上人屋顶以及气候和环境因素（朝向、土质、遮蔽、风向和海拔）。

参数化建模软件的另一个优势就是能够呈现以时间为基础的设计，这种系列设计反映了相关参数的预期变化。不同于静态的解决方案，参数化设计提供的是能够随着场地的改变而改变的动态化阶段性方案。在数据可视化、分析和设计阶段，参数化软件还能够用于公众参与。参数化软件能快速可视化复杂数据之间的内在关联，为社区居民、利益相关者和其他利益相关团体开展讨论提供了基础。在分析和设计阶段，参数化软件能够快速检测由项目受众的反馈形成的设计方案，从而不断修正设计方案。

参数化建模能够产生特定环境下的城市农业模型，这些模型会随着场地和建筑参数的改变而自动改变，它们代表了和城市空间联系在一起的可持续微农业系统，并提供了可以适应不同环境的设计基因序列（图41.7）。

食物都市主义计划把来自不同学科的分散资料整合起来，用参数建模软件生成设计解决方案。这种参数化模型把复杂的关系形象化，使它成为利益相关者们开展讨论的基础和建立共识的媒介。

41.5　结论

食物都市主义计划会从很多新型建筑和城市设计方案中获得灵感并向它们反馈信息，尤其关注那些将食物循环作为重要组成部分的项目（安德劳斯Andraos和伍德Wood，2010）。世界各地的城市，尤其是欧洲的城市都在尝试将环保美观的绿色屋顶和外墙融入到现存以及新的工程中（达库纳等Da Cuhna et al.，2009）。人们或许希望利用这些机会开展食物生产，但还需要更深入的研究确保其可行性。瑞士是一个持续增长的工业化国家，同时也认识到需要保护传统的乡村和农业，因此是开展此类研究和设计的

图41.7　食物都市主义的城市愿景

图41.7

理想场所。通过开展研究、培育试点项目，食物都市主义计划希望能够推动这个新兴而有前景的领域。

致谢

感谢瑞士国家科学基金会的资助，项目编号65，项目名称为“新城市品质”。感谢以下研究者的帮助下：Joseph Claghorn 和Anna Crole-Rees博士（文本），Therese Haller博士（公众调查），Jeffrey Huang博士、Mark Meagher和Trevor Patt（建模和模型）。

参考文献

48th IFLA World Congress, 2011. Sessions List, 48th IFLA World Congress, June 27-29, 2011, Zurich, Switzerland. Available at http://www.ifla2011.com/schedule/sessions/html.

Aerm, A., Allan, R. and Lehmann, B., 2008. Nostalgia versus pragmatism? How attitudes and interests shape the term sustainable agriculture in Switzerland and New Zealand. Food Policy 34: 227-235.

Anonymous, 2011. Les Plantages Lausannois. City of Lausanne, Olympic Capital. Available at http://www.lausanne.ch/view.asp?docld=357408&domld=65390&language=E.

Andraos, A. and Wood, D., 2010. Above the Pavement-the Farm1 Architecture &Agriculture at Public Farm 1, Princeton Architectural Press, New York, NY, USA, 206pp.

Appelbaum, A., 2009. Growing with the crops: Nearby property values. New York Times, July1, 2009.

Cache, B., 2004. After Jean Prouve: Non-standard folding software. In transcripts of the colloquium devices of design. Canadian Centre for Architecture (CCA) and the Daniel Langlois Foundation for Art, Science, and Technology (CCA), Montreal, Canada, pp.52-57.

Campbell. L and Wiesen, A., 2009. Restorative commons: creating health and well-being through urban landscapes. USDA Forest Service, Newton Square, PA, USA, 278pp.

Carrot City, 2011. Designing for urban agriculture. Available at http://www.rycrson.ca/carrotcity/.

Da Cuhna, A., and Universite de Lausanne (Eds), 2009, Urbanisme vegetal et agriurbanisme. Urbia-Les Cahiers du developpement urbain durable N 8, University of Lausanne, Lausanne, Switzerland.

Grimm J., 2009. Food Urbanism-A sustainable design option for urban communities, Senior thesis in landscape architecture, College of Design, Iowa State University, Ames, IA, USA. Available at http://johnsonlinn-localfood.webs.com/Planning%20Resources/FOod%20Urbanism_Grimm_pdf.

Huber, R. and Lebmann, B., 2009. WTO agreement on agriculture: Potential consequences for agricultural production and land use patterns in the Swiss lowlands. Geografisk Tidsskrift-Danish Journal of Geography 109: 131-145.

Provoos, M. 2009, New towns for the 21st century the planned vs. the unplanned city. Sun, Amsterdam, the Netherlands, 256pp.

Rankin, B., 2009. Local food is not always the most sustainable. Harvard Design Magazine 31 Vol. II: 101-104.

Rocker, I., 2002. Versioning: In-forming architectures. AD Architectural Design 72: 10-17.

Steel, C., 2008. Hungry city: how food shapes our lives. Chatto& Windus, London, UK, 400pp.

Swiss National Science Foundation SNSF, 2011. New Urban Quality-National Research Programmeme NRP65. Available at http://www.nfp65.ch/E/portrait/Pages/default.aspx.

Swiss Statistics, 2011. Federal Administration.

Available at http://www.bfs.admin.ch/bfs/portal/en/index/themen/01.html.

Swiss Federal Office of the Environment OFEV, 2011. Compensation ecologique. Available at http://www.bafu.admin.ch/landschaft/00522/01649/01650/index.html?lang=fr.

Viljoen, A. (Ed.), 2005. CPULs.continuous productive urban landscapes: designing urban agriculture for sustainable cities. Elsevier, Oxford, UK, 280pp.

Verzone, C., and Woods, C., 2006. Cadrages-Paysage et amenagement du territoire. Volume1: Etat de lieu. Report of the initiative of the Service de I'amenagement du territoire SDT, Service de I'economie, du logement et du tourisme SELT, Rougemont, Switzerland.

White, M., Przybylski, M. (Eds.), 2010. Bracket-om farming-Almanac1. Actar, Barcelona, Spain, 252 pp.

Wiles, W., 2009. Farming has become Fashionable. Icon-Magazine 072: 70-78.

Woodbury, R., Gun, O.Y., Peters, B. and Sheikholeslami, M., 2010. Elements of parametric design. Taylor and Francis, Oxford, UK, 300 pp.

第 42 章

鹿特丹的城市农业空间：工业化城市中城市农业发展的空间机会

保罗.A. 德. 格拉夫（Paul. A. de Graaf）
荷兰鹿特丹保罗德格拉夫设计研究事务所
Info@pauldegraaf.eu

摘要：本研究以鹿特丹为例，描述了一种自上而下的城市景观和城市农业发展方式。在一般工业化国家城市中，尤其是在鹿特丹，对于通常是自下而上驱动型的城市农业项目来说，这种方式能成为一种有用的工具。首先，绘制城市农业的机会地图；接下来，通过设计案例研究揭示这些地点的生产潜力。本章将重点关注空间机遇的界定和原理。第一：基于国际最优秀的实践案例和专家意见，界定城市农业类型。第二：基于不同城市农业类型的环境和社会效益及空间需求，建立一系列准则去界定空间机会。需要指出，空间机会的界定及相应的城市农业类型应该与其在城市可持续发展方面的角色相关联，包括了经济、社会和环境的可持续发展。此外，应该将城市农业视为一种综合的系统，这一系统能够使城市具有弹性，以应对气候变化和其他的环境问题，如资源枯竭、生物多样性减少等。

关键词：类型，地图，城市规划，系统思维

42.1　引言

42.1.1　背景

在全球范围内，城市农业正吸引越来越多的关注。在荷兰也是如此，但是不像其他国家，在荷兰很难激发城市农业项目的出现，至少很难激发不同于社区农园、份地农园、学校农园和艺术项目等的大尺度项目的出现。可以认为，在目前城市农业的发展中，缺乏经济上可行、并能有效利用城市空间机会以生产食物和非食物产品的项目。“可食的鹿特丹（Eatbaar Rotterdam）”[①]项目组认为，这部分是由于利益相关者尚未意识到这些机会。

在这种背景下，“鹿特丹城市农业空间”项目应运而生。该项目旨在基于现存的城市肌理绘制城市农业空间机会地图，通过设计案例研究来揭示如何使机会变为现实。这也是“可食的鹿特丹”调查荷兰城市农业发展的可行性策略的成果之一（格拉夫Graaf和范德斯安斯Van der Schans，2008）。

这一项目由“可食的鹿特丹”发起，由“荷兰建筑基金会”资助，由保罗德格拉夫设计研究事务所具体执行。该项目的参与者包括作者和来自“可食的鹿特丹”、荷兰代尔夫特理工大学、瓦赫宁根大学的专家以及政府官员，参与人员的专业背景多元，包括建筑和城市规划、健康医疗、食物零售、工业生态学和农业等。

41.1.2　本章重点

机会地图所承载的并不仅仅只是地理信息，更重要的是，在绘制地图的过程中，可以理解城市农业对城市意味着什么，并设想城市农业与城市可能的关系。当农业和城市这两种因素相互影响的时候，就会产生新的农业形式。因此，传统的用以判断是否适合发展农业的标准就不适用了。在城市的背景

① 这是一个独立的专家小组，旨在激发、推动和调查鹿特丹的城市农业项目。

中，应该综合考虑所有类型的空间、社会文化条件和环境条件：包括基地的建设环境、生态环境、居民的社会多样性、区划情况、污水处理情况和能源基础设施建设情况等。所有这些条件均能在机会地图上得以呈现。可以认为，机会地图并不是现行实践的分布图，而是对有益城市的实践活动的邀请函。这是一种基于现状和多学科专家意见的实验性规划模式。

基于博恩（Bohn）和维翁（Viljoen）（Viljoen，2005）以及其他城市设计和规划专家的研究基础（巴特Bhatt和康格斯豪格Kongshaug，2005；格里姆Grimm，2009；豪汉斯Hohenschau，2005），鹿特丹机会地图旨在探索科学的分析方法，并成为向利益相关者介绍城市农业发展机遇的有用工具。

42.2 定义和方法

42.2.1 城市农业

以国际上对城市农业的定义来看，荷兰大多数农业都属于城市农业或城市边缘型农业，但此次研究将城市农业界定为不同于荷兰普通农业和园艺实践的类型：城市农业是城市内部和城市边缘地区的农业，城市农业活动中食物以及非食物的生产、加工和运输过程与城市环境相互作用，使城市农业具有了与普通农业不同的特点，其独特之处在于建立本地闭合食物循环系统，并以可行的经济模式满足城市的空间、社会文化和环境需求。

42.2.2 机会和服务

国际发展研究中心（IDRC）的卢克·穆杰特（Luc Mougeot）认为："城市农业是典型的机会型行为"。从积极的方面理解，可以这样认为：

> 其活动的参与者必须具备多方面的知识和技能，知道如何挑选、种植/养殖、加工和售卖各种植物、树木和牲畜。尽管只受到小众的支持，并且还经常面临来自政府的反对，他们却依然敢于追求，他们在城市心脏地带取得的成就是对人类聪明才智的贡献（穆杰特Mougeot，2006）。

城市农业必须在城市中寻找立足之地，并必须充分发挥聪明才智以寻找可能的机会，这使得城市农业与一般的乡村农业有明显区别。国际发展研究中心的研究主要集中在发展中国家，发展中国家（如加纳、约翰内斯堡、罗塞里奥）与发达国家（如美国和加拿大）的城市农业案例有明显不同，但是都体现了城市农业闭合有机循环的特点。城市农业生产者实际上可以被视为企业家，他们会察觉到机会并将之"设计"成相应的生意。这些机会存在于满足城市需求和解决城市问题的过程中，在这样的过程中，农业不仅仅可以进行食物生产还可以提供其他不同的服务，如教育、职业培训、水资源循环和处理、减轻城市热岛效应和美化城市等（图42.1）。

42.2.3 类型和形式

城市农业的"机会型行为"特点导致了它的多样性从而使其分类难度加大。现存的

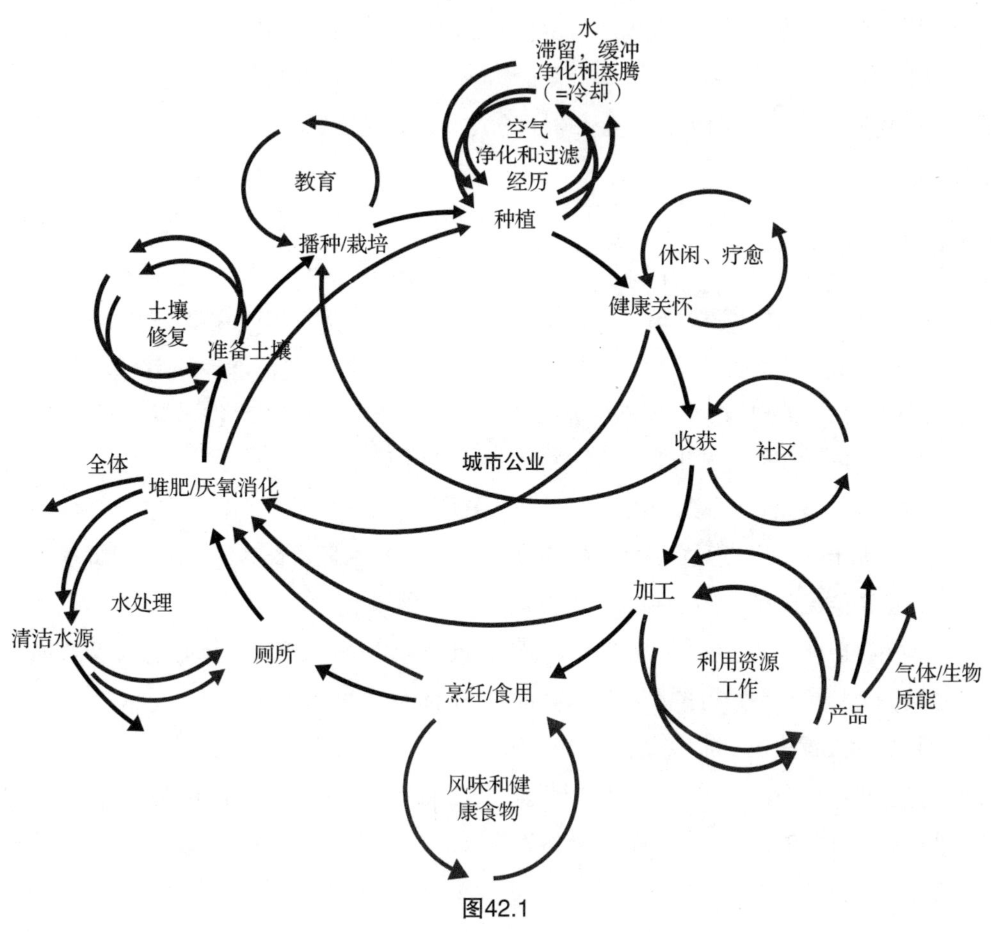

图42.1

案例均是对当地环境的回应，同时也是农业生产者的倾向性选择。弄清楚类型和形式之间的差别是非常重要的，同时也需要区别城市规划和设计中所运用的类型和形态（科莫莎Komossa，2003）。类型是代表一般特征的抽象体系，形式则是类型的特定阐释和实践（或者是多种类型的结合）。

城市农业的类型可以通过某一特征或者多种特征的集合来界定，这些特征包括：媒介、养分管理、知识运用、劳动力、资金、能源和技术、与建筑的集成程度等。城市农业类型及其特征决定了城市农业空间机会的确定标准。

城市农业的形式是设计中与特定的时间和空间相关的类型或类型的组合，同时也是农业生产者与场所互动、决定如何把握机

图42.1　为城市服务的城市农业。城市食物（营养）循环及其潜在的社会和环境效益。

会、把握何种机会的过程。与场所相关的要素包括微气候、阳光以及社区服务等。同时城市农业的形式也与劳动力、资金和时间相关。

42.2.4　机会地图绘制

在某种程度上，城市农业的“机会型行为”特点与自上而下的传统规划方式是相抵触的。然而，恰当的规划能为实践指明机会所在，并能评估这些作为城市食物、废物、水和能源循环组成部分的实践对城市的作用。通过将城市农业的效益可视化和实体化，机会地图的绘制可以揭示并估计城市农业能够以何种规模对城市施加有益的影响。

其次，规划是一种很好的交流工具，能够帮助利益相关者认识到城市农业对城市的重要作用。机会地图的主要目的是向那些有志于从事城市农业的人展示鹿特丹的潜力。

在这种背景中，逐个识别和定位机会场所并非是一个好方法，因为这种过于精确的地图会迅速过时。机会地图应该能够基于地区一般的空间、社会文化和环境特征（如密度、工资水平以及雨水径流盈余等），显示出城市的哪片地区有可能发展哪种特定类型的城市农业。正是因为这个原因，本次研究没有选择使用地理信息系统，而是采用普通地图并结合专家意见，通过实地考察，推演、整合并绘制机会地图。

42.3　确定鹿特丹的城市农业类型

42.3.1　城市农业可能的类型

正如表42.1所显示的，城市和农业之间能够互惠互利。确定城市农业可能类型的第一步就是确定哪些类型是适合在城市中发展（也就是城市对农业发展需求的满足程度），第二步则必须考虑哪些类型能对城市产生最大的效益（也就是农业对城市发展需求的满足程度）。

在城市中，相比其他作物来说，修订后的范・杜能模型中的作物有很强的竞争优势。这些作物在相对较小地块内就可以有较高的产量，较好的质量使其价格高于一般的超市产品；此外，这类作物不需要专门的人工冷藏技术来延长其保质期，因此能够自然融入到当地的能源、资源、水、营养和物质循环中（格拉夫Graaf和范德斯汉斯Van der Schans，2008）。

范・杜能模型中典型的适宜城市生产的作物就是蔬菜和乳制品（从保质期方面考虑），除此之外，种植蘑菇、小规模饲养家禽或是养鱼也是可行的。当然，前提是小规模种植/养殖，有效利用城市空间和资源，同时不会为居民带来困扰。

依据这一原则能够产生多种城市农业类型，它们均能够灵活利用空间且规模相对较小。这些类型因土壤和建成环境的不同而不同，与城市交换各类资源，并能够从社会方面和美学方面对公共空间造成影响。因此，它们能够为城市提供各种不同的效益并能够对不同的机会做出回应。在本研究中，用矩阵图的方式来排列这些城市农业类型，在矩阵图中，纵轴为控制—自我管理序列，横轴为基于土壤—建筑集成序列。这两条轴线所界定范围内的区域可以用一些关键词进行进一步描述，以展现不同类型的不同需求（或

农业和城市之间供给求关系矩阵图　　　　表42.1

需求	供给
农业需求	城市供给
阳光/日照	充足的阳光照射面
营养/肥料	废物流（营养、灌溉、基底、热能）
灌溉	微气候
土壤/基底	空地
微气候/环境	生态位空间
空间	临时空间
建设能力（与建筑物的集成）	未充分利用的建设能力
劳动力（集约型/粗放型）	劳动力（员工）
市场	消费者
城市需求	农业供给
公共绿地设计和管理	美学
生态服务	生物多样性
教育（自然、食品生产、生存技能）	四季体验 亲身学习/工作经历
休养、疗养	休养、疗养
合适的工作岗位	经验丰富和无经验的劳动力
水资源存储	水的获取和蒸发
建筑层面和社区层面的气候调节（降温/加热）	蒸发冷却
改善水、土壤和空气质量	水、土壤和空气净化
废物处理和管理	有机废物处理

者不同的潜力）。在这幅矩阵图中大概有四种较明显的类型（见图42.2）。

在图42.2的一端是森林农园，这是一个基于土壤的、基本上可以自我管理的室外农园。矩阵的另一端则是高度控制的室内装置，如水培和鱼菜共生装置。在两种方式中间的是基于土壤的耕种方式，比起两种端头模式来说这些基于土壤的模式不需要太多技能和资金，因此被广泛使用。接下来我们将对这四种类型（图42.3）进行进一步描述，它们能够互相支撑，提供多样化的产品，同时满足城市在空间、社会文化和环境方面的需求。

类型1：森林农园

森林农园是一种将农园建设为完整生态系统的模式，将多年生植物按照其功能和形态进行布局，树木、灌木、植物和藤蔓植物组成4-7层的垂直结构。这种模式基本能够实现自我管理。这是一种混合养殖模式，能够提供多种产品，作为其他类型的城市农业产品的补充，如水果、根茎蔬菜、坚果、药用植物、竹子以及其他非食品产品等（雅克

图42.2 可能城市农业类型矩阵图
图42.3 四种可能的城市农业类型：森林农园、小块份地、屋顶水培、室内鱼菜共生系统

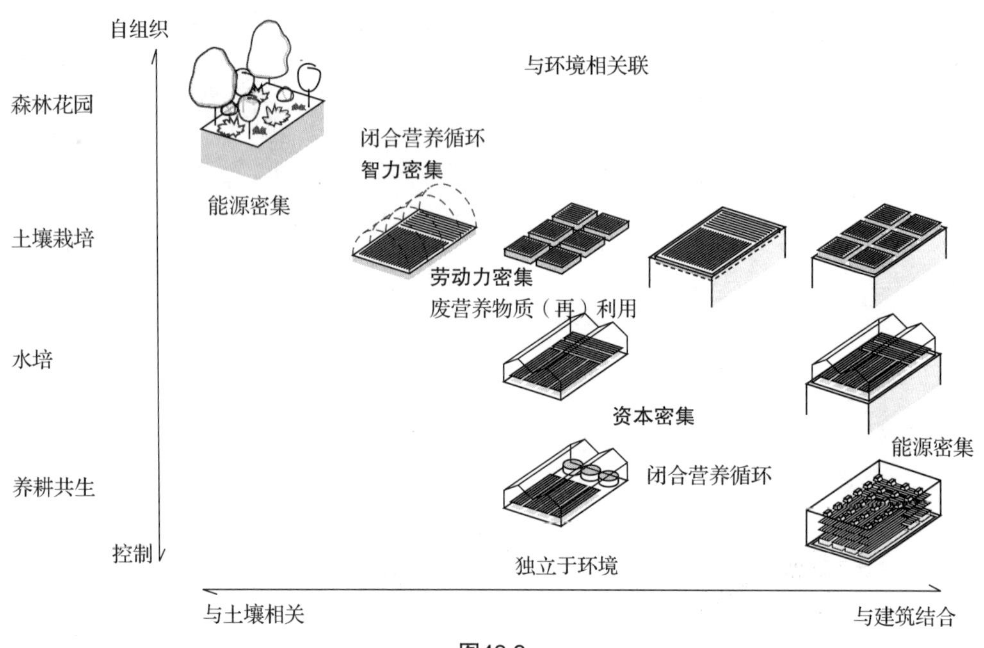

图42.2

图42.3

Jacke和托恩斯梅耶Toensmeier，2005）。

这为公共绿地的维护提供了一种不同的可行方式。与其他城市农业类型相比，这种模式能够提供全年常绿的室外环境，并且可以充分利用能源和资源。鹿特丹拥有大面积的公共绿地（尤其是在战后重建的居住区），这些地区通常能够获得的维护资金非常少，往往未被充分开发或者已经衰退。因此，在这些地区，森林农园或许是一种可行的选择。森林农园有潜在的示范作用，它可以展示自然的闭合循环过程，并为人工环境中的闭合循环系统建设提供灵感。

尽管森林农园能够在美学和生态方面提升现存绿化区域的质量，不过，它并不会增加城市绿化面积。此外，它在城市新陈代谢中的作用是有限的，除了可观的调节雨水的能力，与城市几乎没有任何要素的交换。而且，建造森林农园需要可观的知识储备和经验，以及大量的时间（大约十年的时间）和长期资金的投入。

类型2：小块份地

在小块份地上种植日常所需的蔬菜能够很好地利用城市较长的生长季优势。这种类型的城市农业是城市农业中最常见的一种，能够在份地农园、社区农园和学校农园中进行长期实践，绝大多数都具有自给自足的特点并以教育为目的。

这种由威利·萨茨维奇（Wally Satzewich）提出的小型集约农场（SPIN）模式实际上是一种能利用城市小块私有土地增加城市农民收入的商业模式，如后院和屋顶农场，可行的商业模式使得这种类型的城市农业能够在鹿特丹推广（萨茨维奇Satzewich和克里斯坦森Christensen，2005）。相比美国和加拿大，荷兰的城市密度较大、后院的种植潜力较小；此外，鹿特丹的后院空间格局不能保证植物获得足够的阳光以延长生长季。因此，屋顶种植就成为一大趋势。尤其是居住在密度较大室外绿地较少的地区，屋顶农场能够成为一片绿洲，减少热岛效应、滞尘、吸收二氧化碳，当然，还能美化屋顶。

就社会文化效益而言，这种模式还能够为当地居民（尤其是移民）创造就业机会。易得的空间和不高的设备要求使得这种模式的门槛较低，全职或兼职从事这一活动均可。

类型3：屋顶水培

屋顶水培系统是在温室中、利用种植基质培育蔬菜和水果，整个系统通过使用太阳能电池运作，收集和使用雨水进行灌溉，利用建筑物排放的热量、二氧化碳和地源热泵热量进行供热。进一步，屋顶农场可以降低建筑温度、缩短食物里程和减少农药使用，以达到可持续发展的目的。尽管相比森林农园，屋顶水培系统能提供的活动空间比较有限，但经过恰当的设计，还是能发挥其作为教学和疗愈空间的作用。

水培系统拥有巨大的潜力是因为其产出高，重量轻（70～120kg/m^2，与传统屋顶绿化相比）。调查显示，专家们认为鹿特丹大部分的平屋顶都能在不经过任何额外改造措施下发展传统屋顶绿化（沃尔Voll，2006）。另一方面的潜力则存在于对荷兰温室知识和创新的整合，如新型能源生产温室。通过这一技术，屋顶温室能够进行热能转换，在夏天储存热量（为城市降温），在冬天使用热量。此外，屋顶水培模式能够帮助闭合城市内部的养分循环。如果能够通过厌氧消化技术提取生活废水中的养分，并将其运用到水培系统中去，那么这将会有助于解决对化工肥料的依赖问题。

类型4：室内养耕共生系统

在城市环境中，可以利用有限的技术建立养耕共生系统以降低成本，使实施和养护过程更加便捷。这一系统的尺度和操作更加灵活，可以利用受限的城市空间运营，如闲置的建筑等。与水培种植系统相比，养耕共生系统具有更加多样和复杂的养分循环过程。系统所需要的肥料可以通过水循环过程加入，饲养鱼类所产生的有机废弃物（鱼粪）能够满足植物的需求。此外，还可以增加更多的过程，如蚊虫幼虫经过发酵可用作鱼食。正是循环理念和低技术理念的结合，使得这种城市农业类型成为一种将废弃物变为资源的利用方式和教育模式。这是一套能够处理城市各类废物流的自给自足系统，在该系统中，不同的作物和家畜都有各自的需求，如不同的阳光和温度，这样就能充分合理利用建筑内部的不同条件，最终实现产品的多样性。这对其他城市农业类型是很好的补充。

尽管该模式采用的是低科技方式，但资金投入仍然是个值得考虑的因素。该模式的资金投入比其他城市农业类型高但比传统园艺低。同时，养耕共生的知识也需要进一步普及。

42.3.2 绘制机会地图

基于城市农业类型，鹿特丹的空间、社会文化和环境要素可以被清晰的图示（图42.4）。空间要素根据城市环境类型而设定（分为三大类：住宅区、工业区和绿化区），依据其为农业提供的条件进行区分（如微气候、日照、建设能力和未开发空间的使用）。一些社会文化和环境要素也可以被归于这一范畴（如餐馆的分布、家庭营养的摄取）。进一步，可以判断每一类要素类型对四种城市农业类型的适宜程度。

和空间这一层次最接近的就是区划限制和土地条件。除此之外，环境地图还能定位出水资源、营养、能源、热量的来源，尤其是那些雨水资源丰富的地区。

社会文化要素是最难图示的。相比空间层次来说，这一层次更具可变性。除了其社会特征，其他超出本次研究范畴的信息将不会出现在地图中。

将要素图叠加后就可以得到城市农业机会地图。本文将不再展开地图的绘制和调整过程，最终每一种类型都会有一幅机会地图。这些机会地图可以整合为鹿特丹城市农业的政策机会地图（图42.5），政策机会地图显示了哪个地方适宜采用哪种城市农业类

图42.4 基于空间、社会文化和环境要素的机会地图

图42.5 每一种城市农业类型的机会地图以及政策机会地图（右下角），政策机会地图显示了基于可持续规划的视角，哪个地方适宜采用哪种城市农业类型

高可变性
低可变性
社会–文化
环境
空间
人物特征/活动
资源/废物流
区划/工地条件
建成环境

图42.4

1. 森林农园
2a. 小块土壤种植份地
2b. 屋顶的土壤种植
3. 屋顶水培
4. 室内养耕共生系统
政策机会地图

图42.5

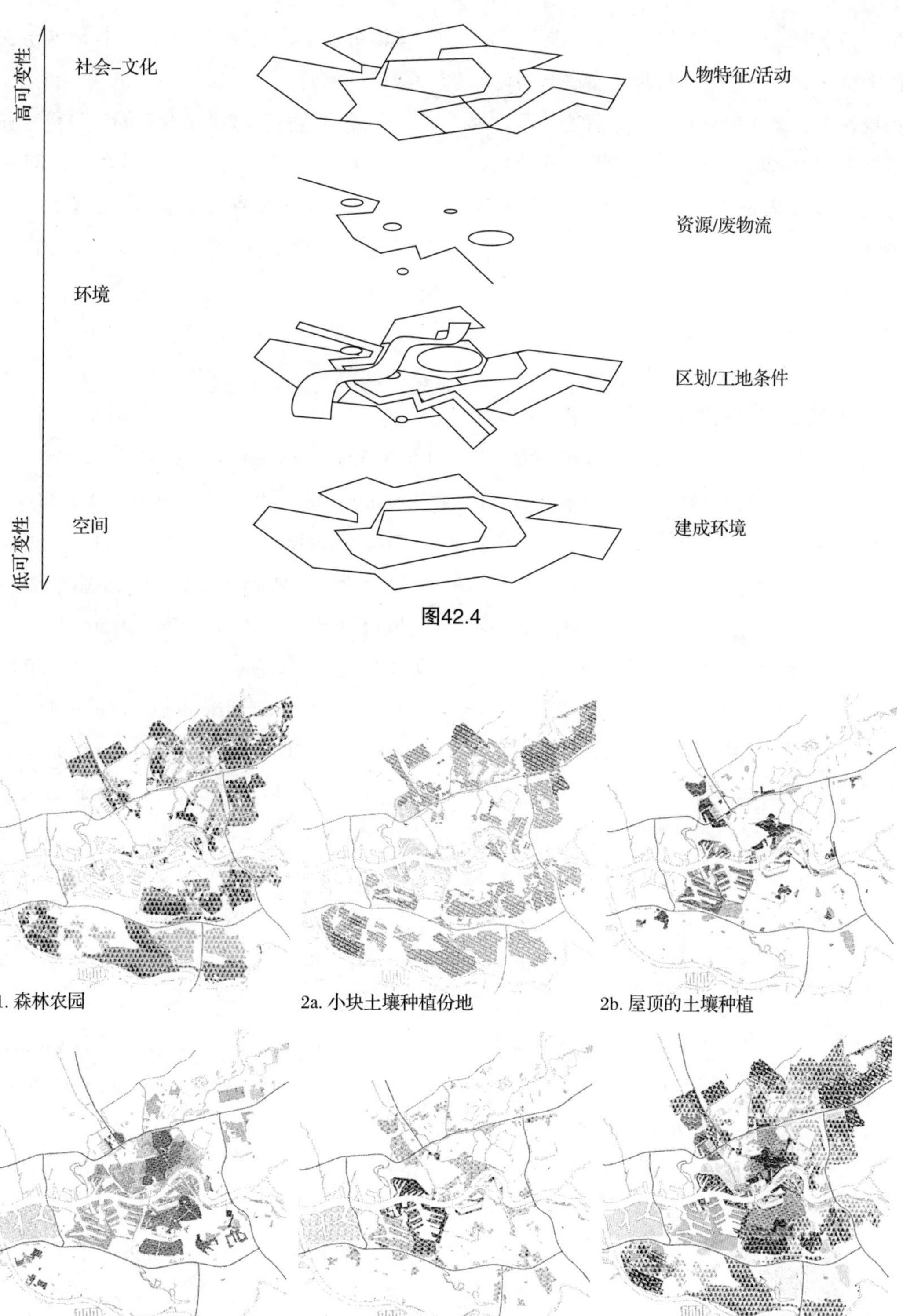

型。该研究的成果——包括机会地图和大量的案例研究——将同利益相关者进行讨论。如果这个结果受到各利益相关者的认同，那么就将开始实施下一步的实际检测计划，这将主要依靠是想发展城市农业项目的企业家。

42.4 总结

规划政策不仅仅要基于已经存在的城市农业活动，还要基于能够解决城市问题的特定的城市农业类型。作为一种探索性规划，为城市农业绘制机会地图有助于制定有事实依据的决策。这使得规划者们能够在城市农业发展中扮演积极主动的角色，共同创建可持续的城市。

四种城市农业类型的机会区域是他们最有可能繁荣发展的区域。然而，当把这些地图叠加后，城市规划设计方面的问题就会随之而来。如果有相互竞争的情况，应该选取哪种类型？城市农业和其他公共绿地（如城市自然景观区）之间的矛盾在哪里？因此，规划师必须仔细认真衡量空间、社会文化和环境这三方面要素。机会地图第一次尝试回答这类问题，但它并不是一幅精确的地图。

接下来要做的就是吸引规划部门的兴趣，推动他们采取积极措施发展城市农业。可以认为，城市农业机会地图是对其他空间规划政策的有益补充，如社区农园、份地农园、屋顶绿化、公共绿地维护等。鹿特丹已将城市农业列入官方议程，这为城市农业开启了机会之门，但关于城市农业问题依然存在一些不同的甚至相互矛盾的观点。作者希望本研究能够得到官方的回应，推动城市农业政策的出台。

希望“鹿特丹城市农业空间”项目能够进一步推动专业化城市农业的发展。随着专业城市农业的发展，更多的关于营养、能量和水循环的问题将得到更广泛、更深刻的讨论。

参考文献

Bhatt, V. and Kongshaug, R. (Ed.), 2005. EL-making the edible landscape. A study of urban agriculture in Montreal. Mc Gill University, Montreal, Canada. Available at http://www.mcgill.ca/mchg/pastproject/el/.

De Graaf, P. and Van der Schans, J.W., 2008. Integrated urban agriculture in industrialised countries. Design principles for locally organized food cycles in the Dutch context. In: SASBE09 Conference Proceedings. Available at http://www.sasbe2009.com/papers.html#papers.

Grimm, J., 2009. Food Urbanism. A sustainable design option for urban communities. University of Iowa, Ames, USA. Available at http://www.database.ruaf.org/ruaf_bieb/upload/3129.pdf.

Hohenschau, D.L., 2005. Community food security and the landscape of cities. University of British Columbia, Vancouver, Canada. Available at http://www3.telus.net/public/a6a47567/DLHohenschau.pdf.

Holland Barrs Planning Group, 2002. Southeast

false creek urban agriculture strategy. Holland Barrs Planning Group, Vancouver, Canada. Available at http://vancouver.ca/commsvcs/southeast/documents/pdf/urbanagr.pdf.

Jacke, D. and E, Toensmeier, 2005. Edible forest gardens. Vol.1: Vision&Theory. Chelsea Green, White River Junction, USA, 654pp.

Mougeot, L.J.A., 2006. Growing better cities. International development research centre, Ottawa, Canada, 97pp.

Satzewich, W. and Christensen, R., 2005, SPIN Farming. How to grow commercially on under an acre. Spin Farming LLC, Canada. Available at http://spinfarming.com/.

Viljoen, A. (ED.), 2005. Continuous productive urban landscapes. Designing urban agriculture for sustainable cities. Architectural Press, Oxford, England, 280pp.

Voll, L., 2006. Rotterdam groen van boven. Toepassing van groene daken in Rotterdam. Gemeente Rotterdam, Rotterdam, the Netherlands. Available at http://www.Eetbaarrotterdam.nl.

第43章

芝加哥大都市区域食物系统报告

林恩·庇穆勒（Lynn Peemoeller）
芝加哥食物政策咨询委员会
Lynn@foodsystemsplanning.com

摘要：2040年，在芝加哥大都市地区交通运输、房屋建设和商业发展的同时，我们该如何继续生产食物并供养增长的人口？这是芝加哥都市规划局在《2040食物系统报告》中试图解答的问题。该报告准备进程历时9个月，由芝加哥都市区及边缘地区的130多个食物系统利益相关人/团体共同参与完成。这是该区域内首个此类型的报告。从未在一起工作过的参与者们通力合作，明确了现状和2040年的愿景，提出了一系列建议及指标体系。本章介绍了这个报告的出台过程，阐明了这一过程中的机遇和挑战。

关键词：区域规划，社区食物系统，利益相关者参与

43.1 引言

美国的规划者已经通过一系列方式将食物系统结合到他们的工作中去，大到区域规划、系统的远期规划，小到各种具体的议题，如食物可达性，健康的生活方式，价值体系发展和减少食物浪费等。

美国规划协会（American Planning Association），美国农业部（the United States Department of Agriculture）和其他组织（如社区食物安全联盟（Community Food Security Coalition）均通过出版物和其他方式积极推动食物系统政策的发展。显然，食物系统在城市规划的众多分支中已经占有一席之地。

正如规划者和政策制定者所熟知的，区域规划是在极大的区域内对一系列复杂的土地使用活动、基础设施建设和定居点开发进行协调。随着食物系统理念在美国、加拿大和欧盟地区的传播，专家、学者和政府转向更为综合和复合的食物系统规划方法。在区域规划框架内整合食物系统相关内容这一认知被逐渐接受。类似的例子有美国特拉华河谷地区规划委员会（Delaware Valley Regional Planning Commission）制定的《费城食物系统研究》（Greater Philadelphia Food Systems Study）（2010）。还有波特兰都市研究所（Institute of Portland Metropolitan Studies）发布的《耕作繁荣，收获健康》报告（Planting Prosperity and Harvesting Health）（2008）。

2009年，芝加哥社区信托（Chicago Community Trust（CCT））资助的《食物系统报告》工作启动，这是芝加哥都市规划局（CMAP）《走向2040规划》的一部分。《食物系统报告》需要基于《走向2040》区域规划中的地区发展愿景，提出具体的实施战略。大芝加哥地区是美国第三大大都市区域，芝加哥都市规划局是该地区的官方规划组织。在近3年的研究、商议和公众参与过程后，芝加哥都市规划局发布了《走向2040》区域规划，规划建议围绕4大主题采取行动，即：宜居社区，区域交通，人力资本及高效管理，《食物系统报告》被包含在其中。

《食物系统报告》是芝加哥首次区域性食物系统规划的成果。本章将介绍报告的产生过程以及应用性的社区规划策略成果，阐明这一过程中的挑战和机遇。

43.2 项目团队建设

《走向2040》区域规划是芝加哥大都市

地区的官方总体规划，在预期2040年人口增长、人口结构变化和气候变化的背景下，指出地区可能要面临的问题，提出满足需求确保持续繁荣的建议。

《走向2040》区域规划提出了12个生活质量议题，包括健康、应急准备、安全、教育、艺术和文化等，其中食物系统是需要特别考虑的议题。2008年，规划的出资方芝加哥社区信托委托芝加哥食物政策咨询委员会（Chicago Food Policy Advisory Council〔CFPAC〕）和芝加哥区划及土地利用规划部（the City of Chicago Department of Zoning and Land Use Planning）召集和领导一个咨询委员会对食物系统开展专门研究，提出2040年区域食物系统的愿景、明确现状条件、制定一系列指标并提出一整套建议，最终在2009年提交一份报告。

CFPAC是一个非营利性公益组织，它和芝加哥区划及土地利用规划部的合作旨在共享资源。本章的作者负责管理CFPAC的项目。

芝加哥食物政策咨询委员会的资源包括：

芝加哥及周边地区活跃的社区参与者网络；

公众参与领域的好口碑；

不同种族、年龄和收入水平的人们组成的多元化网络；

愿意召集社区会议的合作伙伴。

芝加哥区划及土地利用规划部的资源包括：

专职、熟练、专业的工作人员；

行政支持；

能获取大量数据资料；

与政府和其他利益相关团体有合作关系。

CFPAC和土地利用规划部召集了由大芝加哥地区7个郡县的城乡居民组成的咨询委员会。该委员会由30多名成员组成，他们代表了区域食物系统内的利益相关方，包括市、郡、州政府、私营企业、农民、城乡宣传组织、健康倡导者、教育者、资助者、非营利性组织和政策专家。

成立咨询委员会是为了在规划制定过程中有广泛的公众参与，这也是社区规划的基本原则，或者说采用自下而上的方式来制定规划。事实上，食物系统经常与“社区食物系统”和“社区食物安全”联系在一起，采用公众参与的方式可以揭示食物系统内活动者（包括生产者、加工者、售卖者和消费者）之间的关系，从而制定恰当的方案（伯恩等Born et al.，2008）。公众意见是这个项目的基础部分，这可以使CMAP和CCT明确不同社区的重要议题和重点所在。

咨询委员会成立的初衷是尽可能地呈现芝加哥大都市区域的种族和地理多样性。不过挑战也同时存在。首先，不是所有的参与者都能够参加会议。由于会议在芝加哥市中心举办，对于需要长途跋涉的参与者来说，昂贵的停车费用，旅途时间和交通全都是挑战。此外，会议都是在上班时间召开，对于上班族来说就很不方便了。对于有些参与者来说，还有一个挑战就是他们不熟悉会议的主题、领导机构以及会议和他们工作的相关性。最终，一群拥有资源及参与欲望的人士成为了咨询委员会的代表。

很明显，这样的咨询委员会很难体现出地理和种族多样性，因此，一个二级分支发展出来。

CFPAC与芝加哥不同地区的社区组织建立了合作关系，以明确社区层面的需求、重点和优势。共有60多人参加了4次会议。

此外，两个领导机构和一个乡村宣传组织合作召开了一个乡村会议，来自7个郡县的20多位农民讨论了和农业社区有关的重要问题。会议所需的资金通过小型的利益相关方参与的会议募集，这些利益相关方包括区域内与土地利用规定和环境规定有关的人员、商界人士、饥饿问题关注者和劳动力发展专家等。

最终，有超过130个个人和机构参与了报告制定工作。这一结果相当令人满意。

43.3　工作方法

既然食物系统被界定为规划议题，那么，就需要决定采取什么方法来开展这一工作。目前美国规划领域使用的主要是基于社区自下而上的规划方法或适应性规划方法（瑞德Reed和马克Mark，2006）。

"社区食物评估"这一方法被用来判断社区的资源现状，评估和引导社区食物安全。美国农业部（2002）建立了"社区食物评估"策略包和导则，是评估社区食物安全的各种指标的标准化工具。

包括区域、州、郡、县在内，美国已经在不同的行政层级上开展了社区食品评估工作。如旧金山食物系统合作社评估（2005），托兰多（Tolodo）社区食物评估（2007）和柏林顿（Burlington）社区食品评估（2004）。

2008年，伊利诺伊州东北部社区食物安全评估（Northeastern Illinois Community Food Security Assessment）出台。这个评估报告着眼于健康及契合文化的食物可达性问题，对整个区域进行了基础研究并对6个社区进行了深入研究。该地区和大芝加哥地区的7个郡县非常相似，因此芝加哥食物系统规划引用并使用了该报告的一些结论。

实践经验表明，工作方法的实施会受到很多因素的影响，包括：信息获取、培训、资源、项目规模、客户、合作者、经费等。对于专业及学术领域来说，调查不同的食物系统规划方法并比较它们的成果是非常有价值的工作。这能为食物系统规划实践提供进一步的指导。

《食物系统报告》采用了多种工作方法。这些方法受到以下情况的驱动：

资助者CCT（芝加哥社区信托）对交付成果的期望和预设的实施框架；

芝加哥都市规划局的具体要求；

两个领导机构（芝加哥食物政策咨询委员会和芝加哥区划及土地利用规划部）的专业技术和资源；

时间表和经费；

来自不同利益相关方的多元化参与者；

公众参与过程以及报告的制作所需要的资金。

实际上，这并不是芝加哥研究地方性食物系统的首次尝试。在《食物系统报告》之前曾经还有几份报告和研究。其中有两份报告值得关注，一份是芝加哥区划及土地利用规划部发布的《本土饮食，健康生活》报告（2007），另一份是芝加哥食物政策咨询委员会2008年发布的《建立芝加哥社区食物系统》报告。与此同时，一个州级机构也完成了《地方食物、农场和工作研究》。但是，尽管在市级及州级层面有对地方性食物系统规划的建议，在区域层面却没有任何实质性内容。

确定项目工作计划及工作方法也成为摆在两个领导机构面前的难题。虽然之前有过个体合作，但是两个机构之间还未有过任何合作。两个机构都有不同的使命，项目组成员有着不同的专业背景。此外，这两个机构都位于芝加哥，但项目任务要求整个区域都参与进来，这也带来了额外的压力。它们必须要开展大量的前期工作让大家取得共识并搭建项目框架。

43.4　建立愿景

首要任务就是确定一个共同的愿景。领导机构带领咨询委员会开展了愿景工作坊，畅想2040年区域食物系统应该是怎样的。工作坊结束后，委员会给出了一系列原则、目标和战略，战略主题包括可达性、公平正义、环境、社区、经济和健康。虽然咨询委员会成员在工作坊开展期间的参与度很高，但是工作坊结束的时候仅简单地组织了工作成果。这给接下来的成果整理和愿景整合带来了困难。

长时间的考虑之后，领导机构决定使用可持续概念来涵盖咨询源委员会宽泛的反馈，构建这一愿景。选择可持续观念有以下两个原因：首先它能够回应咨询委员会的反馈，其次它的框架与芝加哥区划及土地利用规划部在该区域内进行的工作相符合。

愿景（报告摘录）

2040年我们会拥有一个区域性食物系统，它会滋养我们的人民和土地。这个食物系统将会：

- 平衡各部门的营利性和多样性，形成有活力的经济状态；
- 保护农田，提高水源和土壤质量，形成闭环生态系统；
- 使人民平等享有获得价廉营养食物的权力，促进社会公正；
- 支持蓬勃的地方食物文化。

报告摘要

区域食物系统策略建议将所有的主意结合到一个模式内：可持续发展的四大支柱（The Four Pillars of Sustainability）。可持续发展通常被认为涵盖了经济、环境和社会三大要素。而一个更为创新的可持续发展的模式应该涵盖第四个要素，即文化要素。“该模式认识到，社区的活力和生活品质与文化参与、表达、对话的活力和质量密切相关。它越来越意识到需要将文化和创造性融入可持续的规划和策略中”（CECC，文化研究沙龙Cultural Research Salon，2006）。在这里，文化也包含了我们日常所做的选择，而我们的习惯和传统决定了我们会做出怎样的选择。要改变食物系统就必须改变我们对食物系统的态度。

这一愿景推动了报告的进展并贯穿于项目始终，在最初确定后就几乎没有多少改变。

43.5 撰写报告

在项目开始之前，CCT和CMAP就已经确定了报告的框架。报告内容应该包括：区域愿景，一系列关于如何找到食物系统资料并追踪区域发展进度的指标，区域的现状，就区域如何达成愿景给出建议。

撰写报告是组织面临的最大挑战。领导机构带领由20人组成的志愿写作委员会撰写了将近3个月。困难包括：研究时间短，在区域层面上能找到的完整数据非常有限，区域层面涉及到不同政府的部门交叉，对关键问题的长期争论，如传统农业与可持续农业的区别，如何融入城市农业以及如何在区域范围内定义食物圈。此外，由于公众参与始终贯穿于项目中，因此最困难的工作或许就是如何根据众多不同参与者的不同观点来组织报告。

报告摘要

在报告的准备阶段我们很快就认识到，不可能把地方层面食物系统的事务和全国以及全球层面的事务剥离开来。全球层面的很多趋势都在影响着我们的食物系统，包括种植什么、在哪里种植以及需要付出什么样的代价。全球事务包括：气候变化，不稳定的石油价格和供应，耕地极限所带来的供需挑战，人口的持续增长，水和空气污染，生物多样性减少以及千变万化的市场。做出区域性决定的时候必须要充分认识到它们所处的大环境。

就该报告的内容达成共识并非易事，最终的结果也许不会让所有人都满意。不过这个过程中有几点值得关注：

- 一些利益相关者组成了多元化的团队，他们当中很多人在开始的时候并没有参与进来，但是致力于报告的成果。开放的参与式规划过程允许这一情况的出现。
- 一系列区域层面的食物系统数据首次得到调查和分析，这些数据包括农田、地方食物生产、食物可达性、食物服务部门、公共健康、和饮食相关的疾病等。
- 报告撰写让各利益相关方聚在一起，分享信息，讨论食物系统中的重要议题。这也在小组内建立了新的网络并加强了现存网络。

最终，该报告发布于2009年10月，采用了保守的而非以行动为向导的方法来处理区域食物系统。这一点通过研究的焦点、其广泛的目标及建议和未明确定义的行动计划反映出来。

报告摘要（接上段）

完成了该报告的最后部分非常令人欢欣鼓舞，应该说，报告对于必须实施的区域政策已经达成了广泛共识，但是对于芝加哥区域的食物系统规划并没有统一的方案。客观地说，该报告的成果是，规划者和政策制定者（他们在7个郡县的不同层级的政府工作并与私人和非营利部门有密切合作）将能够决定哪条道路对食物系统的影响最为显著，以此确保有一个经济、社会、文化和环境可持续的食物系统来支持芝加哥地区的人口增长。

虽然报告的建议很宽泛，但是它的确指出了收集更多数据和增进公众认知的强烈需求。该报告还可能有一个无形的成果，那就是很多服务于咨询委员会的人会继续参与规划过程，与新同事一起决定为了制定相应的政策必须首先研究哪些问题。食物系统中的哪些要素需要首先解决？后续会有哪些步骤？该报告对于思考这些问题是至关重要的一步。

43.6 经验教训

通过公开的公众参与过程来界定并讨论芝加哥大都市区域食物系统的未来是项目组的雄心。作为领导该过程的专业参与者，以下几点观察对规划领域非常有价值：

领导机构需要投入大量的时间和精力保证过程的连贯性。在公开的公众参与过程中，经常对诸如如何定义区域性食物系统这类问题反复讨论，这会导致报告信息的频繁重组，并最终浪费了时间。

虽然公众参与阶段界定的食物系统被承认和引用，但是并没有广泛应用于报告中。与直接使用达成共识的观念相比，报告撰写人的个人知识结构和背景有着更明显的体现。

最后，我们可以反思报告对于利益相关方的价值以及它对食物系统规划和政策制定的贡献。报告已经被正式纳入《走向2040》区域规划，这表明，食物系统在区域规划过程中已经占有一席之地。

但是，我们并不清楚是否所有人都能高度认同该报告的价值。这里有几个影响因素：有其他几个州和社区层面的食物系统工作和该报告同时进行；缺乏行动方案导致参与者无法持续参与项目；在工作过程中领导层有所变动，导致该过程缺乏连贯性和凝聚力。

可以说，该报告的一个重大贡献就是填补了区域层面的空白。未来的愿景已经建立。从讨论和辩论中浮现的是适合区域尺度的新食物系统网络。

参考文献

Aubrun, A., Brown, A. and Grady, J., 2006. Conceptualizing US food systems with simplifying models. Frameworks Institute, Washington DC, USA. Available at http://www.frameworksinstitue.org/.

Block, D., Chavez, N., Birgen, J., 2008. Finding food in Chicago and the suburbs. The Report of the Northeastern Illinois Community Food Security Assessment. Available at http://www.csu.edu/nac/neil_communityfood_security.html.

Centre of for Policy Studies on Culture and Communities, 2006. Culture: The Fourth Pillar of Sustainability. Centre of for Policy Studies on Culture and Communities,

Vancouver, BC, Canada. Available at http://www.cultureandcommunities.ca/resources_sustainablity.html.

Delaware Valley Regional Planning Commission, 2010. The greater Philadelphia food systems study. Available at http://www.dvrpc.org/food.

Institute of Portland Metropolitan Studies, 2008. Planting prosperity and harvesting health. Available at http://www.pdx.edu/ims/food-systems-forum-2008.

Samina, R. and Born, B., 2008. Planners guide to community and regional food planning. APA Press, Chicago, IL, USA, 111 pp.

Pothukuchi, K., 2004. Community food assessment: A first step in planning for community food security. Journal of Planning Education and Research 23: 356-377.

Pothukuchi, K. and Kaufman, J., 2000. The food system: A stranger to urban planning. Journal of the American Planning Association 66: 113-24.

Reed, M.S., 2006. An adaptive learning process for developing and applying sustainability indicators with local communities, Journal of Ecological Economics 59: 406-418.

The United States Department of Agriculture, 2002. Economic research service community food security assessment toolkit. Available at http://www.ers.usda.gove/Publications?EFAN02013/.

第44章

慢理念：慢食物···慢建筑

约恩纳·克罗奇（Jonna Crotch）
英国格拉斯哥艺术学院麦金托什建筑学院
j.crotch@gsa.ac.uk

摘要：我们前进的速度太快，快节奏的生活，快速的车，快餐……还有快建筑。我们在这个世界上奔波，没有时间停下来更没有时间去思考；没有时间去欣赏和享受我们生活中一切重要的事。慢食运动和慢城运动就是对这种表面上看似无法停止的趋势做出的回应。这些活动试图放慢速度、扭转千篇一律、私利和全球化，重新认识区域性、包容性、手工艺、技术和长久的价值。慢食物和慢建筑之间也逐渐出现了交叉地带，在麦金托什建筑学院三年级课程中，学生的设计任务就是用可持续理念解决交叉地带中的实际问题。学院试图通过许多以食物为中心的项目鼓励学生从微观和宏观两个层面思考物质和结构是如何影响可持续建筑的。速度的驱赶往往会产生视觉主导型建筑，也就是说这种快建筑更加注重空间视觉而非空间感受，因此，将慢食运动和其准则引入到建筑领域最主要的目的是希望学生关注“慢”建筑，鼓励学生探索能调动人全方位的感觉而非仅仅只是视觉的建筑。更进一步，则是为了弄清楚这样的教学项目是否真的有助于思考“建筑如何能对能源和食物生产问题做出回应”，进而提出更为明智、可持续的设计方案。

关键词：可持续，慢食运动，慢城运动，建筑教育

44.1　慢理念

建筑能令人激动、令人着迷、令人难忘。但为什么图纸上、屏幕里的建筑设计如此美好，一旦变成现实却令人大失所望呢？《肌肤之眼Eyes of the Skin》（帕拉斯玛Pallasmma，2005）。

在建筑领域中，与其他感觉相比，视觉占据绝对的主导地位，而帕拉斯玛的理论则挑战了这一现状。麦金托什建筑学院三年级设计课程的设置即参考了帕拉斯玛的理论。这个课程的主要目的就是鼓励学生探索全面的感觉体验、质疑视觉体验在建筑学中的统治地位。在提供给学生的书单上，除了帕拉斯玛的著作，还有皮特·卒姆托（Peter Zumthor）（2006b）的著作，皮特是一位著名的慢建筑提倡者。他们都认为在如今的文化中，视觉已经占据了主导地位。帕拉斯玛提出的问题让我们不得不思考，作为老师应该如何帮助学生认识到建筑不仅仅只是一种视觉景象。我们必须告诉他们，实践知识对一名建筑系的学生来说非常重要。但危险的是，这些实践信息传授的方式往往仅仅是理论讲解。我们的教育系统不支持“手把手”的课程结构，学生越来越多，甚至超过百人，预算被压缩，在有限的时间里，将建筑和全方位的感官感受融合在一起不是一项容易的任务，从书本上获取材料的理论知识、性能和美学价值似乎要比亲手摸索更有效率。

可持续性则是另外一个学科领域，这个学科就很适合用阶梯教室授课的方式指导学生。例如，图表中一系列红色和蓝色的箭头就能说明被动式太阳能的原理。我们的目的是让学生们学习、思考这些可持续性的原理并将其运用到各自的工作中，使建筑学理论和可持续性理论之间的抽象关联具象化，最

终形成设计方案。

当前，所有东西或者说任何东西都随时可得，就像按开关一样。在这种快速的生活方式中，个体是不是就无法全面感知生活了呢？

卒姆托在他的《思考建筑》(2006a)一书中说道："优秀设计的力量来源于我们自己以及我们理性或感性地感知这个世界的能力。好的建筑设计是诉诸感受的。优秀的设计是智慧的"。在讨论到教学和建筑的时候，他继续说道："所有的设计工作都始于对建筑实体和材料的感知。需要用一种具体的方式来体验建筑，那就是触摸、观察、听、闻"。

在当前的社会背景中，快速的电子化生活方式是否能够包容这种无形但十分重要的品质？那些认为要摒弃数字设备的想法既不可能也不明智，是十分愚蠢的。我们应该利用数字设备推进建筑探索，利用这些"快"媒介增进对建筑的体验。另一个需要考虑的和融合的要素是我们各自的建筑体验以及关于这些体验的记忆。这将是巨大的资源，尽管对学生们来说可能更加难以体会。这是源于我们小时候和青年时代的经历，是我们对空间、光、气味和触摸的记忆，它们都深深地印在灵魂深处；我们从小生长的地方，我们去过的地方、经历过的事，那些特别的、值得纪念的事情，也就是我们所说的潜意识。

在回想过去的同时，我们也鼓励学生们展望未来，仔细思考他们今天的设计将会为明天的世界带来怎样的影响，提出明智的、深思熟虑的方案满足社会需求，应对我们现今面临的诸多不可持续的问题。

44.2　慢食物——慢建筑

> 一个没有记忆的人，遗失了过去也同样没有未来。那么，他将不再是自己，也不会跟他所存在的环境有半点联系（www.slowarchitecture.com）。

带着前文提到的那些问题，我们制定了一系列设计工作坊提纲，帮助学生开启感官的探索。在工作坊里亲手操作能够让学生有机会基于实际需求去探索资料，弄清楚如何运用材料加强方案的可感知性。我们的切入点是食物，确切地说是慢食物（http://www.slowfood.com）。慢是我们对快节奏生活、快建筑和快餐的回应。食物关系着我们每个人，对食物的需求是生物的本能，食物也是能够直接激发我们感觉的元素，给我们带来欢乐和满足还能唤醒我们的回忆。在这一年的设计工作中，我们将慢食物作为主题，这将有助于学生和可感知建筑之间建立直接的联系；烹饪和享受美食是渗透在所有项目中的线索，基于此，学生可以利用视觉、嗅觉、触觉和听觉探索适用于他们自己的建筑理念。

食物和建筑之间的联系表现在许多方面，学生必须确定恰当的比例、构成、形状、构件以及材料，最后将各部分进行整合，完成能体现个人情感和感觉的作品。比起建筑，食物和烹饪是一种更加短暂、瞬间的艺术，但是丝毫不缺少感官上的震撼力，而且同样值得纪念。

我们的课程设计借鉴了慢食运动的原则，这是一项由意大利的卡洛·佩特里尼（Carlo Pertrini）在1986年发起的运动。慢食运动呼吁保护和发展地方美食，鼓励食物种植。该运动激发了一系列以“慢”为主题的亚文化，渗透到了旅游、购物、设计等领域。慢城市运动（2009）就是其中之一，其目的是抵制全球化和一体化，提升小城镇的生活质量，保护城镇和周边地区的文化多样性和特殊性。

这些原则在我们的项目中也有所体现。我们希望学生通过参与项目感知地区性和空间感、可持续性和社区之间的联系。我们设计了两个主要项目，第一个是建筑项目，位于农村地区，结构小而复杂，对环境的要求比较高。设计任务要求学生考虑特定的环境条件并理解建筑构造和结构，选择恰当的建筑技术，最终完成方案。第二个项目是临近第一个项目的小型城市社区。这里的主要挑战是社区复兴，其中需要修建一幢小型的公共建筑。两个项目在不同的尺度上涉及到技术、环境等问题。这个设计课程得到了厨师、美食家和建筑师们的支持，他们或者亲自参与工作坊，或者给予言论支持（图44.1）。项目期间，学生前往巴塞罗那调研，这种直接的经历加强了学生对“食物空间”重要性和相关性的认识。

44.3　设计课程

44.3.1　六月的一天

这一学年开始于暑期项目，我们称之为“六月的一天”。该项目需要学生通过一系列

图44.1

图44.1　“宴会之后”（威廉·耐特William Knight；2010）

调研理解室内环境，同时也初步理解“慢”理念。学生们的任务是设计一个在6月21日开展的实验，这一天正是夏至，白昼最长的一天。他们需要选择一个现存的室内空间，设计相应的测量/记录设备，用合理的方式记录这一特定环境的显著方面。这是记录感官体验的初步尝试，学生的作品包括了摩洛哥香料店里气味范围和程度的变化，奥克尼牛棚里的空气运动，以及格拉斯哥凯尔文格罗夫博物馆里声音的轨迹（图44.2）。

44.3.2　可食屋

接下来的设计任务是“可食屋”。在学生们已经对“慢”理念的原则、可持续性、地域性和独特性有所了解后，就需要开始考虑注重全面感官体验的建筑了。在建设设计过程中，食物被作为一种设计工具，帮助学生理解生活，从而设计出注重空间感受的建筑。此外，学生们的方案需要适合其所在的环境。

这种新型的建筑需要供15人在此生活一年。可食屋和其相配套的景观都用于种植食物、烹饪食物和享用食物。这是一个可以“转换节奏”的地方，一个远离单调的工作重新体验生活的地方。在这里，人们可以静心观察那些在快节奏生活中忽略的事物。

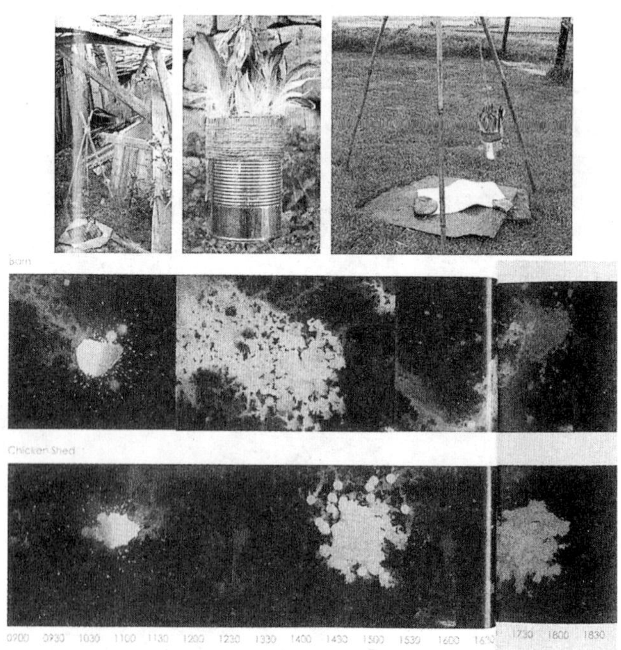

图44.2

图44.2　实验设备（上图）和实验结果（下图）（安德鲁·威金逊Andrew Wilkinson，2010）

图44.3　阿多克要塞

设计方案应该考虑地方的独特性并体现慢建筑所提倡的空间感受。在建筑、生活方式以及社区设计中均要体现可持续性。方案的前提是“离网”，因此能源、水资源、废弃物、食物供给、交通和社区等方面都要自给自足。构建建筑和食物之间的伙伴关系，在这里需要完成种植、烹饪和享用这三个环节的活动，同时还应该为这些活动创造了合适的环境。

学生需要仔细思考设计方案如何能回应居民们的感受。还必须考虑灯光、规模、材料、颜色以及质地等各个方面，使居民能够通过视觉、温度、气味和声音全面感知建筑。更进一步的要求是呈现那些在建筑中不可缺少的、非实体的重要要素。这就需要通过材料实验、模型制作、录音、摄影等方式捕捉信息和交流信息。

珀斯金罗斯（Perth &Kinross）是苏格兰首个、目前也是唯一一个慢城运动的成员，帕斯同时也接受了慢食物宪章。我们需要在这里寻找一个拥有历史底蕴的地方。

布雷科（Braco）的阿多克要塞（Ardoch Fort）是位于克纳克（Knaik）河岸的小型定居点，我们选择了这里作为实践基地。2000年前，在辽阔肥沃的斯特拉森峡谷边缘，阿多克成为罗马帝国最早的、最北端的要塞。罗马人精心挑选了自己的定居点。他们选择的首要条件就是靠近水源并且拥有肥沃的农业耕地。学生们在方案中对地点的选择和罗马人非常相似，充足的水源和肥沃的土地是长期发展最基本的条件（图44.3）。

图44.3

学生进行了全面的基地调研分析，记录了基地的空间和感受信息。他们用双脚丈量土地，在防御墙上奔跑，在水中跋涉、在花园中休憩。现存的景观、视线、地形、气象和方位都要被考虑到设计中。学生还要掌握当地农作物种植和家畜养殖的情况，以便推断设计方案对种植作物和饲养家畜来说是否可行。

准备食物和享用美食是可食屋最核心的活动。这样的活动可以证明这不是商业性餐厅，而是家庭准备食物、享用食物的地方。此外，增设一个周末聚餐区域也是个好主意。社区居民能够一起在这里分享土地和可食屋出产的水果，宾客和主厨一起在温馨的家庭般的环境中享受美食。

食物储存空间也是必不可少的，这就需要设计一个稳定可控的环境空间，保证相应的温度和湿度。除了公共空间外，还需要设置私密空间供居民入住。从项目一开始，学生就被鼓励利用模型、手绘、计算机辅助绘图等各种工具探索人的感觉和转瞬即逝的体验（图44.4）。

44.3.3　超级集市

第二个项目位于阿多克城堡附近的克雷夫（Creiff）。这个始建于中世纪的城市拥有悠久的贸易和工业发展历史。18世纪时，这

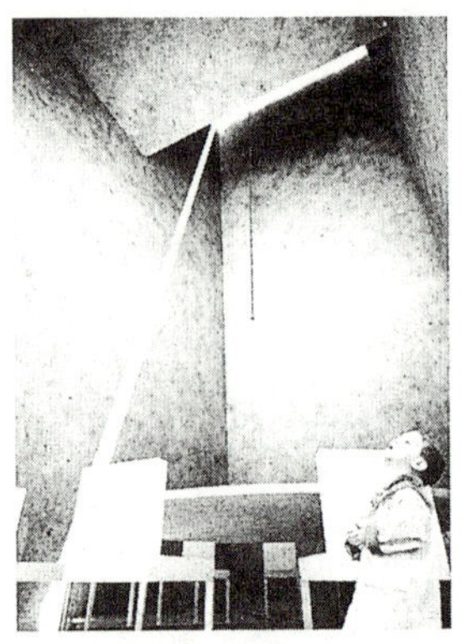

图44.4　氛围和体验探究（南森·坎宁安Nathan Cunningham，斯蒂凡诺·贝林贾迪Stefano Belingardi，杰克·赫兹皮斯Jack Hudspith 和乌戈·科比特Hugo Corbett，2010）

里是苏格兰的牲畜贸易中心，后来又开始生产纸和花边，随着铁路的发展，与苏格兰中心的联系日益密切，最终发展成为繁荣的维多利亚时代的温泉度假小镇。然而，现在的克雷夫已经衰落，面临着人口减少和老龄化问题。新的社区大学和远离市中心的超级市场让人们的生活不再局限于城市中心地区，克雷夫正在努力寻找21世纪的发展方向。

学生们对城镇进行了全面的考察和分析，记录了它的历史和成长轨迹，了解了城市中心和周边地区的情况以及城市形态，认真探究是什么造就了如今的克雷夫。他们重新认识到市场作为社会和社区聚合器的巨大潜力，因此提出了建造集市的构想。该项目要求学生们设计一套发展策略，并且设计一处“超级集市”及配套的户外公共空间。“超级集市”不同于传统的农贸市场，这是一处包括了固定和流动集市、可食屋以及其他社会设施的永久性场地。同时学生们要基于慢食运动的原则提出一个当地社区的可持续发展议程，以激活城市中心，扭转当前的衰退趋势。学生要将慢食物理念作为一种实用的工具，探索成功的建筑是如何推动城市更新的（图44.5）。

44.4　结论

“慢理念”旨在鼓励学生们提出一些非视觉主导的方案。我们希望所有的学生都能在某种程度上与这一理念建立联系，并帮助他们更快地接受这种理念。学生们使用了大量的设计工具辅助调查，还去了厨房和餐馆进行参观。他们甚至还在公寓屋顶修建了一个小花园，组织烹饪和庆祝活动（图44.6）。工作坊给学生们创造了机会去种植、烹饪和享受食物，并在这过程中思考与食物相关的仪式和空间。

在巴塞罗那的调研则关注那些能提供嗅觉、触觉和氛围体验的集市、社区建筑和公共空间，旨在丰富学生的设计方案。

学生的最终成果已经提交，以下是我们经过仔细观察和集中评估后得出的结论。

与传统的设计理念相比，我们认为学生们很容易接受这种理念，并且能够在项目中建立与主题直接的感官关联。许多学生也在其作品中体现了超出视觉感受的氛围，他们将在工作坊中的实践经验融入到了方案中。在电脑和实体模型的辅助下，学生们获得了一些非常复杂精美的成果。设计成果也超出了建筑学科，甚至还包括菜单、家具和餐具（图44.7）。有两名学生的成果获得2010年英国皇家建筑师学会铜奖。评委们认为该方案成功展示了内外空间的相互关系以及空间的使用。

这一学年学生们的最大成功就是学会了应用环境和建设策略。将理论应用到实际设计的过程催生了很多新颖的、有价值的方案。大部分方案有机融合了环境策略而不是仅仅将环境策略视为点缀。绝大多数方案都能体现可持续性、对生活方式和社区的关注。基本上所有的方案都关注位置、方位和高效能的建筑表皮。对材料性能的把握更加全面，学生们利用从木材和混凝土工作坊学到经验，已经可以对这些材料进行全尺寸的操作（图44.6）。

在可食屋项目中，学生们在食物和烹饪环节表现得不尽如人意。他们不愿意重新调

图44.5　克雷夫的新型社区“超级集市”（库噶萨斯库嘎拉杰Kugathas Kugarajah和金利姆 Eu Jin Lim，2010）

图44.6　用混凝土烹饪
图44.7　阿多克的餐具和环境（杰克·赫兹皮斯 Jack Hudspith，2010）

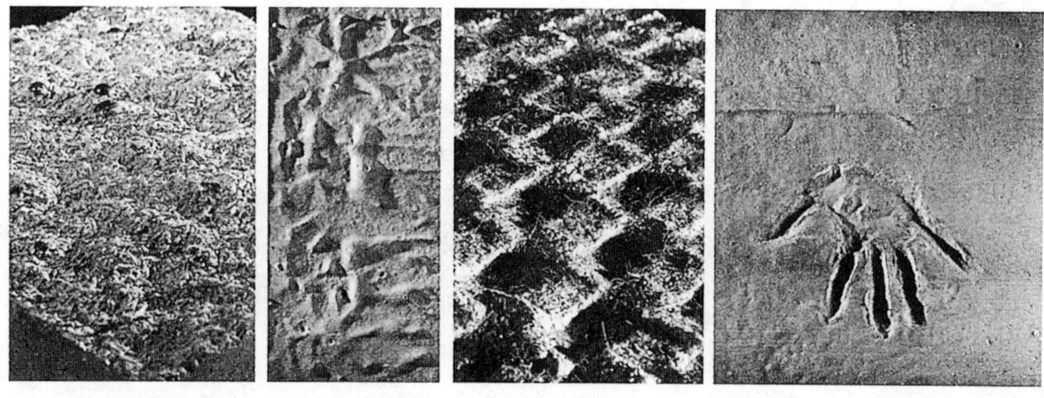

图44.6

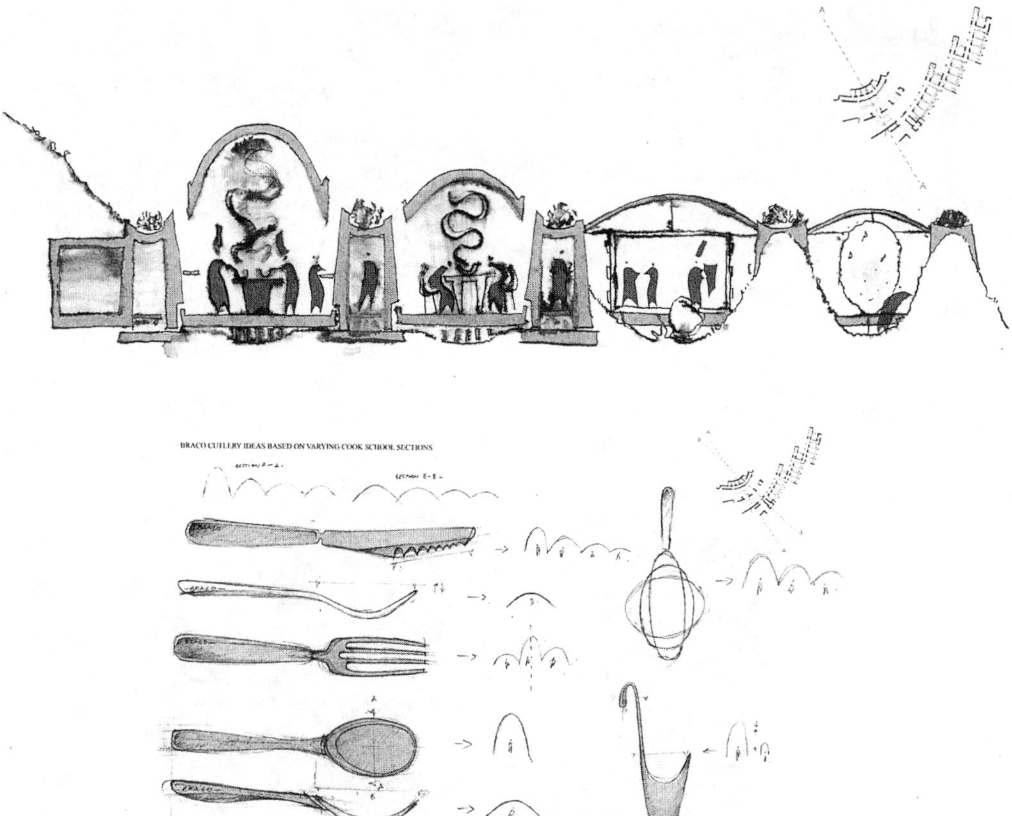

图44.7

整设计，大都是一些俗套的内容而没有对肌理和氛围进行调查，也没有涉及我们非常重视的可持续性问题。学生们在超级集市项目中的表现则相对较好，他们关注了城市里的废弃空间，为社区和食物生产提出了一个合理的策略，进而发展出公共空间和建筑设计方案（图44.8）。

总之，对于本科三年级学生来说，把握和探索这些抽象的信息是很困难的。或许这就像在调色板上调色，在欣赏和享受成果之前需要时间和许多次尝试。

参考文献

Pallasmaa, J., 2005. The eyes of the skin: Architecture and the senses. Wiley, Chichester, UK, 59 pp.

Steel, C., 2009. Hungry city: How food shapes our lives. Vintage, London, UK, 400 pp.

Zumthor, P., 2006a. thinking architecture. Birkhauser, Berlin, Germany, 96 pp.

Zunthor, P., 2006b. Atmospheres. Birkhauser, Berlin, Germany, 75 pp.

图44.8　克雷夫的超级市场（库噶萨斯库嘎拉杰Kugathas Kugarajah和金利姆Helen McCormack，2010）

第45章

绿色引擎：可持续设计的教学工具

安娜M·莫亚·派雷泰佐（Ana M. Moya Pellitero）
约书亚·达·西尔维娅·艾丽娅佐（Josue da Silva Eliziario）
葡萄牙MEB工作室
moya@studiomeb.com

摘要：从2009年起，MEB工作室（建筑、规划和景观）开始从事可持续景观规划和可持续食物规划设计研究。该办公室成立了一个研究平台——绿色引擎，旨在研究生产性景观对可持续土地利用的影响。可持续的土地利用方式意味着尊重现存环境的多功能特性、社区参与、传统和文化认同。绿色引擎是应用于跨学科团队中的教学工具，涉及的学科包括建筑学、地理学、景观建筑学、设计学、城市规划和环境研究学科等。通过学习，学生能够了解，为了实现经济、社会、文化、环境和食物生产之间的可持续平衡发展，战略性景观规划的复杂性。我们的理论基础主要涉及景观都市主义、景观规划、环境规划和复杂原理理论。我们是一个跨学科的国际合作团队，包括地理学家、环境专家、景观设计师、建筑师、城镇规划师和设计师。本章阐述了可持续食物规划与生产性景观以及景观都市主义的融合，并详细介绍了绿色引擎工作坊，评估了工作坊的障碍和驱动力。

关键词：生产性景观，景观都市主义，教育，景观规划战略，食物规划

45.1　可持续的生产性景观

本章中的生产性景观是指任何用来发展农业、工业、商业或者旅游业的自然、乡村、沿海或城市环境。近年来，乡村地区已经发生了很大变化，太阳能和风能工厂大量建设，为了获得生物燃料、生物能量和规模经济，传统农业转向工业化农业，这导致许多乡村景观已经变成生态沙漠，在几个世纪里维护农业景观的本地家庭农场解体。全球化和自由市场要求乡村具有很强的适应性和快速的创新性。然而，乡村永远无法适应那种逐渐破坏当地传统、传承、文化、动物多样性和生存空间的商品化政策。人们被迫向城市地区移民，导致了社会动荡。这些技术和工业措施让乡村景观逐渐偏离了可持续生产环境。在城市的背景中，城市群也属于生产性景观，其目的是为了吸引商业、工业和旅游。在经济全球化的背景中，一个地区的经济增长和城市发展暗示着其他城市和地区的衰落，尤其是那些依赖当地经济的地区。由于移民政策和人口减少，失业率较高的地区正面临着衰落。20世纪，逐渐衰退的城市数量大大增加，1990年，世界上有超过1/4的大城市都经历了人口减少（莱尼奇Rieniets，2006）。由于工资成本的差异，工业撤离到海外影响了发达国家的城市。只有那些全球化玩家们居住的城市才能稳定增长（米勒Muller，2006）。为了避免不平等、贫穷、移民，一个可持续的城市是很有必要的。而可持续的本地经济对城市有很大的帮助，尤其是对那些在全球网络之外的城市来说。

2009年，MEB工作室创建了绿色引擎研究平台，高校、实践者和当地政府部门形成了一个协作网络，关注和研究本地生产性景观对于可持续土地利用的影响。这个平台致力于研究乡村、城市、自然和沿海环境的替代性未来战略。究竟哪种新规划战略或变革过程能够推动可持续的生产性景观呢？我们认为，任何一种能够被称为可持续的生产性景观都必须具备以下条件：第一，生产性

景观属于一种文化建设，尊重文化景观和当地环境，在保护文化价值和地区身份认同方面有清晰的战略，包括传统、遗产（人造的和自然的）的重建和记忆的再现。第二，生产性景观应该是多功能的，在同一空间里包含了不同的要素（能源和食物生产、工业、旅游、教育、娱乐、文化、自然、健康、住房、商业）。第三，生产性景观要纳入社会参与，包括空间的自我维护和自我组织。鼓励人们与自己周围的环境互动。第四，生产性景观非常注重空间的品质。空间品质是一种存在于时间和空间中的感官体验，是情感、记忆和心理的共同作用。景观的丰富性体现在社会想象、集体记忆、居民的渴望和实质经验中。第五，生产性景观寻求替代汽车的新交通模式，倾向于综合性的交通方式（步行、自行车、公交车、火车）。

为了实现自我维持的乡村及城市生产性景观，绿色引擎认为这两者必须相互融合。在乡村城市化和城市田园化的过程中，两者的融合能够增强本地发展的能力，加强文化景观建设，增加与场所之间新的情感联系。在乡村城市化过程中，乡村环境和城市服务以及城市基础设施之间的互动激发了很多新的现象，如新的替代性工业、新乡村社会运动、旅游和教育。在城市田园化过程中，城市则很好地利用了周边的半城市化乡村地区，创造了乡村公园和绿色乡村网络，将食物花园融入到城市结构中，作为生态绿肺以及本地食物生产、自组织活动和生态食物教育的重要来源。在《21世纪议程》中提到的挑战是通过集体参与、社会讨论、教育传播的方式达成关于可持续发展的社会认同。在城市中引入农业可以开展生态、季节以及有机农耕教育。还可以开展以本地消费为目的的食物种植，由当地社区进行管理。虽然城市农业永远无法满足整个城市的食物需求，但是能够促进社会互动，教育下一代，宣传新的可持续生活习惯。

45.2 研究方法

在研究过程中，绿色引擎创建了一种工作方法，全面考虑多个学科，如景观都市主义、景观规划、环境规划和复杂性理论。景观都市主义[①]是20世纪90年代末出现在北美和欧洲的一种新设计理念，旨在回应后工业化时代的城市蔓延现象。也正是从那个时候开始，景观成为当代城市化的一种模板，尤其是在那种复杂的自然和城市环境中，这意味着“景观取代了建筑作为城市设计基本内容的历史性角色”（瓦尔德海姆Waldheim，

① 1997年，在查尔斯·瓦尔德海姆（Charles Waldheim）组织的“景观都市主义”专题讨论会上，“景观都市主义”一词被提出。之后，查尔斯将各个学科实践者们的文章收集在《景观都市主义读本》（2006）一书中。在美国，阿尔米院长（Almy）和美国建筑设计中心以及德克萨斯大学奥斯汀建筑学院共同合作编著《中心14：论景观都市主义》一书。在欧洲，景观都市主义也逐渐成为一个公众讨论的话题，默森·莫斯塔法维（Mohsen Mostafavi）和西罗·那加尔（Ciro Najle）共同编写了《景观都市主义》（2003）一书，不同的作者在伦敦建筑协会景观都市主义项目框架下完成了相关论文。在圆桌会议和工作坊中，景观都市主义主题也频频出现，如2007年由荷兰瓦赫宁根大学景观建筑系组织的“阐明景观都市主义”专题研讨会。

2006：37）。“它能使地点、场所、生态系统、网络和基础设施系统化，并能组织管理好更大范围的城市”（科纳Corner，2006：23）。景观都市主义的准则仍旧处在讨论研究中。因此，还是需要确立一个研究主体，使不同的立场和观点更加具体化。从2000年开始，在伦敦建筑协会景观都市主义的研究生课程里，景观被描述为一种“机器”。据《景观都市主义》合作编辑西罗·那加尔（C. Najle）的理解，景观是受自己的法则控制的世界（Najle，2003：141）。景观的时空演变中充满了流动与过程，利用动态系统可以捕捉这些变化。景观都市者们利用复杂性科学创建新的规划模型，他们将信息整合在一起（社会的、生态的、经济的、空间的），通过特殊的软件将这些信息解码，然后合成、加工，创造出一种能够适应各种变化和不确定性的设计方法。在塑造城市形态的过程中，当代景观都市主义者们也尝试着使用基础设施和生态系统作为修正机制。景观开始为城市设计提供策略。曾经的法国拉维莱特公园（Parc de la Vilette）竞赛（1982）就是这样一个案例。竞赛的获胜者是伯纳德·屈米（Bernard Tschumi），第二名是大都会建筑事务所（OMA），他们都将景观作为媒介对整个城市进行规划。

景观规划也能够帮助我们重新思考动态可持续环境的可行性，在这种环境中，经济的增长能够支撑社会进步并且尊重自然环境。20世纪90年代，哈佛大学景观建筑和规划学院的卡尔·斯坦尼兹（Carl Steinitz）教授团队提出了一个规划评估模型。利用这个模型可以基于情景对可供选择的未来进行分析研究，评估哪些是顺应政策和规划决策的要素。在《变化景观的多解规划》（2003）一书中，卡尔·斯坦尼兹教授的团队提出了能够影响地区未来发展的决策过程模型。这也说明了政策和规划决策的同步性。每一次决策都要在这些可能性方案中做出一个选择。斯坦尼兹把“情景（scenario）”界定为“事件的大纲，故事、戏剧或者电影的情节”（卡尔·斯坦尼兹，2003）。这个情景代表了未来的框架或者假设性的情节。在做出决定的时候，就创建了一个情景，接下来需要检验和评估这个情景在区域发展中的影响。个体在创建城市空间的过程中扮演了重要角色，他们能够反映和影响他们的生活环境并通过学习提高自身。景观规划策略构建了那些能够推进改革进程的行为。如果社会参与是自组织行为，那么在正式参与和非正式参与会相互作用形成一个复杂体系，随着时间的变化这个体系会走向新阶段，这并不是由线性因果关系产生的可预测的结果而是循环式发展的（波特噶利Portugali，1999）。根据尤瓦尔·波特噶利（Juval Portugali）在《自我组织和城市》（1999）中的观点，自我组织被界定为基于组织和个人之间复杂和未知的关系的自发行为。

在我们的研究中，绿色引擎创建了一种工作方法，将与景观都市主义实践有关的四种主题整合在一起，这在詹姆斯·科纳（James Corner）的《地形流动》中有所描绘（2006）。首先，“随着时间的变化思考城市进程”；第二，“从一个更加广阔的尺度预测战略方案和操作逻辑”；第三，“重新考虑具有代表性、可操作的技术”；第四，“充分考虑物质生活的丰富性（社会想象、集体记忆、渴望、触觉和诗意）”（科纳Corner，2006）。针对具体基地的可持续战略规划需要在不同的尺度上进行研究和设计。研究每一个尺度层面（大、中和细节），就有可能发现影响土地规划和景观的不同现象、过程和关系，同时还能发现利用建筑设计和城市设计进行干预的方法。与其他景观都市主义方法相比，绿色引擎方法优先考虑的是与变化和重新适应有关的情景思考、公众参与和变化过程。通过情景分析法，我们能够更加清晰地看到各个因素之间的相互作用和多功能特点。我们将研究工作划分为五个阶段，每个阶段适用于不同的工作尺度：场地分析、制定战略、制定规划、设计方案、进行评估。第一个阶段，在宏观尺度层面上对场地的分析能够帮助我们看到场地的潜力、优势和存在的问题，认真对待现存文化和生态景观。在第二个阶段，制定战略是为了给规划方案描绘蓝图。在这个阶段需要考虑规划决策的实施时间。同样重要的是，尊重现存的景观并重新思考空间的潜力。景观是通过一系列特定方式运转的系统，必须评估哪些因素的改变会带来可持续的情景。战略能够回答一系列“为什么”问题，为什么我们会为特定的目的而选择特定的地点呢？为什么我们要改变现存景观中的某个方面呢？为什么我们选择保留一些特点而去除另一些特征呢？这个阶段的主要成果是战略逻辑示意图和情景思考示意图（图45.1和图45.2）。第三个阶段就是制定规划。这个阶段着眼于中观尺度层面，通过使用探索和演绎来检测可持续模式。这个阶段能够回答一系列“如何”问题。如何在规划中的特定地点取得满意的结果？设计方案中不同的阶段和要素之间如何相互影响？这个阶段的主要成果是中观尺度的规划图、剖面图和场地照片等。第四个阶段开始设计方案。这个阶段涉及的是微观尺度，主要成果是城市设计、建筑设计和景观设计。这个阶段回答的是“什么”问题，我们最终会采取什么样的景观类型？道路系统是什么样的？城乡公园是什么样的？我们的农场以及农场网络是什么样的？等等。这个阶段的主要成果是微观尺度的规划图、配套图和设计细节图。最后的评估阶段对每个方案的优点和弱点做出分析，并对不同方案的共同点和分歧点做出总结和对比。

任何规划战略都应该考虑生态和社区。只有在了解社区的自我组织机制的前提下，才有可能提出能够触发变革进程的设计干预方案。带着这种理解和尊重，我们意识到，任何景观自然方面的变化，不管有多小，都会影响临近区域或者更大地区的生态发展进程。当然，对遗产、文化认同和历史背景也应该给予同样的尊重。

45.3　绿色引擎——一种教学工具

绿色引擎已经组织了两次夏季国际工作坊。第一次于2009年7月在加泰罗尼亚理工大学的巴塞罗那建筑学院举办，工作坊的主题是“巴塞罗那图斯图伦斯（Tres Turons）公园案例研究”。这次工作坊由MEB工作室、土耳其伊斯坦布尔文化大学以及耶尔德兹科技大学主持，代尔夫特科技大学（荷兰）、巴塞罗那自治大学（西班牙）、巴塞

图45.1 葡萄牙科瓦达贝它（Cova da Beita）的战略规划。该图展示了各个要素之间的联系（教育、工业、设施和旅游业）

罗那理工大学（西班牙）、巴塞罗那Elisava设计大学（西班牙）、DHV工程咨询公司环境和交通部，埃因霍温（荷兰）、巴塞罗那城市规划局共同参与。“图斯图伦斯”公园是巴塞罗那南部的一片绿色空间，具有很大的环境、历史和社会价值。这片地区已经有3个建成的城市公园。在19世纪到20世纪期间，人类的活动已经改变了该地区的原始地景（山体和复合农林结构）。地区内还有一些旧采石场、内战时期遗留的防空炮、乡村移民时期自建的非正式安置点，还有一些简陋小木屋、废墟和公共观景台。案例研究区域共占地122hm^2，主要是公共所有用地，其中94hm^{2}是绿地。学生设计工作坊的主要

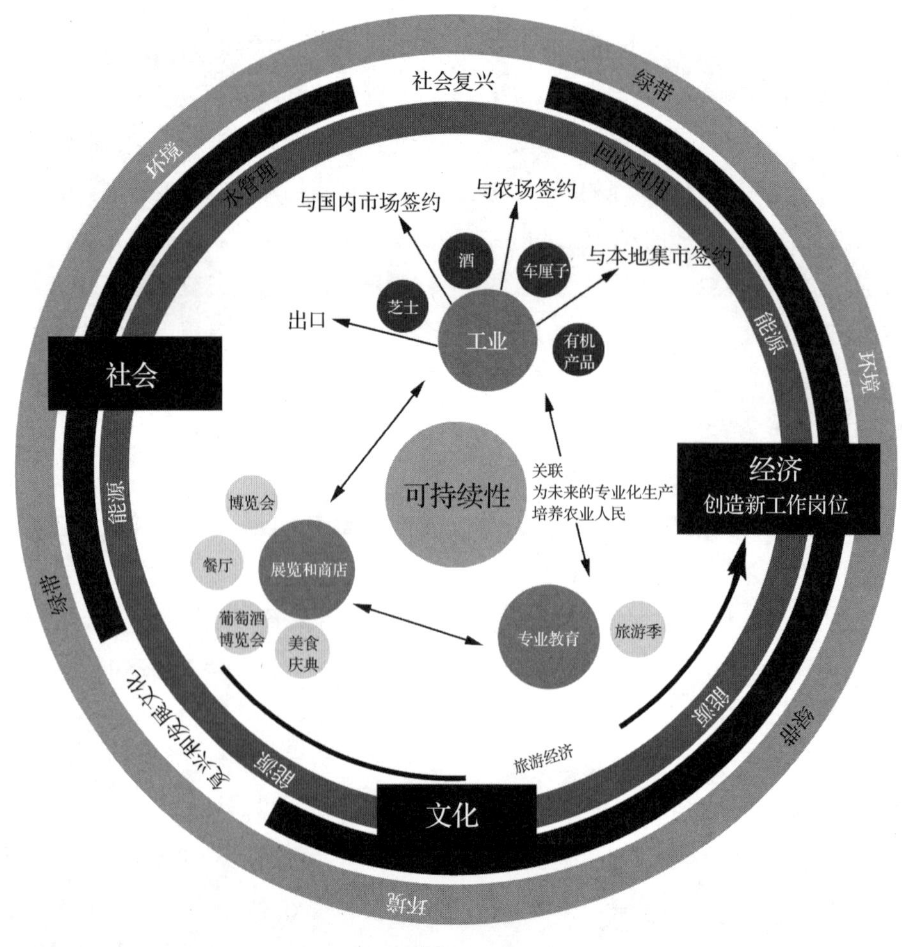

图45.1

图45.2　科瓦达贝它的案例研究图，该图展示了各个要素的战略位置

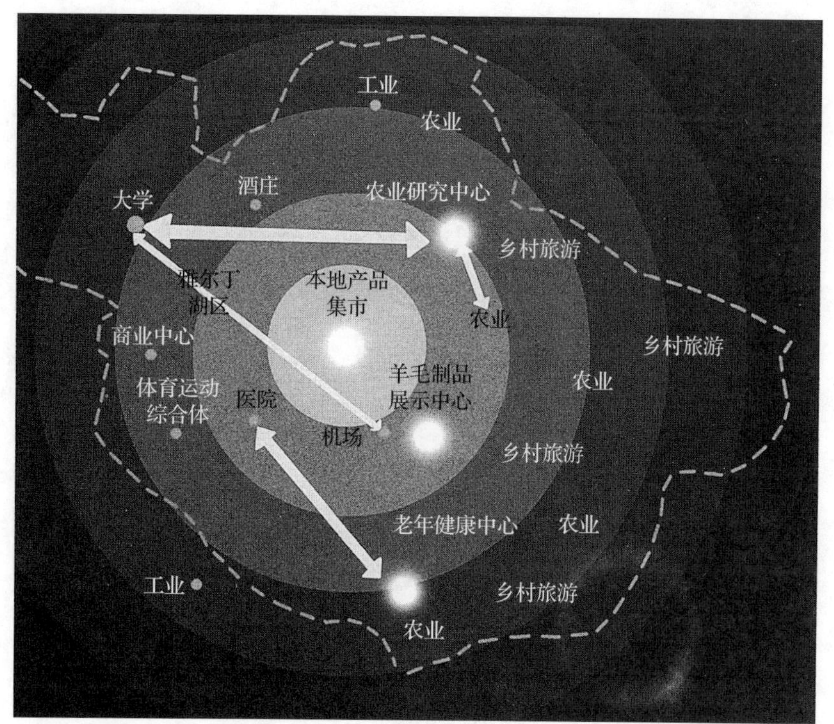

图45.2

目的是在该地区实施自我维持的农业生态系统。景观规划战略必须将能够推动社区自组织进程的生产性景观纳入其中。同学们需要学习绿色引擎研究方法（图45.3）。工作坊被分成五个阶段（分析、战略、规划、设计、评估）。每一个阶段的每一天都设置了工作目标。学生们被划分为3个跨学科小组，包含了不同专业水平和教育层次的学生。每个小组都配备来自不同领域的指导老师，包括景观、城市规划、建筑、视觉艺术和地理学等领域。

第二次国际夏季工作坊于2010年7月在葡萄牙的科维良（Covilhã）举行，主题是“科维良，改变的景观，一种新的城乡发展模式”。这一模式是由来自葡萄牙贝拉地区大学（UBI，葡萄牙）、市政与建筑工程部、伊斯坦布尔文化大学（IKU）、耶尔德兹科技大学、伊斯坦布尔科技大学的共计33名学生共同创建。工作坊成立了六个跨学科小组。来自羊毛制造博物馆、埃什特雷拉山乡村发展协会、英国布莱顿大学的特邀嘉宾也参与到研究中来。在绿色引擎的第二次工

图45.3 绿色引擎工作坊中，UBI，科维良，葡萄牙，2010（绿色引擎）

图45.3

作坊中，我们的目的是研究如何对半城市化地区进行再造，从而达到可持续发展的新城乡发展模式（图45.4）。案例研究基地科瓦达贝它的周长是14km，共占地1000hm^2。学生们必须完成一个经济、社会、文化和环境等各方面相关融合的景观规划战略，利用不同的要素创建不同的情景，如教育机构和研究中心；采取生态生产模式、生产有机食物和能源的本地企业；清洁的可再生能源；老年人、游客、学生、员工居所。规划的目标是整合不同领域的社会团体，共同思考乡村教育活动的维持和自我组织，食物和能源生产，全年旅游的发展，健康疗法以及自然和乡村景观。对学生来说，同样重要的是考虑乡村景观遗产的修复问题，将山谷转变为文化和历史公园，作为教育、休闲、健康和运动的平台。另一件重要的事情就是水域保护和生态走廊建设。历史上，所有的纺织作坊都位于河流边缘，因此这些河流是科维良文化景观中的重要组成部分。

45.4 评估和总结

在战略景观规划教学中，我们采用了一种将可持续食物规划体系整合到景观都市主义和景观规划中的工作方法。这种方法在

图45.4　对科维良科瓦达贝它的中等尺度干预规划。沿着河流的绿线环绕着不同的规划区域

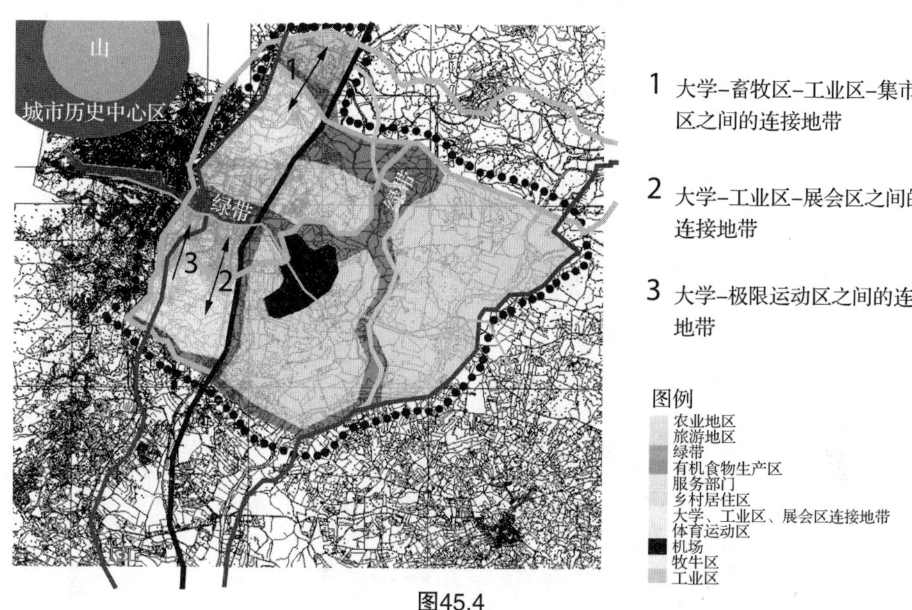

图45.4

规划自我维持的生产性景观中发挥了重要作用，任何区域干预都要考虑到社会效益、理解社区文化模式、尊重文化历史遗产以及地区的身份认同。规划策略应该包含可持续食物规划体系以及其他不同的情境和要素（教育、健康、旅游、工业、休闲等）。自我维持的生产性景观是能够适应特定文化背景的、复杂的多功能空间，同时涉及到社区层面的公众参与（图45.5）。

在2009年的第一次工作坊中，所有小组的提案都呈现出了对项目场所的尊重。学生们在对场地进行仔细分析后，利用城市设计和建筑设计手段来引导变革进程，干预某些战略性地点的发展。设计策略是干预的核心。每个小组基于同样的分析会采取不同的设计策略（图45.6）。这三个小组都没有做具体的景观设计。他们更倾向于让这个地方自然演变而不是被设计为一个公园。为了达成可持续性，三个小组一致同意开展一项关于不同要素之间关系的研究，包括教育、旅游、娱乐和商业。他们意识到绘制出各要素之间的复杂关系和相互作用过程十分重要，而要将他们清晰地标注出来则非常困难。绿色引擎应用于不同尺度的五阶段方法能够帮助学生们整理出清晰的战略，同时更好的理解场地。

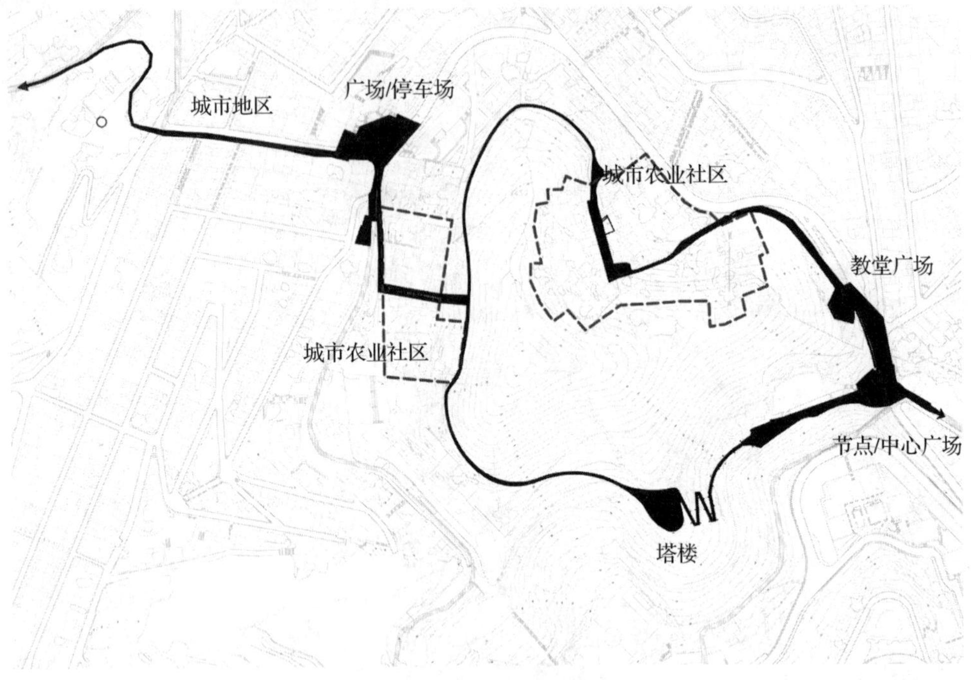

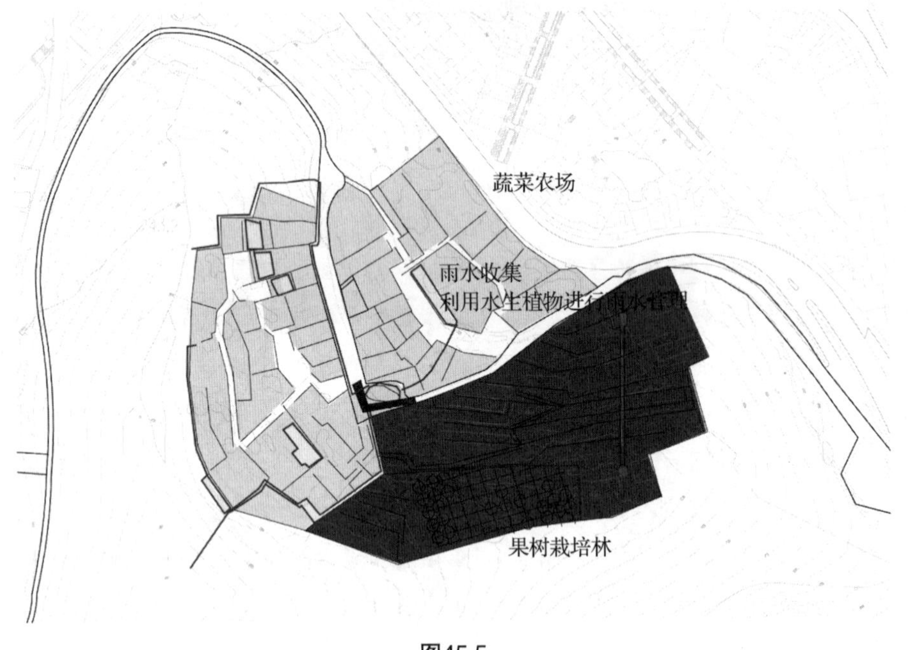

图45.5

图45.5 对厄尔卡梅尔（El Carmel）的中等尺度干预规划，图斯图伦斯，巴塞罗那。住宅社区周围的循环回路。

图45.6

2010年，在科维良举行的第二次工作坊中，学生们意识到，在做出任何规划决定之前，对存在的问题和潜在的可能做出分析和评估是必不可少的环节。同时，他们还意识到，考虑不同要素之间的相互作用也非常重要。

在这两次工作坊中，以可持续的食物规划作为主题，教给学生们新的研究方法和研究目标是一项艰巨的任务。一方面是因为工作时间只有一个星期，学生们的学科和能力均不同，带有多元的文化背景，同时规划尺度很大。这种工作方法对所有人来说都是新事物。但是，这两个研讨会中也取得了一定的成果，我们让所有学生对工作过程有了清晰的了解。从学生的角度来说，他们非常好奇可持续食物规划战略和食物种植是如何推动社会发展和社区自我组织。为了把来自不同高校的学生、特邀教授以及当地专家在一个星期之内集聚到一个地方，最大障碍其实是资金的短缺。但是，许多大学、机构或以及来自不同学科的实践者也对我们的工作做出了积极响应。有了他们，才能加强这个研究跨学科的特点。

我们的目标是将研究经验应用到不同的环境中（城市、自然、乡村、沿海），并有当地专家、政府的参与以及大学和当地机构的合作。从这些面向未来的案例分析中，我们能够了解到，可持续生产性景观是如何

图45.6　设计方案：（左图）拉罗维拉（La Rovira）的停车场入口和升降电梯。建筑顶棚由太阳能电池和湿度控制器组成。（右图）设计方案：拉罗维拉采石场斜坡上的社区农业。

适应不同地理条件、历史、文化和社会现实的。此外，我们还希望建立新的学术和专业交流，以此扩大与生产性景观（包括食物规划体系）相关的景观规划社区。

致谢

感谢前来参加巴塞罗那2009年绿色引擎国际工作坊的加泰罗尼亚理工大学的学生们（布鲁塞诺C.Briceno和克里克S.Kilic参与绘制图45.6；卡萨诺瓦Casanova参与绘制图45.5）；参加2010年国际绿色引擎工作坊的葡萄牙贝拉地区大学的学生们（宾图J. Pinto，英斯 I. Ince，奥兹利森B. Ozirisen，雅尼奇金H. Yenicikan，卡亚F. Kaya参与绘制图45.1和45.4；贝塔尼亚M. Betania，席思曼E. Sisman，杜阿尔特T. Duarte，伊尔马兹E. Yilmaz，卡拉丹兹D. Karadeniz，埃吉茨T. Ekiz参与绘制图45.2），这些图纸都是他们辛勤劳动的成果。

参考文献

Almy, D. (Ed.), 2007. On landscape urbanism. Center vol. 14. Center for American Architecture and Design, University of Texas at Austin School of Architecture, Austin, TX, USA, 355 pp.

Corner, J., 2006. Terra fluxus. In: Waldheim, Ch. (Ed.) The landscape urbanism reader. Princeton Architectural Press, New York, NY, USA, pp. 28-33.

Mostafavi, M. and Doherty, G. (Eds.), 2010. Ecological urbanism. Harvard university, Graduate School of Design, Lars Muller Publishers, Baden, Switzerland, 655 pp.

Muller, K., 206. Economic transformation. In: Oswalt, P. and Reiniets T. (Eds.). Atlas of shrinking cities. Hatje Cantz, Ostfildern, pp. 122-152.

Portugali, J., 1999. Self-organization and the city. Springer-Verlag GmnH & Co., Berlin, Germany, 34 pp.

Rieniets, T., 2006. Urban shrinkage. In: Oswalt, P. and Rieniets T. (Eds.). Atlas of shrinking cities. Hatje Cantz, Ostfildern, 30 pp.

Steinitz, C., Arias, H. and Shearer, A., 2003. Alternative futures foe changing landscapes. The upper San Pedro river basin in Arizona and Sonora. Island Press, Washington DC, USA, 200 pp.

Waldheim, C., 2006. Landscape as urbanism. In: Waldheim, C. (Ed.) The landscape urbanism reader. Princeton Architecture Press, New York, NY, pp. 35-54.